공자가어통해 하
孔子家語通解

이 책은 "孔子研究院 尼山学者"의 2016년 研究成果로 출판되었다.

안동대학교공자학원 학술총서(CIFY-2016-002)

안동대학교공자학원
학술총서

공자가어통해
孔子家語通解

하

양 조 명
楊 朝 明
송 입 림
宋 立 林
주편

이 윤 화
李 潤 和
번역

學古房

서序

이학근李學勤

곡부사범대학(曲阜師範大學) 양조명(楊朝明) 교수 주편(主編) 『공자가어통해(孔子家語通解)』의 출판은 지금의 학술계가 『공자가어』를 깊이 연구해야 한다고 요구하는 추세에 따른 것이다.

모든 사람이 이해하는 바와 같이 『공자가어』는 『한서(漢書)』 「예문지(藝文志)」에 수록되었으며, 「육예략(六藝略)」 가운데 『논어』 다음에 배열되었는데 27권이나 된다. 그러나 당대(唐代)에 이르러 안사고(顔師古)가 『한서』를 주석하면서 「예문지」에 수록된 『가어』는 "지금 전하는 『가어』가 아니다."라는 견해를 제시했다. 그래서 『가어』의 진위문제는 학술사의 큰 논쟁거리가 되었다.

안사고가 말한 '지금의 『가어』'는 현재까지 전해져 통용되고 있는 판본으로 삼국시대 위(魏)나라 왕숙(王肅)이 주석한 것이다. 그러나 안사고가 말한 의미에는 다소 모호함이 있다. 한대(漢代)의 『가어』가 후세에 전하는 『가어』가 '아니다'라고 했는데 도대체 어떻게 '아니다'라는 것인가? 지금 세상에 전하는 『가어』가 모두 위조된 것인지 아닌지, 한대의 『가어』와 어떤 관계가 있는지에 대해 분명하게 설명하지 않았다.

같은 시기인 당대(唐代)에 나온 공영달(孔穎達)의 『예기정의(禮記正義)』에 비교적 명확한 견해가 있다. 『예기』 「악기(樂記)」에서 "옛날 순(舜) 임금이 오현(五弦)의 거문고를 만들어 「남풍(南風)」을 노래했다."라고 말했다.

정현(鄭玄)은 이를 주석하면서 "그 말은 듣지 못했다."라고 했다. 왕숙은 「성증론(聖證論)」을 지어 정현을 비판하면서 『시자(尸子)』와 『가어』의 「남풍」에 나오는 가사를 인용했다. 공영달의 소(疏)에서는 마소(馬昭)의 말을 인용해 "『가어』에 왕숙이 첨가한 부분은 정현이 본 것이 아니다."라고 했다. 이는 세상에 전하는 『가어』는 왕숙이 고친 부분이 있다고 생각하는 것으로 송대(宋代) 이래 많은 학자가 『가어』는 모두 위조되었다고 주장하는 것과 다르다.

청대(淸代) 『사고전서총목제요(四庫全書總目提要)』에서 송(宋)나라 왕백(王柏)의 『가어고(家語考)』를 인용해 세상에 전하는 『가어』는 왕숙이 『좌전』·『국어』·『맹자』·『순자』와 이대례기(二戴禮記)를 나누어 구성한 것으로 "거듭 고증해보니 의심할 것 없이 왕숙에 의해 나온 것이다. 특히 그것이 세상에 전해진지 오래되었고 유문(遺文), 일화가 가끔 보이기 때문에 당대(唐代) 이래 위서임을 알면서도 폐기할 수 없었다."라고 했다. 그래서 내용이 모두 위조되었다는 학설이 정론이 되었다. 1930년대에 세계서국(世界書局)에서 『제자집성(諸子集成)』을 편집해 인쇄할 때 '간행취지'에서 여전히 『가어』는 '후세 사람이 지은 것'이기 때문에 배제하고 수록하지 않았다고 말했다.

당시 다른 의견을 가진 학자도 있었다. 예컨대 『공자가어소증(孔子家語疏證)』을 지은 진사가(陳士珂)와 같은 학자이다. 그는 호북(湖北) 기수현(蘄水縣) 사람으로 호가 탁헌(琢軒)이다. 일가였던 진시(陳詩)가 가경(嘉慶) 23년(1818)에 써준 『공자가어소증』의 서문에 의하면, 진사가는 건륭(乾隆) 58년(1793)에 일이 있어 기주[蘄州: 현재의 호북성 기춘(蘄春)]를 지날 때 진시가 그에게 『공자가어』에 관한 일을 물으며, "이 책은 주자(朱子)께서 『사서장구집주(四書章句集注)』에서 여러 차례 인용했고, 안사고가 『한서』「예문지」를 주석하면서 '지금 전하는 『가어』가 아니다.'라고 했으며, 혹자는 왕숙이 내용을 보탠 것이라 생각하며 근래의 한학자들이 무시하고 있으니 과연 그러한가?"라고 말했다. 그러자 진사가는 다음과 같이 대답했다. "무릇 일은 반드시 두 가지 증거가 있을 때 시비가 분명해진다. 안사고는 공안국이 예전에 쓴 책을 본 적이 없는데 어찌 당시 전해지던 『가어』가 본래의 책이 아닌 것을 알겠는가? 또한 그대가 주나라 말기에서 한나라 초기에 이르는 제자서를 살펴보면 찬양한 공자의 말은 대부분 서로 보완하고 영향을 주면서 문장을 이루었다. 심지어 문답의 글은 이야기한 사람의 이름이 각기 다르다. 예컨대 『남화(南華)』의 '중언(重言)'과 비교하면 더욱 좋거나 더욱 나쁜 문장이 때때로 존재한다. 그러나 그러한 책이 모두 유행했으며 지금까지 폐기되지 않고 있는데 어찌 유독 이 편만 의심하는 것인가?" 진사가의 『공자가어소증』은 지금 전해지는 『가어』를 중심으로 각 장의 뒤에 기타 문헌을 참고해 보충 설명했다. 때문에 독자들이 비교해서 이해할 수 있으며 오늘날 우리가 『가어』를 연구하는데 매우 유용하다. 하지만 많은 학자가 진사가의 관점을 받아들이지 않는다.

최근 전한(前漢)시대의 죽간이 두 무더기 발견되면서 관련 문제를 다시 살피는 계기가 되었다. 하나는 1973년에 발굴한 하북성(河北省) 정현(定縣) 팔각랑(八角廊) 40호묘에서 출토되었다. 묘지의 주인은 전한 말기의 중산회왕(中山懷王) 유수(劉修)로 추정된다. 죽간에 그것을 정리한 부서에서「유가자언(儒家者言)」(定縣漢墓竹簡整理組:「『儒家者言』釋文」, 『文物』1981-8)이라 이름 지은 죽간 27장(章)이 보존되어있다. 다른 하나는 1977년 안휘성(安徽省) 부양(阜陽) 쌍고퇴(雙古堆) 1호묘에서 발견된 것이다. 묘지의 주인은 전한 초기 여음후(汝陰侯) 하후조(夏侯竈)이다. 이 죽간에도 그것을 정리한 부서에서 『유가자언』((韓自江:『阜陽漢簡「周易」硏究』, 附錄―『阜陽西漢汝陰侯一號木牘「儒家者言」章題』, 上海古籍出版社, 2004.)이라 이름 지은 죽간이 있다. 이는 사실상 목록이 새겨진 목판이었는데 거기에 47장의 제목이 있어 정현 팔각랑의 죽간과 대조할 수 있는 것이 적지 않다. 1987년 나는 「竹簡『家語』與漢魏孔氏家學」(『孔子硏究』1987年第2期. 『李學勤集』, 黑龍江敎育出版社, 1987에 재수록)이라는 짧은 문장에서 이 두 『유가자언』의 성격은 비슷하고 내용은 모두 공자와 제자들의 언행을 위주로 되어 있으며, 또한 대부분『설원(說苑)』,『신서(新序)』및 현재 전해지는『가어』와 관련 있어 당연히 모두『가어』의 원형이라 생각했다.

적지 않은 학자들이 새로 발견된 간백(簡帛)의 일적(佚籍)을 연구할 때 세상에 전하는 문헌을 참고하고 비교하면서『가어』특유의 장점을 살피고, 새로운 안목으로『가어』를 다시 연구할 필요가 있음을 제시했다. 그러나 오랫동안 위서로 분류되었던 다른 고적과 마찬가지로『가어』역시 훌륭한 교정이나 주석이 없어서 진일보한 연구에 불리하다.

양조명 교수가『공자가어통해』는 "학술성을 가장 중요하게 생각하는 원칙아래 현재의 상황을 충분히 고려해『공자가어』의 머리말을 쓰고, 단락을 나누고, 낱말과 문장의 뜻을 풀이하고 번역해 많은 독자의 요구에 부응할 수 있도록 했으며, 공자와 초기 유학, 그리고 중국 '원전(元典)'문화의 연구를 촉진하는데 도움이 되기를 바란다."라고 말한 바와 같이, 이 책이 출간된 후 더 많은 학자들이『가어』를 집중적으로 연구하고 토론해『가어』의 내용과 성격, 편찬과정, 학술가치 등등의 문제에 대해 점점 많은 사람의 공감대를 형성할 수 있으리라 믿는다.

2004년 10월 29일
청화대학(淸華大學) 사상문화연구소에서

『공자가어』의 편찬과 신뢰성 연구
- 서문을 대신하여[代前言] -

양조명 楊朝明

『공자가어』는 전문적으로 공자와 제자들의 사상과 언행을 기록한 저작이다. 이 책은 공자의 수많은 언론(言論)을 모아 공자와 제자 그리고 당시 사람이 문제를 이야기한 수많은 모습을 재현했으며, 또한 정리를 거친 공자의 가문, 생애, 사적 및 공자제자들의 자료가 있다. 『논어』와 비교해 이 책은 내용이 풍부하고 구체적이고 생동적이며 처음부터 끝까지 잘 정리되어 있다. 다만 이 책은 오래 동안 푸대접을 받았으며, '위서(僞書)'로 간주되어 방치되었다. 그러나 위로가 되는 것은 지하의 문헌이 발견되고 연구되어 이 귀중한 전적이 결국 다시 빛을 발하게 되었다는 점이다. 어떤 학자는 이 책을 매우 잘 연구해 그 기록들이 매우 귀중하다는 것을 발견했으며, 이 책은 "맹자 이전의 유물이지 후세 사람이 위조한 것이 결코 아니다."라고 생각해 원래의 선입견을 크게 타파했다.[1] 『논어』를 포함한 수많은 문헌들과 비교해도 이 책은 '공자연구에 있어서 가장 중요한 책'이라 말할 수 있다. 그러나 이처럼 중요한 책에 대해 여전히 많은 학자가 의심하고 있으며, 여전히 많은 전통적인 관점이 매우 큰 영향을 미치고 있다. 그런 까닭에 이 글은 『공자가어』의 편찬과 신뢰성 문제를 조심스럽게 논의해보고자 한다. 타당하지 않은 점은 삼가 지도편달을 바란다.

---

1) 龐朴, 「話說 '五至三無'」, 『文史哲』, 2004-1.

1. 『공자가어』 자료의 유래와 편찬

『공자가어』는 공자의 말과 사적을 기록한 것이다. 그러나 이렇게 중요한 저작이 어찌 팔자가 이처럼 기구한가? 이 문제를 분명히 하려면 먼저 이 책의 자료의 유래를 이해해야 하고, 세상에 전해지고 편찬된 과정을 이해해야 한다.

(1) 『공자가어』 자료의 유래

현재 전하는(이하 '금본(今本)'이라 표기함) 『공자가어』에 한대(漢代) 공안국(孔安國)의 서문이 있다. 공안국의 서문에 의하면 『공자가어』는 "당시의 공(公)·경(卿)·사(士)·대부(大夫) 및 72제자들이 자문을 구하기 위해 방문해 서로 대답하고 질문한 말이다. 이미 여러 제자들이 각자 물어본 것을 기록해놓은 것이며, 『논어』·『효경』과 같은 시기의 저서이다. 제자들은 그 가운데 진실한 것과 사실에 부합하는 것을 뽑아 따로 『논어』로 편찬했으며, 나머지는 함께 기록해 『공자가어』라고 했다."라고 했는데, 우리의 연구에 의하면 공안국의 견해는 당연히 아무런 문제가 없다.

공자는 살아있을 때 오랫동안 교육활동에 종사했다. 당시 공자와 교류하는 과정에서 제자들은 모두 수시로 공자의 말을 기록하고 정리하는 습관이 있었다. 예컨대 『논어』 「위령공(衛靈公)」편에서 공자의 말을 "자장이 예복의 띠에 적어두었다.[子張書諸紳]"라고 말한 것과 같다. 사실 공자의 제자들은 공자의 말을 제때에 기록하고 정리했다. 『공자가어』에 이러한 예가 매우 많다. 예를 들면 다음과 같다.

> 자장은 공자의 긴 설명을 듣자 물러가서 이것을 자세히 기록했다[子張既聞孔子斯言, 遂退而記之.].「입관(入官)」

> 자하는 듣고 나자 놀란 듯이 일어서서 담을 등지고 서서 말했다. "저희들이 이

말씀을 감히 기록하지 않을 수 있겠습니까[子夏蹶然而起, 負墻而立曰 : "弟子敢不誌之.]?"「논례(論禮)」

염유는 공자의 이 말을 듣고 놀란 듯이 자리를 옮겨 서서 말하기를, "말씀은 아름답사오나 저는 일찍이 들어보지 못한 일입니다."라고 말하고 물러나서 이 일을 기록했다[冉有跪然免席曰 : "言則美矣, 求未之聞, 退而記之.]「오형해(五刑解)」

자공은 들은 대로 공자에게 가서 고했다. 공자가 말했다. "소자야! 기록해 두어라. 학정(虐政)은 사나운 호랑이보다 더 무서운 것이다[子貢以告孔子. 子曰 : "小子識之, 苛政猛於暴虎.].」「정론해(正論解)」

공자가 이 소문을 듣고 말했다. "제자들아! 이 사실을 기록해라. 계씨의 부인은 허물된 일을 하지 않을 것이다[孔子聞之曰 : "弟子誌之, 季氏之婦, 可謂不過矣.].」「정론해(正論解)」

한편으로 공자의 제자들은 공자의 훌륭하고 좋은 말을 자발적으로 기록했고, 다른 한편으로 공자는 중요한 문제를 만나면 항상 제자들에게 주의하게 하고 확실하게 기억하도록 일깨웠다.

위에서 인용한 자료 중에 '지(志)'·'식(識)' 등은 모두 '기(記)'의 의미를 지닌다. 예컨대 『예기』「예운(禮運)」편에 다음과 같은 공자의 말을 기록했다. "대도가 행해지던 그 시대와 삼대의 성현에게 공구가 미치지 못했지만, (성현이 행한 바를) 행할 뜻이 있었다.[大道之行, 與三代之英, 丘未之逮也, 而有志焉]" 이 문장에 나오는 '지(志)'가 『공자가어』의 「예운(禮運)」편에 '기(記)'로 되어있다. 「예운」편에서 '기(記)'나 '지(志)'는 모두 '기재'·'기록'·지서(志書)'의 뜻이 있다. 주빈(朱彬)은 『예기훈찬(禮記訓纂)』에서 유태공(劉台拱)이 이러한 글자를 해석한 것을 인용해 "식(識)이란 글을 기록하는 것이다.[識也, 識記之書]"라고 했다.

공자의 제자들이 스승의 언행을 기록하는 방면에서 특히 주의할 만한 것은 『공자가어』「칠십이제자(七十二弟子解)」편에 나오는 관련 기록이다.

숙중회(叔仲會)는 노나라 사람이며 자는 자기(子期)이다. 공자보다 50세가 적었으며 공선(孔璇)과 나이가 비슷했다. 어릴 때부터 붓을 잡고 공자의 일을 기록했으며 공선과 함께 교대로 공자를 좌우에서 모시고 있었다. 맹무백(孟武伯)이 공자를 뵙고 "이 두 사람은 모두 어린 나이에 공부를 하고 있는데 그들이 장성한 이후의 상황을 어떻게 알 수 있겠습니까?"라고 물었다. 공자가 말하기를, "알 수 있습니다. 어릴 적에 이룬 것은 마치 천성과 같아 익숙해지면 자연에 맞게 될 것입니다."라고 했다.[叔仲會, 魯人, 字子期, 少孔子五十歲, 與孔璇年相比, 每孺子之執筆記事於夫子, 二人疊侍左右, 孟武伯見孔子而問曰 : "此二孺子之幼也, 於學豈能識於壯哉？"孔子曰 : "然少成則若性也, 習慣若自然也."]

이는 당시 오직 공자의 언행을 기록하는 책임을 맡은 사람이 있었음을 설명한다. 공자의 사적을 기록한 『논어』·『가어』 등의 책이 당연히 공문(孔門) 제자들의 실제기록임을 알 수 있다.

공자와 교류하면서 제자들은 많은 것을 배웠으며, 적지 않은 제자가 관련 기록을 스스로 정리하고 보존했다는 것을 짐작할 수 있다. 그렇다면 이러한 자료가 언제 한데 모이고 또한 어떻게 모이게 된 것일까?

『논어』의 편찬 시대에 관해 학계에서 좋은 연구를 많이 진행했다. 학계의 연구를 종합하고 새로 출토된 자료와 결합해 연구해보면『논어』는 당연히 공자의 손자 자사(子思)가 마지막으로 주관해 편찬한 것이다.[2] 이러한 기초에서 우리는『공자가어』의 편찬 역시 반드시 자사와 밀접한 관련이 있다고 판단할 수 있다. 또한 어느 정도 주목할 필요가 있는 것은, 공자가 세상을 떠난 후 많은 제자가 스승을 잊을 수 없어 동문가운데 '공자와 꼭 닮은' 유약(有若)을 추천해 스승을 대신하게 했다. 그러나 얼마 지나지 않아 유약은 동문이 제기한 문제에 만족스럽게 대답하지 못했기 때문에 스승의 자격이 부정되었다. 이 역시 공자가 세상을 떠난 이후 제자들이 분열되었음을

---

2) 楊朝明, 「新出竹書與『論語』成書問題再認識」, 『中國哲學史』2003-3. 또 黃懷信 等主編, 『儒家文獻研究』, 齊魯書社, 2004년에 보임.

나타내는 것이며, 대체로 이와 같은 시기에 공자가 남긴 말을 편찬하자는 말이 제기되었을 것이다. 분석에 의하면 이 시기와 조금 지난 시기에 가장 자격과 능력이 있고 호소력을 갖춘 공문 후학은 바로 증자(曾子)와 공자의 손자 자사였다. 『공자가어』가 마지막에 자사의 주도로 편찬되었다는 것은 아무런 문제가 되지 않는다.3)

여기에서 중요한 것은 『공자가어』가 어떻게 '가어(家語)'라 불리게 되었으며, 이 책의 최초 형태는 어떠했는가의 문제이다. 어떤 사람은 『가어』라는 이름이 이후에 붙여진 것이라 생각하지만 우리는 그렇지는 않다고 생각한다. 『공자가어』 공안국의 서문에서 순자(荀子)가 진(秦)나라에 오면서 가지고 온 서적을 언급했는데 그 가운데 '공자가어'라는 이름이 없었고, "공자의 말과 여러 나라의 일, 그리고 72제자들의 말"이라 불렀다. 다시 진시황의 '분서(焚書)'를 이야기할 때 비로소 '공자가어'라는 이름을 앞에 덧붙였다. 그리하여 사람들이 본래 '공자가어'라는 이름이 없었다고 생각한 것이다. 이후 이 책이 흩어지고 없어지는 우여곡절을 몇 차례 겪었는데 이를 공안국의 서문에서 "여러 나라의 일과 72제자들의 말이 터무니없이 뒤섞여 있다."라고 했다. 마지막에 공안국이 다시 얻어 부문별로 나누어 44편의 『가어』를 편찬했다. 책의 뒷부분에 있는 공안국의 서문에도 선진(先秦)시기에 이미 『공자가어』가 있었다는 이야기가 없다. 자양(子襄)이 벽 속에 숨겨놓았던 책 가운데 『가어』가 있었다고 했는데 청대(淸代) 손지조(孫志祖)는 서곤(徐鯤)의 말을 인용해 "이 '가어(家語)'라는 두 글자는 후세 사람이 함부로 덧붙인 것이다."라고 지적했다. 지금도 사람들은 공연(孔衍)의 상주문에 두 차례 공안국이 "공씨가어(孔氏家語)를 수집하고 기록했다.", "또 공자가어를 편찬했다."라고 언급한 것을 보아 공연 역시 『공자가어』가 공안국에 의해 편찬

---

3) 楊朝明, 「孔門師徒與原始儒家學派的構成」, 『出土文獻與儒家學術研究』, 臺灣古籍出版社, 2007, pp.177-208.

된 것이고 '가어(家語)'라는 이름도 공안국과 관련 있을 것이라 생각했다.

사실 이 같은 추단은 이해하기 어렵다. 순자가 진나라에 들어오면서 가지고 온 서적이 한 가지만 아니었기에 『공자가어』라는 책 이름을 언급하지 않은 것은 매우 정상적이다. 이는 전국시기에 『가어』가 이미 편찬되었다는 견해와 모순되지 않는다. 『가어』 공안국의 서문과 공연의 상주문에서 모두 공안국과 『공자가어』는 밀접한 관계가 있다고 말했는데 이는 당연히 아무런 문제가 없다. 그러나 만약 공안국 이전에 『가어』라는 책이 없었다고 말한다면 이는 성립하기 어렵고 본다. 공안국이 편찬한 『가어』는 한대에 내내 유행되지 않았다. 그러나 『한서(漢書)』「예문지(藝文志)」에서 『가어』를 『논어』 12가(家) 중의 하나로 배열하고 있는데, 이는 『공자가어』라는 이름이 일찍감치 있었음을 설명하는 것이다.

사실 『공자가어』의 이름은 『사기(史記)』「공자세가(孔子世家)」에서 그 단서가 이미 드러났다. 사마천의 서술에 따르면 공자가 죽은 후 '공자가(孔子家)'는 학생들이 예(禮)를 연마하고 이야기하는 장소가 되었고, 제자와 후학이 은사를 추억하고 기리는 장소가 되었다. 「공자세가」에서 다음과 같이 기록하고 있다.

> 노나라에서는 대대로 새해를 맞을 때마다 공자의 무덤에 제사를 지냈으며, 많은 유생이 이곳에 모여 예의를 논하고 향음례(鄕飮禮)를 행하고 활쏘기를 했다. 공자의 무덤은 크기가 1경(頃)이나 되었다. 공자가 살던 집과 제자들이 쓰던 내실은 훗날 공자의 사당이 되어……[魯世世相傳以歲時封祀孔子冢. 而諸儒亦講禮 鄕飮大射於孔子冢. 孔子冢大一頃. 故所居堂, 弟子內, 後世因廟……].

어떤 학자는 위의 문장에 나오는 '총(冢)'은 '가(家)'를 잘못 표기한 것이며, 세 군데 보이는 '공자총(孔子冢)'은 마땅히 '공자가(孔子家)'라 해야 한다고 지적했다.[4] 이는 뒤에 나오는 "많은 유생이 때때로 공자의 집에서 예를 익혔다.[諸生以時習禮其家]"라는 말과 일치한다. 술을 마시고 활을 쏘는 예는

'무덤'에서 거행할 수 없기 때문이다.

제자와 후학은 공자가 원래 살던 집에 들어가 때에 맞추어 예의를 거행하는 일 이외에 그들은 각자 정리해서 보관하던 공자의 '수업기록'을 한데 모았다. 우리는 공자가 세상을 떠나면서 제자와 후학이 은사를 잃고 또한 정신적으로 의탁할 곳을 잃었기 때문에 그들은 곧 공자의 언론을 모으고 학설을 간추렸으며, 마지막에 공자의 후손 자사(子思)의 주관아래 함께 『공자가어』를 편집하게 되었음을 상상할 수 있다.

『설문해자(說文解字)』에서 "어는 논이다.[語, 論也]"라고 했고, 『광아(廣雅)』에서 "어는 언이다.[語, 言也]"라고 했다. '공자가어(孔子家語)'는 당연히 '공자가(孔子家)'의 논설집 혹은 언론집이며, 또한 '공자가'에서 편집해 완성한 논설집이고 언론집이다. 『공자가어』와 『논어』는 내용과 성격방면에서 완전히 같음을 어렵지 않게 이해할 수 있다.

(2) 『공자가어』의 초기 전래

공자의 제자들은 각자 기록해 정리한 공자관련 자료를 한데 모아 '집록(集錄)'했는데 이것이 바로 『공자가어』의 원형이다. 매우 분명한 것은 이후 적지 않은 유가의 제자와 후학이 이러한 비교적 완전한 '집록'본을 돌려가며 베꼈기 때문에 유행하게 되었다는 것이다.

『가어』 공안국의 서문에서 공안국은 비교적 분명하게 『공자가어』가 전해진 상황을 서술하고 있는데 그 가운데 몇 가지 비교적 중요한 부분은 다음과 같다.

---

4) 韓兆琦의 『史記箋證』에서 "살펴건대 구절 중의 '冢'은 '家'라고 해야 한다."라고 했고, 閻若璩의 말을 인용해 " '諸儒亦講禮鄕飮大射於孔子家'에서 '冢'은 잘못 쓴 것이고, 여기에서 '家' 자는 찬(贊)에서 말한 '以時習禮其家'와 맞다."고 했다. 또 郭嵩燾의 말을 인용해 "이 '冢' 자는 '家'라고 해야 한다."라고 했다.(이상 『史記箋證』, 江西人民出版社 2004, p.3272. 이외에 王叔珉, 『史記斠證』 등에도 이와 같은 말이 있다.

첫째, 전국시대에 맹자와 순자는 모두 유학을 익혔는데 전해지고 있었던 『공자가어』의 판본이 하나가 아니었을 것이다. "공자가 죽은 뒤 미언이 끊어졌고, 72제자가 죽은 뒤 대의가 변질되었다. 육국(六國)의 시절 유학의 도는 나누어 흩어졌고 유세객들은 각자 교묘한 뜻을 가지고 지엽적인 것만 행하고 있었다. 오직 맹자와 순자만 그들이 익힌 유자의 학문을 고수하고 있었다.[孔子旣沒而微言絶, 七十二弟子終而大義乖, 六國之世, 儒道分散, 遊說之士各以巧意而爲枝葉, 唯孟軻, 孫卿守其所習.]

둘째, 순자가 진나라에 들어와 "공자의 말과 여러 나라의 일, 그리고 72제자의 말 100여 편"을 진나라 소왕(昭王)에게 바쳤다. 『가어』는 이로 인해 진나라에 전해졌고, 또한 여러 가지 원인으로 인해 이후 진시황의 '분서' 사건이 일어났을 때 화를 면하게 되었다. 공안국이 보기에 선진시대에 비록 적지 않은 『가어』의 자료가 전해지고 있었고 적지 않은 사람이 『공자가어』를 익히고 있었지만, 순자는 자신이 배운 유자의 학문을 지켰을 뿐만 아니라 『가어』가 진나라에 전래되고 또한 한나라에 전해지도록 했다. 이렇게 『공자가어』자료의 '순수함'이 보장되었고 "각자 교묘한 뜻을 가지고 지엽적인 것만 행하는 유세객"의 영향을 받지 않을 수 있었다.

셋째, 한나라 초기 유방(劉邦)이 진나라를 멸망시킨 후 "빠짐없이 거두어 모두 2자의 죽간에 기재했는데 대부분 고문자였다[悉斂得之, 皆載於二尺竹簡, 多有古文字.]" 이후 여후(呂后)가 그것을 손에 넣어 소장했다. 여후가 피살된 이후 『가어』는 민간에 흩어졌으며, 『가어』의 여러 판본이 나타나게 되었다. 『가어』후서에서 "참견하기 좋아하는 사람이 더러는 각자의 생각으로 그 말을 보태거나 뺐기 때문에 같은 사실에 대해서도 늘 전해지는 말이 한결같지 않았다.[好事者或各以意增損其言, 故使同是一事而輒異辭.]"라고 말했다.

공안국이 "빠짐없이 거두었다."라고 말한 것은 한나라가 진나라를 멸망시킬 때 얻은 『공자가어』가 결본이 없는 완전히 갖추어진 것임을 설명하는 것이다. 그는 또한 이러한 자료는 "모두 2자의 죽간에 기재했는데 대부분 고대 문자였다."라고 말했다. 이러한 말은 직접 본 사람이 아니면 하기 어렵다. 공안국이 이러한 죽간을 보았다는 것은 아무런 문제가 없다. 왜냐하면 한나라에서 얻은 자료를 여후가 구해 소장했고, 공안국이 살았던 시기에 이러한 자료가 계속 전해지고 있었기 때문이다.

넷째, 경제(景帝) 말기에 천하의 책을 널리 구했을 때 경사(京師)의 사대부들은 모두 책을 관청으로 보냈으며, 이로 인해 여씨가 전한 『공자가어』를 얻게 되었다. 그러나 이들 자료는 "여러 나라의 일, 72제자의 말과 함부로 뒤섞였으며", "『곡례(曲禮)』의 여러 편과 제멋대로 합해져 비부(秘府)에 보관되었다."

여기에서 드러난 정보는 매우 중요하다. 경제 말년에 천하의 책을 널리 구했을 때 관청에 분명 적지 않은 『공자가어』의 자료들이 모였다. 다시 말하면 경제 시기 비부에 이미 『공자가어』라는 책이 있었다는 것이다. 당연히 이 『공자가어』(혹은 『공자가어』의 자료)는 적지 않은 문제가 있었을 것이다. 왜냐하면 이들은 오로지 『가어』의 죽간이 아니라 다른 관련기록들과 함부로 뒤섞여있었기 때문이다.

(3) 공안국이 완성한 『공자가어』

전한의 비부(秘府)에 『공자가어』가 수장되어 있었지만 다른 자료들과 어지럽게 뒤섞여있었으므로 '장서(掌書)'는 단지 보관을 책임지고 있었을 뿐이었다. 그러므로 반드시 이 책의 이용에 큰 영향을 미쳤다. 바로 이러한 이유 때문에 이후 두 가지 문제가 나타났다. 첫째, 관청에 보관되었던 『공자가어』는 이후 전해지지 않았다. 둘째, 공안국이 여러 방법을 강구해 『공자가어』를 새로 정리했다.

『한서』 「예문지」에 의하면 전한의 비부에 수장된 『공자가어』는 27권이 있었다. 비록 이후 어떤 사람이 이러한 자료를 사용했을 가능성이 있지만, 이러한 책에는 일정한 문제가 있었기 때문에 공안국의 손자 공연(孔衍)이 상주해 공안국이 정리한 『공자가어』를 학관(學官)에 두려할 때 유향(劉向) 역시 동의했던 것이다. 다시 그 뒤에 비부에 보관된 『공자가어』가 베껴졌을 가능성이 있지만 공안국이 정리한 판본에 미치지 못하므로 없어지게 되었을 것이다.

한 무제(武帝) 원봉(元封, BC 110-105)시기에 공안국은 경사(京師)에서 관직을 맡고 있었다. 공자의 후손인 공안국은 비부에 있던 『공자가어』의 상황을 잘 알고 "선인의 훌륭한 말씀이 없어질까" 매우 염려했다. 그리하여 그는 이러한 자료를 구해 베끼고 정리해 44편의 『공자가어』를 편집했다. 이것이 지금까지 전해져 우리가 오늘날 보는 『가어』의 판본이다.

공안국은 자신이 『가어』를 편찬한 과정을 다음과 같이 서술했다.

> 여러 공·경·사대부를 통해, 또한 개인적으로 사람을 부려 이 책의 부본(副本)을 모아 모두 가지게 되었다. 이에 사류(事類)별로 차서를 매기고 찬집(撰集)하여 44편을 만들었다. 또 '증자문례(曾子問禮)' 1편이 있는데, 따로 '증자문(曾子問)'에 넣었기에 기록하지 않았다. 제자들의 글에 공자를 호칭한 말은 본래 『가어』에는 존재하지 않고 또한 이미 전한 것이 있기 때문에 모두 취하지 않았으니 장래의 군자들이 거울삼지 않으면 안 될 것이다.[因諸公卿士大夫, 私以人事, 募求其副, 悉得之, 乃以事類相次, 撰集爲四十四篇. 又有曾子問禮一篇, 自別屬曾子問, 故不錄. 其諸弟子書所稱孔子之言者, 本不存乎家語, 亦以其已自有所傳也, 是以皆不取也, 將來君子不可不鑑.]

공안국은 개인적인 관계를 통해 『공자가어』의 자료를 구하고 정리했다. 그는 자료를 찾으면서 분명하게 "빠짐없이 구했다."라고 말했다. 이를 보면 이러한 『공자가어』의 자료는 비교적 완전한 것이었다. 이러한 기초위에 그는 사건의 종류에 따라 순서를 배열하고 44편으로 나누었다. 금본 『공자가어』를 보면 각 편 사이에 논리적 관계가 있고 또한 새로 순서를 배열한 흔적이 있다.

예를 들면, 이 책은 「상노(相魯)」가 제1편이며 공자가 노나라에서 벼슬한 시기부터 시작한다. 이어서 「시주(始誅)」편은 공자가 대사구(大司寇)로 있을 때의 일을 기록했다. 제3편 「왕언(王言)」은 공자와 증자(曾子)의 대화를 기록했다. 그 이유는 단지 자사(子思)가 증자의 제자였기 때문이 아니라 『논어』에서 증자의 지위가 매우 특별했던 것과 마찬가지로 『공자가어』는 자사가 섬긴 증자의 언론을 매우 중시했기 때문이다. 더욱 중요한 것은 공자가 왕도(王道)를 제기했는데 이편의 '왕언'이란 바로 공자가 말한 '왕도'의 다스림을 기술한 것이다. 제1권에서 앞의 3편 이외에 다른 각 편은 모두 공자가 제후국 군주의 질문에 대답한 내용이며, 주로 노나라 애공(哀公)과 이야기한 내용이다. 그 다음 각 편에서 비로소 공자와 제자들의 이야기를 기술했다. 뒷부분은 내용의 차이에 따라 구분했다. 예컨대 제8권에서 관례(冠禮), 묘제(廟制), 음악 등을 한 곳에 모았는데 분명 일정한 고려가 있었던 것으로 보인다. 관련 자료의 기본적인 배열이 끝난 후 제9권에서 공자의 제자, 공자의 가문, 공자의 임종상황 등을 단편으로 나누어 서술했다. 또한 공자의 일부 흩어진 이야기를 '정론(正論)'으로 삼아 한 권으로 배열했다. 마지막 제10권의 3편은 모두 곡례(曲禮)에 관한 공자와 제자들의 문답이다. 이와 같은 논리적 연계는 『사고전서총목제요(四庫全書叢目提要)』의 기록에서 어느 정도 증명될 수 있다. 『사고전서총목제요』에 수록된 청나라 강조석(姜兆錫)의 10권 본 『가어정의(家語正義)』에서 다음과 같이 말하고 있다.

> 이 책은 공자 연표의 맞는 것과 틀린 것을 배열하였는데, 44편의 차례는 갈내본을 따르고 있어서, 「정론」과 「문례」세 편을 제9권으로 하고, 「본성」, 「종기」, 「칠십이제자」편을 제10권으로 하였다.[是書列至聖年表正訛, 其四十四篇之次, 則從葛鼐本. 以「正論」與三「問禮」篇爲卷九, 以「本姓」, 「終記」, 「七十二弟子」篇爲卷十.]

이처럼 「상노(相魯)」에서 시작해 「종기해(終記解)」, 「칠십이제자」편까지 이르는 편명순서는 금본 『공자가어』와 다르다. 그러므로 이 판본의 『공자가어』는 '정치참여[從政]'를 주제로 하는 공자전의 성격을 강하게 띠고 있어 더욱 구체적이고 체계적이다. 그러나 금본의 순서는 오히려 「정론(正論)」과

「곡례(曲禮)」세 편이 『가어』의 부록이었을 것이라는 점을 설명한다.5)

공안국이 원래의 자료를 배열할 때 약간의 좋지 않은 분류가 있었다. 그렇기 때문에 금본 『공자가어』에 본래 같은 편에 속하면 안 될 자료들이 함께 들어가 있는 것을 어렵지 않게 볼 수 있다. 공안국의 새로운 배열은 당연히 처음의 배열순서와 다르다. 그러나 그 배열이 어떠하든지 그는 최선을 다해 이러한 자료의 순서가 일정한 논리에 부합하도록 했다. 의심의 여지없이 공안국의 배열은 『공자가어』를 다시 정리하는 과정이었다. 그러나 확실한 것은 그가 반드시 힘을 다해 『공자가어』의 진실한 자료를 보존하려 했다는 것이다. 다시 말하면, 설령 그가 새로 배열하는 일을 했지만 『공자가어』자료의 진실성은 그다지 영향을 받지 않았다.

그밖에 공안국은 여씨가 피살된 이후 『공자가어』가 민간에 흩어졌다. 따라서 『공자가어』에 "같은 사실에 대해서도 늘 전해지는 말이 달라지는" 현상이 나타났다. 이는 분명 "말하기 좋아하는 사람이 더러는 각자의 생각으로 그 말을 보태거나 빼버렸기 때문에" 조성된 것이라고 말했다. 이러한 점은 당연히 공안국이 『공자가어』의 순서를 정리할 때 발견한 문제였다. 우리가 추측하기에 그는 분명 부본(副本)을 기록할 때 고려한 점과 취사선택한 부분이 있었을 것이다. 매우 분명한 것은, 공안국은 우리에게 공자와 초기 유학연구의 귀중한 자료를 물려주었다. 뿐만 아니라 진지하게 분석하고 정리했기 때문에 그가 『공자가어』를 정리한 공을 없앨 수는 없다.

2. 『공자가어』의 가전(家傳), 주해(注解) 그리고 '위서(僞書)'의 문제

『공자가어』를 말하면서 이 책의 진위논쟁을 말하지 않을 수 없다. 오랫동안 『공자가어』는 '위서'의 전형적인 대표로 간주되었기 때문에 이 책을 연구

---

5) 魏瑋, 「『孔子家語』"三序"硏究」, 曲阜師範大學孔子文化學院2009年碩士學位論文.

하고 이용하는데 심각한 영향을 주었다.

『공자가어』가 '위서'라는 말이 나타난 것은 그 책이 어떻게 편찬되고 전파되었는가의 문제와 밀접한 관련이 있다. 금본『가어』는 공안국이 정리한 이후 집안대대로 전해지는 과정을 거쳤으며, 이후 삼국시대 왕숙(王肅)이 그 책을 얻어 주식을 달면서 유행하기 시작했다. 그러나 금본『공자가어』외에도 원래 관청에서 보관하던『가어』판본이 있었을 가능성이 있다. 뿐만 아니라 공안국이『가어』를 정리하면서 일부 자료를 버렸는데, 예를 들면 공안국이 언급한 '「증자문례(曾子問禮)」1편'과 '여러 제자들의 글에 인용된 공자의 말' 등이었다. 사람들은 이러한 자료가『가어』라 생각하고 사용했다. 따라서 후대 학자들이 금본『가어』를 인식하는데 영향을 미쳤다. 이로 인해 후대 사람은『공자가어』에 심각한 문제가 있다고 생각하게 되었고, 그 이후『공자가어』는 '위서'가 되었다. 사람들은 공안국이 "위조했다."라고 생각하지 않고 왕숙이 "위조했다."라고 생각했다. 청대 이후 고대를 의심하는 사조의 심각한 영향을 받아『공자가어』는 '위조품'이 되었으며, 어떤 학자들의 마음속에서 이미 전혀 언급할 가치가 없는 책이 되었다.『공자가어』를 진짜라 생각하고 이 책을 진지하게 대해야 한다는 소리는 의고(疑古)라는 큰 물결에 완전히 파묻히게 되었다.

(1)『공자가어』는 공씨가문에서 전해졌다.

한 무제시기 공안국은 비록 조정의 관리가 되었지만 손자 공연(孔衍)의 말에 의하면 그는 "경학으로 이름이 났고, 유학에 조예가 깊어 관리가 되었으며, 도의를 밝혀 전조(前朝)에서도 유명했다." 그러나 그가『공자가어』를 정리한 주관적인 목적은 결국 '선인의 전적'을 보존하는 사적인 성격을 띠고 있었다. 그래서 그가『가어』를 배열하는데 매우 큰 노력을 했지만 그것을 정리하면서부터 삼국시대 왕숙에 이를 때까지 3, 400년간『가어』는 줄곧 가문에서 전해지는 도서로 존재했다.

한대에 금본『공자가어』가 단지 가문의 판본으로 전해졌다는 가장 중요한 증거는, 그 책이『예기(禮記)』나『대대례기(大戴禮記)』처럼 한(漢)을 위한 피휘(避諱)가 없고, 대, 소『예기』처럼 한나라 사람이 분명 편집한 흔적이 없다는 것이다.

『사고전서』에 있는『공자가어』본은 어제(御制) 송초본(宋鈔本)을 영인한 것으로 모진(毛晉) 급고각(汲古閣)의 수장본이다. 이 판본의 뒤에 공안국의『공자가어』「후서」뿐만 아니라 공안국의 후손이 쓴「후서」가 있다. 이 두 편 서문에서 공안국 이후 한대에『공자가어』가 가문에서 전해진 상황을 비교적 자세하게 소개하고 있다.

분명하게 밝힐 필요가 있는 것은, 적지 않은 학자들이 공안국의 후손이 쓴 후서를 오해해 그 내용은 자체모순이 있다고 생각했으며, 그 문장의 신뢰성을 의심했다. 사람들의 오해는 주로『공자가어』가 공자의 집 벽에서 나온 것인지 아닌지에 관한 것이었다. 이러한 문제에 대해 서문에서 다음과 같이 말했다.

> 자양(子襄)은 경서(經書)를 좋아하여 박학했는데, 진(秦)의 법이 각박하고 모진 것을 두려워하여 결국 가어(家語)인『효경(孝經)』·『상서(尙書)』및『논어(論語)』를 부자(夫子) 구당(舊堂)의 벽에 숨겼다. - (중략) - 한 무제(漢武帝) 천한(天漢) 이후 노 공왕(魯恭王)이 부자(夫子)의 고택을 허물다가 벽에서『시』와『서』를 얻게 되어 모두 자국(子國)에게 돌아왔다. 자국은 이에 고문(古文)과 금문(今文) 문자를 상고, 논의하고, 중사(衆師)들의 뜻을 가려『고문논어훈(古文論語訓)』11편,『효경전(孝經傳)』2편,『상서전(尙書傳)』58편을 만들었으니 모두 벽에서 나온 과두본(蝌蚪本)이었다. 또『공씨가어(孔氏家語)』를 집록(集錄)하여 44편을 만들었는데...[子襄以好經書博學, 畏秦法峻急, 乃壁藏其家語孝經·尙書及論語於夫子之舊堂壁中. ......天漢後, 魯恭王壞夫子古宅, 得壁中詩書, 悉以歸子國. 子國乃考論古今文字, 撰衆師之義, 爲古文論語訓十一篇·孝經傳二篇·尙書傳五十八篇, 皆所得壁中科斗本也. 又集錄孔氏家語爲四十四篇....]

서문에서 그 다음 공연(孔衍)의 상주문을 인용해 다시 말했다.

> 당시 노나라 공왕이 공자의 고택을 허물다가 고문(古文) 과두본(蝌蚪本)『상서』·『효경』·『논어』를 얻었지만 당시 사람들은 그것을 능히 말할 수 있는 자가 없었습니다. 안국은 그것을 위해 금문(今文)을 독음하여 그 의미를 훈전(訓傳)으로 달았습니다. 또『공자가어』를 가려 차서를 매겼습니다.[時魯恭王壞孔子故宅, 得古文蝌蚪尚書·孝經·論語, 世人莫有能言者, 安國爲之今文, 讀而訓傳其義. 又撰次孔子家語.]

사람들은 서문에 나오는 "벽속에 숨겨 놓았던 가어(家語)『효경』·『상서』및『논어』는 공자의 옛집 벽속에서"라는 글을 보고 '가어'가 바로『공자가어』라 생각했다. 사실 여기서 말한 '가어'는 '공자 집안의 언어, 논설, 서적'을 아울러 이르는 말로 벽속에 감추어두었던 '『효경』·『상서』및『논어』'등 모든 자료를 포괄하는 것이었다. 서문에 자양(子襄)이 벽속에 숨겨놓은 서적 가운데『공자가어』가 있었다는 말이 없다. 이는『한서』「예문지」,『한서』「노공왕전(魯恭王傳)」등의 자료에 보이는 관련 기록과 완전히 일치한다.

공안국은 공자의 옛집 벽속에 숨겨놓았던 책을 정리한 적이 있지만 두 편의 서문에서 그가 정리한 서적에『공자가어』가 포함되었다는 것을 말하지 않았다. 공안국은 서문에서『가어』가 전해진 과정을 명확하게 서술했지만『가어』와 공자 옛집의 벽이 어떤 연관성이 있는지 말하지 않았다. 공안국의 후손이 쓴 서문에서도 마찬가지로 공안국이 공자의 옛집 벽속의 책을 정리한 사실과『공자가어』를 모아서 기록하고 가려서 순서를 정한 사실을 구분해서 말했다.

공안국의 후손이 쓴 서문이 도대체 누구의 손에서 나왔는지 자료가 없어 자세히 알 수 없다. 하지만 서문에서 서술한 관련 상황은 충분히 중시할 만한 가치가 있다. 서문에서 먼저 공자에서 공안국에 이르는 12대의 가계를 기록하고 있다. 또한 전체 문장은 공안국의 손자 공연(孔衍)이 한나라 성제(成帝)에게 올린 상주문을 인용하며 서술하고 있다. 서문의 소개이든 공연의 상주문이든 모두 공안국이『공자가어』를 정리한 이후 이 책을 조정에 바쳤다고 하지 않았다.

들은 바에 의하면, 공안국은 『공자가어』를 정리한 이후 무고(巫蠱)사건을 만났기 때문에 조정에 바칠 시간이 없었다. 얼마 후 공안국은 경사에서 물러났으며, 그 뒤 세상을 떠났기 때문에 『가어』를 조정에 바치지 못했다. 이는 공안국의 후손이 서문에서 "제때 시행하지 못했습니다.[寢不施行]"라고 말한 것과 같다. 이후 한나라 성제(成帝)가 유향(劉向)에게 조서를 내려 여러 서적을 교정하게 하면서 예전에 공안국이 교정한 각 서적들을 경시했다. 따라서 이러한 서적이 "폐기되어 당시에 유행하지 못했다." 그 중에 당연히 『공자가어』가 포함되었다. 따라서 공연은 조정이 이처럼 중요한 자료를 "기록해 별도로 보아야 한다."라고 희망했으며, 한 성제에게 상서를 올려 다음과 같이 말했다.

광록대부 유향은 그때 그것이 시행되지 못한 것으로 여겼기에 (공안국의) 『상서』는 별록(別錄)에 기록하지 않았고, 『논어』는 한 가(家)로 명칭하게 하지 않았습니다. 신은 가만히 그러한 점이 애석하였고, 또 백가(百家)의 장구(章句)들은 모두 기록하지 않은 것이 없는데 더구나 공자가(孔子家) 고문의 정실한 책을 의심해서야 되겠습니까? 또 대성(戴聖)과 근세의 소유(小儒)들은 『곡례(曲禮)』의 부족한 점을 가지고 결국 『공자가어』의 잡다하고 어지러운 것들과 자사(子思)·맹가(孟軻)·순경(荀卿)의 글을 취해 보태고 더하여 종합한 책의 이름을 『예기(禮記)』라고 하였습니다. 지금 오히려 그것이(『가어』의 말들이) 이미 『예기』에 있게 되었지만, 『가어』의 본편을 멋대로 제거하였으니 이는 근원을 없애고 말단만 존재하게 된 꼴인지라 또한 근심이 아니겠습니까? 신의 어리석음으로 말씀드리자면 마땅히 이와 같은 점을 모범 삼아 모두 기록하여 별도로 보아야 한다고 여기기에 감히 어리석음을 무릅쓰고 아룁니다."[光祿大夫向以爲其時所未施之, 故尙書則不記於別錄, 論語則不使名家也. 臣竊惜之. 且百家章句, 無不畢記, 況孔子家古文正實而疑之哉! 又戴聖近世小儒, 以曲禮不足, 而乃取孔子家語雜亂者, 及子思·孟軻·荀卿之書以裨益之, 總名曰禮記. 今尙見其已在禮記者, 則便除家語之本篇, 是爲滅其原而存其末也, 不亦難乎? 臣之愚, 以爲宜之本篇, 是爲滅其原而存其末也, 不亦難乎? 臣之愚, 以爲宜如此爲例, 皆記錄別見, 故敢冒昧以聞.]

공연이 생각하기에, 공안국이 베껴 쓴 『공자가어』는 본래 "2자의 죽간에 기재되었는데 대부분 고문자였다." 비록 "당시에 시행하지 못했지만" 대덕(戴德)과 대성(戴聖)이 자신들이 편집한 『대대례기(大戴禮記)』와 『예기』에 『가어』의 자료를 수록했다. 그래서 사람들은 『공자가어』를 모르고 단지 그들이 편집한 서적만 알게 되었다. 사실 공연의 상주문에 나오는 "지금 오히려[尙] 그것이 이미 『예기』에 있는 것을 보고"라는 구절은 명나라 학자 매정조(梅鼎祚)가 쓴 『서한문기(西漢文紀)』에서 "지금 향(向)은 그것이 이미 『예기』에 있는 것을 보고"라고 기록했는데, '향'은 곧 유향(劉向)이다. 다시 말하면, 유향이 비부(秘府)에서 소장하던 『공자가어』의 자료를 교정할 때 그 가운데 "이미 『예기』에 있던 내용"이 있었으므로 "근원을 없애고 말단만 존재하는 꼴이 되었다." 따라서 공연은 상주문에서 유향의 교정 방법에 불만을 표시했으며, "상주문을 올리자 천자가 이를 허락했다."라는 태도에서 보면 공연이 상주한 내용은 근거 없는 말은 아니었다.6)

안타까운 것은 공연이 상주한 말이 비록 성제의 허락을 받았지만 최종 연구가 확정되기 전에 성제가 갑자기 사망했다. 이와 동시에 교서(校書)를 관장하던 유향 역시 병으로 세상을 떠나 공연의 뜻은 "결국 이루어지지 않았다."

두 편의 서문을 깊이 살피고 전체 과정을 종합해보면, 공안국이건 공연이건 모두 『공자가어』가 학관(學官)에 세워져 세상에 유행하기를 희망했다는 점을 어렵잖게 알 수 있다. 그러나 매우 우연한 여러 변수로 인해 『공자가어』는 한대에 시종 가학(家學)의 형식으로 전해졌다. 공안국 이후 『공자가어』는 손자 공연에게 전해졌고, 공연은 조정이 "기록해 별도로 볼 수 있기를" 희망했지만 뜻을 이루지 못했으며 『공자가어』는 계속 집안에서 전해졌다. 공연 이후 어떤 사람이 공연의 상주문을 포함한 『공자가어』의 후서를

---

6) 魏瑋, 『「孔子家語」"三序"硏究』, 曲阜師範大學孔子文化學院, 2009年 碩士學位論文.

지었는데, 이 사람은 분명 『가어』를 계승한 사람이었을 것이다. 그렇다면 이 서문은 누가 썼는가? 서문에서 저자는 직접 공연의 '상주문'을 인용해 서술하고 있는데, 공연은 단지 유향만 언급하고 있으며 그 가운데 유흠(劉歆) 등이 『가어』를 어떻게 대했는지에 대해 보충 설명한 글이 없다. 서문의 어투와 서술에 근거하면 이 사람은 공연과 시간적으로 거리가 그다지 멀지 않았다는 것을 쉽게 추측할 수 있다. 그가 만약 공연과 같은 시대 사람이 아니라면 역시 가까운 후손이었을 것이다.

삼국시대에 이르러 『가어』가 집안에서 전해진 역사는 공자의 22세손 공맹(孔猛)이 『가어』를 왕숙(王肅)에게 바치면서 끝나게 된다. 『가어』의 왕숙 서문에서 "공자의 22대손 공맹의 집에 선조의 서적이 있으므로 그 옛날 서로 좇아서 배웠고, 그 뒤 얼마 안 되어 내가 집에 돌아와서 그 유래를 찾아보았더니[孔子二十二世孫有孔猛者, 家有其先人之書, 昔相從學, 頃還家, 方取已來]"라고 했다. 이 말에 비추어 보면 왕숙이 『가어』를 주석하기 전에 공씨 가문에서 소장하던 『공자가어』는 줄곧 세상에서 유행하지 못했다. 다행히 공맹은 왕숙의 제자였고, 그 책에서 한 말과 왕숙이 "규구(規矩)가 중복된 것 같다.[有若重規疊矩.]"라고 말한 것으로 보아 『공자가어』는 왕숙이 정리한 후에 비로소 유행하기 시작했으며, 이는 이전에 공안국이 정리한 판본이 단지 공씨의 가문에서 전해지던 판본의 형식을 갖추었을 뿐이라는 것을 증명한다.

(2) 왕숙이 주석한 『공자가어』

금본 『공자가어』는 공안국이 정리한 이후 양한(兩漢)시기 공씨 가문에서 전해지는 과정을 거쳐 삼국시대 위나라의 왕숙에 이르러 마침내 세상에 공포되었다. 경학자였던 왕숙의 관점은 당시 유행하던 정현(鄭玄)의 학문과 약간 달랐다. 공자의 22세손 공맹은 가문에서 전해지던 『공자가어』를 왕숙에게 보여주었고, 왕숙은 이러한 자료가 자신의 학설과 일치하며 정현의 학문을 바로잡는 근거로 삼을 수 있다고 보았다. 그래서 그는 이러한 자료가 세상에 알려지기를 희망했으며, 이 책에 주석을 달아 세상에 유행하도록 했다. 왕숙이 『가어』를 주석한 것은 『공자가어』를 정식으로 연구하는 시작이었으며, 왕숙의 주석 또한 『공자가어』의 첫 번째 주석본이 되었다. 그는 금본(공안국본)『가어』가 유행하는데 특별한 공헌을 했다.

왕숙이 정현의 학문에 반대한 것은 왕숙과 다른 특별한 주장을 내세우기 위함이 결코 아니었다. 그러나 왕숙의 시대에 세상 사람은 이미 그를 많이 오해하고 있었다. 이러한 점에 대해 왕숙은 다음과 같이 말했다. "나는 어릴 때부터 학문에 뜻을 두고 정씨의 학문을 배웠다. 그러나 문리(文理)를 찾고 사실을 구해 위와 아래를 상고해 본 결과 의리(義理)가 타당하지 않았고 이리저리 뒤섞인 곳이 많아 순서를 찾아 바꿔놓게 되었다. 하지만 세상에서 나의 정성을 알지 못하고 도리어 이전의 스승을 반박한다 하여 괴이한 사람으로 지목한다.[自肅成童, 始志於學, 而學鄭氏學矣. 然尋文責實, 考其上下, 義理不安, 違錯者多, 是以奪而易之. 然世未明其款情, 而謂其苟駁前師, 以見異於人.]" 사실 삼국시대에 이르러 정현의 학문은 이미 그 폐단이 드러났다. 특히 번잡하고 신비적인 성격의 폐해는 이미 시대와 맞지 않았다. 이 때문에 "위진(魏晉)시기 청담(淸談)이 유행하던 전기에 정현에 반대하는 학설이 무성하게 일어났다. 장제(蔣濟)는 정현이 주석한 『제법(祭法)』을 비난했고, 왕찬(王粲) 또한 정현의 『상서(尙書)』에 대한 일을 비난했으며, 우번(虞翻)은 정현이 주석한 『상서』의 잘못을 상주했다."[7] 정현을 반대한 학자가운데 왕숙은 비교적 영향력이 있었을 뿐이었다.

학술은 언제나 끊임없이 발전한다. 당시 정현은 고금에 정통했고 많은 경전을 주석해 경학 발전에 중요한 공헌을 했다. 따라서 그는 경학사에서 매우 중요한 위치에 오르게 되었다. 왕숙의 시기에 이르기까지 정현의 학문

---

7) 賀昌群, 『魏晉淸談思想初論』, 商務印書館, 1999, p.20

은 이미 50여년이나 유행했으며, 그 결함이 계속해서 드러났다. 이러한 배경에서 왕숙은 정현의 잘못을 바로잡기 시작했다. 왕숙은 "내 어찌 논란을 좋아하랴마는 부득이해서 하는 일이다. 성인의 문화가 바야흐로 막히고 통할 수 없게 되자 공씨의 길에 가시나무가 차게 되었으니, 이 가시나무를 쳐 버리지 않을 수 있겠는가?(予豈好難哉? 予不得已也. 聖人之門, 方壅不通, 孔氏之路, 枳棘充焉, 豈得不開而辟之哉?)"라고 말했다. 학술방면에서 드러나는 왕숙과 정현의 관점 차이에 대해 『진서(晉書)』 「예의지(禮儀志)」에서 다음과 같이 분명하게 기재하고 있다. "3년의 상기(喪期)를 정현은 27개월이라 했고, 왕숙은 25개월이라 했다. 개장(改葬) 후의 상복을 정현은 3개월의 시복(緦服)을 입는다고 했고, 왕숙은 장사(葬事)를 마치면 입지 않는다고 했다. 개가한 계모가 죽은 후에 정현은 당연히 복상해야 한다고 했고, 왕숙은 계모를 따라 다른 집에 기거하면서 양육을 받았을 경우 비로소 복상한다고 했다. 8세가 되지 않아 요절한 아이의 경우 정현은 아이가 태어난 후 1개월이 되었으면 하루 곡을 한다고 했고, 왕숙은 곡의 일수를 복상 1개월로 고쳤다. 이와 같은 상황은 매우 많았다.[三年志喪, 鄭云二十七月, 王云二十五月; 改葬之服, 鄭云服緦三月, 王云葬訖而除; 繼母出嫁, 鄭云皆服, 王云從乎繼寄育乃爲之服; 無服之殤, 子生一月哭之一日, 王云以哭之日易服之月. 如此者甚衆.]" 당연히 그 두 사람의 차이가 여기에 그치는 것이 아니었다.

   왕숙은 정현을 반대하면서 첫째, 『성증론(聖證論)』을 지어 "정현의 단점을 비방했고", 둘째, 『상서박의(尙書駁議)』·『모시의박(毛詩義駁)』·『모시주사(毛詩奏事)』 등을 지어 정현을 비난했으며, 셋째, 『공자가어』를 빌어 정현을 반박하고 배척했다. 정현을 반박하고 비난하는 과정에서 『가어』는 '날카로운 칼'이 되었으며 그 '살상력'을 짐작할 수 있다. 이에 대해 왕숙 또한 자신이 공씨 집안에 전해지던 『공자가어』를 얻을 수 있었던 것은 뜻밖의 기쁜 일이었다고 거리낌 없이 말했다.

공자의 22대손 공맹(孔猛)의 집에 선인(先人)의 서적이 있으므로 그 옛날 서로 좇아서 배웠고, 그 뒤 얼마 안되어 내가 집에 돌아와서도 그 유래를 찾아봤더니 나의 하는 바와는 규구(規矩)가 중복된 듯 싶다. 옛날 중니(仲尼)가 말하기를, "문왕(文王)은 이미 죽었으나 그 문장은 여기 있지 않은가? 하늘이 장차 이 문장을 없애 버린다면 뒤에 죽는 자로서는 이 문장에 간여할 수 없겠거니 하늘이 이 문장을 없애 버리지 않는다면 아무리 광(匡) 지방 사람이기로 나에게 어찌할 수 있겠는가?" 하였다. 이 말은 하늘이 이 문장이 없어질까 염려하여 짐짓 자기로 하여금 이 문장을 천하에 전하도록 한다고 중니가 자부해서 한 말이다. 오늘날에도 혹 하늘이 이 문장을 어지럽게 하지 않고자 하기 때문에 나로 하여금 이 문장을 따라 배우게 하고 또 공맹을 좇아 이러한 의논을 얻게 하여 서로 공씨를 배우는 데 어김없음을 밝히게 하는 것이나 아닐까? 이런 까닭에 나는 성인의 실사(實事)가 장차 끊어져 버릴까 두려워하여 특별히 여기에 해설을 써서 일을 좋아하는 사람들에게 물려주려는 것이다.[孔子二十二世孫有孔猛者, 家有其先人之書, 昔相從學, 頃還家, 方取已來, 與予所論, 有若重規疊矩。昔仲尼曰 : "文王旣歿, 文不在茲乎? 天之將喪斯文也! 後死者不得與於斯文也! 天之未喪斯文, 匡人其如予何."言天喪斯文, 故令已傳斯文於天下, 今或者天未欲亂斯文, 故令從予學, 而予從猛得斯論, 以明相與孔氏之無違也.]

말할 필요도 없이 새로운 학술사상은 원래 영향이 매우 큰 학술사조에서 탄생하며, 매우 힘겨운 투쟁의 과정을 거친다. 왕숙은 이러한 과정에서 뜻밖에 공자에 관한 새로운 자료로 자신의 학설을 증명할 수 있었으니 그가 매우 흥분했다는 것을 어렵지 않게 이해할 수 있다. 그래서 왕숙은 "이는 모두 성인의 사실적인 논술이니 그것이 장차 없어질까 두려워 특별히 주석을 달아 좋은 일을 하는 군자에게 물려주려는 것이다.[斯皆聖人實事之論, 而恐其將絶, 故特爲解, 以貽好事之君子.]"라고 말했으며, 힘써 『공자가어』의 주석 작업을 했던 것이다.

특히 주의해야 할 것은, 왕숙은 『가어』주석의 많은 부분에서 『가어』의 잘못을 바로잡았다는 사실이다. 통계에 의하면 왕숙이 『가어』의 주석에서 『가어』의 내용에 회의를 드러내거나 잘못된 부분을 교정한 부분이 모두 19곳이었다. 「왕언해(王言解)」편을 예로 들면, 원문에 나오는 "1000보를 1정(井)으로 삼았고, 3정을 1낟(埒)로 삼았다.[千步爲井, 三井而埒.]"라는 문장에 대해 왕숙은 앞뒤 문장에 근거해 주해하면서 "이 말에 나오는 숫자는 정(井)을 말할 수 없다. 정은 방과 리의 명칭에서 나온 것이다. 이 부분은 잘못된 것으로 의심된다.[此說裏數, 不可以言井, 井自方裏之名. 疑此誤]"라고 말했다. 「육본(六本)」편에 나오는 "영성기가 성(郕) 땅에 다닐 때[榮聲期, 行乎郕之野]"라는 문장을 예로 들면, 왕숙은 "성(聲)은 마땅히 계(啓)가 되어야 한다. 혹은 영익기라 말해야 한다.[聲, 宜爲啓. 或曰榮益期也]"[8]라고 주석을 달았다. 이러한 부분을 통해 왕숙의 객관적인 태도를 짐작할 수 있다.

(3) 금본『공자가어』의 유전과 연구

왕숙 이전에『공자가어』는 비록 한나라 조정의 중시를 받지 못했고 학관에 세우지 못했지만 도리어 의심할 부분이 없었다. 사실상 역대로『공자가어』를 귀중하게 생각하고 특별한 가치가 있는 책이라 생각했던 유생이나 장서가들이 있었다. 또한 어떤 학자는 이 책을 세밀하게 연구했으며『공자가어』를 중시해야 한다고 호소했다. 그러나 이와 동시에 왕숙의 주석본이 세상에 알려진 이후 대대로 전해지고 연구되는 과정에서 끊임없이 이 책에 대한 회의와 비난이 일어나고 이 책이 '위서'라고 인정하는 관점이 나타났다. 사실은 이러한 관점이 나타난 것은 특정한 학술사조와 관련 있다.『공자가어』를 회의하고 부정하는 여러 관점을 분석해보면 그 결론은 모두 성립하기 어려운 것이다.

먼저 마소(馬昭)는 왕숙이『가어』에 "내용을 보태었다."라고 주장했다.

왕숙이 정현을 반대한 것은 경학 내부의 자아변혁에 속하는 것이었지 그가 '덮어놓고' 정현을 반대한 것이 아니었다. 왕숙의 학문은 위로 양한 경학

---

8) 王政之,『王肅「孔子家語注研究」』, 曲阜師範大學孔子文化學院, 2006年, 碩士學位論文, pp. 25-26.

을 계승하고 아래로 위진 현학을 열어 이성 발전의 추세에 순응했다. 그의 비판 속에 담긴 과도기적 성격이 바로 가치가 있는 부분이었다.

왕숙이 주석한 『공자가어』가 세상에 알려지고 널리 유행하자 정현의 후학인 마소(馬昭)가 즉시 왕숙이 『공자가어』에 내용을 보태었다고 공격했으며, 금본 『공자가어』에 어두운 그림자가 드리우기 시작했다.

> 『예기』「악기(樂記)」에서 "순 임금은 오현의 거문고를 타면서 남풍의 시를 노래했다."라고 말했다. 정현은 주(注)에서 "남풍은 기르고 양육하는 바람으로 부모님이 기르고 양육하는 것을 말한 것이다. 그 말은 듣지 못했다."라고 말했다. 공영달(孔穎達)은 소(疏)에서 다음과 같이 말했다. "살펴보니 『성증론(聖證論)』에서 『시자(尸子)』와 『공자가어』를 인용해 정현을 비난하면서 말하길, '옛날 순 임금이 오현의 거문고를 타면서 했던 그 말씀은 남풍이 솔솔 불어 우리 백성의 근심을 풀어주고, 남풍이 제때 불어 우리 백성의 제물을 풍성하게 한다는 말씀이다. 정현은 그 말은 듣지 못했고 그 뜻을 잃었다고 말했다.' 지금 마소가 살펴보고 '『가어』는 왕숙이 보탠 것이며 정현이 본 것이 아니다.' 또한 '『시자』는 잡설이며 경전을 바로잡는 증거로 취할 수 없다. 그러므로 그 말은 듣지 못했다.'라고 말했다."[『禮記』「樂記」: "舜彈五弦之琴, 以歌南風." 鄭注: "南風, 長養之風也, 以言父母之長養也. 其詞未聞." 孔穎達疏: "案: 『聖證論』引『尸子』及『孔子家語』難鄭云: '昔者舜彈五弦之琴, 其辭曰: 南風之熏兮, 可以解吾民之慍兮; 南風之時兮, 可以阜吾民之財兮. 鄭云: 其辞未聞, 失其義也.' 今案馬昭云: '『家语』, 王肅所增加, 非鄭所見.' 又『尸子』雜說, 不可取證正經, 故言未聞也.'"]9)

마소는 "『공자가어』는 왕숙이 보탠 것으로 정현이 보았던 것이 아니다."라고 말했다. 『통전(通典)』권91에서도 마소의 말을 인용해 "『공자가어』의 말은 분명 믿을 수 없다."라고 말했다.

이는 『공자가어』를 위서라 주장하는 사람이 늘 증거로 인용하는 자료이다. 사실 "그 말은 듣지 못했다."라는 말은 정현에 대해 말하면 사실이며,

---

9) 李學勤 主編, 『禮記正義』(『十三經注疏』, 標點本), 北京大學出版社, 1999, p.1099

왕숙이 『시자(尸子)』와 『공자가어』를 인용해 「남풍」의 가사를 쓴 것 역시 사실이다. 만약 『공자가어』의 내용 일부가 왕숙이 어떤 의도를 가지고 보탠 것이라 말한다면, 『시자』는 『한서』「예문지」에 분명하게 기재되어 있으며, 비록 잡가의 전적과 함께 배열되어 있지만 여전히 선진시대의 고적이다. 여러 학설을 융합하는 것이 시대의 조류인데 어찌 "『시자』가 잡설이며 경전을 바로잡는 증거로 취할 수 없다."라고 말하는 것인가? 가장 중요한 것은 "『시자』 역시 왕숙이 위조한 것이란 사실을 증명한 사람이 없다."[10]라는 것이다. 어떤 학자는 『수서(隋書)』「경적지(經籍志)」에 기재된 『시자』20권, 『목(目)』1권을 언급하고 주석에서 "양(梁)나라 때 19권과 그 9편이 없어졌다가 위(魏)나라 황초(黃初) 연간에 이어졌다.[梁十九卷, 其九篇亡, 魏黃初中续.]"라고 말했으며, 이로 인해 「남풍」의 가사가 실려 있는 『작자(綽子)』는 마땅히 속작(續作)으로 분류되어야 한다고 생각했다.[11] 사실상 이는 별 의미가 없다. 왜냐하면 설령 『시자』의 일부 편과 장이 위나라 황초 연간의 속작이라 하더라도, 적어도 왕숙이 지은 것이 아니란 것을 인정하는 것이기 때문이다.

『시자』에서 『가어』에 이르기까지 왕숙이 "남풍이 제때 불어 우리 백성의 재물을 풍성하게 한다."라는 구절을 보태어 정현을 반박했다고 생각하는 것은 일종의 선입견을 드러내는 것이며, 왕숙을 과소평가하는 것이다. 정현이 "그 말은 듣지 못했다."라고 했다면 왕숙은 『시자』에 근거해 정현을 반박하면 되는데 하필 자신이 다시 한 구절을 더해 쓸데없는 일을 했겠는가? 청대 전복(錢馥)이 마소의 말을 따라 왕숙이 원래 『공자가어』27편의 기초 위에서 다시 17편을 더했다고 단정하며, 편(篇)과 권(卷)의 구별이 없다고 생각하는

---

10) 胡平生, 「阜陽雙古堆漢簡與『孔子家語』」, 『國學研究』第7卷, 北京大學出版社, 2000, p.527
11) 王承略, 「論『孔子家語』的眞僞及其文獻價値」, 『烟台師範學院學報』, 2001年第3期.

것은 억측에 불과하다.12) 역사상 비록 편(篇)을 권(卷)으로 하는 사례가 있었지만 전복은 오히려 왕숙이 『가어』를 개조했다는 것을 전제로 논하므로 당연히 근거로 삼기에 부족하다. 여기에서 분명하게 알 수 있는 것은, 마소에서 비롯된 왕숙이 『공자가어』를 위조했다는 설의 기초가 이미 존재하지 않는다는 것이다. 옛사람이 명확한 증거를 위해 인용한 마소의 말은 단지 편견에서 나온 억측이었다.

　『예기(禮記)』「악기(樂記)」소(疏)에서 인용한 마소의 말은 『공자가어』 이후에 나온 말로 이해할 수 있으며, "왕숙이 첨가했다."라는 것은 반드시 왕숙이 '위조'했다는 것이 아니다. 그래서 마소는 이후에 다시 "정현이 본 것이 아니다."라고 말한 것이다. 그러나 어찌되었든 이후에 영향을 미친 마소의 관점을 과소평가할 수 없다. 이른바 '첨가설'은 역대로 모든 사람이 믿었다. 어떤 사람은 이로 인해 왕숙이 『가어』를 주석할 때 본래 없었던 내용을 보태 정현의 학문에 반대했다고 생각했으며 지금까지 많은 사람이 그렇게 생각하고 있다. 정현의 후학인 마소가 온갖 방법을 강구해 정현을 보호하려 했던 것은 충분히 이해할 수 있다. 마소가 『가어』는 "정현이 본 것이 아니다."라고 말한 것이 분명 사실이라 하더라도 "왕숙이 내용을 보태었다." "분명 믿을 수 없다."라고 말한 것은 순전히 추측에 불과한 말이다.

　후세에 많은 학자가 왕숙이 『가어』와 많은 저작을 '위조'했다는 학설을 받아들였다. 그 이유는 단 하나이다. 바로 왕숙이 정현을 반대했기 때문이다. 왕숙이 "정현을 반대했다."라는 것은 틀린 말이 아니지만, 왕숙이 "고의로 정현과 맞섰다."라는 것은 정확하지 않다. 그러나 이러한 견해를 견지하는 사람이 의외로 많았다. 예를 들어 손흠선(孫欽善) 선생은 『중국고문헌학사(中國古文獻學史)』에서 왕숙이 고대 문헌학에서 두 가지 특징을 보인다고 분명하게 주장했다. 하나는 오로지 정현의 학문에 맞섰으며 좋은 점과 나쁜

---

12) (淸) 錢馥, 「『孔子家語』疏證序」, 孫志祖撰, 『孔子家語疏證』, 式訓堂叢書本.

점이 동시에 있었다는 것이다. 다른 하나는 위서(僞書)를 많이 지었다는 것이다.13) 이러한 주장은 많은 사람의 견해를 대표했다.

그러나 어떤 학자는 한말(漢末)이래의 학술사를 연구해 당시의 주요 경향이 "오직 도의만 따르는 것이었다."라는 점을 제기했다. 따라서 정현은 고문(古文)과 금문(今文)에서 좋은 부분을 선택해 따랐으며 한 쪽으로 치우치지 않았다. 후세 학자는 대부분 왕숙이 고의로 정현의 학문과 맞섰다고 생각했지만 사실 정현의 학문과 왕숙의 학문에 같은 견해가 많이 있었다. 만약 왕숙이 고의로 맞섰다면 두 사람 사이에 존재하는 비슷한 견해는 어떻게 해석해야 하는가? 정현의 학문을 반대하는 사람이 보기에 정현의 학문은 "근본에서 벗어나고 바르지 않은" 학문이었기 때문에 왕숙은 자신이 "어지러움을 바로잡아 올바름을 회복한다."라고 생각했다.

왕숙이 받아들인 학술적 성향은 기본적으로 모두 정현의 학문에 반대하는 진영의 것이었다. 항상 보고 들어 익숙해지면서 자연히 정현의 학문과 다른 많은 견해가 형성되었던 것이다. 후세 사람이 왕숙의 학문과 정현의 학문은 비교적 큰 차이가 있었기 때문에 왕숙이 고의로 다른 학설을 세웠다고 주장하는 것은 분명 타당하지 않다.14) 사실 한말(漢末) 이래 제창한 독립적 사고경향은 왕숙이 『공자가어』를 주석한 태도에서 이미 분명하게 드러났다. 따라서 그는 "경전의 예(禮)를 찬술하면서 그 의(義)를 밝히려 했고, 조정에서 제도를 논할 때 직접 보고 들은 대로 말하려 했다."

왕숙이 주석한 다른 서적에서 어떤 부분은 『공자가어』에 나오는 내용과 다르다. 예를 들어 『공자가어』「교문(郊問)」에 공자가 노나라는 오직 하나의 교제(郊祭)만 있다고 주장한 말을 기록했다. 그러나 『예기』「교특생(郊特牲)」공영달(孔穎達)의 소(疏)에서 "노나라의 교제에 대해 스승의 말씀이 다

---

13) 孫欽善, 『中國古文獻學史』, 中華書局, 1994, pp.119-220.
14) 王志平, 『中國學術史』(魏晉南北朝卷), 江西敎育出版社, 2001, pp.142-144.

르다. 최씨(崔氏)와 황씨(皇氏)는 왕숙의 설을 인용해 노나라는 동지에 하늘에 제사를 지내고 음력 정월에 또한 농사가 잘 되기를 기원하며 제사를 지낸다."라고 말했다. 『가어』와 왕숙의 관점은 분명 다르다. 또한 묘제를 예로 들면, 『공자가어』「묘제(廟制)」에서 "천자는 7묘(廟)를 세우는데, 삼소(三昭)와 삼목(三穆) 그리고 태조묘를 합해 일곱이다."라고 말했다. 정현은 천자의 7묘는 태조묘 하나, 문왕(文王)과 무왕(武王)의 묘 각각 하나, 즉 2조(二祧)라 하며, 친묘(親廟) 넷을 합해 7묘라 생각했다. 왕숙은 『성증론(聖證論)』에서 2조(祧)를 고조의 부(父)와 고조의 조(祖)라 하고 태조와 사친묘(四親廟)를 더해 7묘(廟)라 생각했다. 문왕과 무왕의 묘는 7묘에 포함되지 않았다.15) 왕숙의 말에 의하면 천자는 당연히 9묘가 있어야 한다. 이는 분명 『가어』의 기록과 일치하지 않는다. 만약 왕숙이 『가어』를 '위조'하거나 내용을 고쳐 정현에 맞서고자 했다면 왜 자신의 논점에 불리하게 자료를 날조했겠는가? 그는 어째서 『가어』에 나오는 자신에게 매우 불리한 중요 자료를 삭제하지 않았겠는가?

　학술적으로 마소(馬昭)는 자신의 개성과 편견이 있었을 것이다. 한(漢) 말기부터 비록 주류 경향이 "오직 도의만 따르는 것"이었지만 마소는 예외였을 것이다. 어떤 학자가 다음과 같이 지적했다. "마소는 매우 강렬하게 스승으로서 마땅히 지켜야할 존엄한 도를 지키려는 사람이었지만, 더욱 정확하게 말하면 마소는 스승의 존엄을 지키려 한 것이었지 도의 존엄을 지키려 한 것이 아니었다. 만약 도의 존엄을 지키려 했다면 마땅히 냉정하게 왕숙이 반박해서 바로잡은 정현 주석의 잘못을 인정하면 되지 교묘하게 궤변을 늘어놓거나 여러 방법으로 이리저리 꾸며서 안 된다. 이러한 점에서 말하면 마소의 말은 "오직 도의만 따라야 한다." "오직 도의만 존재한다."라는 말과 거리가 매우 멀다.16) 같은 정현의 후학으로서 어떤 사람은 더욱 객관적이었

---

15) [魏]王肅, 『聖證論』, 馬國翰輯, 『玉函山房輯佚書』, 上海古籍出版社, 1990, pp.208-209.

다. 예컨대 위(魏)나라 박사 전경(田瓊)은 『공자가어』에 의거해 예를 의론했다. 만약 모두가 『가어』를 의심하고 왕숙이 주를 붙인 『가어』가 정현의 학문을 공격하기 위해 제멋대로 내용을 보탰다고 믿었다면 전경은 분명 『가어』를 인용하지 않았을 것이다.

청대의 어떤 사람은 다른 문제를 제기했다. 만약 문제가 없다면 왕숙이 왜 이처럼 중요한 저작을 학관에 세워야한다고 상주하지 않았겠는가? 설마 왕숙이 마음에 꺼림칙한 것이 있어 일을 그르칠까 걱정했겠는가? 범가상(范家相)이 바로 이처럼 생각했다. 그는 다음과 같이 말했다. "지금의 『가어』가 위나라 명제(明帝)시기에 나타났을 때 왕숙이 지은 『상서』·『시』·『삼례(三禮)』·『논어』및 『역전(易傳)』등이 모두 학관에 세워졌는데 『공자가어』만 홀로 상주되지 않았다. 만약 이 44편이 과연 공씨에게서 나왔다면 어찌 널리 드러내어 조정에서 들을 수 있도록 하지 않았겠는가? 아니면 장패지(張霸之)의 위서(僞書)에 교훈을 얻어 감히 그렇게 하지 못했던 것이 아닐까?"17) 이는 "죄를 씌우려고 한다면 어찌 구실이 없음을 걱정하겠는가."라는 의미를 지닌다. 이렇게 중요한 서적은 공자 후손이 여러 차례 노력하고 여러 차례 희망해서 상주했지만 모두 성공하지 못했는데, 어떻게 왕숙 시기에 다른 원인이 있을 수 없었으며, 어째서 왕숙이 위조했다는 것을 의미하겠는가? 만일 왕숙이 단지 일이 폭로될까 걱정했다고 말한다면, 그가 이 책에 주석을 단 후 유행하게 한 것이 "널리 드러내어 조정에서 들을 수 있도록"해 학관에 세우려는 것과 무엇이 다른 것인가?

왕숙이 『공자가어』를 위조했던지 아니면 고쳤든지 모두 왕숙과 그의 제자 공맹의 '공동작업'에 속한다. 생각해보면 영향력 있는 학자였던 왕숙이 설마 어리석게 혹은 뻔뻔스럽게 이러한 지경까지 이르렀겠는가? 설마 그가

---

16) 王志平, 『中國學術史』(魏晉南北朝卷), 江西敎育出版社, 2001, p.147.
17) (淸) 范家相, 『讀家語札記』, 載『家語證訛』, 會稽徐氏鑄學齋本, 淸朝 光緖15年.

정현을 비난하기 위해 이러한 일까지 했겠는가? 왕숙이 공자의 후손 공맹 혹은 공씨의 후손이 일의 진상을 들추어낼까 두려워하지 않았겠는가?

보아하니 왕숙이『공자가어』를 위조하거나 고쳤다는 말이 성립되기 어려울 뿐만 아니라 마소가『공자가어』는 왕숙이 첨가했다고 언급한 깃도 충분한 근거가 없이 왕숙이 마음대로『공자가어』의 내용을 첨가했다고 말한 것임을 알 수 있다.

둘째, 안사고(顔師古)가 주석하면서 말한 "지금 전하는『가어』가 아니다."

왕숙이『공자가어』를 주해한 이후 이 44편의『공자가어』판본이 유행하기 시작했다. 이로 인해 수·당 시기의 정사(正史)에 수록된『공자가어』는 모두 왕숙의 주석본이었다. 그러나 당대에『공자가어』의 다른 판본이 있었는지 없었는지는 논쟁이 되는 문제이다. 왜냐하면 당대 초기 안사고는 마치 왕숙이 주석한 판본 이외의『가어』판본을 본 것 같았다. 그는『한서』「예문지」에 수록된 '공자가어』 27권'을 주석하면서 "지금 전하는『가어』가 아니다."라고 말했다. 안사고의 주석은 우리에게 당대의『공자가어』와 한대의 것이 다르다는 것을 말해준다. 안사고는 왜『한서』「예문지」에 수록된 27권 본『공자가어』가 "지금 전하는『가어』가 아니다."라고 말했을까? 그 근거는 무엇일까? 안사고는 더 자세한 설명을 하지 않았다.

안사고의 말에 대해 후세 사람들은 서로 다르게 해석했다.

첫째, 안사고는 편과 권이 나눠지거나 합해지는 문제를 분명하게 하지 않고『한서』「예문지」에 실린 27권 본『공자가어』가 당연히 금본『가어』라 생각했다는 것이다.

둘째, 안사고의 말은 근거가 없는 것이고 그의 견해는 억측에 불과하다는 것이다.

셋째, 안사고는 분명 믿을 만한『공자가어』를 보았으며 따라서 이는 왕숙이 주해한 책이 '위서'에 속함을 증명한다고 생각하는 것이다.

첫 번째 견해에 대해 주의가 필요한 것은, 안사고가 명확하게 "지금 전하는 것이 아니다."라고 말한 부분이다. 『한서』「예문지」에 실린 27권 본에서 『수서(隋書)』「경적지(經籍志)」에 기록된 21권 본까지 비록 '7'과 '1'의 차이가 있지만 『수서』「경적지」는 명확하게 이 21권 본 『공자가어』가 왕숙이 주해한 것이라 말하고 있다. 『공자가어』의 권수에 대해 많은 학자가 당대 이전에는 모두 27권이었고, 당대 이후에는 10권으로 합해졌다고 생각했다. 『수서』「경적지」에 기록된 '21권'의 '1'은 마땅히 '7'을 잘못 적은 것이다.[18] 그러나 고적을 살펴보면 '1'과 '7'을 잘못 기록하는 경우는 극히 드물다. 음운과 훈고방면에서 보더라도 이렇게 잘못 기록하기가 쉽지 않다.

역사상 고서를 기록하는 재료의 변화로 인해 고서를 옮겨 베끼는 과정에서 권질이 나누어지거나 합해지는 것은 매우 정상적인 현상이었다. 일반적으로 글을 쓰는 재료가 끊임없이 발전함에 따라 각 권마다 포함하는 내용이 증가하고 일부 책의 권수가 때때로 감소되기도 했다. 『공자가어』 왕숙의 주석본이 『수서』「경적지」의 21권에서 두 권의 『신당서』, 『구당서』「경적지」내지 『송사(宋史)』「예문지」 등에 기록된 10권에 이르게 된 원인은 바로 이런 이유 때문이었을 것이다. 따라서 『한서』「예문지」의 '27권'에서 『수서』「경적지」의 '21권'에 이르는 상황은 이와 다르다.

두 번째 견해는 안사고의 관점을 억측이라 보는 것인데 아마도 이 역시 억측이라 여겨진다. 당대에 이르러 서적이 전해지는 상황은 진한 교체기의 상황과 달랐을 것이다. 선진시기의 고문(古文)에서 전한시기 금문(今文)으로 쓰여 질 때까지 적지 않은 서적의 고문과 금문을 비교하면 "각기 다른 뜻으로 말을 더하기도 하고 빼기도 했으며", "같은 사실을 다르게 해석하는" 상황을 어렵잖게 알 수 있다. 문자를 정리하고 꾸미고 베껴 쓴 시기에 대해 그 의미를 풀이하는 것은 더욱 보편적이었다. 그래서 같은 책이라도 다른 글자와 어구가 존재할 수 있었다. 안사고 시기에도 이미 이러한 상황이었을

---

18) 周洪才, 『孔子故里著述考』, 齊魯書社, 2004, p.306

것인데 하물며 '27권'과 '21권' 사이의 차이가 있었겠는가. 학식이 넓은 학자인 안사고가 한 말은 아무런 근거 없는 말이 아니었을 것이다. 분명히 알 수 없는 상황에서 우리가 급하게 결론을 내려서 안 된다.

세 번째 견해에 대해, 상식적으로 만약 안사고가 왕숙이 주석한 판본과 다른 『공자가어』를 보았다면 당연히 사지(史志)에 기록되었어야 한다. 사실상 『한서』「예문지」를 제외하고 다른 사지에서 이 '27권'의 판본을 기록하고 있는 곳이 하나도 없다. 안사고가 말한 왕숙이 주석한 판본과 다른 『공자가어』의 내용 혹은 자료가 있었을 가능성은 존재한다. 왜냐하면 이전에 이미 비부(秘府)에 소장된 책이 존재했으며, 또한 안사고와 대략 같은 시기의 사마정(司馬貞)이 『사기색은(史記索隱)』에서 인용한 『가어』의 내용이 오늘날 전하는 판본에 있는 것도 있고 없는 것도 있다는 것은 『가어』가 전해진 상황에 약간의 문제가 있다는 것을 설명하는 것이기 때문이다.

그러나 한 가지 사실에 반드시 주의해야한다. 그것은 바로 사마정이 『사기색은』에서 인용한 『가어』가 대체로 금본과 같다는 것이다. 이 책은 모두 『가어』의 67조목을 인용했다. 그 중 금본 『가어』와 다른 부분이 모두 19조목이며, 금본 『가어』에 없는 부분이 4조목이다. 그 나머지는 「공자세가(孔子世家)」에서 공자의 가문을 기록할 때 인용한 『가어』와 금본 『가어』「본성해(本姓解)」와 약간의 차이가 있는 것을 제외하면 기본적으로 모두 글자를 베끼는 과정에서 발생한 차이이다. 예를 들어 「중니제자열전(仲尼弟子列傳)」에서 공야장(公冶長)을 서술할 때 『가어』를 인용해 "노나라 사람으로 이름이 장(萇)이다."라고 말했는데, 금본 『가어』에서는 "노나라 사람으로 자는 자장(子張)이다."라고 기록했다. 전해지는 과정에서 『가어』는 더해지거나 빠지기도 하고 혹은 경문(經文)이 정문(正文)에 끼어 들어가는 경우도 있었는데 이는 고적이 전해지는 과정에서 언제나 볼 수 있는 현상이었다. 이를 왕숙의 주석본이 '위서'에 속하는 증거로 삼는 것은 그다지 큰 설득력이 없어 보인다.

그러나 세 번째 견해의 객관적인 영향이 너무 크다. 안사고의 견해로 인해 사람들은 왕숙과 그의 주석본을 의심했던 것이다. 예를 들어 송대 장여우(章如愚)가 편찬한 『군서고색(群書考索)』은 권10에서 『중흥서목(中興書目)』을 인용해 "반고(班固)의 『한서』「예문지」에 따르면 『공자가어』는 27권이다. 안사고의 주석에서 오늘날 전하는 『가어』가 아니다. 왕숙이 주석한 것으로 의심할 만하다."라고 말했다.

 이상의 세 가지 인식에 모두 일정한 문제가 있다면 진실한 내용은 도대체 어떠한가? 우리가 생각하기에 안사고의 말은 반드시 근거가 있을 것이며, 그는 적어도 일정한 단서를 발견했을 것이다. 그렇기 때문에 그는 『한서』「예문지」에 수록된 판본이 "오늘날 전하는 『가어』가 아니다."라고 확정했을 것이다. 『한서』「예문지」를 살펴보니 『가어』는 '논어류(論語類)' 12가(家)에 수록되어 있는데, 이 12가는 다음과 같이 나누어진다.

> 『논어(論語)』 고(古)21편.
> 『제(齊)』 22편
> 『노(魯)』 20편, 『전(傳)』 19편.
> 『제설(齊說)』 29편.
> 『노하후설(魯夏侯說)』 21편.
> 『노안창후설(魯安昌侯說)』 21편.
> 『노왕준설(魯王駿說)』 20편.
> 『연전설(燕傳說)』 3권.
> 『주의(奏議)』 18편.
> 『공자가어(孔子家語)』 27권.
> 『공자삼묘(孔子三廟)』 7편.
> 『공자도인도법(孔子徒人圖法)』 2권.

 『한서』「예문지」에 실린 이 12가는 모두 229편이다. 구설에서 "편과 권을 하나로 합했다."라고 말했다. 가령 위에 보이는 권을 모두 편이라 하더라도 그 수를 더해보면 212편이며, 총 편수와 비교해 17편이 적으므로 반고의 '논어류 12가'에 대한 기록은 분명 편과 권이 구분되어 있었음을 알 수 있다.

이상의 12가 중 단지 『연전설(燕傳說)』, 『공자도인도법(孔子徒人圖法)』, 『공자가어』 3가만 '권'을 단위로 한다. 따라서 이 17편은 마땅히 나누어져 이 3가에 속해야 한다. 만약 이 17편이 전부 『가어』에 속한다면 27권본『가어』는 마땅히 44편이 되어야 한다. 그렇지만 『한서』「예문지」에 수록된 상황을 통해 『가어』의 편수는 반드시 44편보다 적음을 알 수 있다. 이상 수량을 살펴봄으로서 『한서』「예문지」에 수록된 『가어』가 44편보다 적은 것이 충분히 설명된다. 이는 사실상 『가어』 공안국 서(序)의 견해를 증명하는 것이며, 즉 공안국 이전에 이미 『공자가어』가 있었음을 증명하는 것이다.[19] 우리는 『한서』「예문지」의 '27권'본 『가어』가 당연히 공안국의 '44편'본과 다른 것이고, 이것은 유향(劉向) 등이 수록해 비부(秘府)에 보관하던 관본(官本)이며, 이 관본은 비교적 엉성해 공안국본에 크게 미치지 못했다고 추측할 수 있다.

처음 공안국이 정리해 순서를 배열한 『공자가어』가 비록 가전(家傳)의 형식으로 전해졌지만 그가 의거한 자료는 줄곧 비부에 보관되어 있었다. 바로 공안국이 『공자가어후서(孔子家語後序)』에 말한 바와 같다.

> 효경제(孝景帝) 말년, 천하에 산재한 예서(禮書)들을 모으자 이윽고 사대부들은 모두 관(官)에 서적을 보냈고, 여씨(呂氏)가 전한 『공자가어』를 얻을 수 있었다. 그러나 제국사(諸國事)와 더불어 72제자들의 말과 함부로 뒤섞여 이해하지 못할 지경이 되었기에, 장서(掌書)가 담당하여 『곡례(曲禮)』 등 여러 편의 어지러운 죽간들을 합하여 비부(秘府)에 소장하게 되었다.[孝景帝末年, 募求天下禮書, 於時士大夫皆送官, 得呂氏之所傳孔子家語, 而與諸國事及七十二子辭妄相錯雜, 不可得知, 以付掌書, 與曲禮衆篇亂簡, 合而藏之秘府.]

여기에서 두 부분이 매우 분명하다. 첫째, 이들 자료의 수량이 적지 않았다. 왜냐하면 "사대부가 모두 관에 서적을 보냈고"에서 '모두'라는 글자가

---

[19] 魏瑋, 「『孔子家語』"三序"硏究」, 曲阜師範大學孔子文化學院 2009年 碩士學位論文.

문제를 매우 잘 설명하기 때문이다. 둘째, 이들 자료는 매우 난잡했다. 『가어』는 고문에 속해 단독으로 보관하지 않았으며, 분명 "여러 나라의 일 및 72제자의 말과 함부로 뒤섞여 있었다." 본래 정리하기 어려운 어지러운 한 무더기 죽간이었는데 장서(藏書)를 맡은 관리가 더욱 어지럽게 했으며, "『곡례(曲禮)』의 여러 편과 어지러운 죽간을 함께 비부에 보관했다." 공안국이 비부에 소장된 이들 자료를 보고 "부본(副本)을 모아 모두 가지게 되었다. 공안국은 자료를 모두 얻은 이후 "사건의 종류별로 순서를 매기고" 한 차례 선별작업을 했다. 그렇다면 공안국의 '44편'본 『가어』는 당연히 그가 스스로 편집한 결과물이며, 비부(秘府)본은 분명 이러한 모습이 아니었을 것이다. 비부에 소장된 자료와 비교하면 공안국의 판본은 그 수량이 매우 적었다. 왜냐하면 공안국의 분석과 연구를 거치면서 '중복해서 수록하지 않은' 내용이 있고 또한 '모두 취하지 않은' 부분이 있었기 때문이다.

그러나 유향 등이 비부의 고서를 정리할 때 이처럼 뒤죽박죽인 자료를 보면서 공안국처럼 자세하게 정리하지 않았을 것이다. 가장 큰 가능성은 그들은 먼저 대략적인 분류를 진행했을 것이며, 그런 다음 '여러 나라의 일 및 72제자의 말'이 함부로 뒤섞인 『가어』의 자료를 '이미 『예기』에 있으며', "『가어』에서 제외된 본편"을 실행 기준으로 해서 27권본 『공자가어』를 정리하고 편집했을 것이다. 이처럼 관본(官本) 『공자가어』의 편수는 비록 공안국본의 44편을 넘어서지 않았지만 내용상에서 오히려 금본 『가어』를 적지 않게 초과했다. 그리고 위진 시기의 『중경부(中經簿)』 등 도서 목록이 보이지 않기 때문에 『수서』 「경적지」에 수록된 21권본 『가어』가 오늘날 볼 수 있는 공안국본 『가어』에 수록된 가장 초기 기록이 되었다. 그 증거가 『수서』 「경적지」에 실려 있는 21권본 『가어』 왕숙의 주석본이다.

비록 이상의 판단에 일정한 추측의 성분이 있지만 어느 정도 긍정할 수 있는 것은, 이들 자료가 어지럽게 흩어져 정리되지 않고 뒤죽박죽이었다는 것이다. 바로 이러한 이유로 인해 공안국이 그 자료의 순서를 배열하고 편집했던 것이며, 이러한 이유로 인해 유향이 간단하게 정리하면서 "원래의 모습을 없애고 지엽적인 부분만 남기는" 작업을 진행했던 것이다. 따라서 한대에는 학관(學官)에 배열되지 않았으나 유향이 『설원(說苑)』 등의 책에서 그러한 자료를 사용했다. 또한 이러한 이유로 인해 왕숙이 주해한 21권본 『공자가어』가 세상에 알려진 후 27권 본이 사라지게 되었다. 이처럼 안사고가 말한 "지금 남아있는 『가어』가 아니다."라는 말 역시 어렵지 않게 이해할 수 있는 것이다.[20]

셋째, 왕백(王柏)은 왕숙이 '잡다하게 취한' 여러 서적을 분리하고 엮어서 완성했다.

마소(馬昭)와 안사고 등의 견해가 후세 사람의 『가어』에 대한 관점에 영향을 주었지만 그들은 누구도 왕숙이 『공자가어』를 위조했다고 생각하지 않았다. 왕숙의 위조설을 정식으로 제기한 사람은 송대의 왕백이었다. 그는 "오늘날의 『가어』 10권은 모두 44편인데, 왕숙이 『좌전』·『국어』·『순자』·『맹자』·『이대(二戴)』의 나머지를 잡다하게 취하고, 정교하고 조잡한 것을 뒤섞고 앞뒤를 나누고 엮어서 완성했으며, 공안국의 이름에 의탁한 것이다."[21]라고 말했다. 이때부터 왕숙의 위조설이 유행하기 시작했다.

왕백 자신의 견해에 의하면, 그는 주희의 『중용집주(中庸集注)』를 읽을 때 『가어』로 『중용』을 증명하면서 이 둘을 비교해 "빠진 것도 있고 더해진 것도 있다."는 것을 발견했다. 그래서 회의가 생기고 주희의 『가어』에 대한 관점에 대해서도 의문이 생겼다. 주희는 『가어』가 "비록 기록된 것이 불순하지만 분명 당시의 책이다."라고 생각했으며, "그 책은 결점이 많지만 왕숙이 지은 것은 아니다."[22]라고 말했다. 그래서 왕백은 『가어』를 연구했지만 연구의 결과 도리어 "크게 의심할 만하다."라고 생각했.

---

20) 魏瑋, 「『孔子家語』"三序"研究」, 曲阜師範大學孔子文化學院 2009年 碩士學位論文.
21) (宋)王柏, 『家語考』, 載『魯齋集』(四庫全書本, 卷1186), 上海古籍出版社, 1989, 卷9.
22) (宋)朱熹, 『戰國漢唐諸子』, 載(宋)黎靖德編『朱子語類』, 中華書局, 1986, 권137, p.3252

우리는 일찍이 금본『공자가어』와 현존하는『예기』의『중용』을 비교한 적 있다. 금본『중용』의 일부분이『공자가어』에 보이는데, 주희가 장을 나눈『중용』제20장은 '박학지(博學之)' 이후의 일부분을 제외한 앞의 대부분이『가어』권4에 나오는 「애공문정(哀公問政)」편과 기본적으로 같다. 우리가 생각하기에 사실적인 상황은 당연히 대성(戴聖)이『예기』를 편집할 때 「애공문정」의 내용을『중용』에 넣은 것이다.[23]

주희는 이미 두 책의 관계를 지적했다. 그는『중용』을 주석하면서 "『공자가어』도 이 문장을 기재하고 있는데 그 글이 더욱 상세하다."라고 말했다. 그는 또한 "'박학지(博學之)' 이하가『가어』에 없으니, 생각건대 저『가어』에 빠진 글이 있거나, 그렇지 않으면 이것은 혹시 자사(子思)가 보충한 글이 아닐까!"[24]라고 말했다. 그러나 주희는 금본『중용』의 의리(義理)에 전념했기 때문에『가어』와『중용』의 내용을 대조해 계속해서 의문을 제기하지 않았다.『가어』「애공문정」과『예기』「중용」의 통하는 부분을 비교하면 공연(孔衍)이 상주한 말이 거짓이 아님을 설명할 수 있다. 사실상『가어』와『예기』의 상응하는 많은 부분이 이와 같다. 만약 편견이나 선입견을 갖지 않는다면 반드시『가어』가『예기』를 잡다하게 취한 흔적을 볼 수 없을 것이다.[25] 사실은 정반대이다. 다른 문헌의 수많은 자료가『가어』에서 나온 것이어서 적어도『가어』가『예기』보다 더욱 오래되었고 꾸밈이 없다는 것을 알 수 있다. 사실상『대대례기』등『공자가어』와 관련 있는 수많은 내용도 모두 이와 같다. 예를 들면, 서로 관련 있는 부분 가운데『가어』에 나오는 '작기능

---

23) 楊朝明, 「『中庸』成書問題新探」, 山東師範大學齊魯文化研究中心編『齊魯文化研究』第3輯, 山東文藝出版社, 2004.
24) (宋)朱熹,『中庸章句集注』, 中華書局, 1983, p.32
25) 필자는 우리 학교 전문사(사상사) 전공 석사과정 학생들에게 '중국사상사전제(專題)와 사료선독'을 개설하여『예기』·『대대례기』와『가어』의 상응하는 부분을 비교하게 하였는데, 이러한 작업을 통해 문자의 차이와 그를 통해 드러난 문헌의 인혁(因革) 정보에 대한 여러 사람의 결론은 기본적으로 일치하였다.

(爵其能, 능력 있는 사람에게 벼슬을 주고)', '거폐방(擧廢邦, 없어진 나라는 일으켜 주고)'은 『예기』에서 각각 '존기위(尊其位, 그 작위를 존중하고)', '거폐국(擧廢國, 없어진 국가를 일으키고)'으로 고쳐져 있다. 이렇게 바뀌는 것은 어렵지 않게 이해할 수 있다.

한대에 "유씨(劉氏)가 아니면 왕이 될 수 없다."라고 했으므로 단지 극소수 다른 성씨의 공신만 제후에 책봉되었다. 작위를 받는 것은 매우 민감한 문제였으므로 근본적으로 "능력 있는 사람에게 벼슬을 주고"라는 말을 거론할 수 없었다. 『예기』의 편찬자가 그 문장을 "그 작위를 존중하고"로 고친 것은 당시에 어쩔 수 없는 것이었다. '거폐방'이 '거폐국'으로 변하게 된 것은 자연스럽게 고조 유방(劉邦)의 이름을 피하기 위한 것이었다. 대성(戴聖)이 『예기』를 편찬하고 수정하면서 어찌 '폐방(廢邦)'이라는 두 글자가 예서(禮書)에서 눈에 띄는 것을 허락할 수 있었겠는가.

비교 연구를 하면서 우리는 『예기』의 편찬과 수정이 의심의 여지없이 『공자가어』 이후에 이루어졌음을 발견할 수 있었다. 이는 앞서 서술한 『가어』가 편찬되고 전해진 상황과 완전히 일치한다. 이러한 결론에서 보면 왕백이 "『이대(二戴)』의 나머지를 잡다하게 취하고", "정교하고 조잡한 것을 뒤섞고 앞뒤를 나누고 엮어서 완성했다."라는 견해는 확실히 말이 되지 않는다.

왕백이 제기한 『가어』의 위조설은 당시 경서를 의심하고 고대를 의심하는 의경(疑經), 의고(疑古)의 사조에 영합하는 것으로서 사실 왕백 자신의 학술적 개성과도 관련 있었다. 청나라 사람이 그를 평가하며 말했다.

> 왕백(王柏)은 망령된 기개와 개인적인 억측으로 고경(古經)을 멋대로 고치길 좋아했다. 『시(詩)』 삼백편(三百篇)을 거듭 산정(刪定)하여 책으로 썼고, 『서경(書經)』 「주서(周書)」의 고(誥)와 「상서(商書)·반경(盤庚)」의 모든 훌륭한 말을 배격하기를 거리끼는 바가 없게 하였으니 사뭇 교훈으로 삼을 수 없을 정도이다. …… 이후에 비록 자신의 학문을 굽혀 기질이 다듬어졌지만, 고상한 것만 좋아하고(눈만 높아서) 다른 것에만 힘쓰려는 의지가 때때로 자신을 제어하지 못할 지경이 되었다. 그래서

마땅히 그것을 뽑아내어야 하지만, 제멋대로 상식을 벗어나 결국에는 감히 공자(孔子)가 손수 정해놓은 경(經)을 공격하였다. 그의 시문(詩文)은 비록 애써서 수렴되더라도 억지로 이치에 견강부회해 놓은 것이며, 송신(宋臣)들이 억지로 승척(繩尺)을 이룬 것을 일부러 끌어다 붙인 자취가 때때로 드러나니 결국 주렴계(周濂溪)와 같은 제유(諸儒)들이 매우 순정하고 순수하여 자연히 도(道)와 합치되는 것과 같지 않다[柏好妄逞私臆, 竄亂古經. 『詩』三百篇, 重爲刪定書之; 周誥殷盤, 皆昌言排擊. 無所忌憚, 殊不可以爲訓. ……後雖折節學問, 以鎔煉其氣質, 而好高務異之意, 仍時時不能自遏. 故當其挺而橫決, 至於敢攻孔子手定之經. 其詩文雖刻意收斂, 務使比附於理, 而宋臣强就繩尺, 時露有心牽綴之跡, 終不似濂溪諸儒深醇和粹自然合道也].26)

왕백은 바로 이러한 기풍으로 『가어』를 연구했다. 그는 주희를 존중했지만 "『가어』는 선진시기의 고서이며" 그것은 "초기에 논한 것이다."라는 주희의 말을 의심했으며, 주희가 당시 깊이 사고할 기회가 없었기 때문에 『중용집주』에서 그렇게 말한 것이라 생각했다. 왕백은 『가어』의 위조가 한 번에 그친 것이 아니라 실제로 여러 차례 계속되었다고 생각했다. 그는 다음과 같이 말했다. "『가어』는 수사(洙泗)에서 전해진 정통 전적이었지만 불행히도 다섯 차례 고쳐졌다. 첫 번째는 진나라 때 고쳤고, 두 번째는 한나라 때 고쳤고, 세 번째는 대대(大戴)가 고쳤고, 네 번째는 소대(小戴)가 고쳤으며, 다섯 번째는 왕숙이 고쳤다. 수사의 유풍과 여운이 사라지고 다시 존재하지 않았다." 그는 금본 『가어』가 편찬되고 전해진 상황을 제대로 이해하지 못했다. 특히 성실하게 대조해서 연구하지 않았으며 도리어 "금본 『가어』로 『중용』을 바로잡는 것은 적절하지 않다."라고 생각했다. 그는 또한 주관적으로 주희 말년의 논술에 의거해 오랜 시간이 지나 그의 『가어』에 대한 관점이 "반드시 바뀌지 않은 것은 아니었을 것이다."라고 생각했다.

왕백의 『가어』에 대한 '고증'은 사실 그 어떤 확실한 증거도 없다. 그가 "왕숙이 『좌전』·『국어』·『순자』·『맹자』·『이대(二戴)』의 나머지를 잡다하

---

26) 『四庫全書總目』「集部」「別集類3」「魯齋集提要」, 上海古籍出版社, 1989, 권1186, pp.1-2

게 취하고, 정교하고 조잡한 것을 뒤섞고 앞뒤를 분리하고 엮어 완성했다고 생각한다."라고 자술한 바와 같이 원래 그의 결론은 자신의 근거 없는 생각에서 나온 것이었다. 그러나 그가 '생각해' 나온 이 결론은 오히려 후세에 비교적 큰 영향을 미쳤다. 예를 들면 명대(明代) 하맹춘(何孟春)은 왕백의 고견을 받아들인 듯 "공안국과 향지구(向之舊)에서 왕숙에 이르기까지 몇 차례 고쳤는데 지금 다시 혼란해져 진실을 잃었다."라고 말했다. 하맹춘은 특히 금본『가어』를 불신한다는 점에서 왕백의 관점과 같았다.

네 번째, 사고관신(四庫館臣)은 "위작이지만 없앨 수 없다."고 생각했다. 왕백이 "분리했다."라는 말은 매우 큰 영향을 미쳤다. 사고관신의 견해가 대표적이라 할 수 있다.『사고전서총목제요(四庫全書總目提要)』의「자부(子部)1」,「유가류(儒家類)」,「가어(家語)」(제요)에 관련 쟁론이 서술되어 있다.

왕백(王柏)의『가어고(家語考)』에서 이르기를, "44편의『가어(家語)』는 결국 왕숙(王肅)이 개인적으로『좌전(左傳)』·『국어(國語)』·『순자(荀子)』·『맹자(孟子)』·『대대례기(大戴禮記)』·『소대례기(小戴禮記)』에서 자료를 취하여 이리저리 찢어 나누어 짜 맞추어 만든 것이다. 공연(孔衍)의「가어서(家語序)」 또한 왕숙이 스스로 만든 것이다."고 하였다. 다만 사승조(史繩祖)의『학재점필(學齋佔畢)』에서 이르기를, "『대대례기』한 책은 비록 14경(經)의 반열에 있지만 그러나 그 대강은『가어』에서 여러 가지를 취하였고, 이를 분석하여 편목(篇目)으로 삼은 것이다.「공관(公冠)」편의 '성왕(成王)의 관례(冠禮) 축사(祝辭)' 내용에는 '선제(先帝)' 및 '폐하(陛下)'라는 글자가 기재되어 있는데, 주(周)나라 초기에 어찌 이러한 단어가 있을 수 있겠는가?『가어』에서는 다만 '왕(王)'자로 칭한 것에 그치니 마땅히『가어』가 정본(正本)이 된다."라고 운운하였다. 이제 "폐하께서 선왕의 밝은 빛을 각기 드러내시어[陛下離顯先帝之光曜]" 이하의 구절을 상고해 보면, 편 안에 이미 "효소관사(孝昭冠辭)"라고 밝혀 놓았는데, 사승조는 이를 잘못 이어서 축옹(祝雍)의 말로 삼았으니 매우 잘못 고증한 것이다. 대개 왕숙이「공관」편을 습취(襲取)하여「관송(冠頌)」편으로 삼고는, 이미 "성왕관사(成王冠辭)"에 "효소관사"를 잘못 합해 놓은 것이기에 '선제'나 '폐하' 글자를 산거(刪去)한 것이다.『가어』가『대대례기』를 습취한 것이지『대대례기』가『가어』를 습취한 것은 아니라는 사실은 이 한 조목이 명확한 증거라 할 수 있다. 그리고 『가어』가 다른 서적에서 찢어 나누어 만들어졌다는 것 또한 종종 이러한 종류라 할 수 있다. 반복하여 고증하면 『가어』가 왕숙의 손에서 나왔다는 것은 의심할 수 없다. 다만 유전(流傳)된 것이 이미 오래 되어 유문(遺文)과 일사(軼事)가 종종 『가어』 안에서 많이 보인다. 그러므로 당대(唐代) 이래로 위서(僞書)임을 알면서도 폐기할 수 없었던 것이다[王柏『家語考』曰 : 四十四篇之『家語』, 乃王肅自取『左傳』、『國語』、『荀』、『孟』、二『戴記』割裂織成之. 孔衍之『序』, 亦王肅自爲也. 獨史繩祖『學齋占畢』曰 : "『大戴』一書雖列之十四經, 然其書大抵雜取『家語』之書, 分析而爲篇目, 其『公冠』篇載成王冠祝辭內有'先帝'及'陛下'字, 周初豈曾有之? 『家語』止稱'王'字, 當以『家語』爲正"雲雲. 今考"陛下離顯先帝之光曜"已下, 篇內已明雲"孝昭冠辭", 繩祖誤連爲祝雍之言, 殊未之考. 蓋王肅襲取「公冠」篇爲「冠頌」, 已誤合"孝昭冠辭"於"成王冠辭", 故刪去"先帝"、"陛下"字. 『家語』襲『大戴』, 非『大戴』襲『家語』, 就此一條, 亦其明證. 其割裂他書, 亦往往類此. 反復考證, 其出於肅手無疑. 特其流傳旣久, 且遺文軼事, 往往多見於其中, 故自唐以來知其僞而不能廢也].

    사고관신이 "다른 책을 분리했다."라고 말한 것은 왕백의 견해와 일맥상통한다. 그들의 논술 가운데 그 핵심이 되는 논거는 단지 『가어』가 『대대례기』를 본떴다는 것 하나이다. 이것이 바로 그들이 내세운 '명확한 증거'라는 것이다. 그러나 진지하게 연구하면 이러한 증거는 성립하기 어렵다.

    사고관신은 사승조(史繩祖)를 비평했지만 사실 그들은 자세하게 살피지 않았다. 당연히 사승조의 말에도 편파적인 부분이 있었다. 『대대례기』가 비록 『가어』의 내용을 잡다하게 취했지만 「공관(公冠)」편에 나오는 '선제(先帝)', '폐하(陛下)' 등등은 분명 『가어』에 있었던 것이 아니라 『대대례기』의 편집자가 첨가한 '효소관사(孝昭冠辭)'에 속하는 것이었다. 그리고 『사고제요(四庫提要)』에서 『가어』가 『대대례기』를 그대로 베꼈다는 것은 왕숙이 「공관」편을 본떠 「관송(冠頌)」편으로 삼고 이미 '성왕관사(成王冠辭)'에 '효소관사'를 잘못 합해놓은 것이기에 왕숙이 '선제', '폐하' 등의 글자를 삭제했다는 것이다. 사실 『가어』에 근본적으로 '효소관사'라는 것이 없었다. 사고관신은 최소한 자료를 대조하는 작업조차 하지 않았으면서 오히려 사승조의 견해를 "매우 잘못 고증한 것이다."라고 비판했다. 매우 분명한 것은 그들은 『공자가어』가 "왕숙의 손에서 나온 것은 의심할 바 없다."라는 선입견을 가지고 문제를 비판하고 논의 했다는 것이다.

한대의 학자들이 『대대례기』를 편집할 때 『가어』 등의 책과 기타 자료를 모은 이후 약간의 편집을 했는데 『대대례기』 중에 오히려 『가어』 등 책의 원래 모습을 볼 수 없다. 이는 『예기』가 『가어』에서 자료를 취한 것과 마찬가지로 "원래의 모습을 없애고 지엽적인 것만 남겨두는[滅其原, 存其末]" 행위가 있었다는 것이다. 게다가 『가어』의 위조설이 큰 영향을 미치면서 『공자가어』와 『대대례기』의 자료 가운데 어떤 것이 근본이고 어느 것이 말단인지 매우 이해하기 어려워졌다. 예를 들어, 어떤 학자는 『대대례기』를 연구하면서 『가어』를 배척했으며, 『대대례기』를 『가어』로 개편할 때 "대부분 좋지 않은 부분이 있고, 관련 문장이 분명하지 않았으며[多有不善, 屬辭不能明白]", 『대대례기』를 해설할 때 부득이하게 견강부회하고 왜곡했다. 청대학자 왕빙진(王聘珍)이 바로 이러했다. 예컨대 어떤 문장에서 『가어』의 말은 뜻이 명확했지만 『대대례기』는 사람들이 이해하기 어려웠다. 왕빙진은 단지 왜곡해서 해석했기 때문에 비록 뜻은 통했지만 공자 본래의 뜻과 이미 큰 차이가 있었다.[27]

사고관신이 『공자가어』는 "없앨 수 없다."라고 말한 것은 문제가 없다. 사실상 역대로 『가어』를 중시해야 한다는 사람이 많이 있었다. 사고관신조차도 『사고전서간명목록(四庫全書簡明目錄)』을 편집할 때 『공자가어』를 '유가류(儒家類)'의 앞에 배열했다. 그들은 다음과 같이 해석했다. "『가어』는 비록 그 이름이 『한서』 「예문지」에서 보이지만 책이 오랫동안 전해지지 않았다. 금본은 아마도 왕숙이 이에 근거해 정현의 학문을 공격했던 것으로 마소(馬昭) 등 많은 유학자가 이미 상세하게 논했다. 하지만 비록 왕숙이 위조

---

27) 楊朝明, 「讀 『孔子家語』 札記」, 『文史哲』 2006年 第4期.

했으며, 분명 여러 책에 실려 있는 공자에 관한 이야기를 분리하고 엮어 편을 구성했지만 공자의 미언대의가 항상 있었기 때문에 유가의 책을 편집하는 사람이 언제나 으뜸으로 삼았다."28)

그러나 사고관신이 "당나라 이래 그것이 위작임을 알았다."라고 한 말은 사실보다 과장된 것이었다. 물론 삼국시대 마소의 말이 사람이 『가어』를 회의하게 했지만 그가 『가어』를 위작이라 말한 것은 아니다. 당대에 편찬한 『수서』「경적지」는 더 나아가 『가어』에 대한 견해를 표명하면서 다음과 같이 말했다. "『논어』는 공자의 제자들이 기록한 것이다. 공자는 육경을 서술하고 수사(洙泗) 유역에서 강의했는데 문하생이 3000명이었으며, 뛰어난 제자가 70명이었다. 제자들과 스승이 묻고 답한 내용과 서로 이야기한 말이 도에 부합했다. 어떤 제자는 그러한 이야기를 큰 띠에 기록했고 어떤 제자는 부단히 실천했다. 공자가 세상을 떠난 후 제자들이 그러한 말을 수집하고 정리해 『논어』라 했다. ……『공총자(孔叢子)』・『공자가어』는 모두 공씨 가문에서 전해진 중니의 뜻이다." 『가어』와 『논어』의 성격이 같으며, 이는 공안국의 견해와 완전히 일치한다.

당나라 중기 경전을 회의하는 현상이 나타나기 시작했다. 그러나 주로 한당(漢唐)시기 경학(經學)의 주소(注疏)를 회의함으로서 옛 주소의 전통을 뛰어넘으려 했다. 당대의 학술을 살펴보면, 당시 『가어』를 연구하던 학자들 중에 왕숙이 위조했다고 생각한 사람이 없었다. 앞서 이야기했듯이 안사고가 "지금 남아있는 『가어』가 아니다."라고 한 말은 "지금의 『공자가어』는 위서이다."라는 말과 다르므로 당시 많은 사람이 『공자가어』를 인용했다. 장수절(張守節)의 『사기정의(史記正義)』, 특히 사마정(司馬貞)의 『사기색은(史記索隱)』은 『가어』를 대량으로 인용했다. 이는 모두 사람들은 『가어』를 위서로 보지 않았음을 설명하는 것이다.

---

28) 『四庫全書簡明目錄』권9, 「子部1」 「儒家類」, 上海古籍出版社, 1985.

당대 관방(官方)의 『오경정의(五經正義)』와 당나라 사람의 『사기』주석 등이 광범위하게 『가어』를 인용한 것은 일부 저명한 학자가 『가어』를 중요한 문헌적 가치로 인정했다는 것을 분명하게 보여주는 것이다. 안사고가 "지금 남아있는 『가어』가 아니다."라고 말한 것은 금본에 대한 회의를 의미하는 것이 아니다. 아마도 마소(馬昭)가 "『공자가어』는 왕숙에 의해 더해진 것이다."라고 평론한 말과 의고(疑古)의 선구자인 유지기(劉知幾)가 『공자가어』는 "당대에 비웃음을 받았다."29)라고 한 말의 영향을 받았을 가능성이 있다.

송대 이후 의고사조가 크게 일어나 왕백(王柏) 이후 『공자가어』가 '위서'라는 견해가 점점 확대되었으며, 명청시기에 이르러 『가어』의 지위가 크게 떨어졌고, 그 책이 진짜가 아니라는 견해가 성행하기 시작했다.

당대에서 명대까지 『공자가어』가 '위서'라고 생각한 사람이 그리 많지 않았지만 이러한 견해가 송대이후 흥기한 의고사조와 결합해 『공자가어』가 '위서'라는 학설의 영향이 더욱 커졌다. 예를 들어 명대 하맹춘(何孟春)은 『가어』를 보충 주석하면서 모두 8권 44편으로 했는데, 하맹춘은 공안국 본은 "시대가 멀어 다시 얻지 못했다."라고 말했다. 그 또한 송대에 출판된 왕숙의 주석본을 보지 못했고, 그가 보충 주석한 것도 안사고가 말한 당본(唐本)이 아니라 원(元)나라 왕광모(王廣謀)의 『신간표제구해공자가어(新刊標題句解孔子家語)』본이었다. 그는 비록 공연(孔衍)이 상주한 글을 믿었지만 『공안국서』는 왕숙이 위조한 것이라 생각했다. 이로 인해 그는 아예 『공안국서』앞에 "위나라 왕숙의 서"라는 이름을 덧붙였으며, 또한 마소의 관점을 인용해 자신의 판단을 지지했다. 청대 유학자는 대부분 하맹춘의 학설을 받아들였다.

청대에 『가어』가 위서라는 학설을 견지했던 학자 가운데 영향력이 비교적 컸던 사람은 범가상(范家相), 손지조(孫志祖) 등이었다. 범가상은 『공자

---

29) (唐) 劉知幾, 『史通』 「內篇」 「六家」.

가어증위(孔子家語證僞)』를 편찬했는데, 그는 『공자가어』와 통하거나, 비슷하거나, 같은 자료들을 하나하나 비교할 수 있도록 한데 모아 『가어』가 위서임을 증명하고자 했다. 아울러 금본 『가어』는 "모든 사실이 반드시 출처가 있다."는 것에 근거해 『가어』는 다른 책을 분리하고 엮어 완성했다고 단언했다. 손지조는 『가어소증(家語疏證)』을 편찬하면서 마찬가지로 왕숙이 『가어』를 위조했다고 여겼고, "왕숙이 위서를 지어 정현을 비난했고, 성현을 모함하고 경전을 위배했으며, 「성증론(聖證論)」을 지어 정현을 공격했을 뿐만 아니라 『가어』를 거짓으로 편찬하고 학설을 꾸며 세상을 속였다. 여러 책을 많이 모았으므로 왕숙이 몰래 표절한 것이 모두 소통되어 증명되었다."30)라고 생각했다. 그의 『가어소증』은 영향력이 매우 커 진전(陳鱣), 양옥승(梁玉繩)이 모두 이 책을 추앙했으며, 손지조가 "본원을 찾아내었고", "잘못된 것을 구분해 분별했으며", "옛 사람이 발견하지 못한 것을 발견했다."라고 생각했다. 진전은 심지어 그것을 도둑을 잡아 "진짜 장물을 되찾았다."31)라고 말하기도 했다.

　비록 『가어』를 위서라 여기는 학자가 많았지만 그 책을 인정하는 사람 또한 적지 않았다. 『가어』를 위서로 보는 관점에 대해 그 진실을 밝히려는 학자도 있었다. 송대에 주희(朱熹), 조공무(晁公武), 섭적(葉適) 등은 모두 『공자가어』를 믿을 만한 저작이라 생각했다. 섭적은 매우 자세하게 "『공자가어』 44편은 비록 공안국이 차례를 정했지만, 후서를 살펴보면 사실 공자의 제자가 옛날에 모아 기록해놓은 것이며, 『논어』· 『효경』과 같은 시기의 것이었다. 제자들은 그 가운데 진실한 것과 사실에 부합하는 것을 뽑아 따로 『논어』로 편찬했으며, 나머지는 함께 기록해 『공자가어』라 했다."라고 말했으며, 또한 "『공자가어』는 한나라 초에 이미 민간에 유포되었고 또 공

---

30) (淸) 趙爾巽, 『淸史稿』 「儒林列傳二」, 中華書局, 1977.
31) (淸) 陳鱣, 「家語疏證序」, 載孫志祖, 『家語疏證』(叢書集成初編本), 中華書局, 1991.

안국의 찬정(撰定)을 거쳤다."32)라고 말했다. 원나라의 마단림(馬端臨)이 『문헌통고(文獻通考)』에서 "『공자가어』 10권, 왕숙의 주"33)라고 기록한 것은 당시에 10권 본 『가어』가 전해지고 있었음을 분명히 밝히는 것이다. 마단림은 『문헌통고』에서 『가어』 공안국의 서(序), 공연의 주언(奏言), 왕숙의 서(序), 조씨(晁氏)의 설(說), 『주자어록(朱子語錄)』, 「여여백공서(與呂伯恭書)」 등의 몇 가지 자료 또한 수록하고 있다. 이러한 점은 모두 『공자가어』의 가치를 인정하는 견해를 드러내는 것으로 마단림의 경향을 분명하게 보여주는 것이었다. 육치(陸治)는 명대에 하맹춘을 이어 『공자가어』를 보충해서 교정한 중요한 사람이었다. 그는 먼저 『가어』가 세상에 전해질 수 있도록 한 왕숙의 공로를 무시할 수 없다고 생각했으며, 아울러 공안국의 서문은 분명 공안국이 쓴 것이지 왕숙이 위조한 것이 아님을 고증했다. 그는 또한 "왕숙은 맹(猛)에게, 맹은 안국(安國)에게, 안국은 공왕(恭王)에게 순서대로 전한 것이 모두 사실이다."34)라고 말했다.

　비록 명청 두 시대에 의고사조의 영향이 점점 커졌지만 적지 않은 학자가 여전히 『가어』의 가치를 인정했다. 이러한 학자 가운데 중요한 공헌을 한 사람은 청대 육사가(陸士珂)였다. 그는 『공자가어소증(孔子家語疏證)』을 지으면서 주관적인 판단을 하지 않고 자료를 광범위하게 수집해 독자에게 객관적인 자료를 제공했다. 그가 사용한 방법은 범가상(范家相)의 방법과 같았지만 얻은 결론은 완전히 달랐다. 그의 일족 진시(陳詩)가 그 책의 서문을 썼는데, 그는 『공자가어』를 중시했고 또한 이와 같은 연구방법을 중시했다. 그는 "사실은 반드시 두 가지 증거가 있을 때 시비가 분명해진다."라고 생각했으며, "주나라 말기에서 한나라 초기에 이르는 제자서를 살펴보면 찬양한 공자의 말은 대부분 서로 보완하고 영향을 주면서 문장을 이루었다. 심지어

---

32) (宋) 葉適, 『習學記言序目』, 中華書局, 1977, pp.231-232.
33) (元) 馬端臨, 『文獻通考』「經籍考11」, 四庫全書本.
34) (明) 陸治補校, 『孔子家語』, 明 隆慶6年刻本.

문답의 글은 이야기한 사람의 이름이 각기 다르다. 예컨대 『남화(南華)』의 '중언(重言)'과 비교하면 더욱 좋거나 더욱 나쁜 문장이 때때로 존재한다. 그러나 그러한 책이 모두 유행했으며 지금까지 폐기되지 않고 있는데 어찌 유독 이 편만 의심하는 것인가?"35)라고 말했으며, 금본『가어』가 진본임을 인정했다.

재미있는 것은 어떤 사람은 손지조의 『가어소증(家語疏證)』을 매우 칭찬했지만 어떤 사람은 다른 태도를 보였다는 것이다. 예를 들어 손지조와 함께 책에 서문을 쓴 전복(錢馥)이 그러했다. 그는 손지조 등이 연구한 결론을 인정하지 않았다. 전복은 왕숙이 원래 있었던 27권의 기초 위에 17편을 더했다고 생각했다. 이러한 견해는 분명 마소(馬昭)가 "왕숙이 더한 것"이라고 했던 말의 영향을 받은 것이다. 이러한 말은 자연히 문제가 있지만 그는 왕숙이『가어』전체를 위조했다는 견해에 동의할 수 없었던 것이다.

보아하니 사고관신이 "없앨 수 없다."라고 말한 것은 역사적인 사실이지만 그렇게 말한 진정한 이유는 분명 그 책이 위조되지 않았다고 생각했기 때문이다. 일반적으로 그 책을 없앨 수 없다면 그 이유는 두 가지 뿐이다. 하나는 그 책이 진짜이기 때문이고, 다른 하나는 그 책이 비록 진짜가 아니더라도 자료가 위조된 것이 아니기 때문이다. 대대로 '위서'라고 말하는 사람의 『가어』에 대한 관점에 의하면 그들은 『가어』가 많은 책을 "분리해서 엮은 것"이라는 학설의 영향을 받았다. 이미 앞에서 지적한 대로 여러 책을 "분리해서 엮은 것"이라는 학설은 생각할 수 없는 것이므로 "책이 비록 진짜가 아니더라도 자료는 위조된 것이 아니다"라는 관은 성립하기 어렵다. 그래서 『가어』가 위조된 것이 아니라는 것을 긍정할 수 있다.

---

35) (淸) 陳詩,「孔子家語疏證序」, 陸士珂輯,『孔子家語疏證』(叢書集成初編本), 中華書局, 1985.

(4) 의고사조와 『공자가어』

『공자가어』를 이해하고 인식하고 연구하는 것은 줄곧 중국학술의 중요한 사조와 연관이 있었다. 그것은 바로 고대를 의심하는 '의고(疑古)' 사조이다.

의고사조는 역사가 오래되었다고 할 수 있다. 어떤 사람은 의고학자를 후한의 왕충(王充)까지 소급할 수 있다고 생각했다. 당대 유지기(劉知幾)는 의고의 개념을 분명하게 제시했다. 『사통(史通)』에 나오는 유지기가 편찬한 「의고(疑古)」와 「혹경(惑經)」편에서 일부 유가 경전에 대해 의문을 제기했다. 유지기 역시 『공자가어』를 언급하면서 "공자 문하의 기록이며, 『논어』는 오로지 공자의 말을 기술했고, 『공자가어』는 말과 함께 약간의 사실을 겸해 기록했다."36)라고 말했으며, 또한 "『세본(世本)』은 제왕과 제후의 성씨들을 분별했는데 주나라 왕실에서 기록한 것이며, 『가어』는 공자와 제자의 말을 싣고 있는데 공씨 가문에서 전해졌다."37)라고 말했다. 유지가는 비록 『가어』가 "호랑이를 그리려다 오히려 개를 그린 꼴이 되었으며", "그 책은 당시 사람의 비웃음을 받았다."38)라고 말했지만 『가어』가 위조되었다고 의심하지 않았다.

송대에 의고사조가 크게 일어나 피석서(皮錫瑞)가 『경학역사(經學歷史)』에서 말한 이른바 "경학이 한학(漢學)을 바꾸는 시대"가 나타났다. 그들은 한당(漢唐)의 전주(傳注)를 의심하고 비판했을 뿐만 아니라 세상에 전하는 경전을 의심하고 살피기까지 했다. 사실상 송대의 의고는 수많은 방면에서 진행되었지만 경학을 의심하는 방면에서 가장 두드러졌고 심지어 경전을 회의하고 고치는 풍조까지 일어났다.

어떤 학자는 송대의 의고사조를 연구하면서 송대의 전체 의고사조는 시작과 전면적인 전개에서 심화단계에 이르는 과정이 있었다고 지적했다. 송

---

36) (唐) 劉知幾, 『史通』「外篇」「疑古」
37) (唐) 劉知幾, 『史通』「內篇」「雜述」
38) (唐) 劉知幾, 『史通』「內篇」「六家」

대 말기에 이르러 의고는 경학사조의 중요한 내용이 되었으며, 이 시기에 일부 학자는 '고증학'으로 나아가 실사구시를 주장했다. 다른 일부 학자는 '유리파(唯理派)'라 부를 수 있는데, '이(理)'로 '경(經)'을 판단하고, '이'로써 '경'을 의심했으며, 자기의 뜻을 '이'로 여겨 의고의 기세가 아무 거리낌이 없이 전개되었다. 왕백(王柏) 등의 학자가 대표적이었다.[39] 왕백은 가장 먼저 『가어』의 '위서'설을 제기한 사람이었다. 그는 『상서(尙書)』와 『시경』의 편명을 비교적 크게 바꾸거나 혹은 삭제했다가 후세 사람의 비판을 받은 적이 있다. 왕백이 『가어』를 왕숙이 '분리해서' 만들었다고 제기한 견해는 의심할 바 없이 송대 의고사조의 발전과 중요한 연관이 있다. 송대 의고사조의 영향이 매우 깊었기 때문에 명청시기 일부 학자는 그 경향을 받아 의고사조가 절정에 이르도록 했다.

근대이래 의고사조의 대표적인 인물은 의심할 바 없이 고힐강(顧頡剛) 선생이다. 고힐강 선생의 중요한 이론이 바로 "누적되어 조성된 고대사 설"이다. 어떤 학자는 "누적되어 조성된 설"은 상당히 뚜렷한 특징이 있는데 그것은 바로 그가 '누적 된 것'을 자연적으로 쌓여서 이루어진 것이 아니라 고의로 위조한 결과로 본다는 것이다. 이는 강유위(康有爲)의 『신학위경고(新學僞經考)』와 『공자개제고(孔子改制考)』가 영향을 미친것이다. 그리고 강유위의 이 두 책 또한 갑자기 나온 것이 아니라 청대 금문학이 오랫동안 발전한 결과였다. 때문에 어떤 학자는 요평(廖平), 강유위, 최적(崔適)의 의고활동은 모두 근대 반전통운동이 아직 폭발하기 전에 나타난 것이며, "공자를 존중하고 도를 지킨다."라는 의도로 인해 그 같은 대규모 의고사상이 출현했다. 그러나 이후에 그들의 의고 성과는 오히려 반전통 의고학자에 의해 계승되어 '고대사를 판별하는 운동'이 크게 일어났다.[40]

---

39) 楊世文, 『宋代疑古思潮研究』, 全國哲學社會科學規劃辦公室編, 『國家社科基金項目成果選介滙編(第一輯)』, 中國人民大學出版社, 2004.

『공자가어』를 말하면 역시 고힐강 선생의 관점이 가장 대표적이다. 1928년에서 1929년까지 그는 중산대학(中山大學)에 있을 때『공자연구강의(孔子研究講義)』를 편찬했다. 강의의「안어(按語)」에『공자가어』에 대한 그의 관점이 집중적으로 드러났다. 청대 학자의『가어』연구에 대해 고힐강 선생의 편향성은 매우 분명하다. 그는「안어」에서 '참고문헌'을 열거했으며,『공자가어』에 대해『가어』의 판본을 열거하고 "이 책은 왕숙이 위조한 것이지만 고서를 모아 엮어 완성한 것이다."라고 분명히 기록한 것 이외에 손지조(孫志祖)의『가어소증(家語疏證)』, 범가상(范家相)의『가어증위(家語證僞)』를 열거하고 "이상의 두 책은『가어』가 위조된 것임을 밝히고 있다."라고 설명했다. 그러나 '연구'를 표방하고 '초연한 사람' 같았던 고 선생은 전체『공자연구강의』에서 진사가(陳士珂)와『공자가어소증』을 한 마디도 언급하지 않아 마치 진사가와 그의 저작이 근본적으로 존재하지 않는 것 같았다. 고힐강 선생의『공자연구강의』「안어(按語)」[41]는 사람들에게 이 시기 고대를 의심하고 위조를 구별하는 것이 거의 '통제할 수 없는 상태'에 이르렀다는 인상을 주었다.

고 선생의『가어』에 대한 인상은 바로 그 자신이 말한 바와 같이, 이 책은 비록 공자를 기록한 전문서적이지만 조금도 믿을만한 가치가 없다. 이 책이 지극히 전형적인 위서이며 학술상에서 "아무런 영향을 미치지 못한 것"이라면 이 책은 "통렬히 공격해야 할 필요"조차 없다. 금본『가어』가 위서라면『가어』의 삼서(三序) 역시 자연히 믿을 수 없는 것이 된다. 고 선생이 생각하기에 "왕숙이 위조한『가어』는 사람을 속여 위조한 책에 공안국의 서(序)와 공연의 표(表)를 붙였다." 이로 인해 과거 사람들이 의심을 하고 세심하게 분석했으며, 완전히 고적을 고정한 견본이 되었다. 고 선생에게『가어』

---

40) 王汎森,『古史辨運動的興起』(允晨叢刊第13), 臺北允晨文化實業有限公司, 1987, p.294.
41) 顧頡剛,「孔子研究講義」「按語」,『中國典籍與文化』第7輯, 北京大學出版社, 2002.

는 바로 "위서 가운데 특히 위조된 것"이었다. 그래서 그는 『가어』를 자세히 살펴보지도 않고 "『가어』는 전한 사람에 의해 위조되었고, 왕숙에 이르러 다시 위조되었다."라고 생각했다. 그러나 금본 『가어』가 도대체 어떠한지 그 자신은 확실히 파악하지 못했다. 그래서 어떤 때는 "오늘날 전하는 『가어』는 사실 왕숙의 학설이 지배적인 상황에서 공자를 기록한 것이며", "왕숙이 위조한 것"이라 말했으며, 또 어떤 때는 "오늘날 전해지는 판본은 왕숙이 예전에 지은 것이 아니고 가짜 중의 가짜라 할 수 있다."라고 말했다.

고힐강 선생은 "객관적 태도로 공자를 연구하고", "공리적인 계산을 염두에 두지 않는" 자세로 '진짜' 공자를 찾아내어 각 시대마다 공자에게 입힌 '허울'을 벗겨내려고 희망했다. 그는 자신이 '초연한 사람'의 신분으로 나타났다고 생각했다. 그러나 사실상 인문과학의 연구 분야에서 순수한 의미의 '초연한 사람'이 있을 수 있는가? 고 선생의 마음에서 공자의 원래 모습은 단지 '군자'였을 뿐이다. 그는 자신의 연구를 통해 공자의 원래 모습을 회복할 수 있기를 희망했고, "각 시대의 사람들이 공자를 대신해 덧씌운 위대함을 모두 각 시대로 되돌려주려 했지만" 고 선생은 '돌려주려는' 대상이 틀린 적이 적지 않았다.

오늘의 관점에서 보면 고 선생의 분별이 적절하지 않다고 어렵지 않게 판단할 수 있다. 전체 「안어」를 보면 고 선생은 호쾌하게 회의하고 진위를 분별하는 것을 좋아했고, 단지 진위를 분별하려 하지 않고 비판정신이 결핍된 사람을 싫어했을 뿐이다. 고 선생은 이미 자신의 생각에 제동을 걸 수 없었기에 일단 '위조된 흔적'을 발견하면 다시 돌이켜 생각하지 않았다. 예컨대 범가상은 『가어』삼서(三序)가 위조된 것이라 판단했는데 고 선생이 생각하기에 그 판단은 고증이 미진하다. 왜냐하면 『사기』에서 공안국은 "일찍 죽었다."라고 했는데 왕숙의 후서에서 "60세에 집에서 죽었다."라고 했으니 "어찌 60세를 '일찍 죽었다.'라고 할 수 있겠는가?" 고 선생은 『가어』가 위서임을 말하기위해 그가 "빈틈을 메우는데 매우 능했음"을 승인하지 않을 수 없었다. 그런데 여기서 그가 지적한 것은 극히 낮은 수준의 '착오'였다. 고 선생은 설마 왕숙이 이처럼 어리석었겠는가, 그가 세밀하게 전체 『가어』를 위조하면서 어찌 이 부분에 약점을 드러낼 수 있었겠는가를 다시 생각하지 않았다.

3. 출토문헌과 『공자가어』 가치의 재인식

『공자가어』가 2천여 년 간 세상에 전해지고 연구된 상황을 살펴보았지만 우리는 이 책이 위서라고 증명할 수 있는 그 어떤 증거도 찾기 어려웠다. 그러나 새로운 자료가 부족하고 일부 관련된 전적 또한 의고사조가 고조됨에 따라 계속 위서에 포함되었다. 이로 인해 증거가 없어졌고 계속해서 탐구할 수 있는 조건을 잃게 되었으며, 『가어』가 위서라는 주장을 뒤집을 수 없게 되었고 그 책의 원래 모습을 토론할 수 있는 공간이 갈수록 부족해졌다. 위안이 될 만한 것은 1970년대 이래 초기사상의 문헌이 계속 출토됨에 따라 학자들이 이 책을 새롭게 연구할 수 있게 되었다.

(1) 출토문헌과 『공자가어』 연구

많은 사람이 『공자가어』의 '위조'를 지적했지만 동시에 어떤 사람은 이 책의 가치를 분명하게 인식했으며, 혹은 부분적으로 이 책이 편찬된 진실한 상황을 이해하기도 했다. 의고가 지나친 것에 대해 이미 많은 학자가 지적하기도 했다.

위안이 되는 것은 20여 년간 학술계는 이미 진일보한 연구를 전개했을 뿐만 아니라 가치 있는 고고학 자료가 대량으로 나타났다. 이들 자료는 최근 30여 년간 계속해서 세상에 알려진 간독(簡牘)과 백서(帛書)이다. 이들 새로운 자료에 대한 정리와 연구는 중국 고대 문화의 전적을 인식하고 연구하는데 매우 큰 인식의 변화를 가져왔다. "고적의 진위를 분별하는 것에 대해 말하면 죽간과 백서의 출토가 가져온 여파는 아마도 고대사를 분별하는 학파의 새로운 학설이 준 여파와 비교할 수 없는 것이었다. 왜냐하면 고대사를 분별하는 학파는 고적의 진위를 위해 '세상 사람을 깜짝 놀라게 한' 새로운 학설을 가져왔고, 죽간과 백서는 오히려 '냉혹하고 무정하게' 부정했으며, ……죽간과 백서의 냉엄한 검증으로 과거 학자들에 의해 위서라고 판정받은 수많은 고적들이 잇달아 억울한 누명을 벗게 되었다.42)

『공자가어』가 '굳게 얼어붙은' 의고를 깨트린 것 역시 새로운 간독자료의 도움을 받은 것이다. 이들 자료는 사람들이『가어』자료의 기원과 편찬,『가어』와 공안국의 관계, "왕숙이『가어』를 위조했다."라는 학설 등 중대한 학술문제를 새롭게 인식하는데 도움을 주었다.『가어』를 연구하는데 새로운 계기와 새로운 국면을 제공한 중요한 직접적인 자료는 하북(河北) 정주(定州)의 팔각랑한묘죽간(八角廊漢墓竹簡), 안휘(安徽) 부양(阜陽)의 쌍고퇴한묘목독(雙古堆漢墓木牘), 상해박물관 소장 전국초죽서(上海博物館藏戰國楚竹書), 영장돈황사본(英藏敦煌寫本) 등이다.

하북(河北) 정주(定州)의 팔각랑한묘죽간(八角廊漢墓竹簡)

1973년 하북 정현(定縣)의 팔각랑한묘에서 한 무더기 죽간이 출토되었다. 정리 후에 이름을『유가자언(儒家者言)』이라 정했다. 이 책의 대부분 내용은 선진(先秦)과 전한(前漢)시기의 일부 저작에 흩어져 보이는 것으로 특히『공자가어』와 밀접한 관련이 있다.43) 비교적 일찍『유가자언』의 자료를 본 학자들은 그것이 "『논어』와 매우 관련 있는 유가의 저작"으로『공자가어』와

---

42) 鄭良樹,「論古籍辨僞的名稱及其意義」,『諸子著作年代考』, 北京圖書館出版社, 2001, p.3.
43) 관련 상황은 이하 자료 참조. 河北省文物硏究所,「河北定縣40號漢墓發掘簡報」,『文物』1981-8, 國家文物局古文獻硏究室, 河北省博物館, 河北省文物硏究所定縣漢墓竹簡整理組,「定縣40號漢墓出土竹簡簡介」,『文物』1981-8.

관계가 밀접하며 『가어』의 진위는 마땅히 다시 토론되어야 한다고 생각했다.[44]

이학근(李學勤) 선생은 이들 자료에 대한 연구를 진행했다. 그는 『유가자언』을 "죽간본 『가어』라 부를 만하다."라고 생각해 새롭게 『공자가어』를 인식하는 선구를 열었다. 이 선생은 죽간과 『논어』의 관계에서 출토된 간독과 『가어』의 관계를 논증했으며, 『유가자언』과 『논어』가 같은 묘에서 나온 것이라 여기고 『한서』「예문지」가 『가어』를 '논어류'에 배열한 기록은 둘 사이의 관계가 밀접하다는 것을 설명하는 증거라 생각했다. 이는 동시에 『가어』 공안국 서의 일부 견해를 인증하는 것이기도 했다.

공안국이 정리한 『공자가어』는 기본적으로 자신이 생각한 『가어』에 속하는 자료를 전부 모은 것으로, 안사고가 "지금 남아 있는 것이 아니라고 말한 것", 후세 사람이 "아직 보지 못한" 개별 자료 혹은 공안국이 본래 『가어』에 속하지 않는다고 여겨 "취하지 않거나", "기록하지 않은" 일부분을 포함하고, 기타 자료는 기본적으로 금본 『가어』에 포함된 것이었다. 학자들은 정주 죽간의 『유가자언』과 『공자가어』가 일정한 관계가 있다고 긍정한 것은 낭연히 문제가 없다. 하지만 『공자가어』의 자료가 이들 죽간에서 비롯되었다고 생각하는 것은 반드시 옳은 것이 아닐 것이다.

『유가자언』은 성격상 『가어』와 같지만 그 중에 금본 『가어』에 보이지 않는 자료가 적지 않다. 이 역시 후세 사람이 『가어』를 의심하는 중요한 원인이었다. 우리는 『유가자언』의 일부 자료가 『가어』에서 보이지 않는 것은 매우 정상적이라 생각한다. 이러한 사실이 『가어』가 후세에 편집되어 완성되었고 증명할 수 없다. 당시 공안국이 『가어』를 편집할 때 이대(二戴)가 『예기(禮記)』를 편집할 때와 달리 언제 어디서나 꺼리는 부분이 있었으며, 분명 한대의 정치상황을 거스를 수 없었다.[45] 공안국의 강열한 동기나 목적

---

44) 何直剛, 「『儒家者言』略說」, 『文物』1981-8.

은 분명 "선인들의 말씀이 사라지지 않도록" 하기 위함이었지 그의 손자처럼 "기록해서 따로 보기 위함"이 아니었다. 그는 이들 자료가 완전하게 보존될 수 있기를 매우 희망했다. 그래서 그는 비부에서 소장하던 "부본(副本)을 모으고" 자신이 "모두 가지게 되었다."라고 생각했다.

그러나 『한서』 「예문지」에 기록된 『가어』는 27권이었으며, 당연히 공안국이 정리한 판본을 초과하는 내용이 매우 많았다. 따라서 유향(劉向)이 본 관련 자료는 대부분 공안국의 『공자가어』에서 나왔을 것이다. 바로 이러하기 때문에 정주죽간 『유가자언』의 어떤 자료는 『설원(說苑)』에서 볼 수 있었지만 금본 『가어』에 반드시 있지 않았다. 만약 이렇다면 공안국이 관련 자료를 모두 얻었는지에 대해 여전히 의문이 존재한다. 설령 공안국이 관련 자료 모두를 얻었다 하더라도 『공자가어』에 수록되지 않은 것이 적지 않았다. 이 점에 대해 공안국 자신도 매우 분명하게 설명하고 있다. 『공자가어』 서문에서 「증자문례(曾子問禮)」편을 제외하면 "여러 제자서(弟子書)는 공자의 말을 인용해서 증명한 것이다."라고 말했다. 그는 "본래 『가어』에 남아 있지 않았다."라고 생각했기 때문에 "모두 취하지 않았다." 공안국은 또한 "장래의 군자들이 살피지 않으면 안 된다."라고 강조하며 말했다. 그러나 유감스럽게도 공안국이 말한 이들 '여러 제자서'는 현재 어디에서도 볼 수 없다는 것이다.

안휘(安徽) 부양(阜陽) 쌍고퇴한묘목독(雙古堆漢墓木牘)

1977년 안휘 부양 쌍고퇴1호 한묘에서 목독 세 묶음이 출토되었다. 그 가운데 1호 목독이 가장 잘 보존되어 있었다. 앞뒤 양쪽에 글자가 쓰여 있었고, 한 면이 상·중·하 세 칸으로 나누어졌다. 현존하는 각 장의 제목은 47개였으며, 그 가운데 하나는 글자가 모호해 해석할 방법이 없었다.[46] 이

---

45) 楊朝明, 「讀『孔子家語』札記」, 『文史哲』2006-4.

들 각 장의 제목은 대부분 세상에 전하는 문헌에서 상응하는 내용을 찾을 수 있는 것이었다. 특히 1호 목독 46개 문장의 제목 가운데 절대 다수는 공자 및 그 제자들과 관련 있었다. 이처럼 공자와 제자들의 언론과 사적을 집중적으로 모아놓은 것은 사람들이『공자가어』의 체제와 매우 비슷하다는 것을 연상하게 했다.

정주한묘죽간의 자료와 통하고, 정주의 죽간이 이미『유가자언』으로 이름이 정해진 것을 고려하고, 부양의 목독에서 이름이 나타나지 않았기 때문에 어떤 학자는 직접『유가자언』이라 불렀다.[47] 여기에 당연히 문제가 존재한다.

부양 목독의 글자 가운데 사람들이 가장 먼저 살핀 것은『가어』와의 관계였다. 죽간을 정리한 사람들은 "구설에『공자가어』가 왕숙의 위작이라 여겼는데 지금 부양의 한간목독은 전한 초기에 이미 유사한 서적이 있었음을 증명하고 있다."[48]라고 생각했다. 어떤 학자는 부양 목독의 문장제목을『가어』·『설원(說苑)』·『순자(荀子)』·『맹자』·『안자춘추(晏子春秋)』·『한시외전(韓詩外傳)』과 비교히고 1호 목독 제29호 문장의 제목이 "증사문왈○자송지(曾子問曰○子送之)"라는 논증과 분석을 통해『가어』에 기록된 내용은 연원이 있으며 아울러 부양 쌍고퇴 1호 목독과 밀접한 관련이 있다고 생각했다. 또한 제42호 문장의 제목이 "중니왈사추유군자지도삼(中尼曰史鰍有君子之道三)"이라는 고증을 통해 "1호 목독은 당연히 한 권의 독자적인 책이고 내용으로 볼 때 사맹학파(思孟學派)가 공자와 그 문인의 언행을 기록한 저작

---

46) 관련 내용은 國家文物局古文獻硏究室, 安徽省阜陽地區博物館阜陽漢簡整理組, 「阜陽漢簡簡介」, 『文物』1983-2; 胡平生, 「阜陽雙古堆漢簡與『孔子家語』」, 『國學硏究』第7卷, 北京大學出版社, 2000, 참조.
47) 韓自强, 『阜陽漢簡『周易』硏究』[附: 『儒家者言』章題, 『春秋事語』章題及相關竹簡], 上海古籍出版社, 2004, p.155.
48) 國家文物局古文獻硏究室, 安徽省阜陽地區博物館阜陽漢簡整理組, 「阜陽漢簡簡介」, 『文物』1983-2.

으로 시기는 마땅히 『순자』이전이다."49)라고 생각했다.

부양 쌍고퇴1호 목독의 내용은 중요하고 그 책의 출현 시기는 매우 일렀다. 간독의 내용은 『가어』에서도 널리 보이는데 의심할 여지없이 『가어』의 편찬 연대를 연구하는데 가장 직접적인 귀중한 자료이다. 죽간을 소개하면서 정리자들은 명확하게 다음과 같이 말했다. "1호 목독의 앞면과 뒷면에 각각 세 줄의 글씨가 쓰여 있다. 현존하는 각 편의 제목은 47개이며, 내용은 대부분 공자 및 문인들과 관련 있다. 예컨대 '공자께서 북방에 금수가 있다고 말씀하셨다.[子曰北方有獸]', '공자께서 강가에 이르시자 탄식하셨다.[孔子臨河而嘆]', '위나라 사람이 자로를 위태롭게 했다.[衛人醢子路]'라는 내용 등등이다. 이들 편제의 내용은 대부분 금본 『공자가어』에서 볼 수 있는 것들이다." 따라서 그들은 "이들 간독은 당연히 공안국이 서문에서 말한 '백여 편' 중의 한 부분일 것이다. 이들은 문제(文帝) 때에 '사람들 사이에 흩어져 있다가' 제후의 왕부(王府)에서 베껴 전해졌으며, 이후 경제(景帝) 말에 비부(秘府)에 보내진 것이다. 유향이 『설원』·『신서(新序)』를 편찬하면서 이용한 것이 이들 자료였고, 공안국이 『가어』를 편찬하면서 이용한 것이 이들 자료였다."50)라고 추측했다. 분명히 이러한 추측은 매우 일리가 있었다.

소개에 의하면 부양 쌍고퇴1호 한묘의 묘주는 전한 시대 두 번째 여음후(汝陰侯) 하후조(夏侯竈)였다. 하후조는 전한 개국공신 하후영(夏侯嬰)의 아들로서 문제 15년(B.C 165)에 죽었다. 따라서 "부양 한간이 만들어진 최소한의 시기가 이 해보다 늦을 수 없으며, 대체로 한대 초기의 유물이다."51) 그리고 공안국의 『가어』 서문에 근거하면 『가어』가 세상에 전해지는 과정

---

49) 朱淵淸, 「阜陽雙古堆1號木牘札記二題」, 『齊魯學刊』2002-4.
50) 國家文物局古文獻硏究室, 安徽省阜陽地區博物館阜陽漢簡整理組, 「阜陽漢簡簡介」, 『文物』1983-2
51) 國家文物局古文獻硏究室, 安徽省阜陽地區博物館阜陽漢簡整理組, 「阜陽漢簡簡介」, 『文物』1983-2

에서 민간에 흩어지는 과정이 있었는데, 이렇게 해서 '사대부'가 비로소 『공자가어』의 자료를 지니게 되었다. 부양 쌍고퇴 1호 한묘에서 출토된 목독은 당연히 이 시기의 『가어』가 "사람들 사이에 흩어져 있다가" 베껴져 완성된 것이다.

상해박물관장전국초죽서(上海博物館藏戰國楚竹書)

만약 정주 한묘죽간이 사람들이 새로운 시기에 『가어』를 연구할 수 있는 대문을 여는데 도움을 주었고, 부양 한묘목독이 사람들이 『가어』의 문장제목을 볼 수 있도록 했다면, 상해박물관소장 전국시대 초나라 죽서(역자주: 이하 '상박죽서'라 표기함)는 전국시기 『가어』의 '진정한 모습'이 사실대로 세상 사람들 앞에 드러날 수 있도록 했다.

'상박죽서' 가운데 「민지부모(民之父母)」[52]라고 이름을 정한 문헌 한 편이 있다. 이 편은 『공자가어』의 「논례(論禮)」편과 같다. 또한 이 편은 『예기』 「공자한거(孔子閑居)」편에도 보인다. 이 때문에 상박죽서「민지부모」편이 공포되기 전에 우리는 이에 근거해 죽서와 『예기』「공자한거(孔子閑居)」, 『공자가어』의 선후 관계에 대해 토론한 적이 있었다. 그때 우리는 다음과 같이 지적했다. "『예기』는 전한시기에 편찬되었고, 상박초간의 「민지부모」편이 『예기』보다 이르다는 것은 아무 문제가 없다. 지금 알고 있는 두 죽간과 『예기』「공자한거」에서 사용한 허사(虛詞) 방면을 대조하면 초간이 비교적 이르다는 정보가 드러난다. 예컨대 초간의 '여하사가위민지부모(如何斯可謂民之父母)'라는 문장은 「공자한거」에서 뒤에 '의(矣)' 자가 이어져 있고, 초간의 '민지부모호필달어예악지원(民之父母乎必達於禮樂之原)'이라는 문장은 「공자한거」에서 앞에 발어사 '부(夫)' 자가 있다. 어기사(語氣詞)의 사용빈도는 전한 시대가 전국시대보다 당연히 높았다. 언어를 비교하는 방법을 사용

---

52) 馬承源主編, 『上海博物館藏戰國楚竹書(二)』, 上海古籍出版社, 2002.

해 고문헌의 시대를 구분하는 것은 적지 않은 학자들이 사용하는 방법이었다. 상박초간의「민지부모」편이 알려진 이후 전편을 모두 비교하면 문제를 더욱 잘 설명할 수 있을 것이다."[53]

지금 우리는 이미 정리된 상박죽서의 이 편을 볼 수 있다. 세 편에 나오는 어구(語句)의 같은 점과 다른 점을 비교함으로서「민지부모」와『예기』「공자한거」의 차이는 후자가 사용한 어기사가 비교적 많고 뚜렷하게 수식(修飾)한 성분이 있음을 발견했다. 상박죽서는 남방의 전국시기 초나라 묘지에서 출토되었으며, 당시 초나라에 전래된『가어』의 판본에 속한다. 전체적으로 상박죽서를 보면 이 죽서는 당연히 같은 고분에서 나온 자료이며, 당시 초나라에 전해진 사상문헌을 선별해서 편찬한 것으로『예기』가 유가의 문헌을 선별해서 편찬한 것과 같은 성격을 지닌다. 따라서 상박죽서의「민지부모」편 또한 문자를 수식한 성분이 있다. 만약 진지하게 비교해보면 문헌을 선별해서 편찬한 판본으로『예기』이든 상박죽서이든 모두 전사(轉寫)하는 과정에서 어구를 수식하고 고치는 부분이 있었음을 어렵지 않게 알 수 있다.

다시 예를 들면, 같은 내용을 기술한『공자가어』「논례」,『예기』「공자한거」, 상박죽서「민지부모」편의 관련 문구를 비교하면 우리는 대부분의 상황에서『가어』는 더욱 완전하고 수수하고 고풍스러우며, 일반적으로 사건의 경위가 분명하게 설명되어 있음을 발견할 수 있다. 전체적으로 보면 마땅히 공안국이 정리한 금본『가어』가 진실한 모습에 더욱 가깝다고 인정해야 한다.

「민지부모」·「논례」·「공자한거」가 모두 같은 한 편이면서 또한 함께 전해진 판본이 아니라는 사실은『공자가어』가 후세 사람이 '나누어서' 완성한 것이 결코 아니었음을 설명한다. 사람을 가장 놀라게 한 것은 당연히 상박죽서「민지부모」가 세상에 나온 것이다. 전국 중기에 이 편은 이미 남방의

---

53) 楊朝明, 「『禮記』「孔子閑居」與『孔子家語』」, 『儒家文獻與早期儒學研究』, 齊魯書社, 2002, p.266.

초나라에 전해졌고, 수많은 사상문헌과 함께 같은 묘지에서 출토되었다. 의고사조가 성행하던 시대에 이처럼 믿기 어려운 사실은 분명 많은 사람이 아연실색하도록 만들었을 것이다. 그러나 그것은 필경 눈앞에 보이는 생생한 현실이었다. 상박죽서「민지부모」편이 발견되어 진실한 죽간의 실물이 사람들 앞에 놓여졌으며, 사람들은 전국시기『공자가어』의 단편이 이미 널리 전해지고 있었음을 믿지 않을 수 없게 되었다.

방박(龐樸) 선생은 상박죽서「민지부모」편의 '오지삼무(五至三無)'설을 연구한 적 있으며, 아울러『공자가어』편찬 문제를 포함한 많은 학술문제를 깊이 살폈다. 그는 다음과 같이 말했다. "이전에 우리는 대부분『가어』가 왕숙의 위작이고『예기』등의 책을 여기저기 베꼈다고 했으며,『예기』는 한유(漢儒)들이 편집한 것으로 선진의 옛 전적이 아니며 성인과 시기가 많이 떨어져 있어 믿을 만한 것이 못된다고 생각했다. 구체적으로 '민지부모'의 부분에 이르면 '오지삼무'설에서 특히 '삼무(三無)'의 '무(無)'는 분명 도가사상에 속하는 것이지 절대 유가의 말이 아니라는 것을 척 보면 알 수 있다고 생각했다. 현재 상박죽간「민지부모」편이 나와 우리의 선입견을 크게 타파했다. 죽간과 대조해 냉정하게『공자가어』「예론(禮論)」과『예기』「공자한거(孔子閑居)」를 다시 읽으면 그들이 확실히 맹자 이전의 유물이지 절대 후세 사람이 위조해 완성한 것이 아님을 인정하지 않을 수 없다."54)

상박죽서「민지부모」는 여러 방면에서 가치가 있다. 만약『공자가어』와 기타 문헌의 상통하는 부분을 깊이 살펴보면 초기의 유학연구는 완전히 새로운 국면이 나타나게 될 것이다. 예를 들어 방박 선생은 몇 마디 말로 사람의 마음을 깊이 움직였다. 그는 도가와 비슷한 말이 '공자'의 입에서 나온 것을 보고 크게 놀라 "과거 우리는 그것이 위작이라 추론해서 말했지만 지금은 분명 이 같은 말에서 얻을만한 것이 없다. 왜냐하면 죽간이 있기 때문

---

54) 龐樸,「說話'五至三無'」,『文史哲』2004-1.

이다. '대나무[竹]'의 사실에 직면해서 우리는 연구방법을 바꾸고, 선입견을 버리고, 새로 인식하지 않으면 안 된다."라고 말했다. 이러한 '대나무'의 사실은 '철(鐵)'의 사실과 다르지 않다. 우리가 생각하기에 방박 선생이 선입견을 "크게 타파해야 한다."라고 말한 것은 "『공자가어』는 위서라는 안건"에 대한 마지막 결론을 짓는 지표이다. 왜냐하면 학자들은 예전에 주로 문헌을 비교하는 방면에서 연구를 진행했고, 방박 선생은 주로 사상을 비교하는 방면에서 『가어』가 "확실히 맹자 이전의 유물"이라고 인정했기 때문이다. 두 방면에 공통적인 인식이 있으면 증거는 당연히 성립한다.

영국소장 돈황사본(敦煌寫本) 『공자가어』

최근에 해외로 흘러나간 고적이나 문물이 점차 다시 세상에 알려지게 되었다. 이들 중요한 고적과 문물가운데 영국에서 소장한 돈황사본 『공자가어』가 사람들의 주목을 크게 끌었다. 그것의 일련번호는 'S1891'이었다. 현재는 73행이 남아있으며 그 가운데 앞의 두 행에 손상된 정황이 있다. 왕중민(王重民) 선생이 『돈황고적서록(敦煌古籍敍錄)』[55]에서 가장 먼저 이 사본의 상황을 소개했다.

왕 선생의 소개의 의하면 이 73행의 문자는 금본 『가어』의 두 편(篇), 즉 「교문(郊問)」편과 「오형해(五刑解)」편에 걸쳐 있다. 「교문」편의 끝 부분에 있는 사본은 모두 12행이며 나머지는 「오형해」편에 있다. 또한 「오형해」 전편이 온전하게 갖추어져 있으며 편제가 '오형해제삼십(五刑解第三十)'이다. 편제아래의 동일한 행 안에 제목이 '공자가어'와 '왕씨주(王氏注)'라는 문구가 있다. 본문 주석의 양식은 본문과 동일한 행 안에 두 줄을 사용해 작은 글씨로 주석을 달았다. 이는 오늘날 보는 사부총간본(四部叢刊本) 『공자가어』와 완전히 같다.

---

[55] 王重民, 『敦煌古籍敍錄』, 中華書局, 1979.

사본에 있는 일련의 특징가운데 사람의 주목을 가장 많이 끄는 것은 당연히「오형해」편 끝에 남아 있는 '가어권십(家語卷十)'이라는 글자이다. 다른 소개에 의하면, 대만 황영무(黃永武) 박사의『돈황보장(敦煌寶藏)』에 수록된 이 사본의 뒷면에 '가어전십(家語傳十)'이라고 주석된 문구가 있다. 이는『가어』가 오랫동안 전해지는 과정에서 권과 편이 나누어지고 합해지는 문제가 존재했음을 설명한다. 뿐만 아니라「오형해」는 금본『가어』가운데 제30편에 위치해 있어 사본의 위치와 같다. 그밖에 사본「오형해」와 금본『가어』「오형해」의 내용이 일치하고 문자도 대동소이하다. 종합해서 말하면, 바로 사본이 이러한 특징을 지니고 있기 때문에 금본『가어』가 진실하고 믿을만 하다는 것이 증명된 것이다. 그리고 사본「오형해」 끝부분의 '가어권십(家語卷十)'이라는 문구는 적어도 당나라 초기에 금본『가어』보다 권수가 많은『가어』판본이 존재했다는 것을 밝히는 것이다. 사지(史志)의 목록을 살펴보면 10권본의『가어』보다 많은 것은 당연히 27권본 혹은 21권본이다.「오형해」편과 연관 지으면 이러한 판본의 내용이 일치한다는 분명히 알 수 있는 사실로써 우리는 10권본이든 27권본 혹은 21권본『공자가어』이든 모두 진실하고 믿을 수 있는 것임을 인정하지 않을 수 없다.

    또한 왕중민 선생은 사본의 피휘(避諱)문제에 주의했다. 그는 사본의 '민(民)' 자가 피휘되지 않았다는 것은 분명 사본이 쓰인 시기가 당나라 태종 연간보다 이르다는 것을 발견했다. 따라서 왕 선생은 이에 근거해 이 사본이 대체로 육조(六朝)시기의 고적이라고 인정했다. 이렇게 보면 당나라 안사고가 "현재 남아 있는『가어』가 아니다."라고 말한 견해에 대해 우리는 그 뜻을 다시 살펴야 한다.

    (二.)『공자가어』존재의 문제
    『공자가어』가 위서가 아니라는 것은 이 책에 아무런 문제가 없다는 말이 아니다. 단지 이러한 문제와 이 책이 믿을 수 없다는 것은 완전히 다른 두 가지 일이라는 것이다. 이 책이 편찬되고 전해지는 과정이 이미 우리에게 약간의 정보를 말해주었고, 우리가 아래와 같은 몇 가지 방면의 문제를 명확하게 할 수 있도록 해주었다.

첫째, 이 책은 공자의 제자들이 정리할 때 '윤색'했을 것이다.

이론적으로 말하면 전해 내려온 중국 고대문화의 전적은 대부분 후대 사람이 '윤색'한 요소가 그 가운데 포함될 수 있었다. '육경(六經)'이 그러했고 공자의 유설(遺說)은 더욱 그러했다. 해석학의 각도에서 보면 그 어떤 저작이라 하더라도 편집자의 사상이 그 가운데 포함된다. 따라서 설령 "진실하고 사실에 부합하는" 특징을 지닌 『논어』와 같은 책이라 하더라도 반드시 편찬자의 이념을 내포하고 있다. 이러한 의의에서 우리는 당연히 한대에 편찬된 저작을 이용해 '한대의 공자'를 연구할 수 있다. 이러한 점은 한대에 정리 혹은 편집된 저작으로 '춘추시기의 공자'를 연구할 수 없음을 의미하지 않는다.

『공자가어』의 자료는 처음 공자의 제자들에서 나왔으며, 어느 정도 "제자의 마음에 있는 공자"를 표현했을 것이다. 공안국이 말했듯이 금본 『가어』는 72명의 제자가 "각자 공자의 말을 기록한 것"에서 비롯되었다. 분명 『가어』는 제자들이 "처음부터 끝까지 서술하고 윤색을 더하는" 과정을 거쳤다는 것은 문제가 되지 않는다. 문제는 그들이 '윤색'하면서 공자가 말한 원래의 의미를 고쳤는지의 여부에 있다. 어렵지 않게 이해할 수 있는 것은, 공자의 제자들은 모두 가능한 공자사상의 원래 모습을 보존하려 했다. 그렇기 때문에 제자들은 공자의 말을 들은 후 "물러나 바로 기록했다."라고 말하는 것이다. 이렇게 보면 공자의 제자들이 『가어』의 자료에 대해 "처음부터 끝까지 서술"하고 '윤색'한 것은 공자의 사상을 더욱 정확하게 기록하기 위해서였다.

당연히 공자의 제자들은 각자 차이가 있었고, 사상적으로 일정한 거리가 있었다. 이 때문에 『가어』의 각 편은 "자료에 우열이 있었다." 어떤 편과 장(章)은 "때때로 근거 없는 말과 번거롭고 필요 없는 말이 많았다." 의심의 여지없이 이는 『공자가어』에 존재하는 문제이다. 그러나 각 편이 모두 "번거롭고 필요 없는 말"과 "터무니없는 이야기"로 가득 차 있지 않았다. 사상사에서 사료를 연구하는 각도에서 보면 이와 같이 『공자가어』의 예스럽고 소박한 면모는 바로 이 책의 중요한 가치를 돋보이게 하는 것이다.

공자에 관한 자료는 매우 일찍부터 회의하기 시작했다. 공자의 손자 자사(子思)때에도 사람들은 자사가 기술한 공자유설의 확실성을 의심했다. 노나라 목공(穆公)이 자사에게 "선생의 책은 공자의 말을 기록한 것이지만 또한 선생의 말이라고 할 수 있습니다."라고 말했다. 그러자 자사는 "신이 기록한 것은 신의 선조께서 하신 말씀입니다. 어떤 부분은 직접 들은 것이고 어떤 부분은 다른 사람에게 들은 것입니다. 비록 그것이 모두 정확한 말은 아니지만 여전히 선조의 뜻을 잃지 않았습니다. 임금께서 의심하는 것은 무엇입니까?"라고 대답했다. 자사의 말에 따르면 그가 공자의 말을 기록한 목적은 공자의 원래 뜻을 서술하는데 있었다. 설령 처음부터 끝까지 사실대로 기록하지 않았다 하더라도 그 뜻을 잃지 않았기 때문에 마땅히 의심해서 안 된다. 그래서 자사는 목공에게 "틀림없이 신의 선조의 뜻입니다. 임금께서 말씀하신 바와 같이 신의 말일 수도 있습니다. 신의 말이 틀림없다고 하더라도 마찬가지로 귀한 것입니다. 사실이 그렇지 않은데 또 어찌 의심하시는 것입니까?"56)라고 말했다.

자사와 달리 공자의 제자들이 기록한 것은 주로 '직접 들은 것'이다. 이는 자사의 저작가운데 "다른 사람에게 들은 것"과 비교하면 분명 더욱 '순수'한 것이었다. 『공자가어』도 마찬가지로 "분명히 공자 본래의 뜻에서 나온 것"이었다. 우리는 "공자 본래의 뜻에서 나온 것"은 공자가 남긴 많은 말의 실제 상황에 부합하며, 또한 확실히 『공자가어』자료의 실제 모습이라 생각한다.

---

56) 『孔叢子』, 「公議」.

둘째, 이 책은 후세 사람이 베끼고 전하는 과정에서 '더하거나 뺀' 부분이 있었을 것이다.

『가어』를 연구하는 학자 가운데 비록 『가어』의 위조설을 믿는 사람이 매우 적지만 이 책은 후세 사람이 내용을 바꾸거나 첨가했다고 생각하는 사람이 적지 않다. 그렇다면 『가어』에 손을 대려고 시도한 사람은 누구일까? 어떤 사람은 공안국이라 생각하고 어떤 사람은 왕숙이라 생각한다. 그러나 지금까지는 설득력 있는 증거로 그들이 의도적으로 『가어』의 내용을 고쳤다고 증명하지 못했다. 그러나 이러한 사실은 『가어』가 공자의 제자에 의해 정리된 이후 다시 수정되는 그 어떤 과정도 거치지 않았다는 것을 말하는 것이 아니다. 『가어』를 베끼고 전하는 과정에서 글자를 더하거나 뺀 상황이 존재했다. 이러한 점에 대해 공안국의 「후서」에서 이미 설명했다. 그의 견해에 의하면 이전에 『가어』는 여러 차례 사람의 손을 거쳐 전해지면서 분명 편과 권이 나누어지고 합해지는 과정이 있었고, 개별 문자가 바뀌는 것 또한 피할 수 없었다. 이러한 과정에서 적어도 두 가지 부분에 주의할 필요가 있다.

첫째, "공자가 죽은 뒤 미언이 끊어졌고, 72제자가 죽은 뒤 대의가 변질되었다. 육국(六國)의 시절 유학의 도는 나누어 흩어졌고 유세객들은 각자 교묘한 뜻을 가지고 지엽적인 것만 행하고 있었다. 오직 맹자와 순자만 그들이 익힌 유자의 학문을 고수하고 있었다."

둘째, 여씨가 피살된 이후 『가어』는 민간에 흩어졌다. "참견하기 좋아하는 사람이 고의로 말을 보태거나 빼버렸기 때문에 같은 사실인데도 말이 달랐다."

전국시대에 유학이 널리 유행했다. 그들이 전적을 베끼고 전할 때 개별 글자와 문구가 바뀌는 것은 피할 수 없었다. 예를 들어 상박죽서 「민지부모」는 어떤 사람이 초나라에 전한 『가어』 자료에 속한다. 전한시대에 비부(秘府)에 소장된 것 역시 순자가 전한 『가어』 이외에 다른 관련 자료가 있었을 것이다. 예를 들면, 공안국이 말한『가어』와 '뒤섞여' 함께 있었던 이른바 "여러 나라의 일과 72제자의 말" 등이다. 이후『가어』가 민간에 흩어졌는데, 이 시기에『가어』를 더욱 많이 베꼈을 것이며, 주관적인 생각이 더 많이 개입되었을 것이다. 우리가 금본『가어』「논례」, 상박죽서「민지부모」,『예기』「공자한거」를 비교하면 "교묘하게 꾸미고 지엽적인 것을 다루는" 현상을 발견할 수 있다. 사실『공자가어』와『예기』,『대대례기』등에 비슷한 편장이 많은데, 비슷한 두 부분을 대조해서 읽으면 이러한 현상이 비교적 보편적이었다는 것과 "같은 사실인데도 말이 다른" 상황을 더욱 잘 이해할 수 있다.

그밖에 금본『가어』자료는 한 고조가 진나라를 멸망시키고 바로 얻었을 때 본래 "2자의 죽간에 실려 있었으며 대부분 고문자(古文字)였다." 사람들이 베끼면서 '고문'을 '금문'으로 고치는 과정이 있었다. 이는 모두 사람들이『가어』의 내용을 "더하거나 뺄" 가능성을 증가시킬 수 있는 것이었다.

지적할 필요가 있는 것은, 전국시기의『가어』는 어떤 판본에 '지엽적인' 부분이 있었지만 오늘날 전하는 판본은 순자가 전한 것이며, 순자의 판본은 그가 배운 유자의 학문을 고수하고 있었기 때문에 "지엽적인 것"이 비교적 적었다. 이후 민간에 흩어졌다 다시 조정에 모인 자료 가운데 비록 "더하거나 뺀" 상황이 비교적 보편적이었지만 공안국은 이러한 문제를 발견하고 그 자료를 비교해서 선택했다. 그러나 '참견하기 좋아하는 사람'이 '더하거나 뺀' 것을 완전히 골라내지 못했을 것이다.

사실상 고서는 변함없이 전해질 수 없다. 이학근(李學勤) 선생은 일부 고서, 특히 당시 사람들이 즐겨 읽던 고서는 항상 학자들이 보충해서 내용이 증가하는 현상이 나타났다고 말했다. 또한 옛날 사람이 전한 서적이 오로지 고본(古本)의 형태로 보존되는 것은 아니다. 어떤 때에 고서의 문자가 너무 심오해 이해하기 어려우면 알기 쉬운 같은 의미의 글자를 사용해 어려운 글자를 대신하기도 한다.[57] 이처럼 고서의 판본이 어느 정도 변하는 것은 매우 정상적인 일이다. 사람들이『가어』에 글자를 "더하거나 빼는" 것과 같은 방법은 고서가 전해지는 가운데 늘 있었던 상황이다.

셋째, 이 책은 공안국이 자료를 정리할 때 잘못 배열했을 수 있다.

공안국이 얻은 자료는 집약된 단순한 『가어』가 아니었다. 이들 자료는 비록 『가어』에 속하는 원본이었지만 글자 수가 너무 많았고 어지럽게 흩어져 있었다. 이러한 자료를 보면서 공안국은 먼저 선별작업을 하고 그 다음 '편집'을 진행했으며, "비슷한 사실에 의거해서 순서를 정했다." 이러한 자료를 모아 기록하는 것은 쉬운 일이지만 순서에 따라 배열하는 것은 쉬운 일이 아니다. 먼저, 이러한 자료는 많은 내용이 비슷한 시기의 것이었다. 예를 들어 많은 편이 노나라 군주와 공자의 문답에 속하는 것이었고 많은 편이 공자와 제자의 대화였다. 그렇다면 이러한 자료의 선후를 어떻게 배열할 것인가? 그 다음, 적지 않은 자료가 여기저기 흩어졌다. 설령 같은 편의 자료라도 공안국이 본 것이 모두 완전한 것은 아니었다. 이 때문에 『공자가어』에서 어떤 편장은 본래 같은 편에 속하는 것이 아니었음을 알 수 있다.

(三) 『공자가어』의 중요가치

『공자가어』의 연구를 전체적으로 살펴보면, 우리는 이 책이 대대로 전해지고 연구된 상황이 당시의 주류학술과 밀접한 관련이 있었음을 알 수 있다. 『공자가어』의 전래사와 연구사는 중국 학술사의 축소판이다. 특히 『공자가어』는 송대 의고사조가 일어난 이후부터 오늘에 이르기까지 운명의 기복이 심했는데 이는 각 시대의 학술조류가 어떠한가와 관련 있었다.

어떤 사물이 발전하고 변화할 때 일정한 규율이 있는 것처럼 역대로 『가어』에 대한 인식 또한 내재하는 논리적 단서가 있었다. 『가어』를 회의하고 부정하는 과정을 겪은 이후 신중한 연구의 과정을 거치게 되었다. 특히 새

---

57) 李學勤, 「對古書的反思」, 『當代學者自選文庫-李學勤卷』, 安徽教育出版社, 1999, pp. 15-21.

로운 자료가 나타남으로 인해 『가어』가 편찬된 진실한 상황과 학술적 가치가 마침내 드러났고, 공자의 유학을 연구할 때 오랫동안 잃어버린 매우 귀중한 자료를 얻게 되었다.

『가어』의 진위 여부에 대한 결론은 역사문헌을 연구하는 방법에 중요한 교훈을 제공했다. 주희는 『가어』가 "당시의 책이다."라고 했는데 매우 옳은 말이었다. 단지 금본 『가어』를 관련 전적과 성실하게 비교하기만 하면 『가어』의 매우 귀중한 가치를 어렵지 않게 발견할 수 있다. 예를 들어 『가어』를 『대대례기(大戴禮記)』, 『소대례기(小戴禮記)』 등과 비교 검토해보면 『가어』는 곧 자신의 우월성을 드러낸다. 『가어』를 진지하게 연구한 학자들은 일반적으로 그것의 중요한 문헌적 가치를 인정한다. 어떤 학자는 "『공자가어』는 비교적 원시적인 문헌자료를 많이 보존하고 있고, 많은 방면에서 분명 기타 관련 고적보다 우수하며, 여러 문헌과 비교해 차이를 밝힐 수 있는 중요한 판본으로서의 가치를 지닌다."[58]라고 말했다. "오늘날의 공자연구에 대해 말하더라도 『공자가어』의 가치는 『논어』의 가치보다 못하지 않다."[59] 『가어』는 내용이 방대하므로 이 책의 가치는 우리의 상상을 넘어선다. 만약 『논어』가 '공자어록'이라면 『공자가어』는 '공자선집'에 해당한다.

『가어』와 『논어』의 관계에 대한 학자들의 연구는 이미 공안국 「후서」의 견해를 증명했다. 공안국이 말하길, 『논어』는 "진실하고 사실에 부합하는" 특징을 지니고 있으며 많은 자료에서 선별해 편집한 공자어록이다. 『공자가어』의 편찬은 『논어』 이후에 이루어졌고, 자료를 한데 모아 편찬한 성격을 지니며, 『가어』에 심지어 『논어』를 인용해 서술한 부분도 있다. 따라서 『논어』의 체계적인 '형식'과 비교하면 『가어』는 '뒤섞여 어수선한' 모습이 드

---

58) 王承略, 「論『孔子家語』的眞僞及其文獻價値」, 『煙臺師範學院學報』 2001-3.
59) 楊朝明, 「『孔子家語』 「執轡」 篇與孔子的治國思想」, 『儒家文獻與早期儒學硏究』, 齊魯書社, 2002, p.274.

러난다. 호평생(胡平生)은 "왕숙이 『가어』를 위조했다고 공격하는 대다수 사람은 먼저 성인의 언행에 대한 '신성한 형식'을 정해놓고 이러한 '형식'에 맞지 않는 문자가 있으면 반드시 위작으로 단정했다."60)라고 했는데 맞는 말이다. 만약 진실로 '신성한 형식'이 있다고 말한다면 그것은 반드시 『논어』의 '형식'과 관련 있다. 적지 않은 학자가 문제를 연구하면서 항상 『논어』가 자료를 선택하는 일정한 기준이 있다는 것을 고려하지 않고 "『논어』에 보이지 않는다."라는 이유로 일부 공자 언행의 존재를 부정하지만 그러한 편견은 분명하게 알 수 있다.

또 다른 견해가 있는데, '논어(論語)'의 '논(論)'은 '선택', '선별'의 의미가 있다고 생각하는 것이다. 청나라 주준성(朱駿聲)은 『설문통훈정성(說文通訓定聲)』「둔부(屯部)」편에서 "논(論)은 가차자로 선택하다는 의미이다."라고 말했다. 『국어』「제어(齊語)」에서 "쓰임에 맞게 용도를 가늠해야 하고, 적합한 재목을 선택해서 비교해야한다."라고 했다. 위소(韋昭)의 주석에서 "논(論)은 선택하다는 말이다."라고 했다. 『순자』「왕패(王霸)」편에서 "군주는 한 사람의 재상을 뽑고, 한 가지 기본법을 시행하며, 한 가지 지침을 분명히 해야 한다. 그리하여 온 천하를 감싸주고 밝혀주어 이룩되는 성과를 살피는 것이다."라고 했다 양경(楊倞)의 주석에서 "논(論)은 선택이다."라고 했다. 만약 『논어』라는 책 이름의 '논(論)'이 '선택'의 뜻이라면 『논어』는 당연히 '공자 집안'의 '말'에서 선별한 자료가 된다. 이렇다면 『공자가어』의 가치를 어렵잖게 살펴볼 수 있다.

의고사조의 영향을 받아 역사상 적지 않은 사람이 『가어』의 사상은 순수하지 않으며 문장이 조잡하다고 생각했다. 사실 이러한 생각은 "색안경을 끼고 문제를 보는" 편견이 아니면 진지하게 비교해서 관찰하지 않은 터무니

---

60) 胡平生, 「阜陽雙古堆漢簡與『孔子家語』」, 『國學研究』(第七卷), 北京大學出版社, 2000, p.531.

없는 말이다. 『가어』의 문장에 대해 청나라 사람 최술(崔述)은 『사수고신록(泗洙考信錄)』에서 "모은 책들을 『가어』와 비교해서 보니 『가어』는 보태거나 삭제해 고친 것이다. 글은 분명 쓸데없이 길고 무기력하며, 말은 분명 천박하고 비루해 원래의 책보다 훨씬 못하다. 심지어 본래의 뜻을 상실하기도 했다."61)라고 말했다.

사실 만약 진지하게 비교하면 왕숙이 여러 책을 잡다하게 모아 『가어』를 위조했다는 최술의 말은 지극히 주관적인 생각으로 추정한 경향이 있으며, 완전히 실제에 부합하지 않는 것이다. 우리가 『가어』와 관련 서적을 비교해 얻은 결론은 서로 간에 항상 우열의 문제가 존재하지만 사실상 더 많은 상황은 『가어』가 다른 책보다 뛰어나다는 것이다.62)

의고사조의 영향 아래 일부 학자는 비록 『가어』를 전문적으로 연구하지 않아 『가어』가 위조된 것이 아니라는 사실을 보지 못했지만, 오히려 『가어』의 중요한 가치를 발견했다. 따라서 관련 있는 연구를 하면서 그러한 자료를 보고도 못본체 할 수 없었으며, 그 책의 자료를 인용해 증거로 삼지 않을 수 없었다. 이것이 바로 청대 사고관신(四庫館臣)이 "그것이 위서임을 알면서도 폐기할 수 없었다."라고 말한 것과 같다. 예를 들어 이계겸(李啓謙) 선생은 공자의 제자를 연구하는 자료의 운용문제를 논의하면서 "어떤 때는 믿을 수 있는 책에도 틀린 곳이 있고, ……반대로 '위서'라고 부르는 『공자가어』에 기록된 많은 내용이 ……모두 믿을 만한 것이었다."63)라고 말했다. 새로운 자료는 결국 사람들이 가장 근본적인 문제를 생각하도록 하는데, 설마 사람들이 헌신짝 내팽개치듯 『가어』를 버린 것이 이치에 맞는 것인가? 설마 그렇게 이른 시기에 이처럼 수만 자에 이르는 중요한 책을 후세 사람

---

61) [淸]崔述, 『泗洙考信錄』(叢書集成初刊本, 卷一), 中華書局, 1991, p.3.
62) 楊朝明, 「讀『孔子家語』札記」, 『文史哲』2006-4, 「『孔子家語』「執轡」篇與孔子的治國思想」, 『儒家文獻與早期儒學硏究』, 齊魯書社, 2002, p.274, 상세히 참조.
63) 李啓謙, 『孔門弟子硏究』「前言」, 齊魯書社, 1987.

이 위작했겠는가? 어째서 역사상 그렇게 많은 사람이 끊임없이 이 책의 가치를 강조했겠는가?

　우리가 『공자가어』를 다시 되돌아보면 그 풍부한 내용에 감탄하지 않을 수 없다. 유가의 전적은 '사서오경(四書五經)'이라고 말한다. 만약 『가어』를 더하면 유가의 가장 중요한 전적은 '오서오경(五書五經)'이 된다. 『가어』는 전문적으로 공자의 유학을 기록했을 뿐만 아니라 규모에서도 '사서'의 그 어떤 책도 넘어선다. 『논어』와 간략하게 비교하더라도 『가어』에는 온전한 장면이 있다. 『대학』, 『중용』과 특정한 주제를 논한 문장을 비교하더라도 『가어』의 사상이 더욱 전면적이다. 『사기』에서 공자의 사적을 기록했지만 『가어』에서 기록한 시대가 더욱 빠르고 내용이 더욱 많고 정확하다. 공자의 사상은 넓고 심오하다. 정확하게 공자를 이해하고 진정으로 공자에게 가까이 가려면 결코 『가어』를 버릴 수 없다. 『가어』는 "공자를 연구하는 가장 중요한 책"이라고 불려도 손색이 없다.

범례 凡例

- 본 『공자가어통해』(역자주: 이하 『통해』라 약칭)는 상무인서관(商務印書館) 『사부총간(四部叢刊)』영인 명(明) 황노증(黃魯曾)의 복송본(覆宋本)을 저본으로 간체자로 횡배(橫排)함.
- 본 『통해』는 아래의 판본을 참고하여 교정함.
  1. 명(明) 모씨급고각본(毛氏汲古閣本)에 근거하여 배인(排印)한 중화서국(中華書局)의 『사부비요(四部備要)』본. '비요본'이라 약칭.
  2. 상해고적출판사(上海古籍出版社) 영인 문연각(文淵閣) 『사고전서(四庫全書)』본. '사고본'이라 약칭.
  3. 동문서국(同文書局) 석인(石印) 영송초본(影宋抄本) 『공자가어(孔子家語)』. '동문본'이라 약칭.
  4. 유씨(劉氏) 옥해당(玉海堂) 복송본(覆宋本) 『공자가어』. '옥해당본(玉海堂本)'이라 약칭.
  5. 진사가(陳士珂)집(輯), 『공자가어소증(孔子家語疏證)』, 상무인서관(商務印書馆), 1940, 上海書店 『國學基本叢書』 1987년 영인본. '진본(陳本)'이라 약칭.
- 본 『공자가어통해』의 참고서목(參考書目):
  1. 『孔子—周秦漢唐文獻集』之 『孔子家語』, 復旦大学出版社, 1990, '문헌집본(文獻集本)'이라 약칭.
  2. 廖名春、鄒新明校点, 『孔子家語』, 遼寧教育出版社("新世紀萬有文庫"本),

1997. '신만유문고본(新萬有文庫本)'이라 약칭.

3. 劉樂賢編著 : 『孔子家語』(中國傳統文化讀本), 燕山出版社, 1995, '연산본(燕山本)'이라 약칭.

4. 孫志祖, 『家語疏證』, 中華書局 『叢書集成初編』據式訓堂叢書排印本.

5. 范家相, 『家語證僞』, 『續修四庫全書』 影印光緒十五年會稽徐氏鑄學齋刊本.

6. 張濤注譯, 『孔子家語注譯』, 三秦出版社, 1998.

● 『孔子家語』와 기타 문헌이 서로 같거나 통하는 점은 '통해'에서 적당히 참작.
● 저본(底本)에 분명한 오자는 참교본(參校本)에 근거하여 고치고 주석(注釋)에 설명함.
● 저본의 탈문(脫文)과 연자(衍字)는 참교본에 근거하여 보완, 삭제하고 주석에 설명함.
● 저본 중의 고체자(古體字)와 이체자(異體字)는 정체자(正體字)로 고침.
● 이 책의 서문(序文)[代前言]에서는 『공자가어』의 편찬과 자료내원 등 관련 문제 그리고 그 가치를 서술하여 이 책 찬술의 관련 상황을 설명함.
● 매편(每篇) 본문 앞의 '서설(序说)'은 전편(全篇)을 개략적으로 설명하고 전체 내용에 대한 독자들의 이해를 도움으로써 연구를 계속하는데 편리함으로 제공하고, 다음으로 단락에 따라 '통해(通解)', '원문(原文)', '주석(注釋)' 부분(역자주: 원래는 '원문(原文)', '주석(注釋)', '통해(通解)' 부분으로 되어 있었는데 독자의 편의상 그 순서를 바꾸었다.)으로 구성함.
● 다른 사람들의 창조적 성과는 모두 주(注)에 명기함.
● 『공자가어』 원문 중의 생벽자(生僻字)는 주석(注釋)에 한어(漢語) 병음(拼音)으로 주음(注音)함.

공자가어통해 상

목록

서序 ……………………………………… 이학근李學勤 …… 五
서문[代前言]:『공자가어』의 편찬과 신뢰성 연구 ……… 양조명楊朝明 …… 九
범례凡例 …………………………………………………… 七十九

권1
01 상노相魯 ……………………………………………… 2
02 시주始誅 ……………………………………………… 13
03 왕언해王言解 ………………………………………… 23
04 대혼해大婚解 ………………………………………… 36
05 유행해儒行解 ………………………………………… 45
06 문례問禮 ……………………………………………… 62
07 오의해五儀解 ………………………………………… 75

권2
08 치사致思 ……………………………………………… 96
09 삼서三恕 ……………………………………………… 126
10 호생好生 ……………………………………………… 143

권3
11 관주觀周 ……………………………………………… 168
12 제자행弟子行 ………………………………………… 178
13 현군賢君 ……………………………………………… 202
14 변정辯政 ……………………………………………… 218

권4
　15 육본六本 ··· 234
　16 변물辯物 ··· 261
　17 애공문정哀公問政 ··· 280

권5
　18 안회顏回 ··· 298
　19 자로초견子路初見 ··· 314
　20 재액在厄 ··· 329
　21 입관入官 ··· 339
　22 곤서困誓 ··· 354
　23 오제덕五帝德 ·· 371

찾아보기 ··· 385

공자가어통해 하

목록

서序 ··· 이학근李學勤 ···· 五
서문[代前言] : 『공자가어』의 편찬과 신뢰성 연구 ············ 양조명楊朝明 ···· 九
범례凡例 ·· 七十九

권6

24 오제五帝 ·· 386
25 집비執轡 ·· 395
26 본명해本命解 ·· 415
27 논례論禮 ·· 430

권7

28 관향사觀鄕射 ·· 444
29 교문郊問 ·· 457
30 오형해五刑解 ·· 469
31 형정刑政 ·· 481
32 예운禮運 ·· 493

권8

33 관송冠頌 ·· 526
34 묘제廟制 ·· 535
35 변락해辯樂解 ·· 544
36 문옥問玉 ·· 558
37 굴절해屈節解 ·· 567

八十三

권9
  38 칠십이제자해七十二弟子解 ·· 586
  39 본성해本姓解 ·· 620
  40 종기해終記解 ·· 632
  41 정론해正論解 ·· 642

권10
  42 곡례자공문曲禮子貢問 ··· 696
  43 곡례자하문曲禮子夏問 ··· 736
  44 곡례공서적문曲禮公西赤問 ··· 775

부록附錄
  공안국(孔安國) 『공자가어후서(孔子家語後序)』 ····································· 790
  『공자가어(孔子家語)』 후공안국서(後孔安國序) ····································· 793
  왕숙(王肅) 『공자가어서(孔子家語序)』 ··· 798

후기後記 ·· 802
역자후기後記 ·· 806

찾아보기 ··· 809

공자가어통해

권 ❻

24 오제五帝

▌序說

  이 편에서 가리키는 오제(五帝)는 즉 태호(太皡), 염제(炎帝), 황제(黃帝), 소호(少皡), 전욱(顓頊) 다섯 고대 제왕이다. 이는 앞의 「오제덕(五帝德)」편의 오제 계통과는 다른 것이다. 이 편 중에서 공자는 시작하자마자 "옛날 내[丘]는 노담(老聃)에게서 들었다."고 말한 것에서 볼 수 있듯이 이 오제 계통이 초나라 땅에서 유래했음을 알게 하는 것이다. 초나라 땅은 신화의 색채가 농후한 곳으로 유명한 "절지통천(絕地天通)"의 전설도 초나라에서 유래하였다. 따라서 본문은 「오제덕(五帝德)」편에 비해 더욱 많은 신화적 색채를 갖추고 있다.
  이 편의 주요한 내용은 공자가 계강자(季康子)에게 설명한 고대 제왕이 오행을 본떠 칭제(稱帝)하고 복식(服飾)을 고치고 연호를 바꿔 부른 것이다. 전체 문장은 다섯 부분으로 나눌 수 있는데 첫째, 공자가 계강자에게 오제를 개괄적으로 설명한 것. 둘째, 태호씨(太皡氏)가 목(木)에서 기원한 원인. 셋째, 오정(五正)에 관하여. 넷째, 제왕의 연호를 바꿔 부른 것과 덕을 고친 주요 내용. 다섯째, 요(堯), 순(舜)을 오제에 배열하지 않은 원인 등이다.
  이 편에 기록된 공자가 논한 오제와 『가어』「오제덕」 중의 공자가 말한 오제가 다르다. 이는 춘추시대 사람들이 이미 고대의 전설에 대하여 정리를 진행함에 따라 지역, 문화, 민족 등 여러 많은 요인의 영향으로 다른 오제 계통이 발생하였음을 설명하는 것이다. 공자의 넓은 견문으로 두 가지 종류의 오제 계통을 들었다는 것은 이상한 것이 아니다.

이 편은 고대 오행사상의 발생과 발전이 지닌 중요한 가치를 연구하는데 대하여 뿐만 아니라 『가어』「오제덕」 등 기타 오제 계통과 대비(對比)되는 연구는 고대 제왕 전설의 서로 다른 유래와 그것이 지닌 의미를 연구하는데 도움이 된다.

24-1

계강자(季康子)가 공자에게 물었다. "옛날에 오제(五帝)라는 이름은 들었으나 그들의 실제 내용은 알지 못합니다. 무엇을 오제라 합니까?"

공자가 말하였다. "옛날 내가 노담(老聃)에게 듣기에, '하늘에 오행이 있는데 즉 수(水), 화(火), 금(金), 목(木), 토(土)이다. 이들이 계절에 따라 화육(化育)을 맡아 만사만물(萬事萬物)을 길러 내는데 그 오행의 신(神)을 오제라 이른다'고 했습니다. 옛날의 임금이란 조대(朝代)가 바뀌면 명호(名號)를 고치는데 바로 오행에 의거하였습니다. 오행에 의거하여 제왕이 바뀌었으며 한 바퀴 돌아 다시 시작되었는데 역시 오행의 순환에 따른 원칙이었습니다. 때문에 그들 현명한 제왕은 죽은 후에 오행에 배열되었습니다. 따라서 태호(太皥)를 목(木)에 배열하고, 염제(炎帝)를 화(火), 황제(黃帝)를 토(土), 소호(少皥)를 금(金), 전욱(顓頊)을 수(水)에 각각 배열하였던 것입니다."

原文

季康子問於孔子曰: "舊聞五帝[1]之名, 而不知其實, 請問何謂五帝?"

孔子曰: "昔丘也聞諸老聃曰: '天有五行, 水火金木土[2]. 分時化育, 以成萬物[3]. 其神謂之五帝'[4]. 古之王者, 易代而改號, 取法五行, 五行更王, 終始相生, 亦象其義[5]. 故其爲明王者而死配五行. 是以太皥6)配木, 炎帝7)配火, 黃帝8)配土, 少皥9)配金, 顓頊10)配水."

注釋

1) 五帝: 전설 속의 고대 제왕. '오제(五帝)'에 관한 이야기는 적어도 여섯 종류가 있는데 본문에서는 태호(太皥), 염제(炎帝), 황제(黃帝), 소호(少皥), 전욱(顓頊) 5인을 가리킨다. 2) 水, 火, 金, 木, 土: 사고본과 동문본에는 木, 火, 金, 水, 土로 되어 있는데, 이것이 맞다. 3) 分時化育, 以成萬物: 왕숙의 주에, "1년은 360일, 오행은 각기 72일을 주관한다. 만물을 길러내는 것은 1년의 공인데 만물이 이루지 않음이 없다."고 했다. 4) 其神謂之五帝: 왕숙의 주에, "오제(五帝)는 오행의 신(神)으로 생물을 돕는데[佐(사고본과 동문본에는 이 글자 뒤에 '天' 자가 있다), 참위(讖緯)는 모두 이를 이름으로 하니 역시 요괴망언(妖怪妄言)이다."고 했다. 5) 五行更王, 終始相生, 亦象其義: 왕숙의 주에, "오행에 따라 왕을 하였고 끝과 처음이 맞물려 생겨난다. 처음에는 목덕(木德)으로 천하의 왕을 하고, 다음으로 오행의 생겨남에 따라 계승되었다. 이러한 설(說)은 오정(五精)의 제(帝) 밑에 왕자(王者)가 생겨난다는 것인데 그 폐해와 미혹함이 말할 것도 없다[其爲蔽惑無可言(사고본과 동문본에는 이 뒤에 '者' 자가 있다)]."고 했다. 6) 太皥: 복희씨(伏羲氏)라 부른다. 전설 속의 고대 제왕으로 목덕(木德)으로 천하의 왕이 되었고 사후에 동방에서 제사를 지내고 목덕의 제(帝)이다. 7) 炎帝: 열산씨(烈山氏), 또 신농씨(神農氏)라고도 불렀다. 전설 속의 고대 제왕으로 화덕(火德)으로 천하의 왕이 되었고 죽은 후 남방에서 제사를 지내고 화덕의 제(帝)이다. 8) 黃帝: 헌원씨(軒轅氏)라 부른다. 전설 속의 고대 제왕으로 토덕(土德)으로 천하의 왕이 되었고, 사후에는 중앙에서 제사를 지낸 제(帝)이다. 9) 少皥: '소호(少昊)'라고도 한다. 이름은 지(摯), 금천씨(金天氏)라 부른다. 전설 속의 고대 제왕으로 금덕(金德)으로 천하의 왕이 되었고 죽은 후 금(金)에 배치된 서방 금덕의 제(帝)이다. 10) 顓頊: 황제(黃帝)의 손자로 고양씨(高陽氏)라 부른다. 전설 속의 고대 제왕으로 수덕(水德)으로 천하의 왕이 되었고, 사후에는 북방에서 제사를 지낸 수덕의 제(帝)이다.

24-2

계강자(季康子)가 말하였다. "태호씨(太昊氏)가 목(木)에서 시작한 것은 무엇 때문입니까?"

공자가 말하였다. "오행이 사실을 주관할 때 먼저 목(木)에서부터 시작합니다. 목(木)은 동방을 상징하며 만물의 처음은 모두 여기서 생겨납니다. 때문에 제왕이 그것을 본받아 제일 먼저 목덕(木德)으로 천하의 왕을 칭하고 그 다음은 오행상생(五行相生)의 순서에 따라 이어 받는 것입니다."

| 原文

康子曰: "太皞氏其始之木何如?"
孔子曰: "五行用事[1], 先起於木, 木東方, 萬物之初皆出焉. 是故王者則[2]之, 而首以木德王天下, 其次則以所生之行, 轉相承也[3]."

| 注釋

1) 用事: 사실을 주관함. 2) 칙(則): 본받다. 3) 首以木德王天下, 其次則以所生之行, 轉相承也: 왕숙의 주에, "목(木)이 화(火)를 낳고, 화가 토(土)를 낳는다는 것 등이다."고 했다.

24-3

계강자(季康子)가 말하였다. "내가 듣기에 구망(句芒)은 목정(木正)이 되었고, 축융(祝融)은 화정(火正)이 되었으며, 욕수(蓐收)는 금정(金正)이 되었고 현명(玄冥)은 수정(水正)이 되었으며, 후토(后土)는 토정(土正)이 되었는데, 이들 오행의 집행자들은 서로 혼란이 없었는데 오히려 그들을 제(帝)라고 칭한 것은 무엇 때문입니까?"

공자가 말하였다. "무릇 오정(五正)이란 오행(五行)의 관명입니다. 오행은 상제(上帝)를 도와 대사(大事)를 이루게 하였으므로 오제(五帝)라 칭한 것입니다. 태호(太皞)와 염제(炎帝) 등이 오행와 배합되어 역시 제(帝)라 불렀던 것은 오행의 칭호를 따랐던 것입니다. 옛날 소호(少皞)씨에게는 네 명의 동생이 있었는데, 각각 중(重), 해(該), 수(脩), 희(熙)라고 불렀습니다. 그들은 금, 목, 수를 관리하는데 재능이 있어 중을 구망(勾芒)으로 삼았고, 해를 욕수(蓐收)로, 수와 희를 현명(玄冥)으로 삼았습니다. 또 전욱(顓頊)의 아들인여(黎)를 축융(祝融)으로 삼았고, 공공(共工)씨의 아들인 구룡(勾龍)을 후토(后土)로 삼았습니다. 이들 다섯 사람은 각각 그들의 재능에 따라 관직을 맡게 되었는데, 살아서는 상공(上公)이 되었고, 죽어서는 존숭되어 귀한 신(神)이 되었습니다. 이들은 따로 오사(五祀)라 칭했으며, 제(帝)와 동등할 수는 없었습니다."

原文

康子曰: "吾聞勾芒[1]爲木正[2], 祝融[3]爲火正, 蓐收[4]爲金正, 玄冥[5]爲水正, 后土[6]爲土正, 此則[7]五行之主而不亂 稱曰帝者, 何也?"

孔子[8]曰: "凡五正者, 五行之官名. 五行佐成上帝, 而稱五帝. 太皞之屬配焉, 亦云帝, 從其號[9]. 昔少皞氏之子有四叔, 曰重, 曰該, 曰修, 曰熙, 實能金木及水. 使重爲勾芒, 該爲蓐收, 修及熙爲玄冥, 顓頊氏之子曰黎[11], 爲祝融. 共工氏[12]之子曰勾龍[13]爲后土, 此五者, 各以其所能業爲官職[14]. 生爲上公[15], 死爲貴神, 別稱五祀, 不得同帝[16]."

注釋

1) 구망(勾芒): 이름은 중(重)이고 소호씨(少皞氏)의 후예로서 목덕(木德)의 제왕을 도왔고 죽은 후 목관(木官)의 신(神)이 되었다. 구(勾)는 동문본에 '句'로 되어 있다. 이하 같다. 2) 正: 관(官)의 장(長). 3) 축융(祝融): 전욱(顓頊)의 후예로 고신씨(高辛氏)의 화정(火正)이 되었고 죽은 후 화관(火官)의 신이 되었다. 『사기』「초세가(楚世家)」에, "중려(重黎)가 제곡(帝嚳) 고신씨(高辛氏)의 화정(火正)이 되어 공이 매우 많아 천하에 이름이 빛나자 제곡은 축융(祝融)이라 명하였다. 공공씨(共工氏)가 반란을 일으키자 제곡이 중려로 하여금 주벌하게 하였으나 성공하지 못하자 경인일(庚寅日)에 중려를 죽이고 그 동생 오회(吳回)를 중려의 후예로 삼아 다시 화정(火正)에 임명하여 축융(祝融)이 되었다."고 하였다. 4) 욕수(蓐收): 이름은 해(該), 금덕(金德)이 있어 사후에 금신(金神)으로 모셔졌다. 5) 玄冥: 수(修), 사후에 수신(水神)으로 제사지냈다. 6) 后土: 구룡(勾龍). 토관(土官)의 신(神).『좌전』소공(昭公)29년에, "토정(土正)을 후토(后土)라 하는데, 공공씨(共工氏)에게 구룡(勾龍)이라는 아들이 있었고 후토(后土)

가 되었다."고 했다. 7) 則: 원래는 없었는데, 사고본과 동문본에 근거하여 보완하였다. 8) 孔子: 사고본과 동문본에는 '夫子'로 되어 있다. 9) 五行佐成上帝, 而稱五帝. 太皡之屬配焉, 亦雲帝, 從其號: 왕숙의 주에, "하늘은 지극히 존귀함으로 사물은 그와 같은 칭호를 쓰지 못하고 상제(上帝)라 겸칭한다. 하늘은 오행으로서 하늘의 일을 도와 이루게 하여(사고본과 동문본에는 "上得包下"라고 하였다) 이를 오제(五帝)라 칭하고, 땅에 오행이 있어 정신이 있게 하였기 때문에 역시 제(帝) 또는 오제(사고본과 동문본에는 "때문에 마찬가지로 上帝라고 불렀다"고 했다. 살피건대 '爲'는 '謂'와 같다.)라 칭했다. 황제(黃帝)에 속하였기 때문에 역시 제(帝)라 칭하였고, 마찬가지로 [亦: 사고본, 동문본에는 '蓋'라고 되어 있다.] 하늘을 따라 오제의 호칭이 있었다. 따라서 왕이 된 사람이 비록 제(帝)를 칭하였지만 천제(天帝)라 칭할 수 없었고('不或曰'을 사고본과 동문본에는 '而不得稱 '이라 하였다) 천자(天子)라 불렸는데, 천자(天子)와 부(父)는 그 존비가 매우 차이가 나는 것이었다. 천왕(天王)이라 하는 것은 천하의 왕이라는 것을 말한다."고 했다. 10) 少皡氏之子有四叔, 曰重, 曰該, 曰修, 曰熙: 『좌전』소공(昭公) 29년에는, "少皡氏有四叔, 曰重, 曰該, 曰修, 曰熙."이라 되어 있는데, '之子'가 아래 문장과 관련하여 덧붙여진 것이 아닌가 한다. 양백준(楊伯峻)의 『춘추좌전주(春秋左傳注)』에는 이 사숙(四叔)이 소호씨의 동생들이 아닌가 했는데 정말 맞을 것이다. 11) 黎: 전욱(顓頊)시기의 화정(火正)이다. 『국어』「초어(楚語)하」에, "남정(南正) 중(重)에게 하늘을 살펴 신(神)에 속하게 하고, 화정(火正) 여(黎)에게 명하여 땅을 살펴 백성에게 속하게 하였다."고 했다. 12) 共工氏: 염제(炎帝)의 후예로 강성(薑姓)이다. 『좌전』소공(昭公) 17년에, "공공씨(共工氏)는 수(水)를 기(紀)로 하였으므로 수사(水師)가 되어 수(水)를 이름으로 하였다."고 했다. 고대의 신화전설 중에 공공(共工)은 파괴성이 매우 큰 인물로써 그는 홍수를 일어나게 하여 천하를 해롭게 하여 결과적으로 멸망되었다. 그러나 각종 흔적이 분명한데, 공공씨는 본래 치수를 하고자 하였지만 단지 방법이 맞지 않아 오히려 더욱 큰 재난을 조성하였던 것이다. '共'은 사고본과 동문본에는 '龔'으로 되어 있다. 13) 勾龍: 공공씨(共工氏)의 아들. 『국어』「노어(魯語)상」에 이르기를, "공공씨(共工氏)는 구유(九有)의 백(伯)이다. 그 아들을 후토(后土)라 불렀는데 구토(九土)를 평정하였다."고 했다. 14) 各以其所能業爲官職: 왕숙의 주에, "각기 한 가지씩 실행할 수 있는 관(官)을 직업의 일로 삼았다."고 했다. 15) 上公: 백관(百官)의 우두머리. 16) 別稱五祀, 不得同帝: 왕숙의 주에, "오사(五祀)는 상공(上公)의 신(神)이기 때문에 칭제(稱帝)할 수 없었다. 그 차서(次序)에 있어서 오정(五正)은 오제(五帝)에 미치지 못하고, 오제(五帝)는 천지(天地)에 미치지 못한다. 알지 못하는 자들이 사(祀: 사고본과 동문본에는 '禮'로 되어 있다.))에 제사지내는 것을 땅에 제사지내는 것으로 여기지만 잘못이 크다. 또 토(土)가 수화(水火)와 함께 오행(五行)이지만 그것은 땅의 아들인데 아들을 어미로 여기고 있으니 존비의 순서를 잘못하여 뒤집고 있는 것이 아니겠는가?(不亦顚倒失尊卑之道也: 也는 사고본과 동문본에는 없다.)"라고 하였다.

▎24-4

계강자(季康子)가 또 물었다. "이같은 말씀을 살펴보면 제왕이 칭호를 바꿔가는 것은 오행의 덕에 따르는 것이라 말씀합니다. 각각 관장하는 한 종류가 있다면 그들이 서로 바꾸어가는 것에는 모두 어떤 내용이 있습니까?"

공자가 말하였다. "그들이 숭상하는 것은 각자 칭왕(稱王)하며 근거한 오행의 덕에 따르는 것입니다. 하후씨(夏后氏)는 금덕(金德)으로 칭왕하고 흑색을 숭상하였는데, 상장(喪葬)을 어두워지는 저녁때에 정하고, 전쟁이 있을 때는 검은 말이 끄는 수레를 타며, 제사에 쓰는 희생 가축도 흑색입니다. 은나라 사람은 수덕(水德)으로 칭왕하고 백색을 숭상하였는데, 상장(喪葬)을 한낮에 정하고, 전쟁이 있을 때에는 흰 말이 끄는 수레를 타며, 제사에 쓰는 희생 가축도 백색입니다. 주나라 사람은 목덕(木德)으로 칭왕하고 붉은 색을 숭상하였는데, 상장(喪葬)을 해가 뜰 때 정하고, 전쟁이 있을 때에는 붉은 색의 말이 끄는 수레를 타며, 제사에 쓰는 희생 가축도 붉은 색입니다. 이것이 하, 상, 주 삼대가 같지 않았던 이유입니다."

계강자가 말하였다. "당요(唐堯), 우순(虞舜) 두 제왕이 숭상한 것은 무슨 색이었습니까?"

공자가 말하였다. "요(堯)는 화덕(火德)으로 칭왕하고 황색을 숭상하였으며, 순(舜)은 토덕(土德)으로 칭왕하고 청색을 숭상하였습니다."고 했다.

▎原文

康子曰: "如此之言, 帝王改號, 於五行之德, 各有所統[1], 則其所以相變者, 皆主何事²⁾?"

孔子曰: "所尚則各從其所王之德次焉³⁾. 夏后氏以金德王, 色⁴⁾尚黑, 大事斂用昏⁵⁾, 戎事乘驪⁶⁾, 牲用玄; 殷人用水德王, 色尚白⁷⁾, 大事斂用日中⁸⁾, 戎事乘翰⁹⁾, 牲用白; 周人以木德王, 色¹⁰⁾尚赤, 大事斂用日出¹¹⁾, 戎事乘騵¹²⁾, 牲用騂¹³⁾. 此三代之所以不同."

康子曰: "唐, 虞二帝, 其所尚者何色?"

孔子曰: "堯以火德王, 色尚黃. 舜以土德王, 色尚青¹⁴⁾."

注釋

1) 統: 관할하다, 장악하다. 사고본과 동문본에는 '所統' 앞에 '有' 자가 없다. 2) 皆主何事: 왕숙의 주에, "목가(木家)에 있어서는[在: 사고본에는 '怪'로 되어 있는데, 여기에는 '在'로 되어 있다. 아마 '怪' 자의 이체(異體)를 잘못 적은 것이 아닌가 한다] 붉은 색을 숭상한다. 때문에 물은 것이다."고 했다. 3) 所尚則各從其所王之德次焉: 왕숙의 주에, "목(木) 다음은 화(火)이기에 목가(木家)는 붉은 색을 숭상하였고, 목덕(木德)으로 의(義)를 드러내었다. 그 어머니를 받들고, 자식을 짝[配]하는 것이다."고 했다. 4) 色: 사고본과 동문본에는 '而'로 되어 있다. 5) 大事斂用昏: 왕숙의 주에, "대사(大事)는 상(喪)이다. 혼(昏)은 때[時]이고, 역시 흑색(黑)이다."고 했다. 6) 戎事乘驪: 융사(戎事)는 전쟁의 일이고, 러(驪)는 왕숙의 주에, "흑마(黑馬)이다."고 했다. 7) 殷人用水德王, 色尚白: 왕숙의 주에, "수가(水家)에서는 청색을 숭상하거나 백색을 숭상하였는데 이는 토가(土家)의 청색 숭상을 피하기 위함이다."고 했다. 8) 日中: 왕숙의 주에, "일중(日中)은 백(白)이다."고 했다. 9) 翰: 왕숙의 주에, "한(翰)은 백색의 말이다."고 했다. 10) 色: 사고본과 동문본에는 이 글자가 없다. 11) 日出: 왕숙의 주에, "해가 뜰 때에는 역시 붉은 색이다."고 했다." 12) 원(騵): 왕숙의 주에, "원(騵)은 월나라 말[騮: 원래는 없었는데 사고본과 동문본에 근거하여 보완하였다]로 배가 하얀 색이다."고 했다. 13) 성(騂): 왕숙의 주에, "성(騂)은 붉은 색(色: 사고본과 동문본에는 '類'로 되어 있다)이다."고 했다. 14) 舜以土德王, 色尚青: 왕숙의 주에, "토가(土家)는 백색을 숭상해야 한다. 토는 사행(四行)의 주(主)로 사계(四季)의 왕이다. 오행으로 일을 행함에 먼저 목(木: 이 글자와 다음의 '木' 자가 원래는 '水'로 되어 있었지만 사고본과 동문본에 근거하여 고쳤다)에서 시작하는데, 색은 푸른 색이다. 따라서 목가(木家)는 토(土)를 피하였고, 토가(土家)는 백색을 숭상하였다."고 했다.

24-5

계강자가 말하였다. "도당(陶唐), 유우(有虞), 하후(夏后), 은(殷), 주(周)는 모두 오제에 배열되지 못하였으니 그들의 덕이 상고(上古)의 제왕에 미치지 못함을 의미하는 것입니까? 덕행에도 제한이 있었던 것입니까?"

공자가 말하였다. "옛날에 물[水]과 흙[土]을 평탄하게 하고 온갖 곡식을 심었던 사람은 많습니다만 오직 구룡씨(勾龍氏)만이 사(社)에 배향되었고, 기(棄)만이 직신(稷神)이 되었습니다. 대대로 모두 받들어 모시며 감히 더 보태지 않은 것은 다른 사람이 이 두 사람과 대등할 수 없음을 밝힌 것입니다. 때문에 태호(太皥)로부터 전욱(顓頊)에 이르기까지 오행에 순응하여 칭왕(稱王)한 수가 다섯에 그치지 않았지만 그들만을 오제로 배열한 것은 그들의 덕행이 더 이상 더할 것이 없는 지경에 이르렀기 때문입니다."

原文

康子曰: "陶唐[1], 有虞[2], 夏后, 殷, 周獨不配五帝, 意者德不及上古耶? 將有限[3]乎?"

孔子曰: "古之平治水土, 及播殖百穀者衆矣, 唯勾龍氏兼[4]食於社[5], 而棄[6]爲稷神, 易代奉之, 無敢益[7]者, 明不可與等. 故自太皥以降, 逮[8]於顓頊, 其應五行而王, 數非徒[9]五而配五帝, 是其德不可以多也."

注釋

1) 陶唐: 요(堯)를 가리킨다. 요는 처음 도(陶)에 거주하였고 후에 당(唐)에 봉해졌기 때문에 도당(陶唐)이라고도 칭한다. 2) 有虞: 유우씨(有虞氏). 순(舜)을 가리킨다. 3) 限: 제한. 4) 兼: 왕숙의 주에, "겸(兼)은 배(配)와 같다."고 했다. 사고본과 동문본에는 '兼' 자 앞에 '氏' 자가 없다. 5) 社: 토지신. 6) 棄: 후직(後稷)으로 이름이 기(棄)이다. 주(周)의 시조이다. 『사기』「주본기(周本紀)」에 그를 "농사 짓기를 좋아하고 토지의 특성을 관찰하여 곡물을 파종하고 수확하였다."고 했다. 7) 益: 더하다, 보태다. 8) 逮: 이르다, 미치다. 9) 徒: ~에 그치다, 겨우.

25 집비執轡

┃序說

　이 편은 두 부분으로 나뉘는데, 앞의 두 구절이 첫 번째 부분으로 민자건(閔子騫)이 정치에 대하여 물은 것을 공자가 대답한 것을 기술하였다. 뒤의 두 구절은 두 번째 부분으로 자하(子夏)와 공자가 『역(易)』의 이치 등에 관한 문제를 적고 있다. 첫 번째 부분에서 공자는 치국(治國)을 수레를 모는 것에 비유하여 "임금으로 정치를 하는데 있어서는 다만 그 고삐와 채찍을 장악하면 된다[夫人君之政, 執其轡策而已]."라 하였다. 따라서 '집비(執轡)'를 편명으로 한 것이다.

　이 편의 앞 일부분은 공자의 치국에 관한 주장을 논술한 것으로 이 부분에서 공자는 '덕법(德法)'을 매우 강조하였는데, 즉 덕치를 강조한 것이다. 이는 다른 자료들이 분명하게 보이고 있는 공자의 정치사상과 완전히 일치한다. 공자는 단도직입적으로 위정과 치국은 당연히 "덕과 법으로[以德以法]"해야 함을 제시하여 사람들의 주목을 받았고 공자는 그밖에도 "덕과 법은 백성을 다스리는 도구[德法者, 御民之具]"라고 하여 '덕과 법'을 치국의 근본으로 여겼다. 지적해야 할 것은 여기서 '법'이란 '예법(禮法)'의 '법'으로서 법칙, 법도, 규장(規章)이 있다는 뜻이 있으므로 오늘날 말하는 '법제(法制)'의 '법'과는 구별된다. 때문에 공자는 '덕법(德法)'과 형벽(刑辟)을 대조적으로 보았다. 공자는 전형적인 덕치론(德治論)을 주장하는 사람이었고, 「집비

(執轡)」편이 반영하고 있는 공자의 치국사상은 여전히 이와 같았다. 공자는 치국의 형상을 수레 모는 것에 비유하고 덕법을 인민을 통어(統御)하는 수단으로 보아 말하기를, "무릇 덕행과 예법은 백성을 다스리는 도구로서 마치 말을 모는데 있어서 재갈이나 굴레가 있어야 하는 것과 같다. 임금이 말을 모는 사람이라면, 관리는 말고삐이고, 형벌은 말채찍이다. 임금으로 정치를 하는데 있어서는 다만 그 고삐와 채찍을 장악하면 된다[夫德法者, 御民之具, 猶御馬之有銜勒也. 君者, 人也 ; 吏者, 轡也 ; 刑者, 策也. 夫人君之政, 執其轡策而已]."라고 하였다. 이어서 공자는 자신의 "옛날의 위정(爲政)[古之爲政]"에 대한 관점을 논술하고, 구체적으로 자신의 덕과 법의 관계에 대한 인식을 이야기 하였다. 이 편은 공자의 정치사상을 연구하는 중요한 자료이다.

 이 편의 학술가치는 많은 방면에서 표현되고 있다. 우리는 「집비(執轡)」편 중에 가장 주의할 만한 것으로 공자의 고대는 "육관(六官)으로 다스림을 총괄한다"라고 하는 논술이라 생각한다. 이 구절의 논술은 『주례(周禮)』와 함께 살펴야 하는데, 「집비」편의 편찬시기 방면의 중요한 정보가 될 뿐만 아니라 『주례』가 언제 쓰여졌는가 하는 문제에도 극히 중요한 근거가 된다. 이 문단의 논술 중에 공자는 마찬가지로 나라를 다스리는 것을 수레를 모는 것에 비유하여 고대에 천하를 다스리는 천자는 삼공(三公)과 함께 "내사(內史)를 좌우의 수(手)로, 육관(六官)을 고삐[轡]로 삼아" 덕과 법을 중시하고 관리의 고과(考課)와 국가를 다스렸다고 하였다. 공자가 말한 '육관(六官)'은 곧 『주례』 중의 총재(冢宰), 사도(司徒), 종백(宗伯), 사마(司馬), 사구(司寇), 사공(司空)이었다. 『주례』의 육관과 태재(太宰)의 직장(職掌)을 공자의 관련 논술과 하나하나 대조해보면 공자가 말한 육관의 직분이 『주례』의 육관 계통에 의거하고 있음을 어렵잖게 발견할 수 있다. 공자가 비록 명확하게 『주례』라는 책의 이름을 거론하지 않았지만, 만약 『가어』에 기록된 자료에 문제가 없다면 의심할 것 없이 『주례』가 쓰여진 연대가 당연히 공자 이전이라 할 수 있다. 뿐만 아니라 공자가 논술한 "육관으로 다스림을 총괄한다"라고 한 것은 공자가 칭한 "옛날[古] 천하를 다스림"이라고 말한 정황에 근거하여 공자가 말한 그 '옛날[古]'을 보면, 곧 『주례』가 쓰여진 때가 서주(西周)시기일 가능성이 매우 크게 된다.

또 이 편에서 자하(子夏)가 이야기한 바와 같이 소위 『역(易)』의 이치 중에 인류와 만물, 조수(鳥獸), 곤충이 탄생할 때 받은 원기(元氣)의 분한(分限)을 그는 "보통 사람은 정황을 알지 못하고 오직 덕행에 통달한 사람만이 그 본원(本原)을 찾아낼 수 있다[凡人莫知其情, 唯達德者能原其本]."라고도 여겼다. 자하가 이야기한 후에 공자는 "그렇다. 나도 옛날에 노담(老聃)에게 들었는데 역시 네가 한 말과 같았다[然, 吾昔聞老聃亦如之言]."라고 말하였고, 자하는 또 자기가 직접 본 『산서(山書)』중의 내용을 말하였다. 공자는 일찍이 노자(老子)에게 예(禮)를 물었던 적이 있어 그의 사상이 노자의 일정한 영향을 받았을 가능성이 있지만, 공자와 노자 사이에는 차이가 있다. 공자가 생각하는 것은 현실적 사회문제이기에 공자는 적극적인 사회참여를 주장하였다. 바로 이 때문에 자하의 고론(高論)이 공자의 큰 흥미를 일으키지 못하였던 것이다. 문장의 뜻을 세밀히 살펴보면 공자는 분명 자공(子貢)이 자하에게 말한 평론(評論)에 동의하고 있다. 즉 "정묘(精妙)하기는 정묘하지만, 사회를 다스리는데 필요한 것은 아닙니다[微則微矣, 然非治世之待也]."라고 하였던 것이다. 공자는 마찬가지로 자하가 말한 것이 비록 세미(細微)한 것이었지만 국가를 다스리는데 필요한 것은 아니었다고 여겼다. 여기에서 두 가지 방면의 문제를 볼 수 있다. 첫째, 자하(子夏)가 논한 도가 노자의 자연관과 유사한 면이 있다. 자하가 말한 『역(易)』의 이치나 『산서(山書)』를 보았다는 것에는 아직 학파의 한계가 없었다. 둘째, 공자와 자공(子貢) 등은 비록 세미(細微)하지만 오히려 세상사와는 밀접하지 않은 것에 대하여는 흥미를 갖지 않았다. 이것이 바로 유가학파 사상의 특징으로서 그들이 서로 나눈 이야기 가운데에서 공자시기에는 유가와 도가가 구분되는 단서가 이미 드러나고 있음을 발견할 수 있다. 이는 모두 공자 생전의 실제 정황이었다.

이 편은 『대대례기(大戴禮記)』에도 보인다. 『대대례기』중 첫번째 부분의 이름은 「성덕(盛德)」이고, 두 번째 부분의 이름이 「역본명(易本名)」인데, 『가어』와 『대대례기』를 비교하면 『대대례기』가 출현하는 과정에 적지 않은 문제가 있음을 발견할 수 있다. 예컨대 『역』의 이치와 관련한 문단의 논술은 『가어』에 기록된 것이 본래 자하에게서 나온 것인데, 『대대례기』의 경우 오히려 일률적으로 '자왈(子曰)'의 뒤에 속해 있어서 모두가 공자의 말로 변해 있었다. 이는 『가어』「집비(執轡)」와 맞지 않는 것이며 공자는 자하의 이야기에 대하여 칭찬만 한 것은 아니었다. 이 편에 대한 이해를 위하여는 楊朝明, 「『孔子家語』「執轡」篇與孔子的治國思想」, 『中國文獻學叢刊』第一輯, 國際炎黃文化出版社, 2003年(楊朝明, 『儒家文獻與早期儒學研究』, 齊魯書社, 2002年에 수록)을 참고하면 된다.

25-1

민자건(閔子騫)이 비(費) 땅의 재(宰)가 되었을 때 공자에게 정치에 대하여 묻자 공자가 말하였다. "덕행에 의거하고 예법에 의거해야 한다. 무릇 덕행과 예법은 백성을 다스리는 도구로서 마치 말을 모는데 있어서 재갈이나 굴레가 있어야 하는 것과 같다. 임금이 말을 모는 사람이라면, 관리는 말고삐이고, 형벌은 말채찍이다. 임금으로 정치를 하는데 있어서는 다만 그 고삐와 채찍을 장악하면 된다."

민자건이 말하였다. "감히 고대의 정치는 어떠했는지를 여쭙니다." 공자가 말하였다. "옛날 천자들은 내사(內史)를 좌우의 손[手]으로 삼고, 덕행과 예법을 재갈과 굴레로 삼았으며, 백관을 고삐로 삼고, 형벌을 채찍으로 삼았으며, 만백성을 말로 삼았었다. 그러므로 천하를 수 백년 통치하여도 잃지 않았던 것이다. 무릇 말을 잘 모는 자는 재갈과 굴레를 반듯하게 하고 고삐와 채찍을 적당히 운용하여 말의 힘을 고르게 사용하며, 말의 마음을 편안하게 하기 때문에 입으로 큰소리를 내지 않고서도 말이 고삐에 따라 움직이고, 채찍을 들지 않더라도 말은 천리를 달려가는 것이다. 백성을 잘 다스리는 자는 그 덕행과 예법을 균일하게 하고, 그 백관을 바르게 하며, 백성들의 힘을 고르고 편안하게 사용하여 백성들의 마음을 편안하게 한다. 때문에 명령을 두 번 내리지 않아도 백성이 순종하고, 형벌을 사용하지 않아도 천하가 다스려지는 것이다. 이 때문에 천지는 그에게 덕행이 있다고 여기고 만백성들도 와서 품에 안기는 것이다. 무릇 천지가 덕행이 있다고 여기고 만백성들이 와서 안기는 사람은 그들의 정치가 아름다울 뿐 아니라 그 백성들도 그에 걸맞다고 칭찬을 듣게 될 것이다. 오늘날 사람들이 오제(五帝)와 삼왕(三王)은 그들 당시에는 융성하기가 비할 만한 상대가 없고, 그 위엄과 명찰(明察)함이 곁에 있는 듯 하다고 말하는 것은 어떤 연고이겠는가? 그들의 예법이 융성하고 그 덕행이 두터웠기 때문에 사람들이 그들의 덕행을 생각할 때에는 반드시 그들의 사람됨을 칭찬하고, 아침저녁으로 그들을 위해 기도하는 소리가 하늘에 전해져 상제(上帝)도 이를 함께 기뻐하여 그들의 세대를 길이길이 이어지도록 하고 해마다 풍년이 들게 했던 것이다.”

"백성을 능히 다스리지 못하는 자는 덕행과 예법을 버리고 오로지 형벌만 이용하게 되니 이는 마치 말을 몰면서 그 재갈과 굴레는 버려두고 오직 채찍만 사용하는 것과 같아 그 말을 제압하지 못하는 것은 틀림없다. 무릇 재갈과 굴레를 버리고 채찍만 사용한다면 말은 틀림없이 상하고 수레는 부서질 것이다. 나라를 다스리는데 있어서 덕행과 예법을 사용하지 않고 오로지 형벌만을 사용한다면 백성은 반드시 흩어져 달아나고 나라는 반드시 망하고 말 것이다. 나라를 다스리는데 덕행과 예법이 없으면 백성들이 의지하여 따르는 바가 없게 되고, 백성들이 의지하여 따르는 바가 없으면 미혹(迷

惑)에 빠져 도의(道義)를 상실할 것이다. 이같이 된다면 상제도 반드시 그가 천도(天道)를 위배한다고 여길 것이다. 만약 천도를 위배한다면 형벌은 포악해질 것이고 상하가 서로 아첨하기만 해서 염려할 줄도 모르게 될 것이니 이는 모두 도의가 없음에서 비롯된 것이다. 오늘날 사람들이 악한 자들을 거론할 때마다 그들을 걸(桀)과 주(紂)에 비교하여 말하는 것은 무엇 때문인가? 그들은 예법이 있음에도 의거하지 않고 덕행이 두텁지 않기 때문에 백성들이 그들의 잔악함을 미워하고, 슬퍼하며 한탄하지 않는 자가 없어 아침저녁으로 기도하는 소리가 하늘에까지 전해져 상제가 그들의 죄행에 대하여 감면해주지 않고 화(禍)와 벌을 내려 천재(天災)와 인화(人禍)가 함께 발생케 하여 그들로 하여금 당대에 멸망하게 하였다. 이 때문에 덕행과 예법이 백성을 다스리는 근본인 것이다."

┃原文

閔子騫[1]爲費宰, 問政於孔子. 子曰: "以德以法[2]. 夫德法者, 禦民之具, 猶禦馬之有銜勒也[3]. 君者, 人也; 吏者, 轡[4]也; 刑者, 策[5]也. 夫人君之政, 執其轡策而已."

子騫曰: "敢問古之爲政." 孔子曰: "古者天子以內史爲左右手[6], 以德法爲銜勒, 以百官爲轡, 以刑罰爲策, 以萬民爲馬, 故禦天下數百年而不失. 善禦馬者[7], 正銜勒, 齊轡策, 均馬力, 和馬心, 故口無聲而馬應轡, 策不擧而極千里; 善禦民者[8], 壹[9]其德法, 正其百官, 以均齊民力, 和安民心, 故令不再而民順從, 刑不用而天下治. 是以天地德之[10], 而兆民懷之[11], 夫天地之所德, 兆民之所懷, 其政美, 其民而衆稱之[12]. 今人言五帝三王者, 其盛無偶, 威察若存[13], 其故何也? 其法盛, 其德厚[14], 故思其德必稱其人, 朝夕祝[15]之, 升聞於天, 上帝俱歆[16], 用永厥世[17], 而豐其年.

"不能禦民者, 棄其德法, 專用刑辟[18], 譬猶禦馬, 棄其銜勒而專用棰[19]策, 其不制也, 可必矣. 夫無銜勒而用棰策, 馬必傷, 車必敗;

無德法而用刑, 民必流, 國必亡. 治國而無德法, 則民無修[20], 民無修則迷惑失道, 如此上帝必以其爲亂天道也. 苟亂天道, 則刑罰暴, 上下相諛[21], 莫知念忠[22], 俱無道故也. 今人言惡者, 必比之於桀紂, 其故何也? 其法不聽[23], 其德不厚, 故民惡其殘虐, 莫不吁嗟[24], 朝夕祝之, 升聞於天. 上帝不蠲[25], 降之以禍罰, 災害並生, 用殄[26]厥世. 故曰德法者, 禦民之本.

注釋

1) **閔子騫**: 공자의 제자. 성은 민(閔), 이름은 손(損), 자(字)는 자건(子騫: B.C.536—487). 노나라 사람으로 공자의 제자 중에는 덕행으로 유명하다. 2) **以德以法**: 덕치(德治)와 예법(禮法)을 사용하다. 여기서 '법'이란 현대적 의미의 법제(法制)가 아니라 법칙, 법도, 규장(規章)이다. 3) **猶禦馬之有銜勒也**: 유(猶)는 같이, 같다의 뜻. 어(禦)는 부리다. 함(銜)은 말 입에 세로로 물리는 구리나 철을 사용한 재갈. 륵(勒)은 말 머리 위에서 입에 씌운 재갈을 포함한 수레 굴대. 4) 비(轡): 희생(犧牲)의 입에 씌운 고삐. 5) 策: 말채찍. 6) **古者天子以內史爲左右手**: 왕숙의 주에, "내사(內史)는 왕(王: 동문본에는 '政'으로 되어 있다)의 팔병(八柄)과 서사(敍事)의 법을 관장하고, 왕의 조서를 출납(納: 사고본과 동문본에는 '納' 앞에 '受' 자가 있다)하고 치명(治命)을 관리한다. 경대부들은 책명으로 사방의 일을 처리하여 조서를 작성하여 읽는다. 왕제(王制)에 녹(祿)을 줄 때나 상을 줄 때도 이에 의거하였다. 때문에 왕이 좌우의 손으로 여겼다."고 했다. 7) 者: 원래는 없었으나 사고본과 동문본에 의거하여 보완하였다. 8) 者: 원래는 없었으나 사고본과 동문본에 의거하여 보완하였다. 9) 壹: 통일(統一). 10) **天地德之**: 왕숙의 주에, "천지(天地)가 덕이 있는 것으로 여기다."고 했다. 11) **兆民懷之**: 조(兆)는 수사(數詞). 백만(百萬)을 조(兆)라고 했는데, 옛날에는 만만(萬萬)을 억(億), 만억(萬億)을 조(兆)라고 했다. 조민(兆民)은 백성이 매우 많음을 형용한 것이다. 왕숙의 주에, "회(懷)는 귀(歸)이다."고 했다. 12) **其民而衆稱之**: 왕숙의 주에, "그 백성들도 칭찬하게 될 것이다."고 했다. 사고본과 동문본에는 '家' 자가 없다. 13) **其盛無偶, 威察若存**: 우(偶)는 쌍(雙)으로, 짝을 이루다. 위(威)는 성위(聲威), 공덕(功德). 찰(察)은 청고(淸高), 청백(淸白). 왕숙의 주에, "그 융성함이 명찰(明察)하여 제(帝)가 곁에 있는 듯 하였다."고 했다. 14) 厚: 크다, 깊다. 15) 祝: 기도(祈禱). 16) 歆(歆): 향(饗). 제사 때에 신이나 혼령이 먼저 그 기(氣)를 향수(享受)함을 가리킨다. 17) **用永厥世**: 용(用)은 이(以), 영(永)은 오래도록, 궐(厥)은 기(其). 18) **刑辟**: 형법, 형률

(刑律). 『좌전』소공(昭公) 6년에 대한 양백준(楊伯峻)의 주에, "형벽(刑辟)는 곧 형률(刑律)이다."고 했다. 19) 추(棰): 채찍. 20) 修: 좇다, 따르다. 21) 유(諛): 왕숙의 주에, "아첨하다[諂諛]."라고 했다. 22) 患: 원래는 '忠'으로 되어 있었는데 사고본과 비요본 그리고 동문본에 근거하여 고쳤다. 23) 聽: 처리, 판단. 24) 籲嗟也讀: 애탄(哀歎), 탄식(歎息). 25) 견(蠲): '연(捐)'과 같다. 제거하다, 감면하다. 26) 진(殄): 끊어지다, 멸절(滅絶)하다.

25-2

"고대에 천하를 통치하는 사람은 육관(六官)으로써 다스리는 일을 총괄하게 하였는데, 총재(冢宰)를 두어 도술(道術)을 성취하게 하고, 사도(司徒)를 두어 덕행을 성취하게 하며, 종백(宗伯)을 두어 인애(仁愛)를 성취하게 하고, 사마(司馬)를 두어 성명(聖明)을 성취하게 하며, 사구(司寇)를 두어 도의(道義)를 성취하게 하고, 사공(司空)을 두어 예의(禮儀)를 성취하게 하였다. 그리고 육관을 손 안에 장악하여 마치 말고삐를 쥔 듯, 사회(司會)는 인의(仁義)의 실행을 총람(總攬)으로 삼았다. 때문에 말하기를, 마차를 모는 사람은 여섯 고삐를 잘 잡아야 하듯 천하를 다스리는 사람은 육관을 단정하게 해야 한다고 했다. 그 때문에 수레를 잘 모는 사람은 자기 몸을 바르게 하여 말고삐를 쥐고 말의 힘을 고르게 하고 말의 마음과 하나되어 휘돌아가거나 구부러진 길을 달려갈 때에도 맘대로 달려갈 수가 있었기 때문에 먼 길을 갈 수가 있고 급하게 달릴 수도 있었던 것이다. 이것이 성인(聖人)이 천하와 인사(人事)를 통치하는 법칙인 것이다. 천자(天子)는 내사(內史)를 좌우의 손으로 삼고, 육관을 천하를 통치하는 고삐로 삼은 다음에 삼공(三公)과 함께 육관을 장악하여 오교(五敎)를 시행하고, 오법(五法)을 가지런히 하였다. 때문에 그 인도하는 바대로 되어 자신의 뜻대로 되지 않는 일이 없도록 하였다. 도술(道術)로 인도하여 나라가 안정되고, 덕행으로 인도하여 나라가 안녕하며, 인애(仁愛)로 인도하여 나라가 화평하고, 성명(聖明)으로 인도하여 나라가 태평하며, 예의(禮儀)로 인도하여 나라가 안정되고, 도의(道義)로 인도하여 나라가 바르게 되는 것이니 이것이 정치를 통솔하는 방법인 것이다."

"과실이란 사람의 정리(情理)로 말하자면 피할 수 없는 것이다. 과실이 있더라도 고친다면 이는 잘못이 없었던 것과 같다. 그러므로 관속이 조리가 없고, 직분이 불명확하며, 법령과 정교(政敎)가 일치하지 않고, 각종 사정에 두서가 없는 것을 혼란이라고 하며, 이러한 혼란이 출현하면 총재(冢宰)에게 경계하도록 해야 한다. 토지에 씨를 뿌리지 못하고 재물이 늘어나지 못하면 백성이 굶주림과 추위에 고통받게 되고, 교화와 훈령이 실행되지 못하여 풍속이 방탕하고 사악해지면 백성들이 흩어지게 되는데 이를 위험(危險)이라고 하며, 이러한 위험이 출현하면 사도(司徒)에게 경계하도록 해야 한다. 부자(父子)가 서로 친애하지 못하고, 장유(長幼)가 질서를 잃어버리며, 군신이 서로 어그러지고 흩어져 다른 뜻을 갖게 되는데 이를 불화(不和)라고 하며, 이러한 불화가 출현하면 종백(宗伯)에게 경계하도록 해야 한다. 어질고 능한 사람이 관직을 잃게 되고, 공로 있는 자가 상과 녹을 잃으며, 사졸(士卒)들이 미워하고 원망하며, 군대가 약화되어 쓸 수 없게 되는데 이를 불평(不平)이라 하며, 이러한 불평이 출현하면 사마(司馬)에게 경계하도록 해야 한다. 형벌이 포악하고 혼란하여 간사한 행위를 막아내지 못하는 것을 불의(不義)라고 하는데, 이러한 불의가 출현하면 사구(司寇)에게 경계하도록 해야 한다. 도량의 표준을 분명하게 하지 못하여 하는 일에 조리가 없고, 도성과(都城) 변읍(邊邑)이 제대로 수리되지 못하고, 재물의 분배가 고르지 못한 것을 빈곤(貧困)이라 하는데, 이러한 빈곤이 출현하면 사공(司空)에게 경계하도록 해야 한다. 이런 까닭에 말을 모는 사람은 똑같은 수레와 말을 몰지만 어떤 사람은 천리를 가고 어떤 사람은 수백 리도 가지 못하니 이것은 그 진퇴와 완급에 있어서 처리 방법이 다르기 때문이다. 무릇 천하를 다스리는 사람도 역시 같은 예법(禮法)을 사용하는데 어떤 사람은 이를 이용하여 천하의 태평을 실현하고, 어떤 사람은 오히려 천하의 혼란을 가져오니 이 역시 그 진퇴와 완급에 있어서 처리 방법이 다르기 때문이다."

"옛날에 천자는 매년 겨울의 마지막 달인 음력 12월이 되면 덕행을 살펴보고 예법을 바르게 하여 천하의 다스려짐이 태평한지 아니면 혼란한지를 이해하였는데, 덕행이 흥성하면 천하가 태평하고 덕행이 천박하면 천하가 혼란하였던 것이다. 때문에 천자가 덕행을 살피면 천하의 다스려짐이 태평한지 아니면 혼란한지를 조정에 앉아서도 이를 알 수 있었던 것이다. 무릇 덕행이 융성하면 예법이 닦아지게 되고 덕이 융성하지 못하면 예법이 정돈되어야 하며, 그것과 정교(政敎)는 모두 덕행과 합치되어야 쇠해지지 않는다. 때문에 이르기를, 천자는 또 봄의 첫 번째 달에 관리의 덕행과 공로, 능력을 의논한다고 하는 것이다. 덕행과 예법을 중요하게 여길 수 있는 사람은 도덕을 갖추었다고 여겼고, 덕행과 예법을 실천할 수 있는 사람은 품행을 갖추었다고 여겼으며, 덕행과 예법을 성취할 수 있는 사람은 공로가 있다고 여겼고, 덕행과 예법을 다스릴 줄 아는 사람을 지혜가 있다고 여긴 것이다. 때문에 천자가 관리를 논할 때에는 덕행과 예법이 잘 시행되었는지 각종 사무가 제대로 처리되어 공이 성취되었는지를 따졌던 것이다. 무릇 겨울 마지막 달에 예법을 정돈하고, 봄의 첫 번째 달에 관리를 논하는 것이 치국(治國)의 관건인 것이다."

┃原文

"古之禦天下者, 以六官總[1]治焉: 冢宰之官以成道[2], 司徒之官以成德[3], 宗伯之官以成仁[4], 司馬之官以成聖[5], 司寇之官以成義[6], 司空之官以成禮[7]. 六官在手以爲轡, 司會均仁以爲納[8], 故曰禦四馬者執六轡, 禦天下者正六官. 是故善禦馬者, 正身以總轡, 均馬力, 齊馬心, 迴旋曲折, 唯其所之, 故可以取長道, 可赴急疾, 此聖人所以禦天地與人事之法則也. 天子以內史爲左右手, 以六官爲轡, 已而與三公爲執六官, 均五教, 齊五法[9]. 故亦唯其所引, 無不如志, 以之道則國治[10], 以之德則國安[11], 以之仁則國和, 以之聖則國平[12], 以之禮則國定[13], 以之義則國義[14], 此禦政之術."

"過失, 人之[15]情莫不有焉, 過而改之, 是爲[16]不過. 故官[17]屬不理, 分職不明, 法政不一, 百事失紀, 曰亂, 亂則飭[18]冢宰. 地而不殖, 財物不蕃[19], 萬民饑寒, 教訓不行, 風俗淫僻[20], 人民流散, 曰危, 危則飭司徒. 父子不親, 長幼失序, 君臣上下, 乖離[21]異志, 曰不和. 不和則飭宗伯. 賢能而失官爵, 功勞而失賞祿[22], 士卒疾怨, 兵弱不用, 曰不平. 不平則飭司馬. 刑罰暴亂, 姦邪不勝[23], 曰不義. 不義則飭司寇. 度量[24]不審, 擧事失理, 都鄙[25]不修, 財物失所, 曰貧, 貧則飭司空. 故禦者同是車馬, 或以取千里, 或不及數百里, 其所謂進退緩急, 異也; 夫治者同是官法, 或以致平, 或以致亂者, 亦其所以爲進退緩急異也."

"古者天子常以季冬[26]考德正法, 以觀治亂. 德盛者治也, 德薄者亂也. 故天子考德, 則天下之治亂, 可坐廟堂[27]之上而知之, 夫德盛則法修, 德不盛則飭法, 與政咸德而不衰[28]. 故曰: 王者又以孟春論吏之德及功能[29]. 能德法者爲有德, 能行德法者爲有行[30], 能成德法者爲有功, 能治德法者爲有智. 故天子論吏而德法行, 事治而功成. 夫季冬正法, 孟春論吏, 治國之要."

▎注釋

1) 總: 거느리다, 총괄하다. 책임지다. 2) 冢宰之官以成道: 왕숙의 주에, "치관(治官)으로 도를 이루게 하였다."고 했다. 총재(冢宰)는 관직의 명칭으로 주대(周代) 6경(卿)의 하나이다. 『주례(周禮)』천관(天官)에 속하며 천자를 보좌하는 관이었다. 정현(鄭玄)의 주에, "총(冢)을 바꾸어 대(大)라 말하였는데, 진퇴(進退)에 따라 이름이 다르다. 백관을 총괄하는 것으로 총(冢)이라 이르고, 왕의 속관으로서의 직위로 대(大)라 칭하였다."고 했다. 후대에는 이를 따라 총재를 재상(宰相)의 칭호로 삼았다. 3) 司徒之官以成德: 왕숙의 주에, "교관(教官)으로 덕을 이루게 하였다."고 했다. 4) 宗伯之官以成仁: 왕숙의 주에, "사관(祀官)으로 인(仁)을 이루게 하였다."고 했다. 5) 司馬之

官以成聖: 왕숙의 주에, "치관(治官)으로 성(聖)을 이루게 하였다. 성(聖)은 정벌과 통하였기 때문에 이로써 천하에 통용되었다."고 했다. 6) 司寇之官以成義: 왕숙의 주에, "형관(刑官)으로 의(義)를 이루게 하였다."고 했다. 7) 司空之官以成禮: 왕숙의 주에, "사관(事官)으로 예(禮)를 이루게 하였다. 예(禮)는 일[事]이 아니면 성립하지 않는다."고 했다. 8) 司會均仁以爲納: 왕숙의 주에, "납(納)은 참마(驂馬)의 비(轡)이다. 비(轡)는 수레 앞턱 가로나무를 묶은 것이다. 사회(司會)는 나라의 육전(六典), 팔법(八法)의 계(戒)를 관장하고 사방의 통치를 두루 아는 것으로 총재(塚宰)의 부관(副官)이 되었다. 때문에 육비(六轡)에 속하지 않았고 마땅히 납()의 지위에 머문 것이다."라고 하였다. '사회(司會)' 두 글자는 원래 왕숙의 주에 섞여 들어가 있었으나 비요본과 진본(陳本) 그리고 『대대례기(大戴禮記)』에 근거하여 고쳤다. 사회(司會)는 관직의 명칭으로 『주례』 천관(天官)에 속하고, 재정(財政), 경제 및 백관의 정치치적에 대한 조사를 주관하였다. 9) 五法: 왕숙의 주에, "인, 의, 예, 지, 신의 법이다."고 했다. 10) 以之道則國治: 왕숙의 주에, "총재(塚宰)로 관을 다스린다."고 했다. 11) 以之德則國安: 왕숙의 주에, "덕의 교화가 이루어지면 인(仁)하게 되고 나라가 화평해진다. 예(禮)의 용(用)으로 화(和)를 귀하게 여기게 되면 나라가 편안해진다."고 했다. 12) 以之聖則國平: 왕숙의 주에, "원근(遠近)을 모두 다스리므로 나라가 태평해진다."고 했다. 13) 以之禮則國定: 왕숙의 주에, "사물(事物)을 예(禮)로써 하면 나라가 안정된다."고 했다. '定'은 원래 '安'으로 되어 있으나 사고본과 동문본 및 왕숙의 주에 근거하여 고쳤다. 14) 以之義則國義: 왕숙의 주에, "의(義)는 평(平)이다. 형벌을 죄에 맞게 하므로 나라가 공평해진다."고 했다. 15) 之: 사고본과 동문본에는 없다. 16) 爲: 사고본과 동문본에는 '謂'로 되어 있다. 17) 官: 동문본에는 없다. 18) 飭: '칙(敕)'과 같다. 경계하다. 왕숙의 주에, "칙(飭)은 사람을 가지런히 바르게('攝人'을 사고본과 동문본에서는 '촉지(矗之)'라고 했다.)하는 것을 이른다."고 했다. 19) 蕃: 생식(生息), 번식(繁殖). 20) 淫僻: 제멋대로이고 사악(邪惡)하다. 21) 乖離: 서로 어긋나 일치하지 않다. 22) 賢能而失官爵, 功勞而失賞祿: 왕숙의 주에, "사훈(司勳)의 직은 사마에 속한다[屬之司馬: '之'가 사고본과 동문본에는 '大'로 되어 있다.]"고 했다. 23) 勝: 이기다. 24) 度量: 장단과 다소(多少)를 측량하는 기구인데, 여기서는 도량(度量)의 표준을 가리킨다. 25) 都鄙: 경도(京都)와 변읍(邊邑). 26) 季冬: 겨울철의 마지막 1개월, 즉 음력 12월. 27) 廟堂: 종묘명당(宗廟明堂), 여기서는 당연히 조정(朝廷)을 가리킨다. 28) 與政鹹德而不衰: 왕숙의 주에, "법(法: 사고본과 동문본에는 '治'로 되어 있다)과 정(政)이 모두 덕(德)에 합치되면 쇠하지 않는다."고 했다. 29) 王者又以孟春論之德及功能: 원래는 '吏' 자가 빠져 있었으나 사고본과 비요본 그리고 동문본과 상하

문장에 근거하여 보완하였다. 맹춘(孟春)은 봄의 첫째 달 즉 음력 정월(正月)이다.
30) 行: 품행.

25-3

자하가 공자에게 물었다. "제[卜商]가 듣건대 역(易)의 이치에는 사람과 만물, 조수(鳥獸), 곤충을 태어나게 하는데, 그들이 각각 홀수와 짝수가 있는 것은 부여받은 원기(元氣)의 분한(分限)이 같지 않음에서 비롯된 것이지만, 보통 사람은 정황을 알지 못하고 오직 덕행에 통달한 사람만이 그 본원(本原)을 찾아낼 수 있다고 합니다. 하늘은 일(一)이고, 땅은 이(二), 사람은 삼(三)인데, 삼삼(三三)은 구(九)가 됩니다. 구구(九九) 팔십일(八十一)에서 일(一)은 천간(天干)의 상(象)을 주관하는데, 천간(天干)의 수(數)가 십(十)이므로 사람은 열 달을 어머니 뱃속에 있다가 태어난다고 합니다. 팔구(八九) 칠십이(七十二)에서는 짝수[偶]로써 홀수[奇]를 따르기에, 홀수는 지지(地支)의 상(象)을 주관, 지지는 월빈(月份)의 상을 주관하며, 월빈은 말[馬]의 상을 주관하기 때문에 말은 열두 달 만에 태어난다고 합니다. 칠구(七九) 육십삼(六十三)에서 삼(三)은 북두성의 상을 주관하고, 북두성은 개의 상을 주관하므로 개는 석 달 만에 태어난다고 합니다. 육구(六九) 오십사(五十四)에서 사(四)는 사시(四時: 계절)의 현상을 주관하고, 사시는 돼지의 상을 주관하므로 돼지는 넉 달 만에 태어난다고 합니다. 오구(五九) 사십오(四十五)에서 오(五)는 오음(五音)의 상을 주관하며, 오음은 원숭이의 상을 주관하므로 원숭이는 다섯 달 만에 태어난다고 합니다. 사구(四九) 삼십육(三十六)에서 육(六)은 육률(六律)의 상을 주관하며, 육률은 사슴의 상을 주관하기 때문에 사슴은 여섯 달 만에 태어난다고 합니다. 삼구(三九) 이십칠(二十七)에서 칠(七)은 성수(星宿: 별)를 주관하며, 성수는 호랑이의 상을 주관하므로 호랑이는 일곱 달 만에 태어난다고 합니다. 이구(二九) 십팔(十八)에서 팔(八)은 팔풍(八風)을 주관하며, 팔풍은 벌레[蟲]의 상을 주관하므로 벌레는 여덟 달 만에 변화하여 생겨난다고 합니다. 그 나머지도 모두 각자 자기의 종류에 근거하여 생성되는 것입니다. 새와 물고기는 음(陰)에서 태어나지만 양(陽)에서 노닐기 때문에 모두 알에서 생겨납니다. 물고기는 물에서 놀고 새는 구름 속에서 노는 까닭에 입동(立冬)이 되면 제비는 남쪽 바다로 들어가서 조개로 변하고, 누에는 마른 잎만 먹고 물은 마시지 않으며, 매미는 물만 마시고 마른 것은 먹지 않으며, 하루살이는 먹지도 않고 마시지도 않습니다. 이는 곧 만물이 각기 다른 근본이 있기 때문입니다. 딱딱한 껍질과 비늘을 가진 동물은 여름철이면 나가 먹고 겨울이면 칩거(蟄居)하며, 먹이를 씹지 않고 삼키는 동물은 몸에 구멍이 여덟 개 있으며 알에서 생겨납니다. 먹이를 씹어서 먹는 동물은 몸에 구멍이 아홉 개이며 태생(胎生)입니다. 네 발 달린 동물은 날개가 없고, 뿔이 있는 동물은 윗니가 없으며, 뿔도 없고 앞니도 없는 동물은 살이 쪘고, 뿔도 없고 뒷니도 없는 동물은 기름기가 많습니다. 낮에 태어난 것은 아비를 닮고 밤에 태어난 것은 어미를 닮는다 합니다. 그러므로 지극한 음(陰)은 암컷을 주관하고, 지극한 양(陽)은 수컷을 주관한다고 합니다. 감히 여쭙건대 그렇습니까?"

공자가 말하였다. "그렇다. 나도 옛날에 노담(老聃)에게 들었는데 역시 네가 한 말과 같았다."

┃原文

　　子夏問於孔子曰: "商聞易$^{1)}$之生人及萬物, 鳥獸, 昆蟲, 各有奇偶, 氣分不同$^{2)}$. 而凡人莫知其情, 唯達德$^{3)}$者能原其本焉. 天一, 地二, 人三, 三三如九$^{4)}$. 九九八十一, 一主日, 日數十, 故人十月而生$^{5)}$; 八九七十二, 偶以從奇, 奇主辰, 辰爲月, 月主馬, 故馬十二月而生$^{6)}$; 七九六十三, 三主斗$^{7)}$, 斗主狗, 故狗三月而生; 六九五十四, 四主時, 時主豕$^{8)}$, 故豕四月而生; 五九四十五, 五爲音, 音主猿, 故猿五月而生⁹⁾; 四九三十六, 六爲律¹⁰⁾, 律主鹿, 故鹿六月而生; 三九二十七, 七主星¹¹⁾, 星主虎, 故虎七月而生; 二九一十八, 八主風, 風爲蟲, 故蟲八月而生¹²⁾; 其餘各從其類矣. 鳥, 魚生陰而屬於陽, 故皆卵生; 魚遊於水, 鳥遊於雲, 故立冬則燕雀入海化爲蛤¹³⁾; 蠶食而不飮, 蟬飮而不食, 蜉蝣¹⁴⁾不飮不食, 萬物之所以不同. 介鱗夏食而冬蟄¹⁵⁾, 齕吞者八竅而卵生¹⁶⁾, 齟嚼者九竅而胎生¹⁷⁾, 四足者無羽翼, 戴角者無上齒, 無角無前齒者膏, 無角無後齒者脂¹⁸⁾. 晝生者類父, 夜生者似母, 是以至陰主牝¹⁹⁾, 至陽主牡. 敢問其然乎?"

孔子曰: "然, 吾昔聞諸²⁰⁾老聃亦如汝之言."

| 注釋

1) 易: 『역(易)』이 내포하고 있는 이념이다. 2) **各有奇耦 氣分不同**: 기우(奇耦)는 단수와 복수. 왕숙의 주에, "역(易)은 천지를 주관하여 만물을 생겨나게 한다. 기(氣)를 받아 각기 분수가 있게 하고 수(數)는 같지 아니하다."고 했다. '偶는 원래 '耦'로 되어 있었는데, 두 글자는 가차(假借)로 통한다. 사고본과 동문본에 근거하여 고쳤다. 3) 德: 사고본과 동문본에는 이 앞에 '道' 자가 있다. 4) 三三如九: 원래는 '三' 자 하나가 빠져 있었으나 사고본과 동문본에 근거하여 보완하였다. '九'는 양수(陽數)의 극(極)이다. 아래 문장 중 그 나머지 숫자는 모두 구(九)와 상승(相乘)한다. 5) 一主日, 日數十, 故人十月而生: 왕숙의 주에, "일(一)은 해를 주관하며, 일(一)로부터[從: 사고본과 동문본에는 '從' 앞에 '日' 자가 있다]생기며, 일(日)이란 양(陽)으로 기수(奇數)이다. 일(日)의 수가 십(十)으로 갑(甲)으로부터 계(癸)까지이다."고 했다. 6) 偶以從奇, 奇主辰, 辰爲月, 月主馬, 故馬十二月而生: 왕숙의 주에, "짝수는 홀수를 잇고, 음은 양을 이으며, 별자리의 수는 십이(十二)로써 자(子)로부터 해(亥)까지 이다."고 했다. '從'은 사고본에 '承'으로 되어 있다. 7) 三主斗: 왕숙의 주에, "북두성은 일월(日月)을 차례로 한다. 때문에 이로써[以: 사고본과 동문본에는 '三'으로 되어 있다] 북두성을 주관한다."고 했다. 8) 시(豕): 돼지[猪]. 9) 五九四十五, 五爲音, 音主猿, 故猿五月而生: 이 구절은 원래 빠져 있었으나 사고본과 동문본 그리고 『대대례기(大戴禮記)』에 근거하여 보완하였다. 왕숙의 주에, "음(音)은 다섯을 넘지 않는다. 따라서 오(五)를 음으로 한 것이다."고 했다. 10) 六爲律: 『한서(漢書)』「율력지(律曆志)」에, "땅의 가운데 수는 6이며, 6은 율(律)이 된다."이라 했다. 고대의 악률(樂律)에는 양률(陽律), 음률(陰律)

이 각각 여섯이 있었는데, 양률의 율(律)은 황종(黃鍾), 태족(太蔟), 고세(姑洗), 유빈(蕤賓), 이칙(夷則), 무사(無射)를 포함한다. 11) 七主星: 왕숙의 주에, "별(星) 이십팔수(二十八宿)는 사방(四方)이고, 방(方)은 칠도(七度: '度'가 사고본과 동문본에는 '故'로 되어 있다)로써 칠(七)이 별을 주관한다."고 했다. 12) 八主風 風爲蟲, 故蟲八月而生: 왕숙의 주에, "바람의 수는 팔(八)에 끝나므로 무릇 벌레가 바람이 되고, 바람은 벌레[蟲: 사고본과 동문본에는 '主'로 되어 있는데 이것이 맞다)가 된다."고 했다. 『설문해자(說文解字)』「풍부(風部)」에, "바람은 팔풍(八風)이다. 동방의 바람을 명도풍(明庶風), 동남은 청명풍(淸明風), 남방은 경풍(景風), 서남은 양풍(涼風), 서방은 창합풍(閶闔風), 서북은 불주풍(不周風), 북방은 광막풍(廣莫風), 동북은 융풍(融風)이라 한다. 바람이 움직여 벌레가 생긴다. 때문에 벌레는 팔일(八日)만에 변화한다."고 했다. 13) 立冬則燕雀入海化爲蛤: 합(蛤)은 일종의 껍질이 있는 연한 동물인데 종류가 다양하다. 강이나 호수, 바다에서 생산된다. 옛날 사람들은 그것이 연작(燕雀)이 변하여 되는 것이라 하였다. 따라서 그것은 모두 음(陰)에서 생겨나 양(陽)에 속한다. 예컨대 『하소정(夏小正)』에는, "참새가 바다로 들어가 합(蛤)이 되었다."고 했고, 『국어(國語)』「진어(晉語)9」에는, "참새가 바다에 들어가 합(蛤)이 되고, 꿩이 회수(淮水)에 들어가 무명조개[蜃]가 되었다."고 했다. 그 주에, "작은 것을 합(蛤), 큰 것을 신(蜃)이라 하는데 모두 껍질이 있는 것으로 방합[蚌]류이다."고 했는데, 이러한 인식은 과학적이지 못하다. 14) 부유(蜉蝣): 벌레[하루살이] 이름으로 몇 종류가 있다. 애벌레 때는 물속에서 생활하고, 성충이 되면 몸은 가늘고 길이가 몇 푼[分]정도 되고, 네 날개가 있는데 뒤쪽 날개가 짧다. 복부의 끝부분에 긴 수염 둘이 있고, 생존기간이 짧은 것은 몇 시간, 긴 것은 6~7일 정도이다. 15) 介鱗夏食而冬蟄: 개린(介鱗)은 딱딱한 껍질과 비늘을 가진 동물로 거북이나 자라 그리고 어룡 같은 것들이다. 왕숙의 주에, "개(介)는 껍데기가 딱딱한 동물이다."고 했다. 칩(蟄)은 동물들이 겨울잠을 자면서 흙이나 동굴 속에서 먹지도 않고 움직이지도 않는 상태를 가리킨다. 16) 齕吞者八竅而卵生: 흘탄(齕吞)이란 씹지않고 그냥 삼키는 것이다. 왕숙의 주에, "여덟개의 구멍이 있는 것은 새의 부류이다."고 했다. 『설문해자(說文解字)』에, "무릇 사물로써 젖이 없는 것은 알에서 태어난다."고 했다. 규(竅)는 귀, 눈, 입, 귀 등 기관(器官)의 구멍이다. 『장자(莊子)』「응제왕(應帝王)」에 "사람에게는 모두 일곱 개의 구멍이 있다."고 했다. '卵'이 동문본에는 '수(獸)'로 되어 있다. 17) 齟嚼者九竅而胎生: 왕숙의 주에, "구멍이 아홉 있는 것은 사람과 짐승 부류이다."고 했다. 정현의 『주례(周禮)』의 주에, "아홉 구멍은 양(陽) 구멍이 일곱, 음(陰) 구멍이 둘이다."고 했다. 18) 無角無前齒者膏, 無角無後齒者脂: 왕숙의 주에, "『회남자(淮南子)』가 이 의미를 취하고 있는데, 이르기를

"뿔이 없는 고(膏)는 앞니가 없고, 뿔이 있는 지(脂)는 뒷니가 없다. 고(膏)는 돼지 부류이고, 지(脂)는 양(羊)의 부류이다. '앞, 뒤가 없다'는 것은 모두 그 첨예한 부분이 적다는 것을 이른다."고 했다 고(膏)와 지(脂)는 모두 유지(油脂)를 가리키는데, 응결된 것을 지(脂)라 하고, 액체상태인 것을 고(膏)라 한다. 사고본과 동문본에는 뒷구절에 "뿔이 있으며 이가 없는 것을 지(脂)라 한다."고 되어 있고, 비요본에는 "뿔이 있고 뒷니가 없는 것을 지(脂)라 한다"고 되어 있다. 19) 빈(牝): 금수(禽獸)의 암컷을 가리킨다. 모(牡: 숫컷)의 상대이다. 20) 諸: 원래는 없었으나, 사고본과 동문본에 근거하여 보완하였다.

25-4

자하(子夏)가 말하였다. "제[卜商]가 『산서(山書)』에 기록된 이야기를 듣기로, '대지(大地)의 동서 방향은 위(緯)가 되고, 남북 방향은 경(經)이 되며, 산은 덕행이 쌓인 표상(表象)이고, 내[川]는 형벌이 쌓인 표상이며, 높은 곳에 거함은 생(生)을 상징하고, 낮은 곳에 처함은 사(死)를 상징하며, 구릉(丘陵)은 수컷을 대표하고, 계곡은 암컷을 상징하며, 방합구주(蚌蛤龜珠)는 일월의 변화에 따라 속이 차거나 빈다.'고 하였습니다. 때문에 단단한 토지 위에서 생장(生長)한 사람들은 강하고, 약한 토지 위에서 생장한 사람은 유약하며, 구릉의 토지 위에서 생장한 사람은 크고, 모래 성질의 토지 위에서 생장한 사람은 마르고 작으며, 비옥한 토지 위에서 생장한 사람은 아름답고, 척박한 토지 위에서 생장한 사람은 추하게 생겼습니다. 물을 먹고 사는 동물은 헤엄을 잘 치고 추위를 잘 견디며, 흙을 먹고 사는 동물은 심장이 없고 호흡도 하지 아니하며, 나무를 먹고 사는 동물은 힘이 세지만 길들이기가 어려우며, 풀을 먹고 사는 동물은 달리기를 잘하지만 본성이 어리석으며, 뽕잎을 먹고 사는 동물은 비단 실을 토해낼 수 있고 나방으로 변할 수 있으며, 고기를 먹고 사는 동물은 용맹스럽고 굳세지만 성정(性情)이 사나우며, 공기만 마시고 사는 동물은 신명(神明)하고 장수(長壽)하며, 곡식을 먹고 사는 동물은 지혜가 충만하고 재주가 뛰어나며, 아무 것도 먹지 않는 동물은 죽지 않고 신령이 된다고 합니다. 때문에 이르기를, 날개가 달린 동물이 360종인데 그 중 봉황이 우두머리이고, 털이 난 동물이 360종인데 그 중 기린(麒麟)이 우두머리이며, 갑각을 입은 동물이 360종인데 그 중 거북이 우두머리이고, 비늘을 가진 동물이 360종인데 그 중 용이 우두머리이며, 벌거숭이 동물이 360종인데 그 중 사람이 우두머리라고 합니다. 이것이 천지의 정묘(精妙)함이 있는 것이고 서로 다른 모습, 서로 다른 유별의 사물이 생겨나는 수리(數理)인 것입니다. 왕자(王者)는 행동할 때에 천도(天道)에 순응하여야 하고, 고요히 있을 때에는 반드시 천리(天理)에 순응함으로써 천지의 특성을 따르고 주관하는 상(象)의 사물을 방해하지 않은 것을 인성(仁聖)이라 한다는 것입니다."

자하가 말을 마치고 나가자, 자공이 들어와 말하였다. "복상(卜商)이 한 논의가 어떻습니까?" 공자가 말하였다. "너는 어떻게 생각하느냐?" 자공이 대답하였다. "정묘(精妙)하기는 하지만, 사회를 다스리는데 필요한 것은 아닙니다." 공자가 말하였다. "그렇다. 각자 자신의 재능을 발휘한 것에 불과하다."

原文

子夏曰: "商聞『山書』[1]曰: '地東西爲緯, 南北爲經[2], 山爲積德, 川爲積刑; 高者爲生, 下者爲死[3]; 丘陵爲牡, 溪谷爲牝; 蚌蛤龜珠, 與日月而盛虛[4]. 是故堅土之人剛, 弱土之人柔, 墟土之人大, 沙土之人細, 息土之人美, 耗土之人醜[5]. 食水者善遊而耐寒, 食土者無心而不息[6], 食木者多力而不治[7], 食草者善走而愚, 食桑者有緒而蛾, 食肉者勇毅而捍, 食氣者神明而壽[8], 食穀者智惠而巧, 不食者不死而神. 故曰: 羽蟲[9]三百有六十, 而鳳爲之長; 毛蟲三百有六十, 而麟爲之長; 甲蟲三百有六十, 而龜爲之長; 鱗蟲三百有六十, 而龍爲之長; 倮[10]蟲三百有六十, 而人爲之長. 此幹坤[11]之美也. 殊形異類之數[12], 王者動必以道, 靜必順理[13], 以奉天地之性, 而不害其所主, 謂之仁聖焉."

子夏言終而出, 子貢進曰: "商之論也何如?" 孔子曰: "汝謂何也?" 對曰: "微則微矣, 然則非治世之待也." 孔子曰: "然, 各其所能[14]."

注釋

1) 『山書』: 고대의 산천 지리에 관한 책으로 이미 전해지지 않는다. 2) 地東西爲緯, 南北爲經: 위(緯)는 가로[橫]이고, 경(經)은 세로[縱]이다. 3) 山爲積德, 川爲積刑 ; 高者爲生, 下者爲死: 『대대례기(大戴禮기記)』「역본명(易本命)」노변(盧辯)의 주에, "산(山)은 양(陽)이 쌓여진 형상이고, 천(川)은 음(陰)이 쌓여진 형상이다. 양은 덕(德)이고, 음은 형(刑)이다."고 했다. 왕빙진(王聘珍)의 『대대례기해고(大戴禮記解詁)』에, "높은 곳에는 양이 쌓이면 양기(陽氣)가 발생하고, 낮은 곳에는 음이 쌓이면 음기가 줄어든다."고 했다. 4) 丘陵爲牡, 溪穀爲牝 ; 蚌蛤龜珠, 與日月而盛虛: 왕숙의 주에, "달이 차면 조개류는 속이 차고, 달이 기울면 빈다."고 했다. 『회남자(淮南子)』「추형(墜形)」에, "지음(至陰)은 암컷을 낳고, 지양(至陽)은 수컷을 낳는다."고 했고, 『여씨춘추(呂氏春秋)』에, "일월이 보름이 되면 조개가 실(實)해지고, 달이 그믐이 되면 조개류가 빈다."고 했다. 『대대례기(大戴禮記)』「역본명(易本命)」노변(盧辯)의 주에, "달[月]은 태음(太陰)의 정(精)이기 때문에 거북이나 조개류가 이에 따라 찼다 비었다 한다."고 했다. 5) 墟土之人大, 沙土之人細, 息土之人美, 耗土之人醜: 왕숙의 주에, "식토(息土)는 고운 곳, 모토(耗土)는 거친 곳"이라 했다. 허토(墟土)는 구릉(丘陵)의 땅. 사토(沙土)는 『설문해자(說文解字)』에, "사(沙)는 모래[水散石]"라고 했다. 모래 땅이다. 세(細)는 작다. 식토(息土)는 비옥한 땅. 모토(耗土)는 거친 땅. 6) 食土者無心而不息: 왕숙의 주에, "지렁이[蚓: 원래는 '螾' 자로 되어 있었으나 인(蚓) 의 잘못이다]류는 숨을 쉬지 않는다."고 했다. 흙을 먹고 사는 동물은 지렁이류를 가리킨다. 7) 食木者多力而不治: 왕숙의 주에, "혈기를 다스릴 수 없다. 『회남자(淮南子)』에 이르기를, '힘이 세고 사나워서 역시 다스릴 수 없는 모습이다."고 했다. 나무를 먹고 사는 것이란 수목을 먹는 동물로써 곰이나 소 등을 가리킨다. 치(治)는 다스리다, 관리하다. 여기서는 동물을 길들임을 가리킨다. 8) 食草者善走而愚, 食桑者有緒而蛾, 食肉者勇毅而捍, 食氣者神明而壽: 풀을 먹고 사는 것이란 초식동물로써 사슴류를 가리키고, 뽕잎을 먹고 사는 것이란 뽕잎을 먹는 동물로써 누에류를 가리킨다. 서(緖)는 사(絲)이다. 고기를 먹고 사는 것은 육식동물로써 호랑이, 이리, 매, 여우류이다. 한(捍)은 '한(悍)'과 같다. 용맹스럽다, 사납다. 공기를 먹고 사는 것이란 원기(元氣)를 식용으

로 하는 동물로써 거북이류를 가리킨다. 『설원(說苑)』「변물(辨物)」에, "영험한 거북이는 천년을 지내는데 하기(下氣)가 위로 통하여 길흉존망(吉凶存亡)의 변화를 알 수 있고, 편안하면 늘어나는듯 하고 움직이면 겉으로 드러난다."고 했다. 9) **蟲**: 널리 동물을 가리킨다. 10) **倮**: '라(裸)'와 같다. 벌거숭이. 11) **乾坤**: 왕숙의 주에, "건(乾)은 천(天), 곤(坤)은 지(地)이다."고 했다. 12) **數**: 수리(數理), 도리(道理). 13) **王者動必以道, 靜必順理**: 원래는 "王者動必以道動, 靜必以道靜, 必順理."로 되어 있었는데 사고본과 동문본 및 『대대례기』에 근거하여 고쳤다. 14) **然 各其所能**: 왕숙의 주에, "공자가 말하기를, '자공의 말이 맞다. 세상을 다스림에 이[此: 원래는 '世'로 되어 있었으나 사고본에 근거하여 고쳤다] 일이 쓰이는 것은 아니다. 세상[世: 사고본에는 '此'로 되어 있었으나 따르지 않았다] 일이 우선하지만, 그러나 각기 알고 능한 것이 있는 것이다.'"고 했다.

26 본명해 本命解

| 序說

이 편은 공자와 노 애공 간의 한 차례 중요한 대화인, 노 애공이 공자에게 가르침을 청한 '명(命)', '성(性)' 등 문제를 싣고 있다. 이를 통해 공자의 성명(性命)과 생사에 관한 논의를 불러 일으켰다. 예(禮)와 남녀의 혼육(婚育)의 관계를 강조하였으며, 아울러 상례(喪禮)에 관한 문제까지도 언급하였다. 이 편은 『대대례기(大戴禮記)』「본명(本命)」에 보이며, 마지막 단락은 『예기(禮記)』「상복사제(喪服四制)」에 보인다.

문장의 첫 번째 단락은 본문의 첫 번째 부분이다. "천도에서 결정되어 사람에게 부여된 것을 명이라 칭하고, 태어나면서 형성되어진 것을 성이라 칭하며[分於道, 謂之命; 形於一, 謂之性]"는 공자 이야기의 출발점으로 실질적으로 '명(命)'의 근원인 천도(天道)와 '성(性)'의 일치성을 제시하였다. 공자 이후 유가는 계속적으로 이 문제를 탐구하였다. 예컨대『중용(中庸)』의 첫 머리에 이르기를 "천명을 성이라고 한다[天命之謂性]"고 한 것과 곽점초간(郭店楚簡)의 『성자명출(性自命出)』의 첫머리에서 이르기를 "성은 명에서 나오고, 명은 하늘로부터 내려온 것이다[性自命出, 命自天降]"라 한 것은 기본적으로 같은 의미를 표현한 것이다. 즉 명(命)은 하늘에 근원이 있고, 또 성(性)의 시작인 것이다. 시작이 있으면 반드시 마침이 있고, 죽음이란 생(生)의 결말이다. 성(性)은 음양을 낳고, 남자는 양(陽)에 속하고 여자는 음

(陰)에 속하며, 남녀는 일정한 연령이 되면 결혼하고 음양이 화육(化育)하여 새로운 생명이 시작된다.

문장의 두 번째, 세 번째 단락은 본문의 두 번째 부분이다. 공자가 특별하게 예(禮)의 "그 극한을 말한 것이니[言其極]"하면서 "넘지만 않으면 된다[不是過]"는 특징을 강조하고 성인(聖人)에 제정한 혼례(婚禮)의 수(數)를 지적하여, 남녀의 연령을 고려하고 천지 음양의 도에 합치하게 하였다. 공자는 남자는 "남자는 천도를 맡아 만물을 생장하게 하는 자[任天道而長萬物]"이고, 여자는 "여자는 남자의 가르침에 순종하고 그 중의 도리를 더하게 한다.[順男子之教而長其理]"고 여기면서, 남녀의 덕행에 대하여 서로 다른 요구를 제시하였다. 공자는 남녀의 혼인을 매우 중시하고 "다섯 가지에 속하는 여자는 아내로 맞이 하지 않는다[五不取]", "일곱 가지 내쫓을 수 있는 정황[七出]", "세 가지 내쫓을 수 없는 정황[三不去]"이 남녀 혼인의 중요한 원칙임을 제시하였다. 『논어』 중에는 혼인관을 언급한 내용이 드물기 때문에 이 부분은 초기 유가의 혼인관을 연구하는 중요한 자료이다.

문장의 마지막 단락은 본문의 세 번째 부분이다. 공자의 상례(喪禮)에 관한 주장을 구체적으로 드러내고 있는데, 공자는 예(禮)의 제정과 오행(五行), 사시(四時)는 서로 관련이 있고 상례(喪禮)가 의거한 규칙에는 '은(恩)', '의(義)', '절(節)', '권(權)'이 포괄된다고 여겼기고 서다. 그리고 다른 사람에게는 서로 다른 형식의 상복(喪服)을 실행해야 한다고 하면서, 부모의 복상(服喪)은 '은(恩)'을 원칙으로 해야 하고, 군왕(君王)의 복상은 '의(義)'를 원칙으로 삼아야 한다고 했다. 이는 곧 "가족 안의 은정은 도의보다 크고, 가족 밖의 도의는 은정보다 크다[門內之治恩掩義, 門外之治義掩恩]"였다. 이러한 제기방식은 곽점초간의 「육덕(六德)」편에도 마찬가지로 보인다. 「육덕」편에 이르기를, "가족 안의 다스림은 은정에 의를 덮을 수 있고, 가족 밖의 다스림은 의리가 은정을 끊어낼 수 있다[門內之治恩掩義, 門外之治義斷恩]."라 하여 복상(服喪)의 슬픈 정도와 상복과 기한(期限) 등이 모두 법도가 없을 수 없으며 반드시 '절(節)'로써 제한을 해야 한다. 군주로부터 일반 서민과 백성까지 신분과 지위가 서로 다른 사람의 복상의 규격은 다른 것이지만 융통성있게 변통(變通)해야 함으로 '권(權)'이 필요하다고 했다.

이 편은 공자의 천도(天道)와 성명(性命), 남녀혼인과 상례(喪禮) 관점에 대한 중요한 문헌이다. 특히 천도와 성명에 관한 관점은 매우 귀중하다. 『논어』「공야장(公冶長)」에 실려 있는 자공(子貢)이 언급한, "선생님의 말씀 중에 성과 천도에 대한 말씀은 얻어 들을 수가 없었다[夫子之言性與天道, 不可得而聞也]."고 한 것은 이 편에도 있어서 우리들은 공자의 이러한 방면에 관한 논술을 볼 수 있고, 아울러 서로 관련이 있는 초기 유가문헌을 서로 비교하여 참조할 수 있어서 우리들이 공자의 천도(天道)사상을 연구하는데 중요한 가치를 지니고 있다.

26-1

노 애공(魯哀公)이 공자에게 물었다. "사람의 명(命)과 성(性)이란 각각 무엇을 가리키는 것입니까?" 공자가 대답하였다. "천도(天道)에서 결정되어 사람에게 부여된 것을 명(命)이라 칭하고, 태어나면서 형성되어진 것을 성(性)이라 칭하며, 음양의 변화를 통하여 일정한 형체가 생겨난 것을 생(生)이라 칭하고, 음양의 변화와 천수(天數)가 다한 것을 사(死)라 칭합니다. 때문에 명(命)은 성(性)의 시작이고, 죽음[死]이란 삶[生]의 끝입니다. 시작이 있으면 반드시 끝이 있습니다. 사람은 처음 태어나면서 신체에 아직 갖추지 못한 것이 다섯 가지가 있습니다. 눈이 있어도 보지 못하고, 먹을 수가 없으며, 걸을 수가 없고, 말할 수가 없으며, 생육(生育)할 수 없는 것입니다. 태어나 석 달이 되어 눈을 미미하게 굴릴 수 있게 된 이후에 사물을 볼 수 있고, 여덟 달이 되어 이빨이 나게 된 이후에 음식을 먹을 수 있으며, 3년이 되면 뺨이 깨끗이 아문 이후에 말을 할 수 있고, 열여섯 살이 되어 정기(精氣)가 소통하게 된 이후에 생육할 수 있는 것입니다. 음(陰)이 극에 달하면 양(陽)으로 되돌아오는 까닭에 음은 양으로써 변화하고, 양이 극에 달하면 음으로 되돌아오는 까닭에 양은 음으로써 변화하게 되는 것입니다. 때문에 남자는 여덟 달이면 이가 났다가 여덟 살이 되면 이를 갈게 되고, 여자는 일곱 달이면 이가 났다가 일곱 살에 이를 갈게 되며, 열네 살이 되면 생육할 수 있게 됩니다. 하나의 음(陰)과 하나의 양(陽), 짝수와 홀수가 서로 배합되고 나서야 천지의 도가 서로 합하여 화육(化育)이 자연스레 성공하는 것입니다. 성(性)과 명(命)의 시작은 이로부터 형성되는 것입니다."

原文

魯哀公問於孔子曰: "人之命與性何謂也?" 孔子對曰: "分於道, 謂之命[1]; 形於一, 謂之性[2], 化於陰陽, 象形而發[3], 謂之生; 化窮數盡[4], 謂之死. 故命者, 性之始也; 死者, 生之終也, 有始, 則必有終矣. 人始生而有不具[5]者五焉: 目無見, 不能食, 不能[6]行, 不能言, 不能化[7]. 及生三月而微煦[8], 然後有見; 八月生齒, 然後能食; 三年顋[9]合, 然後能言; 十有六而精通, 然後能化. 陰窮反陽[10], 故陰以陽變; 陽窮反陰, 故陽以陰化. 是以男子八月生齒, 八歲而齔[11], 女子七月生齒, 七歲而齔, 十有四而化. 一陽一陰, 奇偶[12]相配, 然後道合化成[13], 性命之端[14], 形[15]於此也."

注釋

1) **分於道, 謂之命**: 왕숙의 주에, "도에서 결정되어 비로소 사람이 되었기 때문에 다음 구절에 성명(性命)의 시작이라 운운하였던 것이다."고 했다. 분(分)은 만들다, 결정하다. 같은 용법이 『순자(荀子)』「영욕(榮辱)」에, "況夫先王之道, 仁義之統, 詩書禮樂之分乎!"라는 구절에 보이는데, 이에 대한 양경(楊倞)의 주에, "분(分)은 제(制)이다."고 했다. 도(道)는 천지자연의 이치. 명(命)은 여기에서는 사람이 하늘로부터 부여받은 생명과 운명을 가리킨다. 즉 청나라 왕빙진(王聘珍)의 『대대례기해고(大戴禮記解詁)』「본명(本命)」의 석(釋)에, "명(命)은 사람이 부여받은 척도를 이른다."고 했다. 이

기록은 『대대례기』「본명(本命)」에도 보인다. 2) **形於一, 謂之性**: 왕숙의 주에, "사람은 각기 음양을 받아 강하거나 부드러운 성(性)을 갖추기 때문에 태어나면서부터 형성된 것이라 이른 것이다."고 했다. 형(形)은 형성(形成), 일(一)은 최초, 시작. 『한서(漢書)』「동중서전(董仲舒傳)」에, "일(一)이란 만물이 그로부터 시작되는 곳이다."고 했다. 성(性)은 사람이 태어나면서 갖추고 있는 생리(生理), 심리(心理) 기능이다. 청(淸) 왕빙진(王聘珍)의 『대대례기해고(大戴禮記解詁)』「본명(本命)」에 인용된 동중서(董仲舒)의 말에, "성(性)은 생(生)의 질(質)이다."고 했다. 3) **化於陰陽, 象形而發**: 화(化)는 변화, 화육(化育). 상형(象形)은 형체에 의거하다. 발(發)은 발생. 청(淸) 왕빙진의 『대대례기해고』「본명(本命)」에, "발(發)은 출(出)과 같다."고 했다. 4) **化窮數盡**: 궁(窮)은 궁진(窮盡). 『설문(說文)』「혈부(穴部)」에, "궁(窮)은 극(極)이다."고 했다. 수(數)는 천명(天命)의 수(數). 5) **具**: 완전하다, 구비(具備)하다. 6) **不**: 동문본에는 없다. 7) **化**: 생육(生育). 왕빙진(王聘珍)이 이르기를, "화(化)는 생(生)과 같고, 기르다[育]의 의미이다."고 했다. 8) **微煦**: 눈을 미미(微微)하게 굴림. 왕숙의 주에, "후(煦)는 눈을 굴리다[睛轉: '轉'이 원래는 '人'으로 잘못되어 있었으나 사고본과 비요본 그리고 동문본에 근거하여 고쳤다]."라고 했다. 같은 용법이 『백호통(白虎通)』에, "사람이 태어나 석 달이면 눈을 굴리고[目煦] 웃을 수도 있게 된다."에도 보인다. 9) **䚡(䚡)**: '시(䚡)'와 같다. 즉 뺨이다. 10) **陰窮反陽**: 궁(窮)은 극점(極點). 반(反)은 반(返)과 같다. 즉 다시 돌아오다. 11) **齔(齔)**: '齔(齔)과 같다. 이를 갈다. 유치(乳齒)가 빠지고 영구치가 자라다. 『설문(說文)』「치부(齒部)」에, "齔(齔)은 이가 빠지는 것이다."라고 했다. 사고본과 동문본에는 '齔(齔)'이라 했다. 12) **奇偶**: 왕숙의 주에, "양수(陽數)는 기(奇), 음수(陰數)는 우(偶)[원래는 陽, 奇數; 陰, 偶數'라고 되어 있었으나 사고본과 동문본에 근거하여 고쳤다]이다"고 했다. 13) **道合化成**: 도(道)는 천지(天地)의 도(道). 성(成)은 성공하다. 14) **端**: 시작. 15) **形**: 형성(形成).

26-2

노 애공이 말하였다. "남자는 열여섯 살에 정기가 통하게 되고 여자는 열네 살에 생육(生育)할 수 있으니 이 때가 되면 아이를 낳을 수 있게 됩니다. 그런데 예(禮)의 규정에 의하면 남자는 서른 살이 되어야 아내를 두게 하고 여자는 스무 살이 되어야 남편을 갖게 된다고 하였으니 이는 너무 늦은 것이 아닙니까?" 공자가 말하였다. "무릇 예(禮)에서는 그 극한(極限)을 말한 것이니 넘지만 않으면 됩니다. 남자는 스무 살에 관례(冠禮)를 거행하였는데 이는 아버지가 될 수 있는 시작이고, 여자는 열 다섯 살이 되면 시집을 갈 수 있도록 허락되었는데 이는 출가의 도리를 갖추었기 때문입니다. 이 연령을 넘으면 스스로 결혼을 결정할 수 있게 됩니다. 각종 생물은 겨울에는 감추는데 이는 새로운 생명을 낳아 기르는 시작입니다. 때문에 성인께서 시령(時令)에 의거하여 남녀로 하여금 성혼(成婚)하게 한 것은 천수(天數)의 극한(極限)을 초과하지 않도록 하기 위함이었습니다. 서리가 내릴 때면 부인(婦人)의 일이 끝나고 시집가고 장가가는 사람들의 행동이 시작됩니다. 얼음이 풀릴 때면 농사의 일이 시작되고 혼례의 일도 이때가 되면 끝나게 됩니다. 남자는 천도(天道)를 맡아 만물을 생장(生長)하게 하는 자입니다. 때문에 어떤 일을 할 수 있는지 알아야 하고, 어떤 일을 할 수 없는 것인지 알아야 하며, 어떤 말을 할 수 있는지 알아야 하고, 어떤 말을 할 수 없는지 알아야 하며, 어떤 도리를 행할 수 있는지 알아야 하고, 어떤 도리를 행할 수 없는지 알아야 합니다. 이 때문에 남자가 인륜(人倫)을 살펴 그 분별을 분명히 하는 것을 지혜라 하고 이로써 그들의 미덕을 뚜렷하게 나타내 보입니다. 여자는 남자의 가르침에 순종하고 그 중의 도리를 더하게 합니다. 때문에 여자에게는 제 마음대로 할 수 있는 도리가 없고 삼종(三從)의 도덕 준칙이 있습니다. 어려서는 부형(父兄)을 따르고, 시집가서는 남편을 따르며, 남편이 죽은 다음에는 아들을 따르는 것이니, 이는 재가(再嫁)의 도리가 없다는 말입니다. 교령(敎令)이 규문 밖에 나가지 않도록 하고, 하는 일은 식사를 제공하는 일이 있을 뿐입니다. 규문(閨門) 밖에 있더라도 용모와 행동거지가 예의(禮儀)에 맞지 않음이 없어야 하고, 변경(邊境)을 넘어서 상사(喪事)에 가지 않습니다. 일을 자기마음대로 할 수 없고, 집밖을 혼자 다니지 않으며, 사정을 직접 이해한 후에 행하고, 경험해 본 뒤에야 말을 하며, 낮에는 뜰에 나가 노닐지 않고, 밤에 다닐 때는 불을 밝혀야 합니다. 이로써 일반 부녀(婦女)의 미덕을 뚜렷하게 나타내 보이는 것입니다."

原文

公曰: "男子十六精通, 女子十四而化, 是則可以生民矣. 而禮, 男子三十而有室[1], 女子二十而有夫也, 豈不晚哉?" 孔子曰: "夫禮言其極[2], 不是過[3]也. 男子二十而冠[4], 有爲人父之端; 女子十五許嫁, 有適人[5]之道, 於此而往[6], 則自婚[7]矣. 群生[8]閉藏乎陰[9], 而爲化育之始. 故聖人因時以合偶男女[10], 窮天數也[11]. 霜降而婦功成, 嫁娶者行焉[12]; 冰泮而農桑起, 婚禮而殺於此[13]. 男子者, 任天道而長萬物者也[14]. 知可爲, 知不可爲; 知可言, 知不可言; 知可行, 知不可行者. 是故審其倫而明其別, 謂之知, 所以效匹夫之聽也[15]. 女子者, 順男子之敎而長其理者也[16], 是故無專制之義, 而有三從之道[17]: 幼從父兄, 旣嫁從夫, 夫死從子. 言無再醮[18]之端, 敎令不出於閨門, 事在供酒食而已. 無閫外之非儀也, 不越境而奔喪[19], 事無擅爲, 行無獨成, 參知而後動, 可驗而後言, 晝不遊庭, 夜行以火, 所以效匹婦之德也[20]."

注釋

1) **男子三十而有室**: 실(室)은 아내, 처자(妻子). 『예기(禮記)』「곡례(曲禮)상」에, "30세를 '장(壯)'이라 하고, 실(室)이 있다."고 했다. 정현(鄭玄)의 주에, "처(妻)를 실(室)이라 칭한다."고 했다. '子'가 사고본과 동문본에는 '必'로 되어 있다. 2) **極**: 극점(極點), 극한(極限). 3) **不是過**: 부정전치사이다. 즉 '不過是'의 의미로 이 극한을 초과하지 않는다. 4) **冠**: 관례(冠禮)를 거행하다. 5) **適人**: 시집가다. 『옥편(玉篇)』에, "적(適)은 여자가 출가(出嫁)하는 것이다."고 했다. 6) **往**: 넘기다, 그 이상이 되다. 7) **自婚**: 스스로 결혼을 결정할 수 있는 연령. 8) **群生**: 군(群)은 각종, 많은. 생(生)은 생물(生物). 9) **閉藏乎陰**: '閉藏'은 감추다. 음(陰)은 겨울. 왕숙의 주에, "음(陰)은 겨울이다. 겨울에는 사물을 감추고 화육(化育)이 시작된다."고 했다. 10) **因時合偶男女**: 인(因)은 의거, 근거. 시(時)는 시절(時節). '合偶男女'는 남녀로 하여금 결혼하게 하다. '우(偶)'가 동문본에는 '우(耦)'로 되어 있으나 두 글자는 통한다. '女'가 원래는 '子'로 되어 있었으나 잘못이다. 11) **天數也**: 즉 10월인데, 일(一)부터 십(十)까지에서 십은 수의 끝이다.

왕숙의 주에, "극(極)이다."고 했는데, '極'이 원래는 정문에 끼어들어간 것이고, '也' 자는 없다. 사고본에 근거하여 고쳤다. 12) 霜降而婦功成, 嫁娶者行焉: 상강(霜降)은 24절기 중의 하나로서 양력 10월 23일이나 24일이다. 『예기(禮記)』「월령(月令)」에, "이 달[月]에 서리가 내리기 시작하면 백공(百工)이 모두 휴직한다."고 했다. 부공(婦功)은 즉 여자가 하는 일[功]이다. 중국 고대사회에는 부녀가 하던 집안일과 방직(紡織) 등을 말한다. 성(成)은 완성(完成). 행(行)은 행동(行動). 왕숙의 주에, "가을에 서리가 내리면 혼인이 이로부터 시작된다. 『시』에, '원컨대 그대는 노하지 말라. 가을로 기약을 삼자[將子不怒, 秋以爲期].'라고 한 것이다."고 했다. 13) 冰泮而農桑起, 婚禮而殺於此: 반(泮)은 녹다. 농상(農桑)은 농사와 누에치는 일. 기(起)는 시작. 살(殺)은 마침. 왕숙의 주에, "반(泮)은 흩어지다[散]. 정월에 농사를 시작하고 누에치는 사람은 뽕잎을 딴대['采'가 사고본과 동문본에는 '援'으로 되어 있다]. 혼례의 거행이 끝나기 시작한다하니, 이는 아직 끝나지는 않았다는 말이다. 2월이 되면 농사가 시작되고 남녀의 혼인이 없게 된다. 이는 시기가 이 달에 다하는 까닭이다. 『시』에, '남자가 만일 아내를 데려오면 얼음이 풀리기 전에 해야 한다[士如歸妻, 迨冰未泮].'고 한 것은 만일 처를 맞이하고자 한다면 마땅히 얼음이 녹지 않은 성시(盛時)에 이르러야 한다는 것을 말한다."고 했다. 14) 男子者, 任天道而長萬物者也: 남자는 천도(天道)을 맡아 만물을 자라게 한다. 임(任)은 맡다. 장(長)은 자라게 하다. 잘 자라게 배양하다. 15) 是故審其倫而明其別, 謂之知, 所以效匹夫之聽也: 심(審)은 자세히 살피다. 분명하게 살피다. 『순자(荀子)』「비상(非相)」에, "심(審)은 그 도(道)를 자세히 살피는 것을 이른다."고 했다. 명(明)은 밝히다. 별(別)은 구별, 분별. 지(知)는 지혜. 효(效)는 현시(顯示). 『한비자(韓非子)』「이병(二柄)」에, "군신(群臣)의 정(情)이 불효(不效)하다는 것이다."고 한 것에 대한 왕선신(王先慎)의 『집해(集解)』에 인용된 구주(舊注)에, "효(效)는 현(顯)이다."고 했다. 청(聽)는 품덕(品德)을 가리킨다. 왕숙의 주에, "청(聽)은 마땅히 덕(德)이 되어야 한다."고 했다. 16) 女子者, 順男子之教而長其理者也: 순(順)은 순종(順從). 교(教)는 교도(教導). 장(長)은 더하게 하다[增益]. 왕숙의 주에, "爲男子長養其理也: 사고본, 동문본에는 '子'가 '女'로 되어 있고, '也'는 '分'으로 되어 있다.]"고 했고, 『국어(國語)』「제어(齊語)」의 "다달이 더해지지 않는대[不月長]"에 대한 위소(韋昭)의 주(注)에, "장(長)은 익(益)이다."고 했다. 17) 是故無專制之義, 而有三從之道: 전제(專制)는 자기 마음대로 하다[專斷]. 종(從)은 따르다. 도(道)는 도덕준칙. 18) 醮(醮): 초례(醮禮)로써 주대(周代)의 일종의 예의(禮儀)인데, 관례(冠禮)와 혼례(婚禮) 때 거행하는 일종의 간단한 의식으로 윗사람이 아랫사람에게 술을 따라주면 아랫사람은 권한 술을 받아 모두 마시고, 다시 윗사람에게 권하지 않는다. 왕숙의 주에, "처음 시집가는 것을

'초(醮)'라고 한다. 예에는 두 번 초례를 하는 단서는 없으니, 통틀어 인사를 바꾸지 않는다는 것을 의미한다."라고 했다. 19) **無閫外之非儀也, 不越境而奔喪**: 곤(梱)은 원래 문지방을 가리킨다. 여기서는 규문(閨門) 즉 부녀의 거처를 가리킨다. 비의(非儀)는 여인의 용모와 행동거지가 예의(禮儀)에 맞지 않는다. 의(儀)가 사고본과 동문본에는 '義'로 되어 있다. 왕숙의 주에, "곤(閫)은 문지방이다. 부인은 혼자 문지방 밖을 나가는 거동은 없다[婦人以自('自'가 사고본과 동문본에는 '貞'으로 되어 있다)專, 無閫外之威('威' 자가 사고본에는 없다)儀]. 『시(詩)』에, '잘못도 없고 잘하는 것도 없어야 한다. 술과 밥에 대해서만 의논해야 한다'는 말이 있다."고 했다. 월경(越境)은 변경(邊境)을 넘어서다. 20) **事無擅爲, ...所以效匹婦之德也**: 이 구절은 위에서 말한 부녀의 미덕을 표현한 것이다. 천위(擅爲)는 자기 마음대로 하다. 독성(獨成)은 독자적으로 행동하다. 참지(參知)는 직접 경험하여 확인하다. 동(動)은 행동(行動). 가험(可驗)은 검증할 수 있다. 주(晝)는 낮. 유정(遊庭)은 정원을 노닐다. 이화(以火)는 불을 사용하여 조명하다.

26-3

공자가 계속하여 말하였다. "다섯 가지에 속하는 여자는 아내로 맞이하지 않습니다. 덕을 거역한 사람이 있는 집의 여자, 음란한 사람이 있는 집의 여자, 이전 몇 대에 형벌을 받은 사람이 있는 집의 여자, 치료하기 어려운 병[惡疾]을 앓는 사람이 있는 집의 여자, 아버지가 먼저 죽은 집안의 장녀입니다. 부인에 대해서는 일곱 가지 내쫓을 수 있는 정황[七出]이 있고, 세 가지 내쫓을 수 없는 정황[三不去]이 있습니다. 일곱 가지 내쫓을 수 있는 것이란, 부모에게 순종하지 않는 여자, 자식 못 낳는 여자, 음란하고 괴벽한 여자, 질투하는 여자, 악질(惡疾)이 있는 여자, 말이 많은 여자, 도둑질하는 여자입니다. 세 가지 내쫓을 수 없는 것이란, 시집온 후 돌아갈 친정이 없는 여자, 남편과 함께 부모의 삼년상을 치른 여자, 남편이 원래 빈천했다가 뒤에 부귀하게 된 여자입니다. 무릇 이러한 것들은 모두 성인(聖人)이 남녀 관계를 화순(和順)하게 하여 혼인이 인륜의 시작임을 중시하기 위하여 제정한 것입니다."

原文

孔子遂[1]言曰: "女有五不取[2]: 逆家子者[3], 亂家子者[4], 世有刑人子者[5], 有惡疾子者[6], 喪父長子者[7]. 婦有七出, 三不去[8]. 七出者[9]: 不順父母者[10], 無子者[11], 淫僻者[12], 嫉妒者[13], 惡疾者[14], 多口舌者[15], 竊盜者[16]; 三不去者: 謂有所取無所歸[17], 與共更三年之喪[18], 先貧賤後富貴[19]. 凡此, 聖人所以順男女之際[20], 重婚姻之始也."

注釋

1) 수(遂): 계속하여, 이어서. 2) 取: '취(娶)'와 같다. 왕숙의 주에, "덕을 거역한 사람이 있는 집의 여자, 음란한 사람이 있는 집의 여자, 이전 몇 대에 형벌을 받은 사람이 있는 집의 여자, 치료하기 어려운 병[惡疾]을 앓는 사람이 있는 집의 여자, 아버지가 먼저 죽은 집안의 장녀, 이 다섯 가지에 속하는 사람은 모두 아내로 맞이하지 않는다."고 했다. 3) 逆家子者: 왕숙의 주에, "덕을 거역한 것을 일컫는다."고 했다. 4) 亂家子者: 왕숙의 주에, "윤리를 어지럽힌 것을 일컫는다."고 했다. 5) 世有刑人子者: 왕숙의 주에, "사람에게 버림받은 자를 일컫는다."고 했다. 즉 조상 중에 형벌을 받은 적이 있는 경우이다. 6) 有惡疾子者: 왕숙의 주에, "하늘에게서 버림받은 자를 일컫는다."고 했다. '악질(惡疾)'이란 치료하기 어려운 나쁜 병이다. 7) 喪父長子者: 왕숙의 주에, "수명(受命)이 없는 경우를 일컫는다."고 했다. 즉 아버지가 먼저 죽은 집의 장녀이다. '者' 자가 원래는 없었지만 사고본과 동문본에 근거하여 보완하였다. 8) 婦有七出, 三不去: '出'은 (처자를) 내쫓다. 『좌전』장공(莊公) 27년에, "버림받은 것[出]을 '내귀(來歸)'라 한다[出曰來歸]."에 대한 공안국의 소(疏)에 인용된 『석례(釋例)』에, "귀(歸)라는 것은 일곱 가지 내쫓기는 일을 범하여 단절을 당한 것을 이른다."고 했다. '去'는 처자를 버리다. 9) 七出者: 왕숙의 주에, "부모에게 순종하지 않으면 내쫓는다. 아이를 낳지 못하면 내쫓는다. 음란하고 사벽(邪僻)하면 내쫓는다. 질투하면 내쫓는다. 악질(惡疾)을 가지면 내쫓는다. 말이 많으면 내쫓는다. 도둑질하면 내쫓는다."고 하였다. 10) 不順父母者: 왕숙의 주에, "덕을 어기는 것을 이른다('謂' 자가 사고본과 동문본에는 없다)."고 했다. 원래 '父' 뒤에 '出' 자가 있었으나 문장의 뜻에 근거하여 삭제하였다. 11) 無子者: 왕숙의 주에, "세대가 끊김을 이른다."고 했다. 12) 淫僻者: 왕숙의 주에, "일족을 어지럽힘을 이른다(사고본과 동문본에는 '也' 자가 없다)."고 했

다. 13) 嫉妬者: 왕숙의 주에, "집안을 어지럽히는 것을 이른다(사고본과 동문본에는 '也' 자가 없다)"고 했다. 14) 惡疾者: 왕숙의 주에, "음식을 받들어 담을 수 없는 것을 이른다((사고본과 동문본에는 '也' 자가 없다)."고 했다. 15) 多口舌者: 왕숙의 주에, "친족 사이를 이간질하는 것을 이른다(사고본과 동문본에는 '也' 자가 없다)."고 했다. 16) 竊盜者: "의(義)에 반하는 것을 이른다(사고본과 동문본에는 '也' 자가 없다)."고 했다. 17) 有所取無所歸: '취(取)'는 '취(娶)'와 같다. '귀(歸)'는 출가한 여자가 친정집으로 돌아가는 것을 가리킨다. 같은 용법이 『시(詩)』「주남(周南)· 갈담(葛覃)」에, "어느 것을 빨고, 어느 것을 빨지 않을까? (친정으로) 돌아가 부모님께 문안하리라[害澣害否, 歸寧父母]."에도 보인다. 사고본에는 '無' 자 앞에 '而' 자가 있다. 사고본과 동문본에는 이 구절 뒤에 '一也' 두 글자가 있다. 18) 與共更三年之喪: '경(更)'은 지내다. 사고본과 동문본에는 이 구절 뒤에 '二也' 두 글자가 있다. 19) 先貧賤後富貴: 사고본과 동문본에는 이 구절 뒤에 '三也' 두 글자가 있다. 20) 順男女之際: 순(順)은 화순(和順), 순리(順理). 제(際)는 회합(會合).

26-4

공자가 말하였다. "예(禮)는 오행(五行)에 의거하여 제정되었고, 도의(道義)는 사계(四季)를 본받아 제정되었기 때문에 상례(喪禮)를 거행하는 데에는 은정(恩情)의 제약이 있어야 하고, 도의의 제약이 있고, 예절의 제약이 있고, 통변(通變)의 필요가 있습니다. 은정(恩情)을 두텁게 여기는 사람은 복상(服喪) 또한 중요하게 여기기 때문에 부모를 위해 참최(斬衰) 3년의 상복을 입는데 이는 은정에 근거하여 제정한 것입니다. 가족 안의 은정은 도의보다 크고, 가족 밖의 도의는 은정보다 큽니다. 아버지를 섬기는 원칙에 비추어 임금을 섬기는데도 경애의 마음은 같습니다. 지위가 높은 자를 존숭하고, 고귀한 자를 존중하는 것은 도의의 가장 중요한 원칙입니다. 때문에 임금을 위해서도 역시 참최 3년의 상복을 입는데 이 역시 도의에 근거하여 제정한 것입니다. 부모가 돌아가시면 사흘이 지나야 먹을 수 있고, 석 달이 지나야 목욕을 할 수 있으며, 1주년에 연제(練祭)를 거행하되 심정이 애통하더라도 생명을 다치게 할 정도여서는 안 되고, 죽은 사람 때문에 살아 있는 사람의 생명이 상처를 입어서는 안됩니다. 복상(服喪)의 기간도 3년을 넘기지 못하도록 하였고, 자최(齊衰)의 상복은 아무리 떨어져도 기워 입지 않으며, 무덤을 올려 쌓지 않습니다. 상복을 벗는 날에는 장식이 없는 거문고를 탈 수 있는데 이는 백성들에게 3년의 복상이 끝남을 나타내는 것입니다. 이들은 모두 상례의 제한에 근거하여 제정한 것입니다. 아버지를 섬기는 원칙으로 어머니를 섬기는데도 경애의 마음은 같습니다. 하늘에는 두 개의 태양이 없고, 나라에는 두 임금이 없으며, 집안에는 두 어른이 없이 다스려지는 것입니다. 때문에 아버지가 살아 계신데 어머니가 죽게 되면 어머니를 위하여 자최(齊衰) 1년만 상복을 입는 것은 집에 두 어른이 없음을 나타내기 위한 것입니다. 상사(喪事)를 처리하는 백관(百官)이 갖추어져 있고, 각종 물품이 모두 구비되어 아무런 말을 하지 않아도 상사(喪事)가 잘 처리되는 사람 예컨대 천자와 제후는 곡(哭)을 하며 매우 애통해 함이 다른 사람이 부축하여 일으켜 줍니다. 말을 해야만 상사가 비로소 잘 처리될 수 있는 사람 예컨대 경(卿), 대부(大夫), 사(士)는 곡을 하며 매우 애통해 함이 지팡이를 짚고 일어나도록 합니다. 자신이 직접 상사를 처리하여야 하는 사람, 예컨대 일반 백성들은 흐트러진 머리털과 때가 낀 얼굴로 슬퍼해도 되는 것입니다. 이들은 모두 변통(變通)에 근거하여 제정된 것입니다. 부모가 돌아가시게 되면 사흘 동안은 통곡함을 게을리 하지 않고, 석 달 동안을 게을리 하지 않으며, 만 1년이 되어도 슬피 통곡을 하고, 3년상을 치루고 나면 늘 부모를 염려하지만 애통함은 조금씩 약해집니다. 성인(聖人)들이 부모가 돌아가신 후 애통함이 조금씩 약해지는 과정에 의거하여 상례(喪禮)의 절한(節限)을 제정한 것입니다."

| 原文

孔子曰: "禮之所以象五行也, 其義四時也[1], 故喪禮有擧焉, 有

恩有義, 有節有權[2]. 其恩厚者其服重, 故爲父母斬衰三年, 以恩制者也[3]. 門內之治恩掩義, 門外之治義掩恩[4]. 資於事父以事君而敬同[5], 尊尊貴貴[6], 義之大也. 故爲君亦服衰[7]三年, 以義制者也. 三日而食, 三月而沐, 期而練, 毀不滅性, 不以死傷生[8]; 喪不過三年, 齊衰不補, 墳墓不修[9]; 除服之日, 鼓素琴, 示民有終也[10]. 凡此以節制[11]者也. 資於事父以事母而愛[12]同. 天無二日, 國無二君, 家無二尊, 以治之[13]. 故父在爲母齊衰期者[14], 見[15]無二尊也. 百官備, 百物具, 不言而事行者, 扶而起[16]; 言而後事行者, 杖而起[17]; 身自執事行者, 面垢而已[18], 此以權制者也. 親始死, 三日不怠, 三月不懈, 期悲號, 三年憂, 哀之殺也[19], 聖人因殺以制節[20]也."

注釋

1) **禮之所以象五行也, 其義四時也**: 상(象)은 본받다. 유사한 용법이 『상서(尙書)』 「순전(舜典)」의 "떳떳한 형벌로 모범을 보이시되[象以典刑]."에 보이는데, 이에 대한 공안국의 전(傳)에 이르기를, "효(孝)는 본받다[法]이다."고 했다. 오행(五行)은 인(仁), 의(義), 예(禮), 지(智), 신(信)이다. 왕숙의 주에, "복제(服制)에 다섯 등급이 있다."고 했다. 사시(四時)는 사계(四季)이다. 왕빙진(王聘珍)의 『해고(解詁)』에 이르기를, "예(禮)가 문(文)을 따라 변하는 까닭은 예에는 정해진 체(體)가 있어 마치 천지간에 오행이 있는 것이 바뀌지도 없어지지도 않는 것이다. 의(義)는 왕래(往來), 굴신(屈伸)하는 것이 마치 사시가 교대로 돌아가는 것과 같다. 예에 따라 의가 변함은 사시에 오행이 시행되는 것과 같다."고 하였고, 이 기록은 『대대례기(大戴禮記)』 「본명(本命)」과 『예기(禮記)』 「상복사제(喪服四制)」에도 보인다. 2) **故喪禮有擧焉, 有恩有義, 有節有權**: 거(擧)는 거행(擧行). 의(義)는 도의(道義). 은(恩)은 은정(恩情). 절(節)은 절제(節制). 권(權)은 임기응변[權變], 변통(變通). 왕숙의 주에, "거행하는 까닭은 사시(四時)를 본받는 것이다."고 했다. 3) **其恩厚者其服重, 故爲父母斬衰三年, 以恩制者也**: 이 구절은 부모를 위하여 삼년 동안 상복을 입는 원인을 말한다. 복(服)은 상복(喪服)을 입다. 최(衰)는 최(縗)와 같다. 참최(斬衰)는 고대에 상을 당했을 때 상복(喪服)에 다섯 등급이 있던 것을 '오복(五服)'이라 칭하였고, 참(斬)은 거친 마포(麻布)로 만들고 좌우와 아래는 바늘로 꿰매지 않는데 오복(五服) 가운데 가장 중요한 상복이며 그 기간은 3년이다. 제(制)는 규정(規定). 4) **門內之治恩掩義, 門外之治義掩恩**: 이 구

절은 문내(門內)와 문외(門外)의 다스림이 의거하는 원칙의 구별됨을 말하고 있다. 문내(門內)는 가족의 내(內), 엄(掩)은 가리다. 문외(門外)는 가족의 외(外). 5) 資於事父以事君而敬同: 자(資)는 비추어. 사(事)는 받들다. 경(敬)은 공경하다, 경애하다. 6) **尊尊貴貴**: 지위가 높은 사람을 존숭하고 고귀한 사람을 존중하다. 사고본과 동문본에는 '貴尊貴尊'으로 되어 있다. 7) **服衰**: 참최(斬縗)를 입다. 8) **三日而食, 三月而沐, 期練, 毁不滅性, 不以死傷生**: 이 구절은 부모가 돌아가신 후 자녀들이 어떻게 행해야 하는지에 대한 요구를 말하고 있다. 목(沐)은 머리를 씻다.『설문(說文)』「수부(水部)」에, "목(沐)은 머리를 씻다."라고 했다. 기(期)는 1주년(周年). 같은 용법이『논어』「양화(陽貨)」의, "삼년상(三年喪)은 기년(期年)만 하더라도 너무 오래다고 할 것입니다[三年之喪, 期已久矣]."에 대한 주희(朱熹)『집주(集注)』에, "기(期)는 1주년(周年)이다."고 했다. 연(練)은 연사(練祀) 때에 입는 연관(練冠)과 연의(練衣)인데 흰색의 포백(布帛)으로 만든다. 훼(毁)는 매우 애상(哀傷)하다. 멸성(滅性)은 생명을 다치게 하다.『예기(禮記)』「단궁(檀弓)하」에, "애상하더라도 몸을 위험하게 하지 않는다[毁不危身]."의 정현의 주에, "초췌(憔悴)하여 생명을 다치게 한다."고 했다. 사(死)는 죽은 사람. 상(傷)은 다치다. 생(生)은 생명, 살아 있는 사람. '食'이 사고본과 비요본, 동문본에는 '浴'으로 되어 있다. '期'는 사고본과 비요본, 동문본에는 이 글자 뒤에 '而' 자가 있다. 9) **喪不過三, 齊衰不補, 墳墓不修**: 이 구절은 부모의 상기(喪期)가 3년이 지나지 않았을 경우 자녀들이 어떻게 행해야 하는 지에 대한 요구를 말하고 있다. 자최(齊衰), 상례(喪禮)의 오복(五服)의 일종으로 참최(斬縗)의 아래이다. 거친 마포(麻布)로 만들었는데, 접은 부분을 가지런히 꿰매었으므로 자최(齊縗)라고 칭한다. 보(補)는 보수(補修)하다. 수(修)는 고치다. '齊'는 사고본과 동문본에는 '저(苴)'라고 되어 있다. '墓'는 사고본과 동문본에는 빠져 있다. 10) **除服之日鼓素琴, 示民有終也**: 이 구절은 상복을 벗는 날 자녀들이 어떻게 행해야 하는지에 대한 요구를 말하고 있다. 제복(除服)은 상복을 벗다. 고(鼓)는 두드리다. 소금(素琴)은 장식하지 않은 금(琴). 시(示)는 나타내다. 종(終)은 마치다. 11) **制**: 제약(制約). 12) **愛**: 경애(敬愛). 13) **以治之**:『예기』에는 '以一治之'라고 되어 있다. 14) **故父在爲母齊衰期者**: 부친이 살아있으므로 모상(母喪)에는 단지 자최 1년을 입는다. 15) 현(見): '現'과 같다. 나타내다. 16) **百官備, 百物具, 不言而事行者, 扶而起**: 상사(喪事)를 치루기 위한 관원이 모두 갖추어지고, 상사를 준비하기 위한 물품이 모두 구비되고 아무 말을 하지 않아도 상사가 알아서 처리되는 사람의 경우 부축하여 일으켜준다. 왕숙의 주에, "천자, 제후를 이른다."고 하였다. 17) **言而後事行者, 杖而起**: 명령을 한 뒤에 상사(喪事)를 잘 처리할 수 있는 사람의 경우 지팡이를 짚고 일어나게 한다. 왕숙의 주에, "경(卿), 대부(大夫), 사(士)

이다."고 하였다. 18) **身自執事行者, 面垢而已**: 자기 스스로 상사를 처리해야 잘할 수 있는 사람은 흐트러진 머리털과 때가 낀 얼굴로 곡을 해도 된다. 왕숙의 주에, "서인 (庶人)을 이른다."고 하였다. 19) **親始死, 三日不怠, 三月不懈, 期悲號, 三年憂, 哀之殺 也**: 이 구절은 부모가 돌아가신 후 시간의 변화에 따라 자녀의 슬픔과 애모의 정이 어떻게 변화하는 가를 말한다. 친(親)은 부모. '始死'는 막 돌아가셨을 때. 태(怠)는 나태하다. 해(懈)는 게으르다. '期悲號'는 부모가 돌아가신 후 일주년이 되었을 때 통곡하며 슬프게 우는 것. '三年憂'는 삼년이 되어 상복을 벗은 후에도 부모를 염려하고 그리워 하는 것. '哀之殺'은 애통함이 조금씩 줄어드는 것. 20) **制節**: 상례(喪禮)의 한계를 제정하다.

27 논례 論禮

┃序說

　이 편은 두 부분으로 나뉘어져 있다. 첫 번째 부분에서 공자와 제자가 예(禮)에 관해 이야기한 내용을 기록하고 있는데, 첫머리에 "예에 대한 논의에 이르자[論及於禮]"는 구절이 있어서 '논례(論禮)'를 편명으로 한 것이다.

　첫 번째 부분은 『예기』 「중니연거(仲尼燕居)」에도 보인다. 이 부분은 공자가 집에 한가이 있을 때 자장(子張), 자공(子貢), 자유(子游)가 각자 예(禮)에 대해 묻고 공자가 따로 대답을 하였던 것으로, 모든 방면에서 예를 논하고 아울러 제자들에게 구체적인 실행을 요구하였다. 여기서는 예의 내용뿐만 아니라 예의 작용과 본질까지도 이야기하였고, 예를 지킴과 예를 어김이 주는 이로움과 해로움에 대하여도 설명하고 있다.

　두 번째 부분은 『예기』 「공자한거(孔子閒居)」에도 보인다. 이 부분에는 자하(子夏)가 공자에게 『시』 중의 "愷悌君子, 民之父母"을 인용하여 군자의 수덕치국(修德治國)에 대한 논어에 관하여 질문하고 있는데, 자하는 '문학'으로 유명하지만 오히려 『시』에 능하였다. 따라서 자하의 질문에 대답하면서 공자 역시 여러 차례 『시』를 인용하여 이야기하고 있다. 주의할 만한 것은 이 편의 두 번째 부분은 새로 출토된 전국(戰國)시대 문헌에도 보인다는 것이다. 『상해박물관장전국초죽서(上海博物館藏戰國楚竹書)(二)』(상해고적출판사(上海古籍出版社), 2002년) 중의 「민지부모(民之父母)」편과 이 부분의 내용이 일치하며 다만 문자상 약간의 차이가 있을 뿐이다. 우리들은『공자가어』의 이 부분과『예기』, 그리고 상해 죽서본(竹書本)의 비교연구를 통하여『예기』본과『가어』양자 사이에 분명히 어구(語句)와 어사(語詞)의 차이가 있다는 것을 볼 수 있었다. 이는『가어』가 만들어지고[成書] 유전(流傳)되는 과정에서 조성된 것이었다.(楊朝明,「『禮記』「孔子閑居」與『孔子家語』」,『儒家文獻與早期儒學硏究』, 齊魯書社, 2002年)

방박(龐樸) 선생은 이 편에 대한 전문적인 연구를 진행한 적이 있는데, 지적하기를, "이전에 우리들은 대부분『가어』는 왕숙(王肅)의 위작(僞作)으로『예기』등에서 이것저것 베낀 것이라 믿었다. 그리고『예기』도 한대 유학자들이 편집한 것으로 선진(先秦)시대의 옛 전적이 아니고 성인(聖人)과도 시대가 너무 떨어져 믿을만한 것이 못되었다. 구체적으로 '민지부모(民之父母)' 구절 중 '오지삼무(五至三無)'설에서 특히 '삼무(三無)'의 '무(無)'는 분명히 도가사상에 속하는 것으로 절대 유가(儒家)의 말이 아님을 한 눈에 알 수 있다. 하지만 현재 상해박물관에 소장하고 있는 죽간(竹簡)「민지부모(民之父母)」편의 출현은 천둥치듯 우리들의 선입견을 다파하였다. 죽간과 대조하며 냉정하게『공자가어』「논례(論禮)」와『예기』「공자한거(孔子閑居)」를 다시 읽으면 그 문장들이 확실히 맹자 이전의 글이지 절대로 후세 사람들이 위조하여 만든 것이 아님을 승인하지 않을 수 없다."(龐樸,「話說'五至三無'」,『文史哲』2004年 第1期) 고 하였다. 이 편의 자료는『공자가어』의 성서(成書)와 유전(流傳)을 연구하는데 모두 중요한 가치를 지닌다.

27-1

공자가 한가히 있을 때 자장(子張), 자공(子貢), 언유(言游)가 모시고 있다가 대화가 예(禮)에 대한 것에 이르렀다. 공자가 말하였다. "앉거라. 너희 세 사람에게 내가 예(禮)가 천하에 두루 행하여 미치지 않는 곳이 없음을 말해 주리라." 자공이 자리에서 일어나며 물었다. "감히 여쭙건대 예는 어떻게 해야 합니까?" 공자가 말하였다. "경의(敬意)를 표시하되 예에 맞지 않으면 조야(粗野)하다고 이르고, 공손하되 예에 맞지 않으면 아첨한다고 이르며, 용감하되 예에 맞지 않으면 역란(逆亂)하다고 말한다." 공자가 또 말하였다. "교묘한 말을 하며 태도가 공손한 사람은 자애로움과 어짊을 무너뜨린다. 자공이 말하였다. "감히 여쭙건대 어떻게 해야 예에 맞는 것이 됩니까?" 공자가 말하였다. "예(禮) 말이냐? 무릇 예란 것은 모든 것에 알맞게 할 수 있는 것이다." 자공이 물러갔다.

언유(言游)가 앞으로 나와 물었다. "감히 여쭙건대 예라는 것은 나쁜 것을 다스리고 좋은 것을 보전하는 것입니까?" 공자가 말하였다. "그렇다." 자공이 말하였다. "무엇 때문입니까?" 공자가 말하였다. "교제(郊祭)와 사제(社祭)는 귀신에게 인애(仁愛)를 나타내기 위함이고, 체례(禘禮)와 상례(嘗禮)는 조상에게 인애를 나타내기 위함이며, 궤례(饋禮)와 전례(奠禮)는 죽은 사람에게 인애를 나타내기 위함이고, 향사례(鄕射禮)와 향음주례(鄕飮酒禮)는 동향(同鄕)에게 인애를 나타내기 위함이며, 식례(食禮)와 향례(饗禮)는 빈객(賓客)에게 인애를 나타내기 위함이다. 교(郊), 사(社)의 의의와 체(禘), 상(嘗) 등의 예를 분명히 하면 나라를 다스리는 것이 손바닥에 선을 긋는 것과 같을 것이다. 그러므로 가정에 예가 있기에 어른과 어린이의 분별이 분명한 것이고, 내실[閨門]에 예가 있기에 부(父), 자(子), 손(孫) 삼대가 화목한 것이며, 조정에 예가 있기에 관직과 작위의 존비(尊卑)에 질서가 있고, 전렵(田獵)할 때 예가 있기에 전사(戰事)에 있어서 숙련이 될 수 있는 것이며, 군대에도 예가 있기에 전쟁에서 승리를 얻을 수 있는 것이다. 그러므로 공실(公室)의 규모가 일정한 제도에 부합(符合)하고, 정(鼎), 조(俎) 등 예기(禮器)의 크고 작음이 일정한 양식에 부합하며, 만물이 때에 맞춰 생장(生長)하고, 음악이 그 절주(節奏)에 부합하며, 거량(車輛)이 규격에 부합하고, 귀신이 흠향하는 바를 얻게 되며, 상장(喪葬) 중에 적당한 슬픔을 나타낼 수 있고, 변론(辯論)하는 중에 옹호하는 사람이 있게 되며, 관리들이 각기 직분을 지키고, 정사(政事)가 순리대로 시행될 수 있게 되는 것이다. 예를 자신에게 베풀고 아울러 가장 앞에 놓으면 사람들의 각종 행동이 모두 알맞게 된다." 언유가 물러나왔다.

자장(子張)이 앞으로 나와 물었다. "감히 여쭙건대 무엇을 예(禮)라고 하는 것입니까?" 공자가 말하였다. "예라는 것은 일을 처리하는 방법이다. 군자는 일이 있으면 반드시 자신의 방법이 있어야 한다. 나라를 다스리는데 예가 없으면 마치 눈먼 소경이 도와주는 사람이 없이 길을 가는 것과 같아서 어디로 갈지 몰라 헤매는 것과 같다. 또 밤새도록 어두운 방안에서 무엇을 찾는 것과 같아서 촛불이 없이 무엇을 볼 수 있겠느냐? 때문에 예가 없으면 수족(手足)을 어디에 두어야 할지 모르게 되고, 이목(耳目) 또한 무엇을 들을지, 무엇을 볼지도 모르게 되며, 진퇴와 읍양(揖讓) 모두 척도(尺度)가 없게 된다. 그러므로 집에서 일상의 일을 처리하면서 어른과 어린이의 분별이 없다면 가정 안에서 부(父), 자(子), 손(孫) 삼대가 화목하게 지낼 수 없고, 조정에 있어서 관직과 작위가 그 질서를 잃게 되며, 전렵(田獵)과 전사(戰事)에 있어서 그 계책을 잃게 되고, 군대가 전쟁을 함에 있어서 통제를 잃게 되며, 공실(公室)의 규모가 제도에 맞지 않게 되고, 정(鼎), 조(俎) 등 예기(禮器)가 일정한 양식에 맞지 않게 되며, 만물의 생장(生長)이 적합한 때를 잃게 되고, 음악이 절주(節奏)에 맞지 않게 되며, 거량이 규격에 맞지 않게 되고, 귀신이 흠향하는 바를 얻지 못하게 되며, 상장(喪葬) 중에 적당한 슬픔을 나타낼 수도 없게 되고, 변론(辯論)하는 중에 옹호하는 사람도 없게 되며, 관리들이 직분을 잃어 정사(政事)가 순리대로 시행될 수 없게 된다. 예를 자신에게 베풀면서 가장 앞에 놓을 수가 없다면 각종 행동들이 모두 시의(時宜)에 맞지 않는다. 이같이 된다면 천하의 민중을 모을 방법이 없게 된다."

공자가 말하였다. "너희들 세 사람은 자세히 듣거라. 내 너희들에게 말해

주마. 예(禮)에는 아홉 가지가 더 있는데 그 중 대향(大饗)에 네 가지가 있다. 만약 이러한 것을 알고 설령 밭에서 일하는 농부라 하더라도 예에 따라 행한다면 성인(聖人)이 될 수 있는 것이다. 두 나라의 국군(國君)이 서로 만날 때에는 읍하고 사양하고 대문을 들어선다. 문으로 들어설 때에 종경(鐘磬) 등 악기 연주를 시작하고 서로 읍하고 사양하면서 대당(大堂)에 오른다. 대당에 오르고 난 뒤에 음악을 마치는데, 당하(堂下)에서는 관악(管樂)을 연주하고 『상(象)』같은 무무(武舞)를 추기 시작하며, 『하(夏)』같은 문무(文舞) 역시 피리소리에 맞춰 순서대로 출현한다. 다음은 바친 공품(貢品)을 진열하고 예악이 순서에 따라 진행되며 관원(官員)이 정연하게 배치된다. 이같이 한 후에라야 군자(君子)가 인애(仁愛)를 알게 되는 것이다. 일을 처리하기 위해 행동하고 오고가는 것이 모두 규구(規矩)에 맞고, 손님을 맞이할 때에 수레의 방울소리는 『채제(采薺)』악(樂)에 맞춘다. 빈객이 떠날 때에는 『옹(雍)』을 연주하고, 연회를 마치고 자리를 정리할 때에는 『진우(振羽)』를 연주한다. 그러므로 군자는 무슨 일이든 예에 맞지 않는 것이 없는 것이다. 빈객이 문을 들어설 때에 악기를 두드리는 것은 서로 간의 우정을 나타내는 것이고, 대당에 올라설 때에 『청묘(淸廟)』를 노래하는 것은 공덕(功德)을 찬양하는 것을 나타내는 것이며, 당하(堂下)에서 관악을 연주하고 무무(武舞)를 추는 것은 조상의 공업(功業)을 표현하는 것이다. 그러므로 옛날의 군자는 서로 만날 때 직접 말을 할 필요가 없었으며, 단지 예악(禮樂)으로 그 정(情)을 전하면 되었다. 예(禮)는 도리(道理)이고, 악(樂)은 절제이다. 예에 맞지 않는 일을 하지 않고, 절(節)에 맞지 않은 일은 하지 않는다. 『시(詩)』의 뜻을 잘 이해하지 못하면 예절상 잘못이 있게 되고, 악(樂)을 잘 이해하지 못하면 예를 행할 때 단조롭고 건조하게 된다. 덕행이 천박하면 예를 행함이 허위(虛僞)가 된다."

자공이 일어서서 물었다. "그렇다면 옛날 기(夔)같은 자도 예에 대하여 정통했습니까? 공자가 말하였다. "기(夔)는 고대의 사람이로다. 상고(上古)

의 사람에 대하여 말하자면, 예(禮)에 정통하면서 악(樂)을 제대로 모르는 것을 소(素)라 하고, 악에 정통하면서 예를 제대로 모르는 것을 편(偏)이라 하였다. 무릇 기(夔)라는 사람은 악에는 정통하였지만 예를 제대로 몰랐기 때문에 이러한 명성이 전해진 것이다. 그는 옛날 사람이로다. 각종 제도는 모두 예의 규정 속에 존재했고, 행위의 수식이 예의 규정 속에 있었지만 구체적으로 실행하는 것은 자기 스스로에게 있는 것이다." 세 제자는 공자의 이 말을 다 듣고 나서 눈앞이 환하게 밝아져 마치 맹인이 다시 광명을 찾은 듯 하였다.

┃原文

　　孔子閒居, 子張, 子貢, 言遊侍, 論及於禮. 孔子曰: "居! 汝三人者, 吾語汝, 以禮周流[1], 無不遍也." 子貢越席而對曰: "敢問如何?" 子曰: "敬而不中禮, 謂之野; 恭而不中禮, 謂之給[2]; 勇而不中禮, 謂之逆." 子曰: "給奪慈仁[3]." 子貢曰: "敢問將何以爲此中禮者[4]?" 子曰: "禮乎! 夫禮, 所以制中也." 子貢退.

　　言遊進曰: "敢問禮也, 領[5]惡而全好者與?" 子曰: "然." 子貢問: "何也?" 子曰: "郊社之禮[6], 所以仁鬼神也; 禘嘗之禮[7], 所以仁昭穆也; 饋奠之禮[8], 所以仁死喪也; 射饗之禮[9], 所以仁鄕黨[10]也; 食饗之禮[11], 所以仁賓客也. 明乎郊社之義, 禘嘗之禮, 治國其如指諸掌而已. 是故, 居家有禮, 故長幼辯; 以之閨門有禮, 故三族[12]和; 以之朝廷有禮, 故官爵序[13]; 以之田獵有禮, 故戎事閑[14]; 以之軍旅有禮, 故武功成. 是以宮室得其度, 鼎俎得其象, 物得其時, 樂得其節, 車得其軾, 鬼神得其享, 喪紀得其哀, 辯說得其黨[15], 百官得其體[16], 政事得其施[17], 加於身而措於前, 凡衆之動, 得其宜也." 言遊退.

　　子張進曰: "敢問禮何謂也?" 子曰: "禮者, 卽事之治也, 君子有其事, 必有其治. 治國而無禮, 譬猶瞽之無相, 倀倀[18]乎何所之? 譬猶[19]終夜有求於幽室之中, 非燭何以見? 故無禮則手足無所措, 耳目無所加, 進退揖讓無所制. 是故[20], 以其居處, 長幼失其別, 閨門三族失其和, 朝廷官爵失其序, 田獵戎事失其策, 軍旅武功失其勢, 宮室失其度, 鼎俎失其象, 物失其時, 樂失其節, 車失其軾, 鬼神失其享[21], 喪紀失其哀, 辯說失其黨, 百官失其體, 政事失其施, 加於身而措於前, 凡衆之動[22]失其宜, 如此, 則無以祖洽四海[23]."

子曰: "愼聽之, 汝三人者! 吾語汝, 禮猶有九焉, 大饗有四焉[24]. 苟知此矣, 雖在畎畝之中, 事之, 聖人矣[25]. 兩君[26]相見, 揖讓而入門[27], 入門而懸興[28], 揖讓而升堂, 升堂而樂闋[29]; 下管『象』舞, 『夏』鑰序興[30]; 陳其薦俎, 序其禮樂, 備其百官[31], 如此而後, 君子知仁焉. 行中規[32], 旋中矩[33], 鑾和中『采薺』[34], 客出以『雍』[35], 徹以『振羽』[36]. 是故, 君子無物而不在於禮焉, 入門而金作, 示情也[37]; 升歌『淸廟』, 示德也[38]; 下管『象』舞, 示事也[39]. 是故[40], 古之君子, 不必親相與言也, 以禮樂相示而已. 夫禮者, 理也; 樂者, 節也, 無禮[41]不動, 無節不作, 不能『詩』, 於禮謬[42], 不能樂, 於禮素[43]; 薄於德, 於禮虛[44]."

子貢作而問曰: "然則夔其窮與[45]?" 子曰: "古之人與! 上古之人也, 達於禮而不達於樂, 謂之素; 達於樂而不達於禮, 謂之偏[46], 夫夔達於樂而[47]不達於禮, 是以傳於此名也[48]. 古之人也. 凡制度在禮, 文爲在禮, 行之其在人乎!" 三子者旣得聞此論於夫子也, 煥若發矇[49]焉.

| 注釋

1) 周流: 두루 전해지다. 2) 給: 비위맞추고 영합하는 모양. 3) 給奪慈仁: 왕숙의 주에, "교묘한 말, 지나친 공손, 지나치게 서두르는 사람은 어진 것 같지만 어짐이 아니다. 때문에 너무 급급하면 자애로움과 어짐을 빼앗는다고 한 것이다."고 했다.『예기』「중니연거(仲尼燕居)」의 정현(鄭玄)의 주에, "특별히 이 말을 한 것은 자공(子貢)을 감화시키고자 함이다."고 한 것은 공자가 이 구절을 강조하여 자공을 교화함을 이른 것이다. 4) 將何以爲此中禮者: 사고본에는 "何以爲中禮者"라고 되어 있다. 5) 領: 다스리

다. 왕숙의 주에, "영(領)은 이(理)이다."고 했다. 6) 郊社之禮: 천지에 재사지내는 예(禮). 주대(周代)에는 동지(冬至)에 남교(南郊)에서 하늘에 제사지내는 것을 '교(郊)'라 칭하고, 하지(夏至)에 북교(北郊)에서 땅에 제사지내는 것을 '사(社)'라 칭한다. 이를 합하여 '교사(郊社)'라 했다. 7) 禘嘗之禮: 체례(禘禮)와 상례(嘗禮)를 가리킨다. 『예기』「왕제(王制)」에, " 천자와 제후가 종묘에 제사를 지내는데, 봄에 지내는 것을 약(礿), 여름에 지내는 것을 체(禘), 가을에 지내는 것을 상(嘗), 겨울에 지내는 것을 증(烝)이라 한다."고 했다. 천자와 제후가 매년 조상에게 제사지내는 대전(大典)을 널리 가리킨다. 8) 饋奠之禮: 사람이 죽고 나서 장례를 지내기 전의 궤식(饋食)의 제례를 가리킨다. 9) 射饗之禮: 향사례(鄕射禮)와 향음주례(鄕飮酒禮)를 가리킨다. 향(饗)이란 술과 음식으로 손님을 초대하는 것이다. 10) 鄕黨: 『주례』「대사도(大司徒)」에, "오가(五家)를 비(比)라 하여 상보(相保)하게 하고, 오비(五比)를 여(閭)라 하여 상애(相愛)하게 하며, 사려(四閭)를 족(族)이라 하여 상장(相葬)하게 하고, 오족(五族)을 당(黨)이라 하여 상구(相救)하게 하며, 오당(五黨)을 주(州)라 하여 상주(相賙)하게 하며, 오주(五州)를 향(鄕)이라 하여 상빈(相賓)하게 하였다."고 했다. 바로 "五族爲黨", "五州爲鄕"이라 하였으므로 후일 향당(鄕黨)을 널리 동향(同鄕)이나 향친(鄕親)을 지칭하게 된 것이다. 11) 食饗之禮: 식례(食禮)와 향례(饗禮)를 가리킨다. 12) 三族: 부(父), 자(子), 손(孫) 삼대를 가리킨다. 13) 序: 사고본과 동문본에는 '서(敍)'로 되어 있다. 14) 閑: '한(嫻)'과 같다. 익히 알다, 능숙하다. 15) 辯說得其黨象: 당(黨)은 왕숙의 주에, "당(黨)은 유(類)이다."고 했다. 변(辯)은 사고본에는 '변(辨)'으로 되어 있다. 이하 같다. 16) 體: 원래는 '예(禮)'로 잘못 되어 있었으나 사고본과 비요본 그리고 동문본 및 아래 문장에 근거하여 고쳤다. 17) 政事得其施: 왕숙의 주에, "각기 마땅함을 얻어 시행된다."고 했다. 18) 倀倀: 『석문(釋文)』에 이르기를, " 아무 것도 보이지 않은 모양"이라 했다. 무엇을 따라야 할지 몰라 헤매는 모양을 가리킨다. 19) 猶: 사고본과 동문본에는 없다. 20) 故: 사고본과 동문본에는 없다. 21) 享: 사고본과 동문본에는 '향(饗)'으로 되어 있다. 22) 衆之動: 원래는 '動之衆'으로 되어 있었으나 동문본에 근거하여 고쳤다. 23) 祖洽四海: 왕숙의 주에, "조(祖)는 시(始)이다. 흡(洽)은 합(合)이다. 예(禮)가 없으면 중법(衆法)이 없고 무리를 모으는데 합당한 것이 없다."고 했다. '흡(洽)'이 동문본에는 '협(祫)'으로 되어 있다. 24) 禮猶有九焉, 大饗有四焉: 왕숙의 주에, "아홉 가지가 있음을 너희들에게 말하는데, 네 가지 대향(大饗)이 손님을 접대하는 예(禮)이다. 다섯 가지는 동정(動靜)의 위의(威儀)이다."고 했다. '예(禮)'가 사고본과 동문본에는 없다. 대향(大饗)은 예명(禮名)이다. 향례(饗禮)에는 여러 종류가 있는데, 두 국군(國君)이 상향(相饗)하는 예가 가장 크기 때문에 대향이라 이름하였다. 25) 雖在畎畝之中, 事之, 聖人矣: 왕숙의 주에, "시골에 있다해도 성인(聖人)과 같다."고 하였다. 견무(畎畝)는 토지, 밭 사이. 26) 君: 원래는 '군(軍)'으로 되어 있었으나 『예기』에 근거하여 고쳤다. 27) 門: 사고본과 동문본에는 없다. 28) 懸興: 현(懸)은 걸려 있는 종경(鍾磬) 등 악기. 흥(興)은 왕숙의 주에, "흥(興)은 음악을 연주하는 것이니 첫 번째이다."고 했다. 사고본과 동문본에는 이 앞에 '이(而)' 자가 없다. 29) 闋(闋): 정지(停止)하다, 끝내다. 왕숙의 주에, "두 번째이다."고 했다. 30) 下管『象』舞, 『夏』鑰序興: 왕숙의 주에, "하관(下管)이란 당하(堂下)에서 관(管)을 부는 것이다. 『상(象)』은 무무(武舞)이고, 『하(夏)』는 문무(文舞)이다. 피리[籥]를 잡고서 약(籥)이란 필(笛)와 같은 것으로 순서에 따라 바꿔가며 연주한다. 세 번째이다."고 했다. 약(籥)은 고대의 관악기이다. 31) 陳其薦俎, 序其禮樂, 備其百官: 왕숙의 주에, "네 번째이다[四也: '也'는 사고본과 동문본에는 '者'로 되어 있다. 따라서 대향(大饗)에는 네 가지가 있다는 것이다."고 했다. 천조(薦俎)는 제품(祭品)을 바치는 것. 조(俎)는 제사시에 소나 양 등 제사에 쓸 희생을 담는 목제 칠기(漆器)이다. 32) 行中規: 왕숙의 주에, "다섯 번째이다."고 했다. 33) 旋中矩: 왕숙의 주에, "여섯 번째이다."고 했다. 34) 鸞和中『采薺』: 왕숙의 주에, "『채제(采薺)』는 악곡의 이름이다. 난화(鸞和)구절이 된다. 일곱 번째이다."고 했다. 난화는 수레 위의 방울인데, 수레 앞의 횡목(橫木)에 걸린 것을 화(和)라 칭하고, 희생(犧牲)의 입이나 목 부분의 굽은 나무나 거가(車架) 위에 걸린 것을 난(鸞)이라 칭한다. 제(薺)가 사고본과 동문본에는 '제(齊)'로 되어 있다. 35) 客出以『雍』: 왕숙의 주에, "『옹(雍)』은 악곡의 이름이다. 『주송(周頌)』에 있다. 여덟 번째이다."고 했다. 이(以)가 동문본에는 '우(於)'로 되어 있다. 36) 徹以『振羽』: 왕숙의 주에, "역시 악곡의 이름이다. 아홉 번째이다."고 했다. 37) 入門而金作, 示情也: 왕숙의 주에, "악기가 소리를 내어 시종 하나같이 하는 것은 정(情)을 나타내기 때문이다."고 했다. 38) 升歌『淸廟』, 示德也: 왕숙의 주에, "『청묘(淸廟)』는 문왕(文王)의 덕을 칭송하기 위함이다."고 했다. 39) 下管『象』舞, 示事也: 왕숙의 주에, "무릇 무(舞)는 일[事]을 상징한다."고 했다. 40) 是故: 사고본과 동문본에는 없다. 41) 禮: 사고본에는 '이(理)'로 되어 있다. 42) 不能『詩』, 於禮謬: 왕숙의 주에, "『시(詩)』로써 예(禮)을 말한다."고 했다. 43) 素: 왕숙의 주에, "소(素)는 질(質)이다."고 했다. 44) 薄於德, 於禮虛: 왕숙의 주에, "그 사람이 아니면 예를 헛되이 행하지 않는다."고 했다. '박어덕(薄於德)'이 원래는 '어덕박(於德薄)'으로 되어 있었으나 사고본과 비요본 등에 근거하여 고쳤다 45) 然則夔其窮與: 왕숙의 주에, "악(樂)에 통달하면서 예(禮)에 통달하지 않은 사람을 말한다."고 했다. 기(夔)는 순(舜) 임금 때의 악관(樂官)이다. 궁(窮)은 다하다[盡]. 46) 達於樂而不達於禮, 謂之偏: 왕숙의 주에, "달(達)은 두루 통달한 것을 이르는 것이지 특수한 것이 아니다."고 했다. 47) 而: 사고본과 동문본에는 없다. 48) **傳於此名也**: 왕숙의 주에, "악(樂)에 통달한 것이 많았기 때문에 결국 악(樂)으로 이름이 전해졌다는 것을 말한다."고 했다. 49) **煥若發矇**: 마치 눈이 금방 환해지기 시작하다. 환(煥)은 명(明)이다. 몽(矇)은 『설문(說文)』목부(目部)에, 몽(矇) 은 동몽(童矇)이다. 불명(不明)의 뜻도 있다."고 했다.

27-2

자하(子夏)가 공자를 모시고 앉아서 물었다. "감히 여쭙습니다. 『시(詩)』에, '쉽게 사람들과 가까워질 수 있는[愷悌] 군자는 백성의 부모로다'라 하였는데, 어떻게 해야 백성의 부모라고 말할 수 있겠습니까?" 공자가 말하였다. "무릇 백성의 부모가 되자면 반드시 예악의 근원에 통달하여 오지(五至)에 이르고, 삼무(三無)를 실행하여 이를 천하에 펼쳐야 한다. 어떤 곳을 맡는다 해도 재화(災禍)가 발생하면 반드시 먼저 알아야 한다. 이렇게 해야 비로소 백성의 부모라 말할 수 있다."

자하가 말하였다. "감히 여쭙건대 무엇을 오지(五至)라 하는 것입니까?" 공자가 말하였다. "백성을 염려하는 마음이 있으면 『시』의 시구(詩句)에도 반영되고, 시에 표현되면 예(禮)에도 체현되며, 예에 표현되면 악(樂)에도 표현되고, 악에 표현되면 애(哀)에도 체현된다. 시(詩)와 예(禮)는 서로 보완하여 이루어지는 것이고, 애(哀)와 악(樂)은 서로 생기게 하는 것이다. 그러므로 오지(五至)는 아무리 눈을 크게 뜨고 보더라도 보이지 않고, 아무리 귀를 기울이고 듣더라도 들리지 않는다. 이러한 지기(志氣)가 천지 사이에 가득차고 실행하여 천하에 두루 미치게 하는 것을 오지(五至)라 말한다."

자하가 말하였다. "감히 여쭙건대 무엇을 삼무(三無)라 말하는 것입니까?" 공자가 말하였다. "소리 없는 음악, 의식(儀式) 없는 예절(禮節), 상복(喪服) 없는 상사(喪事)를 삼무라 말한다." 자하가 말하였다. "감히 여쭙건대 어떤 시구(詩句)가 삼무의 뜻에 가깝습니까?" 공자가 말하였다. "'아침부터 밤늦도록 공경히 하고, 백성들을 너그럽게 대하여 백성을 편안하게 한다.'는 시구는 소리 없는 음악이고, '의표(儀表)는 장엄하고 우아함을 이루 다 셀 수 없다'는 시구는 의식 없는 예절이며, '무릇 백성에게 상사가 있으면 서둘러 도와야 한다.'는 시구는 상복 없는 상사(喪事)인 것이다.

자하가 말하였다. "선생님의 말씀은 너무 아름답고 위대합니다. 말씀이 이것으로 끝인 것입니까?" 공자가 말하였다. "어찌 그렇겠느냐? 내 너에게 말해 주마. 그 뜻에는 아직 다섯 가지 방면[五起]이 있다." 자하가 말하였다. "무엇입니까?" 공자가 말하였다. "소리 없는 음악은 마음이 민심을 위배하지 않고, 의식(儀式) 없는 예의는 태도가 온화하고 급하지 않으며, 상복없는 상사(喪事)는 자기 마음으로 미루어 매우 슬퍼하는 것이다. 소리 없는 음악은 마음으로 원하는 일이 이루어지고, 의식 없는 예의는 위와 아래가 화목하게 되며, 상복 없는 상사는 덕행이 천하에 베풀어지게 된다. 이렇게 한 연후에 다시 삼무사(三無私)의 정신을 좇아 천하를 다스리는 것을 오기(五起)라고 하는 것이다."

자하가 말하였다. "무엇을 삼무사(三無私)라고 합니까?" 공자가 말하였다. "하늘은 사사로움이 없이 만물을 덮어 주고, 땅은 사사로움이 없이 만물을 실어주며, 일월은 사사로움이 없이 만물을 비춰 준다. 이러한 정신은 『시』에, "상제의 명령은 어길 수가 없으니 상탕(商湯)에 이르자 천심(天心)이 들어맞았네. 상탕은 천하의 도를 빨리 행하여 성경(聖敬)하고 근덕(謹德)한 명성이 날로 커졌네. 상탕의 위엄과 덕망이 천하에 두루 비추고 교화의 행위가 널리 퍼지자 상제도 그 덕행을 높이 여겨 구주(九州)를 다스리도록 명하셨다네."라고 하였으니 이것이 상탕의 덕행이다." 자하가 벌떡 일어나 담을 등지고 서서 말하였다. "이 제자가 어찌 감히 이 가르침을 기억하지 않을 수 있겠습니까?"

┃原文

　　子夏侍坐於孔子曰: "敢問『詩』云'愷悌君子, 民之父母[1]', 何如斯可謂民之父母?" 孔子曰: "夫民之父母, 必達於禮樂之源, 以致五至而行三無, 以橫於天下. 四方有敗[2], 必先知之. 此之謂民之父母."

　　子夏曰: "敢問何謂五至?" 孔子曰: "志之所至, 詩亦至焉[3]; 詩之所至, 禮亦至焉; 禮之所至, 樂亦至焉; 樂之所至, 哀亦至焉. 詩禮相成, 哀樂相生, 是以正明目而視之, 不可得而見; 傾耳而聽之, 不可得而聞. 志氣塞於天地, 行之充於四海. 此之謂五至矣."

　　子夏曰: "敢問何謂三無?" 孔子曰: "無聲之樂, 無體之禮, 無服之喪, 此之謂三無." 子夏曰: "敢問三無何詩近之?" 孔子曰: "夙夜基命宥密[4], 無聲之樂也; '威儀逮逮, 不可選也[5]', 無體之禮也; '凡民有喪, 扶伏救之[6]', 無服之喪也."

　　子夏曰: "言則美矣大矣! 言盡於此而已乎[7]?" 孔子曰: "何謂其然? 吾語汝, 其義猶有五起焉." 子貢曰: "何如?" 孔子曰: "無聲之樂, 氣志[8]不違; 無體之禮, 威儀遲遲[9]; 無服之喪, 內恕孔悲[10]. 無聲之樂, 所願必從; 無體之禮, 上下和同; 無服之喪, 施及萬邦. 旣然, 而又奉之以三無私而勞天下, 此之謂五起."

　　子夏曰: "何謂三無私?" 孔子曰: "天無私覆, 地無私載, 日月無私照. 其在『詩』曰: '帝命不違, 至於湯齊. 湯降不遲, 聖敬日躋. 昭假遲遲, 上帝是祗.. 帝命式於九圍.[11]' 是湯之德也." 子夏蹴然[12]而起, 負墻而立, 曰: "弟子敢不志之!"

┃注釋

1) 愷悌君子, 民之父母: 이 말은 『시(詩)』 「대아(大雅) · 형작(泂酌)」에 나온다. 개제(愷悌)란 쉽게 사람과 가까워지고 성정(性情)이 온화하다. 2) 敗: 재화(災禍). 3) 志之所至, 詩亦至焉: 손희단(孫希旦)이 이르기를, "마음에 있는 것을 뜻(志)이라 하고, 말을 하면 시(詩)가 된다. 이미 백성을 걱정하는 마음이 안에 있으면 백성을 걱정하는 말이 반드시 표현되기 때문에 시(詩) 역시 지극한 것이다."고 하였다. 4) 夙夜基命宥密: 이

말은 『시』「주송(周頌)・호천유성명(昊天有成命)」에 나온다. 왕숙의 주에, "숙야(夙夜)는 공(恭)이고, 기(基)는 시(始), 명(命)은 신(信), 유(有)는 관(寬), 밀(密)은 영(寧)이다. 행동으로[以行: 以는 사고본과 동문본에는 已로 되어 있다.] 백성에게 믿음을 주는 것을 말한다. 오교(五敎)가 관(寬)함에 있어야 백성이 안녕하기 때문에 소리없는 즐거움이라 이른 것이다."고 하였다. 5) **威儀逮逮, 不可選也**: 이 말은 『시』「패풍(邶風)・백주(柏舟)」에 나온다. 위의(威儀)는 태도와 용모이다. 체체(逮逮)가 금본(今本)『모시(毛詩)』에는 '체체(棣棣)'로 되어 있는데 온화하고 우아한 모습이다. 선(選)은 '산(算)'으로 가차하는데 수(數)이다. 6) **凡民有喪, 扶伏救之**: 이 말은 『시』「패풍(邶風)・곡풍(穀風)」에 나온다. 부복(扶伏)이 금본(今本)『모시(毛詩)』에는 '포복(匍匐)'으로 되어 있다. 뜻은 기다[爬]이다. 급박한 상황을 말한다. 7) **乎**: 원래는 없었지만, 사고본과 동문본에 근거하여 보완하였다. 8) **志**: 사고본과 동문본에는 '지(至)'로 되어 있다. 9) **지지(遲遲)**: 침착하고 급박함이 없는 모습. 10) **內恕孔悲**: 서(恕)는 자기 마음으로 다른 사람의 마음을 미루어 생각함. 공(孔)은 대(大)이고, 비(悲)는 사고본과 동문본에는 '애(哀)'로 되어 있다. 11) **帝命不違, ...帝命式於九圍**: 이 말은 『시』「상송(商頌)・장발(長發)」에 나온다. '帝命不違, 至於湯齊'는 왕숙의 주에, "탕(湯)이 일어남에 이르러 천심(天心)이 갖추어졌다."고 하였다. '湯降不遲, 聖敬日躋'는 왕숙의 주에, "부지(不遲)는 빠르다는 것을 말하고, 제(躋)는 오르다[升]이다. 탕(湯)이 빨리 사람의 도(道)를 시행하자 그 성경(聖敬)의 덕이 날로 유명해졌다."고 하였다. '昭假遲遲, 上帝是祇'는 왕숙의 주에, "탕의 위덕(威德)이 밝게 두루 이르고 교화의 덕행이 넓게 고루 퍼지므로 상제가 그 덕을 높이 여겼다."고 하였다. '帝命式於九圍'는 왕숙의 주에, "구위(九圍)는 구주(九州)이다. 천명(天命)을 구주(九州)에 사용한다는 것은 천하의 왕이 됨을 이르는 것이다."고 했다. 제(躋)는 옥해당본(玉海堂本)에 '제(齊)'로 되어 있다. 12) **궐연(蹶然)**: 벌떡 일어서는 모양.

공자가어통해

권 7

28 관-향사 觀鄉射

| 序說

    이 편은 세 부분으로 구성되어 있는데, 논하고 있는 것이 비록 한 가지 사실은 아니지만 모두 공자가 예(禮)를 참관한 후 예의에 대해 설명한 것으로 공자의 일관된 교화(敎化)사상을 구체적으로 드러내고 있다. 즉 예악과 교화를 통하여 '왕도탕탕(王道蕩蕩)'의 이상을 실현하였다.
    첫 번째 부분은 공자가 향사례(鄉射禮)를 참관한 후 크게 감탄하고 물러나 직접 제자들과 함께 연습한 것을 기록하고 있다. 공자와 공자의 제자 자공(子貢) 등의 언설을 막론하고 모두 공문(孔門)의 유가(儒家)가 예의를 중시하고 있음을 구체적으로 나타내고 있다. 향사례는 오례(五禮) 중의 한 부분이다. 『주례(周禮)』「지관(地官)·향대부(鄉大夫)」에, "물러나와 향사례의 오물(五物)을 중서(衆庶)에게 물으니, 첫째는 화(和), 둘째는 용(容), 셋째는 주피(主皮), 넷째는 화용(和容), 다섯째는 흥무(興舞)이다."라고 하였고, 공영달(孔穎達)의 소(疏)에는 이 다섯을 대부분 육예(六藝), 육덕(六德)에 속하는 것으로 향사례가 내포하고 있는 깊은 의의라고 하였다. 『예기(禮記)』「사의(射義)」에, "활을 쏘는 자[射者]는 진퇴와 돌아오는 행위를 반드시 예에 맞게 해야 한다. 안으로는 뜻이 바르고 밖으로는 몸이 바른 연후에 활과 화살을 잡음이 세심하고 견고하며, 활과 화살을 잡음이 세심하고 견고한 연후에 과녁에 적중할 수 있다. 이것에서 덕행을 볼 수 있다."라고 하였고,

또 "활쏘기는 남자의 일이기 때문에 예악으로 꾸민다. 그러므로 예악으로 다하고, 자주 덕행을 세울 수 있는 것으로 활쏘기만한 것이 없다. 때문에 성왕이 힘써야 할 것이다."라고 하였는데 이 구절 중에 언급한 "예악으로 활쏘기를 한다[射之以禮樂]"와 상응한다.

사례(射禮)에서 사자(射者)에 대한 요구는 상당히 높다. 「사의(射義)」에 이르기를, "활쏘기는 인(仁)의 도이다. 활쏘기는 자신을 올바르게 하기를 구하니, 자신을 올바르게 한 이후, 쏘아서 과녁에 맞지 않더라도 자신을 이긴 자를 원망하지 않고 원인을 자기 자신에게 돌이켜 구하는 것이다. 공자는, "군자는 다투지 않으나 반드시 활쏘기에서는 다툰다. 읍양하고 올라가고 내려와서 벌주를 마시니 그 다툼이 군자답다."라고 하였다. 이 절에서 자로(子路), 공망지구(公罔之裘), 서점(序點) 등이 '전쟁에서 패한 장수[奔軍之將]', '망국의 대부[亡國之大夫]', '다른 사람의 후사가 되기를 기꺼이 원하는[與爲人後]' 자에 대한 태도에서 이러한 점들이 모두 구체적으로 드러난다. 사례(射)는 군자의 인격과 인덕(仁德)의 마음을 배양할 수 있다. 공자가 향사례(鄕射禮)를 연습할 때에 하던 방법은 아마도 바로『주례』에 언급된 "물러나와 향사례의 오물(五物)을 중서(衆庶)에게 물으니[以鄕射之禮五物詢衆庶]"일 것이다. 여기에 적힌 내용은『예기』「교특생(郊特牲)」과 「사의射義)」두 편에 나뉘어져 보인다.

두 번째 부분은 공자가 향음주례를 보고 나서 이로 말미암아 인의덕정(仁義德政)을 핵심으로 하는 왕도(王道)를 매우 용이하게 실천할 수 있음을 안다고 여겼다. 왜냐하면 향음주례의 의절(儀節) 중에 다섯 조항의 예의(禮義)가 내포되었기 때문인데, 즉 "지위의 존귀와 비천이 분명하고, 예절의 융중함과 생략함이 구별되며, 화락하면서도 방탕하지 않고, 노소가 모두 빠짐이 없으며, 안락하면서도 예를 잃지 않았다[貴賤既明, 降殺既辨, 和樂而不流, 弟長而無遺, 安燕而不亂]."는 것이 그것이다. 이 사실은『예기』「향음주의(鄕飮酒義)」와『순자』「악론(樂論)」에도 보이는데 내용이 조금 다르다. 「향음주의」공영달의 소(疏)에는 향음주를, "무릇 네 가지 일에 향음주를 베푸는데, 첫 번째는 3년마다 어질고 재능 있는 자를 빈례로 천거하면서, 두 번째는 향대부가 국중의 어진 자를 대접할 때, 세 번째는 주의 장이 습사하면서 음주하는 경우, 네 번째는 당정이 사제 때 음주하는 경우이다. 이를 총괄하여 향음주라 한다[凡有四事：一則三年賓賢能, 二則鄕大夫飮國中賢者, 三則州長習射飮酒也, 四則黨正蠟祭飮酒. 總而言之,皆謂之鄕飮酒."고 했고, 「향음주의」에서는 그 밖에 '지극히 존경하고 겸양함[致尊讓]', '지극히 청결히 함[致絜]', '지극히 공경함[致敬]'을 언급하고, 또 말하기를, "백성들은 어른을 존경하고 노인을 봉양함을 안 이후에 비로소 집안에서 효제를 할 수 있고, 백성들이 집안에서 효제를 행하고 나와서는 존장양노(尊長養老)를 하게 된 이후에 교화를 이루고, 교화가 이루어진 이후에 국가가 안정된다[民知尊長養老, 而後乃能入孝悌; 民入孝悌,出尊長養老, 而後成教; 教成而後國可安也]."라고 했다. 『예기』「사의(射義)」에 말하기를, "향음주의 예는 장유의 차서를 밝히는 방법이다[鄕飮酒之禮者, 所以明長幼之序也]."라고 했다. 이러한 구절 모두 이 편에서 말한 다섯 조항의 예의(禮義)와 상호 관련이 있다.

세 번째 부분은 공자와 자공이 납제(蠟祭)를 관람하고 이야기한 것을 기록한 것이다. 공자의 납제에 포함된 깊은 의미에 대한 이해에서 그의 정치사상과 왕도에 대한 주장을 구체적으로 드러내었다. 국가를 다스리는 데는 당연히 너그러움과 엄격함에 척도가 있어야 하고, 긴장과 이완이 있어야 한다는 것이 공자의 선왕지도(先王之道)에 대한 계승과 발휘였다. 이는 『예기』「잡기(雜記)하」에도 보인다.

28-1

공자가 향사례(鄕射禮)를 보고 길게 탄식하며 말하였다. "활 쏘는 것이란 예의(禮儀)와 음악에 맞아야 한다. 활 쏘는 사람이 어떻게 쏘고 어떻게 듣는가? 음악의 운율에 맞게 화살을 쏘아 과녁에 맞출 수 있는 것은 오직 어질고 능력 있는 사람만이 할 수 있는 것이 아니겠는가! 불초(不肖)한 사람이라면 어찌 과녁을 맞추어 다른 이에게 벌주를 마시게 할 수 있겠는가? 『시』에 이르기를, '저 과녁에 맞추어 너의 벌주 면하기를 빈다.'고 하였으니, 빈다[祈]는 말은 구한다는 것으로 과녁을 맞추어 벌주를 면하게 한다는 것이다. 술은 노인과 병든 사람을 봉양(奉養)하는 데 쓰인다. 과녁을 맞추어 벌주를 면한다는 것은 다른 사람의 봉양을 사양한다는 말이다. 따라서 사(士)에게 활을 쏘게 하였는데 그가 할 수 없다면 병이 있다고 사양해야 한다. 왜냐하면 남자라면 태어나면서 활을 쏠 수 있어야 한다. 이것이 바로 집의 대문 입구에 활을 거는[懸弧] 의미이다."

그리하여 공자는 돌아와 제자들과 확상(矍相)의 들에서 향사례(鄕射禮)를 연습하였는데, 구경꾼들이 마치 울타리나 담장처럼 모여 들었다. 사례(射禮)가 사정(司正)에 이르고 사마(司馬)에게 순번이 돌아오자, 공자는 자로로 하여금 활과 화살을 잡고 나오게 하고는 활쏘기 시합을 하려는 사람들에게 말하였다. "전쟁에서 패한 장수, 망국(亡國)의 대부(大夫), 다른 사람의 후사(後嗣)가 되기를 기꺼이 원하는 사람들은 입장하지 말고 그 외 사람들은 모두 들어오시오!" 이 말을 듣고 자리를 떠난 자가 반이나 되었다.

공자는 다시 공망지구(公罔之裘)와 서점(序點)으로 하여금 술잔을 들게 하고 말하였다. "어릴 적과 2, 30세 때에 부모에게 효도하고 형제들과 우애 있게 지내고, 6, 70세가 되어서도 예의를 좋아하여 세속을 맹종하지 않으며, 늙어 죽을 때까지 신심(身心)을 수양하고자 하는 사람들만 활 쏘는 자리에 남으시오!" 이 말을 듣고 떠난 자가 또 반이나 되었다.

서점이 다시 술잔을 들고 말하였다. "학문을 좋아하여 게으리 하지 않고 예를 좋아하여 변함이 없고 8, 90세에서 100세에 이르러서도 왕도(王道)를 칭찬하고 예의에 합당한 사람들만 활 쏘는 자리에 남으시오." 결과적으로 겨우 몇 사람만이 남았다.

활쏘기[射禮]를 마친 후 자로(子路)가 나아가 물었다. "저[仲由]와 몇 사람만이 사마(司馬)를 맡았는데 어떠하였습니까?" 공자가 말하였다. "그만하면 맡은 바 임무를 잘했다고 할 것이다."

原文

孔子觀於鄉射[1], 喟然嘆曰: "射之以禮[2]樂也, 何以射? 何以聽[3], 循聲而發[4], 而不失正鵠[5]者, 其唯賢者乎? 若夫不肖之人, 則將安能以求飮[6]? 『詩』云: '發彼有的, 以祈爾爵[7].' 祈, 求也, 求所中, 以辭爵[8]. 酒者, 所以養老, 所以養病[9]也. 求中以辭爵, 辭其養也. 是故士使之射而弗能, 則辭以病, 懸弧之義[10]."

於是退而與門人習射於瞿相之圃[11], 蓋觀者如堵墻[12]焉. 試射至於司馬, 使子路執弓矢, 出列延[13], 謂射之者曰: "奔軍之將[14], 亡國[15]之大夫, 與爲人後者[16], 不得入, 其餘皆入." 蓋去者半."

又使公罔之裘, 序點[17], 揚觶[18]而語曰: "幼壯孝悌[19], 耆老[20]好禮, 不從流俗[21], 修身以俟死者, 在此位." 蓋去者半."

序點又[22]揚觶而語曰: "好學不倦, 好禮不變, 耄期稱道而不亂者[23], 則[24]在此位." 蓋僅有存焉."

射旣闋[25], 子路進曰: "由與二三子者之爲司馬, 何如?" 孔子曰: "能用命[26]矣."

注釋

1) **鄉射**: 고대의 사례(射禮) 중의 하나. 그 제도에는 두 가지가 있는데, 하나는 주장(州長)이 봄과 가을에 주서(州序) 즉 주의 학교에서 예(禮)로써 백성을 모이게 할 때이고, 하나는 향대부(鄉大夫)가 3년마다 대비(大比) 제도를 시행하면서 어질고 능력 있는 사인(士人)을 군주에게 올려 보내며 향사지례(鄉射之禮)를 행한다. 사례(射禮) 전에 음주례(飮酒禮)를 행한다. 그리고 『의례(儀禮)』「향사례(鄉射禮)」 가공언(賈公彦)의 소(疏)에 인용된 정현(鄭玄)의 『삼례목록(三禮目錄)』에, "주장(州長)이 춘추에 예로써 백성을 모으고 주서(州序)에서 사례(射禮)를 행한다. 향(鄉)이라 이르는 것은 주

(州), 향(鄕)에 속하기 때문이다. 향대부에게서 행해져도 그 예는 고치지 않는다."고 하였는데, 이는 그 제도 중의 하나이고, 한 가지 설로 갖추어질 만하다. 2) 禮: 사고본과 동문본에는 없다. 3) 聽: 음악의 연주를 공손히 듣다. 옛날에는 사례(射禮)를 행할 때 함께 음악을 안배한다. 4) 循聲而發: 원래는 '修身而發'로 되어 있는데, 사고본과 동문본에 근거하여 고쳤다. 슌성(循聲)이란 활을 쏠 때 음악의 리듬에 맞추어 발사하는 것을 가리킨다. 5) 而不失正鵠: 정곡(正鵠)이란 과녁의 중심. 왕숙(王肅)의 주에, "정곡(正鵠)은 활을 쏘는 것이다."고 했는데 정확하지 않다. 과녁은 '후(侯)'라 하고 포(布)로 만든다. 그 측면은 호랑이나 표범, 곰, 고라니 가죽으로 장식한다. 후(侯)의 중심을 곡(鵠)이라 하고, 곡의 중심을 정(正)이라 하고, 중앙을 바로 맞추는 것을 질(質)이라 하고 질은 적(的)이라고도 칭한다. 활을 쏘는 사람은 과녁의 중앙을 맞추면 승리한다. 사고본과 동문본에는 '而' 자가 없다. 6) 求飮: 과녁의 중앙을 맞추기를 기원함. 『예기』「사의(射義)」에는 '中'으로 되어 있다. 음(飮)은 몰(沒)이다. 즉 화살이 맞추려는 물건에 깊이 박히는 것이다. 『문선(文選)』좌사(左思)의 「오도부(吳都賦)」의 "시위에서 화살이 나가 과녁에 깃털까지 박혔다[應弦飮羽]"에 대한 여향(呂向) 주(注)를 참고하라. 주에는 다른 사람을 위해 벌주(罰酒)를 마시는 것이라 하여, 과녁의 가운데를 맞춘다는 해석이 실제로는 곡해(曲解)라는 것이다. 7) 發彼有的, 以祈爾爵: 『시경(詩經)』「소아(小雅)・빈지초연(賓之初筵)」에 나오는 말이다. 발(發)은 발사하다, 화살을 쏘다. 피(彼)는 그. 유(有)는 어조사로써 실제 의미가 없다. 적(的)은 과녁의 중심. 왕숙의 주에, "적(的)은 실(實)이다. 기(祈)는 구(求)이다. '과녁(的)' 자가 사고본과 동문본에는 '者'로 되어 있다)을 맞추어 너의 술잔을 빌어준다는 말이다. 승자는 이기지 못한 자의 술을 마신다."고 했다. 작(爵)의 고대의 주기(酒器)이다. 8) 以辭爵: 왕숙의 주에, "다른 이에게 마시도록 하고 자기는 마시지 않기 때문에 작(爵)을 사양한다고 한 것이다."고 했다. 9) 所以養老, 所以養病: 양(養)은 봉양(奉養). 노(老)는 노인, 병(病)은 병든 사람. 10) 懸弧之義: 왕숙의 주에, "호(弧)는 궁(弓)이다. 남자가 태어나면 활을 그 문에 걸어 두는데, 반드시 활을 쏠 일이 있다는 것을 밝히는 것이다. 쏠 수 없는 경우는 오직 병('病' 자가 사고본과 동문본에는 '疾' 자로 되어 있다)이 들었을 때는 사양한다."고 했다. 11) 矍相(확상): 옛 지명. 지금의 산동 곡부(曲阜) 시내 궐리(闕裏)의 공묘(孔廟) 서쪽. 포(圃)는 오이나 과일 채소를 심는 원지(園地)로서 주위에 담을 치지 않는다. 12) 墻堵(장도): 원래는 '도장(堵墻)'으로 되어 있었는데 사고본과 동문본에 근거하여 고쳤다. 13) 試射至於司馬, 使子路執弓矢, 出列延: 왕숙의 주에, "자로(子路)는 사마(司馬)가 되었으므로 활쏘기에 이르러 자로가 활을 쏘기 위해 나아간 것이다."고 했다. 시(試)는 연습. 사마(司馬)는 여기서는 관직의 칭호가 아

니라 향사례를 거행할 때 예의(禮儀)를 감독하는 사람이다. 『의례(儀禮)』「향사례(鄉射禮)」에, "사정(司正)이 사마(司馬)가 되었다[司正爲司馬]."의 정현(鄭玄)의 주(注)에, "겸관(兼官)으로 편의에 따른 것이다."고 했다. 대부분 대부(大夫), 사(士)에게 맡겨지는데, 향사례를 거행하기 전에는 사정(司正)이라 하고 주사(酒事)를 행한다. 활을 쏠 때에는 사마(司馬)로 바꾸어 활쏘는 일을 행한다. 연(延)은 요청(邀請). '試'가 원래 없었는데 사고본과 동문본에 근거하여 보완했다. 14) **奔軍之將**: 패군(敗軍)의 장수. 분(奔)은 분(賁), 분(僨)과 같다. 분군(奔軍)은 『예기』「사의(射義)」에 '賁軍'으로 되어 있고, 정현(鄭玄)의 주에, "분(賁)은 분(僨)으로 읽는다. 분(僨)은 패하다와 같다."고 했다. 15) **亡國**: 멸망한 제후국. 16) **與爲人後者**: 자기의 신분을 돌보지 않고 다른 사람의 후사가 되기를 원하는 사람. 왕숙의 주에, "이미 후사가 있는 사람이 다른 사람의 후사가 되는 것이기 때문에 '與爲人後'라고 한 것이다."고 했다. '者'가 사고본과 동문본에는 없다. 17) **公罔之裘, 序點**: 모두 공자의 제자인 것으로 보이지만 다른 기록에는 보이지 않는다. 18) **揚解**: 양(揚)은 들다[擧]. 해(解)는 주기(酒器). 왕숙의 주에, "먼저 활쏘기를 하고 향음주를 행하기 때문에 두 사람이 잔을 든다고 한 것이다."고 했다. 19) **悌**: 사고본과 동문본에는 '弟'로 되어 있는데, 두 글자는 같다. 20) **耆老**: 연로(年老). 고대에는 60세를 기(耆)라 했다. 21) **流俗**: 당시에 유행하면서 예에 맞지 않는 풍속을 가리킨다. 22) **又**: 원래는 없었는데 사고본과 동문본에 근거하여 보완하였다. 23) **耄期稱道而不亂者**: 90세를 모(耄)라 하고 백세를 기(期)라 한다. 『서(書)』「대우모(大禹謨)」의, "늙어서 부지런히 해야 할 것에 게으르다[耄期倦於勤]"의 채침(蔡沈)의 집전(集傳)을 참고. 칭(稱)은 칭찬, 송양(頌揚). 도(道)는 왕도(王道), 난(亂)은 예의(禮儀)에 맞지 않다. 『순자』「불구(不苟)」에, "예의(禮義)가 아닌 것을 난(亂)이라 한다."고 했다. 일설에는 난을 혹란(惑亂)이라고 했으니, 역시 통한다. 왕숙의 주에, "80, 90을 모(耄)라 한다. 비록 늙었지만 칭송하지 않고, 도를 풀었지만 난(亂)하지 않음을 말한다[言雖老而不稱, 解道而不亂也]."라고 했다. 24) **則**: 원래는 없었는데 사고본과 동문본에 근거하여 보완하였다. 25) **闋**: 마치다, 그만두다. 26) **用命**: 명령에 복종하다. 여기서는 기꺼이 맡는다는 의미가 있다.

28-2

공자가 말했다. "나는 향음주례를 보고 왕도(王道)는 매우 쉽게 실행할 수 있다는 것을 알게 되었다. 예(禮)를 행하기 전, 주인이 친히 주빈(主賓)과 부빈(副賓)의 집에 가서 초청을 하고, 기타 수행하여 오는 빈객은 따라 오게 된다. 주인집의 정문 밖에 이르면 주인은 주빈과 부빈에게 절을 하며 맞이하고, 읍양(揖讓)으로 수행하여 온 빈객을 안내한다. 이같이 존귀(尊貴)와 비천(卑賤)이 구별되어 있다. 주인과 주빈이 서로 세 번 읍을 하며 대당(大堂) 계단 앞에 이르러 서로 세 번 사양한 뒤에 주인이 먼저 동쪽 계단으로 오르고, 주빈이 서쪽 계단으로 오르게 된다. 주인이 다시 당상(堂上)에서 주빈을 절을 하며 맞이하고, 주빈이 답배(答拜)하고, 주인이 술을 따라 주빈에게 술잔을 바치면 주빈이 마시고 나서 술을 따라 주인에게 다시 권한다. 그리고 나서 주인이 다시 먼저 마시고, 재차 술을 따라 주빈에게 마시기를 권하는데 서로 간의 사양(辭讓)하는 예절이 상당히 번거롭다. 주인과 부빈이 서로 읍양(揖讓)하며 대당(大堂)에 오르면 예절이 곧 많이 줄게 된다. 수행하여 온 손님[從賓]이 이르면 다만 계단을 오르며 주인의 헌주(獻酒)를 받고 앉아 제주(祭酒)하며 서서 술을 마시고 술을 따라 반드시 주인에게 권하지 않아도 된다. 예절의 융중(隆重)함과 생략함의 구분이 매우 분명하였다. 악정(樂正)이 악공(樂工)을 거느리고 들어와 당상(堂上)에서 노래 세 곡을 연창(演唱)하고 주인이 그들에게 술을 권한다. 생황(笙簧)을 부는 악공이 당하(堂下)에서 악곡 세 수(首)를 연주하면 주인이 그들에게 술을 권한다. 그리고 나서 당상과 당하의 악공들이 서로 교대로 한 번 불고 한 번 노래하며 각기 시가(詩歌) 세 수를 연출한다. 마지막으로 각자 함께 한 번 불고 한 번 노래하고서, 악정이 음악이 이미 모두 연주되었음을 보고하고 악공들을 데리고 대당(大堂)에서 물러난다. 이 때 주인의 하속(下屬)이 술잔을 들어 모든 사람이 술을 마셔도 된다고 보이고, 여러 사람들이 한 사람을 사정(司正)으로 추천하여 예(禮)를 감시하게 한다. 이로써 향음주례가 화락(和樂)하면서도 방탕하지 않게 하였음을 알 수 있다. 주빈이 먼저 술을 마신 후 주인에게 술을 권하고, 주인이 먼저 마시고 부빈에게 마실 것을 권하며, 부빈이 스스로 마시고 수행한 손님[從賓]에게 술을 권하고, 종빈은 연령의 많고 적음에 따라 순서대로 술을 마시며 잔을 씻는 책임을 맡은 사람에게 이르러 그칠 때까지 모두 술을 마신다. 이로써 향음주례 때에는 연령의 많고 적음을 막론하고 모두 빠짐이 없음을 알 수 있다. 이어서 모두가 당(堂)을 내려가 신발을 벗고 다시 당에 올라 앉아 서로 술을 권하기를 무수히 한다. 음주의 한도는 아침에는 아침조회에 참석하지 못할 정도에 이르지 않고, 저녁에는 저녁조회에 참석하지 못할 정도에 이르지 않는다. 음주가 끝나고 빈객이 떠나면 주인이 배송(拜送)해야 하고 이에 이르면 예의는 모두 완성된다. 이로써 향음주례가 모든 사람을 안락하게 하면서도 예를 잃지 않음을 알 수 있다. 지위의 존귀와 비천이 분명하고, 예절의 융중함과 생략함이 구별되며, 화락하면서도 방탕하지 않고, 노소가 모두 빠짐이 없으며, 안락하면서도 예를 잃지 않았다. 이 다섯 가지가 있으면 몸과 마음을 바르게 하고 국가를 안정되게 하고, 국가가 안정되면 천하가 안정된다. 때문에 '나는 향음주례를 보고 왕도는 매우 쉽게 실행할 수 있다는 것을 알게 되었다.'고 말한 것이다."

原文

孔子曰: "吾觀於鄉[1], 而知王道之易易[2]也. 主人親速賓及介[3], 而眾賓[4]從之, 至於正門之外, 主人拜賓及介, 而眾賓[5]自入, 貴賤之義別矣, 三揖[6]至於階, 三讓[7]以賓升. 拜至[8], 獻[9], 酬[10], 辭讓之節繁. 及介升, 則省矣. 至於眾賓, 升而受爵[11], 坐祭[12], 立飲[13], 不酢[14]而降, 隆殺之義[15]辨矣. 工[16]入, 升歌三終, 主人獻賓[17], 笙入三終, 主人又獻之[18]. 間歌三終[19], 合樂三闋[20], 工告樂備而遂出[21]. 一人揚觶, 乃立司正[22]. 焉知其能和樂而不流也[23]. 賓酬主人, 主人酬介, 介酬眾賓, 賓[24]少長以齒, 終於沃洗[25]者. 焉知其能弟[26]長而無遺矣. 降, 脫?[27], 升坐[28], 修爵無算[29]. 飲酒之節, 旰不廢朝, 暮不廢夕[30], 賓出, 主人拜[31]送, 節文終遂[32]. 焉知其能安燕而不亂[33]也. 貴賤旣明, 降殺

³⁴⁾旣辨, 和樂而不流, 弟長而無遺, 安燕而不亂. 此五者, 足以正身安國矣, 彼國安而天下安矣. 故曰: '吾觀於鄕, 而知王道之易易也.'"

注釋

1) 鄕: 향음주례(鄕飮酒禮). 향사(鄕射) 때에 향대부(鄕大夫), 주장(州長), 당정(黨正) 등이 활쏘기에 앞서 음주례(飮酒禮)를 행한다. 2) 이이(易易): 매우 쉽다. 『예기』「향음주의(鄕飮酒義)」에 대한 공영달(孔穎達)의 소(疏)에 이르기를, "이(易)라고 하지 않고 이이(易易)라고 말한 것은 간단하고 쉽다는 뜻을 취한 것이다. 때문에 이이(易易)라 중복하여 말한 것은 『상서』의 '왕도탕탕(王道蕩蕩)', '왕도평평(王道平平)'처럼 모두 중복하여 말하여 그 말을 순(順)하게 하려는 것이다."고 했다. 정현의 주에, "이(易)는 화열(和說)이다."고 했는데 잘못이다. 3) 主人親速賓及介: 속(速)은 정중히 재촉하다. 간청하다. 왕숙의 주에, "속(速)은 소(召)이다."고 했다. 『예기』「향음주의(鄕飮酒義)」의 이 구절에 대한 정현의 주에, "속(速)은 집에서 초대하는 것을 이른다."고 했다. 빈(賓)은 주빈(主賓), 정빈(正賓)이고, 개(介)는 빈(賓)의 조수(助手). 정현의 주에, "개(介)는 빈(賓)의 조수이다. 음주례(飮酒禮)에 현자(賢者)는 빈(賓), 그 다음 사람은 개(介)이다."고 했다. 4) 衆賓: 빈(賓)을 따르는 사람으로 지위가 주빈(主賓)이나 부빈(副賓)보다 낮다. 사고본과 동문본에는 이 뒤에 '개(皆)' 자가 있다. 5) 賓: 원래는 없었는데 사고본과 동문본에 근거하여 보완했다. 6) 揖: 고대에 손님과 주인이 만났을 때의 예절. 단옥재(段玉裁)의 『설문해자주(說文解字注)』에, "추수(推手)를 읍(揖)이라 하고, 인수(引手)를 염(厭)이라 한다. 추(推)라는 것은 손을 가슴에서 멀리 두는 것이고, 인(引)은 가슴으로 당기는 것이다."고 했다. 7) 讓: 겸양(謙讓). 8) 拜至: 빈객(賓客)의 도래(到來)를 배사(拜謝)함. 9) 헌(獻): 주인이 손님에게 잔을 바치다. 10) 수(酬): 주인이 먼저 마신 후 손님에게 술을 권한다. 11) 升而受爵: 중빈(衆賓)이 서쪽 계단으로 올라 주인의 헌주(獻酒)를 받음. 12) 祭: 제주(祭酒)를 가리킨다. 고대에는 음주 전에 반드시 먼저 술로써 신에게 경배한다. 『석명보유(釋名補遺)』부록 위소(韋昭)의 「변석명(辯釋名)」에, "제주(祭酒)는 무릇 향연이 열리면 반드시 존장(尊長)이 먼저 음용하고, 먼저 반드시 조상에게 술을 올린다. 때문에 제주(祭酒)라 한다."고 했다. 13) 立飮: 서서 술을 마심. 14) 초(酢): 객(客)이 주인에 술을 권함. 15) 降殺之義: 융(隆)은 융중(隆重)의 뜻. 쇄(殺)는 감하다[減], 내리다[降]의 뜻. 『순자』「예론(禮論)」에, "(예우를)더 높이고 더는 것을 요점을 삼는다[以隆殺爲要]"의 양경(楊倞)의 주에 보인다. 원래는 '隆' 자가 없었으나 『예기』「향음주의(鄕飮酒義)」와 『순자』「악론(樂

論)」 및 사고본과 동문본에 근거하여 고쳤다. 16) 工: 악정(樂正). 『예기』「향음주의」의 이 구절에 대한 정현의 주에 보인다. 아래의 '공(工)' 도 이와 같다. 17) 升歌三終, 主人獻賓: 왕숙의 주에, "『예기』에 '주인이 술을 준대[主人獻之]'는 뜻에 '빈'이 되지 않고 그 다음 구절인 '생황 부는 악공이 들어와 세 곡을 연주하여 마치면 주인이 또 술을 준다[主又獻之]'라는 것이 이것이다.「녹명(鹿鳴)」,「사모(四牡)」,「황황자화(皇皇者華)」세 편을 노래하여 마치면 주인이 비로소 술을 따라 주는 것이 이것이다."고 했다. 18) 笙入三終, 主人又獻之: 왕숙의 주에, "「남해(南陔)」,「백화(白華)」,「화서(華黍)」세 편을 연주하고 마치면 주인은 술을 준다."고 했다. 19) 間歌三終: 간(間)은 서로 대신하는 것으로써 당상(堂上), 당하(堂下)가 한 번은 노래하고, 한 번은 생(笙)을 부는 것을 교대로 연주하는 것을 가리킨다. 왕숙의 주에, "이에「어려(魚麗)」를 노래하면「유경(由庚)」을 생황으로 연주하고,「남유가어(南有嘉魚)」를 노래하면「숭악(崇丘)」을 연주하며,「남산유대(南山有台)」를 노래하면「유의(由儀)」를 노래한다."라고 했다. 20) 合樂三闋: 왕숙의 주에, "생황 소리를 합하여 그 음을 고르게 하고「주남(周南)」,「소남(召南)」등 세 편을 노래한다."라고 했다. 21) 工告樂備而遂出: 왕숙의 주에, "악정(樂正)이 이미 연주가 다 마쳤음을 고하고 내려간다. '수출(遂出)'은 이곳에서 떠나 다시 오르지 않음을 말한 것이다."라고 했다." 22) 一人揚觶, 乃立司正: 왕숙의 주에, "빈(賓)이 장차 떠나려고 하기 때문에 다시 한 사람을 시켜서 잔을 들게 한 것이다. 이에 사정(司正)을 두어 위의(威儀)를 주관하고 빈을 편안히 하기를 청한다."라고 했다. 23) 焉知其能 和樂而不流: '焉'은 위의 구절을 잇는 것일 수도 있다. 아래의 두 '焉'도 같다. 그러나 주빈(朱彬)의 『예기훈찬(禮記訓纂)』의 '焉' 자 아래에 속한 구절에 유대공(劉台拱)이 "언(焉)은 어사(語辭)로써, '그리하여'와 같다."고 했는데, 당연히 이 내용을 따른다. 화(和)는 화해(和諧), 락(樂)은 환락(歡樂), 유(流)는 멋대로 하여 실례(失禮)함. '也'는 원래 없었으나 사고본과 동문본에 근거하여 보완하였다. 24) 賓: 사고본과 동문본에는 없다. 25) 沃洗(沃洗): 옥(沃)은 물로 손을 씻는 것이고, 세(洗)는 물로 잔을 씻는 것을 가리킨다. 26) 弟: 젊은 이, 나이가 어리다. 『예기』「향음주의(鄕飮酒義)」공영달의 소(疏)에 보인다. 27) 구(屨): 신발. 대부분 마(麻), 칡 등으로 만든다. 사고본과 동문본에는 '리(履)'로 되어 있다. 28) 坐: 사고본과 동문본에는 '座'로 되어 있다. 29) 修爵無算: 수작(修爵)은 서로 술을 권하는 것. 무산(無算)은 술 잔 수를 세지 않는 것을 가리킨다. 30) 旰不廢朝, 暮不廢夕: 간(旰)은 아침. 왕숙의 주에, "간(旰)은 새벽에는 조포(朝哺)를 마신다. '廢'는 마치대罷]."라고 했다. 조(朝)는 아침, 모(暮)는 해질 무렵. 석(夕)은 해질 무렵에 군왕(君王)을 조견(朝見)하는 것. 유월(俞樾)의 『군경평의(群經平議)』「춘추좌전(春秋左傳)3」에 있는 "자아가 저녁에 군왕을 뵙대[子我夕]"구절에 대한 안어(按語)에, "신하가 임금을 만날 때 아침에 보는 것을 조(朝), 해질 무렵 보는 것은 석(夕)이라 한다."고 했다. 31) **拜**: 원래는 '迎'이라 되어 있었는데, 사고본과 『예기』「향음주의」에 근거하여 고쳤다. 32) **節文終遂**: 절문(節文)은 예의(禮儀)를 가리킨다. 종수(終遂)는 마치다. 수(遂)는 종(終)이다. 위소(韋昭)의 『국어(國語)』「진어(晉語)4」에, "그 총애에 걸맞지 않다[不遂其媚]" 주(注)를 보라. 33) **安燕而不亂**: 한가로이 편안하게 있어도 예를 잃지 않는다. 안(安)은 편안하다. 연(燕) 역시 안(安)의 뜻이다. 이 책의 「정론해(正論解)」제41의, "『시』「대아(大雅)」에서 이른바 '후손에게 계책을 남겨주사 공경하는 아들을 편안하게 한다[大雅所謂詒厥孫謀以燕翼子]'"의 왕숙의 주(注) 참조. 34) **降殺**: 강(降)은 당연히 융(隆)이라 해야 한다.

28-3

자공(子貢)이 연말에 사제(蠟祭)를 관람하고 오자, 공자가 말하였다. "단목사(端木賜)야, 즐거웠느냐?" 자공이 대답하였다. "온 나라 사람들이 모두 미치광이 같으니 저는 무슨 즐거움이 있는지 이해하지 못하였습니다." 공자가 말하였다. "그들이 1년 동안을 고생하다가 비로소 하루의 즐거움을 누림으로써 하루의 은택을 얻는 것인데, 이것은 네가 이해할 수 있는 것 아니겠느냐? 언제나 긴장하게만 하고 느슨하지 못하게 하는 것은 주 문왕과 무왕도 할 수 없었고, 언제나 느슨하게만 하고 긴장하지 못하게 한 것 역시 주 문왕과 무왕도 하지 않았다. 긴장하게 하면서도 느슨하게 하는 것이야 말로 주 문왕과 무왕이 천하를 다스리는 도(道)이다."

原文

子貢觀於蠟[1]. 孔子曰: "賜也, 樂乎?" 對曰: "一國之人皆若狂[2], 賜未知其爲樂也." 孔子曰: "百日之勞, 一日之樂, 一日之澤, 非爾所知也.[3] 張而不弛[4], 文武[5]弗能, 弛而不張, 文武弗爲. 一張一弛, 文武之道也."

注釋

1) **사(蠟)**: 제사 명칭. 주대(周代)에는 매년 12월에 거행했다. 백신(百神)에게 제사한다. 『예기』「교특생(郊特牲)」에, "사(蠟)라는 것은 색(索)이다. 그 해 12월에 만물을 모아 색향(索饗)한다."고 했다. 또 『주례(周禮)』「지관(地官)·당정(黨正)」에, "나라의 귀신을 찾아 제사하고, 예로써 백성들을 모아 서(序)에서 음주례를 한다."라 했고, 왕숙의 주에, "사(蠟)는 색(索)이다. 12월에 모든 신을 찾아 제사를 지내는데, 지금의 납(臘)이다."고 했다. 당연히 12월에 각종 귀신을 모아 함께 제사를 지내는 것을 납제(蠟祭)라고 하는데, 납제를 행할 때에는 민중을 모아 학교에서 음주례를 행한다. 2) **狂**: 왕숙의 주에, "취하여 혼란['亂'이 사고본과 동문본에는 '酒'로 되어 있다]함이다."고 했다. 3) **百日之勞, 一日之樂, 一日之澤, 非爾所知也**: 왕숙의 주에, "옛날에는 백성들이 모두 농사짓는데 힘들었다. 백일(百日)의 노동이란 오래됨을 비유한다. 이제 하루 동안 술을 먹게 하여 즐겁게 하는 것은 군주의 은택(恩澤)이다."고 했다. 백일(百日)은 대강의 숫자로 상당히 많은 시간을 말하는데 여기서는 당연히 두루 1년을 가리킨다. 4) **張而不弛**: 장(張)은 활시위를 당기는 것, 활을 당기는 것. 『시』「소아(小雅)·길일(吉日)」에, "나의 활을 당기어 나의 화살을 끼웠네[旣張我弓, 旣挾我矢]"라고 하였다. 당기는 것을 긴(緊)이라고 한다. 긴장(緊張)하다. 이(弛)는 활시위를 느슨하게 하다. 『설문(說文)』에, "이(弛)는 활 시위를 벗기는 것이다."고 했다. 완화(緩和)하다, 느슨하게 하다. 5) **文武**: 주 문왕(周文王), 무왕(武王)을 가리킨다.

29 교문郊問

| 序說

    주대(周代)의 교천지례(郊天之禮)는 남교(南郊)에서 하늘과 상제(上帝)에게 제사하는 예의(禮儀)를 가리킨다. 가장 존중되었던 것은 동지(冬至)에 환구(圜丘)에서 하늘에 제사를 지내는 것과 정월에 남교에서 상제에게 제사를 지내는 것인데, 춘추 후기에 이르면 사람들은 이러한 제사 의례(儀禮)에 대하여 잘 알지 못하게 된다. 노(魯)나라 정공(定公)이 이 때문에 공자에게 가르침을 구하였던 것이다. 이를 통하여 공자는 교제(郊祭)의 의의와 효용 그리고 구체적 예의(禮儀)를 논술하였고, 따라서 '교문(郊問)'을 편명으로 한 것이다.

    공자는 교천(郊天)의 의례를 매우 중시하였는데, 그가 보기에 교천의 예의는 주나라 천자만 홀로 향유할 수 있는 특권으로써 주나라 천자의 지존(至尊)의 지위를 가장 구체적으로 나타낼 수 있는 것이었다. 공자는 교천 의례가 가장 통치질서를 구체적으로 나타낼 수 있는 것이라 생각하였는데, 총체적인 규모와 격식 그리고 구체적으로 사용되는 희생(犧牲)과 용기(用器), 복식(服飾), 금기(禁忌), 의식(儀式) 등이 모두 다른 제사에 비해 분명히 높았으며, 강렬한 계급관념을 내포하고 있어서 "윗사람에게 엄숙하게 하는 것을 백성들에게 보여주는[示民嚴上] 교화작용을 일으킬 수 있는 것이었다. 노나라는 주대의 제후국으로서 예의상 당연히 "천자보다 한 단계 낮추었으므로

[降殺於天子]" 노나라에는 동짓날에 교천지례(郊天之禮)가 없었다.

주대에 있어서 제사는 목적이 다른 세 부류로 나뉜다. 즉 "제사에는 명복을 기원함[祈], 조상과 뿌리에 대한 보답의식[報], 조상의 은총으로 재난을 피하는 것[由辟]이 있다. 교천지례(郊天之禮) 역시 이로 인해 두 부류로 나눌 수 있는데, 동짓날의 교천지례는 응당 보답하는 제사[報祭]에 속하고, 정월에 지내는 교천지례는 당연히 기원하는 제사[祈祭]에 속한다. 공자는 보제(報祭)를 비교적 중시하였기에 가장 극진하고 중요한 교천지례는 역시 일종의 "근본에 보답하고 시작을 되돌아보는" 기념 활동이라 거듭 지적하였다. 이러한 내용과 공자가 일관되게 주장한 "제사는 비는 것이 아니[祭祀不祈]"라는 관념은 일치한다.

이 편은 『예기』「교특생(郊特牲)」에도 보이는데, 이 두 편은 교천지례의 시간, 희생(犧牲)과 용기(用器) 그리고 복식을 논술하는데 있어서 비교적 일치한다. 다만 이 편에는 정공(定公)과 공자가 문답(問答)하는 내용이 있고, 천자의 교사(郊祀) 예의(禮儀)에 대한 기록이 더욱 구체적이며, 그 가운데 포함된 계급관념이 더욱 자세하였다. 그밖에도 이 편에는 『예기』「예기(禮器)」의 내용도 보인다.

오늘날 주대의 교천지례에 관하여는 학술계에 여전히 비교적 많은 논쟁이 있고, 교천(郊天)의 구체적 지점과 시간 그리고 희생(犧牲)의 사용 등등에 모두 서로 다른 관점이 있다. 그 외에도 노나라가 교천지례를 지니고 있었는가 혹은 노나라의 교천지례가 참월(僭越)에 속하는가 아닌가 하는데 대하여 한유(漢儒)이래 끊임없는 쟁론이 시작되었다. 이 편은 교천의 의례와 공자의 제사관 및 『가어』와 왕숙의 관계에 대한 연구에 모두 중요한 가치를 지닌다. 『가어』에는 공자가 노나라에만 유일한 교(郊) 즉 기곡지교(祈穀之郊)가 있다는 주장이 실려 있다. 그리고 『예기』「교특생(郊特牲)」의 공영달(孔穎達)의 소(疏)에, "노(魯)의 교제(郊祭)에 관하여는 사설(師說)이 같지 않다. 최씨(崔氏)와 황씨(皇氏)는 왕숙의 설을 따라 노나라는 동지(冬至)에 교천제(郊天祭)를 지내고, 건인(建寅)의 달에 또 기곡(祈穀)으로 교천제를 지냈다"라고 하여 『가어』와 왕숙의 관점이 뚜렷하게 다르다. 이를 통해 왕숙이 『가어』를 위조하였다는 설이 명백하게 성립할 수 없다는 점을 알 수 있다.

29-1

정공(定公)이 공자에게 물었다. "옛날 제왕들이 교(郊)에서 조상에게 제사 지내며 그들을 반드시 하늘과 함께 배향(配享)한 것은 무엇 때문입니까?" 공자가 대답하였다. "만물은 하늘에 근원을 두고, 사람은 조상에 근원을 두는 것입니다. 교(郊)에서 제사지내는 것은 성대하게 근원에 보답하고 처음 시작된 일을 되돌아본다는 것입니다. 때문에 조상을 상제와 함께 배향하는 것입니다. 하늘이 일월(日月) 등 천상(天象)을 드리우며 각기 운행의 법칙이 있는데 성인(聖人)이 이들 천상을 본받게 되는 것이니, 교(郊)에서 제사지내는 것은 바로 천도(天道)를 분명하게 하는 것입니다."

原文

定公問於孔子曰: "古之帝王, 必郊祀[1]其祖以配天[2], 何也?" 孔子對曰: "萬物本於[3]天, 人本乎祖. 郊之祭也, 大報本[4]反始[5]也, 故以配上帝[6]. 天垂象[7], 聖人則之, 郊所以明[8]天道[9]也."

注釋

1) 郊祀: 고대의 제례(祭禮)로서 교외(郊外)에서 천지에 제사를 지내는 것이다. 하늘에 제사를 지내는 예로서 가장 높은 것은 동지(冬至)에 환구(圜丘)에서 지내는 제사와 정월[啓蟄]에 남교(南郊)에서 상제(上帝)와 기곡(祈穀)을 지내는 제사이다. 땅에 지내는 제사로서 가장 높은 것은 하지(夏至)에 방구(方丘)에서 지내는 제사이고, 그 다음이 북교(北郊)에서 땅에 지내는 제사이다. 2) 配天: 제사를 지낼 때 먼저 조상을 하늘과 함께 배향한다. 3) 於: 옥해당본(玉海堂本)에는 '乎'로 되어 있다. 4) 大報本:

대규모로 근본에 보답하는 것. '大'는 대규모로. '報'는 보답(報答). 『시』「위풍(衛風)·목과(木瓜)」에, "나에게 모과를 던져줌에 아름다운 옥과 패옥(瓊琚)로 보답했다."라고 했다. '本'은 사물의 근원 혹 근기(根基). 『논어』「학이(學而)」에, "군자는 근본에 힘써야 하니 근본이 서면 도(道)가 생긴다."고 했다. 5) 反始: 본원(本源)으로 돌아감. 유래(由來)를 돌이켜 생각함. '反'은 '返'과 같다. 6) 上帝: 주희(朱熹)의 『시집전(詩集傳)』권11, 「소아(小雅)·정월(正月)」주(注)에, "상제(上帝)는 하늘의 신(神)이다. 정자(程子)가 이르기를, '그 형체를 일러 천(天)이라 하고, 주재(主宰)하는 것을 제(帝)라 이른다'"고 했다. 현대의 많은 학자들이 대부분 '상제'와 '천(天)'이 동일한 성격을 지니기도 하고, 서로 다른 성격을 지닌다고 여긴다. 동일한 성격으로 말하자면 천과 상제는 이위일체(二位一體)라고 말할 수 있고, 서로 다른 성격으로 말하자면 인격화 방면에서 그리고 권한 방면에서 차이가 크다. 7) 垂象: 천상(天象)을 내리다. 수(垂)는 드리우다. 상(象)은 천상(天象)으로 천문과 기상(氣象) 등 현상을 표현하는 것으로 예컨대 일월성신(日月星辰)의 운행이다. 『서』「윤정(胤征)」에, "천상(天象)에 혼미하여"라 했다. 8) 明: 분명하다, 뚜렷하다. 『순자』「비상(非相)」에, "비유하고 비교하여 깨우쳐 주고 분별하여 밝혀준다[譬稱以喩之, 分別以明之]."라고 했고, 『전국책(戰國策)』「제책(齊策)」에, "왕이 말하기를, 이 재[匡章]는 과인을 배반하지 않음이 명백한데 어찌 그를 공격하겠는가?"라 했다. 9) 天道: '인도(人道)'와 대비된다. 원래는 일월성신 등 천체운행 현상과 과정을 가리킨다. 고대에 있어서는 일반적으로 이 말을 신의 의지를 구체적으로 드러내는 것으로 여겼다. 예컨대, 『서』「탕고(湯誥)」에, "천도(天道)는 선한 자에게 복을 주고 음탕한 자에게 화(禍)를 주나니, 그래서 하(夏)나라에 재앙을 내린 것이다."라고 했고, 또 어떤 경우에는 일종의 어떠한 의지도 구체적으로 드러내지 않는 자연현상이라고 여기기도 했다. 예컨대, 왕충(王充)의 『논형(論衡)』에, "천도(天道)는 자연(自然)으로 무위(無爲)이다."고 했다. 또 어떤 경우에는 자연규율을 가리키기도 했다. 예컨대, 왕부지(王夫之)의 『사문록(思問錄)』「내편(內篇)」에, "인도(人道)로써 천도(天道)를 따른다."고 했다.

29-2

정공(定公)이 말하였다. "제가 듣기에 교(郊)에서 지내는 제천(祭天)에 서로 다른 형식이 있다고 하는데 무엇 때문입니까?" 공자가 말하였다. "교에서 지내는 제천은 해가 길어지기 시작할 때를 맞이하기 위함입니다. 이는 성대하게 하늘의 은혜에 보답하는 제사이므로 해를 제사를 받는 주신(主神)으로 하고, 달로써 배향(配享)으로 삼는 것입니다. 때문에 주나라가 교제(郊祭)를 처음 시작할 때 동짓날이 속한 달을 선택하고 날짜를 이 달 상순의 신일(辛日)로 정한 것입니다. 모든 동물이 나오기 시작하는 달이 되면 또 상제(上帝)에게 풍년이 들도록 기원하였던 것입니다. 이 두 가지 제천(祭天)의식은 천자의 예의(禮儀)입니다. 노나라에서 동지(冬至)에 성대한 교제(郊祭)를 지내지 않는 것은 제후국으로서 노나라는 예의상 주나라 천자보다 낮추어야 하기 때문에 서로 다른 것입니다."

정공이 물었다. "그것을 교제(郊祭)라고 칭하는 것은 무엇 때문입니까?" 공자가 대답하였다. "국도(國都) 남교(南郊) 경계의 구역에 단(壇)을 설치하여 하늘에 제사를 지내는 것은 태양의 위치에 접근하기 위함이고, 교외에서 거행하였기 때문에 교제라고 칭한 것입니다."

정공이 다시 물었다. "남교(南郊)의 제천시에 쓰는 희생(犧牲)과 기구(器具)는 어떻습니까?" 공자가 대답하였다. "상제에게 제사지내는 소는 매우 작아 소뿔이 누에고치나 밤톨만 하고 반드시 우리에서 석 달을 기른 것이어야 합니다. 후직(后稷)에게 제사지내는 소는 형체와 털색을 완비하면 되었습니다. 이는 천신(天神)과 인귀(人鬼)에게 제사지내는 것이 구별되기 때문입니다. 희생에 붉은 색의 소를 쓰는 것은 주나라가 붉은 색을 숭상하였기 때문이고, 송아지를 쓰는 것은 순결하고 성신(誠信)함을 귀히 여겼기 때문입니다. 땅을 깨끗하게 쓸고 제사 지내는 것은 그 질박함을 숭상하기 때문이고, 제기(祭器)에 도기(陶器)와 박[匏瓜]으로 만든 그릇을 사용하는 것은 천지의 순박한 자연본성에 맞게 하려는 것입니다. 만물에는 이와 일치할 만한 것이 없었기 때문에 그들의 질박한 자연본성에 따른 것입니다."

|原文

公曰: "寡人聞郊而莫同, 何也?" 孔子曰: "郊之祭也, 迎長日[1]之至也. 大報天而主日[2], 配以月[3], 故周之始郊, 其月以日至[4], 其日用上辛[5], 至於啓蟄之月, 則又祈穀於上帝[6], 此二者, 天子之禮也. 魯無冬至大郊之事, 降殺[7]於天子, 是以不同也."

公曰: "其言郊, 何也?" 孔子曰: "兆丘於南, 所以就陽位也, 於郊, 故謂之郊焉[8]."

曰: "其牲器[9]何如?" 孔子曰: "上帝之牛角繭栗[10], 必在滌[11]三月, 后稷之牛唯具[12], 所以別事天神與人鬼也, 牲用騂[13], 尚[14]赤也, 用犢, 貴誠也[15], 掃地而祭, 貴其質也[16]. 器用陶匏[17], 以象天地之性也[18]. 萬物無可[19]稱[20]之者, 故因其自然之體[21]也."

注釋

1) 長日: 동짓날을 가리킨다. 왕숙의 주에, "주나라 사람들은 해가 지극해진 달에 시작하는데, 겨울의 해가 지극해졌을 때부터 해가 길어진다."라고 했다. 2) 主日: 해[日]를 제사의 주신(主神)으로 삼는다. 3) 配以月: 달[月]을 제사의 배향(配享)으로 삼는다. 4) 日至: 동짓날에 도달함을 가리킨다. 5) 上辛: 음력[農曆] 매월 상순(上旬)의 신일(辛日). 신(辛)은 천간(天幹)의 여덟 번째에 위치한다. 6) 至於啟蟄之月, 則又祈穀於上帝: 왕숙의 주에, "기(祈)는 구(求)이다. 농사를 지으며 상제에게 풍년을 기구(祈求)한다(사고본과 동문본에는 '祈' 자가 '求'로 되어 있다). 『월령(月令)』에, '맹춘(孟春)의 달에 비로소 원일(元日)에 상제에게 기곡제(祈穀祭)를 지낸다.'라고 했다. 중동(仲冬) 때 대교제(大郊祭)를 지내는 일은 없으며, 농사를 기원하는 제사에 이르러서는 천자와 동일했다. 때문에 『춘추전(春秋傳)』에, '후직(后稷)에 교제사를 지내는 것은 농사를 기원하기 때문이다.'고 했다. 이 때문에 계칩(啟蟄)에 교제사를 지내고, 교제사 이후에 밭을 간다[郊而後耕: 사고본과 동문본에는 이 구절 뒤에 '也' 자가 있다.] 하지만 설학자(說學者: '說'은 사고본과 동분본에는 없는데 이것이 마땅히 옳다.]경례(經禮)가 기리키는 점은 미루어 알지 못하고 천박하고 망령된 이야기로 천신과 지신을 거꾸로 알고 시일(時日)을 바꾸며 조위(兆位)를 옮겨 고치는데 이르렀으니 진실로 통석(痛惜)할만 하다."라고 하였다. 계칩은 절기 이름이다. 지금은 경칩(驚蟄)이라 한다. 두예(杜預)의 주에, "계칩(啟蟄)은 하나라 정월 건인(建寅)의 달이다."고 했다. 7) 강쇄(降殺): 노나라는 주(周)의 제후국이므로 예절상 주나라 천자와 같을 수 없었으므로 당연히 낮추는 바가 있었다. 강(降)은 낮추다. 쇄(殺)는 강등하다, 감소하다. 8) 兆丘

於南, 所以就陽位也, 於郊, 故謂之郊焉: 왕숙의 주에, "'兆丘於南'은 원구단(圜丘壇)을 남교(南郊)에 만드는 것을 이른다. 그러한 즉 교(郊)의 이름으로는 세 가지가 있는데, 원구(圜丘)를 쌓아 하늘의 자연한 모습과 같게 하였으므로 '원구(圜丘)'라 일렀다. 원구는 사람이 만든 것임으로 '태단(泰壇)'이라 일컬었다. 남교(南郊)가 남쪽에 있었다는 설에 대하여 학자들은 남교와 원구가 다르다고 했다. 이는 『시』,『역』,『상서』에서 원구라고 칭한 것과 또 다르다. 태단이라는 이름은 혹 『주관(周官)』의 원구(圜丘)를 이르는 것일 수도 있다. 허망(虛妄)한 말들은 모두 전제(典制)와 같지 않다."고 했다. 조(兆)는 신에게 제사지내는 제단의 경계지역. 『주례(周禮)』「춘관(春官)·「사사(肆師)」에, "조중(兆中), 묘중(廟中)의 금령(禁令)을 관장한다."고 했다. 여기서는 동사로 쓰여 구역을 획정하여 제사를 지낼 단을 설치하는 것이다. 구(丘)는 작은 산으로 흙을 쌓은 것. 남(南)은 남면(南面)의 교구(郊區). 취(就)는 가깝다. 9) 牲器: 제사 때 쓰는 희생(犧牲)과 기구(器具). 10) 繭栗(견율): 송아지 뿔이 처음 생길 때 모양이 누에 애벌레와 밤톨을 닮은 것을 말한다. 갓난 송아지는 하늘과 상제에게 제사를 지내는 희생의 표준이다. 『국어』「초어(楚語)하」에, "교(郊)제사와 체(禘)제사에 쓰이는 희생소는 뿔이 고치나 밤톨만한 크기를 넘지 못하고, 증(烝)제사와 상(嘗)제사에는 뿔이 손으로 쥘 수 있는 크기는 넘지 못한다."고 했다. 11) 척(滌): 왕숙의 주에, "척(滌)은 희생(犧牲)을 씻는 도구"라고 했다. 척(滌)은 고대에 희생을 기르는 곳을 가리켰다. 『공양전(公羊傳)』선공(宣公) 3년에, "제(帝)가 쓸 희생이 척(滌)에 석 달 있었다."고 했다. 하휴(何休)의 주(注)에, "척(滌)은 궁명(宮名)으로 제(帝)가 쓸 희생을 양육하는 곳이다. '척'이라고 하는 것은 세척하여 청결히 한다[蕩滌潔淸]는 말에서 취한 것이다."고 했다. 12) 后稷之牛唯具: 왕숙의 주에, "따로 직(稷)에 제사를 지낼 때에 희생 역시 석 달을 기른다. 하늘에 배향할 때에 바치는 것이기 때문에 모두 갖추어야 한다."고 했다. 후직은 주나라 사람의 시조로 이름은 기(棄)이다. 순(舜)이 기(棄)를 임명하며 "그대 후직(后稷)은 때에 따라 백곡(百穀)을 파종하라."고 하였다. 구(具)는 완비하다. 『문선(文選)』장형(張衡)의 「동경부(東京賦)」에, "예의(禮儀)를 모두 갖추어야 한다[禮擧儀具]."에 대한 설종(薛綜)의 주에, "구(具)는 족(足)이다."고 했다. 여기서는 후직을 제사할 때 쓰는 희생인 소의 형체와 털색의 완비를 가리킨다. 13) 성(騂): 붉은 말. 지금의 홍율모(紅栗毛)와 금율모(金栗毛)의 말이다. 『시』「노송(魯頌)·경(駉)」에, "제향을 붉은 색 희생으로 하다[享以騂犧]."라 했고, 『시』「노송(魯頌)·경(駉)」에, "붉은 말도 있고 얼룩 말도 있으니[有騂有騏]"에 대한 모전(毛傳)에, "적황(赤黃)을 성(騂)이라 한다."고 했는데 역시 제사때 쓰는 붉은 색의 희생을 가리키며, 여기서는 붉은 색의 소를 지칭한다. 14) 尙: 숭상(崇尙). 15) 用犢, 貴誠也: 왕숙의 주에, "송아지는 바탕이 성실[慤]하여 정성의 아름다움을 귀하게 여김이다."고 했다. 16) **掃地而祭貴其質也**: 왕숙의 주에, "지(地)는 원구(圜丘)의 지(地)이고 땅을 쓸고 제사를 지내는 것은 그 질박함을 귀하게 여김이다."고 했다. '貴'가 원래는 '於'로 되어 있었으나 사고본과 동문본에 근거하여 고쳤다. 17) **도포(陶匏)**: 도기(陶器)와 박[匏瓜]으로 만든 그릇. 18) **以象天地之性也**: 왕숙의 주에, "사람의 작물(作物)은 칭할만한 것이 없다. 때문에 천지의 성(性)을 취하여 자연스럽게 하였다."고 했다. '之' 자가 사고본과 동문본에는 없다. 19) **無可**: 사고본과 동문본에는 이 글자 뒤에 '以' 자가 있다. 20) **稱**: 적합하다, 서로 일치하다. 20) **自然之體**: 자연의 본성(本性), 천성(天性).

29-3

정공(定公)이 말하였다. "천자가 교외(郊外)에서 하늘에 제사지내는 예의(禮儀)를 들려줄 수 있습니까?"

공자가 대답하였다. "제가 듣기에 천자가 구갑(龜甲)으로 점을 쳐 교제(郊祭)의 구체적 시간을 확정하기 전에 먼저 태조(太祖) 묘에 가서 명을 받아 태조의 동의를 받은 이후 다시 아버지의 묘에 가서 구갑으로 점을 친다고 합니다. 이같이 하는 것은 태조를 존중하고, 선부(先父)에게 친근히 한다는 뜻입니다. 점을 치는 날에는 천자가 친히 택궁(澤宮)에 서서 제례(祭禮)에 참가할 수 있는 사람을 선택하고, 또 유사(有司)로 하여금 그들에게 제천의 예규를 알려주며, 천자 또한 친히 고계(告戒)의 말을 듣는데, 이는 가르침과 간언(諫言)을 받아들인다는 것을 뜻입니다. 점복을 마친 후에는 교천(郊天)의 명령을 궁실의 가장 바깥문인 고문(庫門)에서 공포하여 읽는데 이는 백관들에게 시간을 다잡아 준비하도록 알려 주기 위함입니다. 교천(郊天)의 날짜가 가까워지면 천자는 흰색 조복(朝服)인 피변복(皮弁服)을 입고 관원들의 교제(郊祭)와 관련한 보고를 듣습니다. 이같이 하는 것은 백성들이 위에서 분부하는 명령을 엄격하게 준수하도록 가르치기 위함입니다. 교제를 지내는 날에는 상사(喪事)가 있는 집이라도 감히 곡을 하지 못하고, 상복을 입은 사람은 감히 국도(國都)의 성문을 들어오지 못합니다. 곳곳에서는 모두 청소를 하고 길에는 새 흙을 깔아 행인의 통행을 금지하는데, 이상의 각종 규정은 위의 명령을 기다리지 않고도 백성들이 스스로 행하는 것은 천자가 하늘에 제사지내는 것이 극히 공경스러운 일이므로 백성들이 이러한 영향을 받아 그 공경함을 지극히 한 때문입니다. 천자는 비단에 흑백의 부형(斧形) 무늬가 새겨진 대구의(大裘衣)를 입는데, 구의를 입음으로 상천(上天)의 형상을 상징하는 것입니다. 화려한 장식이 없는 나무 수레를 타는 것은 이 수레의 질박함을 귀하게 여기기 때문이고, 열두 개의 깃발을 휘날리게 하되 그 위에 용(龍)모양의 도안과 일월(日月)의 형상을 넣는 것은 하늘의 형상을 본받는 것입니다. 천자가 태단(泰壇)에 이르게 되면 대구의(大裘衣)를 벗고 곤복(袞服)을 입고 제단 가까이에서 번시(燔柴) 의식을 주지(主持)하는데 옥백(玉帛), 희생(犧牲)을 장작더미 위에 함께 쌓아 불태워 하늘에 제사지냅니다. 천자가 면류관을 쓰는데 그 위에는 다섯 색깔의 실에 꿴 12조의 옥구슬 줄을 드리우는데 이는 하늘의 대수(大數)를 본받는 것으로 천시(天時)를 12개월로 나눌 수 있다는 뜻이 깃들어 있습니다. 제가 듣기에 예(禮)를 배운 적이 없으면 설사 『시』 전체를 외운다하더라도 한 번 올리는 작은 제사[一獻]를 원만하게 완성할 수 없고, 겨우 일헌(一獻)의 예를 배웠다고 해도 종묘 협제(祫祭) 중의 대향(大饗)의 예를 감당할 수 없으며, 대향의 예를 배웠다고 해도 오제(五帝)를 제사지내는 대여(大旅)의 예를 감당할 수 없고, 대여의 예에 정통하다고 해도 하늘과 상제(上帝)를 제사지내는 교천(郊天)의 예를 감당하기에 부족합니다. 예(禮)는 크고도 정심(精深)하기 때문에 군자(君子)는 감히 경솔하게 예제(禮制)의 장단을 평론하지 못하는 것입니다."

| 原文

公曰: "天子之郊, 其禮儀可得聞乎?"

孔子對曰: "臣聞天子卜郊[1], 則受命[2]於祖廟, 而作龜[3]於禰宮[4], 尊祖親考[5]之義也. 卜之日, 王親立於澤宮, 以聽誓命, 受敎諫之義也[6]. 旣[7]卜, 獻命庫門[8]之內, 所以誡[9]百官也. 將郊, 則天子皮弁以聽報[10], 示民嚴上[11]也. 郊之日, 喪者[12]不敢哭, 凶服者[13]不敢入國門[14], 氾掃淸路, 行者必止[15], 弗命而民聽, 敬之至也[16]. 天子大裘以黼之, 被裘象天[17], 乘素車[18], 貴其質也. 旗[19]十有二旒[20], 龍章而設以日月[21], 所以法天也. 旣至泰壇[22], 王脫裘矣, 服袞以臨燔柴[23], 戴冕, 璪[24]十有二旒, 則天數也. 臣聞之, 誦『詩』三百, 不足以一獻[25]; 一獻之禮, 不足以大饗[26], 大饗之禮, 不足以大旅[27], 大旅具矣, 不足以饗帝[28], 是以君子無敢輕議於禮者也."

原文

1) 卜郊: 점복(占卜)의 방식을 사용하여 교제(郊祭)의 구체적 시간을 확정함. 복(卜)은 고대 사람들이 불로 구갑(龜甲)을 지져서 갈라지는 모습을 보고 길흉을 추측하였는데, 후에 와서 다른 방법을 사용하여 길흉을 예측하는 것 역시 복(卜)이라 했다. 『좌전』환공(桓公) 11년에, "점[卜]은 의심스러울 때 치는 것이니, 의심할 것도 없는데 왜 점을 칩니까[卜以決疑, 無疑何卜]"라고 하였다. 2) 受命: 명령이나 임무를 받음. 부조(父祖)의 동의를 얻었을 때도 이같이 말한다. 3) 作龜: 불로 구갑(龜甲)을 지져서 갈라지는 문양에 의거하여 길흉을 점친다. 4) 니궁(禰宮): 왕숙의 주에, "니궁(禰宮)은 부묘(父廟)이다. 제천의 명을 조상으로부터 받고 부묘(父廟)에서 구갑으로 길흉을 점친다."고 했다. 니(禰)는 돌아가신 아버지의 종묘 중의 입주(立主)의 칭호이다. 『공양전』 은공(隱公) 원년에, "혜공(惠公)은 누구인가? 은공(隱公)의 망부(亡父)이다[惠公者何, 隱之考也]."고 했다. 하휴(何休)의 주에, "살아있을 때는 부(父)라 칭하고, 죽고 나면 고(考), 종묘에 모시면 니(禰)라 칭한다."고 했다. 5) 考: 돌아가신 부친에 대한 칭호. 6) 王親立於澤宮, 以聽誓命, 受敎諫之義也: 왕숙의 주에, "택궁(澤宮)은 궁(宮)이다. 서명(誓命)은 제천(祭天)에서 행하는 위의(威儀)이다. 왕이 친히 받기 때문에 가르침과 간언을 받아들인다는 뜻[受敎諫之義]으로 말한 것이다. 왕(王)은 주왕(周王). 주나라 천자. 친(親)은 친히. 택궁(澤宮)은 옛날 활을 쏘게 하여 사인(士人)을 선발하는 장소. 『주례』「하관(夏官)·사궁시(司弓矢)」에, "택궁(澤宮)에서 함께 과녁[椹質]에 쏘아 맞힐 때 쓰는 궁시(弓矢)"의 정현(鄭玄)의 주에, "택(澤)은 택궁(澤宮)이다. 활을

쏘게 하여 사인(士人)을 선발하던 곳이다."고 했다. 교간(教諫)은 가르치고 간하는 것. 7) 既: 이미, 이미 그러하다. 8) 庫門: 주나라 왕성으로 말하자면, 오문(五門)이 있는데, 고문(庫門)은 세 번째 문(門)이다. 궁문으로 말하자면, 고문(庫門)은 외문(外門)인데, 고문에 들어서면 곧 종묘의 문 바깥에 이르게 된다. 『예기』「명당위(明堂位)」에, "대묘(大廟)는 천자의 명당(明堂)이고, 고문(庫門)은 천자의 고문(皋門), 치문(雉門)은 천자의 응문(應門)이다."고 했다. 정현(鄭玄)의 주에, "묘(廟)와 문(門)이 천자의 제도와 같다."고 했다. 노나라의 고문(庫門)은 그 제도가 천자의 고문(皋門)과 같음을 가리킨다. 9) 誡: 경고(警告) 혹 고계(告誡). 사고본과 동문본에는 '戒'로 되어 있다. 10) 天子皮弁以聽報: 왕숙의 주에, "보(報)는 백(白)이다. 왕이 아침 일찍 조복(朝服)으로는 흰색을 갖추고, 제사(祭事) 후에는 곤룡포를 입는다."고 했다. 피변(皮弁)은 고대 귀족의 일종의 모자로서 흰 사슴의 가죽으로 만드는데 비교적 화려하다. 피변의 복장에는 흰 사슴 가죽으로 만든 피변과 흰색 비단으로 만든 의상이 포함된다. 피변복이란 천자의 조복(朝服)이다. 『예기』「옥조(玉藻)」에, "천자의 피변을 입고 날마다 조회를 본다."고 했다. 청(聽)은 제사와 관련한 보고를 청취하는 것. 사고본과 동문본에는 '天子' 앞에 '供' 자가 있다. 11) 示民嚴上: '示民'은 민중에게 알림. '嚴上'은 엄격하게 천자의 명령을 듣고 따름. 12) 喪者: 상사(喪事)가 있는 집을 가리킴. 13) 凶服者: 상복을 입은 사람을 가리킨다. 14) 國門: 국도(國都)의 성문(城門). 15) 氾埽清路, 行者必止: 왕숙의 주에, "범(氾)은 편(遍)이다. 청로(清路)는 새로운 땅에 가지 못함이 없는 것이다."고 했다. 범(氾)은 '범(泛)'의 이체자(異體字). 소(埽)는 '소(掃)'와 같다. 16) 弗命而民聽, 敬之至也: 왕숙의 주에, "왕이 공경(恭敬)으로 하늘을 섬기기 때문에 백성들도 감화되어 명령을 내리지 않아도 행한다."고 했다. 17) 天子大裘以黼之, 被袞象天: 왕숙의 주에, "대구(大裘)는 보문(黼文)이다. 대구를 입는 것은 그것이 천문(天文)을 상징하는 것을 말한다. 때문에 도로에서는 입고, 대단(大壇)에 이르면 벗는다."고 했다. 대구(大裘)는 천자가 하늘에 제사를 지낼 때 입는 가죽 옷으로 까만 양의 가죽으로 만들었다. 『주례』「천관(天官)·사구(司裘)」에, "왕이 하늘에 제사지내는 의복인 대구(大裘)를 만드는 것을 관장한다."고 했다. '被裘'는 원래 '被袞'으로 되어 있었으나 사고본과 동문본 및 왕숙의 주에 근거하여 고쳤다. 18) 素車: 왕이 타던 상거(喪車) 다섯 수레 중의 하나. 수레 몸통은 백토(白土)를 바르고, 마(麻)를 짜서 덮개를 씌우며, 개가죽으로 수레 도꼬마리[笭] 위를 덮었고, 흰비단으로 가장자리를 만들었다. 『주례』「춘관(春官)·건거(巾車)」에, "왕의 상거(喪車)에 다섯 수레가 있는데, ……그 중 소거(素車)는 마포를 씌우고 개가죽으로 덮개를 덮어 흰색으로 장식하고 소복(小服)도 모두 흰색이다."고 했다. 19) 기(旂): 고대 깃발의 일종. 깃발에는 용의 형상이 그려져 있고, 간두(竿頭)에는 동령(銅鈴)이 있다. 『주례』「춘관·사상(司常)」에, "교룡(交龍)을 기(旂)로 한다."고 했다. 『이아(爾雅)』「석천(釋天)」에, "방울이 있는 것을 기(旂)라 한다."고 했다.   20) 유(旒): 깃발 아래에 걸려 있는 장식물. 『시』「상송(商頌)·장발(長發)」에, "작은 구슬, 큰 구슬을 받아 하국(下國)의 술[旒]을 꿰맸다."고 했다. 정현(鄭玄)의 전(箋)에, "유(旒)는 깃발에 드리우는 것이다."고 했다. 21) 龍章而設以日月: '龍章'은 깃발에 용의 형상을 그린 도안을 가리킨다. '以'가 사고본과 동문본에는 없다. 22) 泰壇: 옛날 하늘에 제사지내던 단(壇)으로 도성의 남교(南郊)에 있었다. 『예기』「제법(祭法)」에, "희생물을 태단(泰壇)에서 태워 하늘에 제사지내고 그 재를 태절(泰折)에 묻어 땅에 제사지냈다."고 했다. 정현(鄭玄)의 주에, "단(壇), 절(折)은 흙을 쌓아 제사를 지내던 곳이다. '단(壇)'은 탄(坦)을 말하는데, 탄(坦)은 분명한 모습이다."고 했다. 23) 번시(燔柴): 옛날 제사 의식의 하나로써 옥백(玉帛), 희생(犧牲)을 장작더미 위에 함께 쌓아 불태워 하늘에 제사지내는 것이다. 24) 璪: 고대에 면류에 옥을 꿰는데 사용하는 채색 실인데 그것이 수조(水藻)의 문양과 같다고 말한 것이다. 『예기』「교특생(郊特牲)」에, "면류관을 쓸 때, 조(璪)에는 12개 유(旒)가 있다."고 했다. 손희단(孫希旦)이 이르기를, "조(璪)는 오색 실을 줄로 하여 면류(冕旒)로 삼는 것이다."고 했다. 사고본과 동문본에는 '조(藻)'라고 했다. 25) 一獻: 왕숙의 주에, "여러 작은 제사를 지내는 것."이라고 했다. 헌(獻)은 제명(祭名). 『의례(儀禮)』「특생궤식례(特牲饋食禮)」의 가공언(賈公彦) 소(疏)에, "천자의 대협(大祫)에는 12헌(獻)이 있는데, 사시(四時)와 체(禘)로는 오직 9헌이 있다. 일헌(一獻)과 이헌(二獻)을 관(祼)이라하고 관헌(祼獻)이라고도 칭한다."고 했다. 26) 大饗: 왕숙의 주에, "대향(大饗)은 천왕(天王: '王'이 사고본에는 '地'로 되어 있다)에 지내는 협제(祫祭)이다."고 했다. 향(饗)은 헌(獻)을 제사지내는 것이다. 『예기』「월령(月令)」에, "계동지월(季冬之月)에 황제(皇天)과 상제(上帝), 사직(社稷)에게 향(饗)을 올린다."고 했다. 27) 大旅: 왕숙의 주에, "대려(大旅)는 오제(五帝)에게 제사를 지내는 것이다."고 했다. 여(旅)는 제명(祭名). 상제(上帝)와 사망(四望)에 제사를 지내면서 물품을 진열하여 제사를 지낸다. 『주례』「춘관(春官)·대종백(大宗伯)」에, "주(周)나라에는 대고(大故)고 있는데, 즉 상제와 사망(四望)에 여(旅)를 지낸다."고 했고, 정현(鄭玄)의 주에, "여(旅)는 진(陳)이다. 제사에 진열하여[陳] 기원하는 것이다. 예(禮)는 제사의 갖춤만 못하다."고 했다. 28) 饗帝: 왕숙의 주에, "향제(饗帝)는 제천(祭天)이다."고 했다.

30 오형해 五刑解

> 序說

이 편은 공자와 제자 염유(冉有)가 오형(五刑)과 관련한 문제를 이야기한 내용을 기록하고 있기 때문에 '오형(五刑)'을 편명으로 하였다. 공자와 염유 사이의 이야기는 주로 삼황(三皇), 오제(五帝)와 '선왕(先王)'이 어떻게 형벌을 대하였는가를 중심으로 전개되었다. 이 편은 두 부분으로 구분할 수 있는데, 앞부분은 공자가 논술한 삼황, 오제가 "오형을 만들고 사용하지 않은" "지치(至治)"는 어떻게 도달할 수 있었는지를 기록하였고, 뒷부분은 주로 "형벌은 대부 이상에게는 올라가지 못하게 하고, 예는 서인 아래로는 내려가지 않도록 한다[刑不上於大夫, 禮不下於庶人]"는 문제를 이야기하고 있다.

공자는 "禮以坊民"을 주장하여 예가 없으면 혼란이 발생한다고 여겼다. 공자가 보기에 형벌을 만든 것은 바로 사회의 혼란에 대응하기 위한 것이고, 성인(聖人)이 형벌을 제정하고 방지할 선(線)을 마련한 것은 당연히 아무도 난을 일으키게 하지 않는다는 것을 최고의 경계로 삼은 것으로, 힘써 혼란을 일으키는 근원을 막는 것이야말로 위정(為政)의 중요한 임무였다. 이 편에 기록된 공자의 말은 위정자는 당연히 제도를 설립하고 예의(禮儀)로 수식(修飾)하여, 이로써 백성들로 하여금 그 그칠 곳을 알게 하고, 인의(仁義)가 있음을 알게 하며, 질서를 준수토록 한다고 여겼다. 만약 "다섯 종류의 교화가 모두 시행되는데도 만약 백성들이 여전히 주저하거나 교화되지 않는다면[禮度旣陳, 五敎畢修, 而民猶或未化]" 반드시 "그 법전의 실질을 천명(闡明)하고 강화해야 한다[明其法典, 以申固之]"했고, 이같은 정황 하에서 형벌을 사용하는 것 역시 매우 정상적인 것이었다.

형벌과 예의가 대부, 서인(庶人)에게 미치는 것에 대하여, 공자는 일반인이 생각하는 것처럼 "대부가 죄를 범해도 형벌을 가할 수 없고, 서인은 일을 행하는데 예로써 다스릴 수 없다"고 여기지 않았다. 공자가 보기에 군자를 관리하는데 중요한 것은 예로써 교화하는데 있고, "그들의 마음을 제어[御其心]"하는데 있으며, 그들로 하여금 "예의염치를 이해하는 절조[廉恥之節]"를 분명하게 하는데 있었고, 소위 "형벌은 대부이상에게는 올라가지 못하게 한다[刑不上大夫]"는 것은 여전히 대부로 하여금 "그 죄를 피할 수 없었던 것[不失其罪]"이었다. 서인(庶人)에 있어서는 힘써 일하느라 바쁜데 어떻게 충분히 예의를 익힐 수 있었겠는가. 소위 "예는 서인 아래로는 내려가지 않도록 한다[禮不下于庶人]"는 것은 다만 그들에게 예의를 모두 갖출 것을 요구하지 않는다는 것이다.

이 편에서 덕치(德治)와 형벌의 관계를 다룬 문제를 토론한 것은 공자의 정치사상을 연구하는 중요한 자료이다. 이전에 사람들은 『공자가어』가 왕숙의 위작이라고 여겨 버려두고 이용하지 않음으로써 관련있는 문제들을 이해하는데 오류가 나타났다. 예컨대 "刑不上於大夫, 禮不下於庶人"에 관하여 적지 않은 학자들이 전문적으로 토론을 진행하였는데, 鍾肇鵬,「"禮不下于庶人, 刑不上于大夫"說」,(『學術月刊』1963年 第2期 『孔子硏究』增訂版, 中國社會科學出版社, 1990年에 수록), 李啓謙,「"禮不下于庶人, 刑不上于大夫"嗎?──談先秦史硏究中的一个問題」,(『齊魯學刊』1980年 第2期), 李衡眉, 呂紹綱,「"刑不上于大夫"的眞諦何在? ──兼與陳一石同志商榷」,(『史學集刊』1982年 第1期) 등이 있다. 『공자가어』의 이 편 기록은 혹 우리들이 이 문제를 이해하는데 도움을 줄 수 있을 것이다.

본문의 첫 번째 자료는 그 대략이 『대대례기(大戴禮記)』「성덕(盛德)」에 보이고, 두 번째 부분은 『한서(漢書)』「가의전(賈誼傳)」에 참고할 만한 기록이 있다. 이 편과 『한서』「가의전」의 자료와의 관련이 특히 우리가 주의할 만하다. 『공자가어』의 이 편에 이르기를,

"고대의 대부로써 그 중 청렴하지 못하고 더러운 일을 저질러 쫓겨났다고 하더라도 청렴하지 못하고 더러운 일을 저질러 쫓겨났다고 말하지 않고, 다만 "보(簠), 궤(簋)를 가지런히 하지 않았다"고 말하였다. 음란함을 범하여 남녀를 구별하지 못한 죄를 저질렀다 할지라도 음란함을 범하여 남녀를 구별하지 못한 죄를 저질렀다고 말하지 않고 다만 "유막(帷幕)을 제대로 정리하지 않았다"고 말하였다. 윗사람을 속이고 충성하지 않은 죄행을 저질렀다 할지라도 윗사람을 속이고 충성하지 않았다고 말하지 않고, "신하로써 절의를 뚜렷이 드러내지 못했다"고 말하였다. 연약하고 무능해서 맡은 일을 감당치 못해 죄를 저질렀다 할지라도 연약하고 무능해서 맡은 일을 감당하지 못했다고 말하지 않고, "하관(下官)이 직무를 제대로 수행하지 않았다"고 말하였다. 나라의 기강을 위반한 죄를 저질렀다 할지라도 국가의 기강을 위반한 죄를 저질렀다고 말하지 않고, "제대로 묻지 않고 독단적으로 일을 처리했다"[古之大夫, 其有坐不廉汙穢而退放之者, 不謂之不廉汙穢而退放, 則曰'簠簋不飭; 有坐淫亂 男女無別者, 不謂之淫亂 男女無別, 則曰'帷幕不修'也; 有坐罔上不忠者, 不謂之罔上不忠, 則曰'臣節未著'; 有坐罷軟不勝任者, 不謂之罷軟不勝任, 則曰'下官不職'; 有坐幹國之紀者, 不謂之幹國之紀, 則曰'行事不請']."

라고 하였고, 『한서』「가의전」에 기록된 가의의 상소(上疏) 중에 이르기를,

"고대에 예는 서민에게 미치지 않고 형은 대부에게 이르지 않는 것은 총신의 절도를 엄히 하는 방법이었습니다. 고대에 대신이 첨렴하지 못한 일에 걸려 쫓겨난 자를 '청렴하지 못함'이라 말하지 않고 '보(簠), 궤(簋)를 가지런히 하지 않았다'고 하고, 더럽고 음란하여 남녀의 구별을 하지 못한 죄에 거린 자를 '더러운 자'라 말하지 않고 '유막(帷幕)을 제대로 정리하지 않았다'고 하고, 연약하고 무능하여 직책을 감당하지 못한 죄에 걸린 자를 '연약하고 무능함'이라 말하지 않고 하관(下官)이 직무를 제대로 수행하지 않았다[古者禮不及庶人, 刑不至大夫, 所以厲寵臣之節也. 古者大臣有坐不廉而廢者, 不謂不廉, 曰'簠簋不飾'; 坐汙穢淫亂 男女亡別者, 不曰汙穢, 曰'帷薄不修'; 坐罷軟不勝任者, 不謂罷軟, 曰'下官不職']."

라고 하였는데, 이 둘을 서로 대조하면 『공자가어』의 성서(成書) 문제에 대한 사람들의 오해를 없애는데 도움이 될 것이다.

30-1

염유(冉有)가 공자에게 물었다. "옛날에 삼황오제(三皇五帝)는 모두 오형(五刑)을 쓰지 않았다고 하는데 정말입니까?"

공자가 말하였다. "성인(聖人)께서 법을 만들어 방비하면서 중요하게 여긴 것은 사람들이 법을 범하지 않는 것이고, 오형을 제정하고도 사용한 적이 없는 것은 천하가 크게 잘 다스려졌음에 이른 것을 나타낸다.

대체로 백성들이 간사해지고 도둑질하고 법을 법으로 알지 않으며[靡法], 망령된 행동을 하는 것[妄爲]은 부족한 것에 대한 욕심으로 인해 생기는 것이며, 부족한 것에 대한 욕심은 절도(節度)가 없음으로 인해 생긴다. 절도가 없으면 가볍게는 훔치거나 도둑질을 하게 되고, 무겁게는 사치낭비하게 되는데 모두 절제가 있어야 함을 모른다. 따라서 위에서 제도가 있으면 백성들은 그 절제해야 함을 알아 법도를 범하지 않게 된다. 때문에 비록 '간사(奸邪)', '절도(竊盜)', '미법(靡法)', '망위(妄爲)'라는 죄명이 있어도 이 형벌에 빠진 백성이 없게 되는 것이다.

불효는 인애(仁愛)가 결핍하여 생기는 것이며, 인애가 결핍한 것은 상례(喪禮)와 제례(祭禮)를 분명히 하지 않은데서 생긴 것이다. 상례와 제례를 분명히 하는 것은 백성에게 인애를 가르치기 위한 것이다. 백성에게 인애를 가르치게 되면 어버이가 세상을 떠나면 제사를 갈망하여 부모가 살아계실 적 그들을 지극하게 봉양하는 의무와 마찬가지로 조금도 게을리 하지 않는다. 상례와 제례가 분명해지면 백성들이 효(孝)를 알게 된다. 때문에 비록 '불효'라는 죄명이 있다고 하여도 이 형벌에 빠지는 백성이 없게 되는 것이다.

윗사람에게 불충(不忠)한 것은 도의(道義)를 중시하지 않아 생기는 것이다. 도의는 귀천(貴賤)을 구분하고, 존비(尊卑)를 밝히는 것이다. 귀천에 구별이 있고, 존비에 질서가 정연하면 백성들이 윗사람을 높이고 어른을 공경하지 않는 자가 없을 것이다. 조빙(朝聘)의 예는 도의를 밝히는 것이다. 도의를 잘 알게 되면 백성들이 윗사람을 범하지 않게 된다. 때문에 '불충'의 죄명이 있다고 하여도 이 형벌에 빠지는 백성이 없게 되는 것이다.

싸움[鬪變]이 생기는 것은 서로 능멸하는 데서 생기는 것이다. 서로 능멸하는 것은 장유(長幼)의 질서를 잃어 존경하고 겸양하는 것을 잃어버리는 데서 생기는 것이다. 향음주(鄕飮酒)의 예(禮)는 장유의 질서를 밝히고 존경하고 겸양을 숭상하기 위한 것이다. 장유에 질서가 정연해지면 백성들이 존경하고 겸양하는 마음을 품게 될 것이다. 때문에 비록 '싸움[鬪變]'이라는 죄명이 있다고 하여도 이 형벌에 빠지는 백성이 없게 되는 것이다.

음란함이란 남녀의 구별이 없는 데서 생기는 것이다. 남녀가 구별이 없으면 부부간의 은의(恩義)를 잃게 된다. 혼빙연향(婚聘宴享)의 예의는 남녀를 구분하고 부부간의 은의를 밝히는 것이다. 남녀 간에 구별이 있으면 부부의 은의가 밝혀지기 때문에, 비록 '음란'이라는 죄명이 있다고 하여도 이 형벌에 빠지는 백성이 없게 되는 것이다.

이 다섯 가지는 형벌이 생기는 원인이고 각각 그 근원이 있다. 미리 그 근원을 막지 않고 갑자기 형벌로 바로 잡으려고 한다면 이것은 함정을 파 놓고 백성이 빠지도록 하는 것이라 할 수 있다. 형벌이 발생하는 근원이란 사람들이 좋아하고 욕심내는 것을 절제하지 못한데 있다. 무릇 예의와 법도는 백성들의 좋아하고 욕심내는 것을 통제하고, 그들로 하여금 좋고 나쁨을 분명히 하고, 하늘의 운행 규율에 순응하도록 하는 것이다. 예의와 법도가 모두 제정되고 또 알려졌으며, 다섯 종류의 교화가 모두 시행되는데도 만약 백성들이 여전히 완고하게 교화되지 않는다면 반드시 그 법전의 실질을 천명(闡明)하고 강화해야 한다. 간사(奸邪), 미법(靡法), 망위(妄爲)를 범한 죄행이 있으면 그 제도에 표준되는 부분의 규정으로 권계(勸誡)하고, 불효를 범한 죄행이 있으면 그 상장(喪葬)과 제사(祭祀)의 예로 권계하며, 윗사람에게 불충을 범한 죄행이 있으면 조근(朝覲)의 예로 권계하고, 싸움질을 한 죄행을 범하면 향음주의 예의로 권계하며, 음란한 죄행을 범하면 혼빙연향의 예의로 권계한다. 삼황오제는 이같이 백성을 교화하였으니 비록 오형을 사용하였다고 해도 괜찮은 것이 아니겠느냐?"

공자가 말하였다. "중대한 죄행이 다섯 가지 있는데, 그 중에서 사람을 죽인 죄가 가장 가볍다. 천지의 도를 거역한 죄행은 오대(五代)까지 연루되고, 주나라 문왕(文王)과 무왕(武王)을 무고(誣告)한 죄행은 사대(四代)까지 연루되며, 인륜(人倫)의 도를 거역한 죄행은 삼대(三代)까지 연루되고, 귀신을 도모(圖謀)한 죄행은 이대(二代)까지 연루되며, 자기 손으로 사람을 죽인 죄행은 자신에게만 미친다. 때문에 이르기를 중대한 죄행이 다섯 가지가 있는데 그 중 사람을 죽인 것이 가장 가볍다고 한 것이다."

┃原文

冉有[1]問於孔子曰: "古者三皇五帝[2]不用五刑[3], 信乎?"

孔子曰: "聖人之設防, 貴其不犯也; 制五刑而不用, 所以爲至治也.

"凡民[4]之爲姦邪, 竊盜, 靡法[5], 妄行者, 生於不足. 不足生於無度. 無度則小者偸盜[6], 大者侈靡, 各不知節. 是以上有制度, 則民知所止, 民知所止則不犯. 故雖有姦邪, 賊盜, 靡法, 妄行之獄[7], 而無陷刑之民.

"不孝者, 生於不仁. 不仁者, 生於喪祭之禮也[8]. 明喪祭之禮, 所以教仁愛也. 能教仁愛, 則服喪思慕[9], 祭祀不懈, 人子饋養之道[10]. 喪祭之禮明, 則民孝矣. 故雖有不孝之獄, 而無陷刑之民.

"殺[11]上者, 生於不義. 義, 所以別貴賤, 明尊卑也. 貴賤有別, 尊卑有序, 則民莫不尊上而敬長. 朝聘之禮[12]者, 所以明義也, 義必明,則民不犯, 故雖有殺上之獄, 而無陷刑之民[13].

"鬪變者生於相陵. 相陵者, 生於長幼無序而遺[14]敬讓. 鄉飲酒之禮者, 所以明長幼之序, 而崇敬讓也, 長幼必序, 民懷敬讓, 故雖有鬪變[15]之獄, 而無陷刑之民.

"淫亂者, 生於男女無別. 男女無別, 則夫婦失義. 禮聘享[16]者, 所以別男女, 明夫婦之義也. 男女既別, 夫婦既明, 故雖有淫亂之獄, 而無陷刑之民.

"此五者, 刑罰之所以[17]生, 各有源焉. 不豫[18]塞其源, 而輒繩之以刑, 是謂爲民設阱[19]而陷之[20]. 刑罰之源, 生於嗜欲不節. 失禮度者, 所以禦民之嗜欲, 而明好惡, 順天之[21]道, 禮度既陳, 五教畢修, 而民猶或未化, 尚必明其法典, 以申固之[22]. 其犯姦邪, 靡法, 妄行之獄, 則飭[23]制量之度; 有犯不孝之獄者, 則飭喪祭之禮; 有犯殺上之獄, 則飭朝覲之禮; 有犯鬪變之獄者, 則飭鄉飲酒之禮; 有犯淫亂之獄者, 則飭婚聘之禮. 三皇五帝之所化民者如此, 雖有五刑之用, 不亦可乎!"

孔子曰: "大罪有五, 而殺人爲下. 逆天地者罪及[24]五世, 誣文武者罪及四世, 逆人倫者罪及三世, 謀鬼神者罪及二世, 手殺人者罪及[25]其身. 故曰大罪有五, 而殺人爲下矣."

注釋

1) 冉有: 공자의 제자. 성은 염(冉) 이름은 구(求). 염구(冉求)라고도 칭한다. 자(字)는 자유(子有)이고 노나라 사람이다. 일찍이 노나라 귀족 계손씨(季孫氏)의 가신을 지낸 적이 있다. 2) 三皇 五帝: 중국 상고시기의 제왕이고, 오제는 삼황의 다음이다. 구체적으로 누구를 가리키는가 하는 것은 견해가 매우 많다. 『사기』에 근거하면, 삼황은 천황(天皇), 지황(地皇), 태황(泰皇)을 가리키며, 오제는 황제(黃帝), 전욱(顓頊), 제곡(帝嚳), 당요(唐堯), 우순(虞舜)을 가리킨다. 3) 五刑: 중국 고대의 다섯 가지 주요한 형벌을 개괄하는데 초기에 오형은 묵(墨: 범인의 이마에 자자(刺字)한 후 까맣게 물들였다), 비(劓: 범인의 코를 베어낸다), 비(剕: 또는 월(刖)이라고 하는데 범인의 발을

자른다), 궁(宮: 남자는 생식기를 잘라내고, 여자는 자궁을 막는다), 대벽(大辟: 사형)이다. 『서』「여형(呂刑)」에 보인다. 그리고 『주례(周禮)』「추관(秋官)·사형(司刑)」의 기록에는 약간의 차이가 있는데, 묵(墨), 비(劓), 궁(宮), 월(刖), 살(殺)을 가리킨다. 4) 民: 원래는 '夫'로 되어 있었는데, 사고본과 동문본에 근거하여 고쳤다. 5) 靡法: 무법(無法), 비법(非法). 미(靡)는 무(無). 아래 문장의 '치미(侈靡)'의 '靡'는 사치(奢侈)의 뜻이다. 6) 盜: 사고본과 동문본에는 '타(惰)'로 되어 있다. 7) 獄: 죄명. 8) 喪祭之無禮也: '상제(喪祭)'는 상례(喪禮)와 제례(祭禮)를 가리킨다. '無'는 원래 빠져 있었는데 진본(陳本)에 근거하여 보완하였다.('也'는 사고본 등에 근거하여 보완하였다.) 9) 能教仁愛, 則服喪思慕: '教'가 사고본과 동문본에는 '致'로 되어 있다. '服'이 원래는 없었지만 사고본과 동문본에 근거하여 보완하였다. 10) 祭祀不解, 人子饋養之道: 왕숙의 주에, "효자는 제사를 받들면서 게을리해서는 안 되고, 부모님 생시(生時)에 아침저녁으로 봉양하는 도리와 같게 해야 한다."고 했다. '解'는 '懈'와 같다. 게으르다, 해이하다. 11) 쇄(殺): 억누르다, 감소하다, 존중하지 않다. '존(尊)'과 상대적이다. 예컨대, 『공양전(公羊傳)』희공(僖公) 22년에, "『춘추』는 글이 번거롭지만 줄이지 않는 것은 바르기 때문이다[辭煩而不殺者,正也]."라 했고, 주(注)에 "쇄(殺)는 생(省)이다."고 했다. 『모시정의(毛詩正義)』권20에, "천자(天子)는 6종, 방국(邦國)은 4종, 가(家)는 2종으로 위에서부터 두 개씩 줄이는 것은 조금씩 차등이 있음을 분명히 하는 것이다."고 했다. 이 구절인 "殺上者生於不義"와 앞의 "不孝者生於不仁"은 상대적이다. 때문에 '쇄상(殺上)'은 당연히 '不孝'에 상대되는 말, 즉 불충(不忠)이다. 12) 朝聘之禮: 고대의 제후들이 정기적으로 천자를 알현하는 예의(禮儀). 『예기』「왕제(王制)」에, "제후가 천자를 매년 한 번 알현하는 것을 소빙(小聘)이라 하고, 3년에 한 번을 대빙(大聘), 5년에 한 번을 조(朝)라 한다. 춘추시대에는 제후들이 서로 알현하는 것도 조빙(朝聘)이라고 했다. 빙(聘)은 문(問)이다. 『주례(周禮)』에, "때에 따라 빙(聘)하는 것[時聘]을 문(問)이라 이른다", "시빙(時聘)으로 제후들의 우호를 맺는다."고 했다. 13) 陷刑之民: 사고본과 동문분, 옥해당본에는 모두 '陷民之刑'이라고 되어 있는데, 잘못이다. 14) 遺: 왕숙의 주에, "유(遺)는 망(忘)이다."고 했다. 15) 鬪變: 동문본에는 '變鬪'라고 되어 있다. 16) 禮聘享: 혼빙(婚聘)의 연회 예의(禮儀). '禮'가 사고본과 동문본에는 '婚姻'으로 되어 있다. 17) 所以: 사고본과 동문본에는 '所從'으로 되어 있다. 18) 豫: '예(預)'와 같다. 일에 앞서 준비하는 것. 19) 阱: 방어를 위해 혹은 사냥에서 야수(野獸)를 잡기 위해 설치한 구덩이. 사람을 함정에 빠뜨리는 것을 비유함. 20) 之: 사고본과 동문본에는 이 뒤에 '也' 자가 있다. 21) 之: 사고본에는 없다. 22) 尙必明其法典, 以申固之: 왕숙의 주에, "상(尙)은 유(猶)이다. 영(令)을 밝혀 그 가르침을 확고하게 해야한다."고 했다. 23) 飭: 교도(敎導), 권계(勸誡). 24) 及: 연루되다, 관련되다. 『경적찬고(經籍纂詁)』에, "급(及)은 연(連)이다."고 했다. 25) 及: 사고본과 동문본에는 '止'라고 했다.

30-2

염유(冉有)가 공자에게 물었다. "선왕(先王)이 법을 제정할 적에 형벌은 위로 대부(大夫)에게는 올라가지 못하게 하였으며, 예의(禮儀)는 서인(庶人)에게 실행하지 못하게 하였습니다. 그렇다면 대부는 비록 죄를 범한다 해도 형벌에 처할 수 없고, 서인은 일을 행하는데 예의를 좇아 행하지 않는다는 말입니까?" 공자가 말하였다. "그렇지 않다. 무릇 군자를 다스림에 예의로써 그들의 마음을 제어하는 것은 예의염치를 이해하는 절조(節操)를 그들에게 주입하기 위함이다. 때문에 고대의 대부로서 그 중 청렴하지 못하고 더러운 일을 저질러 쫓겨났다고 하더라도 청렴하지 못하고 더러운 일을 저질러 쫓겨났다고 말하지 않고, 다만 '보(簠), 궤(簋)를 가지런히 하지 않았다'고 말하였다. 음란함을 범하여 남녀를 구별하지 못한 죄를 저질렀다 할지라도 음란함을 범하여 남녀를 구별하지 못한 죄를 저질렀다고 말하지 않고 다만 '유막(帷幕)을 제대로 정리하지 않았다'고 말하였다. 윗사람을 속이고 충성하지 않은 죄행을 저질렀다 할지라도 윗사람을 속이고 충성하지 않았다고 말하지 않고, '신하로써 절의를 뚜렷이 드러내지 못했다'고 말하였다. 연약하고 무능해서 맡은 일을 감당치 못해 죄를 저질렀다 할지라도 연약하고 무능해서 맡은 일을 감당하지 못했다고 말하지 않고, '하관(下官)이 직무를 제대로 수행하지 않았다'고 말하였다. 국가의 기강을 위반한 죄를 저질렀다 할지라도 국가의 기강을 위반한 죄를 저질렀다고 말하지 않고, '제대로 묻지 않고 독단적으로 일을 처리했다'고 말하였다. 이 다섯 가지는 대부로서 이미 그가 범한 죄명이 확정되었음에도 차마 정면으로 그 죄명을 말하지 않고 나아가 그들을 위하여 피휘(避諱)하는 것은 그들로 하여금 부끄러움과 치욕을 느끼게 하기 위함이었다. 그러므로 대부가 범한 죄가 다섯 가지 형벌에 속하는 것이고 만약 죄가 폭로되었다고 알려지면 그들은 짐승털로 만든 끈을 단 백관(白冠)을 쓰고 소반에 물을 담아 그 위에 칼을 올려놓은 다음 직접 궁궐 안으로 들어가 스스로의 죄를 청하고, 임금 또한 유사(有司)로 하여금 그를 묶거나 끌어내 능욕하지 못하게 하였다. 그 중 중죄를 범한 자는 임금의 명령을 받게 되면 북쪽을 향하여 두 번 무릎 꿇고 절하고 나서 스스로 목숨을 끊고, 임금 또한 사람을 시켜 형벌로 그를 죽이지 않고 다만 말하기를 "그대는 대부로서 스스로 취한 일이고, 나는 그대를 예로 대우했을 뿐이다"고 말하였다. 형벌이 대부에게 올라가지 못하게 하였지만 대부는 그 죄를 피할 수 없었던 것은 교화(敎化)의 결과였다. 예의(禮儀)는 서인(庶人)에게 실행하지 못하게 하였다고 말한 것은 서인은 다만 일에만 얽매어 충분히 예를 행할 수 없었기 때문에 그들에게 예를 갖추도록 요구하지 않는 것이다."

염유는 이 말을 듣고 감격한 듯 자리를 일어서며 말하기를, "선생님 말씀이 정말 훌륭합니다. 제가 일찍이 듣지 못한 것입니다."라고 하고, 물러 나와 공자의 이 말을 기록하였다.

原文

冉有問於孔子曰: "先王製法, 使刑不上於大夫, 禮不下於庶人. 然則大夫犯罪, 不可以加刑; 庶人之行事, 不可以治於禮乎?" 孔子曰: "不然, 凡治君子, 以禮禦其心, 所以屬[1]之以廉恥之節也, 故古之大夫, 其有坐[2]不廉汙穢而退放[3]之者, 不謂之不廉汙穢而退放, 則曰'簠簋不飭[4]'; 有坐淫亂男女無別者, 不謂之淫亂男女無別, 則曰'帷幕[5]不修'也; 有坐罔上[6]不忠者, 不謂之罔上不忠, 則曰'臣節未著'; 有坐罷軟[7]不勝任者, 不謂之罷軟不勝任, 則曰'下官不職[8]'; 有坐幹[9]國之紀者, 不謂之幹國之紀, 則曰'行事不請[10]'. 此五者, 大夫旣自定有罪名

矣, 而猶不忍斥然正以呼之也. 旣而爲之諱, 所以愧恥之, 是故大夫
之罪, 其在五刑之域者, 聞而譴發[11], 則白冠氂纓[12], 盤水加劍[13], 造
乎闕而自請罪, 君不使有司執縛牽掣而加之[14]也. 其有大罪者, 聞命
則北面再拜, 跪而自裁, 君不使人捽引[15]而刑殺之也[16]. 曰: '子大夫
自取之耳, 吾遇子有禮矣.' 以刑不上大夫, 而大夫亦不失其罪者, 敎
使然也. 所謂[17]禮不下庶人者, 以庶人遽其事而不能充禮[18], 故不責
之以備禮也."

冉有跪然免席[19], 曰: "言則美矣! 求未之聞." 退而記之."

注釋

1) 촉(屬): 촉(囑)과 같다. 부탁, 청탁. 2) 坐: 범죄(犯罪). 3) 退放: 물리치다, 쫓아내다.
4) 簠簋不飭: 보(簠), 궤(簋)는 고대의 식기(食器). 후에 와서 주로 예기(禮器)로 사용
되었다. 서(黍), 직(稷), 도(稻), 양(粱) 등을 담았다. 『주례』「지관(地官)·사인(舍人)」
에, "대체로 제사에는 보(簠), 궤(簋)에 담아 진설하였다."고 했고, 정현(鄭玄)의 주에:
"네모난 것을 보(簠)라 하고, 둥근 것을 궤(簋)라 하였는데, 서(黍), 직(稷), 도(稻),
양(粱)을 담는 그릇이다."고 했다. 칙(飭)은 왕숙의 주에, "칙(飭)은 정제(整齊)이다."
고 했다. 전체 구절의 뜻은 "보(簠), 궤(簋)가 가지런하지 않다[不整齊]이다" 여기서는
일종의 완곡한 표현인데 후세에서는 '簠簋不飭'을 늘 탐관(貪官)을 탄핵하는 용어로
사용했다. 5) 帷幕: 장막(帳幕)인데, 곁에 있는 것을 '유(帷)'라 하고, 위에 있는 것을
'막(幕)'이라 한다. 6) 罔上: 임금과 윗사람을 속이다. 7) 罷軟: 연약하고 무능하다.
파(罷)는 '피(疲)'와 같다. 8) 下官不職: 왕숙의 주에, "하관(下官)이 일에 걸맞지 않다
는 것은, 그 직무를 탓하는 것으로 옮기고 그 사람은 배척하지 않는다는 것을 말한
다."고 했다. 9) 幹: 범(犯)하다, 위반하다. 10) 行事不請: 왕숙의 주에, "물어보지 않고
제멋대로 행함을 말한다."고 했다. 11) 譴發: 견(譴)은 죄책(罪責), 죄과(罪過). 발(發)
은 드러내다, 폭로하다, 벗기다. 즉 죄행을 폭로하다. 왕숙의 주에, "견(譴)은 꾸짖다
이다. 발(發)은 비로서 드러나다."라고 했다. 12) 白冠氂纓: 『한서(漢書)』「가의전(賈
誼傳)」에 정씨(鄭氏)가 이르기를, "털로써 관의 끈을 만들었다. 백관(白冠)은 상복(喪
服)이다."고 했다. 13) 盤水加劍: 『한서』「가의전」에 여순(如淳)이 이르기를, "물은 성
질은 평(平)하다. 마치 스스로 죄를 바로 잡음이 있고 임금은 공평한 법으로 다스리는
것과 같다. 가검(加劍)은 스스로 목을 베는 것이다. 혹은 희생을 죽인 자가 수반에

그 피를 받았기 때문에 이같이 나타낸 것이다."고 하였다. 14) **執縛牽掣而加之**: 집박(執縛)은 묶다. 견체(牽掣)는 당기다, 끌대[拽]. 가(加)는 능가(凌駕), 능욕(凌辱). 15) **捽引**: 졸(捽)은 『한서』「가의전」에 사고(師古)가 이르기를, "졸(捽)은 두발(頭髮)을 움켜쥐다. 아니면 당기는 것을 이른다."고 하였다. 여기서는 추(揪), 뉴(扭)"의 의미이다. 16) **之也**: 원래는 없었으나 사고본과 동문본에 근거하여 보완하였다. 17) **所謂**: 사고본과 동문본에는 이 앞에 '凡' 자가 있었다. 18) **以庶人遽其事而不能充禮**: 서인(庶人)은 평민(平民). 거(遽)는 황공(惶恐), 갑자기 닥치다. '遽其事'는 즉 일이 갑자기 닥치는 것으로 사무에 바쁜 것을 가리킨다. 충(充)은 충실(充實). '充禮'는 충분하게 예의를 좇아서 행하다. 19) **跪然免席**: 궤(跪)를 『설문해자(說文解字)』에는, "궤(跪)는 배(拜)이다."고 했다. 숭배하다, 경모(敬慕)하다. 궤연(跪然)은 숭배하는 모양. 면석(免席)은 자리를 떠나다.

31 형정刑政

| 序說

  이 편은 공자와 제자 중궁(仲弓) 간의 대화를 기술하고 있는데, 담론한 내용은 형벌과 정교(政敎)의 문제이다. 때문에 '형정(刑政)'을 편명으로 한 것이다.
  공자의 정치사상의 특징은 "덕(德)을 주(主)로 하고 형(刑)을 보(輔)로 한다[德主刑輔]."는 것이다. 공자는 덕정(德政)을 주장하였지만 형벌을 배척하지는 않았다. "덕으로 정치를 한다"는 것이 정치의 근본이었고 형벌은 보충하는데 필요한 것이라고 여겼다. 공자의 이 방면의 논술은 어느 것이나 모두 『공총자(孔叢子)』「형론(刑論)」에 기록된 공자와 위장군(衛將軍) 문자(文子)가 이야기한 노나라 공보씨(公父氏)의 '옥사를 처리한[聽獄]' 사정과 같다. 공자는, "공보씨의 옥사를 처리함에 죄가 있는 자는 두려워하고, 죄가 없는 자는 부끄러워하였다"고 하여 그에 대하여 매우 칭찬하였다. 공자는 또, "다스리기를 예로써 하면 백성들이 부끄러워 할 것이고, 형벌로써 하면 형벌을 그치게 한다면 백성들이 두려워 할 것이다."라고 하여 형벌을 설치한 것은 형벌을 내리기 위함만이 아니라 형벌을 그치게 하는 것에 있었고, 악한 일을 징계하는 것[懲惡]이 궁극적인 목적이 아니라 착한 일을 권하는 것[勸善]이 비로소 최고의 종지(宗旨)였다. 덕정(德政)과 형정(刑政)의 관계 역시 공자가 말한 행정(行政) 중의 '관대함[寬]'과 '사나움[猛]'의 관계와 비슷하였다.

『좌전』소공(昭公) 20년에 기록된 공자의 말은, "정치가 관대해지면 백성이 태만해진다. 태만해지면 엄히 다스려 바르게 고쳐 놓아야 한다. 정치가 엄하면 백성이 상해를 입게 된다. 상해를 입게 되면 관대함으로 이를 어루만져야 한다. 관대함으로 백성들이 상처받는 것을 막고, 엄정함으로 백성들의 태만함을 고치는 것으로 정치는 조화를 이루게 되는 것이다."라고 하였다. 이러한 이야기는 마찬가지로 『공자가어』「정론해(政論解)」에도 보인다.

공자의 이러한 사상은 그 역사적 연원이 있는데, 그가 정리한 『상서』의 「대우모(大禹謨)」중에 "오형을 밝히고 오교를 도와[明於五刑, 以弼五教]"라는 구절이 있고, 『공총자(孔叢子)』「논서(論書)」중에 공자와 유사한 말 즉 "오형은 교화를 돕는 것이다[五刑所以佐教也]"라는 말이 기록되어 있다. 이 편에서 공자의 "가장 좋은 것은 덕행(德行)으로 백성을 교화하고, 예제(禮制)로써 가지런히 하는 것이며, 그 다음은 정치로써 백성을 인도하고, 형벌로써 금지하게 하며 형법을 준수하지 않는 사람들을 처벌하는 것이다. 교화를 시행하여도 변할 줄 모르고, 인도하여도 따르지 않으며, 도의(道義)를 해치고 풍속을 어그러뜨리는 사람에게 형벌을 쓰는 것이다[大上以德教民, 而以禮齊之. 其次以政焉導民, 以刑禁之, 刑不刑也. 化之弗變, 導之弗從, 傷義以敗俗, 於是乎用刑矣]."라고 말한 기록이 있는데, 여기서 형(刑)의 쓰임은 덕(德)을 전제로 하고 있으며 형(刑)은 단지 '우매하고 완고하여 교화되지 않는 자', 법도를 지키지 않는 자'에게만 적용하는 것이었다.

이 편에서 기술한 공자의 형벌에 관한 논술은 매우 사람들의 주목을 끌 만한 것이 있다. 공자가 말한 "혐의가 있는 안건에 대하여는 널리 여러 사람들과 의논하여 함께 심리하고 많은 사람들이 모두 의심이 있다고 하면 먼저 풀어주어야 한다. 이는 모두 이왕의 크고 작은 사건의 판례에 의거하여 만들어진 것이다[疑獄則泛與衆共之, 疑則赦之, 皆以小大之比成也]."라고 한 점에서 우리들은 중국의 오늘날 사법(司法)의 시행 가운데 이제 막 실행하고 있는 '죄인지 의심되는 것은 무죄로 따르는(무죄추정의 원칙)[疑罪從無]'의 원칙을 연상하게 한다. 무죄추정[疑罪從無] 원칙은 중국 『형사소송법(刑事訴訟法)』의 규정에 근거한 것으로, 증거가 부족한 사건에 대해 피고인의 유죄를 인정할 수 없고, 증거가 부족하면 해당 사건의 범죄는 성립할 수 없어 무죄판결이 내려야 한다는 것이다. 이는 현대 법치국가의 의안(疑案)을 처리하는데 있어서 보편적으로 채용하고 있는 한 가지의 사법원칙이다. '무죄추정'의 원칙은 피소된 사람의 권리를 보장할 뿐만 아니라 소송에 관련될 수 있는 모든 공민(公民)의 권리를 보편적으로 보장하는 것으로 법치사회 속에서의 인권문제에 있어서 없어서는 안 될 보호막이다. 법학계의 학자들은 무죄추정의 원칙은 인격존엄이 형사소송 중에 필요한 구체적 실현이라고 여겼고, 이는 형사 사법 중에 인권에 주의하는 일종의 신중한 태도이다. 비록 진범(眞犯)을 놓칠 수 있다는 점이 있지만 한 사람이라도 무고한데도 억울함이 있는 것보다 낫다. 이는 현대에 문명 법치의 하나의 필요한 대가이다. 이 편 중에 공자의 '의심되는 자는 풀어준다[疑則赦之]'의 관점에서 공자 정치사상의 반짝이는 지혜를 볼 수 있다.

이 편은 초기 유학전승의 연구에 대하여 중요한 의의를 지닌다. 공자 이후 "유(儒)가 여덟로 갈라졌다"고 했는데, 전국시대 중후기에 영향이 비교적 컸던 것으로 맹자(孟子)와 순자(荀子)가 있었다. 맹자는 "자사(子思)의 문인(門人)에게서 배웠다"고 했는데, 자사는 일찍이 증자(曾子)에게 배운 적이 있기에 증자 이후에는 자사와 맹자로 대표되는 "사맹학파(思孟學派)"가 있다. 순자는 중궁(仲弓)을 존숭하였는데, 『순자』에는 항상 "중니(仲尼), 자궁(子弓)" 두 사람을 병칭하고 있다. 예컨대 「비십이자(非十二子)」에는 "중니와 자궁은 이로부터 후세에 중시되었다고 여긴다[以爲仲尼, 子弓爲茲厚於後世]"라는 말이 있는데, 이는 사람들이 공자와 자궁이 이로부터 후세에 중시되었다고 여겼다는 말이다. '자궁(子弓)'은 사실 바로 공자의 제자 염옹(冉雍)이었고, 염옹의 자가 중궁이었으며, 순자는 그를 자궁이라 존칭하였던 것이다. 중궁 역시 공자의 '덕행과(德行科)' 제자였다. 『상해박물관장전국초죽서(上海博物館藏戰國楚竹書)』중에「중궁(仲弓)」이 있어서 자궁을 연구하는데 새로운 자료를 제공하였고, 『가어』중의「형정(刑政)」편은 전문적으로 공자와 중궁의 대화를 기술하여 중궁의 사상적 경향을 뚜렷하게 나타내 보이고 있다. 정확하게「형정」편의 기록을 다루면서 이들 자료들을 종합하면 중궁사상의 연구에 유리하고, 이를 통해 중궁과 순자사상 간의 일치성을 관찰할 수 있으며, 나아가 맹자와 순자의 학설을 비교할 수 있다.

이 편에 기록된 부분이 대략『예기』「왕제(王制)」에도 보이지만, 이 편이 더욱 분명한 체계를 갖추고 있다.

31-1

중궁(仲弓)이 공자에게 물었다. "제가 듣건대 오로지 형벌만을 시행하게 되면 정교(政敎)를 시행할 수 없고, 성공적인 정치와 교화에는 형벌이 쓰일 곳이 없다고 하였습니다. 가장 엄한 형벌로 정교를 시행할 수 없었던 것은 걸(桀), 주(紂)의 시대가 그러하였고, 가장 성공적인 정치에 형벌이 쓰일 곳이 없었던 것은 주(周)나라 성왕(成王), 강왕(康王)의 시대가 그러하였다고 했는데, 정말로 이러했습니까?" 공자가 말했다. "성인이 나라를 다스리고 백성을 교화하는데는 반드시 형벌과 정치를 서로 참조하여 사용하였다. 가장 좋은 것은 덕행(德行)으로 백성을 교화하고 예제(禮制)로써 가지런히 하는 것이다. 그 다음은 정치로써 백성을 인도하고, 형벌로써 금지하게 하며, 형법을 준수하지 않는 사람들을 처벌하는 것이다. 교화를 시행하여도 변할 줄 모르고, 인도하여도 따르지 않으며, 도의(道義)를 해치고 풍속을 어그러뜨리는 사람에게 형벌을 쓰는 것이다. 오로지 오형(五刑)을 사용함에도 반드시 천도(天道)에 맞아야 하고, 형벌을 시행할 때에는 가령 죄가 가볍더라도 마음대로 사면(赦免)할 수 없는 것이다. 형(刑)은 형(侀)이니, 형(侀)은 '형체를 이룬다' 즉 '완성'의 뜻이다. 형벌은 일단 시행하게 되면 바꿀 수 없기 때문에 군자(君子)는 안건의 심리에 심력을 다하는 것이다."

原文

仲弓[1]問於孔子曰: "雍聞至刑[2]無所用政, 至政[3]無所用刑. 至刑無所用政, 桀, 紂之世是也; 至政無所用刑, 成, 康之世[4]是也. 信乎?" 孔子曰: "聖人之治化[5]也, 必刑政相參[6]焉. 太上以德敎民, 而以禮齊之; 其次以政焉[7]導民, 以刑禁之, 刑不刑[8]也. 化之弗變, 導之弗從, 傷義以敗俗, 於是乎用刑矣. 顓五刑必即天倫[9]. 行刑罰則輕無赦[10]. 刑, 侀[11]也; 侀, 成也, 壹[12]成而不可更, 故君子盡心焉."

注釋

1) 仲弓: 공자의 제자로 성은 염(冉), 이름은 옹(雍)이다. 노나라 사람이고 덕행으로 유명하다. 2) 至刑: 오로지 징벌만을 시행함. 지(至)는 극(極), 최(最). 형(刑)은 징벌, 형벌. 3) 至政: 성공적인 정치와 교화(敎化). 정(政)은 정치(政治), 교화(敎化). '至政'은 『오형(五刑)』편의, "오형을 제정하고도 사용한 적이 없는 것은 지극한 치세가 되었다는 것이다[制五刑而不用, 所以爲至治也]"고 한 말 중의 '至治'와 같다. 4) 成, 康之世: 주나라 성왕(成王), 강왕(康王)의 시대. 5) 治化: 나라를 다스리고, 백성을 교화하다. 6) 參: 서로 참조하여 사용하다. 7) 焉: 사고본과 동문본에는 '言'으로 되어 있다. 8) 刑不刑: 형법을 준수하지 않는 사람들을 징벌로 다스리다. 9) 顓五刑必即天倫: 전(顓)은 전(專)과 같다. 전단(專擅)하다, 제 마음대로 하다. 사고본에는 '制'라고 되어 있다. 오형(五刑)은 고대의 다섯 종류의 무거운 형벌. 왕숙의 주에, "즉(即)은 취(就)이다. 즉 천륜(天倫)은 하늘의 뜻에 합치해야 함을 이른다."고 했다. 10) 行刑罰則輕無赦: 형벌을 시행할 때에는 가령 가벼운 죄라도 사면할 수 없다. 왕숙의 주에, "형벌을 집행하는 관리는 비록 가볍더라도 자기 마음대로 해서는 안된다."고 하였는데 잘못이 있다. 11) 형(侀): '형(型)'과 같다. 원래는 기물(器物)을 주조하는 모형을 가리키는 것인데 확대되어 '정형(定型)', '완성(完成)'의 뜻으로 쓰인다. 12) 壹: 일단(一旦), 일단 ~하면[一經].

31-2

　중궁(仲弓)이 물었다. "고대에 안건을 심리함에 특히 형벌을 부과하면서 사실과 부합한지를 중시하였지 범죄의 동기만을 살피지는 않았다고 하는데 이에 대하여 들려주실 수 있겠습니까?" 공자가 말했다. "무릇 다섯 가지 형벌[五刑]에 처할 안건의 심리(審理)에는 반드시 부자간의 친정(親情)부터 살펴야 하고, 군신(君臣) 관계의 대의(大義)를 확립한다는 각도에서 출발하여 저울질하고, 범죄 정황의 경중의 정도를 잘 살피고, 범죄 동기의 깊이를 신중하게 분석하여 어떻게 대할 것인지를 구별하며, 총명한 지혜를 충분히 참조하고, 충군(忠君) 애민(愛民)의 마음이 있는지 여부를 살펴 안건의 정황을 자세히 살펴 철저하게 조사해야 한다. 대사구(大司寇)는 형율(刑律)을 바르게 정해야 할 책임을 지고 죄행을 분명하게 가려 일체의 백성의 옥사를 살펴야 하므로 안건을 심리(審理)할 때에는 반드시 '삼신(三訊)'제도를 실행해야 한다. 사건의 동기만 있고 범죄의 사실이 없는 것은 형벌에 처하지 않아야 한다. 형벌을 시행할 때는 가벼운 쪽을 적용한다는 원칙을 따르고, 사면할 때는 무거운 쪽을 적용한다는 원칙을 따르며, 혐의가 있는 안건에 대하여는 널리 여러 사람들과 의논하여 함께 심리하고 많은 사람들이 모두 의심이 있다고 하면 먼저 풀어주어야 한다. 이는 모두 이왕의 크고 작은 사건의 판례에 의거하여 만들어진 것이다. 이 때문에 관작(官爵)을 상으로 내릴 때에는 반드시 조당(朝堂)에서 거행하는데 이는 여러 사람들이 모두 그를 칭찬하게 하기 위함이고, 사람에게 형벌을 시행할 때는 반드시 저자거리[市]에서 행하는데 이는 여러 사람들이 모두 그를 미워하고 싫어하게 하기 위함이다. 고대 공후(公侯)의 집에서는 형벌을 당한 사람은 받아들이지 않았고, 대부 역시 그들을 거두어 먹이지 않았으며, 사인(士人)이 길에서 그들을 만나더라도 말을 건네지 않았고, 모든 곳에서 그들을 접대하길 거절하였으며, 그들이 어디를 가든지 정치에 참여할 수는 없었는데 이는 그들과 함께 생활하고 싶지 않았기 때문이다."

原文

仲弓曰: "古之聽[1]訟, 尤罰麗於事, 不以其心[2]. 可得聞乎?" 孔子曰: "凡聽五刑之訟, 必原父子之情, 立君臣之義, 以權之; 意論輕重之序, 慎測[3]淺深之量, 以別之; 悉其聰明, 正[4]其忠愛, 以盡之[5]. 大司寇正刑明辟[6]以察獄, 獄必三訊[7]焉, 有指無簡, 則不聽也[8]; 附從輕, 赦從重[9]; 疑獄則泛與眾共之, 疑則赦之, 皆以小大之比成也[10]. 是故爵人必於朝, 與眾共之也; 刑人必於市, 與眾棄之也. 古者公家不畜刑人, 大夫弗養也, 士遇之塗, 以弗與之言[11], 屏諸四方, 唯其所之, 不[12]及與政, 弗欲生之也."

注釋

1) 聽: 처리, 판단. 2) 尤罰麗於事, 不以其心: 왕숙의 주에, "우(尤)는 과(過)이고, 리(麗)는 부(附)이다. 怪(사고본에는 '凡'으로 되어 있다) 잘못이 있는 자를 벌할 때에는 반드시 사실을 서로 비교해 보고, 사적인 마음에 부합하지 말아야 한다[過人罰之('之' 자가 사고본에는 '人'으로 되어 있다), 必以事相('相' 자가 사고본과 동문본에는 '稍'로 되어 있다)當, 而不與其心也('也' 자가 사고본과 동문본에는 없다)."고 했다. 리(麗)는 부(附)이다. 형벌을 시행한다는 뜻이다. 3) 測: 동문본에는 없다. 4) 正: 사고본에는 '致'로 되어 있다. 5) 之: 동문본에는 없다. 6) 辟: 죄(罪). 7) 三訊: 왕숙의 주에, "첫째는 군신(群臣)이 살피는 것이고, 둘째는 군리(群吏)가 살피는 것이며, 셋째는 만민(萬民)이 살피는 것이다."고 했다. 8) 有指無簡, 則不聽也: 왕숙의 주에, "간(簡)은 성(誠)이다. 뜻[意]만 있고 성(誠)이 없으면 죄라고 여기지 않는다."고 했다. 지(指)는 의(意)로 범죄의 동기를 가리키고, 간(簡)은 성(誠)이라 하여 범죄 사실을 가리킨다. 9) 附從輕, 赦從重: 왕숙의 주에, "사람에게 죄를 부과할 때는 가벼운 쪽으로 하고, 사람의 죄를 용서할 때는 무거운 쪽으로 한다."고 했다. 『예기(禮記)』「왕제(王制)」의 공영달(孔穎達)의 소(疏)에, "형벌을 시행할 때 사람이 범한 죄가 경중 사이에 있어서 가볍게 혹은 무겁게도 할 수 있는 경우 가벼운 쪽으로 부과한다."고 했다. 10) 皆以小大之比成也: '也' 자가 사고본과 동문본에는 '之'로 되어 있다. 『예기』「왕제」에, "반드시 크고 작음을 살펴 정한다."고 했고, 정현(鄭玄)의 주에, "크고 작음이란 경중(輕重)과 같다. 이미 저지는 일을 비(比)라 한다."고 했다. 손희단(孫希旦)이 이르기를, "이는 의심할 바 없는 죄는 가볍건 무겁건 반드시 죄에 따라 형벌을 정해야 함을 말하는 것이다."고

했다.

31-3

중궁(仲弓)이 물었다. "안건을 심리할 때 어느 관원이 안건을 판결합니까?" 공자가 말했다. "안건을 판결하는 것은 먼저 옥리(獄吏)가 책임을 지고, 옥리가 판결의 결과를 옥정(獄正)에게 보고한다. 옥정이 심리한 이후 결과를 대사구(大司寇)에게 보고한다. 대사구가 다시 한 번 심리한 후 천자(王)에게 보고한다. 천자는 삼공(三公), 경사(卿士)에게 명령하여 자기 위치에서 안건을 심리하고 나서 그 결과를 천자에게 알린다. 천자는 다시 감형할 수 있는 세 가지 범죄 정황을 참조하여 그 형벌을 감하도록 의논하게 하고 마지막으로 각종 심리 의견에 근거하여 비로소 그에 상응하는 죄형을 판정하였다. 이는 안건을 심리하고 안건을 판결하는 신중함을 구체적으로 드러낸 것이었다."

原文

仲弓曰: "聽獄, 獄之成, 成何官?" 孔子曰: "成獄成於吏, 吏以獄成告於正[1]. 正旣聽之, 乃告大司寇. 聽之[2], 乃奉於王. 王命三公卿士參聽棘木之下[3], 然後乃以獄之成疑[4]於王. 王三宥之, 以聽命而制刑焉[5], 所以重之也."

注釋

1) **成獄成於吏, 吏以獄成告於正**: '成'은 안건을 판결하다. 옥(獄)은 송사(訟事), 죄안(罪案). 왕숙의 주에, "이(吏)는 송사를 담당하는 관리, 정(正)은 송사를 담당하는 관리의 장(長)이다."고 했다. '成於吏'가 사고본과 동문본에는 '於吏'로 되어 있다. '獄成'이 사고본과 동문본에는 '獄之成'으로 되어 있다. 2) **聽之**: 사고본과 동문본에는 이 앞에 '대사구(大司寇)' 석 자가 있다. 3) **王命三公卿士參聽棘木之下**: 참청(參聽)은 심리(審理)에 참여하여 안건의 처리에 협조하다. 극목(棘木)은 왕숙의 주에, "외조(外

朝)의 법에, 좌구극(左九棘)은 고경대부(孤卿大夫)의 자리이고, 우구극(右九棘)은 공후백자남(公侯伯子男)의 자리이며, 삼괴(三槐)는 삼공(三公)의 자리이다."고 했다. 『주례(周禮)』「조사(朝士)」에는 외조(外朝)의 좌편(동쪽)에는 아홉 그루 극수(棘樹)를 심어 고경대부(孤卿大夫)의 자리로 하고, 우측(서쪽)에는 아홉 그루 극수를 심어 공후백자남(公侯伯子男)의 자리로 하며, 남쪽에 세 그루 괴수(槐樹)를 심어 삼공(三公)의 자리로 하였다. 외조(外朝)에는 주로 극수(棘樹)를 심어 지위를 나타내었기 때문에 "극목의 아래에서 안건을 처리하다"고 일렀던 것이다. 4) 응(疑): '응(凝)'과 같다. 모이다, 모여들다. 5) **王三宥之, 以聽命而制刑焉**: 유(宥)는 용서하다, 죄를 사하다. 삼유(三宥)는 세 종류 가볍게 처리할 수 있는 범죄를 가리킨다. 첫째는 모르고 저지른 죄, 둘째는 우연히 저지른 것으로 미리 계획하고 저지른 것이 아닌 죄, 셋째는 정신 착란의 상태에서 저지른 죄이다. 왕숙의 주에, "군왕(君王)은 관대하고 용서하기를 존숭하여 죄가 비록 정하여졌더라도 오히려 '삼유(三宥)/를 적용하고 더 가벼워질 수 없을 때 형벌을 내린다."고 하였다.

31-4

중궁(仲弓)이 물었다. "법률의 금령(禁令)으로 금지하는 것은 무엇입니까?" 공자가 말했다. "교묘한 말로 법률을 곡해하거나, 명의를 빌려 사적인 정에 치우쳐 법도를 멋대로 고치며, 사술(邪術)을 가지고 정령(政令)의 집행을 어지럽히는 자는 죽인다. 겉만 화려하고 바르지 못한 음악을 만들거나, 괴이한 복장을 만들고, 기괴한 기계를 설계하여 이로써 군왕(君王)을 미혹시켜 어지럽히는 자는 죽인다. 행위가 거짓이면서 완고하게 견지하고, 거짓말을 하면서 변론을 좋아하며, 그릇된 것을 배우면서 박식하고, 사람들을 잘못된 길로 가르치면서 널리 은덕을 베풀어 이로써 사람의 마음을 현혹시키는 자는 죽인다. 귀신에 가탁하여 화복을 말하고, 시일(時日)에 빙자하여 길흉을 정하며, 복서(卜筮)에 의지하여 길흉을 보아 이로써 민중으로 하여금 의심하게 하는 자도 죽인다. 이 네 가지 죽을 죄를 범하면 다시 심리(審理)를 거칠 필요가 없다."

原文

仲弓曰: "其禁何禁?" 孔子曰: "巧言破律[1], 遁名改作[2], 執左道[3] 與亂政者, 殺; 作淫聲[4], 造異服[5], 設伎奇器, 以蕩上心者[6], 殺; 行僞而堅[7], 言詐而辯, 學非而博, 順非而澤[8], 以惑衆者, 殺; 假於鬼神, 時日, 卜筮, 以疑衆者, 殺. 此四誅者, 不以聽[9]."

注釋

1) **巧言破律**: 교언(巧言)은 감언이설. 『논어』「학이(學而)」주희(朱熹)의 주에, "그 말을 아름답게 하고 ……외면 꾸미기를 지극하게 하여 남을 기쁘게 하기에만 힘쓴다."라고 한 것이다. 파율(破律)은 법률을 곡해한 것을 가리킨다. 왕숙의 주에, "교묘하게 법령을 팔아먹는 것이다."고 하였는데, 뇌물을 받아먹고 법을 멋대로 어지럽히는 것을 가리킨다. 2) **遁名改作**: 둔(遁)은 순(循)과 같다. 굴종하다, 사적인 정에 치우치다. 둔명(遁名)은 명목을 빌려 사적인 정에 치우치다. 개작(改作)은 법도를 멋대로 고치는 것을 가리킨다. 왕숙의 주에, "변언(變言)과 물명(物名)이다."고 했는데, 잘못이다. 3) **左道**: 사도(邪道), 사술(邪術). 왕숙의 주에, "좌도(左道)는 난(亂)이다."고 했다. 4) **淫聲**: 옛날에는 정(鄭), 위(衛)의 음악 등 속악(俗樂)을 음성(淫聲)이라 하여 전통적인 아악(雅樂)과 구별하였고 이후 널리 겉만 화려하고 바르지 못한 부류의 악조(樂調)와 악곡(樂曲)을 가리킨다. 왕숙의 주에, "음(淫)은 역(逆)이다. 사람을 미혹하여 어지럽히는 소리이다."고 했다. 5) **異服**: 평상적이지 않고 특수한 복장. 왕숙의 주에, "평상시에 볼 수 있는 것이 아니다[非(사고본과 동문본에는 이 글자 뒤에 '人' 자가 있다)所常見]."고 했다. 6) **設伎奇器, 以蕩上心者**: 왕숙의 주에, "괴상하고 기이한 기예나 사람의 마음을 현혹[眩曜: '요(曜)' 자가 사고본과 동문본에는 '구(懼)'로 되어 있다]시킬 수 있는 기계이다. 탕(蕩)은 동(動)이다."고 했다. 기(伎)는 기(技)와 같다. 기교(技巧), 기예(技藝). 사고본에는 '伎' 자 앞에 '奇' 자가 있다. 7) **行僞而堅**: 왕숙의 주에, "행위가 거짓이면서도 완고하게 견지하는 것이다."고 하였다. 8) **順非而澤**: 왕숙의 주에, "잘못된 것을 가르치고 은혜를 내리는 척하다."고 했다. 순(順)은 훈(訓)과 같다. 가르치다. 택(澤)은 은혜(恩惠), 덕혜(德惠). 9) **不以聽**: 왕숙의 주에, "극목(棘木)의 아래에서 옥사를 심리하지 않는다."고 했다.

31-5

중궁(仲弓)이 물었다. "법령으로 금지하는 것은 이것이 다입니까?" 공자가 말했다. "이들은 단지 가장 급히 금지할 필요가 있는 것들이고, 그 외에도 금하는 일이 열네 가지나 있다. 천자가 하사(下賜)한 의복과 수레는 시장에 내다가 팔지 못한다. 규(圭), 장(璋), 벽(璧), 종(琮) 등 귀중한 옥으로 만든 예기(禮器)는 시장에 내다가 팔지 못한다. 종묘, 제사에 사용하는 제기(祭器)는 시장에 내다 팔지 못한다. 병기와 갑옷은 시장에 내다가 팔지 못한다. 제사에 사용하는 희생(犧牲)과 제주(祭酒)는 시장에 내다가 팔지 못한다. 일용기구로 규격에 맞지 않는 것은 시장에 내다가 팔지 못한다. 포목과 비단도 정밀하고 성긴 정도가 규정에 맞지 않고 길이와 폭이 기준에 맞지 않으면 시장에 내다가 팔지 못한다. 잡색이 섞여 정색(正色)을 어지럽힐 경우 시장에 내다가 팔지 못한다. 수놓은 비단과 주옥(珠玉) 같은 기물(器物)에 조각을 하거나 화려하게 장식한 것은 시장에 내다가 팔지 못한다. 지어 놓은 의복과 음식은 시장에 내다가 팔지 못한다. 제대로 익지 않고 시절에 맞지 않는 과일은 시장에 내나가 팔지 못한다. 다섯 가지 땔감나무 중 벌채할 시기에 맞지 않는 것은 시장에 내다가 팔지 못한다. 조수(鳥獸)와 물고기, 자라 등은 죽일 때가 되지 않으면 시장에 내다가 팔지 못한다. 무릇 이들 금령(禁令)으로 백성을 다스리면서 이를 범한 자들의 죄는 사면하지 않았다."

原文

仲弓曰: "其禁盡於此而已?" 孔子曰: "此其急者, 其餘禁者十有四焉: 命服命車, 不粥於市[1]; 圭璋璧琮[2], 不粥於市; 宗廟之器, 不粥於市; 兵車旌旗[3], 不粥於市; 犧牲秬鬯[4], 不粥於市; 戎器兵甲[5], 不粥於市; 用器不中[6]度, 不粥於市; 布帛精麤不中數, 廣狹不中量, 不粥於市; 奸色[7]亂正色, 不粥於市; 文錦珠玉之器, 雕飾靡麗, 不粥於市;

衣服飮食, 不粥於市; 果實不時⁹⁾, 不粥於市; 五木¹⁰⁾不中伐, 不粥於市; 鳥獸魚鼈不中殺, 不粥於市. 凡執此禁以齊衆者, 不赦過也."

注釋

1) 命服命車, 不粥於市: '命服命車'란 천자가 관직의 등급에 따라 상으로 하사하는 의복과 수레. 죽(粥)은 죽(鬻)과 같다. 팔다. 왕숙의 주에, "'粥'은 팔대[賣]이다."고 했다. 2) 圭璋璧琮: 규(圭), 장(璋), 벽(璧), 종(琮)은 네 가지 존귀한 옥기(玉器)의 명칭으로 조빙(朝聘), 제사(祭祀) 등에 항상 사용하는 예기(禮器)이다. 3) 兵車旌旗: 정(旆)은 정(旌)과 같다. 고대 깃발의 일종으로 주로 지휘나 선도(先導)할 때 사용한다. 긴 소꼬리 털을 간두(竿頭)에 잇고, 아래에 다섯 가지 색깔의 나눠진 깃이 있다. 『주례(周禮)』「춘관(春官)・사상(司常)」에, "깃이 온전한 것을 수(旞)라 하고, 깃이 갈라져 있는 것을 정(旌)이라 한다."라고 했다. 정기(旌旗)는 기치(旗幟)의 총칭이다. '車'가 사고본과 동문본에는 '軍'으로 되어 있다. 4) 犧牲秬鬯: 희생(犧牲)은 고대 종묘 제사에 사용하는 희생을 총칭한다. 거창(秬鬯)은 까만 기장과 향초(香草)로 양조한 술로 제사 때 강신(降神)용으로 사용한다. 5) 戎器兵甲: 융기(戎器)는 군기(軍器)이고, 병(兵)은 병기(兵器), 군사무기. 갑(甲)은 갑옷. 6) 中: 적합하다. 상대에 꼭 맞다. 7) 奸色: 색이 바르지 못한 것. 고대에는 청(靑), 황(黃), 적(赤), 백(白), 흑(黑)을 정색(正色)으로 여겼고, 기타 두 가지 색이 섞인 것을 간색(奸色)이라 했다. 8) 衣服飮食, 不粥於市: 왕숙의 주에, "만들어진 의복을 파는 것은 사치함이 아니면 반드시 속이는 것이기 때문에 금지하는 것이다. 익힌 음식을 파는 것을 금지한 것은 역병에 걸릴 수 있기 때문이다[所以廣取: '取'가 사고본과 동문본에는 '치(恥)'로 되어 있다]也."라고 했다. 9) 不時: 시(時)는 시령(時令), 시절(時節). 불시(不時)는 시령에 이르지 않음을 가리킨다. 10) 五木: 다섯 가지 땔감 나무. 『논어』「양화(陽貨)」의 주희의 주(注)에, "봄에는 느릅나무[楡], 버드나무[柳], 여름에는 대추나무[棗], 은행나무[杏], 계하(季夏)에는 뽕나무[桑], 산뽕나무[柘], 가을에는 떡갈나무[柞], 졸참나무[楢], 겨울에는 홰나무[槐], 박달나무[檀]의 불을 취한다."고 했다. 11) 凡執此禁以齊衆者, 不赦過也: '제(齊)'는 정리하다. '齊衆'은 민중을 다스리다. '不赦過'는 죄를 사면하지 않다, 즉 예외가 없다. 진호(陳澔)의 『예기집설(禮記集說)』「왕제(王制)」에서 이를 분석하여 말하기를, "만약 먼저 죄를 사면한다는 영(令)을 보이면 사람들은 법을 어기는 것을 가볍게 여길 터이니 어찌 잘 다스릴 수 있겠는가?"라고 하였다.

32 예운禮運

|序說

　이 편은 공자와 제자 언언(言偃)의 대화를 정리한 것이다. 공자가 노나라 대사구(大司寇)로 있을 때 빈(賓) 즉 빈(儐)의 신분으로 노나라 납제(臘祭)에 참가한 적이 있었는데 이는 중요한 제사활동이었고 이로부터 공자의 예(禮)에 대한 논의가 일어났다. 후일 공자와 언언이 이를 화제로 이야기하면서 언언이 공자의 말을 정리한 것이다.

　이 편은 공자의 유명한 '대동(大同)' 사회이상(社會理想)을 기록하고 있었으므로 매우 사람들의 주목을 받았다. 이 편은 또『예기(禮記)』에도 보이는데 이전에는 사람들이『공자가어』를 믿지 않고 예로부터 공자의 사회이상을 모두『예기』중의「예운(禮運)」편을 근거로 이야기하였다. 사실『예기』「예운(禮運)」은 후세 사람들의 정리를 거쳐 편찬된 것이기에 공자의 '대동'설에 관한 부분은 이미 본래의 진면목을 잃어버렸다. 이 편에서 공자가 이상으로 여겼던 '대동' 사회는 하(夏), 상(商), 주(周) 삼대의 '성왕(聖王)' 시기를 가리킨 것이지 소위 삼황오제(三皇五帝)시대를 가리킨 것은 아니었다. 공자가 말한 "대도(大道)가 행해진 시기"는 구체적으로 우(禹), 탕(汤), 문(文), 무(武), 성왕(成王), 주공(周公) 시기를 가리킨 것으로 공자가 보기에 삼대 성왕(聖王) 이후는 "대도(大道)가 은미(隱微)해 진" 시기였다.

　『예기』「예운(禮運)」과 비교해 볼 때 이 편은 더욱 예스럽고 소박한 진실이 뚜렷하다. 공자는 삼황오제를 말한 적이 없고 '소강(小康)'을 언급한 적도 없다. 이를 가지고 공자가 '원시공산주의'시대를 회복하고자 주장한다고 논증하면서 공자의 사상이 퇴보적이라 여기는 관점은 잘못된 것이다. 이 편은 공자의 제자가 공자의 말을 기록하고 있는 이상 이 편은 자연스럽게 전형적인 유가학설에 속하고, 기타 여러 가지 이편의 학파의 속성에 관한 논단은 모두 정확한 것이 아니다.(자세한 내용은 楊朝明,「『禮運』成篇與學派屬性等 問題」,『中國文化研究』2005, 봄, 참조)

이전에 사람들은 이 편을 의심하였는데 주로 의고사조(疑古思潮)의 영향을 받았기 때문이다. 예컨대, 적지 않은 학자들이 「예운」 중의 '음양(陰陽)', '사시(四時)', '오행(五行)' 등의 개념을 음양가와 서로 관련지어 「예운」이 만들어진 것은 음양오행사상이 성행하던 전국시대 말기보다 앞설 수 없다고 여겼다. 「예운」의 작자가 이미 비교적 완전한 음양오행사상을 갖추었다고 인정하였지만, 사실 음양에 관한 관념은 그 발생 시기가 매우 일렀다는 것은 이미 학자들간의 공통된 인식이다. 「예운」에서 '음양'과 '오행'은 구분하여 말하였다. 「예운」에서는 일체 사물과 마찬가지로 예(禮)의 발전과 변화 역시 천지(天地), 음양(陰陽)과 관계가 있다고 여겼다.

「예운」에 말하기를, "예는 반드시 태일(太一)에 근본하는데, 나누어지면 천지이고, 전환하면 음양이고, 변천하면 사시(四時)이고, 나열하면 귀신이 된다. 태일에서 내려오는 것이 명(命)이며 천(天)에서 본받는 것이다."라고 하였다. 여기서 논한 것은 매우 쉽게 사람들로 하여금 곽점초간(郭店楚簡)의 「태일생수(太一生水)」와 「성자명출(性自命出)」을 생각나게 하는데, 그 둘의 내용이 아주 비슷하고 도리를 설명하는 방식 또한 완전히 일치한다. 곽점초간은 전국시대 중기의 묘에서 출토되었는데, 그 중 서적이 쓰여진 시간은 더욱 이르다. 곽점(郭店)의 유가(儒家)문헌은 『자사자(子思子)』에 속하는 것으로 노나라에서 쓰여진 것이며 후일 초(楚)나라에까지 영향이 미쳤기에 그 사상이 형성된 시간은 반드시 자사(子思) 이전이다. 때문에 우리들은 「예운」중의 음양, 사시(四時)의 개념을 가지고 그것이 완성된 것이 음양학파가 성행한 이후라고 볼 수는 없다.

이 편의 내용으로 보면 공자는 예(禮)가 "대도가 은폐된[大道旣隱]" 산물이라고 여겼다. 이 편에서는 중점적으로 예의 형성, 발전, 변천, 완선(完善)의 과정을 논술하는 동시에 삼대 '성왕(聖王)'이 예를 제정한 근거와 원칙, 예의 운행법칙, 예와 인(仁), 의(義), 악(樂), 순(順)의 관계 등까지도 다루고 있다. 중점적으로 예의 운행을 이야기하기 때문에 편명을 '예운(禮運)'이라 한 것이다.

「예운(禮運)」은 믿을만한 문헌으로 결코 후세 사람이 "공자에게 가탁하여" 지은 위작(僞作)이 아니다. 그 중 "사람과 사람 사이에는 믿음을 중시하였고, 화목하게 지내도록 하였다[講信修睦]", "때문에 사람들은 자신의 부모만을 친애하지 않았고, 자신의 자식만을 사랑하지 않았으며, 노인들은 만년을 편안하게 지낼 수 있었고, 건장한 사람들은 자기 재능을 발휘할 곳이 있었다. 홀아비나 과부, 고아나 병든 사람은 모두 공양(供養)을 받을 수 있었다[故人不獨親其親, 不獨子其子, 使老有所終, 壯有所用, 幼有所長, 矜寡孤獨廢疾者皆有所養]."이라는 문장과 『논어』 등에 기록된 공자의 "널리 은혜를 베풀어 많은 사람을 구제한다[博施濟衆]", "노인을 편안하게 하고, 벗 간에 믿음이 있게 하고, 젊은이를 감싸줌[老者安之, 朋友信之, 少者懷之]"의 사회 이상과 완전히 같다. 이 편 내용 중에 예의 발전과 운용 등과 관련 있는 논술은 다른 상관 자료 중에서도 모두 서로 같은 내용이나 상통하는 논술을 찾을 수 있다.

이 편은 공자의 정치사상을 연구하는 중요한 자료이다. 예를 논술한 내용 중 공자는 주 왕조의 유(幽), 여(厲) 시대이래 '주도(周道)'가 손상되었다는 현실을 마음깊이 탄식한 것에서 출발하여 왕도정치의 중요성을 강조하였다. 삼대 '성왕(聖王)'의 예(禮)를 존중하고 의(義)를 뚜렷이 나타내며, 인(仁)의 본보기를 만들고 양보를 중시하여, 후세를 위해 모범을 수립한 점을 지적하였다. 공자는 예가 "천도에 통달하고 인정에 순응[達天道, 順人情]"하게 한다고 여겼는데 사람의 마음을 바르게 하고 사회를 안정시키는데 대하여 모두 중요한 가치를 지니기 때문에 마지막으로 그는 천리(天理)와 인정(人情)에 순응하여 예를 좇아 행하는 '대순(大順)'의 경지를 묘사한 것이다.

『예기』에도 「예운(禮運)」편을 수록하고 있는데 이 둘을 대조하여 살피면 적지 않은 가치를 지닌 학술 정보를 발견할 수 있다.

▌32-1

공자가 노나라 사구(司寇)를 맡고 있을 때 납향 제사에 참석한 적이 있었다. 예(禮)를 돕는 일을 모두 마치고 나서 그는 궐문(闕門) 위에 올라 관람하다가 깊이 탄식하였다. 언언(言偃)이 곁에 모시고 있다가 물었다. "선생님께서는 어찌 탄식을 하십니까?" 공자가 말했다. "옛날 대도(大道)가 행해지던 시대, 말하자면 하, 상, 주 삼대의 현명한 사람들이 정치를 맡아 하던 시대를 내가 모두 만날 수는 없지만 관련 기록은 볼 수가 있다. 대도가 행해질 때에 천하는 모두의 공유였고, 현명하고 능력 있는 사람을 정치를 하게 하였으며, 사람과 사람 사이에는 믿음을 중시하였고 화목하게 지내도록 하였다. 때문에 사람들은 자신의 부모만을 친애하지 않았고, 자신의 자식만을 사랑하지 않았으며, 노인들은 만년을 편안하게 지낼 수 있었고, 건장한 사람들은 자기 재능을 발휘할 곳이 있었다. 홀아비나 과부, 고아나 병든 사람은 모두 공양(供養)을 받을 수 있었다. 사람들은 재물이 땅에 버려지거나 낭비되는 것을 싫어하였지만 반드시 자기가 소유하지는 않았고, 힘이 자신에게서 나오지 않음을 싫어하였지만 반드시 다른 사람에게서 힘을 바치기를 구하지 않았다. 그러므로 간사한 음모가 막혀 펼칠 수 없었고, 도둑질과 반역 등의 일이 발생할 수 없었다. 때문에 외출을 하더라도 대문을 잠그지 않았다. 이를 일러 '대동(大同)'이라 한다.

原文

孔子爲魯司寇, 與於蜡¹⁾, 旣賓²⁾事畢, 乃出遊於觀³⁾之上, 喟然而嘆. 言偃侍, 曰: "夫子何嘆也?" 孔子曰: "昔大道⁴⁾之行, 與三代之英⁵⁾, 吾未之逮也⁶⁾, 而有記⁷⁾焉. 大道之行, 天下爲公, 選賢與能⁸⁾, 講信修睦⁹⁾. 故人不獨親其親, 不獨子其子¹⁰⁾, 老有所終, 壯有所用, 矜寡孤疾, 皆有所養. 貨惡其棄於地, 不必¹¹⁾藏於己; 力惡其不出於身, 不必爲人¹²⁾. 是以奸謀閉而不¹³⁾興, 盜竊亂賊不作. 故外戶而不閉. 謂之大同.

注釋

1) **與於蜡**: 여(與)는 참여하다, 그 가운데에 있다. 사(蜡)는 제사의 명칭. 상세한 것은 이 책 「관향사(觀鄕射)」제28 주석(注釋)을 참조. 2) **賓**: '빈(儐)'과 같다. 인도하다. 예(禮)를 돕다. 왕숙의 주에 "빈객의 일을 모두 마치다"로 되어 있는데 정확하지 않다. 유사한 용법이 있는데, 『서(書)』「요전(堯典)」에, "나오는 해를 공경히 맞이하다[寅賓出日]."의 공전(孔傳)에, "빈(賓)은 도(導)이다."라고 했다. 『목천자전(穆天子傳)』권6에, "내사(內史)와 빈후(賓侯)는 북향(北向)을 하고 섰다."의 곽복(郭璞)이 주에, "빈(賓)은 상(相)이다."고 했다. 3) **觀**: 궁전 혹은 종묘 문앞의 대관루(大觀樓)로서 위궐(魏闕)이라고도 칭한다. 왕숙의 주에, "관(觀)은 궁문(宮門)의 외궐(外闕)이다. 『주례(周禮)』에서 말한 상위(象魏)이다"고 했다. 『이아(爾雅)』「석궁(釋宮)」에, "관(觀)은 궐(闕)이다."의 곽복(郭璞)의 주에, "궁문에는 쌍궐(雙闕)이 있다"고 하였고, 형소(邢疏)에, "치문(雉門)의 옆을 관(觀)이라 칭하고, 또 궐(闕)이라 칭한다."고 했다. 호광(胡廣)이 말하기를 "문궐(門闕)이다. 양관(兩觀)은 문의 양쪽으로 그 위에 국가 전장(典章)의 말을 걸어놓고 사람들에게 보게 하였다."고 했다. 4) **大道**: 하(夏), 상(商), 주(周) 삼대 '성왕(聖王)' 시기의 천하를 다스리는 준칙이다. 이 아래 문장에 공자가 묘사한 대동(大同)사회가 있는데, 이는 유가(儒家)가 선양하는 이상사회이다. 왕숙의 주에, "이는 삼황오제(三皇五帝) 시대에 대도(大道)가 행해짐을 이르는 것이다."고 했다. 정현(鄭玄)의 주에는 오제 시기에 천하를 다스리던 도(道)라고 했는데, 잘못이다. 5) **與三代之英**: 여(與)는 일반적으로 연결사인 '화(和)'의 의미라고 여기지만 실제로는 아니다. 여기서는 '이르다[謂]', '말하자면[說的是]'의 뜻이다. 왕인지(王引之), 『경전석사(經傳釋詞)』권1에, "'與'는 '謂'와 같다."고 했다. 영(英)은 정영(精英)함, '걸출한 인

물'인데, 여기서는 아래 문장에서 언급한 우(禹), 탕(湯), 문무(文武), 주공(周公) 등 성인이다. 왕숙의 주에, "영(英)은 수(秀)이다. 우(禹), 탕(湯), 문(文), 무(武)를 이른다."고 했다. 6) 也: 사고본과 동문본에는 없다. 7) 記: 기재(記載). 『예기(禮記)』「예운(禮運)」에는 '志'로 되어 있다. 주빈(朱彬)이 유대공(劉台拱)의 말을 인용하여 "지(識)이다. 기록된 책이다[識記之書]."라고 하였다. 8) 選賢與能: 현명하고 능력 있는 사람을 뽑음. 여(與)는 '거(擧)'와 같다. 선발하다. 9) 講信修睦: 왕숙의 주에, "강(講)은 습(習)이다. 수(修)는 행(行)이고, 목(睦)은 친(親)이다."고 했다. 10) 人不獨親其親 不獨子其子: 왕숙의 주에, "소위 대도(大道)는 천하위공(天下爲公)이다."고 했다. 11) 不必: 동문본에는 '必不'로 되어 있다. 12) 力惡其不出於身, 不必爲人: 왕숙의 주에, "힘이 자신에게서 나오지 않음을 싫어했지만 덕혜(德惠)로 여기지도 않았다는 것을 말한 것이다."라고 했다. '위(爲)'는 구하여 취하다. 13) 不: 사고본과 동문본에는 '불(弗)'로 되어 있다.

32-2

"성왕(聖王)의 다스림이 끝난 후 천하는 일가(一家) 일성(一姓)의 사유재산이 되었고, 사람들은 자신의 부모만을 친애하고, 자신의 자녀만을 사랑하며, 재물이 모두 자기의 소유가 되기를 바라고, 힘이 모두 다른 사람에게서 나오기를 바랐다. 제후들의 세습이 법도로 변하였고, 성곽과 웅덩이를 방어(防禦)로 삼았다. 하우(夏禹), 상탕(商湯), 주(周) 문왕(文王), 무왕(武王), 성왕(成王), 주공(周公)은 예의(禮儀)로써 천하를 다스려 걸출한 인물이 되었으며 예제(禮制)를 엄숙하고 신중하게 준수하지 않음이 없었다. 예제의 흥기는 천지와 때를 같이 한다. 만약 어떤 사람이 예제를 준수하지 않고 존위(尊位)를 얻게 된다면 사람들은 그를 재앙으로 간주하였다."

▎原文

今大道旣隱¹⁾, 天下爲家, 各親其親, 各子其子, 貨則爲己, 力則爲人. 大人²⁾世及³⁾以爲常⁴⁾, 城郭溝池以爲固. 禹, 湯, 文武, 成王, 周公, 由此而選⁵⁾, 未有不謹⁶⁾於禮, 禮之所興, 與天地並. 如有不由禮而在位者, 則以爲殃."

注釋

1) **今大道旣隱**: '今'은 왕인지(王引之)의 『경전석사(經傳釋詞)』권5에, "'今'은 사실을 가리키는 말이다."고 했다. 대도(大道)가 은미해진 이후를 말하고, 대체로 삼대의 말기를 가리키는데 하(夏), 상(商)의 말기를 가리키거나 분명하지는 않지만 공자가 처한 시대를 포함하기도 한다. 2) **大人**: 제후를 가리킨다. 3) **世及**: 세습(世襲). 대대로 전함. 부자(父子)로 이어지는 것을 '세(世)'라 칭하고, 형제로 이어지는 것을 급(及)이라 한다. 4) **常**: 윤상(倫常), 강상(綱常). 5) **由此而選**: '由'는 『예기』정현(鄭玄)의 주에, "由는 용(用)이다. 예의(禮義)를 사용하여 다스림을 이루다."라고 하였다. '選'은 공소(孔疏)에, "영선(英選)이라 하였다." 즉 앞 문장에서 말한 "三代之英"이다. 왕숙의 주에, "예의를 사용하여 그들을 선발하였다."고 했다. 6) **謹**: 신중하고 조심스러움으로, 태도가 정중하거나 혹 공경함을 나타낸다.

32-3

언언(言偃)이 또 물었다. "이와 같다면 예제(禮制)는 정말 매우 급히 필요로 하는 것입니까?" 공자가 말하였다. "예제는 선왕(先王)께서 천도(天道)를 이어 받아 사람의 성정(性情)을 도야(陶冶)하는 것으로 귀신에게서 본보기를 취하여 구체적으로 상례(喪禮), 제례(祭禮), 사례(射禮), 관례(冠禮), 혼례(婚禮)와 조빙(朝聘) 등의 예의(禮儀) 중에 드러나게 하였다. 때문에 성인(聖人)이 예(禮)로써 백성을 교화하고 다스린다면 예를 통하여 천하는 태평해지고 나라와 백성은 편안해 지는 것이다."

原文

言偃復問曰: "如此乎, 禮之1)急也." 孔子曰: "夫禮, 先王所以承天之道, 以治人之情, 列其鬼神, 達於喪祭, 鄕射, 冠婚, 朝聘2). 故聖人以禮示之, 則天下國家可得以禮正矣."

注釋

1) 之: 사고본과 동문본에는 '其'로 되어 있다. 2) 喪祭, 鄕射, 冠昏, 朝聘: 주대(周代) 예의(禮儀)의 명칭으로 각기 상례(喪禮), 제례(祭禮), 사례(射禮), 관례(冠禮), 혼례(婚禮)와 제후들이 정기적으로 천자를 조견(朝見)하는 예를 가리킨다. 혼(昏)은 '혼(婚)'과 같다.

32-4

언언(言偃)이 또 물었다. "지금 재위하고 있는 군주가 예제(禮制)를 통하여 나라를 다스리는 것을 모르는 것은 무엇 때문입니까?" 공자가 말했다. "아아! 슬픈 일이로다! 내가 주나라의 예제를 살펴보니 유왕(幽王)과 여왕(厲王) 때부터 무너졌다. 내가 지금 노나라를 제외하고 어디에 가서 살필 수 있겠느냐? 그러나 노나라의 교제(郊祭)와 체제(禘祭)는 모두 예제에 맞지 않고, 주공(周公)이 제정한 예제는 이미 쇠미(衰微)하였다. 기(杞)나라 사람의 교제(郊祭)는 우(禹)를 제사 지내고, 송(宋)나라의 교제는 설(契)을 제사 지내는데, 이는 천자가 준수해야 할 법도이다. 천자는 기나라와 송나라를 우(禹)와 설(契)의 후예라고 여겼다. 주공(周公)이 섭정하면서 천하의 태평이 실현됨에 따라 천자와 마찬가지의 교제(郊祭)의 예를 향수(享受)하였다. 제후는 사직(社稷)과 종묘에만 제사지낼 수 있어서 위와 아래가 모두 이 영원한 법전을 준수하였고, 제사를 주지하는 축(祝)이나 하(嘏)일지라도 감히 그것을 바꾸지 못하였다. 이를 일러 대가(大嘉)라고 한다.

原文

言偃曰: "今之在位, 莫知由禮, 何也?" 孔子曰: "嗚呼, 哀哉! 我觀周道, 幽, 厲傷也[1], 吾舍魯何適[2]? 夫魯之郊及禘皆非禮[3], 周公其已衰[4]矣. 杞之郊也禹[5], 宋之郊也契[6], 是天子之事守[7]也, 天子以杞, 宋[8]二王之後. 周公攝政致太平, 而與天子同是禮也. 諸侯祭社稷宗廟, 上下皆奉其典, 而祝⁹⁾嘏¹⁰⁾莫敢易其常法, 是謂大嘉.

注釋

1) **幽, 厲傷也**: 유(幽), 여(厲)는 서주(西周)의 유왕(幽王), 여왕(厲王)을 가리킨다. 상(傷)은 상해(傷害), 파괴(破壞). 왕숙의 주에, "유왕(幽王), 여왕(厲王)은 모두 주나라의 도를 상하게 하였다."고 했다. 2) **吾舍魯何適**: 왕숙의 주에, "노나라에는 성인(聖人)의 기풍이 있어 다른 나라보다 나았다[勝: 사고본과 동문본에는 이 후에 '於' 자가 있었다]"고 했다. 3) **魯之郊及禘皆非禮**: 노나라가 교제(郊祭)와 체제(禘祭)를 행하는 것은 모두 예제(禮制)에 맞지 않는다는 것을 가리킨다. 왕숙의 주에, "예를 잃고 그 의(義)를 잊은 것을 말한다."고 했다. 교(郊)와 체(禘)는 고대의 제사 명칭이다. 주나라 천자는 동짓날에 남교(南郊)에서 제사를 지내는 데 이를 '교(郊)'라 칭하였다. 『예기(禮記)』「중용(中庸)」에, "교사(郊社)의 예(禮)로 상제(上帝)를 섬긴다."고 했다. 적계(嫡系) 자손이 종묘제사의 예를 행하는 것을 '체(禘)'라 칭한다. 『예기』「대전(大傳)」에, "예(禮)는 왕이 아니면 체(禘)하지 않는다. 왕은 그 시조가 나온 곳에 체(禘)를 지내고 그 시조를 이에 배향하는 것이다."고 했고, 손희단(孫希旦)의 집해(集解)에 조광(趙匡)의 말을 인용하여 말하기를, "왕이 아니면 체(禘)하지 않음으로 제후가 지내서는 안됨을 분명히 하였다……."고 했다. 따라서 천자만이 비로소 교제(郊祭)와 체제(禘祭)의 예를 행할 자격이 있었다. 따로 「교문(郊問)」편을 참고하라. 4) **周公其已衰**: 왕숙의 주에, "자손이 그 예의(禮義)를 행할 수 없었다."고 했다. 5) **禹**: 하왕조의 시조. 왕숙의 주에, "기(杞)는 하(夏)의 후예로 본래 곤(鯀)에게 교(郊)제사를 지냈다. 주공(周公)은 곤(鯀)이 아름다운 덕이 아니기 때문에 기(杞)나라는 우(禹)에게 교(郊)제사를 지내게 하였다."고 했다. 6) **설(契)**: 상(商)의 시조. 7) **事守**: 당연히 준수해야 할 법도를 가리킨다. 8) **以杞, 宋**: 동문본에는 "杞, 宋以"로 되어 있다. 9) **祝**: 제사를 지낼 때에 귀신에게 고하는 사람. 10) **하(嘏)**: 복(福)이다. 여기서는 사람들을 대신하여 귀신에게 복을 기원하는 사람을 가리킨다.

32-5

지금 축도(祝禱)와 기복(祈福)의 말을 단지 종축(宗祝)과 무사(巫史)에게 간직해 두도록 하는 것은 예제에 맞지 않으며, 이를 일러 국정을 어둡게 한다[幽國]고 한다. 선왕(先王)이 사용하던 귀중한 제기가 제후국에서 사용되어 시군(尸君)에게 헌주(獻酒)하는 것은 예제에 맞지 않으며, 이를 일러 군왕(君王)을 참월한대[僭君]고 한다. 면변(冕弁)과 병거(兵車)를 대부가 수장하는 것은 예제에 맞지 않으니, 이를 일러 군왕을 협박하는 것[脅君]이라 한다. 대부가 집사(執事) 관리를 모두 갖추고, 제기를 빌려 쓰지도 않으며 각종 악기를 모두 갖추는 것은 예제에 맞지 않으며, 이를 일러 국정을 혼란시킨대[亂國]고 한다. 국군(國君)에게 벼슬하는 것을 신(臣)이라 하고, 대부에게 벼슬하는 것을 복(僕)이라 한다. 삼년상을 지내고 있거나 신혼 중이면 일년 동안은 파견되어 수행하는 일을 시키지 않았다. 만약 상복(喪服)을 입은 채로 입조(入朝)하여 혹 가복(家僕)과 섞여 나란히 배열되어 있는 것은 예제에 맞지 않으며, 이를 일러 군신(君臣)이 국가(國家)를 공향(共享)한다고 한다. 천자는 널리 토지를 소유하여 그 자손을 살게 하고, 제후는 국가를 가지고 그 자손을 살게 하며, 대부는 채읍(采邑)을 가지고 그 자손을 살게 하는 것이니, 이를 일러 제도(制度)라 한다. 따라서 천자가 제후국에 갈 때는 반드시 제후의 종묘에 숙박해야 하며, 만약 예적(禮籍) 상의 규정에 따라 들어가지 않으면 이를 일러 법을 파괴하고 기강을 어지럽힌다고 하고, 제후가 만약 문병하거나 조문(弔問)할 일이 아닌데도 마음대로 신하의 집에 들어간다면 이를 일러 군신(君臣)이 함께 희학(戲謔)한다고 한다. 무릇 예(禮)라는 것은 국군(國君)이 나라를 다스리는 근본이고, 이로써 시비를 판별하고, 드러나지 않고 숨겨진 미세한 것을 통찰하며, 귀신을 공경하고 제도를 제정하며, 인의(仁義)를 시행하고 정교(政敎)를 확립하여 군신과 상하를 모두 편안하게 해주는 것이다. 때문에 정치가 바르지 못하면 군주의 지위가 동요되고, 군주의 지위가 동요되면 대신들이 배반하며 소신(小臣)들이 정권을 도둑질하게 된다. 형벌이 엄해지고 풍속이 피폐하면 법령은 자주 바뀌게 되고, 법령이 자주 바뀌면 예제(禮制)가 상하존비(上下尊卑)를 구분할 수 없고, 예제가 상하존비를 구분하지 못하면 사인(士人)은 정사에 마음을 다하지 않으며, 백성들이 귀순(歸順)하지 않는다. 이를 일러 나라가 병들었대[疵

國]고 한다.

┃原文

　　今使祝嘏辭說, 徒藏於宗祝巫史, 非禮也[1], 是謂幽[2]國; 醆斝及尸君, 非禮也[3], 是謂僭君[4]; 冕弁兵車, 藏於私家, 非禮也[5], 是謂脅君[6]; 大夫具官, 祭器不假, 聲樂皆具, 非禮也[7], 是謂[8]亂國. 故仕於公曰臣, 仕於家曰僕. 三年之喪, 與新有婚者, 期不使也. 以衰裳入朝, 與家僕雜居齊齒[9], 非禮也, 是謂臣與君共國; 天子有田以處其子孫, 諸侯有國以處其子孫, 大夫有采[10]以處其子孫, 是謂制度; 天子適諸侯, 必舍其宗廟, 而不禮籍入[11], 是謂天子壞法亂紀; 諸侯非問疾吊喪, 而入諸臣之家, 是謂君臣爲謔[12]. 夫[13]禮者, 君之柄[14], 所以別嫌明微, 儐鬼神, 考制度, 列[15]仁義, 立政教, 安君臣上下也. 故政不正則君位危, 君位危則大臣倍, 小臣竊, 刑肅而俗弊[16]則法無常, 法無常則禮無別, 禮無別則士不仕[17], 民不歸, 是謂疵國.

┃注釋

1) **今使祝嘏辭說, 徒藏於宗祝巫史, 非禮也**: 왕숙의 주에, "군신(君臣)이 모두 당연히 사설(辭說)의 의의(意義: '義'는 원래 '議'로 되어 있었으나 사고본과 동문본에 근거하여 고쳤다)를 알아야 한다는 것을 말한 것이다."고 했다. 2) **幽**: 어둡다. 어두컴컴하다. 왕숙의 주에, "유(幽)는 예(禮)에 어두운 것이다."고 했다. 예에 밝지 못함을 가리킨다. 3) **醆斝及尸君, 非禮也**: 잔(醆: 잔(盞)의 이체자), 가(斝)는 주기(酒器)의 이름으로 매우 귀중한 것이다. 시(尸)는 옛날 죽은 사람을 대신하여 제사를 받던 사람이고, 시군(尸君)은 선대의 군왕을 대신하여 제사를 받던 사람을 가리킨다. 왕숙의 주에, "하(夏)에서는 잔(醆)이라 하고, 은(殷)에서는 가(斝)라고 했다. 왕의 후예가 아니면 시(尸)와 군(君)을 사용하지 못하였다."고 했다. 이는 잔(醆)은 하나라의 술잔이고, 가(斝)는 상의 술잔으로 다만 하와 상나라의 후대 즉 기(杞)와 송(宋)나라 국군(國君)만이 제사를 지낼 때 시(尸)를 바칠 수 있었고 기타 제후국의 국군들은 사용할 수 없었다. 사용하게 되면 예의(禮儀)에 맞지 않는 것이다. 4) **僭君**: 참(僭)은 명위(名位)를 사칭하고 자기의 본분을 넘어서는 것으로 옛날에는 아랫사람이 윗사람의 명의(名義)나 예의(禮儀), 기물(器物)을 무모하게 사용하는 것을 가리켰다. 왕숙의 주에, "사

치한 군주[僭侈之君]"라 한 것은 이해에 잘못이 있다. 여기서는 자기의 본분을 넘어서 군왕의 기물을 무모하게 사용하는 것을 가리킨다. 5) **冕弁兵車, 藏於私家, 非禮也**: 왕숙의 주에, "대부는 가(家)라 칭한다. 면변(冕弁)은 대부의 복장이다. 공자는, 천자, 제후, 대부의 면변(冕弁)은 제사상이 진설된 후에는 돌려준다고 했는데, 이는 하사(下賜)하여 소장할 수 없음을 말한다('服歸設奠後'가 사고본과 동문본에는 '復歸設奠服'으로 되어 있다)."고 했다. '軍'가 사고본과 동문본에는 '革'으로 되어 있다. 6) **협군(脅君)**: 왕숙의 주에, "그 군주를 협박하다."고 했다. 7) **大夫具官, 祭器不假, 聲樂皆具, 非禮也**: 구관(具官)은 각종 집사(執事)가 모두 갖추어 졌음을 가리킨다. 고대의 대부는 보통 몇 개의 직(職)을 겸하고 각종 집사의 관(官)을 둘 수 없는데, 이제 모두 갖추었다고 하니 예제에 맞지 않는 것이다. '祭器不假'는 왕숙의 주에, "대부가 토지가 없으면 제기를 두지 않는다. 지금은 모두 빌려쓰지 않기 때문에 예가 아니다."고 했다. 전록(田祿)이 없는 대부는 당연히 '지자(支子)'로서 제기를 갖추어 둘 수 없다. 사용할 때에는 종자(宗子)로부터 빌려야 한다. 지금은 빌리지 않기 때문에 예제에 맞지 않음을 가리킨 것이다. 8) **謂**: 원래는 '爲'로 되어 있었는데 동문본에 근거하여 고쳤다. 두 글자는 통용된다. 9) **齊齒**: 나란히 배열하다. 여기서는 상하가 없음을 가리킨다. 10) **采**: 채읍(采邑). 옛날 경대부의 봉지(封地). 11) **天子適諸侯, 必舍其宗廟, 而不以禮籍入**: 왕숙의 주에, "제후에게 가서 종묘에서 머물게 될 때 먼저 그 귀신에게 고함한 것은, 장차 들어가 머문 것이기 때문이다."고 했다. '以'는 원래 없었는데 사고본과 동문본에 근거하여 보완하였다. 예적(禮籍)은 예(禮)를 적은 간책(簡策)으로 태사(太史)가 관장하는 전장(典章)과 예부(禮簿)를 가리키는데, 그 위에는 제후국에서 기피하거나 싫어하는 바가 적혀 있다. 12) **학(謔)**: 왕숙의 주에, "학(謔)은 희롱하다[戱: 사고본과 동문본에는 이 주(注)를 희학(戲謔)이라 했다]."라고 했다. 13) **夫**: 사고본과 동문본에는 이 앞에 '故' 자가 있다. 14) **柄**: 근본. 왕숙의 주에, "병(柄)은 움켜쥐다[秉持]라고도 한다."고 했지만 정확하지 않다. 15) **列**: 사고본과 동문본에는 '別'로 되어 있다. 16) **폐(弊)**: 사고본과 동문본에는 '폐(敝)'로 되어 있다. 17) **仕**: 사고본과 동문본에는 '事'로 되어 있다.

32-6

따라서 무릇 정교(政敎)는 군왕(君王)이 탁신입명(託身立命)하는 보증이므로 군왕은 반드시 하늘을 근본으로 삼고, 자연을 본받아 정령(政令)을 제정해야 한다. 정령과 예제를 대지를 본받아 제정하는 것은 그의 등급원칙이고, 조묘(祖廟)를 본받아 제정하는 것은 그의 인의(仁義)원칙이요, 산천을 본받아 제정하는 것은 그의 건설원칙이고, 오행을 본받아 제정하는 것은 그의 제도원칙이다. 이들은 성명한 군왕이 자기 지위를 굳건하게 하는 보장이다. 성인은 천지를 본받고 귀신을 참작하여 국정을 다스린다. 그가 처하여 살피는 것은 예제(禮制)로 질서를 확립하는 것이고, 백성들이 좋아하고 즐거워하는 것을 직접 느껴 그들로 하여금 편안하게 하는 것이다. 하늘이 사시(四時)를 낳고, 땅이 재부(財富)를 번식하게 하며, 사람의 몸은 아버지가 키우고, 지식은 스승이 전수한다. 이상 네 가지는 군왕이 정교(政敎)로써 정확하게 이끌어 나갈 때 비로소 과실(過失) 없는 경지에 설 수 있는 것이다.

▌原文

　　是故夫政者, 君之所以藏身也[1], 必本之天, 效以降命[2]. 命, 降於社之謂效地[3], 降於祖廟之謂仁義[4], 降於山川之謂興作[5], 降於五祀之謂制度[6]. 此聖人所以藏身之固也[7]. 聖人參於天地, 並於鬼神, 以治政也. 處其所存, 禮之序也; 翫其所樂, 民之治也[8]. 天生時, 地生財, 人其父生而師敎之. 四者君以政用之, 所以立於無過之地.

▌注釋

1) 君之所以藏身也: 왕숙의 주에, "자신의 지위를 보장한다는 것은 남에게 빌릴 수 있는 것이 아님을 말한다."고 했다. '也'자가 사고본과 동문본에는 없다. 2) 效以降命: 명(命)은 명령(命令), 정령(政令). 여기서는 당연히 넓은 뜻의 예(禮)를 가리킨다. 왕숙의 주에, "하늘을 본받아 교령(敎令)을 내리는 것은 이른바 하늘의 밝음을 본받는다는 것이다."고 했다. 정문(正文)과 왕숙의 주에 보이는 '效' 자는 사고본에는 모두 '郊'자로 되어 있다. 3) 命降於社之謂效地: 『예기(禮記)』의 「예운(禮運)」공영달(孔穎達)의 소(疏)에, "사(社)는 지(地)이다. 그 신(神)을 가리켜 사(社)라 하고, 그 모습(形)을 가리켜 지(地)라 한다."고 했다. 손희단(孫希旦)이 해석하기를, "명(命)이 사(社)에서 내린다 함은 정령(政令)이 땅에 근본하여 내리는 것을 일컫는다. 이하 세 구절은 이를 모방한 것이다."고 했다. 우리는 대지와 아래 문장의 조묘(祖廟), 산천(山川), 오사(五

祀)가 모두 자연의 법칙을 구체적으로 그 안에 표현하는 것이기 때문에 마땅히 그 이치에 근거하여 정령을 제정하는 것이라 생각한다. 왕숙의 주에, "지(地)의 이로움에 따른 것이다."고 하였는데 즉 대지를 본뜬다는 뜻이다. 땅에는 높고 낮은 구분이 있기 때문에 예(禮)에 존비(尊卑)의 등급이 있는 것이다. '降'이 사고본에는 '敎'로 되어 있는데 위와 아래의 문장에 근거하면 따를 수가 없다. '效'가 원래는 '敎'로 되어 있었으나 사고본과 동문본에 근거하여 고쳤다. 4) 降於祖廟之謂仁義: 왕숙의 주에, "조묘(祖廟)를 받듦에 가까울수록 더욱 친하고, 멀수록 더욱 우러르는 것이 인의(仁義)의 도리다."고 했다. 조묘(祖廟) 중에 친존(親尊)의 구별이 있어서 혈연관계가 가까울수록 친하나 부존(不尊)하고, 멀수록 매우 친함이 없고 매우 우러름만 있다. 친(親)은 인(仁)에서 나오고 존(尊)은 의(義)로 세워진다. 때문에 조묘(祖廟)의 예(禮)에는 인의(仁義)의 함의(涵義)가 있는 것이다. 5) 降於山川之謂興作: 왕숙의 주에, "이른바 산천에 제사지내기를 하명하는 것은 구름과 비를 일으켜 만물을 생겨나게 하라고 말하는 것이다."고 하였다. 6) 降於五祀之謂制度: 왕숙의 주에, "오사(五祀)를 잘 섬기도록 하명하는 것은 인사(人事)의 제도를 능하게 하는 것이다."고 했다. 오사(五祀)는 오행(五行)의 신이다. 7) 此聖人所以藏身之固也: 왕숙의 주에, "자신의 지위 보장이 이로써 굳건해 진다."고 했다. 8) 處其所存, 禮之序也. 玩其所樂, 民之治也: 왕숙의 주에, "성인(聖人)이 늘 존처(存處)하는 것은 예의 차서(次序)이고, 늘 즐기는 것은 백성의 치안이다."고 했다. 9) 四者君以政用之, 所以立於無過之地: 왕숙의 주에, "사시(四時)와 재부는 천지에 의해 생겨나고, 스승에 의해 가르쳐 지기에 군주는 정교(政敎)로 인도하면 된다. 때문에 항상 과실 없는 경지에 서는 것이다."고 했다.

32-7

군왕(君王)은 사람들의 모범으로서 본받게 해야지 다른 사람을 본받는 자가 아니고, 사람들에게 봉양(奉養)되어야지 다른 사람을 봉양하는 자가 아니며, 사람들의 섬김을 받아야지 다른 사람을 섬기는 자가 아니다. 무릇 군왕이 다른 사람을 본받으면 잘못이 나타나고, 다른 사람을 봉양하면 부족함이 나타나며, 다른 사람을 섬기면 자신의 지위를 잃게 된다. 때문에 백성들이 군왕을 본받음으로서 스스로의 일을 잘 다스리고, 군왕을 봉양함으로서 스스로의 생활을 편안하게 하며, 군왕을 섬김으로서 자기 신분을 세상에 드러내며 그런 까닭에 예제가 널리 통하여 보급되고 상하의 명분이 명확해지는 것이다. 사람들은 모두 의를 위해 죽는 것을 안타까워 하지만 살아서 예(禮)가 없음을 걱정한다. 그러므로 군왕은 사람의 지혜는 올려 쓰고 그의 속임수는 제거하며, 사람의 용감함은 올려 쓰고 그의 격노함은 제거하며, 사람의 인(仁)은 올려 쓰고 그 탐욕은 제거한다. 국가가 환난(患難)을 만나면 군왕은 사직을 위하여 죽는데 이를 대의(大義)라 하고, 대부가 종묘를 위해 죽는 것을 정의(正義)라고 한다. 무릇 성명한 군왕은 천하를 다스림을 한 집안과 같이 하고, 천하의 사람들을 다스림을 한 사람 관리하듯 하는 것은 헛된 생각에 의거한 것이 아니고 반드시 인정(人情)을 이해하고, 그 의리를 통찰하며, 백성들의 이익이 어디에 있는가를 알고, 그들의 근심이 무엇인가를 분명히 하고난 후에야 이렇게 할 수 있는 것이다.

| 原文

君者, 人所明[1], 非明人者也; 人所養, 非養人者也; 人所事, 非事人者也. 夫君者, 明人則有過[2], 養人則不足[3], 事人則失位. 故百姓明君以自治, 養君以自安, 事君以自顯, 是以禮達而分定. 人皆愛其死, 而患其生[4], 是故用人之智去其詐, 用人之勇去其怒, 用人之仁去其貪. 國有患, 君死社稷爲之[5]義, 大夫死宗廟爲之變[6]. 凡聖人能以天下爲一家, 以中國爲一人, 非意之[7], 必知其情, 從於其義, 明於其利, 達於其患, 然後[8]爲之.

| 注釋

1) 則: 이 부분과 다음 문장의 "則人者", "百姓則君以自治"의 '則' 자가 원래는 '明'으로 되어 있었는데 사고본과 동문본에 근거하여 고쳤다. 『예기』「예운(禮運)」에는 '明'으로 되어 있고, 정현(鄭玄)의 주에는 '존숭(尊崇)'의 뜻이라고 말하고 있다. 진호(陳浩)는, 위 아래 문장의 '明'은 모두 '則'이 맞고, '취한다', '본뜬다'의 뜻이라고 했다. 이 편의 뒤에 보이는 문장과 『예기』「예운」의 "百姓則君以自治"를 비교하는 가운데 후자의 설이 맞아 당연히 사람들에게 모범을 보인다는 의미이다. 2) **夫君者, 明人則有過**: 왕숙

의 주에, "군왕이 다른 사람을 본받고자 하는 것은 잘못이다."고 했다. 3) **養人則不足**: 군왕이 만약 다른 사람을 봉양한다면 부족함이 나타날 것이다. 즉 공양(供養)할 수 없음을 말한다. 왕숙의 주에, "군주가 실정(失政)하면 백성에 의해 봉양 받을 수 없다."고 했는데, 잘못이다. '養' 앞에 원래 '故' 자가 있었는데, 사고본과 동문본 그리고 『예기』「예운」에 의거하여 삭제했다. 4) **人皆愛其死, 而患其生**: 애(愛)는 애석하다, 아끼다. 왕숙의 주에, "사람은 모두 그 죽음을 애석해 하고, 살아서 무례(無禮)함을 걱정한다."고 했다. 5) **爲之**: '爲'는 '위(謂)'와 같다. 사고본과 동문본에는 '謂之'라고 되어 있다. 6) **大夫死宗廟爲之變**: 변(變)은 『예기』「예운」의 정현의 주에, "마땅히 '辯'으로 읽어야 하고, 성(聲)이 잘못되었다. 변(辯)은 정(正)과 같다."고 했다. 전체 구절의 뜻은 대부가 종묘(宗廟)를 위해 죽는 것은 정의(正義)이고, 정당한 것이라는 것이다. 왕숙의 주에, "대부에게는 거취(去就)의 의의가 있는데 반드시 종묘를 위해 죽는 것은 아니다. 종묘를 위해 죽는 것은 임기응변인 것이다."고 했는데, 이해에 잘못이 있다. 7) **非意之**: 공상(空想)에 근거하여 출현한 것이 아니다. 왕숙의 주에, "헛된 생각으로 탐하는 것이 아니라 반드시 도달하게 함이 있는 것이다."라고 했다. 8) **然後**: 사고본과 동문본에는 이 뒤에 '能' 자가 있다.

32-8

무엇을 인정(人情)이라 하는가? 기뻐하는 것[喜], 노여워하는 것[怒], 슬퍼하는 것[哀], 두려워하는 것[懼], 사랑하는 것[愛], 미워하는 것[惡], 욕심내는 것[欲]으로 이 일곱 가지 감정은 배우지 않아도 할 수 있는 것이다. 무엇을 인의(人義)라고 하는가? 아버지는 자애로워야 하고, 자식은 효도해야 하며, 형은 착해야 하고, 동생은 존경해야 하며, 남편은 인의(仁義)로워야 하고, 아내는 따라야 하며, 어른은 은혜로워야 하고, 어린이는 순종해야 하며, 임금은 너그러워야 하고, 신하는 충성해야 한다는 것으로 이 열 가지 윤리도덕을 인의(人義)라 한다. 성심(誠心)을 강구(講求)하고, 화목(和睦)을 추구하는 것을 인리(人利)라 하고, 다투어 빼앗고 서로 살육하는 것을 인환(人患)이라 한다. 성인이 사람의 칠정(七情)을 다스리고, 사람의 십의(十義)를 배양하며, 성신(誠信)함을 강구하고 화목함을 추구하며, 겸양(謙讓)을 숭상하고 다투고 빼앗는 것을 제거하는데 예(禮)를 버리면 어떤 방법으로 다스리겠는가? 식(食)과 색(色)은 사람들의 가장 기본적인 욕망이고, 사망과 가난으로 인한 고생은 사람들이 가장 증오하는 것이다. 자기가 하고 싶은 것을 힘써 추구하는 것과 자기가 증오하는 것을 힘을 다해 피하려는 것은 사람의 본성(本性)이다. 사람들마다 마음속에 이를 가지고 있어 다른 사람은 측정할 수가 없다. 선악(善惡)은 모두 마음속에 있어 겉으로는 드러나지 않는데 한 가지 방법으로 철저하게 찾고자 한다면 예(禮)를 버리면 어찌 하겠느냐?

| 原文

何謂人情? 喜, 怒, 哀, 懼, 愛, 惡, 欲七者, 弗學而能; 何謂人義? 父慈, 子孝, 兄良, 弟悌, 夫義, 婦聽, 長惠, 幼順, 君仁, 臣忠十者謂之人義; 講信修睦, 謂之人利; 爭奪相殺, 謂之人患; 聖人之所以治人七情, 修十義, 講信修睦[1], 尙辭讓, 去爭奪, 舍禮何以治之? 飮食男女[2], 人之大欲存焉; 死亡貧苦, 人之大惡存焉. 欲, 惡者, 人之大端[3], 人藏其心, 不可測度, 美, 惡皆在其心, 不見其色, 欲一以[4]窮之, 舍禮何以哉?

| 注釋

1) 聖人之所以治人七情, 修十義, 講信修睦: 추명춘(瘳名春)과 장도(張濤)는 이 구절을 "聖人之所以治人, 七情修, 十義講, 信修睦."이라 읽었다. 2) 飮食男女: 음식(飮食)은 식욕(食欲)이고 남녀(男女)는 성욕(性欲)이다. 3) 人之大端: 사람의 본성을 가리킨다. 4) 一以: 사고본에는 '以一'로 되어 있다.

32-9

그러므로 사람이란 천지의 기본 품질을 구체적으로 드러낸 것이고, 음양 교합(交合)의 산물이며, 귀신 정령이 모인 곳이고, 만물 중의 가장 빼어남이다. 하늘은 양성(陽性)을 계승하여 해와 별로서 인간을 비춰 주고, 땅은 음성(陰性)을 계승하여 산천(山川)을 싣고 있다. 오행은 일년 사계절에 분포되어 사계절의 기(氣)가 화순(和順)된 이후 열 두 달이 출현하였다. 이 때문에 15일 동안 달이 차게 되고 또 15일 동안 달이 차츰 이지러지게 된다. 오행의 회전(回轉)에 따라 서로 다시 시작한다. 오행(五行), 4기(氣), 12월(月)은 한 바퀴 돌고 다시 시작하고, 오성(五聲), 육율(六律), 12관(管)은 돌아가면서 소리의 궁조(宮調)를 확정하며, 오미(五味), 육화(六和), 12식(食)은 교대로 근본 맛이 되고, 오색(五色), 육장(六章), 12의(衣)는 돌아가며 주색(主色)이 된다. 때문에 사람은 천지의 핵심이요, 만물의 영수(領袖)로써 맛을 향수(享受)하고, 오성(五聲)을 구별할 수 있으며 다섯 빛깔의 의복을 입고 살아가는 것이다.

┃原文

故人者, 天地之德, 陰陽¹⁾之交, 鬼神之會, 五行之秀²⁾. 天秉陽, 垂日星; 地秉陰, 載³⁾山川. 播五行於四時, 和四氣而後月生⁴⁾. 是以三五而盈, 三五而缺⁵⁾, 五行之動, 共相竭也⁶⁾. 五行, 四氣, 十二月, 還相爲本⁷⁾; 五聲, 六律, 十二管, 還相爲宮⁸⁾; 五味, 六和, 十二食, 還相爲質⁹⁾; 五色, 六章, 十二衣, 還相爲主¹⁰⁾. 故人者, 天地之心, 而五行之端¹¹⁾, 食味, 別聲, 被色而生者也¹²⁾.

┃注釋

1) **陰陽**: 중국철학의 대립되는 범주. 최초에는 햇빛의 향배를 가리키는 것이었다. 해를 향한 것을 양(陽), 해를 등지고 있는 것을 음(陰)이라 하였다. 고대 사상가들은 음양의 개념을 가지고 자연계의 두 가지 대립되는 서로 소장(消長)되는 물질 세력을 해석하고, 그것으로 일체의 현상에는 모두 정면과 반면 두 가지 방면이 있음을 드러내 보였다. 2) **五行之秀**: 오행은 금(金), 목(木), 수(水), 화(火), 토(土) 다섯 가지 물질을 가리킨다. 중국 고대 사상가들은 사람들의 생활 중에 가장 자주 보이는 이 다섯 가지 물질을 가지고 세상 만물의 내원(來源)과 다양성의 통일에 대한 해석을 꾀하였는데, 전국시대에 크게 유행하여 "오행상생(五行相生), 오행상극(五行相克)" 이론이 출현하

였다. 그 관점은 소박한 유물론과 자발적 변증법의 요소를 지녔다. 수(秀)는 가장 걸출(傑出)한 것. 3) 載: 원래는 '載於'로 되어 있었는데 사고본과 동문본에 근거하여 삭제하였다. 4) 播五行於四時, 和四氣而後月生: 오행은 일년 사계절에 분포되어, 사계절의 기(氣)가 화순(和順)한 연후에 열 두 달이 나타난다. 왕숙의 주에, "월(月)이 생기고 난 후 사시(四時)가 운행된다. 오행이 분포되고 사시(四時)와 사기(四氣: 사고본과 동문본에는 이 글자가 없다)가 조화를 이루고 난 후 월(月)이 생긴다."고 했다. 사시(四時)는 춘(春), 하(夏), 추(秋), 동(冬) 사계절을 가리키고, 사기(四氣)는 사시 중의 온(溫), 열(熱), 냉(冷), 한(寒)의 기(氣)를 가리킨다. 5일을 '일후(一候)', 3후(候)를 '1기(氣)'라 하여 1기는 15일이 된다. 5) 三五而盈, 三五而缺: 절기(節氣)가 서로 응하면 초월(初月)이 보이고, 중기(中氣)가 서로 응하면 만월(滿月)이 보인다. 왕숙의 주에, "월(月), 음(陰), 도(道)는 늘 가득차는 것은 아니다. 때문에 15일은 가득하고, 15일은 이지러지는 것이다."고 했다. 6) 五行之動, 共相竭也: 갈(竭)은 거(擧), 수기(堅起)의 뜻이고, 넓은 의미로 '갱시(更始)'의 뜻이다. 『예기(禮記)』「예운(禮運)」정현(鄭玄)의 주에, "갈(竭)은 짊어지다와 같다. 오행의 운전(運轉)이 다시 서로 새롭게 되는 것을 말한다."고 했다. 그 의미는 오행의 운전이 서로 시작되는 것이다. 왕숙의 주에, "갈(竭)은 진(盡)이다. 수(水)의 용사(用事)가 다되면 목(木)의 용사가 된다. 오행의 용사가 다시 서로 다하는 것이다."고 했다. 7) 還相爲本: 교대로 운행하다. 왕숙의 주에, "용사(用事)를 근본으로 한다."고 했다. 용사(用事)는 권력을 잡다[當權], 철에 맞대[當令]. 어기서는 성당한 운행을 가리킨다. 8) 五聲, 六律, 十二管, 還相爲宮: 오성(五聲)은 궁(宮), 상(商), 각(角), 치(徵), 우(羽) 다섯 성조(聲調)의 음계(音階)이다. 궁(宮)이 첫 번째 음계이다. 육율(六律)은 원래 '오율'로 되어 있었는데 사고본과 동문본, 『예기』에 근거하여 고쳤다. 12율(律)의 경우, 12율이라 하는 것은 음양 둘로 나뉘어져 기수(奇數)자리의 6율을 양률(陽律)이라 하고, 우수(偶數) 자리의 6율을 육려(六呂)라 하며 이 둘을 합쳐 '율려(律呂)'라 칭하였다. 고서(古書) 중의 '육율'은 음양 각 여섯의 12율을 아울러 포함한다. 12관(管)은 12율관(律管)을 가리킨다. 궁(宮)은 궁조(宮調)를 가리킨다. 중국 고대의 음악 중에는 오성 중의 어떤 한 소리를 위주로 하더라도 모두 일종의 조식(調式)을 구성할 수 있다. 그 중 궁성(宮聲)을 위주로 조성한 것을 '궁(宮: 즉 궁조식(宮調式)'이라 칭하였다. 그리고 기타 성(聲)을 위주로 조성된 것을 '조(調)'라 칭하고 통칭하여 '궁조(宮調)'라 한 것이다. 오성(五聲)은 또한 상대적인 음고(音高)일 뿐으로 절대적인 음고는 아니다. 그들의 음고는 12율에 의거하여 확정된다. 왕숙의 주에, "오성(五聲)은 궁(宮), 상(商), 각(角), 치(徵), 우(羽)이다. 관(管)은 12월(月)이다. 1월(月) 1관(管)은 양율음려(陽律陰呂)이고 그 정당한 운행은 궁(宮)이다."고 했다. 9) 五味, 六和, 十二食, 還相爲質: 오미(五味)는 달고[甛], 시고[酸], 쓰고[苦], 맵고 [辣], 짠[鹹] 다섯 가지 맛을 가리킨다. 육화(六和)는 여섯 가지 조미료로써, 『주례(周禮)』「천관(天官)·식의(食醫)」에, "무릇 화(和)는 봄에는 신맛이 많고, 여름에는 쓴맛, 가을에는 매운 맛, 겨울에는 짠 맛이 많게 하여 골(滑), 감(甘)을 조절한다."고 했다. 『예기』「예운」의 공영달(孔穎達)의 소(疏)에, "산(酸), 고(苦), 신(辛), 함(鹹)에 골(滑)과 감(甘)을 더하여 육화(六和)가 된다."고 했다. 왕숙의 주에, "오미(五味)는 산(酸), 고(苦), 함(鹹), 신(辛), 감(甘)이고, 육화(六和)는 각기 적당한 것을 조화롭게 하는데 봄에는 신맛을 더하고, 가을에는 매운 맛을 더하게 하는 것이 그것이다. 12식(食)이란 12달의 식(食)이다. 질(質)은 본(本)이다."고 했다. 10) 五色, 六章, 十二衣, 還相爲主: 오색(五色)은 청(靑), 적(赤), 황(黃), 백(白), 흑(黑) 5종의 색이다. 고대에는 이 다섯을 정색(正色)이라 하고, 나머지를 간색(奸色)이라 하였다. 왕숙의 주에, "오색(五色)은 청(靑), 적(赤), 백(白), 흑(黑), 황(黃)이다.「학기(學記)」에, '물은 오색에 해당하는 것이 없으나 오색은 물을 얻지 못하면 드러나지 못한다[水無當於五色, 五色不得不彰('彰'이 사고본과 동문본에는 '章'으로 되어 있다).'고 했으니, 오색은 물을 만나야 드러나는 것이다[五色待水而章也]."고 했다. '主'가 사고본과 동문본에는 '質'로 되어 있는데, 잘못이다. 11) 故人者,天地之心, 而五行之端: 천지지심(天地之心)은 천지간의 핵심(核心)이다. 왕숙의 주에, "천지간에는 오장(五臟: '臟'이 원래 '藏'으로 되어 있었는데 사고본과 동문본에 근거하여 고쳤다)처럼 마음이 있다. 사람은 태어나면서 가장 정령(精靈)하고, 오장(五臟)은 가장 신성하다."고 했는데, 이해를 매우 잘한 것이다. 단(端)은 두(頭), 수(首)의 뜻. 왕숙의 주에, "단(端)은 시(始)이다. 오행을 이용할 수 있다."고 했는데 이해가 잘못되었다. 12) 也: 원래는 없었는데, 사고본과 동문본에 근거하여 보완하였다.

32-10

성인(聖人)이 법칙을 제정하면서 반드시 천지의 덕행(德行)을 근본으로 하였고, 음양의 교합을 출발점으로 하였으며, 사계절에 당연히 시행해야 할 정령(政令)을 저울로 하였고, 해와 별의 운행으로 때를 기록하였다. 12개월을 기준의 구분으로 삼았고, 귀신을 동류(同類)로 삼았으며, 오행(五行)의 운행을 본체로 삼았고, 예의(禮義)를 기구(器具)로 삼았으며, 인정(人情)을 전지(田地)로 삼았고, 사령(四靈)을 가축으로 삼았다. 천지의 덕행을 근본으로 하였으므로 만물일체를 포용하여 기를 수 있고, 음양의 교합을 출발점으로 하였으므로 인정을 통찰할 수 있으며, 사계절에 당연히 시행해야 할 정령을 저울로 하였으므로 사람들에게 각기 일을 권할 수 있고, 해와 별의 운행으로 때를 기록하였으므로 각종 일을 분별할 수 있으며, 12개월을 기준의 구분으로 삼았으므로 공업(功業)에 한도가 있음을 추구할 수 있고, 귀신을 동류로 삼았으므로 직분을 지킴에 충실할 수 있으며, 오행의 운행을 본체로 삼았으므로 모든 일이 다시 시작될 수 있고, 예의를 기구로 삼았으므로 일을 함에 성취가 있을 수 있으며, 인정을 전지(田地)로 삼았으므로 사람들로 하여금 따듯하게 할 수 있고, 사령(四靈)을 가축으로 삼았으므로 살아가면서 먹고 마시는 것에 내원(來源)이 있게 하였다.

原文

聖人作則[1], 必以天地爲本, 以陰陽爲端, 以四時爲柄[2], 以[3]日星爲紀, 月以爲量, 鬼神以爲徒[4], 五行以爲質, 禮義以爲器, 人情以爲田, 四靈以爲畜[5]. 以天地爲本, 故物可擧[6]; 以陰陽爲端, 故情可睹[7]; 以四時爲柄, 故事可勸[8]; 以日星爲紀, 故業可別[9]; 月以爲量, 故功有藝[10]; 鬼神以爲徒, 故事有守[11]; 五行以爲質, 故事可復也[12]; 禮義以爲器, 故事行有考[13]; 人情以爲田, 故人以爲奧也[14]; 四靈以爲畜, 故飮食有由[15].

注釋

1) 聖人作則: 왕숙의 주에, "법칙을 제정하다."고 했다. 2) 以四時爲柄: 병(柄)을 『예기』「예운(禮運)」의 진호(陳浩)가 이르기를, "병(柄)은 권(權)과 같다."고 했다. 권형(權衡)의 뜻이다. 『예기』「월령(月令)」의 기록에 근거하면 사시(四時)는 각기 당연히 널리 시행해야 할 정령(政令)이 있는데 당연히 권형(權衡)으로 제정된 전칙(典則)에 따랐다. 3) 以: 사고본과 동문본에는 없다. 4) 徒: 동류(同類), 동류의 사람. 5) 四靈以爲畜: 사령(四靈)은 다음 절에 말하는 기린[麟], 봉황[鳳], 거북[龜], 용(龍) 등 네 종

동물을 가리킨다. 옛 사람들은 이 네 동물을 상서(祥瑞)의 상징으로 여겼고, 그들의 출현은 성인(聖人)이 탄생하거나 천하가 크게 잘 다스려진다는 징조였다. 이 때문에 사령(四靈)을 가축으로 하였다는 것은 그 뜻이 천하를 크게 잘 다스리는 것의 실현을 전칙(典則) 제정의 목표를 삼는다는 것이다. 6) 以天地爲本, 故物可舉: 거(舉)는 양육(養育), 무양(撫養). 천지(天地)의 덕성(德性)을 근본으로 하였기 때문에 만물을 잉육(孕育)할 수 있다. 왕숙의 주에, "천지를 근본으로 하였으므로 만물이 그 가운데서 무성하대'苞'가 사고본과 동문본에는 '包'로 되어 있다."고 했다. 7) 以陰陽爲端, 故情可睹: 왕숙의 주에, "음양(陰陽)을 정(情)의 시작으로 하였다."고 했다. 8) 以四時爲柄, 故事可勸: 왕숙의 주에, "사시(四時)에 각기 일이 있었으므로 일을 권할 수 있었다."고 했다. 9) 以日星爲紀, 故業可別: 왕숙의 주에, "해로써 낮을 기록하고, 별로써 밤을 기록하므로 일을 분별할 수 있는 것이다."고 했다. 10) 月以爲量, 故功有藝: 양(量)은 구분(區分). 예(藝)는 법도(法度), 한도(限度). 왕숙의 주에, "도량(度量)이 있어 사시(四時)를 이루는 것은 공업(功業)에 각기 분리(分理)가 있는 것과 같다. 예(藝)는 이(理)와 같다."고 했다. 11) 鬼神以爲徒, 故事有守: 왕숙의 주에, "귀신은 서로 간섭하지 않는다. 각기 분수가 있다."고 했다. 12) 五行以爲質, 故事可復也: 왕숙의 주에, "오행(五行)은 끝이 되면 다시 시작한다. 때문에 일이 다시 시작될 수 있는 것이다."고 했다. 13) 考: 성취하다, 이루게 하다. 왕숙의 주에, "考는 이룸[成]이다."고 했다. 14) 故人以爲奧也: 오(奧)는 오(燠)와 같다. 따뜻하다. 이 구절이 원래는 빠져 있었으나 사고본과 동문본에 근거하여 보완하였다. 『예기』「예운(禮運)」의 정현(鄭玄)의 주에, "오(奧)는 주인(主人)과 같다. 전(田)에 주인이 없으면 황폐한다."고 했는데 참고할 만하다. 15) 故飮食有由: 왕숙의 주에, "사령(四靈)은 조수(鳥獸)의 장(長)이다. 사령(四靈)은 축(畜)이었으므로 음식으로 쓸 수 있다."고 했다. 이 구절이 원래는 빠져 있었으나 사고본과 동문본에 근거하여 보완하였다.

32-11

무엇을 사령(四靈)이라 하는가? 기린, 봉황, 거북, 용을 사령이라 이른다. 때문에 용을 길러 가축을 삼으면 물고기가 놀라 숨지 못하고, 봉황을 길러 가축을 삼으면 새들이 놀라 날아가지 못하며, 기린을 길러 가축을 삼으면 짐승들이 놀라 도망하지 못하고, 거북을 길러 가축을 삼으면 인정(人情)의 판단에 실수가 없다. 선대의 군왕(君王)은 복서(卜筮)에 사용하는 시초(蓍草)와 구갑(龜甲)을 가지고 차례대로 각종 제사를 지내고 포백(布帛)을 묻어 강신(降神)하며, 고신(告神)과 축복의 문사(文辭)를 선독(宣讀)하고, 제도를 제정하였으므로 국가에 예의(禮儀)제도가 있게 되고 관리들이 각기 그 직무를 다스리게 되었으며, 예제(禮制)에 질서가 있게 되었다.

| 原文

　　何謂四靈? 麟, 鳳, 龜, 龍謂之四靈. 故龍以爲畜, 而魚鮪不淰[1]; 鳳以爲畜, 而鳥不羽+氏; 麟以爲畜, 而獸不狘[2]; 龜以爲畜, 而人情不失[3]. 先王秉蓍龜, 列祭祀, 瘞繒, 宣祝嘏辭說[4], 設制度[5], 故國有禮, 官有禦[6], 事有職, 禮有序[7].

| 注釋

1) 魚鮪不淰: 어유(魚鮪)는 대체로 어류(魚類)를 가리킨다. 심(淰)은 '심(沈)'과 같다. 고기가 놀라는 모습이다. 왕숙의 주에, "심(淰)은 숨다."라고 한 것은 파생된 뜻이다.
2) 鳳以爲畜, 而鳥不狘; 麟以爲畜, 而獸不狘: 왕숙의 주에, "지(狘), 월(狘: 사고본에는 狘이 없고, 동문본에는 狘가 없다)은 날아가 버리는(飛走를 동문분에는 '飛飛'라고 하였다) 모습이다"고 했다. 3) 龜以爲畜, 而人情不失: 거북을 가축으로 기르기 때문에 거북이 복갑(腹甲)을 점복(占卜)에 사용할 수 있고, 이 때문에 인정(人情)의 진위와 선악의 판단에 잘못이 나타나지 않는다. 왕숙의 주에, "『역(易)』에 이르기를, 천하의 길흉을 정하고, 천하의 나아가는 모양을 이루는데 거북점보다 좋은 것이 없다. 인정(사고본과 동문본에는 '人情' 앞에 '故曰' 두 글자가 있다)을 잃지 않는 것이다."고 했다. 4) 瘞繒, 宣祝嘏辭說: 예(瘞)는 매(埋), 매장(埋葬)이다. 『시경』「대아(大雅)·운한(雲漢)」, "상하전예(上下奠瘞)"의 공영달(孔穎達)의 소(疏)에 이르기를, "전(奠)은 땅에 두는 것을 이르고, 예(瘞)는 땅에 묻는 것을 이른다."고 하여 제사 중의 묻는[埋] 의식을 가리켰다. 왕숙의 주에, "예(瘞)는 제사의 예(瘞)를 이른다."고 한 이해는 정확하다. 증(繒)은 당연히 제사 중에 묻는 포백(布帛)을 가리킨다. 왕숙의 주에, "증(繒)은 태산(太山)에 증봉(增封)하는 것을 이른다."고 했는데 해석이 통하지 않는다. 예증(瘞繒)은 일종의 제사의 방식으로 축사를 적은 포백을 땅 속에 묻어 신의 복을 구하는 것이다. 왕숙의 주에, "선(宣)은 널리 선양하는 것을 이른다."고 했다. '사설(辭說)'이

원래는 없었지만 사고본과 동문본에 근거하여 보완하였다. 5) **設制度**: 이 뒤에 원래는 '축하사설(祝嘏辭說)' 네 글자가 있었는데, 사고본과 동문본에 근거하여 삭제하였다. 6) **禦**: 왕숙의 주에, "다스리다."라고 했다. 7) **事有職, 禮有序**: 원래는 '職有序'라고 되어 있었는데, 사고본과 동문본에 근거하여 고쳤다.

32-12

선대(先代)의 군왕(君王)은 예제가 천하에 통달하지 않을까 걱정하였기 때문에 교외에서 천제(天帝)에게 제사를 지냄으로써 하늘의 지고무상한 지위를 확정하였고, 국도(國都)에서 사신(社神)에게 제사를 지냄으로써 대지(大地)가 문물을 낳고 기르는 공리(功利)를 펼쳤으며, 조묘(祖廟)에 제사를 지냄으로써 인애(仁愛)를 근본으로 함을 구체적으로 드러내었고, 산천에 제사를 지냄으로써 귀신을 공경하였으며, 오행(五行)의 신에게 제사를 지냄으로써 사물의 본원(本源)을 탐구하였다. 때문에 종축(宗祝)은 조묘(祖廟)에서, 삼공(三公)은 조정에서, 삼로(三老)는 태학에서 각기 그 직무를 주관하였으며, 군왕(君王)의 앞에는 무(巫)가, 뒤에는 사(史)가 있고, 복서(卜筮)와 음악과 간언(諫言)을 맡고 있는 관원들이 좌우에 배치되어 군왕은 중심에 있으면서 무위지치(無爲之治)하므로써 가장 바른 군도(君道)를 지켰다. 그러므로 교(郊)에서 제천(祭天)의 예를 행하면 온갖 신(神)들이 각기 맡은 바 직무를 주관하고, 사(社)에서 제지(祭地)의 예를 행하면 각종 재화가 사용하기에 충분하며, 조묘(祖廟)에서 조상에게 제사를 지내는 예를 행하면 효경(孝敬)과 자애(慈愛)의 덕행이 천하를 설복(說服)하고, 오행의 신에게 제사를 지내는 예를 행하면 각종 법칙이 바르게 된다. 때문에 교사(郊社), 종묘, 산천, 오사(五祀)에 지내는 제사의 예(禮)는 도의(道義)를 구체적으로 드러내어 예제(禮制)의 보장(寶藏)이 되는 것이다.

▎原文

先王患禮之不達於下, 故饗¹⁾帝於郊, 所以定天位也; 祀社於國, 所以列地利也; 禘²⁾祖廟, 所以本仁也; 旅山川, 所以儐鬼神也; 祭五祀, 所以本事也. 故宗祝在廟, 三公在朝³⁾, 三老在學, 王前巫而後史, 卜筮瞽侑⁴⁾, 皆在左右, 王中心無爲⁵⁾也, 以守至正. 是以禮行於郊, 而百神受職; 禮行於社, 而百貨可極⁶⁾, 禮行於祖廟, 而孝慈服焉⁷⁾, 禮行於五祀, 而正法則焉. 故郊社, 宗廟, 山川, 五祀, 義之修而禮之藏⁸⁾.

▎注釋

1) 향(饗): 제사를 지내다. 2) 체(禘): 고대의 제사 명칭인데, 여기서는 대체(大禘)의 제사를 가리킨다. 3) 三公在朝, 三老在學: 삼공(三公)은 공동으로 군정(軍政)을 책임지는 최고 장관의 통칭인데, 주대(周代)에는 사마(司馬), 사도(司徒), 사공(司空) 혹은 태사(太師), 태부(太傅), 태보(太保)를 가리켰다. 삼로(三老)는 옛날 상수(上壽), 중수(中壽), 하수(下壽)를 가리켰는데 대체로 나이가 많은 사람을 가리켰다. 후에 나이가 많고 수양을 갖춘 사람을 삼로로 삼아 교화(敎化)를 관장하게 하였다. 왕숙의 주에, "왕이 삼로를 학(學)에 봉양하였다."고 했다. 4) 卜筮瞽侑: 시(筮)는 고대에 점을 칠 때 사용하던 시초(蓍草)로서 점괘를 대신하는 칭호로 사용되기도 했다. 여기서는 점을 치는데 사용한 시초(蓍草)를 가리킨다. 고(瞽)는 눈이 먼 사람으로서 옛날에는 악관(樂官)은 보통 소경들이 맡았기 때문에 악관을 대신 이르는 칭호가 되었다. 유(侑)는 사보(四輔)인데, 군왕(君王)을 보좌하는 간관(諫官)이다. 서(筮)는 원래 '蓍'로 되어 있었는데 사고본과 동문본에 근거하여 고쳤다. 고(瞽)는 사고본과 동문본에는 '鼓'로 되어 있다. 5) 無爲: 사고본과 동문본에는 '無違'로 되어 있다. 6) 百貨可極: 극(極)은 『설문(說文)』에, "극(極)은 나귀 위에 싣다."라고 했다. 여기서는 싣다는 뜻이다. 7) 孝慈服焉: 왕숙의 주에, "효자(孝慈)의 도(道)는 먼 곳이나 가까운 곳을 설복(說服)하게 한다."고 했다. 8) 義之修而禮之藏: 수(修)는 치장하다, 꾸미다. 여기서는 겉으로의 표현을 가리킨다. 장(藏)은 왕숙의 주에, "예(禮)의 보장(寶藏)을 말한다."고 했다.

▎32-13

예제(禮制)는 반드시 태일(太一)에 근본을 두고 이것이 나뉘어 천지가 되며, 전화(轉化)하여 음양이 되고, 변화하여 사시(四時)가 되며, 분열하여 귀신이 되는 것이다. 태일의 기운이 강림한 것을 일러 명(命)이라 하고, 이 명 역시 자연을 따른 것이고 각종 관계에 협조한다. 그것이 사람에게 구체화된 것을 일러 양(養)이라 하며, 이로써 사람들로 하여금 믿음을 중시하고 화목을 추구하게 하기를 마치 사람에게 있어서 피부가 합해지고 근육과 뼈가 연결되어 강고해 지는 것과 같은 것이다. 이로써 살아 있는 사람을 봉양하고 죽은 사람을 장례를 치루며, 귀신을 제사지내는 가장 기본적인 원칙이 되는 것이며, 이로써 천도(天道)에 통달하고 인정(人情)에 순응하는 중요한 통도(通道)가 되는 것이다. 오직 성인(聖人)만이 예(禮)는 폐지할 수 없는 것임을 안다. 때문에 한 국가를 파멸하고 한 가정을 쇠락시키며 한 사람을 망하게 하려면 반드시 먼저 그들로 하여금 예제를 상실하게 하는 것이다.

原文

夫禮必本於太一[1], 分而爲天地, 轉而爲陰陽, 變而爲四時, 列而爲鬼神. 其降曰命[2], 其官於天也[3], 協於分藝[4], 其居於人也曰養[5], 所以講信修睦, 而固人之肌膚之會, 筋骸之束者[6]; 所以養生送死, 事鬼神之大端; 所以達天道, 順人情之大竇[7]. 唯聖人爲知禮之不可以已也, 故破國, 喪家, 亡人, 必先去其禮.

注釋

1) 太一: 왕숙의 주에, "태일(太一)은 원기(元氣)이다."고 했다. 여기서는 천지만물을 창조한 원기를 가리킨다. 『예기』「예운(禮運)」공영달(孔穎達)의 소(疏)에 이르기를, "천지가 구분되기 전 혼돈(混沌)의 원기(元氣)이다."고 했다. 2) 其降曰命: 그 기운이 강림한 것을 명(命)이라 부른다. 왕숙의 주에, "즉 위에서 내린 명(命)이 천지와 조묘(祖廟)에 내린다."고 했다. 3) 其官於天也: 관(官)은 『경적찬고(經籍纂詁)』에, "관(官)은 법(法)이다."고 했다. 여기서는 따르다, 모방하다의 뜻이다. 왕숙의 주에, "관(官)은 직분(職分)이다. 예(禮)의 직분이 모두 천하로부터 온 것이다."고 했는데 이해에 잘못이 있다. 4) 協於分藝: 왕숙의 주에, "예(藝)는 이(理)이다."고 했다. 5) 其居於人也曰

養: 왕숙의 주에, "예(禮)가 사람의 몸에 있으므로 사람을 양성하는 것이라 말한 것이다."고 했다. 6) 者: 사고본과 동문본에는 '也'로 되어 있다. 7) 두(竇): 구멍. 여기서는 천도(天道)에 통달하고 인정에 순응하는 공도(孔道)에 비유하였다.

32-14

예(禮)는 사람에게 있어서 마치 술을 빚을 때 반드시 누룩이 있는 것과 같이 군자(君子)는 예를 추구하기 때문에 더욱 순후(醇厚)해지고, 소인(小人)은 예를 중시하지 않으므로 더욱 천박한 것이다. 성인(聖人)은 의(義)의 근본을 닦고 예의 질서로써 인정(人情)을 다스렸다. 인정(人情)은 성인(聖人)의 농토에 비유되는데, 예제를 닦는 것은 경지(耕地)에 비유되며, 도의(道義)를 천명하는 것은 씨를 뿌리는 것에 비유되고, 교육을 시행하는 것은 제초(除草)에 비유되며, 인애(仁愛)를 근본으로 하여 인심을 모으고, 예악(禮樂)을 전파하여 백성을 안정시켰다. 때문에 예(禮)는 의(義)의 실체이고, 의(義)와 서로 협조하여 자신의 협조를 얻었을 때 비로소 예가 되는 것이다. 설사 선왕(先王) 시기에 아직 생기지 않았다 하더라도 의(義)의 원리에 근거하여 창제(創制)할 수도 있고, 의(義)는 법칙으로 분별함이 있는 근거이며, 인도(仁道)를 실행하는 절도(節度)로서 반드시 법도와 협조해야 하며, 인(仁)과 합하여 할 수 있으면 강성하고 할 수 없으면 쇠망하였다. 인(仁)은 의(義)의 근본이고, 순(順)의 본체로써 할 수 있으면 존귀(尊貴)하였다. 때문에 나라를 다스리면서 예제(禮制)에 의거하지 않으면 마치 경지(耕地)에 쟁기가 없는 것과 같고, 예제를 시행하면서 의(義)를 근본으로 하지 않으면 마치 경지에 파종하지 않는 것과 같으며, 의(義)를 행하면서 교육을 중시하지 않으면 씨를 뿌려놓고 제초(除草)하지 않는 것과 같고, 교육을 중시하면서 인(仁)에 맞지 않으면 제초만 하고 수확을 하지 않는 것과 같으며, 인에 맞게 하면서 악(樂)으로 인심을 안정시키지 않으면 양식을 거두기만 할 뿐

먹지 않는 것과 같고, 악(樂)을 사용하여 안정을 시켰으면서 화순(和順)에 이르지 않으면 헛되이 먹기만 할 뿐 건장(健壯)해지지 않는 것과 같다. 사지가 건전(健全)하고 피부가 풍만한 것은 신체가 튼튼하다는 것을 나타내고, 부자(父子)의 정이 깊고 형제가 화목하며 부부가 화합하는 것은 가정이 흥성함을 나타내며, 대신(大臣)이 법을 지키고 소신(小臣)이 청렴하며 각종 직관들의 배합(配合)이 질서정연하고 군신(君臣)이 서로 올바름을 권면하는 것은 국가가 강성함을 나타내는 것이고, 천자는 덕을 수레로 삼고 악(樂)을 마부로 삼아 나라를 다스리고, 제후들 간에는 예제(禮制)로서 친하게 접촉하며, 대부들은 법칙으로 서로 협조하고, 사인(士人)들은 성심(誠心)으로 서로 살피며, 백성들이 화목으로 서로 내왕하는 것은 천하가 창성(昌盛)함을 나타내는 것이다. 이것이 바로 대순(大順)이다. 순(順)이란 살아 있는 자를 봉양(奉養)하고 죽은 자를 장사지내며, 귀신을 제사하는 원칙인 것이다. 때문에 일이 크게 쌓여도 지체되지 않고, 각종 일을 함께 행해도 잘못이 생기지 않으며, 작은 사정이라도 누락함이 없고, 더욱 심오한 일이라도 통하며, 사정이 번잡해도 조리가 있고, 각종 사정이 서로 관련이 있으면서 서로 간섭하지 않아 실행하더라도 서로 방해가 되지 않는 것이 순(順)의 최고 경계인 것이다. 순의 목표를 이해하고 난 뒤에라야 비로소 편안한 처지에 있을 때에도 위험할 때의 일을 생각하고 경계할 수 있는 것이다.

| 原文

  禮之於人, 猶酒之有糵¹⁾也, 君子以厚, 小人以薄. 聖人²⁾修義之柄, 禮之序, 以治人情. 人情者, 聖王之田也, 修禮以耕之, 陳義以種之, 講學以耨³⁾之, 本仁以聚之, 播樂以安之. 故禮者, 義之實也, 協諸義而協則禮, 雖先王未有⁴⁾可以義起焉; 義者, 藝之分, 仁之節. 協於⁵⁾藝, 講於仁, 得之者強, 失之者喪; 仁者, 義之本, 順之體, 得之者尊. 故治國不以禮, 猶無耜而耕; 爲禮而不本於義, 猶耕之而弗種⁶⁾; 爲義⁷⁾不

講於學, 猶種而弗⁸⁾耨; 講之以學而不合之⁹⁾以仁, 猶耨而不獲; 合之以仁而不安之以樂, 猶獲而弗¹⁰⁾食; 安之以樂而不達於順, 猶食而不肥. 四體旣正, 膚革充盈¹¹⁾, 人之肥也; 父子篤, 兄弟睦, 夫婦和, 家之肥也; 大臣法, 小¹²⁾臣廉, 官職相序¹³⁾, 君臣相正, 國之肥也; 天子以德爲車, 以樂爲禦, 諸侯以禮相與¹⁴⁾, 大夫以法相序, 士以信相考, 百姓以睦相守, 天下之肥也. 是謂大順. 順¹⁵⁾者, 所以養生送死, 事鬼神之常也. 故事大積焉而不苑¹⁶⁾, 並行而不謬, 細行而不失, 深而通, 茂而有間¹⁷⁾, 連而不相及¹⁸⁾, 動而不相害, 此順之至也. 明於順, 然後乃能守危.¹⁹⁾

| 注釋

1) 糵(얼): 누룩[酒曲]으로 양주(釀酒)에 사용하는 발효제. 여기서는 예(禮)가 있어 능히 인정(人情)을 순후(醇厚)하게 하는 것을 비유한다. 2) 聖人: 사고본과 동문본에는 '성왕(聖王)'이라 하였다. 3) 누(耨): 왕숙의 주에, "누(耨)는 더러운 것을 없앤다."라고 했다. 4) 未有: 사고본과 동문본에는 '未之有'라고 되어 있다. 5) 於: 사고본과 동문본에는 '諸'로 되어 있다. 6) 耕之而不種: 사고본과 동문본에는 '耕而不種'으로 되어 있다. 7) 義: 원래는 빠져 있는데 사고본과 동문본에 근거하여 보완하였다. 8) 弗: 사고본과 동문본에는 '不'로 되어 있다. 9) 之: 사고본과 동문본에는 없다. 10) 弗: 사고본과 동문본에는 '不'로 되어 있다. 11) 四體旣正, 膚革充盈: 사체(四體)는 사지(四肢)이고, 부(膚)와 혁(革)은 모두 인체의 피부를 가리킨다. 충영(充盈)은 풍만하다, 충족(充足)하다. 12) 小: 사고본과 동문본에는 이 앞에 '而' 자가 있다. 13) 序: 차례, 질서. 여기서는 차례의 구분에 따라 배열하은 것을 가리킨다. 14) 與: 친부(親附). 15) 順: 사고본과 동문본에는 '大順'으로 되어 있다. 16) 事大積焉而不苑: 대적(大積)은 오래 쌓여온 범위 혹 정도가 넓고 깊은 것을 가리킨다. 원(苑)은 오래 쌓여오다, 맺히다. 왕숙의 주에, "원(苑)은 체적(滯積)이다."고 했다 17) 茂而有間: 무(茂)는 초목이 무성(繁盛)한 것. 여기서는 사무가 번잡한 것을 가리킨다. 간(間)은 틈, 간격. 왕숙의 주에, "이(理)가 있음을 말한다."고 했다. 有는 사고본에는 不로 되어 있다. 18) 連而不相及: 왕숙의 주에, "차례가 있음을 말한다."고 했다. 19) 乃能守危: 수(守)는 지키다. 위(危)는 『설문(說文)』에, "높은 곳에 있어서 두려워하는 것이다."고 해석하였다. 전체 구절의 뜻은 높은 지위를 지키면서도 경계심을 갖는다는 것이다. 왕숙의 주에, "높으면서

도 위험하지 않는 것은 수위(守危)를 오래하기 때문이다."고 했는데 잘못이다.

32-15

　무릇 예제가 귀천(貴賤)이나 등급의 다름을 중히 여기지만 더 보탤 것도 더 줄일 것도 없이 감정을 유지함으로써 나아가 편안한 처지에 있을 때 위험할 때의 일을 미리 생각하고 스스로를 경계한다. 산에 살던 자를 물가에 옮겨 살도록 할 수 없고 작은 섬에 살던 자를 평원에 옮겨 살게 할 수는 없다. 수(水), 화(火), 금(金), 목(木) 등 생활자원을 사용하여 음식을 조절함에는 모두 시절(時節)에 순응해야 한다. 겨울철이 되면 남녀가 혼인을 하고 봄철이 되면 작위를 나누어주되 모두 반드시 당사자의 나이와 덕행에 맞게 하여 모두 천시(天時)와 민심에 순응해야 하니, 백성을 다스리는 것은 더욱 이와 같이 해야 한다. 때문에 천하에 수재(水災), 한재(旱災) 그리고 곤충 등에 의한 자연재해가 없어 백성들이 흉년이나 기아(饑餓) 그리고 비정상적인 사물의 징후에 고통 받을 일이 없는 것이다. 하늘은 자신의 백성을 기르는 도(道)를 아끼지 않고, 땅은 자신의 백성을 기르는 보물을 아끼지 않으므로 하늘은 감로(甘露)를 내려주고 땅에서는 예천(醴泉)이 솟아나며, 산에서는 기구(器具)와 상거(象車)가 발견되고 황하에서는 용마(龍馬)가 그림을 지고 뛰어 올랐으며, 봉황과 기린은 모두 교외의 들에서 생활하고, 거북과 용은 모두 궁원(宮苑)의 못에 길러지며, 그 밖의 조수(鳥獸)와 난생(卵生), 태생(胎生)들도 모두 곳곳에서 볼 수 있게 된다. 이같은 모습이 나타나는 것은 다른 원인이 있는 것이 아니라 단지 선왕(先王)이 예제에 따라 의(義)를 달성하고, 성신(誠信)을 구체적으로 드러내어 순(順)을 달성했기 때문이다. 이것이 바로 순(順)의 실제내용이다.

原文

　"夫禮之不同, 不豊不殺1), 所以持情而合危2)也. 山者不使居川,渚³⁾者不使居原; 用水, 火, 金, 木, 飮食必時⁴⁾; 冬合男女, 春頒爵位, 必當年德⁵⁾, 皆所⁶⁾順也. 用民必順⁷⁾. 故無水旱昆蟲之災, 民無凶饑妖孼之疾⁸⁾. 天不愛其道, 地不愛其寶, 人不愛其情, 是以天降甘露, 地出醴泉⁹⁾, 山出器車¹⁰⁾, 河出馬圖¹¹⁾, 鳳凰麒麟, 皆在郊棷¹²⁾, 龜龍在宮沼, 其餘鳥獸及卵胎, 皆可俯而窺也. 則是無故, 先王能循禮以達義, 體信以達順. 此順之實也."

| 注釋

1) **不殺**: 쇄(殺)는 감소, 강등(降等). '不'은 원래 빠져 있었으나 사고본과 동문본에 근거하여 보완하였다. 2) **合危**: 왕숙의 주에, "예(禮)에 부합하여 편안하다."고 했다. 실은 위의 문장이 있는 '守危'의 뜻으로 편안한 처지에 있을 때 위험할 때의 일을 미리 생각하다, 스스로 경계하다는 것을 가리킨다. 3) **저(渚)**: 물 가운데 거주할 수 있는 작은 육지. 『이아(爾雅)』「석수(釋水)」에, "물 가운데 거주할 수 있는 것을 주(洲)라 하는데, 작은 주(洲)를 저(渚)라 한다."고 했다. 4) **用水, 火, 金, 木, 飮食必時**: 왕숙의 주에, "용수(用水)는 어부가 때에 따라 못에 통발을 놓고 관개(灌漑)를 하는 것이다. 용화(用火)는 늦은 봄에 불을 지르고, 늦은 가을에 불을 거두는 것이다(사고본과 동문본에는 이 구절이 "늦은 봄에 내초(萊草)를 태우고, 음력 시월에 화전(火田)한다"고 했다). 용금(用金)은 때에 따라 구리나 철을 채굴하는 것이고, 용목(用木)은 때에 따라 도끼를 들고 산림에 들어가는 것이다. 음식은 각기 사시(四時)의 적당함을 따른다."고 했다. 5) **必當年德**: 남녀의 합함은 반드시 연령이 적당해야 하고, 작위(爵位)를 나누어 줄 때에는 반드시 덕행에 맞아야 한다. 6) **所**: 사고본과 동문본에는 '所謂'로 되어 있다. 7) **用民必順**: 왕숙의 주에, "즐거움으로 백성을 부린다."고 했다. 8) **民無兇饑妖孼之疾**: 흉(凶)은 곡물이 수확되지 않아 흉년이 드는 것이다. 요얼(妖孼)은 고대에 물류(物類)가 보이는 비정상적인 현상을 칭한다. 질(疾)은 통고(痛苦), 질고(疾苦). 전체 구절은 백성들이 기아에 시달리고 비정상적인 사물의 징후에 고통 받는 것을 없앤다는 뜻이다. 9) **醴泉**: 감미로운 샘물. 예(醴)는 단술. 10) **山出器車**: 왕숙의 주에, "은옹(銀甕), 단조(丹竈)의 기(器)와 상거(象車)이다."고 했다. 거(車)는 즉 상거(象車) 혹은 산거(山車)이다. 옛 사람들은 태평성세에는 산림 중에 일종의 둥근 나무가 자연히 생겨 수레를 만들 수 있어서 이를 복서(福瑞)의 상징으로 여겼다. 『예기』「예운(禮運)」공영달(孔穎達)의 소(疏)에 이르기를, "『예위(禮緯)』「두위의(斗威儀)」를 살펴보니, '그 정치가 태평하면 산거(山車)가 둥글게 드리운다.'고 했고, 그 주(注)에, '산거

(山車)는 자연의 거(車)이고, 수(垂)는 구부리지 않아도 저절로 둥글게 휘어진 것이다.'라고 한다."고 했다. 11) 河出馬圖: 왕숙의 주에, "말같은 용(龍)이 그림[圖]을 지고 나왔다."고 했다. 마도(馬圖)는 용도(龍圖) 혹은 하도(河圖)라고도 칭한다. 고대의 전설 중에 용마(龍馬)가 황하로부터 지고 나온 그림이다. 12) 교추(郊掫): 교외의 초택(草澤) 지대. 추(掫)는 글자가 틀렸다. 당연히 '추(椒)'로 써야 하고, 초택(草澤)의 의미이다.『예기』「예운(禮運)」정현(鄭玄)의 주에, "추(椒)는 풀을 모으다."고 했다. 사고본과 동문본에는 '近郊'로 되어 있다.

공자가어통해

권 ⑧

33 관송冠頌

| 序說

이 편은 맹의자(孟懿子)와 공자 간에 관례(冠禮)에 대한 대화이다. 공자는 관례의 기원, 관례의 의절(儀節), 관례의 의의, 천자와 제후 관례의 이동(異同), 삼대의 관(冠)의 이동 등 문제에 대하여 설명하고 있다. 이 편은 우리들이 고대의 관례를 이해하는데 도움을 줄뿐만 아니라 공자의 예제(禮制)사상도 반영하고 있다. 『논어』「위정(爲政)」에는 공자가 말한 "은나라는 하나라 예법을 대체로 답습하였으니 더하고 덜한 것을 알 수 있으며, 주나라는 대체로 은나라 예법을 답습하였으니 더하고 덜한 것을 알 수 있다[殷因於夏禮, 所損益可知也; 周因於殷禮, 所損益可知也]."라고 한 것을 기록하고 있는데, 공자는 예의 변화를 일종의 인혁(因革)과 손익(損益)의 관계라고 여겼다. 물론 공자가 예를 중시하여 사람들이 보고 듣고 말하고 행동하는 모든 면에서 예를 따라야 한다고 여겼지만, 공자는 결코 복고적이고 보수적인 "역사의 수레를 거꾸로 돌리는 사람"은 아니었다. 이 편에 기재된 공자의 예에 관한 말을 가지고 본다면 공자가 비록 예를 존중하였지만 마찬가지로 예에 얽매이지는 않았고, 임기응변 사상이 풍부하였다. 이는 『중용』가운데 공자가 말한 "어리석은 사람은 스스로 지닌 재능을 편애하고, 비천한 사람은 스스로의 주장만을 편애한다. 지금 세상에 살고 있으면서 옛날의 길로 돌아가려고 하다면, 이러한 사람은 재화가 반드시 그의 신상에 미칠 것이다[愚而好自用,

賤而好自專, 生乎今之世, 反古之道, 如此者, 災及其身者也]."라고 한 사상과 일치한다. 지금까지 사람들의 공자에 대한 편견과 오해는 바로잡아져야 한다.

33-1

주(邾)나라 은공(隱公)이 즉위하고 관례(冠禮)를 거행하기 위해 대부로 하여금 맹의자(孟懿子)를 통해 공자에게 그에 관한 예의(禮儀)를 물어보도록 하였다. 공자가 말하였다. "그 예의는 세자(世子)의 관례와 같다. 세자가 가관(加冠)할 때 주인이 서는 동쪽 계단에 서는 것은 그의 아버지를 이어 일가의 주인이 됨을 나타내는 것이고, 가관 후에 주지하는 사람이 문의 서쪽 객위(客位)에서 그에게 술을 권하는 것은 그의 성취를 격려하는 것이며, 세 차례의 가관은 한 차례 한 차례 존귀함을 더해 그가 원대한 뜻을 가질 것을 가르치는 것이다. 가관 후에 자(字)를 지어 주는 것은 그의 이름을 존중함을 나타내는 것이다. 비록 천자의 적장자라고 하더라도 사(士)의 관례와 똑같이 행하여 그 예의를 변경하지 않은 것은 천하의 누구라도 태어날 때부터 귀한 사람은 없다고 여기기 때문이다. 관례를 반드시 그 조상의 사당에서 지내면서 관향의 예를 올리므로 시작을 알리고, 종경(鐘磬)의 음악을 올려 절제를 더한다. 이는 자신을 스스로 낮다고 여기고 조상을 존중하여 감히 조상의 예제(禮制)를 감히 제멋대로 하지 않겠다는 것을 보여주는 것이다."

原文

邾隱公[1]旣卽位, 將冠[2], 使大夫因孟懿子[3]問禮於孔子. 子曰: "其禮如世子[4]之冠. 冠於阼者, 以著代也[5], 醮於客位, 加其有成[6], 三加彌尊, 導喩其志[7], 冠而字之, 敬其名也. 雖天子之元子, 猶士也, 其禮無變, 天下無生而貴者故也. 行冠事必於祖廟, 以祼享之禮以將之[8], 以金石之樂節之[9], 所以自卑而尊先祖, 示不敢擅."

注釋

1) **郑隱公**: 춘추시대 주(邾)나라 국군(國君).「변물(辯物)」제16의 "邾隱公朝於魯"장 참조. 주(邾)는 주 무왕(周武王) 때 조성(曹姓)에 분봉된 나라이다. 후에 노(魯)나라의 부용(附庸)이 되었다. 지금의 산동 추성(鄒城) 경내이다. 2) **冠**: 고대 남자의 성인례(成人禮)인데, 사(士)는 20세에 관(冠)을 써 몸과 마음이 이미 성숙되었음을 표시하고 가정과 사회의 임무를 맡을 수 있음을 나타낸다. 천자와 제후 및 대부의 아들의 관례(冠禮)는 사(士)보다 모두 이르다. 3) **因孟懿子**: 맹의자(孟懿子)를 통하다. '因'은 통하다. 맹의자는 공자의 제자로써 중씨(仲氏)이고 이름은 하기(何忌)이다. 4) **世子**: 태자. 제왕과 제후의 적장자. 5) **冠於阼者, 以著代也**: 왕숙의 주에, "조(阼)는 주인의 계단으로 아버지를 계승했음을 밝히는 것이다."고 했다. 조(阼)는 당(堂) 앞 동편의 계단으로 옛날에는 주인이 빈객을 맞이할 때 주인은 동쪽 계단으로 오르고, 빈객은 서쪽 계단으로 당(堂)에 올랐다. 때문에 조계(阼階)란 주인의 계단을 칭하기도 한다. '著'는 밝히다. 6) **醮於客位, 加其有成**: 왕숙의 주에, "계(階: 사고본에는 '阼'로 되어 있다)에서 관례(冠禮)를 할 때 만일 차서대로 하지 않는 것이 초(醮)인데, 객위(客位)에서 술을 사용하여 공경히 예를 이룬다. 문 서쪽이 객위이다."라고 했다. 초(醮)는 고대 관례(冠禮), 혼례(婚禮) 때 거행하는 일종의 의절(儀節)이다.『예기』「사관례(士冠禮)」의 정현의 주에, "술잔을 받고 다시 되돌려주지 않는 것을 초(醮)라 한다."라고 했다. 즉 지위가 높은 사람은 낮은 사람에게 잔을 따를 수 있지만 지위가 낮은 사람은 술을 받은 후에 되돌려주며 경의를 표시할 수 없다. '加'는 '嘉'와 같다. 칭찬하다, 격려하다. 7) **三加彌尊, 導喩其志**: '三加'란 세 차례 가관(加冠)하는 것을 말함. 처음에는 치포관(緇布冠), 다음으로 피변관(皮弁冠), 마지막으로 작변관(爵弁冠)을 더함. 미(彌)는 더하다. '導喩'는 가르치다. 깨우치다. 왕숙의 주에, "그 뜻을 효유하고 존중함을 더하고 공경을 이루게 하기 위해 처음에는 치포(緇布), 다음에는 피변(皮弁), 그 다음으로 작변(爵弁)을 더한다."고 했다." 8) **以祼享之禮以將之**: 왕숙의 주에, "관(祼)이란 신에게 바치는 술[鬯]을 따르는 것이다. 창주(鬯酒)를 부어 신에게 흠향하게 하여 제사를 바치는 것이다."고 했다. 관(祼)이란 고대 제왕이 술로 조상에게 제사를 지내거나 혹은 빈객에게 음주의 예를 차리는 것이다. '관(灌)'이라고도 쓴다.『서경』「낙고(洛誥)」에, "왕이 태실(太室)에 들어가 관제(祼祭)를 지냈다."의 소(疏)에, "관(祼)은 술을 땅에 붓는 것이다. 왕이 규찬(圭瓚)을 가지고 울창주를 떠서 시(屍)에게 바치고, 시는 제사를 받들어 이 술을 땅에다 붓는다. 이렇게 전(奠)을 드리기 때문에 마시지 않으니, 이를 관(祼)이라 한다."라고 했다. 왕이 빈객을 위해 큰 모임을 할 때도 이 예를 행한다. 9) **以金石之樂節之**: 왕숙의 주에, "금석(金石)이란 종경(鍾磬)이

다."고 했다.

33-2

　맹의자(孟懿子)가 말하였다. "천자가 관례를 치르지 않은 채 즉위를 하면 성장한 이후 다시 관례를 거행합니까?"
　공자가 말하였다. "옛날 세자가 비록 어리지만 즉위하게 되면 높이 되어 임금이 되는 것이다. 임금은 성인(成人)의 일을 다스리는 사람인데 어찌 관례를 행하겠는가?"
　맹의자가 말하였다. "그렇다면 제후의 관례와 천자의 관례는 다릅니까?"
　공자가 말하였다. "임금이 죽으면 세자가 상사(喪事)를 주지한다. 이는 관례를 치른 것이나 마찬가지이므로 임금이라 해서 다를 것이 없다."
　맹의자가 말하였다. "그렇다면 지금 주 은공(邾隱公)이 거행하려는 관례는 예제에 맞지 않는 것입니까?
　공자가 말하였다. "제후가 관례를 하게 된 것은 하(夏)나라 말엽 처음 시작되어 연원(淵源)이 있으므로 지금 비난할 필요가 없다. 천자의 관례는 무왕(武王)이 죽고 성왕(成王)이 열세 살에 즉위하여 천자가 되자, 주공(周公)이 총재(冢宰)의 직(職)을 맡아 천하를 다스리는 섭정(攝政)을 하였다. 그 이듬해 여름 6월에 무왕을 안장한 이후 성왕은 관례를 행한 다음 종묘에서 제후들을 조견(朝見)을 받음으로써 제후들에게 새로운 임금이 있음을 보여 주었다. 주공이 축옹(祝擁)에게 명하여 송(頌)을 짓도록 하고 말하였다. '왕께서 통달하고 조금씩 성장하시도록 축원하라.' 축옹이 축사를 지어 말하였다. '왕께서 늘 백성들을 가까이 하시고, 건강 장수하시며, 백성들을 사랑하여 그들이 농사철을 잃지 않도록 하시고, 재물의 혜택을 내리시고, 어진 사람을 가까이하고 능력있는 사람을 임용하기를 축원합니다.' 축옹은 다시 송(頌)을 지어 말하였다. '크게 길한 날에 왕께서 관례를 거행할 때에 왕께서는 어릴 때의 뜻을 버리시고, 예문(禮文)이 있는 성복(盛服)을 입으시며, 하늘의 명을 공경하여 온 천하의 법이 되소서. 위대한 조상이시여! 영원히 제사를 향유(享有)하게 하소서.' 이것이 바로 주공의 예제(禮制)이니라."

原文

懿子曰: "天子未冠卽位, 長亦冠也?"

孔子曰: "古者王世子雖幼, 其卽位則尊爲人. 人君, 治成人之事者, 何冠之有?"

懿子曰: "然則諸侯之冠, 異天子與[1]?"

孔子曰: "君薨而世子主喪, 是亦冠也已, 人君無所殊也[2]."

懿子曰: "今邾君之冠, 非禮也[3]?."

孔子曰: "諸侯之有冠禮也, 夏之末造也[4], 有自來矣, 今無譏焉[5]. 天子冠者, 武王崩, 成王年十有三而嗣立. 周公居冢宰, 攝政以治天下. 明年夏六月, 旣葬[6], 冠成王而朝於祖, 以見諸侯, 示[7]有君也. 周公命祝雍作頌[8]曰: '祝王達而未幼.' 祝雍辭[9]曰: '使王近於民[10], 遠於年[11], 嗇於時[12], 惠於財, 親賢而任能.' 其頌曰: '令月吉日[13], 王始加元服[14]. 去王幼志, 服袞職[15], 欽若昊命[16], 六合是式[17], 率爾祖考[18], 永永無極.' 此周公之制也."

注釋

1) 然則諸侯之冠異天子與: 왕숙의 주에, "천자가 관례를 치르지 않음을 이상하게 여겨 제후의 관례와 같은 개(如諸侯之: 사고본에는 이 뒤에 바로 '世子之冠' 네 글자가 있다.]를 물었던 것이다."고 했다. 2) 人君無所殊也: 왕숙의 주에, "제후 역시 인군(人君)이므로 천자와 다르지 않다."고 하였다. 3) 今邾君之冠非禮也: 왕숙의 주에, "맹의자는 제후가 관례를 치르지 않았으므로 주(邾)나라 임금의 관례는 예가 아니라 한 것이다."고 했다. 4) 諸侯之有冠禮也, 夏之末造也: 왕숙의 주에, "하나라 말엽에 비로소 제후의 관례가 만들어졌다."고 했다. '末造'는 말세(末世)를 의미하므로 왕숙의 주에 오류가 있다. 5) 有自來矣 今無譏焉: 왕숙의 주에, "연원이 있기 때문에 지금 비난할 필요가 없다."고 하였다. 6) 成王年十有三……旣葬: 왕숙의 주에, "『주서(周書)』에

또한 이르기를, '성왕(成王)의 나이 13세에 무왕(武王)이 붕어하여, 원년 6월에 장사지내다'라고 하였으니, 이 구절과 부합된다. 그러나 설명하는 자는 멋대로 연기(年紀)를 지어 연소한 자를 성년으로 재촉하였다[麛促成年少: 사고본에는 麛이 없다]. 또 주공에게 명하여 무왕이 붕어한 이후 5월에 비로소 섭정하게 하였으니 진실로 관례를 할 수 있었겠는가? 통석하다."고 했다. 7) 示: 원래는 '亦'으로 되어 있었으나 사고본과 동문본에 근거하여 고쳤다. 8) 祝雍作頌: 축옹(祝雍)은 주대(周代)의 대부이다. 송(頌)은 고대의 문체(文體)의 일종. 『시』「주남(周南)·관저(關雎)」서(序)에, "송(頌)은 성덕(盛德)의 형용을 찬미하여 그 성공을 신명에게 고한 것이다."라고 했다. 9) 辭: 축사(祝辭)로 쓰였다. 10) 使王近於民: 왕숙의 주에, "늘 민심을 얻도록 한다."고 했다. 11) 遠於年: 왕숙의 주에, "수명을 오래 누리도록 하다."고 했다. 12) 嗇於時: 왕숙의 주에, "색(嗇)은 아끼다. 계절에 따라 백성의 때를 빼앗지 않는다."고 했다. 13) 令月吉日: 대체로 대길(大吉), 대리(大利)의 날을 말한다. '令'은 좋다. 14) 元服: '冠'은 모자(帽子)이다. '元'은 '首'이고, 冠은 머리에 쓰는 것이다. 때문에 원복(元服)이라 한 것이다. 옛날에는 관례를 행하는 것을 '加元服'이라 했다. 15) 服袞職: 왕숙의 주에, "곤직(袞職)은 성복(盛服)에 예문(禮文)이 있는 것이다."고 했다. '服'이 사고본과 동문본에는 '心'으로 되어 있다. 16) 欽若昊命: 왕숙의 주에, "欽은 '敬'이고, 若은 '順'이다."고 했다. 昊는 '天'이다. 따라서 昊命은 天命이다. 사고본과 동문본에는 '昊天'으로 되어 있다. 17) 六合是式: 왕숙의 주에, "천지사방(天地四方)을 육합(六合)이라 이른다. 그것을 법식(法式)으로 한다는 말이다."고 했다. 18) 率爾祖考: 率은 어조사. 이(爾)는 당신, 그대들. 祖考는 조상.

33-3

맹의자가 물었다. "제후의 관례에서 빈주(賓主)를 구분하는 것은 무엇 때문입니까?"

공자가 말하였다. "공(公)이 관례를 할 때에는 경(卿)이 손님[賓]이 되고 부빈(副賓)을 필요로 하지 않고 공이 스스로 주인[主]이 되어 손님을 맞이하여 읍(揖)으로 예를 행한 후 동쪽 계단으로 올라가 남쪽을 향해 좌석의 북쪽에 선다. 단술을 올리는 예절은 사(士)와 마찬가지로 삼헌(三獻)의 예로 한다. 단술을 올리는 예를 마치고 나면 동쪽 계단으로 내려간다. 공(公)이 아닌 제후로써 스스로 주인이 되는 경우 이와 다른 것은 모두 서쪽 계단으로 내려오고, 현단(玄端)과 피변(皮弁) 역시 다르다. 모두 조복과 흰색의 가죽으로 된 무릎덮개를 입고, 공(公)은 네 차례 관(冠)을 쓰고 검은색 면류관을 쓰고 제복(祭服)을 입는다. 손님에게는 폐물로 비단 1속(束)과 말 네 필을 준다. 왕의 태자(太子)와 서자(庶子)의 관례 또한 이와 같이하며 천자 자신이 주인이 된다. 그 예절이 사(士)와 같으며 손님을 대접하는 절차 역시 모두 같다."

┃原文

懿子曰: "諸侯之冠, 其所以爲賓主, 何也?"

孔子曰: "公冠則以卿爲賓, 無介, 公自爲主, 迎賓揖, 升自阼, 立於席北. 其醴¹⁾也, 則如士, 饗之以三獻之禮²⁾. 旣醴, 降自阼階³⁾. 諸侯非公而自爲主者, 其所以異, 皆降自西階⁴⁾, 玄端與皮弁異, 朝服素畢⁶⁾, 公冠四⁷⁾, 加玄冕祭⁸⁾, 其酬幣於賓, 則束帛乘馬⁹⁾, 王太子庶子之冠擬焉¹⁰⁾, 皆天子自爲主¹¹⁾, 其禮與士無變, 饗食賓也皆同."

┃注釋

1) 醴: 첨주(甛酒). 여기서는 높은 사람이 낮은 사람에게 비교적 간단하게 술을 권하는 예절을 가리킨다. 술을 따르고 잔을 돌리지 않은 것을 초(酢)라 하고, 단술[醴]을 사용하는 것을 예(醴)라 하며, 술을 사용하는 것은 초(醮)라 한다. 2) 饗之以三獻之禮: 향(饗)은 손님을 대접하다. 삼헌(三獻)이란 옛날 제사를 지낼 때 술을 세 차례 올리는데, 초헌작(初獻爵), 아헌작(亞獻爵), 종헌작(終獻爵)을 합하여 삼헌(三獻)이라 칭한다. 3) 階: 사고본과 동문본에는 없다. 4) 西階: 왕숙의 주에, "서쪽 계단은 손님이 오른다."고 했다. 5) 玄端與皮弁異: 왕숙의 주에, "현단(玄端)은 치포관(緇布冠)의 복(服)이고, 피변(皮弁)은 그 복을 스스로 쓰는 것이다."라고 했다. 6) 朝服素畢: 왕숙의 주에, "조복(朝服)으로 무릎까지 덮는 가죽옷을 입는 것은 옛날을 잊지 않는다는 것을 보여주는 것이다."고 했다. 필(畢)은 '필(韠)'과 통한다. 조복 위에 가죽으로 된 무릎덮개이다. 7) 公冠四: 왕숙의 주에, "공(公)은 네 차례 관을 쓴다."고 했다. 8) 加玄冕祭: 왕숙의 주에, "검은색 면류관[玄冕]을 쓰고, 제복(祭服)을 착용한다."고 했다. 9) 其酬幣於賓, 則束帛乘馬: 왕숙의 주에, "관례가 끝나고 손님을 대접하는데, 대접을 마

치고나면 손님에게 폐물을 주는 것을 수폐(酬幣)라고 한다. 승마(乘馬)는 말 네 필이다."고 했다 10) 王太子, 庶子之冠擬焉: 왕숙의 주에, "왕의 태자(太子), 서자(庶子)는 모두 제후의 관례와 같다."고 했다. 11) 主: 원래는 '三'으로 되어 있었으나 사고본과 비요본, 동문본에 근거하여 고쳤다.

33-4

맹의자가 물었다. "관례를 시작할 때 반드시 흑색 베로 만든 관[緇布冠]을 쓰는 것은 무엇 때문입니까?" 공자가 말하였다. "그것은 고대의 예제(禮制)를 잊지 않는다는 것을 나타내기 위함이다. 태고(太古) 때에는 흰색 삼베로 관(冠)을 만들었는데 재계(齋戒)할 때는 검게 물들였다. 관에 끈을 매달았다는 것을 나는 들은 적이 없다. 현재는 관례를 거행하면서 다만 손님에게 폐물을 주면 된다."

맹의자가 또 물었다. "하, 상, 주 삼대의 군왕이 관(冠)을 쓰고 예를 행할 때의 차이는 무엇입니까?" 공자가 말하였다. "제사를 지낼 때 쓰던 관을 주나라에서는 변(弁)이라 했고, 은나라에서는 후(㡌), 하나라에서는 수(收)라 하였는데, 실제는 모두 같았다. 삼대의 군왕은 모두 흰색의 가죽 관을 쓰고 흰색의 관대(冠帶)를 착용하였다. 위모(委貌)는 주나라 때 늘 쓰던 관이고, 장보(章甫)는 은나라 때, 무추(毋追)는 하나라 때 늘 쓰던 관이다."

原文

懿子曰: "始冠必加緇布之冠[1], 何也?" 孔子曰: "示不忘[2]古. 太古冠布, 齋則緇之, 其緌也, 吾未之聞[3], 今則冠而幣之可也[4]."

懿子曰: "三王[5]之冠, 其異何也?" 孔子曰: "周弁, 殷㡌, 夏收, 一也[6]. 三王共皮弁素緌[7]. 委貌, 周道也; 章甫, 殷道也; 毋追, 夏后氏之道也[8]."

| 注釋

1) 緇布之冠: 흑색의 관의 일종. 치(緇)는 흑색. 2) 忘: 사고본과 동문본에는 '亡'으로 되어 있다. 3) 其緌也, 吾未之聞: 왕숙의 주에, "지금은 관(冠)에 끈이 있지만 옛날에 있었다는 이야기를 듣지 못하였으므로 옛날에는 관에 끈이 없다고 말한 것이다. 유(緌)는 관(冠)의 장식이다."고 했다. 4) 今則冠而幣之可也: 왕숙의 주에, "지금은 관을 다시 쓰지 않는다. 폐(幣)란 포폐(布幣)를 다시 하지 않는다는 것이다."라고 했지만, 잘못이다." 폐(幣)란 손님들에게 폐물로 비단을 선물하는 것이다. 5) 三王: 하(夏), 상(商), 주(周) 삼대의 군주를 가리킨다. 6) 周弁, 殷冔, 夏收 一也: 왕숙의 주에, "모두 제복(祭服)이다."고 했다. 후(冔)는 원래 '한(哻)'으로 되어 있었으나 이제 『의례(儀禮)』「사관례(士冠禮)」, 비요본(備要本)에 근거하여 고쳤다. 7) 유(緌): 사고본과 동문본에는 '繢'으로 되어 있다. 8) 委貌 周道也; 章甫 殷道也; 毋追 夏后氏之道也: 왕숙의 주에, "늘 착용하던 관(冠)이다."라고 했다. 사고본과 동문본에는 '夏后氏之道' 뒤에 '也' 자가 없다.

34 묘제廟制

| 序說

　위(衛)나라 장군 문자(文子)가 공묘(公廟)를 사가(私家)에 설치하고자 자고(子羔)를 보내 공자에게 물어왔다. 공자는 이러한 방법을 부정하고 제묘(祭廟)를 설립하는 제도를 이야기하였다. 때문에 이 편의 이름을 '묘제(廟制)'라 한 것이다.
　이 편은 자고가 묻는 가운데 '제전(祭典)'에서 언급했다는 우(虞), 하(夏), 상(商), 주(周) 사조(四祖) 사종(四宗)의 기록은 또 『예기』「제법(祭法)」과 『국어』「노어(魯語)상」에도 보인다. 본 편과 『예기』의 기록은 일치하지만 『국어』와는 약간 다르다.
　중국의 상고(上古)시대 문화 중에 제사문화는 매우 중요한 지위를 차지한다. 이 편은 상고 특히 하, 상, 주 삼대의 제사제도 연구에 중요한 자료이다. 매우 긴 변화과정 속에서 제사의 예의법규는 조금씩 형성되었고 아울러 소위 '제전(祭典)', '사전(祀典)' 등이 출현하였는데, 이는 기록 중에 어렵잖게 볼 수 있다. 예컨대, 이 편에서 언급한 "제전(祭典)에 이르기를[祭典 云....]"이나, 『예기』「제법(祭法)」에, "이 족속이 아니면 사전(祀典)에 없다[非此族也, 不在祀典]", 『국어』「노어(魯語)상」의 "무릇 체, 교, 조, 종, 보의 제사 이 다섯 가지는 나라의 전사(典祀)이다[凡禘, 郊, 祖, 宗, 報, 此五者國之典祀也]", "옳지 않으면 사전(祀典)에 있지 않다[非是, 不在祀典]", "제사를 지키고 전(典)

을 시들지 않게 한다[守祀不替其典]" 등이 그것이다. 삼대의 시기에는 제사의 예의법도 관련 전적(典籍)들이 존재하였을 뿐만 아니라 '국전(國典)'으로 존칭되었다.

공자가 보기에 천자는 7묘(廟)를 세우고, 제후는 5묘, 대부는 3묘, 사(士)는 1묘를 세우고, 서인(庶人)은 묘가 없었는데, 이는 유우씨(有虞氏)이래 줄곧 변함없던 제도로써 그 묘의 수(數)는 넘어설 수 없는 것이었다. 실제 주대의 묘수(廟數)제도는 주대의 등급제도로 결정되었고, 그것은 다시 정치상의 등급제를 위해 봉사하였다. 이러한 묘제가 자고이래 불변한 것은 아니었고 서주 건국 초부터 있어왔던 것이 아닐 수도 있다. 7묘란 당연히 후일 확대된 견해이다. 공자가 이야기한 묘수제도에 관하여는 『예기』「왕제(王制)」, 『예기』「예기(禮器)」에 모두 일치된 기록이 있는데, 『예기』「제법(祭法)」 중에는 사(士)의 묘수에 대해 차이가 있다. 이르기를, "사(士)는 2묘(廟) 1단(壇)이 있는데, 고묘(考廟), 왕고묘(王考廟)라고 부른다."고 했다. 이는 당연히 춘추시기 사(士) 계층이 분화된 결과이다.

이 편에서 언급된 묘수제도는 정현(鄭玄)과 왕숙(王肅)의 경학(經學) 논쟁의 초점 중의 하나이다. 정현은 천자의 7묘가 태조묘(太祖廟)가 하나, 문왕, 무왕묘가 각각 하나 즉 2조(祧), 친묘(親廟) 넷, 합하여 7묘라고 했다. 왕숙은 그의 저작 『성증론(聖證論)』에서 2조(祧)를 고조(高祖)의 부(父), 고조의 조(祖)라 하고, 태조와 4친묘를 더하여 7묘라고 했다. 문왕과 무왕의 묘는 7묘 이외의 것으로 여겼다. 왕숙의 견해를 보면 천자는 당연히 9묘를 설립해야 한다는 것인데, 왕숙의 관점이 『공자가어』와 다르다는 점은 『공자가어』의 왕숙 위조설이 성립하기 어렵다는 것을 웅변적으로 증명하고 있다.

34-1

위(衛) 나라 장군 문자(文子)가 자기의 봉지(封地)에 죽은 아버지[先君]의 사당(廟)을 세우기 위해 자고(子羔)로 하여금 공자에게 가르침을 받도록 하였다. 공자가 말하였다. "나라의 사당을 사가(私家)에 세운다는 것은 옛날의 예법에 언급된 것이 아니므로 나로서는 알 수 없다."

자고가 물었다. "여쭙건대 존비와 상하의 입묘(立廟)제도에 관하여 들려주실 수 있습니까?" 공자가 말하였다. "천하에 왕(王)이 있게 되면서 토지를 분봉하여 나라를 세우고 조종(祖宗)의 묘(廟)를 설치하여 친소(親疎), 귀천(貴賤) 그리고 많고 적은 수목(數目)을 구별하였다. 그런 까닭으로 천자는 칠묘(七廟)를 세우는데 삼소(三昭)와 삼목(三穆) 그리고 태조의 묘를 합해 7묘(廟)이다. 태조와 고조의 묘에서는 매월 제사를 지낸다. 고조의 부(父), 고조의 조(祖)의 묘를 조(祧)라 하고, 2조(祧)가 있는데 다만 춘하추동 사계(四季)에만 제사를 지낸다. 제후는 5묘(廟)를 세우는데, 이소(二昭)와 이목(二穆) 그리고 태조의 묘를 합해 5묘(廟)로써 이를 시조묘[祖考廟]라 부르고 사계(四季)에만 제사를 지낸다. 대부는 삼묘(三廟)를 세우는데 일소(一昭)와 일목(一穆) 그리고 태조의 묘를 합해 3묘(廟)로써 이를 증조묘[皇考廟]라 부르고 사계(四季)에만 제사를 지낸다. 사(士)는 일묘(一廟)를 세우는데 이를 부묘[考廟]라 부르고, 사망한 조부의 묘(廟)가 세워져 있지 않으면 부조(父祖)의 묘(廟)를 합하여 사계(四季)에만 제사를 지낸다. 서인(庶人)은 묘를 세우지 않고 침실에서 사계의 제사를 지낸다. 이같은 제도는 유우씨(有虞氏)로부터 주(周)나라까지 변함이 없다. 무릇 고조 이하 아버지까지 4대 제왕의 교제(郊祭)는 모두 하늘을 함께 배향(配享)하며, 체(禘)라고 하는 제사는 모두 5년에 한 번 대제(大祭)를 지내는 것으로 하였다. 태조에 해당할 경우 그 묘(廟)는 허물지 않는다. 그 공덕이 태조에 미치지 못하는 선조는 비록 체제(禘祭)와 교제(郊祭)의 범위에 들어 있어도 그 묘는 헐어버린다. 옛날에 조(祖)는 공(功)이 있음을 말하고, 종(宗)은 덕이 있음을 말하여 이를 일러 조종(祖宗)이라 불렀으니, 그들의 묘는 헐지 않는다."

原文

　　衛將軍文子[1]將立先君[2]之廟於其家[3], 使子羔訪於孔子. 子曰: "公廟[4]設於私家, 非古禮之所及, 吾弗知."

　　子羔曰: "敢問尊卑上下立廟之制, 可得而聞乎?" 孔子曰: "天下有王, 分地建國, 設祖宗[5], 乃爲親疏貴賤多少之數. 是故天子立七廟, 三昭三穆[6], 與太祖之廟七[7], 太祖近廟[8], 皆月祭之. 遠廟爲祧[9], 有二祧焉, 享嘗[10]乃止. 諸侯立五廟[11], 二昭二穆, 與太祖之廟而五, 曰祖考廟[12], 享嘗乃止. 大夫立三廟[13], 一昭一穆, 與太廟而三, 曰皇考廟[14], 享嘗乃止. 士立一廟[15], 曰考廟[16], 王考無廟, 合而享嘗乃止[17]. 庶人無廟, 四時祭於寢[18]. 此自有虞以至於周之所不變也[19]. 凡四代帝王之所謂郊[20]者, 皆以配天. 其所謂禘[21]者, 皆五年大祭之所及也[22]. 應爲太祖者, 則其廟不毁, 不及太祖, 雖在禘郊, 其廟則毁矣[23]. 古者祖有功而宗有德, 謂之祖宗者, 其廟皆不毁[24]."

注釋

1) 文子: 왕숙의 주에, "문자(文子)는 이름이 미모(彌牟)이다."고 했다. 위 영공(衛靈公)의 손자이고, 공자(公子) 영(郢)의 아들로써, 도공(悼公)을 세워 위(衛)나라의 군정(軍政) 대권을 모두 장악하였다. 2) 先君: 총간본(叢刊本)과 비요본(備要本)에는 '三軍'이라 되어 있으나 사고본과 동문본에는 '先君'이라 하였다. '先君'이 확실하다. 음이 같아 와전된 것이다. 3) 家: 경(卿), 대부(大夫)의 종족(宗族)과 정권조직.『논어』「팔일(八佾)」에, "삼가(三家)에서 제사를 마치고『시』「옹(雍)」을 노래하며 철상(徹)을 하였다."라 했고, 주희(朱熹)의 주에, "삼가(三家)는 노나라 대부 맹손(孟孫), 숙손(叔孫), 계손(季孫)의 가문이다."고 했다. 4) 公廟: 국가의 제묘(祭廟). 5) 設祖宗: 왕숙의 주에, "조(祖)는 공(功)이 있고, 종(宗)은 덕(德)이 있다."고 했다. 고대 제왕의 세계(世系) 중 시조를 조(祖)라 칭하고, 조를 계승한 자를 종(宗)이라 했다.『예기』「제법(祭法)」에, "은(殷)나라 사람은 조(祖)가 설(契)이고 종(宗)이 탕(湯)이다. 주(周)나라 사람은 조(祖)가 문왕(文王)이고 종(宗)이 무왕(武王)이다. 정현(鄭玄)의 주에, "조종(祖宗)은 통하는 말이다."고 했다. 살펴보면 공영달(孔穎達)의 소(疏)에, "왕숙(王肅)은 또 조종(祖宗)을 조(祖)는 공(功)이 있고, 종(宗)은 덕(德)이 있는 것으로 여겼다."고 하여 정현의 설과는 다르다. 실제 조종의 제도는 은과 주가 다르다. 은나라는 종을

공이 있고 부흥의 군주를 칭하는 것이고, 주나라에서는 조(祖)를 계승한 자를 모두 종(宗)이라 칭하였다. 왕숙의 설은 은을 위주로 하였고, 정현의 설은 주나라 제도를 위주로 한 것이다. 후대 제왕의 조종(祖宗)과 묘호(廟號)는 모두 주나라 제도를 계승하여 사용하였다. 보통 '조종(祖宗)'은 조선(祖先)의 통칭이다. 6) **三昭, 三穆**: 소, 목은 고대의 종법제도로써 종묘의 순서이다. 시조는 묘의 중앙에, 이하 부자(父子: 祖父)를 순서대로 소목(昭穆)이라 하여 좌를 소(昭), 우를 목(穆)이라 하였다. 『주례』 「춘관(春官)·소종백(小宗伯)」에, "묘조(廟祧)를 분별한 것을 소목(昭穆)이라 한다."고 했고, 정현(鄭玄)의 주에, "부(父)는 소(昭), 자(子)는 목(穆)이다."고 했다. 7) **七**: 사고본과 동문본에는 이 앞에 '而' 자가 있다. 8) **太祖近廟**: 왕숙의 주에, "근(近)은 고조(高祖)를 이르며, 고조 이하 조상의 묘를 근(近)이라 한다."고 했다. 9) **遠廟爲祧, 有二祧焉**: 왕숙의 주에, "조(祧)는 멀다는 뜻. 먼 조상을 조(祧)라 하는데, 이조(二祧)란, 고조의 부모와 조(祖)이다."고 했다. 『예기』 「제법(祭法)」에, "먼 조상의 묘를 조(祧)라 한다."고 했고, 손희단(孫希旦)의 집해(集解)에, "대개 고조의 아버지, 고조의 할아버지의 묘를 원묘(遠廟)라고 한다. 그 대수(代數)가 멀수록 천위(遷位)한다."고 했다. 『주례』 「춘관(春官)·소종백(小宗伯)」에, "묘조(廟祧)의 소목(昭穆)을 가린다."고 했고, 정현(鄭玄)의 주에, "조(祧)는 천조(遷祖)를 모시는 묘이다."고 했다. 『주례』 「춘관(春官)·수조(守祧)」에, "선왕(先王), 선공(先公)의 묘조(廟祧)를 관장한다."고 했고, 정현의 주에, "묘(廟)는 태조의 묘와 삼소삼목(三昭三穆)이고, 천조(遷祖)를 모시는 것을 조(祧)라 한다. 선공(先公)의 천주(遷主)는 후직(后稷)의 묘에 모시고, 선왕(先王)의 천주는 문무(文武)의 묘에 모신다."고 했다. 10) **享嘗**: 왕숙의 주에, "사시제(四時祭)이다."고 했다. 종묘의 사시제(四時祭)를 시향(時享)이라고도 불렀는데, 춘하추동 사계절에 새로운 제물을 올려 조상에게 흠향하게 한 것을 가리킨다. 시향(時享)의 명칭에 대한 옛 견해는 일치하지 않는다. 일반적으로 춘제(春祭)를 사(祠), 하제(夏祭)를 약(礿), 추제(秋祭)를 상(嘗), 동제(冬祭)를 증(蒸)이라 불렀다. 11) **諸侯立五廟**: 왕숙의 주에, "천자보다 둘 적다[降天子二也]. '也' 자가 사고본에는 없다."고 했다. 12) **祖考廟**: 왕숙의 주에, "시조묘(始祖廟)이다."고 했다. 태조묘라고도 한다. 주나라 제도에는 후직의 묘이다. 『예기』 「제법(祭法)」에, "왕은 7묘를 세우는데, 한 단(壇), 한 선(墠)이 있다. ……조고묘(祖考廟)라고 한다."고 했고, 공영달(孔穎達)의 소(疏)에, "조고묘(祖考廟)라고 하는 것은 조(祖)는 시(始)이다. 이 묘는 왕가(王家)의 시작이므로 조고(祖考)라 부르는 것이다."고 했다. 13) **大夫立三廟**: 왕숙의 주에, "제후보다 둘 적다."고 했다. 14) **與太廟而三, 曰皇考廟**: 황고묘(皇考廟)는 증조(曾祖)의 묘이다. 『예기』 「제법(祭法)」에, "왕은 7묘를 세우고, 한 단(壇), 한 선(墠)이 있다. ……황고묘(皇考廟)라고 한다."고 했다. 공영달의 소(疏)에, "황고묘(皇考廟)라는 것은 증조이다. 황(皇)은 대(大)이고, 군(君)이다. 증조로 받들어진다. 또 대군(大君)의 칭을 더한다."고 했다. 15) 士立一廟: 왕숙의 주에, "대부보다 둘 적다."고 했다. 16) 考廟: 부묘(父廟).『예기』「제법(祭法)」에, "왕은 7묘를 세우고, 한 단(壇), 한 선(一墠)이 있다. 고묘(考廟)라 한다."고 했고, 공영달의 소(疏)에, "고묘(考廟)라고 하는 것은 부묘(父廟)를 고(考)라 한다. 고(考)는 성(成)이다. 부(父)가 덕을 이루는 아름다움이 있음을 이른다."고 했다. 17) 王考無廟, 合而享嘗乃止: 왕숙의 주에, "할아버지는 부묘(父廟)에 합한다."고 했다. 왕고(王考)란 세상을 떠난 조부에 대한 존칭이다. 18) 寢: 내당(內堂), 침실.『일주서(逸周書)』「황문해(皇門解)」에, "내가 홀로 침(寢)에서 복(服)하노라."라 했고, 공조(孔晁)의 주에, "침(寢)은 실(室)이다."고 했다. 19) 此自有虞以至於周之所不變也: 왕숙의 주에, "유우(有虞)씨로부터 주나라에 이르기까지 예(禮)가 바뀌지 않았으니[周禮不異: '周'는 사고본에 없다], 이야기하는 자는 주나라의 사당에 문무가 있기에 조위(祧位)를 마땅히 옮겨 문묘로 삼는다고 하니[以爲文廟: 사고본에는 '文' 자 다음에 '武之' 두 글자가 있다] 혹은 심함이 있다. 예전(禮典)에는 모두 7묘의 글이 있는데, 외직『예기』「상복소기(喪服小記)」에, '왕자('王者)는 그 조상이 유래되어 나온 바를 체(禘)제사를 지내어 그 '조(祖)를 배향하기에 4묘를 세운다'고 하였다. 이는 처음 왕이 된 자는 시조가 아직 있지 않기에 4묘를 세운다는 말이다. 이제 유우씨 또한 처음 왕이 된 자인데 이미 7묘를 세웠다면「상복소기」의 내용 또한 망녕된 것이다."고 했다. 20) 郊: 제사의 이름. 넓은 의미에서 교제(郊祭)는 교(郊)에서 거행되는 각종 제사를 가리키며, 좁은 의미로의 교제는 단지 교천(郊天)의 제사만을 가리킨다. 문장 중의 이것은 좁은 의미의 교제(郊祭)이다. 21) 禘: 제사의 이름. 전통적인 견해에서 체(禘)는 세 종류가 있는데, 첫째, 교(郊)에서 천지의 제사를 지내면서 그 시조(始祖)를 배향하는 것을 대체(大禘)라 하고, 둘째, 사시(四時)에 선왕(先王)에게 제사를 올리는데 하상(夏商)시기에는 여름에 지내는 제사를 체(禘)라 하였다. 주나라에서는 약(礿)이라 개칭하였다. 셋째, 사시의 제사 외에 군묘(群廟)에서 지내는 제사를 체(禘)라 하였고, 5년마다 한 차례 지냈다. 이는 세 번째 종류라고 해야 한다. 22) 皆五年大祭之所及也: 왕숙의 주에, "은(殷), 주(周)에서 제곡(帝嚳)에게 체제(禘祭)를 지내는데, 5년마다 대제(大祭)를 지냈다."고 했다." 23) 不及太祖, 雖在禘郊, 其廟則毁矣: 왕숙의 주에, "여러 체(禘)제사에서 향고(享考)는 묘(廟)가 없고 교제 또한 묘가 없다. 후직(后稷)이 묘가 있는 것은 스스로[自: 사고본에는 '耆'로 되어 있고, 구두로는 위에 속해 있다] 태조가 되기 때문에, "태조로 삼지 않는 것은 비록 체(禘)와 교(郊)가 있다 하더라도 그 묘는 헐어버린다는 것이다. 후직에 근거하여 말하자면 은나라 사람들은 명(冥)을 교제사를 지내지 않는데 명은 큰 공이 있었다[殷人不郊冥, 以冥有大功: 이 구절은 사고본에는 '殷人之郊冥, 冥以有大功'으로 되어 있다] 설(契)이 이미 태조의 묘가 되지만 만일 다시 교제를 지낸다면 명(冥)은 영영 사전(祀典)에 함께 하지 못한다. 이 때문에 명을 교제사 지낸다고 한 것이다."고 했다. 24) 古者祖有功而宗有德, 謂之祖宗者, 其廟皆不毁: 왕숙의 주에, "조종(祖宗)은 없앨 수 없는 명칭이다. 그 묘(廟)에 공이 있는 자를 조(祖)라 하였으며 주 문왕이 이것이며, 덕이 있는 자를 종(宗)이라 하였으니 주[周: 사고본에는 없다] 무왕이 이것이다. 이묘(二廟)에서 조종이 있어 왔기에 비로소 그것을 일러 이조(二祧)라 한다. 또 배식명당(配食明堂)의 명칭으로 삼은 것은 성인의 지적[指: 사고본에는 '相'으로 되어 있다]에 위배되고 실제 사실에 어긋나는 것이다."고 했다. '謂之'는 사고본과 동문본에 '諸見'으로 되어 있다.

34-2

자고(子羔)가 물었다. "제전(祭典)에 말하기를, '옛날 유우씨(有虞氏)는 전욱(顓頊)을 조(祖)로 하고 요(堯)를 종(宗)으로 하였고, 하후씨(夏后氏) 역시 전욱을 조(祖)로 하고 우(禹)를 종(宗)으로 하였으며, 은나라는 설(契)을 조(祖)로 하고 탕(湯)을 종(宗)으로 하였고, 주나라는 문왕(文王)을 조(祖)보 하고 무왕(武王)을 종(宗)으로 하였다'고 했습니다. 이 네 가지 조(祖)와 종(宗)이 혹 조대(朝代)가 다르거나, 혹 부조(父祖)가 모두 공덕이 있는 경우 그들의 묘(廟)를 허물지 않는 것이 맞지만, 유우씨가 요(堯)를 종(宗)으로 하고, 하후씨가 전욱을 조(祖)로 한 것은 모두 다른 조대(朝代)에 공덕이 있던 경우인데, 그들의 묘(廟) 역시 보존해야 합니까?" 공자가 말하였다. "질문을 잘했도다! 네가 들어 아는 것과 같다. 은나라와 주나라 조종(祖宗)의 경우 그 묘(廟)를 허물 수는 없다. 기타 조종이 된 경우에 공덕이 다르지 않다면 비록 조대가 다르더라도 그들의 묘를 그대로 둘 수 있다. 『시경』에 이르기를 '저 무성한 감당나무, 자르지도 말고 베지도 말라.' '이곳은 소백(邵伯)이 쉬었던 곳이라네'라 하였으니, 주나라 사람이 소백에 대해 그 사람을 좋아했기에 그가 쉬어간 적이 있는 나무까지도 공경하고 있다. 그런데 하물며 공덕이 높은 조(祖)와 종(宗)을 비록 조대(朝代)가 다르다고 하여 어떻게 그들의 묘를 공경하여 남겨두지 않을 수 있겠느냐?"

原文

子羔問曰: "祭典[1]云: '昔有虞氏[2]祖[3]顓頊而宗[4]堯, 夏后氏[5]亦祖顓頊而宗禹, 殷人祖契[6]而宗湯, 周人祖文王而宗武王.' 此四祖四宗, 或乃異代, 或其考祖之有功德, 其廟可也. 若有虞宗堯, 夏祖顓頊, 皆異代之有功德者也, 亦可以存其廟乎?" 孔子曰: "善, 如汝所聞[7]也. 如殷周之祖宗, 其廟可以不毀, 其他祖宗者, 功德不殊, 雖在殊代, 亦可以無疑矣.『詩』云: '蔽芾甘棠, 勿翦勿伐', '邵伯所憩[8].' 周人之於邵公也, 愛其人, 猶敬其所舍之樹, 況祖宗有[9]功德而可以不尊奉其廟焉?"

注釋

1) 祭典: 제사, 예의(禮儀)법도 관련 서적을 모두 합한 명칭으로 사전(祀典)이라고도 한다.『예기』「제법(祭法)」에, "이 족(族)이 아니면 사전(祀典)에 없다."고 했고,『국어』「노어(魯語)상」에, "무릇 체(禘_, 교(郊), 조(祖), 종(宗), 보(報) 이 다섯은 나라의 전사(典祀)이다."고 했고, "이것이 아니면 사전(祀典)에 없다."고 했다.『국어』「주어(周語)상」에, "제사를 모시면서 그 전(典)을 교체하지 않는다."고 했다. 2) 有虞氏: 전설 중 원고(遠古)시기의 부락 이름으로 포판(蒲阪: 지금의 산서(山西) 영제서포(永濟西蒲)의 주진(州鎭))에 거주하였다. 순(舜)이 그들의 수령이었다. 3) 祖: 동사로 사용하였다. ……로써 조(祖)를 삼다. 4) 宗: 동사로 사용하였다. ……로써 종(宗)을 삼다. 5) 夏后氏: 즉 하(夏)왕조. 6) 설(契): 전설 중의 상(商)의 시조. 성(姓)은 자(子), 설의 모 유융씨(有娀氏) 간적(簡狄)이 현조(玄鳥)의 알을 먹고 설을 낳았다고 전한다. 또 현왕(玄王)이라고도 칭한다. 우(禹)를 도와 치수(治水)에 공이 있어 순(舜)이 사도에 임명하여 교화를 관장하였는데, 상(商: 지금의 하남 상구(商丘) 남쪽)에 거주하였다. 일설에는 번(藩): 지금의 산동 등주(滕州)에 거주하였다고 한다. 7) 聞: 사고본과 동문본에는 '問'으로 되어 있다. 8) "蔽芾甘棠, 勿翦勿伐", "邵伯所憩":『시』「召南·甘棠」에 나오는 말이다. 왕숙의 주에, "폐불(蔽芾)은 작은 모양이고, 감당(甘棠)은 두(杜: 활배나무)이다. 게(憩)는 쉼[息]이다."고 했다. 왕숙의 주는 명확하지 않은 부분이 있

다. 폐불(蔽芾)은 무성한 모양이고, 감당은 당리(棠梨: 팥배나무의 일종)나무이다. 『이아(爾雅)』「석목(釋木)」에, "'두(杜)'는 '적당(赤棠: 붉은 꽃이 되는 팥배나무'이고, 꽃이 흰 것이 '당(棠)'이다."고 했는데, 형병(邢昺)이 번광(樊光)의 말을 인용하며, "붉은 색은 두(杜)가 되고 흰색은 당(棠)이 된다."고 했다. 흰 꽃이 피는 것이 '棠'이다. 과실이 둥글고 작으며, 맛은 시면서 달기 때문에 '감당'이라 이름한다. '소(邵)'는 금본 『모시(毛詩)』에 '召'로 되어 있으며, 소백(邵伯)은 즉 소공(召公) 희석(姬奭)이다. 주희(朱熹)의 주에, 소백이 남쪽나라를 순행하면서 문왕(文王)의 정사를 펼 적에 더러는 감당나무아래에서 머물렀다. 그 후에 사람들이 소백의 덕을 사모하였기 때문에 그 나무를 아껴 차마 손상하지 못한 것이다."고 하였다. 후세에는 '감당'이 지방관이 백성에게 은혜로운 정사를 함이 있는 것을 칭송하는 말로 쓰였다. 9) 有: 사고본과 동문본에는 '其'로 되어 있다.

35 변락해 辯樂解

▎序說

  이 편은 공자가 사양자(師襄子)에게서 거문고를 배우는 모습을 기록하고 있다. 그리고 자로(子路)가 음악을 학습하는 가운데 큰 잘못이 있음을 바로잡고, 빈모가(賓牟賈)와 무악(武樂)에 대하여 이야기하는 가운데 그의 음악에 대한 견해를 말하면서 음악의 교화 기능과 무악이 구현하고 있는 깊은 뜻을 설명하고 있다. 때문에 편명을 '변락(辯樂)'이라 한 것이다.
  고대사회에 있어서 악(樂)은 정치를 다스리는 이치와 사회교화의 중요한 내용이요 수단이었다. 공자를 대표로 하는 초기 유가들은 모두 음악을 매우 중시하여 음악에 대하여 특수한 인식이 있었다. 『예기』「악기(樂記)」에 말하기를, "무릇 음(音)은 사람의 마음에서 생기는 것이고, 악(樂)이란 윤리와 통하는 것이다."라고 했고, 또 "그렇기 때문에 선왕(先王)이 예악을 제정함에 있어 사람의 정에 따라 이것을 절문(節文)으로 만들었다."고 했다. 공자와 유가는 예(禮)를 중시하였는데, 넓은 의미의 예는 그와 서로 어울리는 악(樂)을 포함하고 있다. 따라서 항상 예와 악이 함께 칭해지는 것이고 이를 이용하여 인민을 교화하고 절제하였던 것이다. 공자가 음악을 매우 좋아하였던 것은 본 편의 공자가 거문고를 배우는 기록을 통하여 알 수 있다. 공자는 음악을 배우는 것이 단지 음악으로 연주하는 기예를 익히고자 함이 아니라 음악의 내재적 함의를 깊이 살피고, 음악을 지은 작자의 뜻을 구현하는데 더욱 주의하였다.

음악은 공자의 교학(敎學)의 중요한 내용이었다. 『사기』「공자세가(孔子世家)」에, "공자는『시』,『서』, 예, 악으로 가르쳤다."고 했다. 이 편에서 공자는 '군자지음(君子之音)'과 소인지음(小人之音), '선왕지제(先王之制)'와 '북비지성(北鄙之聲)'의 대비를 통하여 제자들이 '온유거중(溫柔居中)'하도록 가르쳤다. 『장자』「천하(天下)」편에서는 '악(樂)은 화(和)를 말한 것이다[樂以道和]'라 하였고, 『사기』「태사공자서(太史公自序)」에는 '악(樂)은 화(和)를 드러내는 것[樂以發和]', 『예기』「경해(經解)」에는 "그 의리를 아는데 있어 넓고 해박하며, 성정(性情)이 화이(和易)하고 순량함은 악(樂)의 가르침의 효과이다."고 했다. 따라서 음악은 화(和)를 주로하며 정조(情操)를 도야하고 인심을 교화하는 작용을 갖추고 있었다. 공자가 중요하게 여겼던 것 역시 바로 음악의 이같은 교화작용이었다.

이 편은 공자와 빈모가(賓牟賈)가 '무(武)' 악(樂)의 성조(聲調), 무자(舞姿), 장절(章節) 및 그것이 표현하는 의의를 상세하게 기록하고 있고, 아울러 주 무왕(周武王)이 상(商)의 주(紂)를 정벌한 후 인(仁)을 베풀고 예를 행한 자선행위들을 서술함으로써 '무(武)' 악이 주 무왕의 정치적 작용을 드러내는데 중요함을 밝히고 있다. 『예기』「악기(樂記)」에, "왕이 된 자는 통일의 공이 이룩되고 나서야 악을 제정하며 치평의 실적이 정해진 후에야 예를 제정한다."고 하였는데, 예와 악은 매우 밀접한 관계를 지니고 서로 보완하고 도와 일을 완성하게 하였다. 주 무왕은 군대를 해산하고 예를 다스리고 음악을 만들어 민중을 교화하였다. 따라서 "주나라의 도가 사방에 이르자 예·악이 서로 통하였다."고 하였던 것이다.

이 편의 기록은 우리들이 공자의 음악교화사상을 이해하는데 도움이 된다. 특히 '무(武)' 악은 주 무왕의 문치(文治), 무공(武功)을 서술하면서 예악의 가르침을 구현했다는 방면에서 중요한 사료적 가치를 지닌다. 이 편의 기록은 『예기』「악기(樂記)」와 『사기』「악서(樂書)」와 서로 참조할 수 있을 것이다.

35-1

공자가 사양자(師襄子)에게 거문고를 배우고 있었다. 양자가 말하였다. "나는 경(磬)을 잘 격주(擊奏)하여 관원에 임명되었지만 거문고에도 능함이 있습니다. 그대는 이미 거문고 연주를 배웠으니 다른 곡을 연주해도 될 것입니다." 공자가 말하였다. "나는 아직 이 곡을 연주하는 기교를 터득하지 못했습니다."

얼마간의 시간이 지나자, 사양자가 말하였다. "이미 그 기교를 익혔으니 다른 곡을 연주해도 될 것입니다." 공자가 말하였다. "나는 아직 이 곡이 지닌 뜻을 깨닫지 못했습니다."

얼마간의 시간이 지나자, 사양자가 말하였다. "이미 그 뜻을 익혔으니 다른 곡을 연주해도 될 것입니다." 공자가 말하였다. "나는 아직 이 곡의 작자가 어떠한 사람인지가 분명하지 않습니다."

얼마간의 시간이 지나자, 공자는 깊은 생각에 잠겨, 뜻을 높이 세우고 높고 먼 곳을 바라보면서 말하였다. "나는 이제야 이 곡의 작자가 어떠한 사람인지가 분명해졌습니다. 그의 피부는 검은 색에 가깝고, 키가 훤칠하게 크며, 뜻이 한없이 넓고 멀고, 사방을 통치하고 있으니 문왕(文王)이 아니면 그 누가 이러한 곡을 지을 수 있겠습니까?" 양자는 이 말을 듣고 급히 자리를 떠나며 공자에게 두 손을 맞잡아 가슴에 올려 예를 행하면서 대답하였다. 그대는 정말 성인(聖人)이십니다. 이 곡이 바로 전해 오기에 「문왕조(文王操)」라 합니다."

原文

孔子學琴於師襄子[1]. 襄子曰: "吾雖以擊磬爲官, 然能於琴. 今子於琴已習, 可以益矣." 孔子曰: "丘未得其數[2]也."

有間, 曰: "已習其數, 可以益矣." 孔子曰: "丘未得其志也."

有間, 曰: "已習其志, 可以益矣." 孔子曰: "丘未得其爲人也."

有間, 曰: "孔子有所繆然[3]思焉, 有所睪然[4]高望而遠眺[5], 曰: "丘迨[6]得其爲人矣. 黮[7]而黑, 頎[8]然長, 曠如望羊[9], 奄有四方[10], 非文王其孰能爲此?" 師襄子避席葉拱[11]而對曰: "君子聖人也, 其傳曰「文王操」[12]."

注釋

1) 師襄子: 춘추시대 노(魯)나라의 악관(樂官). 이 기록은 『한시외전(韓詩外傳)』권5와 『사기』「공자세가(孔子世家)」에도 보인다. 2) 數: 기예, 기교. 여기서는 연주할 때의 리듬(節奏) 내용을 가리킨다. 3) 孔子有所繆然: 원래는 '孔子' 앞에 '曰' 자가 쓸데없이 더해져 있었지만 문장의 뜻에 의거하여 삭제하였다. '무연(繆然)'은 왕숙의 주에, "깊이 생각하는 모양."이라고 했다. '무(繆)'는 '목(穆)'과 같다. 원래는 '유(謬)'로 되어 있었으나 사고본과 동문본에 근거하여 고쳤다. 4) 고연(睪然): 높은 모양. 고(睪)는 '고(皐)'와 같다. 5) 眺: 왕숙의 주에, "조(眺)는 보대[見]."라고 했다. 6) 迨: 왕숙의 주에, "태(迨)는 근(近)이다."고 했다. '근(近)'으로 정문에 고쳐져 있었지만 이제 사고본과 동문본에 근거하여 고쳤다. 7) 담(黮): 왕숙의 주에, "담(黮)은 검은 모양이다."고 했다. 이 앞에 원래는 '近' 자가 있었는데 왕숙의 주에서 잘못 정문에 되었던 것을 이제 사고본 등에 근거하여 바르게 고쳤다. 8) 기(頎): 왕숙의 주에, "기(頎)는 키가 큰 모양이다."고 했다. 9) 曠如望羊: 왕숙의 주에, "광(曠)은 뜻을 넓고 멀리 세우다. 망양(望羊)은 멀리 내다봄이다."고 했다. 10) 奄有四方: 왕숙의 주에, "엄(奄)은 같대[同]이다. 문왕 때에 천하의 삼분의 이를 가졌다. 뒤에 주나라가 사방을 차지한 것은 문왕의 공(功)이다."고 했는데, 잘못이 있다. 엄(奄)은 덮다, 가리다, 포함하다는 의미이다. 사고본과 동문본에는 '엄(掩)'으로 되어 있다. 11) 葉拱: 왕숙의 주에, "엽공(葉拱)은 두 손으로 가슴을 덮은 것이다."고 했다. 엽공은 옛날 예를 행하는 일종의 형식으로 두 손을 맞잡아 가슴 가까이 올리는 것이다. 12) 「文王操」: 거문고의 곡명(曲名).

35-2

자로(子路)가 거문고를 타고 있었다. 공자는 이것을 듣고 염유(冉有)에게 말하였다. "심하도다! 자로의 재주 없음이여. 무릇 선왕(先王)이 창제한 음악은 중화(中和)의 소리를 연주하여 그것으로 절제하게 하였는데, 이 음악은 남쪽에 전해진 뒤 다시 북쪽으로 돌아오지 않았다. 무릇 남쪽은 만물이 나서 자라는데 유리한 지방이고, 북쪽은 살육과 전쟁이 충만한 지방이다. 그러므로 군자가 연주하는 음악은 따뜻하고 부드럽고 적중한 것으로써 만물의 생육(生育)의 기(氣)를 길러 내는 것이다. 근심의 감정이 마음에 생기지 않도록 하며, 난폭한 행동이 자신의 몸에 나타나지 않도록 한다. 그러한 것을 이른바 태평하고 안정된 풍조라고 한다. 소인(小人)이 연주하는 음악은 그렇지 않다. 격렬하고 날카로워 살벌한 기운을 상징한다. 중화(中和)의 감정이 마음에 실려 있지 않으며 온화한 행동이 몸에 나타나지 않는다. 그러한 것을 이른바 난을 일으키는 풍조라고 한다. 옛날에 순(舜)은 오현금(五絃琴)을 타면서 남풍(南風)이라는 시를 지었다. 그 시에 말하기를 '남풍이 훈훈하게 불어오도다. 우리 백성의 노여움을 풀어 주리라. 남풍이 때를 맞추어 불어오니 우리 백성의 재물을 풍성하게 할 것이로다'라고 했다. 바로 그러한 교화를 실시하였기 때문에 그의 일어남이 매우 빨랐고, 그의 덕이 샘물 흐르듯 하여 오늘날까지 천자와 제후들이 여전히 모두 찬술하여 잊지 않는 것이다. 은나라의 주(紂)는 거칠고 방탕한 북비(北鄙)의 소리를 연주하기 좋아하였기 때문에 그의 나라가 갑작스럽게 망하게 되었으므로 오늘날까지 천자와 제후들이 경계로 삼는 것이다. 무릇 순(舜)은 평범한 백성으로 덕을 쌓고 화합을 이루었기에 마침내 제위에 오른 것이며, 주(紂)는 본래 천자였지만 음탕하고 포학함으로써 마침내 망하고 말았다. 이것은 모두 각기 닦은 바에 따라 그런 일이 생긴 것이 아니겠느냐? 지금 자로(由)는 하찮은 백성으로서 선왕의 좋은 음악에 뜻을 두지 않고 오히려 망국의 소리만을 익히고 있으니 어찌 그 칠척(七尺)의 몸인들 보전할 수 있겠느냐?"

염유는 공자의 말을 자로에게 일러주었다. 자로는 이 말을 듣고 두려워하며 스스로 후회하였다. 조용히 생각에 잠겨 밥도 먹지 않아 뼈만 남을 정도로 야위었다. 공자가 말하였다. "허물이 있었지만 능히 고쳤으니 그것이 바로 진보한 것이니라."

原文

　　子路鼓琴, 孔子聞之, 謂冉有曰: "甚矣!由之不才也. 夫先王之制音也, 奏中聲¹⁾以爲節, 流人²⁾於南, 不歸於北. 夫南者, 生育之鄕; 北者, 殺伐之域³⁾. 故君子之音溫柔居中, 以養生育之氣. 憂愁之感, 不加於心也; 暴厲之動, 不在於體也. 夫然者, 乃所謂治安之風也. 小人之音則不然, 亢麗微末⁴⁾, 以象殺伐之氣. 中和之感, 不載於心; 溫和之動, 不存於體. 夫然者, 乃所以爲亂之風. 昔者舜彈五弦之琴, 造「南風」之詩, 其詩曰: '南風之薰兮, 可以解吾民之慍兮; 南風之時兮, 可以阜吾民之財兮⁵⁾.' 唯修此化, 故其興也勃焉, 德如泉流, 至於今, 王公大人述而弗忘. 殷紂好爲北鄙之聲⁶⁾, 其廢也忽焉, 至於今, 王公大人擧以爲誡. 夫舜起布衣, 積德含和, 而終以帝. 紂爲天子, 荒淫暴亂, 而終以亡, 非各所修之致乎? 由, 今也匹夫之徒, 曾無意於先王之制, 而習亡國之聲, 豈能保其六七尺之體哉?"

　　冉有以告子路, 子路懼而自悔, 靜思不食, 以至骨立⁷⁾. 夫子曰: "過而能改, 其進矣乎!"

注釋

1) **中聲**: 중화(中和)의 소리, 조화롭고 적당한 음악. 이 기록은 『설원(說苑)』 「수문(修文)」에도 보인다. 2) **流人**: 사고본과 동문본에는 '入'으로 되어 있다. 3) **域**: 원래는 '성(城)'으로 되어 있으나 진본(陳本)에 근거하여 고쳤다. 4) **亢麗微末**: 음조(音調)가 격렬하고 날카로운 것을 가리킨다. 5) **南風之時兮, 可以阜吾民之財兮**: 왕숙의 주에, "그 때를 얻음이다. 부(阜)는 성(盛)이다."고 했다. 6) **北鄙之聲**: 일종의 조속(粗俗)하고 방탕한 음악으로서 상(商)나라 도읍(都邑) 조가(朝歌) 북쪽 비야(鄙野)에서 성행하였기 때문에 이렇게 칭한 것이다. 7) **骨立**: 사람이 극도로 수척한 것을 형용함.

35-3

주(周)나라 사람 빈모가(賓牟賈)가 공자를 모시고 앉아 있었다. 공자가 그와 이야기 하던 중 악무(樂舞)에 대한 것에 이르자 말하기를, "「무(武)」무(舞)가 시작 전 오랫동안 북을 두드리며 경계를 하는 것은 무엇 때문인가?" 빈모가가 대답하였다. "이는 주 무왕(周武王)이 출정 전에 병사들의 지지를 얻지 못할까 걱정하는 마음을 표현하였으므로 오랫동안 준비가 필요했던 것입니다."

공자가 물었다. "읊는 소리가 길고 끊이지 않는 것은 무엇 때문인가?" 빈모가가 대답하였다. "이는 주 무왕이 자신이 백성과 무리들을 편안하게 하는 대사(大事)를 완성하지 못할까 걱정하는 마음을 표현했기 때문입니다."

공자가 물었다. "악무(樂舞)를 시작하자마자 맹렬하게 손발을 흔들며 춤을 추는 것은 무엇 때문인가?" 빈모가가 대답하였다. "이것은 주 무왕이 정벌의 가장 좋은 시기를 찾는 것을 상징하는 것입니다."

공자가 물었다. "「무(武)」무(舞) 중에 오른쪽 무릎을 땅에 대고 왼쪽 무릎을 높이 드는 것은 무엇 때문인가?" 빈모가가 대답하였다. "그것은 「무(武)」무(舞)의 땅에 무릎을 꿇는 자세가 아닙니다."

공자가 물었다. "그 가악(歌樂) 중에 지나치게 살벌한 기운의 상(商)의 음조를 나타낸 것은 무엇 때문인가?" 빈모가가 대답하였다. "그것은 「무(武)」무(舞) 중에 응당 있어야 할 음조가 아닙니다."

공자가 물었다. "「무(武)」무(舞) 중에 응당 있어야 할 음조가 아니라면 그것은 당연히 어떤 음조인가?" 빈모가가 대답하였다. "이는 악관(樂官)이 그 전해 내려오는 것을 놓친 것입니다."

공자가 말하였다. "그렇다. 내가 이전에 주나라 대부 장홍(萇弘)에게 들으니 그대의 말과 같았다. 만일 악관들이 전해 내려오는 것을 놓친 것이 아니라면 그것은 정말 무왕(武王)의 뜻이 황란(荒亂)한 것이다."

빈모가가 일어나 자리를 피하면서 공자에게 가르침을 청하며 말하였다.

"「무(武)」무(舞)가 시작 전 오랫동안 북을 두드리며 중인(衆人)들을 경계한 상징적인 의의는 이미 선생님의 질문을 통해 깨닫게 되었습니다. 감히 여쭙건대 「무(武)」무(舞)가 시작한 후에도 공연하는 사람이 춤추는 위치에 서서 오랫동안 움직이지 않고 기다리는 것은 무엇 때문입니까?"

공자가 말하였다. "앉아라. 내 너에게 말해 주마. 무릇 악무(樂舞)란 일의 성공을 표현하는 것이다. 방패를 잡고 산처럼 서 있는 것은 무왕(武王)의 신중한 일의 풍격을 상징하는 것이요, 맹렬하게 손발을 흔들며 춤을 추는 것은 태공의 웅장한 뜻이요, 「무(武)」무(舞)의 마지막 장(章)에 전 공연자들이 나란히 무릎을 꿇고 앉는 것은 주공(周公)과 소공(邵公)이 무왕을 보좌하여 나라를 성공적으로 다스리는 것을 상징하는 것이다. 또한 무릇 「무(武)」무(舞)의 장절(章節)을 말하자면, 제1장은 무왕이 북으로 출정하는 것을 나타내고, 제2장은 무왕이 상나라를 멸망시킨 것을 나타내며, 제3장은 공(功)을 이룬 후 남하하는 것을 나타내고, 제4장은 남방의 여러 나라를 수복하는 것을 나타낸다. 제5장은 섬(陝) 땅을 경계로 하여 나라를 나누어 다스리면서 주공은 동방을, 소공은 서방을 다스리는 것을 나타내고, 제6장은 공연자들이 모두 원래의 자리로 돌아오는 것은 천하의 제후들이 조배(朝拜)함으로써 천자를 존숭하는 것을 나타내는 것이다. 공연자들이 춤추는 사람의 양쪽에서 큰 방울을 흔들고 춤추는 사람들이 창을 휘두르며 방울 소리에 맞춰 절도있게 사방으로 진격하는 것은 주(紂)와 같은 나쁜 사방의 제후들을 토벌하는 것을 나타냄으로써 주 무왕의 군대가 중국에 위세를 떨치고 있음을 보여 주는 것이다. 춤추는 사람들이 그 후 다시 양렬로 나누어 나아가는 것은 섬(陝) 땅을 경계로 나누어 다스리는 것처럼 전쟁이 일찌감치 성공했음을 나타내는 것이고, 공연이 막 시작되었을 때 공연자들이 무대 위에서 오랫동안 서서 기다리는 것은 무왕이 각 지역의 제후들이 군대를 이끌고 이르기를 기다리는 것을 나타내는 것이다.

지금 너는 아직 목야(牧野)의 이야기를 듣지 못했느냐? 주나라 무왕이 은

나라를 정벌하고 그 지역의 통치권을 상의 후예에게 돌려주었고, 상의 도읍에 들어가기도 전에 황제(黃帝)의 후예를 계(薊) 땅에 분봉하였고, 요(堯)의 후예를 축(祝)땅에, 순(舜)의 후예를 진(陳) 땅에 분봉하였다. 상의 도읍에 이르러서는 하후씨(夏后氏)의 후예를 기(杞) 땅에, 은의 후예를 송(宋) 땅에 분봉하였다. 왕자(王子) 비간(比干)의 묘소를 증수하고, 갇혀 있던 기자(箕子)를 석방하였으며, 사람을 시켜 상용(商容)을 찾아서 옛 관직을 회복하게 하고, 백성들이 은나라 주(紂) 때 부담하던 가정(苛政)을 덜어 주고, 관리들의 봉록을 배로 올려주었다. 이윽고 황하를 건너 서쪽으로 가서 전투에 사용했던 말들을 화산(華山) 남쪽에 풀어 버리고 다시 타지 않았고, 짐을 실어 나르던 소들은 도림(桃林)의 들에 풀어 버려 다시 사용하지 않았으며, 수레와 갑옷은 희생의 피를 발라 창고에 넣어둠으로써 다시 사용하지 않을 것임을 보여주었다. 방패와 창을 거꾸로 하여 이를 호랑이 가죽에 싸 버렸고, 장수(將帥)들을 각지의 제후로 삼았으며, 이러한 활동을 칭하기를 건탁(韇櫜) 즉 전쟁에 쓰던 물자들을 봉하여 두는 것이라 하였다. 이렇게 한 연후에야 천하의 사람들은 주 무왕이 다시는 무기를 사용하여 전쟁을 하지 않을 것임을 알게 되었다. 무왕은 군대를 해산하여 교(郊)의 학관(學官)에서 사례(射禮)를 익히도록 하였는데, 동교(東郊) 학관에서 활쏘기를 익힐 때에는 「이수(理首)」악(樂)을 연주하여 그에 맞춰 쏘도록 하고, 서교(西郊) 학관에서 활쏘기를 익힐 때에는 「추우(騶虞)」악을 연주하여 그에 맞춰 쏘도록 하였다. 이렇게 하여 가죽투구를 뚫는 살상(殺傷)의 활쏘기는 사라지게 되었다. 신하들은 예복을 머리에는 관모(官帽)를 쓰고, 허리에는 홀(笏)을 꽂게 되니 용맹한 전사들은 차고 있던 칼을 풀어 버리게 되었다. 남교(南郊)에서 후직(后稷)에게 제사를 지냄으로써 백성들이 자신의 아버지를 존경할 줄 알게 하였고, 명당에서 상제(上帝)에게 제사를 지내면서 선조(先祖)를 배향함으로써 백성들이 효도를 알게 하였다. 조근(朝覲)의 예를 실행하고 난 연후에 제후들은 어떻게 해야 신하가 되는지를 알게 되었으며, 천자가 직접 적전(籍田)을 경작하는 예에 참가한 연후에야 백성들이 어떻게 부모를 공경하는지를 알게 되었다. 이상 말한 여섯 가지는 천하의 중요한 가르침이다. 태학(太學)에서는 삼로(三老)와 오경(五更)을 연회에 청하여 천자가 친히 옷소매를 걷고 희생을 베어 육장(肉醬)을 들고 그들에게 먹여주었고, 다 먹고 나면 다시 친히 술잔을 들고 입을 가시도록 하였다. 그리고 나서 천자는 직접 면류관을 쓰고 방패를 쥐고 춤을 춤으로써 그들에게 위문(慰問)을 나타내었다. 이렇게 하는 것은 제후들에게 형이나 윗사람을 공경하라는 뜻을 가르쳐 주기 위함이었다. 이렇게 하여 주나라의 정교(政敎)는 사방으로 뻗어 나가 예악이 서로 소통되었다. 때문에 이「무(武)」무(舞)가 매우 오랫동안 지속되어 온 것은 마땅한 것이 아니겠느냐?"

原文

　　周賓牟賈[1]侍坐於孔子, 孔子與之言, 及樂曰: "夫「武」之備誡之以久[2], 何也?" 對曰: "病疾不得其衆[3]."
　　"詠嘆之, 淫液[4]之, 何也?" 對曰: "恐不逮事[5]."
　　"發揚蹈厲之已蚤[6], 何也?" 對曰: "及時事[7]."
　　"「武」坐致右而軒左[8], 何也?" 對曰: "非「武」坐[9]."
　　"聲淫及商[10], 何也?" 對曰: "非「武」音也[11]."
　　孔子曰: "若非「武」音, 則何音也?" 對曰: "有司[12]失其傳也."
　　孔子曰: "唯[13], 丘聞諸萇弘[14], 亦若[15]吾子之言是也, 若非有司失其傳, 則武王之志荒[16]矣."
　　賓牟賈起, 免席[17]而請曰: "夫「武」之備誡之以久, 則旣聞命矣. 敢問遲矣而又久立於綴[18], 何也?"
　　子曰: "居, 吾語爾. 夫樂者, 象成者也[19]. 總幹而山立[20], 武王之事也[21]. 發揚蹈厲, 太公之志也[22].「武」亂皆坐[23], 周, 邵之治也[24]. 且夫「武」始成[25]而北出, 再成而滅商, 三成而南反[26], 四成而南國是疆[27],

五成而分陝, 周公左, 邵公右[28], 六成而復綴, 以崇其天子焉[29]. 衆夾振焉而四伐[30], 所以盛威於中國. 分陝而進, 所以事蚤濟[31]. 久立於綴, 所以待諸侯之至也.

今汝獨未聞牧野之語[32]乎, 武王克殷而反商之政, 未及下車, 則封黃帝之後於薊[33], 封帝堯之後於祝[34], 封帝舜之後於陳. 下車又封夏後氏之後於杞[35], 封殷之後於宋[36], 封王子比幹之墓, 釋箕子[37]之囚, 使人行商容之舊, 以復其位[38], 庶民弛政[39], 庶士倍祿. 旣濟河西[40], 馬散之華山之陽而弗復乘, 牛散之桃林[41]之野而弗復服. 車甲則釁之而藏之諸府庫[42], 以示弗復用. 倒載干戈而包之以虎皮, 將率之士, 使爲諸侯, 命之曰鞬櫜[43], 然後天下知武王之不復用兵也. 散軍而修郊射[44], 左射以「貍首」, 右射以「騶虞」[45], 而貫革之射息也; 裨冕搢笏, 而虎賁之士脫劍[46]; 郊祀[47]后稷, 而民知尊父焉; 配明堂[48], 而民知孝焉; 朝覲, 然後諸侯知所以臣; 耕籍, 然後民知所以敬親[49]. 六者, 天下之大教也. 食三老五更於太學[50], 天子袒而割牲, 執醬而饋, 執爵而酳[51], 冕而總幹[52], 所以教諸侯之弟[53]也. 如此, 則周道四達, 禮樂交通. 夫「武」之遲久, 不亦宜乎."

| 注釋

1) 賓牟賈: 주이존(朱彛尊)의 「공자제자고(孔子弟子考)」에 보면 빈모가는 공자의 제자이다. 그는 음악에 정통하여 중국에서 가장 오래된 음악이론 전문서인 『악기(樂記)』에도 「빈모가(賓牟賈)」1편의 전문(專門)이 있다. 이 기록은 『예기』「악기(樂記)」, 『사기』「악서(樂書)」에도 보인다. 2) 夫『武』之備誡之以久: 왕숙의 주에, "『武』는 주 무왕('武'가 사고본에는 '舞'로 되어 있다)을 이른다. 비계(備誡)는 북을 쳐서 무리를 일깨움이다."고 했다. 『武』는 주나라의 무도(舞蹈)의 일종으로 무왕이 은나라 주(紂)를 정벌한 이야기를 본떠지었다. 誡가 사고본과 동문본에는 '戒'로 되어 있다. 이하 같다. 3) 病疾不得其衆: 왕숙의 주에, "병(病)은 근심이다. 그 사중(士衆)의 마음의 존경을 얻지 못할까 걱정하는 것이다."라고 했다. '疾'은 사고본과 동문본에 없다. 4) 淫液: 왕숙의 주에, "음액(淫液)이란 좋은 맛을 탐하는 것"이라 했다. 즉 소리가 죽 계속하여 끊이지 않는 것이다. 5) 恐不逮事: 왕숙의 주에, "백성을 편안하게 하고 무리를 화합

하게 하는 일을 하고자 급급함을 말한다."고 했다. '체(逮)'는 미치다, 완성하다. 6) **發揚蹈厲之已蚤**: 왕숙의 주에, "려(厲)는 병(病)이다. 경계를 대비한 지가 비록 오래되었는데도 그 병사를 동원함에 또 걱정을 하다."고 했다. 조(蚤)는 '早'와 같다. 7) **及時事**: 왕숙의 주에, "일로 하여금 때에 미치게 하고자 함이다."고 했다. 8) 『武』坐**致右而軒左**: 왕숙의 주에, "오른쪽 무릎은 땅에 대고, 왼쪽 무릎은 땅에 닿지 않는 것이다."고 했다. '『武』坐'란 『武』무(舞)에서 땅에 무릎을 꿇는 자세이다. '軒'은 일어나다[起]. 9) **非『武』坐**: 왕숙의 주에, "『武』무(舞)에서 땅에 무릎을 꿇는 자세가 아님을 말한다."고 했다. 10) **聲淫及商**: 왕숙의 주에, "소리가 지나치게 상(商)의 음조를 탐냄."이라 했다. 상(商)은 상성(商聲)이고 살벌(殺伐)을 주로 나타낸다. 11) **非『武』音也**: 왕숙의 주에, "무왕(武王)의 일은 부득이하게 천하를 위하여 잔적(殘賊)을 제거하였던 것이지 상(商)을 탐하였던 것은 정말 아니다."고 했다. 12) **有司**: 어떤 부문을 주관하는 관리. 여기서는 악관(樂官), 악사(樂師)를 가리킨다. 13) **唯**: 응답하는 소리. 14) **장홍(萇弘)**: 춘추시대 주나라 경왕(敬王) 때의 대부. 공자가 그에게서 아악(雅樂)을 배웠다고 전한다. 15) **亦若**: 원래는 '若非'로 되어 있었는데, 사고본과 비요본, 동문본에 근거하여 고쳤다. 16) **荒**: 혼란하다. 어리석다. 17) **免席**: 자리를 피하다. 옛 사람들은 자리에 앉았다가, 자리에서 일어남으로써 존경을 나타내었다. 18) **遲矣而又久立於綴**: 공연하는 사람이 춤추는 위치에 서서 오랫동안 움직이지 않는 것을 가리킨다. '遲'는 기다리다. '綴'은 공연하는 사람이 위치한 곳을 가리킨다. 19) **夫樂者, 象成者也**: 왕숙의 주에, "성공을 상징하여 음악이 된다."고 하였다. 20) **總幹而山立**: 왕숙의 주에, "방패를 잡고 산처럼 서서 움직이지 않음."이라 했다. '總'은 거느리다. '幹'은 방패. 21) **也**: 사고본과 동문본에는 없다. 22) **發揚蹈厲, 太公之志也**: 왕숙의 주에, "하늘을 나는 매처럼 용맹한 데에 뜻이 있다."고 했다. 23) 『武』**亂皆坐**: 왕숙의 주에, "'『武』亂', '『武』治'는 모두 백성들이 편안함을 상징한다. '亂'이란 악곡의 마지막 1장(章)을 가리킨다. 24) **周, 邵之治也**: '邵'는 사고본에 '召'로 되어 있고, 이하 같다. '也'는 사고본과 동문본에는 없다. 25) **成**: 악곡이 한 차례 끝나고 하나를 이루는 것으로 악곡의 한 단락을 가리킨다. 26) **三成而南反**: 왕숙의 주에, "주(紂)를 주멸한 후 남으로 가다."라고 했다. 27) **四成而南國是疆**: 왕숙의 주에, "남쪽의 나라들로 경계를 삼음을 말한다."고 했다. 28) **五成而分陝, 周公左, 邵公右**: 왕숙의 주에, "동서로 나누어 다스린다."고 했다. 서주(西周) 초기에 섬(陝: 지금의 하남 섬현(陝縣))을 경계로 하여 주공 단(周公旦)은 동쪽[左]의 동방제후를 통할하고, 소공 석(邵, 召公奭)은 서쪽[右]의 제후를 통할하였는데, 이러한 통치구역의 구획은 그 뒤에도 매우 오랫동안 계속되었다. 29) **六成而復綴, 以崇其天子焉**: 왕숙의 주에, "천자를 존중하는 형상이다. 6(사고본에는 '凡'으로 되어 있다)장으로 이루어져 있음은 무(舞)의 절해(節解)를 이른다."고 했다. 30) 衆夾振焉而四伐: 왕숙의 주에, "무왕(武王)의 군대가 사방에 무위(武威)를 떨침. '四伐'이란 사방의 주(紂)와 같은 나쁜 자들을 정벌한다는 것이다."고 했다. '협진(夾振)'이란 무대 양 쪽에서 춤추는 사람들 사이에 끼어 금탁(金鐸: 고대에 명령을 전하는 큰 방울)을 흔들어 주 무왕이 주(紂)를 정벌하면서 군사들의 사기를 격려하는 모습을 표시하는 것이고, '사벌(四伐)'이란 춤추는 사람이 방울 소리에 따라 사방을 찌름으로서 주 무왕이 동방과 서방을 토벌하고, 남방과 북방을 정벌하여 그 위세가 사방에 떨치는 것을 표현함을 가리킨다. 한 번 찌르고, 한 번 내려 치는 것을 일벌(一伐)이라 한다. '焉'이 사고본과 동문본에는 '之'로 되어 있다. 31) 分陝而進, 所以事蚤濟: 왕숙의 주에, "섬(陝) 땅을 나누어 빨리 나아가려는 까닭은 전쟁을 빨리 성공하고자 하기 위함이다."고 했다. 32) 牧野之語: 목야(牧野)의 싸움에 관한 전설을 가리킨다. 주 무왕이 군대를 일으켜 주(紂)를 정벌하여 상(商)의 군대를 목야에서 크게 격파하자 상나라 군대가 도망가고 주는 자살함으로써 상은 멸망하였다. 33) 계(薊): 지금의 북경 서남(西南) 모퉁이 지역. 후에 연(燕)나라 도성의 소재지. 34) 祝: 지금의 산동 제남(濟南)의 서남쪽에 있었는데, 후에 제(齊)나라에게 멸망하였다. 35) 杞: 나라 이름. 지금의 하남 기현(杞縣)에 있었다. 주 무왕이 하후(夏虞)의 후손 동루공(東樓公)을 이곳에 봉했다고 전해진다. 36) 封殷之後於宋: 왕숙의 주에, "무왕이 은을 정벌하고 그 아들 녹보(祿父)를 봉하였다. 무왕이 죽자 녹보가 반란을 일으켜 주공이 주살하였고, 녹보의 아들 미자를 송(宋)에 봉하여 은을 계승하게 하였기 때문에 이렇게 말한 것이다."고 했다. 37) 箕子: 상나라 주왕(紂王)의 숙백부(叔伯父)로써 관직이 태사(太師)에 이르고, 기(箕: 지금의 산서 태곡(太穀)의 동북)에 봉해졌다. 주왕에게 간언을 했다가 주왕이 듣지 않고 그를 가두었는데, 후일 주 무왕에 의해 석방되어 호경(鎬京)에 머물렀다. 38) 使人行商容之舊, 以復其位: 왕숙의 주에, "상용(商容)은 상나라 예관(禮官)이었고, '其位'란 옛 관직이다. 전설에 많은 사람들이 상용을 은나라 현인이라 여겼고, 혹(或: 사고본에는 '行者'라고 하였다)은 기자에게서 상용의 모습을 구하고자 하였다. 행(行)은 찾다[索]와 같다."고 했다. 39) 庶民弛政: 왕숙의 주에, "그 역역(力役)의 일을 풀어주었다."고 했다. 실제로 백성들의 은나라 주(紂) 시기의 부담하고 있었던 가혹한 정치를 없앴다. 40) 既濟河西: 주 무왕이 상을 멸망시킨 후 군대를 거느리고 남쪽으로 황하를 건너 서쪽 호경(鎬京)으로 돌아왔다. 제(濟)는 건너다. 하(河)는 황하이다. 41) 桃林: 왕숙의 주에, "도림(桃林)은 사방의 요새이다."라고 했다. 42) 車甲則釁之而藏之諸府庫: 흔(釁)이란 옛날 새로 만든 기물이 완성되면 희생을 죽여 제사를 지내고 그 피를 사용하여 틈을 발랐다. 때문에 '흔(釁)'이라 칭한 것이다. '藏' 자 뒤에 원래는 '之' 자가 있었는데, 사고본과 비요본, 동문본에 근거하여 삭제하였다. 43) 將率之士使爲諸侯, 命之曰櫜鞬: 왕숙의 주에, "궁시(弓矢)를 보관[藏: 사고본에는 잘못하여 '橐'이라 하였다]하여 사용하지 않았다는 것은, 군사를 인솔하던 사(士)의 힘을 말한다. 때문에 그들을[使: 사고본에는 '建'] 제후로 여기고 건탁(鞬櫜)으로 삼았다."고 했다. '率'은 '帥'와 같다. 主將이다. 건탁(鞬櫜)는 본래 활과 화살을 담는 기구이다. 여기서는 병갑(兵甲)을 쓰지 못하게 보관하는 것을 가리킨다. '曰'이 사고본, 동문본에는 없다. 44) 修郊射: 왕숙의 주에, "교(郊)에는 학관(學官)이 있어서 예(禮)를 익힐 수 있었다."고 했다. 45) 左射以「狸首」, 右射以「騶虞」: 왕숙의 주에, "좌(左)는 동학(東學), 우(右)는 서학(西學)이다. 「리수(狸首)」, 「추우(騶虞)」를 절(節)로 한다."고 했다. 「리수(狸首)」, 「추우(騶虞)」는 모두 악장(樂章)의 이름이다. 46) 裨冕搢笏, 而虎賁之士脫劍: 왕숙의 주에, "곤면(袞冕)에 속하는 것을 모두 비면(裨冕)이라 이른다. '脫劍'은 칼을 풀다."라고 했다. 비(裨)는 고대 제사 때에 입었던 차등(次等)의 예복(禮服)이다. 진홀(搢笏)은 홀판(笏版)을 요대(腰帶) 위에 끼우는 것이다. 47) 祀: 사고본과 동문본에는 '배(配)'로 되어 있다. 48) 明堂: 고대의 제왕이 정교(政敎)를 널리 밝히던 곳이다. 대체로 조회(朝會), 제사(祭祀), 경상(慶賞), 선사(選士), 양로(養老), 교학(敎學) 등의 대전(大典)은 모두 여기에서 거행하였다. 49) 耕籍, 然後民知所以敬親: 왕숙의 주에, "친히 적전(籍田)을 경작하는 것은 제사의 곡물을 받들기 위함이다."고 했다. '籍'은 혹 '借'로 되어 있다. 사고본에는 '藉'로 되어 있다. 적전[借田]은 옛날 천자와 제후가 백성을 힘을 동원하여 경작하는 밭으로 천자의 적전이 천무(千畝), 제후가 백무(百畝)라고 전한다. 매년 봄 경작 전에 천자와 제후가 쟁기와 보습[耒耜]을 세 차례 밀거나 한 번 사용하였고 이를 '적례(籍禮)'라고 칭하여 농사를 중시함을 나타내었다. 50) 食三老五更於太學: 고대에 조정에서 삼로(三老)와 오경(五更)의 자리를 마련하고, 천자는 부형(父兄)의 예로써 봉양하여 노인을 공경함을 나타내었다. '食'은 '飼'와 같다. 음식을 차려 사람들에게 먹게 하기 위해 초대, 공양하였다. 51) 執爵而酳: 고대의 연회나 제사 시의 일종의 예절인데, 음식을 다 먹고난 후 술로써 입을 가시는 것이다. 왕숙의 주에, "음식을 다 먹고 나서 술로 입가심을 하는 것을 윤(酳)이라 한다."고 했다. '윤(酳)'은 고대의 주기(酒器)이다. 52) 冕而總幹: 왕숙의 주에, "직접 춤추는 위치에 있다."고 했다. 직접 모자를 쓰고 손에 방패를 잡고 춤을 추는 것을 이른다. 53) 弟: '悌'와 같다. 형이나 윗사람을 존경하는 것을 가리킨다. 사고본과 동문본에는 이 뒤에 '也' 자가 없다.

36 문옥問玉

|序說

　이 편은 세 부분으로 나눌 수 있다. 첫 번째 부분에서 자공(子貢)이 공자에게 옥(玉)을 물었던 일을 기록하고 있기 때문에 '문옥(問玉)'을 편명으로 한 것이다.

　첫 번째 부분은 자공이 옥에 관하여 묻는 일을 기록하고 있는데, 자공은 군자들이 옥을 귀하게 여기면서 민(珉)을 천하게 여기는 현상에 대한 의혹을 이해하지 못함에 따라 공자에게 가르침을 구하였던 것이다. 공자는 그 이유가 옥이 미덕(美德)을 상징하기 때문이라고 여겼다. 공자의 해석에 비추어보면 미덕에는 인(仁), 지(智), 의(義), 예(禮), 악(樂), 충(忠), 신(信), 천(天), 지(地), 덕(德), 도(道) 등 11개의 범주가 갖추어져 있다. 이 11개의 범주에 대하여 공자의 이해는 한층 심화되는데 인, 지, 의, 예, 악, 충, 신으로부터 천, 지로 나아가 덕, 도로 귀결된다. 공자는 형상을 비유하여 추상적 사변과 완벽하게 결합하여 사람들로 감탄해 마지않게 하였다.

　두 번째 부분은 공자가 경서 교화의 내용을 전문적으로 논한 것이다. 공자는 먼저 6경의 가르침을 전체적으로 논하고, 별도로 6경의 가르침의 도움이 되는 것과 부족함을 지적하여 단지 좋은 점을 따르고 그 폐단을 없애면 충분히 6경을 이해할 수 있다고 여겼다. 이 부분의 자료는 공자와 6경의 관계에 대한 연구, 공자의 경서 교화사상의 연구에 중요한 가치가 있다. 이후 공자는 천지의 교화가 지닌 함의를 설명하면서 바람과 서리, 비와 이슬이 만물을 번식시키는 것이 천지의 교화라고 여겼다. 공자는 천지의 교화와 성인(聖人)은 서로 배합이 되어서 성인이 청명한 덕을 가짐은 마치 천우신조처럼 은혜가 만민에게 베풀어지고, 복이 사방에 빛난다고 여겼다.

세 번째 부분은 주로 예치(禮治)문제를 논술하고 있는데, 여기서는 자장(子張)이 성인이 가르침의 발단이 되는 까닭을 물음으로써 공자의 논술을 이끌어 내었다. 공자는 예가 중요함은 실행에 있다고 여겼다. 즉 "말한 바를 실천할 수 있는 것[言可履]"이다. 이는 의심할 바 없이 매우 귀한 것이다. 공자는 그밖에도 "예가 흥하면 백성들이 잘 다스려진다[禮之所以興, 衆之所以治也]"라고 하여 공자는 집에 내실과 계단이 있고[以室有隩阼], 좌석에는 상하가 있고[席有上下], 서 있는 것도 순서가 있다[立有列序] 등의 사례로써 구체적인 모습을 들어 예치의 중요성을 설명하였다. 그러한 이야기로부터 예는 본질적으로 하나의 질서이고, 인류의 질서에 대한 추구는 영원하다는 점을 알 수 있는데 이는 분명히 중요한 현실적 의의를 지닌다.

36-1

자공이 공자에게 물었다. "감히 여쭙건대 군자는 옥(玉)을 귀하게 여기고, 민(珉)을 천하게 여긴다고 하는데 이것은 무슨 까닭입니까? 옥은 수가 적고 민은 흔하기 때문입니까?" 공자가 말하였다. "옥은 적게 나기 때문에 귀하게 여기고 민은 흔하기 때문에 천하게 여기는 것이 아니다. 무릇 옛날의 군자는 미덕(美德)을 옥에 비유하였다. 옥이 따뜻하면서도 윤택한 것은 인(仁)과 같고, 치밀하면서도 견실한 것은 지(智)와 같으며, 날카로우면서도 사람을 상하게 하지 않는 것은 의(義)와 같고, 드리워서 매달 수 있는 것은 예(禮)와 같으며, 두드리면 그 소리가 맑고 길며 끝마칠 때에 갑작스럽게 그치는 것은 악(樂)과 같고, 옥의 반점이 옥의 광채를 가리지 못하는 것은 충(忠)과 같으며, 맑고 투명한 빛이 사방에 통달하는 것은 신(信)과 같고, 빛이 흰 무지개와 같은 것은 천(天)과 같고, 정기가 산천 사이에 드러남은 지(地)와 같으며, 옥으로 만든 규(珪)와 장(璋)을 다른 물건을 빌리지 않고도 단독으로 주군(主君)에게 바칠 수 있는 것은 덕(德)과 같고, 옥을 천하가 모두 존귀하게 여기는 것은 도(道)와 같다. 『시』에 '군자를 생각하니 그 따뜻함이 그 옥과 같도다'고 하였으니, 이 때문에 군자가 옥을 귀하게 여기는 것이다."

原文

子貢問於孔子曰: "敢問君子貴玉而賤珉[1], 何也? 爲玉之寡而珉多歟?" 孔子曰: "非爲玉之寡故貴之, 珉之多故賤之. 夫昔者君子比德於玉: 溫潤而澤, 仁也; 縝密以栗[2], 智也; 廉而不劌[3], 義也; 垂之如墜, 禮[4]也; 叩之, 其聲淸越而長, 其終則詘[5]然, 樂矣; 瑕不掩瑜[6], 瑜不掩瑕, 忠也; 孚尹旁達[7], 信也; 氣如白虹, 天也; 精神見於山川, 地也[8]; 圭璋特達[9], 德也; 天下莫不貴者, 道也. 『詩』云: '言念君子, 溫其如玉[10].' 故君子貴之也."

注釋

1) **貴玉而賤珉**: 사고본과 동문본에는 "玉貴而珉賤"으로 되어 있다. 민(珉)은 왕숙의 주에, "珉은 옥같은 돌"이라고 했다. 옥을 닮은 돌을 가리킨다. 이 기록은 『예기』「빙의(聘義)」, 『순자(荀子)』「법행(法行)」에도 보인다. 2) **縝密以栗**: 왕숙의 주에, "진밀(縝密)이란 치밀한 모습, 율(栗)은 견고하다."라고 했다. 옥이 치밀하고 곧고 견실함을 가리킨다. 3) **廉而不劌**: 왕숙의 주에, "능각이 있어서 날카롭지만 사람을 다치게 하지는 않는다."라고 했다. 염(廉)은 능각(稜角)이 있는 것. 귀(劌)는 상처를 입히는 것. 4) **禮**: 왕숙의 주에, "예는 겸손하게 자신을 낮추는 것을 숭상한다."고 했다. 5) **詘**: 왕숙의 주에, "굴(詘)은 갑자기 끊어지거나 그치는 모양. 음악이 그치는 것과 같다."고 했다. 동문본에는 '출(絀)'로 되어 있다. 6) **瑕不掩瑜**: 왕숙의 주에, "유(瑜)는 그것이 '충(사고본에는 '中'으로 되어 있다)美'한 것이다."라고 했다. 하(瑕)는 옥의 반점. 瑜는 옥의 광채이다. 7) **孚尹旁達**: 왕숙의 주에, "부윤(孚尹)은 옥의 모습. 방달(旁達)은 마치 통하지 않음이 없는 것을 말한다('言似者'를 사고본에는 '似信者'라고 했다)"고 했

다. 옥의 색이 맑고 투명하여 사방에 통함을 이른다. 孚는 '浮'와 같다. 尹은 '筠'과 같은데, 대나무의 푸른색이다. 8) 精神見於山川, 地也: 왕숙의 주에, "정신은 본래 산천에서 나온다. 그러므로 지(地: '地也'를 사고본에는 '象地'라고 했다)이다."라고 했다. 옥의 정기(精氣)가 본래 산천에서 나온 것이므로 땅의 품성을 지니고 있다. 9) **圭璋特達**: 고대에 빙향(聘享)의 예에 사용하던 옥기로는 규(珪), 장(璋), 벽(璧), 종(琮) 등이 있다. 벽(璧)이나 종(琮)을 바칠 때에는 보자기를 필요로 하였는데 즉 비단에 싸서 봉헌하였다. 그러나 규(珪)와 장(璋)은 매우 귀중한 것이었음으로 보자기를 필요로 하지 않고 직접 바쳤다. 때문에 '특달(特達)'이라 한 것이다. '特'은 '獨'이라는 뜻이다. 10) **言念君子, 溫其如玉**: 이 말은 『시(詩)』「진풍(秦風)·소계(小戒)」에 나온다. '言'은 발어사(發語詞)이다.

36-2

공자가 말하였다. "그 나라에 들어가 보면 그 나라의 교화 정황을 알 수 있다. 만약 그곳의 사람들이 온화하고 유순하며 돈후하다면 이는 『시(詩)』로써 교화한 결과이고, 널리 옛일을 알고 오늘에 통하면서 먼 앞일을 내다본다면 이는 『서(書)』로써 교화한 결과이며, 활달하고 평이하면서도 선량한 것은 『악(樂)』으로서 교화한 결과이고, 내심 깨끗하고 은미(隱微)함을 자세히 살필 수 있다면 이는 『역(易)』으로써 교화한 결과이며, 공경(恭敬), 절검(節儉)하면서도 단정하고 장중한 것은 『예(禮)』로써 교화한 결과이고, 문사(文辭)를 이어 모아 사실(史實)을 순서에 따라 배열한 것은 『춘추』로써 교화한 결과이다. 때문에 『시』로써 교화함의 부족은 쉽게 우둔해져 소통을 모르는데 있고, 『서』로써 교화함의 부족은 쉽게 부실(不實)해 지는데 있으며, 『악』으로써 교화함의 부족은 쉽게 사치해 지는데 있고, 『역』으로써 교화함의 부족은 쉽게 괴탄(怪誕)함에 이르러 정도(正道)를 해치는데 있으며, 『예』로써 교화함의 부족은 쉽게 번쇄해 지는데 있고, 『춘추』로써 교화함의 부족은 쉽게 혼란해 지는데 있다. 그 사람됨이 온화하고 유순하며 돈후하면서 어리석지 않다면 이는 『시』를 깊이 이해하는 사람이고, 널리 옛일을 알고 오늘에 통하면서 먼 앞일을 내다보며 사실을 잃지 않는다면 이는 『서』를 깊이 이해하는 사람이며, 활달하고 평이하면서도 선량하면서 사치하지 않는다면 이는 『악』을 깊이 이해하는 사람이고, 내심 깨끗하고 은미(隱微)함을 자세히 살필 수 있으면서 괴탄(怪誕)에 이르러 정도를 잃지 않는다면 이는 『역』을 깊이 이해하는 사람이며, 공경(恭敬), 절검(節儉)하면서도 단정하고 장중하면서 번쇄하지 않다면 이는 『예』를 깊이 이해하는 사람이며, 문사(文辭)를 이어 모아 사실(史實)을 순서에 따라 배열하면서도 혼란해지지 않는다면 이는 『춘추』를 깊이 이해하는 사람이다."

"하늘에는 사시(四時)가 있는데, 춘하추동 사계절의 바람과 비, 서리와 이슬이 교화가 아닌 것이 없다. 땅은 오행의 정기를 싣고 있어 격렬한 천둥의 변화가 있지만 만물이 자연의 편안함 아래에서 생장하고 번성하니 교화가 아닌 것이 없다. 성인은 스스로 깨끗하고 밝은 덕을 지니고 기지(氣志)가 신과 같으니 어떤 일이 이르면 반드시 먼저 조짐이 있게 마련이다. 이 까닭으로 천지의 교화는 성인과 더불어 서로 도와 일이 잘되도록 하는 것이다. 『시』에 말하기를 '높고 높기는 산꼭대기로서 하늘 끝에 닿은 듯, 그 산꼭대기에 신이 내려와 보후(甫侯)와 신백(申伯)을 낳았도다. 신백과 보후는 사방의 나라를 번병(藩屛)으로 삼고, 천하를 선왕의 덕으로 교화하였다'고 하였으니, 이는 문왕과 무왕의 덕이다. 그리고 '그 문덕을 널리 베풀어 사방의 나라들을 평화롭게 하도다'고 하였으니 이는 문왕의 덕이다. 무릇 삼대의 상왕들은 왕을 칭하기 전에 이미 훌륭한 명성이 있었다. 『시』에 '근면한 천자는 그 명성이 끊이지 않는다'고 하였으니 이것이 삼대 성왕의 덕이다."

| 原文

孔子曰: "入其國, 其敎[1]可知也. 其爲人也, 溫柔敦厚[2], 『詩』敎也; 疏通知遠[3], 『書』敎也; 廣博易良[4], 『樂』敎也; 潔靜精微[5], 『易』敎也; 恭儉莊敬[6], 『禮』敎也; 屬辭比事[7], 『春秋』敎也. 故『詩』之失, 愚[8],

『書』之失, 誣[9], 『樂』之失, 奢[10], 『易』之失, 賊[11], 『禮』之失, 煩; 『春秋』之失, 亂[12]. 其爲人也[13], 溫柔敦厚而不愚, 則深於『詩』者矣; 疏通知遠而不誣, 則深於『書』者矣; 廣博易良而不奢, 則深於『樂』者矣; 潔靜精微而不賊, 則深於『易』者矣; 恭儉莊敬而不煩, 則深於『禮』者矣[14]; 屬辭比事而不亂, 則深於『春秋』者矣.

天有四時者[15], 春夏秋冬, 風雨霜露, 無非敎也. 地載神氣[16], 吐納雷霆, 流形庶物[17], 無非敎也. 淸明在躬, 氣志如神[18], 有物將至, 其兆必先[19]. 是故天地之敎, 與聖人相參[20]. 其在『詩』曰: '嵩高惟嶽, 峻極於天. 惟嶽降神, 生甫及申. 惟申及甫, 惟周之翰. 四國於蕃, 四方於宣[21].' 此文, 武之德[22]. '矢其文德, 協此四國[23].' 此文王[24]之德也. 凡三代之王, 必先其令問[25]. 『詩』云: '明明天子, 令問不已[26].' 三代之德也."

注釋

1) 敎: 교화. 이 기록은 『예기』「경해(經解)」, 『회남자(淮南子)』「태족훈(泰族訓)」에도 보인다. 2) 溫柔敦厚: 온화, 유순(柔順), 충후(忠厚), 돈박(敦樸). 3) 疏通知遠: 널리 옛일을 알고 오늘에 통하면서 먼 앞일을 내다본다. 4) 廣博易良: 활달(豁達)하고 평이(平易)하면서도 선량하다. 5) 潔靜精微: 내심 깨끗하고 은미함을 정찰(精察)함. 6) 恭儉莊敬: 공경(恭敬), 절검(節儉)하면서도 단정하고 장중함. 7) 屬辭比事: 문사(文辭)를 이어 모아 사실(史實)을 순서에 따라 배열하다. 8) 愚: 왕숙의 주에, "돈후함을 잃음(敦厚之失: '之失'이 원래 빠져 있었으나 사고본에 근거하여 보완하였다]."이라 했다. 우둔하여 변통을 모르는 것을 이름. 9) 誣: 왕숙의 주에, "멀리 앞을 내다봄을 잃는것"이라 했다. 즉 실제를 잃는 다는 뜻이다. 10) 奢: 사치. 11) 賊: 왕숙의 주에, "정미(精微)함을 잃음"이라 했다. 괴탄(怪誕)함에 빠져 바른 이치를 해치는 것을 이른다. 12) 亂: 왕숙의 주에, "속사비사(屬辭比事)함을 잃음."이라 했다. 혼란하다는 뜻을 이른다. 13) 也: 사고본과 동문본에는 없다. 14) 矣: 원래는 없었으나 사고본과 동문본에 근거하여 보완하였다. 15) 者: 사고본과 동문본에는 없다. 이 기록은 『예기』「공자한거(孔子閑居)」, 『한시외전(韓詩外傳)』권5에도 보인다. 16) 神氣: 오행의 정기. 17) 流形庶物: 만물이 자연의 편안함 아래에서 생장하고 번성함. 18) 淸明在躬, 氣志

如神: 왕숙의 주에, "청명(清明)의 덕이 몸에 있어 기지(氣志)가 신(神)과 같다."고 했다. 19) 有物將至, 其兆必先: 왕숙의 주에, "물(物)은 사(事)이다. 어떤 일이 이르면 반드시 먼저 조짐이 있게 마련이다."고 했다. 20) 參: 배합(配合). 21) "嵩高惟嶽"...."四國於宣": 이 말은 『시(詩)』「대아(大雅)·숭고(崧高)」에 나온다. 금본(今本) 『모시(毛詩)』에는 숭(嵩)을 '숭(崧)'이라 했고, '준(峻)'을 '준(駿)'이라 했다. '惟'를 『모시』와 『예기』, 『한시외전』에서는 '維'라 하였다. "嵩高惟嶽"에서 "生甫及申"까지를, 왕숙의 주에는, "악(嶽)에 신령(神靈)과 화기(和氣)가 내려와 신(申), 보(甫)의[申,甫之: '之'가 사고본에는 '成'으로 되어 있다] 큰 공을 낳았다."고 했다. 숭(嵩)은 산이 크고 높은 것이고, 악(嶽)은 높고 큰 산을 말한다. 보(甫)는 보후(甫侯), 신(申)은 신백(申伯)이다. "惟申及甫, 惟周之翰"을 왕숙의 주에는, "한(翰)은 간(幹)이다. 그 종족(宗族)이 대대로 주나라에 큰 공이 있음을 칭찬하였다. 보후는 목왕(穆王)을 도와 상형(祥刑: '祥'을 사고본에는 '詳'이라 했다)을 제정하였고, 신백은 선왕(宣王)을 도와 덕교(德敎)를 완성하였다."고 했다. "四國於蕃, 四方於宣"을 왕숙의 주에는, "사방의 나라를 번병(藩屏)으로 삼고, 천하를 선왕의 덕으로 교화하였다."고 했다. '惟周'의 '惟'가 사고본에는 '唯'로 되어 있다. 22) 文, 武之德: 왕숙의 주에, "문왕과 무왕의 성덕(聖德)이 주나라를 진실로 돕고[篤佐: '佐'가 사고본에는 '佑'로 되어 있다], 바르게 선왕['正爲先王'이 사고본에는 '天爲之生'으로 되어 있다)을 잘 보좌함이 중흥의 공을 이루었다는 것을 말한다."고 했다. 사고본과 동문본에는 '德' 자 뒤에 '也' 자가 있다. 23) 矢其文德, 協此四國: 이 말은 『시』「대아(大雅)·강한(江漢)」에 나온다. 왕숙의 주에, "『모시(毛詩)』의 '矢其文德.'의 시(矢)는 진(陳)이다. 협(協)은 화(和)이다."고 했다. 협(協)은 금본 『모시』에는 '흡(洽)'이라 했다. 文德은 문치의 덕이고, 四國은 사방의 나라이다. 24) 文王: 사고본에는 '太王'이라 했다. 25) 令聞: 훌륭한 명성. 令은 훌륭하다. '問'은 '聞'과 같다. 명성이다. 26) 明明天子, 令問不已: 『시』「대아(大雅)·강한(江漢)」에 나온다. '問'을 금본 『모시』와 『예기』, 『한시외전』에서는 '聞'이라 했다. 明明은 부지런하다, 근면하다의 뜻이다.

36-3

자장(子張)이 성인이 어떻게 교화를 하였는지를 물었다. 공자가 말하였다. "전손사(顓孫師)야! 내 너에게 말해주마. 성인은 예와 악에 정통하여 다만 그것을 시행하였을 뿐이란다."

자장이 다시 묻자 공자가 말하였다. "사(師)야! 너는 반드시 상을 차리고 자리를 펴 읍양(揖讓)하면서 오르내리고 술을 따라 손님에게 바치고 서로 술을 권하여만 예(禮)가 된다고 생각하느냐? 또 너는 반드시 춤추는 사람의 위치에 배열하여 춤에 필요한 도구와 악기를 쥐고 종을 두드리고 북을 쳐야만 악(樂)이 된다고 생각하느냐? 말한 바를 실행할 수 있으면 이것이 예(禮)이고, 하면서 즐겁게 여기는 것이 악(樂)이다. 성인은 이 두 가지를 힘써 행하여 남쪽을 향해 앉아 천하를 다스렸던 것이다. 그리하여 천하가 태평해지고 만백성이 순종하며, 백관이 직무에 충실하고 상하 모두 예가 있었다. 무릇 예제(禮制)가 흥성하면 백성들이 잘 다스려지고, 예제가 폐(廢)하여 지면 사회가 혼란해 지는 것이다. 보기에 좋게 지어진 집에는 내실과 계단은 있고, 좌석에도 위아래가 나뉘어져 있으며, 수레를 탈 때에도 좌우가 나뉘어져 있으며, 길을 걸을 때에는 선후가 있고, 서 있는 경우에는 순서가 있게 마련이니, 이는 예로부터 내려오는 도리이다. 집에 내실과 계단의 구분이 없으면 당실(堂室)이 혼란해지고, 좌석에 위아래가 없으면 자리의 차례가 혼란해지며, 수레를 탈 때에 좌우가 나뉘어 있지 않으면 수레 위가 혼란해지고, 길을 걸을 때에 선후가 없으면 계단과 도로가 혼란해지며, 서 있는 경우에도 순서가 없으면 위치가 혼란해진다. 옛날 명왕(明王)과 성인(聖人)은 귀천과 장유(長幼)를 구분하고, 남녀와 내외의 구별을 바르게 하였으며, 친소와 원근의 관계를 질서 있게 하여 감히 서로 넘나들거나 침범하지 못하도록 한 것은 모두 이 도리에 근거하여 나온 것이다."

原文

子張問聖人之所以敎. 孔子曰: "師乎, 吾語汝. 聖人明於禮樂, 擧而措[1]之而已."

子張又問, 孔子曰: "師, 爾以爲必布几筵[2], 揖讓升降, 酌獻酬酢[3], 然後謂之禮乎? 爾以爲必行綴兆[4], 執羽籥[5], 作鐘鼓, 然後謂之樂乎?

言而可履[6], 禮也; 行而可樂, 樂也. 聖人力此二者, 以躬己南面, 是故天下太平, 萬民順伏, 百官承事, 上下有禮也. 夫禮之所以興, 衆之所以治也; 禮之所以廢, 衆之所以亂也. 目巧之室則有隩阼[7], 席則有上下, 車則有左右, 行則並隨, 立則有列序, 古之義也. 室而無隩阼, 則亂於堂室矣; 席而無上下, 則亂於席次[8]矣; 車而無左右, 則亂於車上矣; 行而無並隨, 則亂於階塗矣[9]; 列而無次序, 則亂於著[10]矣. 昔者明王聖人, 辯[11]貴賤長幼, 正男女內外, 序親疏遠近, 而莫敢相踰越[12]者, 皆由此塗出也."

| 注釋

1) 措: 시행하다. 여기 보이는 기록은 『예기』「중니연거(仲尼燕居)」에도 보인다. 2) 궤연(几筵): 几는 책상. 筵은 옛 사람들이 땅에 앉을 때 펴는 자리. 3) 酌獻酬酢: 작(酌)은 술을 따르다, 술을 마시다. 헌(獻)은 술을 바치다. 수(酬)는 주인이 손님에게 술을 권하는 것. 초(酢)는 손님이 주인에게 술을 권하는 것. 4) 爾以爲必行綴兆: '綴兆'는 춤추는 사람의 행렬 위치. '爲' 자가 원래 없었으나 사고본과 동문본에 근거하여 보완하였다. 5) 우약(羽籥): 춤추는 사람이 지닌 춤에 필요한 도구와 악기. 6) 履: 실행(實行). 7) 目巧之室則有隩阼: 왕숙의 주에, "보기에 좋은 집에는 반드시 오조(隩阼)의 위치가 있어야 한다. 방이 서남쪽 모퉁이에 있는 것을 오(隩)라 이르고, 조(阼)는 계단을 말한다."고 했다. '目巧之室'이란 눈짐작에도 교묘한 구상으로 지은 집을 가리킨다. 오(隩)는 집의 서남 모퉁이로 존귀한 위치이고, 조(阼)는 동쪽의 계단으로 주인이 손님을 맞이하는 곳이다. 8) 亂於席次: 왕숙의 주에, "자리의 차례가 혼란함."이라 했다. 9) 行而無並隨, 則亂於塗矣: 왕숙의 주에, "계단을 오름에 선후가 없으면 그 오름이 혼란할 것이다."고 했다. '도(塗)'는 '도(途)'이다. 10) 著: 왕숙의 주에, "著는 서있는 위치이다. 문과 병풍 사이를 著라 이른다."고 했다. 11) 辯: '辨'과 같다. 사고본에는 '辨'으로 되어 있다. 12) 逾越: 초월하다.

37 굴절해 屈節解

│序說

　굴절(屈節)이란 신분을 낮추고 지조와 절개를 꺾는 것을 가리킨다. 이 편은 모두 네 절(節)로 나뉘는데, 기재된 내용이 모두 공자 본인이 직접 겪었거나 혹은 공자가 굴절과 관련있는 문제에 대한 관점이기 때문에 "굴절"을 편명으로 한 것이다.

　공자는 세상을 다스리는데 탁월한 재능이 있었고 이로 인해 명성이 멀리까지 전해졌다. 그러나 공자가 비록 체계를 갖춘 평치(平治)의 주장을 지니고 있었지만 그의 계통적인 정치학설은 오히려 실시되지 못하였고 결국 여전히 '자신을 알아주는 사람을 만나지 못하는' 결과에 이르고 말았다. 공자는 자신의 인생을 깊이 생각하면서 세상의 도리와 인심을 구원하기를 희망하였고, 현실적 정치에 대하여 깊은 우려를 지니고 있었다. 『논어』등 책에 남겨진 공자의 많은 이야기에는 은은하게나마 공자의 정치상의 답답함과 괴로움을 나타내고 있다.

　공자는 한편으로 자신이 품고 있는 뜻을 펼치고자 하였으나 다른 한편 오히려 시기(時機)를 찾기 어려웠고, 그는 한편으로는 "절개를 굽혀 자신의 뜻이 펼쳐지기를 추구[屈節以求伸]"하였지만 다른 한편 그래도 "굽히면서도 그 절개를 훼손하지 않고자[受屈而不毁其節]"하고자 했다. '무도(無道)'한 난세에 그의 학설은 자연히 사람들에게 '능히 종주(宗主)가[能宗]'되지 못하였다. 공자의 정치적 운명의 비극은 '무도'한 현실이 만든 것이었다. 공자는 변함없는 굳은 의지로 자신의 사상과 학설을 널리 시행하려면 임기응변하지 않을 수 없어 '굴절'을 주장하였던 것이다. 비록 하늘을 되돌릴 힘이 없었다고 의식했지만, 신념은 여전히 그를 지탱하고 있었다. 심지어 "그것이 불가한줄 알면서도 한다[知其不可而爲之]"하였다. 많은 사람들이 공자를 연구하면서 모두 공자의 정치 품격 중에는 서로 모순되는 면이 있다고 지적한다. 비록 그가 아랫사람들이 윗사람에게 반란을 일으키는 것을 반대하였지만, 때로는 개별 반란자가 공자를 부르면 공자 또한 뜻을 가지고 가기도 했다. 예컨대 공산불뉴(公山不狃)가 비읍(費邑)을 근거로 반란을 일으켰을 때 공자는 의외로 이 기회를 이용하여 자신의 커다란 뜻을 펼치기를 희망하여 "주 문왕과 무왕이 풍호(豊鎬)에서 일어나 천하의 왕이 되었다[周文武起豐鎬而王]"는 것을 본땄다. 필힐(佛肸)이 반란을 일으켜 사람을 보내 공자를 불렀을 때 공자는 마찬가지로 가려 하였다. 공자가 자신의 치세 능력에 대해 충만한 자신이 있었을 뿐만 아니라 또 세상에 자신의 도를 행하려는 간절한 바램을 구현하고자 하였다.

이 편은 공자가 주장한 몇 가지 '굴절'에 관한 이야기를 싣고 있다. 예컨대 굴절함으로써 부모의 나라를 구한 것, 복자천(宓子賤)이 굴절하여 선보(單父)를 다스린 것, 굴절함으로 그 옛 것을 잃지 않은 것이다. 다만 공자는 지엽적인 것[小節]에 굽히는 것은 바로 중요한 것[大節]을 선양하기 위함이었다. 공자는 자기 나라와 부모의 나라를 사랑하여 노나라가 제(齊)나라의 침략을 받는 것을 보길 바라지 않았다. 때문에 전상(田常)에게 굴절하여 노나라를 구하고자 한 것이다. 공자의 제자 복자천도 큰 뜻이 있어 선보(單父)를 적다고 여기기 않고 선보를 다스려 자신의 재능을 스스로 시험하고자 하였다. 이는 공산불뉴와 필힐이 공자를 불렀을 때 공자가 '가고자'하였던 도리와 같다. 공자는 친구관계를 중시하였다. 친구를 잃지 않기 위하여 지엽적인 것을 돌아보지 않아 원양(原壤)의 잘못된 행동을 염두에 두지 않았다.

공자의 이러한 행동은 그의 말을 가지고 해석할 수 있다. 이 편에는 공자의 "군자는 세상에 나가 일을 행하면 반드시 통달하기를 희망하여 굽힐 수 있을 때는 굽히고, 펼칠 수 있을 때는 펼치는 것이다. 그러므로 굴절(屈節)이란 자신을 알아줄 기회를 기다림 때문이요, 구신(求伸)이란 좋은 시기를 기다리기 위함이다. 그렇기 때문에 비록 굽힘을 당하더라도 기절(氣節)이 변해서는 안되고, 뜻이 통달하였을 때도 도의를 위배해서는 안된다[君子之行己, 期於必達於己. 可以屈則屈, 可以伸則伸. 故屈節者所以有待, 求伸者所以及時. 是以雖受屈而不毀其節, 志達而不犯於義]."라고 한 말을 기록하고 있는데, 공자는 간절하게 '도(道)'가 세상에 행하여지길 희망하여 도의(道義)의 실현을 추구하였다. 이를 위하여 공자는 자신의 뜻을 굽히고 누를 수 있을 때에는 그렇게 하고, 펼칠 수 있을 때에는 바로 펼쳤다. 뜻을 굽힌다는 것은 기대하는 바를 위해서이다. 자신의 뜻을 펼치려면 시기를 잡아야 한다. 그러나 굽혔다고 하여 뜻을 훼손할 수는 없고, 이상을 실현한다고 도의를 위반할 수는 없다.

공자는 자하(子夏)를 가르치면서 "너는 군자유(君子儒)가 되어야지 소인유(小人儒)가 되지 마라."고 하였는데, 공자는 이같이 제자에게 요구하였고 본인도 바로 이같이 하였다. 공자가 처한 환경이나 직면한 경우들은 그의 정치적 운명으로 하여금 일종의 비장(悲壯)함을 나타내었고, 비극적 색채를 드러내었다. 공자 마음 속의 '군자(君子)'의 기준에 의하면 유자(儒者)는 당연히 비교적 고상한 추구함이 있어야 하고, 원대한 포부가 있어야 하며, 자신의 주장을 밀고 나가기 위해 노력해야 하고, 자신의 학설이 후세 사람들에게 중시되는 것을 즐겁게 여겨야 한다. 세상 사람들이 모르거나 사람들에게 이해받지 못할 때에도 화를 내거나 노하여서는 안 된다. 단지 독립적 인격을 지니고 고상을 품절을 지키면서 또한 '자신이 뜻이 펼쳐지길[求伸]' 바라고 '뜻이 세상에 실현되길[志達]' 바라면서 '그 절조를 훼손하지 않는다' 그리고 '의(義)를 범하지 않는다'는 전제하에 자신의 뜻을 절제하고 '굽히면서' 부득불 '굴절(屈節)'하는 것이다.

 이 편은 공자의 정치사상을 연구하는 중요한 자료이다. 이전에 어떤 사람들은 『공자가어』를 회의(懷疑)하여 이 편에 대하여 더욱 비평하였다. 예컨대 청나라 사람 손지조(孫志祖)의 『가어소증(家語疏證)』에서는 이 편이 "선진(先秦)의 고문(古文)이 아니다", "위작(僞作)이 틀림없다."고 하였다. 그는 말하기를 "『가어』를 살펴보니 여러 책들에서 잡다하게 채집하여 문장의 뜻이 대부분 관련이 없고, 그 편제(篇題) 역시 일정함이 없는데, 홀로 이 편이 '굴절'이라는 편명을 하고 있고, 자공(子貢), 복자(宓子), 원양(原壤) 세 사람이 행한 일을 싣고 모두 '굴절'이라는 말로 연결하였으며, 또 이 편 첫머리에 자로(子路)가 공자에게 묻는 문단은 굴절함으로 구신(求伸)한다는 무모함으로써 결국 후세의 문체(文體)를 싣고 있는 것과 같다."고 했다. 이같은 평론은 실제로 아무런 효력이 없다. 『공자가어』는 책이 만들어진 특수한 배경으로 말미암아 이 책 중의 어떤 장절(章節)의 의의는 관련성이 그렇게 긴밀하지 않지만 대부분 모두 그 내용들이 일정한 주제로 연관되어 있다.

▎37-1

 자로가 공자에게 물었다. "제[由]가 듣기로 대장부가 세상에 살면서 부귀할 때 만물에 이익이 되지 못하고, 빈천한 처지에 있을 때도 지절을 굽혀 뜻을 펼치길 구할 수 없다면 사람이라고 할 것이 없다고 합니다." 공자가 말하였다. "군자는 세상에 나가 일을 행하면 반드시 통달하기를 희망하여 굽힐 수 있을 때는 굽히고, 펼칠 수 있을 때는 펼치는 것이다. 그러므로 굴절(屈節)이란 자신을 알아줄 기회를 기다림 때문이요, 구신(求伸)이란 좋은 시기를 기다리기 위함이다. 그렇기 때문에 비록 굽힘을 당하더라도 기절(氣節)이 변해서는 안 되고, 뜻이 통달하였을 때도 도의를 위배해서는 안 된다."

▎原文

子路問於孔子曰: "由聞丈夫居世, 富貴不能有益於物[1], 處貧賤之地而不能屈節[2]以求伸, 則不足以論乎人之域矣." 孔子曰: "君子之行己[3], 期[4]於必達於己. 可以屈則屈, 可以伸則伸. 故屈節者所以有待[5], 求伸者所以及時[6]. 是以雖受屈而不毀其節, 志達而不犯於義[7]."

▎注釋

1) **富貴不能有益於物**: 왕숙의 주에, "도(道)로써 만물을 돕는 것이지 자신을 위함이 아니다."고 했다. 2) **屈節**: 원래의 뜻은 "신체의 마디를 구부리다"인데, "여기서는 신분을 낮추어 복종한다"는 의미이다. 3) **行己**: 세상에 나가 일을 행하다[立身行事]. 4) **期**: 사고본과 동문본에는 '其'로 되어 있다. 5) **有待**: 왕숙의 주에, "자신을 알아줄 것을 기다림[待知求: '求'가 사고본에는 '己'로 되어 있다.]"이라 했다. 6) **及時**: 왕숙의 주에, "좋은 시기에 이르다."라고 했다. 7) **志達而不犯於義**: '犯'은 위배하다, 위범(違犯)하다. 왕숙의 주에, "의에 부합해야 행한다[義合於義也乃行: 이 주가 사고본에는 '合義乃行'으로 되어 있다.]"고 했다.

37-2

공자가 위(衛)나라에 있을 때 제(齊)나라 전상(田常)이 장차 난을 일으키고자 했는데 포씨(鮑氏)와 안씨(晏氏)의 세력을 두려워하였기 때문에 그들의 군대로 노나라를 공격할 것이란 소식을 들었다. 공자는 여러 제자들을 모아 놓고 이렇게 말하였다. "노나라는 우리 부모의 나라이니 구하지 않을 수 없다. 차마 적의 침범을 당하는 것을 보고 있을 수 없다. 지금 내가 전상에게 절의를 굽혀가면서라도[屈節] 노나라를 구원해야겠다. 너희들 중 누가 사신으로 가겠느냐?" 이에 자로(子路)가 말하였다. "제가 제나라로 가겠습니다." 공자는 허락하지 않았다. 자장(子張)이 가기를 청하였지만 역시 이를 허락하지 않았다. 자석(子石)이 가기를 청했으나 역시 이를 허락하지 않았다. 세 사람이 물러나와 자공에게 말하였다. "지금 선생님께서 굴절해서라도 부모의 나라를 구원하려 하시기에 우리 세 사람이 사신으로 가겠다고 청하였으나 허락을 얻지 못하였다. 이는 바로 그대가 언변을 펼칠 때인데 어찌 가겠다고 청하지 않는 것인가?" 자공이 사신으로 가기를 청하니 공자께서 허락하였다.

자공은 제나라로 가서 전상에게 말하였다. "지금 그대가 노나라를 쳐서 공을 거두고자 하는 것은 실로 어려운 일이오. 오(吳)나라로 군사를 돌려 쉽게 공을 세우느니만 못할 것입니다." 전상이 불쾌하게 여겼다. 자공이 말하였다. "무릇 내부에 걱정이 있는 자는 강한 적을 치고, 밖에 걱정이 있는 자는 약한 적을 치는 법이오. 내가 듣건대 그대는 여러 차례 봉함을 받았으나 모두 성사하지 못하고 말았다고 하니 이는 대신들이 명령을 듣지 않았기 때문이오. 싸움에 승리를 하면 제나라 군주는 더욱 교만해질 것이고, 다른 나라를 공격하여 멸망시키면 다른 대신들만 존귀하게 할 뿐이며, 그대의 공은 없게 됩니다. 그러면 그대와 군주의 왕래는 날로 소원해지고 오히려 대신들과 싸워야 할 것인데, 이렇게 되면 그대의 지위가 위태로워 질 것입니다." 전상이 말하였다. "좋소! 하지만 이미 군사를 노나라에 파견하여 다시 변경할 수 없으니 어찌하면 좋겠소?" 자공이 말하였다. "그대가 먼저 진군(進軍)을 늦추면 내가 오나라에 청하여 노나라를 구원하고 제나라를 치도록 할 테니 그대는 이를 핑계로 오나라를 공격하면 될 것입니다." 전상이 허락하였다.

자공은 남쪽으로 내려가 오왕에게 말하였다. "왕도(王道)를 행하는 자는 다른 나라를 없애지 않고, 패도(覇道)를 행하는 자는 강적이 출현하게 하지 않는 법입니다. 천 균(鈞)의 중량(重量)도 아주 가벼운 것을 더하면 그 무게에 변화가 발생합니다. 지금 제나라가 천승(千乘)의 노나라를 쳐서 차지하고 오나라와 강성함을 다투려고 하니 왕을 위하여 몹시 걱정됩니다. 게다가 무릇 노나라를 구원하여 명성을 드날려 사수(泗水) 북안(北岸)의 여러 제후들을 안무(安撫)하고, 포악한 제나라를 토벌하여 진(晉)나라를 굴복시키게 되면 이 보다 더 큰 이로움이 없습니다. 명분으로는 망해가는 노나라를 존속시키는 것이지만 실제로는 강력한 제나라를 곤경에 빠뜨리는 것이니 지혜로운 자라면 의심하지 않을 것입니다." 오왕이 말하였다. "좋소! 그러나 오나라는 항상 월나라를 괴롭혀 왔기 때문에 지금 월나라 임금은 자기 몸을 괴롭혀 가면서 군사를 길러 우리에게 보복할 마음을 가지고 있소. 그대는 내가 월나라를 정벌하는 것을 기다리시오. 그런 연후에 당신 말대로 하겠소." 자공이 말하였다. "월나라의 역량은 노나라만 못하고, 오나라의 강성함은 제나라만 못합니다. 그런데 왕께서는 제나라를 내버려두고 월나라를 공격하게 되면 제나라는 틀림없이 노나라를 삼키게 될 것입니다. 왕께서는 바야흐로 망해가는 나라를 존속시켜 끊어지는 후사를 이어주는 것으로써 명분을 삼게 되는 것인데도 강대한 제나라는 포기하고 약소한 월나라를 공격한다면 이는 용감함이 아닙니다. 용감한 사람은 어려움을 피하지 않고, 어진 자는 곤란에 처한 사람을 궁지에 몰아넣지 않으며, 지혜로운 자는 때를 잃지 아니하고, 의리가 있는 자는 남의 나라의 후사를 끊지 않는 법입니다. 지금 월나라를 존속시켜서 천하에 인의(仁義)를 보이고, 노나라를 구원하고 제나라를 토벌하여 그 위세가 진(晉)나라에까지 더해지면, 제후들은 반드시 서로 이끌고 와서 왕께 조회를 드릴 것이며 패업(霸業)이 이루어질 것입니다. 왕께서 만일 그토록 월나라를 미워하신다면 제가 월나라 임금을 만나 군사를 내어 그대를 따르도록 할 것입니다. 이렇게 되면 실제로는 월나라에 손해를 끼치면서 명분상으로는 제후를 따라 제나라를 토벌하는 것이 됩니다." 오왕은 기뻐하며 즉시 자공을 월나라에 가도록 했다.

 월왕은 교외에까지 나와 영접하고 자공을 위해 직접 수레를 몰면서 말하였다. "여기는 만이(蠻夷)의 나라입니다. 대부께서 어찌 엄연히 욕되게 이렇게 오셨소?" 자공이 말하였다. "이번에 제가 오나라 왕에게 권하여 노나라를 구원하고 제나라를 치도록 하였더니 그 뜻은 가지고 있으면서도 월나라를 겁내고 있습니다. 그리하여 말하기를 '내가 월나라를 정벌하고 나서야 가능하다'라고 합니다. 그렇다면 그가 월나라를 공격할 것은 분명합니다. 그러니 남에게 보복할 뜻이 없는데도 남에게 의심을 산다면 이는 매우 졸렬한 것이고, 남에게 보복할 뜻이 있는데 남에게 알게 하였다면 이는 위태로운 것입니다. 일이 시작되기도 전에 먼저 소문부터 난다면 이것은 더욱 위험한 것입니다. 이 세 가지는 실로 일을 벌일 때의 우환입니다." 월왕 구천(句踐)은 머리를 조아리며 말하였다. "내가 일찍이 내 힘을 헤아리지 않고 오나라와 싸움을 벌였다가 회계(會稽)에서 곤욕을 받아 원통함이 골수에 사무쳐 밤낮으로 입술이 타고 혀가 마르고 있습니다. 그래서 오직 오왕과 함께 죽는 것만이 과인의 소원입니다. 지금 대부께서 다행히 오셨으니 그 이해(利害)관계를 제게 말씀해주십시오." 자공이 말하였다. "오왕은 사람됨이 난폭하여 신하들이 견뎌 내지를 못하고 있고, 국가 또한 피폐해져 백성들은 모두 윗사람을 원망하며 대신들은 안으로 변란을 일으키려 합니다. 오자서(伍子胥)는 간하다가 죽임을 당했고, 태재(太宰) 백비(伯嚭)는 정권을 장악하고 있습니다. 그렇다면 지금이 바로 오나라에 보복할 시기가 된 것입니다. 왕께서 군사를 보내 오왕을 돕는 체하면서 그의 뜻에 맞추어 주고 귀중한 보물로 그의 환심을 사고 겸손한 말로 그에게 예를 갖추어 높여 주시면 그는 반드시 제나라를 칠 것입니다. 이것이야말로 성인께서 말씀하신 절의를 굽혀서라도 그 목적을 달성시킨다는 것입니다. 만약 전쟁에 이기지 못한다 할지라도 왕께는 복이 될 것이요, 만약 전쟁에 이기게 되면 그는 반드시 군사를 몰아 진(晉)나라를 공격할 것입니다. 그렇게 되면 제가 북쪽으로 가서 진나라 임금을 뵙고 함께 오나라를 치도록 할 것입니다. 그렇게 되면 오나라는 반드시 약해지고 말 것입니다. 오나라의 날랜 군사는 제나라에서 모두 없어지고 많은 병사가 진(晉)나라에서 묶여 있게 될 것이니, 왕께서는 그들의 피폐한 때를 이용하여 제압할 수 있습니다." 월왕 구천은 머리를 조아리며 그렇게 할 것을 허락하였다.

자공이 오나라로 돌아온 지 닷새가 되자 월나라는 대부 문종(文種)을 보내어 오왕에게 머리를 조아리며 말하였다. "우리 월나라는 국내에 있는 군사 3천명을 모두 거느리고 와서 오나라를 모시겠습니다." 오왕이 자공에게 고하였다. "월왕이 몸소 과인을 따르겠다고 하니 되겠습니까?" 자공이 말하였다. "그들의 모든 군대를 모아 오고 다시 그 임금까지 따르게 하는 것은 도의에 맞지 않습니다." 오왕은 이에 월왕의 군사만 받아들이고 구천에게는 고마움을 표하고 자기나라에 머물러 있도록 했다. 오왕은 드디어 국내의 군사를 모두 징발하여 제나라를 쳐서 패배시켰다. 자공은 북쪽으로 가서 진(晉)나라 임금을 찾아뵙고 오나라의 피폐한 틈을 이용하여 공격하도록 권했다. 이리하여 드디어 오나라와 진나라는 황지(黃池)에서 만나게 되었다. 월왕이 이 기회를 틈타 오나라를 습격하자 오왕은 귀국하여 월나라와 싸움을 벌여 멸망하고 말았다.

공자가 말하였다. "무릇 제나라를 어지럽게 해서 노나라를 존속시키는 것이 내가 처음 바랐던 것이었다. 그런데 진(晉)나라를 강성하게 함으로서 오나라를 쇠약하게 하고, 오나라를 망하게 하여 월나라를 패자로 만든 것은 모두 자공의 유세의 결과이다. 듣기 좋은 말은 믿음을 손상시키는 것이니 말을 삼가야 한다."

| 原文

孔子在衛, 聞齊國田常將欲爲亂[1], 而憚鮑, 晏[2], 因欲移其兵以伐魯. 孔子會諸弟子而告之曰: "魯, 父母之國, 不可不救, 不忍視其受敵. 今吾欲屈節於田常以救魯, 二三子誰爲使?" 於是子路曰: "請往齊."[3] 孔子弗許. 子張請往, 又弗許. 子石請往, 又弗許. 三子退, 謂子貢曰: "今夫子欲屈節以救父母之國, 吾三人請使而不獲往, 此則吾子用辯之時也, 吾子盍請行焉?" 子貢請使, 夫子許之.

遂如齊, 說田常曰: "今子欲收功於魯, 實難, 不若移兵於吳, 則易." 田常不悅. 子貢曰: "夫憂在內者攻强, 憂在外者攻弱, 吾聞子三封4)而三不成, 是則大臣不聽令, 戰勝以驕主, 破國以尊臣5), 而子之功不與焉, 則交日疏於主, 而與大臣爭. 如此, 則子之位危矣." 田常曰: "善! 然兵甲6)已加魯矣, 不可更, 如何?" 子貢曰: "緩師, 吾請7)於吳, 令救魯而伐齊, 子因以兵迎之." 田常許諾.

子貢遂南, 說吳王曰: "王者不滅國, 霸者無強敵. 千鈞之重, 加銖兩而移8), 今以齊國而私千乘之魯9), 與吳10)爭強, 甚爲王患之. 且夫救魯以顯名, 以撫泗上11)諸侯, 誅12)暴齊以服晉, 利莫大焉. 名存亡魯, 實困強齊, 智者不疑." 吳王曰: "善! 然吳常困越, 越王今苦身養士, 有報吳之心. 子待我先13)越, 然後乃可." 子貢曰: "越之勁不過魯, 吳之強不過齊, 而王置齊而伐越, 則齊必14)私魯矣, 王方以存亡繼絶之名, 棄齊15)而伐小越, 非勇也. 勇者16)不計難, 仁者不窮約17), 智者不失時, 義者不絶世. 今存越, 示天下以仁, 救魯伐齊, 威加晉國, 諸侯必相率而朝, 霸業盛矣. 且王必惡越, 臣請見越君, 令出兵以從, 此則實害越而名從諸侯以伐齊." 吳王悅, 乃遣子貢之越.

越王郊迎, 而自爲子貢禦, 曰: "此蠻夷18)之國, 大夫何足儼然19)辱而臨之?" 子貢曰: "今者, 吾說吳王以救魯伐齊, 其志欲之, 而心畏越, 曰: '待我伐越而後20)可.' 則21)破越必矣. 且無報人之志而令人疑之, 拙矣; 有報人之意而使人知之, 殆乎22); 事未發而先聞者, 危矣. 三者, 擧事之患矣." 勾踐頓首24)曰: "孤嘗不料力而興吳難, 受困會稽, 痛於骨髓, 日夜焦唇幹舌, 徒欲與吳王接踵25)而死, 孤之願也, 今大夫幸告以利害." 子貢曰: "吳王爲人猛暴, 群臣不堪, 國家疲弊26), 百姓怨上, 大臣內變, 申胥以諫死27), 大宰嚭28)用事, 此則報吳之時也. 王誠能發卒佐之, 以邀射29)其志, 而重寶以悅其心, 卑辭以尊其禮, 則其伐齊必矣. 此聖人所謂屈節求其達者也. 彼戰不勝, 王之福; 若勝, 則必以兵臨晉. 臣還北請見晉君共攻之, 其弱吳必矣. 銳兵盡於齊, 重甲困於晉, 而王制其弊焉." 越王頓首許諾.

子貢返30)五日, 越使大夫文種頓首言於吳王曰: "越悉境內之士三千人以事吳." 吳王告子貢曰: "越王欲身從寡人, 可乎?" 子貢曰: "悉人之率眾³¹⁾, 又從其君, 非義也." 吳王乃受越王卒, 謝留勾踐. 遂自發國內之兵以伐齊, 敗之. 子貢遂北見晉君, 令承其弊. 吳, 晉遂遇於黃池. 越王襲吳之國, 吳王歸與越戰, 滅焉.

孔子曰: "夫其亂齊存魯, 吾之始願, 若能強晉以弊吳, 使吳亡而越霸者, 賜之說之也. 美言傷信, 愼言哉!⁽³²⁾"

注釋

1) 爲亂: 왕숙의 주에, "제(齊)나라를 전제(專制)하면서 무군지심(無君之心)이 있었다."고 했다. 이 기록은 『사기』「중니제자열전(仲尼弟子列傳)」, 『오월춘추(吳越春秋)』「부차내전(夫差內傳)」, 『월절서(越絕書)』「진항전(陳恒傳)」에도 보인다. 2) 鮑 晏: 왕숙의 주에, "포씨(鮑氏), 안씨(晏氏)는 제나라의 경대부(卿大夫)이다."고 했다. 3) 子路曰, "請往齊": 사고본과 동문본에는 "子路請往焉"이라 되어 있다. 4) 三封: 三은 여러 차례이다. 봉(封)이란 제왕이 작위와 토지, 명호(名號) 등을 사람에게 사여하는 것인데, 여기서는 봉을 받았다는 것을 가리킨다. 5) 破國以尊臣: 왕숙의 주에, "포(鮑), 안(晏) 등이 군대를 거느리고 그 나라를 격파하는 것은 임금에게 유익함이다."고 했다. 6) 甲: 사고본과 동문본에는 '業'으로 되어 있다. 7) 請: 사고본과 동문본에는 '請敎'라고 되어 있다. 8) 千鈞之重, 加銖兩而移: 균(鈞), 량(兩), 수(銖)는 고대의 중량(重量) 단위인데, 24수가 1냥, 16냥이 1근, 30근이 1균(鈞)이고, 4균이 1석(石)이다. 수(銖), 량(兩)은 보통 매우 가벼운 중량을 표시하는데 사용하였다. 9) 今以齊國而私千乘之魯: 私는 ~을 사유(私有)하고 침탄(侵呑)한다는 의미. 승(乘)은 수레인데, 춘추전국시대에는 대부분 전차를 가리키며, 1거(車) 4마(馬)이다. 주나라 제도에 따르면 천자는 땅이 사방 천리(里)에, 출병시에는 전차 만승(萬乘), 제후는 사방 백리에, 천승(千乘)이었다. 10) 吳: 원래는 '吾'로 되어 있었는데, 사고본과 동문본 그리고 『사기』「중니제자열전」, 『오월춘추』「부차내전(夫差內傳)」에 근거하여 고쳤다. 11) 泗上: 사(泗)는 왕숙의 주에, "사(泗)는 물 이름이다."고 했다. 지금의 산동성 사수현(泗水縣) 동쪽에서 발원하는데, 네 곳의 수원(水源)에서 발원한다고 하여 사수(泗水)라 명명한 것이다. 사상(泗上)이란 멀리 사수(泗水) 북안(北岸)의 광대한 지역을 가리킨다. 12) 誅: 토벌. 13) 先: 사고본과 동문본에는 '伐'로 되어 있다. 14) 必: 사고본에는 '以'로 되어 있다. 15) 齊: 사고본과 동문본에는 '強齊'라고 되어 있다. 16) 者: 원래는 '而'로 되어 있었는데 사고본과 동문본에 근거하여 고쳤다. 17) 窮約: 곤궁. 18) 蠻夷: 고대

변경지방의 소수민족에 대한 보통 칭호이고 때로는 남방의 소수민족만을 지칭하기도 한다. 여기서는 월왕(越王)이 자기 지역을 낙후되고 멀리 떨어진 곳이라 겸칭한 것이다. 19) **儼然**: 엄숙하고 장중한 모양. 20) **而後**: 사고본과 동문본에는 '乃'로 되어 있다. 21) **則**: 사고본과 동문본에는 '作則'으로 되어 있다. 22) **殆矣**: 위험하다. 안전하지 않다. '矣'가 원래는 '乎'로 되어 있었으나 사고본과 동문본에 근거하여 고쳤다. 23) **擧事之患矣**: '擧事'는 일을 행하다. 일을 처리하다. '矣'가 사고본과 동문본에는 '也'로 되어 있다. 24) **頓首**: 주나라 때 9례(禮) 중의 하나로 땅에 머리를 대고 절을 하는 것. 25) **接踵**: 종(踵)은 발꿈치, 뒤따르다, 잇다. 여기서는 서로 잇다, 함께라는 뜻이다. 26) **弊**: 사고본에는 '敝'로 되어 있다. 이하 같다. 27) **申胥以諫死**: 왕숙의 주에, "신서(申胥)는 오자서(伍子胥)이다."고 했다. 『사기』「중니제자열전(仲尼弟子列傳)」의 색인(索引)에 인용된 왕소(王邵)의 말에, "『가어』와 『월절서』 등에 모두 이 다섯 글자가 없다. 이 때 오자서는 아직 죽지 않았다."고 했다. 28) **비(嚭)**: 왕숙의 주에, "비(嚭)는 오왕(吳王)의 영신(佞臣)이다."고 했다. 29) **邀射**: 추구하다, 꾀하다. 왕숙의 주에, "요(邀)는 그 뜻을 일으키다."라고 했다. 30) **返**: 동문본에는 '反'으로 되어 있다. 31) **衆**: 원래는 '率衆'으로 되어 있는데, 사고본과 동문본에 근거하여 고쳤다. 32) **夫其亂齊存魯……愼言哉**: 왕숙의 주에, "공자는 애공(哀公) 16년에 죽었고, 오나라는 22년에 멸망했다. 그 때 오나라가 장차 망할 것을 알고 그렇게 말한 것이다."고 했다. '說之'는 사고본과 동문본에는 '說'로 되어 있다.

37-3

공자의 제자 중 복자천(宓子賤)이란 사람이 있었는데, 노나라에서 벼슬하여 선보(單父)의 재(宰)가 되었다. 그는 노나라 임금이 참언(讒言)을 듣고 자신으로 하여금 정령(政令)을 행사하지 못하게 할까 걱정하여 부임 인사를 하러 가면서 임금의 측근 좌리(佐吏) 두 사람을 함께 가게 해주기를 청하였다. 복자천은 부임한 뒤 읍리(邑吏)들을 훈계할 때에는 좌리 두 사람에게 기록하도록 명했다. 그런데 좌리가 붓을 잡고 적으려고 하면 복자천은 문득 좌리의 팔뚝을 잡아끌었고 글씨가 좋지 않으면 화를 내곤 하였다. 좌리 두 사람은 매우 걱정스러워 사직하고 노나라의 국도(國都)로 돌아갈 것을 청했다. 복자천이 말하였다. "그대들의 글씨가 매우 좋지 못하니 돌아가거든 힘써 노력하도록 하라."

좌리 두 사람이 국도로 돌아온 후 임금에게 보고하여 말하였다. "복자천은 저희들에게 글씨를 쓰도록 하고는 팔뚝을 잡아당겨 글씨가 잘못되면 저희들에게 화를 내어 읍리(邑吏)들이 모두 웃을 지경입니다. 따라서 신들이 그를 떠나 돌아오게 된 것입니다." 노나라 임금이 공자에게 묻자 공자가 말하였다. "복부제(宓不齊)는 군자입니다. 그의 재주는 패주(覇主)와 왕자(王者)의 보좌를 맡기에 충분한데 이번에 지절(志節)을 굽혀 선보(單父)를 다스린 것은 자신의 능력을 시험해 보는 것입니다. 제가 생각하기에 이 일로써 간(諫)하는 것이 아닐까요?" 노나라 임금이 깨닫고 크게 탄식하며 말하였다. "이것은 과인의 불초한 탓입니다. 과인은 복부제가 정령을 행사하는 것을 혼란하게 하면서 그에게 잘하라고 책망한 것이 잘못이었습니다. 이제 좌리 두 사람이 아니었다면 과인은 자신의 잘못도 알지 못했을 것이요, 선생님이 아니었다면 스스로 깨닫지도 못했을 것입니다." 그리고 급히 자신이 아끼는 사신(使臣)을 보내 복자천에게 말하였다. "지금부터 선보의 다스림은 내 책임이 아니니 완전히 그대의 제도에 따라 진행하라. 백성들을 편하게 할 수 있는 것이라면 그대가 결정하여 다스리되 5년에 한 번씩만 그 요점을 보고하면 된다." 복자천은 이 조령(詔令)을 공경히 받들어 자신의 정령을 잘 추진하여 선보는 잘 다스려졌다. 복자천은 자신부터 소박하고 돈후하게 행동하고, 친친(親親)의 도리를 분명히 하며, 독실하고 공경한 품행을 숭상하고, 지극한 인의의 정책을 시행하며, 사람들을 간절하고 성실하도록 이끌고, 충성과 믿음을 지킴에 이르도록 하여 백성들이 모두 교화되도록 하였다.

제나라가 노나라를 공격할 때 도중에 선보를 경유하게 되어 있었다. 그러자 선보의 노인들이 복자천에게 청하여 말하였다. "보리가 이미 다 여물었는데 지금 제나라 군사들이 침략해 오면 사람들마다 보리를 제대로 수확하지 못할 것입니다. 청컨대 백성들이 성을 나가게 하여 그들에게 외성(外城)

가까운 곳의 보리를 수확하게 하면 식량을 더할 수 있을 뿐만 아니라 적을 도와주지도 않을 것입니다." 이렇게 세 번이나 요청하였지만 복자천은 듣지 않았다. 얼마 안 되어 제나라 군사들이 쳐들어와 보리를 수확하였다. 계손씨(季孫氏)가 이 일을 듣고 크게 화를 내며 사람을 보내 복자천을 꾸짖었다. "백성들이 추운 겨울에 씨를 뿌리고 여름에 김을 매어 가꿔 놓았는데 먹지 못하게 되었으니 어찌 애석한 일이 아니겠는가? 몰랐다면 모르지만 이를 고한 자가 있었는데도 그대는 들어주지 않았으니 이는 백성들을 위하는 일이 아니다." 복자천은 공경스럽게 말하였다. "올해 보리를 거두지 못한다 해도 내년이면 다시 심을 수 있습니다. 만약 보리를 심지도 않은 사람에게 이를 거두게 한다면 이는 백성으로 하여금 적이 침입해 오는 것을 좋아하게 하는 것입니다. 그리고 선보의 일년치 보리를 수확한다고 해도 노나라가 더 강해지는 것도 아니고, 보리를 다 잃는다고 해도 노나라가 더 약해지는 것도 아닙니다. 만약 백성들로 하여금 제 마음대로 보리를 거두어 가도 되는 마음을 갖게 한다면 그로 인해 조성된 상처는 몇 세대가 흘러도 반드시 사라지지 않을 것입니다." 계손씨는 이 말을 듣고 얼굴이 붉어지면서 부끄러워하며 말하였다, "땅에라도 들어갈 수 있겠는가. 내가 어찌 차마 복자천을 대할 수 있겠는가?"

 3년이 지나 공자가 무마기(巫馬期)로 하여금 복자천의 정치를 멀리서 관찰하고 오도록 하였다. 무마기는 몰래 입었던 옷을 벗어 버리고 다 떨어져 해어진 갖옷을 입고 선보 경내에 들어섰는데 마침 밤이 되어 고기를 잡는 자를 보게 되었다. 그런데 그 어부는 잡은 고기를 다시 물속으로 던져 놓는 것이었다. 무마기가 물었다. "무릇 고기를 잡는 것은 잡으려고 하는 것인데 어찌 잡은 고기를 다시 놓아주는 것이오?" 어부가 말하였다. "물고기 중에 큰 것은 이름을 주(鱒)라 하는데 알을 밴 것으로 우리 대부께서 아끼는 것입니다. 작은 고기는 이름을 승(鱦)이라 하는데 우리 대부께서는 더 자라기를 바라는 것입니다. 이 까닭으로 그러한 두 종류를 잡으면 바로 놓아주는 것입니다." 무마기가 돌아와서 공자에게 사실대로 고하였다. "복자천의 덕행은 지고(至高)하여 백성들로 하여금 사적인 일을 함에 있어서도 마치 곁에서 엄한 형법이 지켜보고 있는 듯이 합니다. 감히 여쭙건대 복자천은 어떻게 하여 이같은 경지를 얻게 된 것일까요?" 공자가 말하였다. "내가 일찍이 그에게 '한 지방으로 하여금 성실과 믿음을 추구하게 하면 형벌은 다른 곳에서 시행된다.'고 말한 적이 있는데, 복자천이 이 원칙을 선보에서 관철한 것이리라."

| 原文

　　孔子弟子有宓子賤[1]者, 仕於魯, 爲單父宰[2]. 恐魯君聽讒言, 使己不得行其政, 於是辭行, 故請君之近史[3]二人, 與之俱至官. 宓子戒其邑吏, 令二史書. 方書輒掣其肘, 書不善則從而怒之, 二史患之, 辭請歸魯. 宓子曰: "子之書甚不善, 子勉而歸矣."

　　二史歸報於君曰: "宓子使臣書而掣肘[4], 書惡而又怒臣, 邑吏皆笑之. 此臣所以去之而來也." 魯君以問孔子, 子曰: "宓不齊, 君子也. 其才任霸王之佐, 屈節治單父, 將以自試也. 意者以此爲諫乎?" 公寤[5], 太息而嘆曰: "此寡人之不肖, 寡人亂宓子之政而責其善者, 非[6]矣, 微[7]二史, 寡人無以知其過; 微夫子, 寡人無以自寤." 遽發所愛之使, 告宓子曰: "自今已往, 單父非吾有也, 從子之制, 有便於民者, 子決爲之. 五年一言其要." 宓子敬奉詔, 遂得行其政, 於是單父治焉. 躬敦厚, 明親親, 尙篤敬, 施至仁, 加懇誠, 致忠信, 百姓化之.

　　齊人攻魯, 道由單父. 單父之老請曰: "麥已熟矣, 今齊寇至, 不及人人自收其麥. 請放民出, 皆獲傳郭[8]之麥, 可以益糧, 且不資於寇." 三請而宓子不聽. 俄而, 齊寇逮於麥, 季孫聞之, 怒, 使人以讓[9]宓子曰: "民寒耕熱耘, 曾不得食, 豈不哀哉? 不知猶可, 以告者而子不聽, 非所以爲民也[10]." 宓子蹴然[11]曰: "今茲[12]無麥, 明年可樹. 若使不耕者獲, 是使民樂有寇, 且得單父一歲之麥, 於魯不加强, 喪之不加弱. 若使民有自取之心, 其創必數世不息." 季孫聞之, 赧然¹³⁾而愧曰: "地若可入, 吾豈忍見宓子哉."

三年, 孔子使巫馬期¹⁴⁾往¹⁵⁾觀政焉. 巫馬期陰免衣, 衣弊裘¹⁶⁾, 入單父界. 見夜漁者, 得魚輒舍之. 巫馬期問焉, 曰: "凡漁者爲得, 何以得魚卽舍之?" 漁者曰: "魚之大者名爲魚*壽¹⁷⁾, 吾大夫愛之; 其小者名爲鱦¹⁸⁾, 吾大夫欲長之. 是以得二者, 輒舍之." 巫馬期返, 以告孔子曰: "宓子之德至, 使民闇行若有嚴刑於旁. 敢問宓子何行而得於是?" 孔子曰: "吾嘗與之言曰: '誠於此者刑乎彼.' 宓子行此術於單父也."

注釋

1) 宓子賤: 공자의 제자. 성은 복(宓), 자(字)는 자천(子賤), 이름은 불제(不齊), 성정(性情)이 인자하고 재지(才智)가 있었다. 이 기록은 『여씨춘추』「구비(具備)」, 『여씨춘추』「찰현(察賢)」, 『신서(新書)』「심미(審微)」, 『회남자(淮南子)』「도응훈(道應訓)」, 『신서(新序)』「잡사(雜事)」 등에도 보인다. 2) 單父宰: 선보(單父)는 춘추시대 노나라의 읍명(邑名)으로, 고성(故城)이 지금의 산동 선현(單縣) 남쪽에 있었다. 재(宰)는 고대의 관명으로 한 읍의 장(長)이다. 3) 史: 고대의 관명으로 하급의 좌리(佐吏)를 가리킨다. 『주례』 「천관(天官)·재부(宰夫)」에, "여섯 번째 사(史)이다. '찬치(贊治)'로써 관(官)의 문서를 담당하였다."고 했고, 정현(鄭玄)의 주에, "'찬치(贊治)'는 문서를 기초하다."라고 했다. 4) 肘: 사고본과 동문본에는 이 앞에 '신(臣)' 자가 있다. 5) 寤: '오(悟)'와 같다. 각성(覺醒), 각오(覺悟), 알게 되다. 6) 非: 사고본과 동문본에는 '數'로 되어 있다. 7) 微: 없다, 만약에 없다면. 8) 傅郭: 부(傅)는 가깝다. 곽(郭)은 외성(外城)으로 고대에는 성의 바깥 주위에 성벽을 다시 쌓았다. 9) 讓: 책망하다, 원망하다. 10) 也: 사고본과 동문본에는 없다. 11) 축연(蹴然): 공경하는 모습. 『예기』「애공문(哀公問)」 정현(鄭玄)의 주에, "축연(蹴然)은 공경하는 모습이다."고 했다. 사고본과 동문본에는 '축연(蹵然)'이라 했다. 12) 茲: 해[年], 세(歲). 13) 난연(赧然): 곤란하거나 혹은 부끄러워 얼굴이 붉어지는 모습을 나타냄. 14) 무마기(巫馬期): 공자의 제자. 성이 무마(巫馬)이고 이름은 시(施), 자는 자기(子期) 또는 자기(子旗)라고도 부르며, 진(陳)나라 사람이다. 15) 往: 원래는 '遠'으로 되어 있으나 사고본과 동문본에 근거하여 고쳤

다. 16) 陰免衣, 衣弊裘: 몰래 옷을 벗어버리고 다 떨어져 해어진 갖옷을 입다. 음(陰)은 몰래, 가만히. 면의(免衣)는 관(冠)을 벗고 머리를 동여매어 포(布)로 휘감다. '폐(弊)'가 사고본과 동문본에는 폐(敝)로 되어 있다. 17) 주(鱄): '주((鱄)'는 『집운(集韻)』「우운(尤韻)」에, "'주((鱄)'는 큰 물고기이다."고 했다. 왕숙의 주에, "'주'는 전(鱣)이라 해야 한다."고 했다. 『신서(新序)』에는 '상(鱨)'이라 하고, 포어(鮑魚)가 알을 품은 것이라 했다. 18) 승(鯛): 『이아(爾雅)』「석어(釋魚)」에, "승(鯛)은 작은 물고기이다."고 했다.

37-4

공자의 친구가운데 원양(原壤)이란 이가 있었다. 그가 어머니 상(喪)을 당하자 공자가 관재(棺材)를 잘 다듬고 정리하여 부조하려 하였다. 자로(子路)가 말하였다. "제가 옛날 선생님께 듣기로 '자기만 못한 자와는 벗을 아니하고 허물이 있으면 고치기를 꺼려하지 말라' 하셨습니다. 그런데 선생님께서는 고치기를 꺼려하시니 잠시 그만 두시는 것이 어떠하십니까?" 공자가 말하였다. "'무릇 백성이 상을 당하면 온 힘을 다해 도와주어야지'라 했는데 하물며 친구임에야! 네가 말한 것은 우호적인 방법이 아니다. 그래도 나는 갈 것이다."

관재(棺材)가 오자 원양은 관목(棺木)을 두드리며 말하였다. "오래 되었도다, 내가 노래 소리에 감정을 기탁하지 않은 지가." 그리고는 노래하였다. "여우의 머리는 무늬가 얼룩얼룩 곱구나. 그대 손을 잡으니 부드럽구나." 공자가 이를 듣고도 숨기고 못들은 체 지나가자 자로가 말하였다. "선생님께서 절개를 굽히시기[屈節]가 이같은 지경에 이르셔서 교왕(交往)의 이유를 잃으셨으니 그래도 그와 절교하실 수 없으십니까?" 공자가 말하였다. "내가 듣기로 친인(親人)은 친연(親緣)의 관계를 잃을 수 없고, 친구는 친구관계를 잃을 수 없는 것이다."

┃原文

　　孔子之舊曰原壤, 其母死, 夫子將助之以沐槨[1]. 子路曰: "由也, 昔者聞諸夫子曰[2]: '無友不如己者, 過則勿憚改[3].' 夫子憚矣, 姑已[4]若何?" 孔子曰: "'凡民有喪, 匍匐救之[5]'. 況故舊乎? 非友也. 吾其往."

　　及爲槨, 原壤登木曰: "久矣, 予之不託於音也."[6] 遂歌曰: "狸首之班然, 執女手之卷然[7]." 夫子爲之隱, 佯不聞以過之. 子路曰: "夫子屈節而極於此, 失其與矣, 豈未可以已乎?" 孔子曰: "吾聞之, 親者不失其爲親也, 故者不失其爲故也."

┃注釋

1) **沐槨**: 관재(棺材)를 잘 다듬고 정리하다.『예기』「단궁(檀弓)하」정현(鄭玄)의 주에, "목(沐)은 다스리다[治]."라고 했다. 사고본과 동문본에는 '木槨'으로 되어 있다. 이 기록은『예기』「단궁하」,『논어』「헌문(憲問)」등에도 보인다. 2) **曰**: 사고본과 동문본에는 없다. 3) **無友不如己者, 過則勿憚改**:『논어』「학이(學而)」에도 보인다. 4) **姑已**: 왕숙의 주에, "고(姑)는 잠시, 이(已)는 그치다."라고 했다. 5) **凡民有喪, 匍匐救之**:『시경』「패풍(邶風)·곡풍(穀風)」에 나오는 말인데, 정현(鄭玄)의 전(箋)에, "포복(匍匐)은 힘을 다하는 것을 말한다."고 했다. 포복이란 엉금엉금 기어서 가는 것으로 온 힘을 다하는 것을 가리킨다. 5) **原壤登木曰, "久矣, 予之不托於音也."**: 등목(登木)은 관목(棺木)을 두드리는 것. 탁(托)은 부탁하다, 기탁하다.『예기』「단궁하」정현(鄭玄)의 주에, "목(木)은 관재(棺材)이다. 탁(托)은 기(寄)이다. 나무를 두드려 음을 내는 것을 이른다."고 했다. 6) **狸首之班然, 執女手之卷然**: 班은 斑과 같고, 女는 汝와 같다. 권연(卷然)은 유약(柔弱)한 모습.

공자가어통해

권 9

38 칠십이제자해 七十二弟子解

| 序說

　이 편은 '72제자해'를 편명으로 하고 있지만 실제로는 영향력 있는 76명의 공문제자들을 적고 있다.
　유가학파의 중요한 구성원이었던 공문제자들은 사회사상(社會思想)에 있어서는 대체로 일치하였지만, 성격이나 경력이 서로 다름에 따라 그들은 자기만의 특징이 있었기 때문에 사상에 있어서 일정한 차이가 있었다. 이 편은 공문제자들에 대하여 혹은 상세하게 혹은 간략하게 소개하고 있지만, 공문제자들을 연구하는 기본자료이다.
　이 편은 공자 제자에 관한 가장 이른 기록으로서『사기』「중니제자열전」보다 훨씬 오래되었다. 공문(孔門)의 교학 중 공자는 제자들에게 전도(傳道)와 수업 그리고『시(詩)』,『서(書)』,『역(易)』,『예(禮)』,『악(樂)』,『춘추(春秋)』를 익히게 하고 예, 악, 사(射), 어(御), 서(書), 수(數) 등 육예(六藝)를 가르쳤다. 공자의 제자들은 덕행(德行), 언어(言語), 정사(政事), 문학(文學) 등 네 과(科)로 나눌 수 있는데 그들은 각기 나름의 장점을 지니고 있었다.『논어』「선진(先進)」에는 이에 대하여 적고 있는데, "덕행에는 안연(顔淵), 민자건(閔子騫), 염백우(冉伯牛), 중궁(仲弓), 정사에는 염유(冉有), 계로(季路), 언어에는 재아(宰我), 자공(子貢), 문학에는 자유(子游), 자하(子夏)가 있다"고 했다. 이들 10명의 뛰어난 제자들은 공자에게 특별히 중시되었는데,

『공자가어』「72제자해」와 『사기』「중니제자열전」에서는 모두 이들 10명의 제자들은 제일 첫머리에 적고 있는데 다만 순서가 약간 다를 뿐이다.

이 편에 실린 공자문하 35명의 제자 중 『사기』「중니제자열전」에 실린 35명과 31명이 서로 같다. 이 편에 실린 인물 중 공량유(公良儒), 진상(秦商), 안각(顔刻), 금뢰도(琴牢都)가 모두 『사기』「중니제자열전」중의 앞 부분 35명에 포함되어 있지 않다. 그리고 『사기』「중니제자열전」에 실린 앞 부분 35명 중에 실린 공백료(公伯繚), 조휼(曹恤), 백건(伯虔), 공손룡(公孫龍)이 이 편 앞 부분의 35명에 포함되어 있지 않다. 이 편에 실린 76명의 제자 가운데 금뢰(琴牢), 진항(陣亢), 현단(懸亶) 세 사람은 『사기』「중니제자열전」에 보이지 않고, 『사기』「중니제자열전」에 실려 있는 공백료(公伯繚), 진염(秦冉), 안하(顔何), 교단(鄡單) 등이 이 편에는 실려 있지 않다. 이처럼 이 두 편에 실린 공문제자(孔門弟子)들에 관한 자료가 언급하고 있는 제자는 이미 80명에 이른다. 이들 기록들을 종합해보면 공자의 제자들이 많았다는 것이 절대 빈말이 아니었음을 발견할 수 있다. 『사기』와 『공자가어』를 서로 참조하여 연구하는 것은 『공자가어』의 성서(成書) 문제를 인식하는데 중요한 가치를 지닌다.

▌38-1

안회(顔回), 노나라 사람. 자는 자연(子淵). 공자보다 30세가 적었다. 29세 때 머리가 모두 희어졌으며, 31세로 일찍 죽었다. 공자는 "내가 안회를 얻은 뒤부터 문인들이 날로 더욱 친해졌다"고 했다. 안회는 덕행으로 이름이 났으며, 공자는 그의 인(仁)을 칭찬했다.

▌原文

顔回, 魯人, 字子淵, 少孔子三十歲[1]. 年二十九而發白, 三十一早死[2]. 孔子曰, "自吾有回, 門人日益親[3]." 回以[4]德行著名, 孔子稱[5]其仁焉.

| 注釋

1) 少孔子三十歲: 이 구절은 본래 없었는데, 사고본(四庫本)과 동문본(同文本)에 근거하여 보완하였다. 2) 三十一─早死: 사고본 왕숙의 주에 근거하면 "이 책은 아주 오래되어 연수(年數)에 착오가 있지만 자세히 교정할 수 없다. 나이와 관련하여 안회가 죽었을 때 공자 나이 61세였다. 그러나 백어(伯魚)가 50에 공자보다 먼저 죽었는데, 그때 공자는 70세였다. 이는 안회가 백어보다 먼저 죽었음을 말한다. 그리고 『논어』에 안연(顏淵)이 죽자 안로(顏路)가 공자(孔子)의 수레를 팔아 외곽(槨)을 만들 것을 청하니, 공자께서 말씀하셨다. '이(鯉)가 죽었을 때에도 관(棺)만 있었고 곽(槨)은 없었다.'라고 하였다. 혹 일에 가설하여 한 말인 것 같다."고 했다. 살펴보니 '三十一'은 마땅히 '四十一'의 잘못이다. 3) 親: 친근, 친밀. 사고본에는 없다. 사고본 왕숙의 주에 "안회는 공자의 소부(疏附, 率下親上)의 벗으로서 문인들로 하여금 부자(夫子)와 더욱 친하게 하였다."고 했다. 4) 以: 원래는 '之'로 되어 있지만, 사고본과 동문본에 근거해 고쳤다. 5) 稱: 칭찬, 표양(表揚)

38-2

민손(閔損), 노나라 사람. 자는 자건(子騫). 공자보다 50세가 적었다. 덕행으로 이름이 났으며, 공자는 그의 효도를 칭찬했다.

| 原文

閔損, 魯人, 字子騫, 少孔子五十歲[1], 以德行著名, 孔子稱其孝焉.

| 注釋

1) 少孔子五十歲: 이 구절은 본래 없었는데, 사고본(四庫本)과 동문본(同文本)에 근거하여 보완하였다.

38-3

 염경(冉耕), 노나라 사람. 자는 백우(伯牛). 덕행으로 이름이 났었으나 악질이 있었는데, 공자가 "이는 운명이로다!"라 하였다.

原文

　冉耕[1], 魯人, 字伯牛, 以德行[2]著名, 有惡疾[3], 孔子曰, "命也夫!."

注釋

1) 冉耕: 동문본과 만유본(萬有本)에는 '염유(冉有)'라고 되어있는데 잘못이다. 2) 德行: 사고본과 동문본에는 '德'이라고만 되어있다. 3) 惡疾: 매우 고통스럽고 치유하기 어려운 질병을 가리킨다.『공양전』소공(昭公) 20년에, "무슨 질병인가? 악질이다."라는 구절에 대한 주에 "악질은 벙어리[瘖], 귀머거리[聾], 소경[盲], 문둥병[癩], 대머리[禿], 절름발이[跛], 곱사등이[僂]와 같이 人倫에 미치지 못한 종류를 이른다."고 했다.

38-4

 염옹(冉雍), 자는 중궁(仲弓). 백우의 종족(宗族)이며, 불초한 아버지에게서 태어났으나 덕행으로 이름이 났었다.

原文

　冉雍, 字仲弓, 伯牛之宗族, 生於不肖[1]之父, 以德行著名.

注釋

1) 不肖: 변변치 못하다는 뜻.

38-5

 재여(宰予), 자는 자아. 노나라 사람. 말재주가 있는 것으로 이름이 났었다.

原文

宰予, 字子我, 魯人, 有口才著名[1].

注釋

1) 有口才著名: 사고본과 동문본에는, "말재주와 언어로 유명했다. 제나라에서 벼슬하여 임치대부(臨淄大夫)가 되어 전상(田常)과 난을 일으키다가 그 삼족이 멸하였다. 공자는 이를 부끄러이 여겨 "이해득실에 있었던 것이 아니라 재여(宰予)에게 있도다." 하고 말하였다. 사고본 왕숙의 주에는, "재여에게 병리(病利)가 있다고 말했다"고 했다.

38-6

단목사(端木賜), 자는 자공. 위(衛)나라 사람. 공자보다 31세가 적었다. 말재주가 있는 것으로 이름이 났었다.

原文

端木賜, 字子貢, 衛人, 少孔子三十一歲[1]. 有口才著名[2].

注釋

1) 少孔子三十一歲: 원래 이 구절은 없었는데, 사고본과 동문본에 근거하여 보완했다.
2) 有口才著名: 사고본과 동문본에는 이후에 다음과 같은 구절이 있다. "공자는 항상 자공의 언변을 꺾었다. 집이 부유하여 천금을 모았으므로 항상 사마(駟馬)를 타고 다녔는데, 어느 날 그는 원헌(原憲)을 찾아갔다. 원헌은 누추한 집에 살고 있으면서도 선왕(先王)의 뜻을 이야기하곤 했다. 원헌은 해진 의관을 입고 매일 소식(小食)을 했지만 편안하고 스스로 만족해하는 모습이었다. 자공이 이르기를, "너무 심하구나. 자네는 어찌 이다지도 병들어 보이는가?" 하고 말했다. 그러자 원헌은 "내가 듣기엔 재물이 없는 자를 가난하다 하고, 도를 배워 행하지 못하는 자를 병들었다고 한다. 지금 나는 가난한 것이지 결코 병든 것은 아니로다." 하고 대답하였다. 자공은 이 말을 듣고 종신토록 자기가 말을 지나치게 한 것을 부끄러워했다. 자공은 장사하기를 좋아해서 시기를 잘 골라 재물을 늘렸고 또 노나라와 위나라에서 각각 재상을 역임했으며 제나라에서 죽었다."했다. "매일 소식을 했다"는 구절에 대하여 왕숙은 주에서, "채소

만 여러 날 먹은 이후에 밥을 먹는 것이다."고 했다. "장사하기를 좋아해서 시기를 잘 골라 재물을 늘렸고"에 대해 왕숙의 주에는, "판(販)을 일으키다[發擧]"라고 설명하고 있다. 쌀 때 사서 비쌀 때 팔아 시기를 잘 골라 재물을 늘렸다.

38-7

염구(冉求), 자는 자유(子有). 중궁의 종족. 공자보다 29세가 적었다. 재능과 기예를 갖추었고, 정치를 잘하기로 이름이 났다.

┃原文

冉求, 字子有, 仲弓之族[1], 少孔子二十九歲[2]. 有才藝[3], 以政事著名[4].

┃注釋

1) 族: 동일한 가족을 가리킨다. 사고본, 동문본에는 '종족(宗族)'이라 하였다. 2) 少孔子二十九歲: 이 구절은 원래 없었지만, 사고본, 동문본에 근거하여 보완했다. 3) 才藝: 재능과 기예를 갖추었음을 가리킨다. 4) 以政事著名: 사고본과 동문본에는 이 구절 뒤에 다음과 같은 글이 있다. "계씨의 가신이 되어 나가서는 관직의 일을 처리하고 물러나서는 공자의 교훈을 받았다. 성품이 겸손한 까닭에 공자가 말하기를 '구(求)는 너무 뒤로 물러서기만 하니 그러지 말고 앞으로 좀 나가라' 했다."

38-8

중유(仲由), 변(卞)나라 사람. 자는 자로(子路), 또는 계로(季路)라고도 한다. 공자보다 9세가 적었다. 용력과 재주와 기예를 갖추었고, 정치를 잘하기로 이름이 났다.

┃原文

仲由, 卞[1]人, 字子路, 一字季路, 少孔子九歲[2]. 有勇力才藝[3], 以政事著名⁴⁾.

注釋

1) 卞: 춘추시대의 노나라 읍(邑). 원래는 '弁'으로 되어 있으나 사고본과 동문본에 근거하여 고쳤다. 2) 一字季路, 少孔子九歲: 원래 없었지만 사고본과 동문본에 근거하여 보완하였다. 3) 有勇力才藝: 용기, 힘, 재능, 기예를 가리킨다. 4) 以政事著名: 사고본과 동문본에는 이 구절 뒤에 다음과 같은 글이 있다. "사람됨이 과단성이 있고 강직하나 성품이 고루해서 변통성이 부족했다. 위(衛)나라에 벼슬하여 대부가 되었는데, 마침 괴외(蒯聵)가 그 아들 첩(輒)과 나라를 놓고 다투게 되는데 자로는 그 난리에 죽었다. 공자는 이를 슬퍼하여 말하기를 "나는 유(由)가 있는 날로부터 나쁜 소리가 귀에 들어오지 않았다." 왕숙의 주에, "자로는 부자(夫子)의 어모(禦侮, 외침을 막다)의 벗으로 나쁜 소리가 부자의 귀에 들어오지 않았다"고 했다.

38-9

언언(言偃), 노나라 사람. 자는 자유(子遊). 공자보다 35세가 적었다. 언제나 예법을 공부했으며 문학으로 이름이 났다.

原文

言偃, 魯人, 字子遊, 少孔子三十五歲. 時習於禮¹⁾, 以文學著名²⁾.

注釋

1) 少孔子三十五歲. 時習於禮: 이 문단은 원래 없었지만 사고본과 동문본에 근거하여 보완하였다. 2) 以文學著名: 문학은 주로 고대문헌을 가리킨다. 사고본과 동문본에는 이 구절 뒤에 다음과 같은 글이 있다. "벼슬은 무성재(武城宰)가 되었다. 일찍이 공자를 따라 위(衛)나라에 갔었는데, 위나라 장군의 아들 난(蘭)과 친하게 되어 마침내 난을 천거하여 공자에게서 배움을 받게 했다."

38-10

복상(卜商), 위(衛)나라 사람. 자는 자하. 공자보다 44세가 적었다. 『시(詩)』에 익숙하여 그 뜻을 능히 통달했으며 문학으로 이름이 났다. 성품은 넓지 못했으나 정미(精微)한 의논을 좋아하여 당시 사람들 중에 아무도 그를 뛰어 넘는 사람이 없었다. 일찍이 위나라에 돌아와서 사지(史志)를 읽다가 '진사벌진 삼시도하(晉師伐秦 三豕渡河)'라는 구절에 이르렀다. 그는 말하기를 "이것은 잘못되었다. 이 삼시(三豕) 두 글자는 반드시 기해(己亥)를 잘못 쓴 것이다."고 하였다. 그 뒤에 사지(史志)를 공부하는 자가 진(晉)나라 역사를 참고해 본 결과 과연 자하의 말이 맞았다. 그리하여 위나라 사람들은 자하를 성인이라고 불렀다. 공자가 죽은 뒤에 서하(西河)에서 선생 노릇을 했는데, 이때 위(魏)나라 문후(文侯)가 그를 스승으로 섬겼고 국정을 그에게 물어서 행했다.

原文

蔔商, 衛人, 字子夏, 少孔子四十四歲. 習於詩, 能通其義, 以文學著名. 爲人性不弘, 好論精微, 時人[1]無以尙[2]之, 嘗[3]返衛, 見讀史誌者云, "晉師伐秦, 三豕渡河." 子夏曰, "非也!, '己亥'耳." 讀史誌者問諸晉史[4], 果曰'己亥'." 於是衛以子夏爲聖. 孔子卒[5]後, 敎於西河[6]之上. 魏文侯[7]師事之[8], 而諮[9]國政焉.

注釋

1) **字子夏** ……(중략)…… **時人**: 이 문단의 글자는 원래 없었지만 사고본과 동문본에 근거하여 보완했다. 왕숙의 주에, "자하가 서술한 시의 뜻은 오늘의 『모시(毛詩)』「서(序)」이다"라고 했다. 2) **尙**: 초과하다. 3) **嘗**: 일찍이. 4) **讀史志者問諸晉史**: '者'가 원래는 '曰'로 되어 있었으나, 진본(陳本)에 근거하여 고쳤다. '저(諸)'는 '~에서[之於]'라는 뜻이다. 5) **卒**: 죽다. 6) **西河**: 전국시대 위(魏)나라 땅. 지금의 하남 안양(安陽)은 당시 황하가 안양의 동쪽을 흘러 지나갔으므로 서하는 황하의 서쪽이라는 뜻이다. 일설에는 현재의 진(晉)·섬(陝) 사이의 황하 좌우이거나, 또 섬서 대협(大荔), 합양

(合陽), 한성(韓城) 그리고 산서 분양(汾陽) 등을 가리킨다. 7) **魏文侯**: 이름은 사(斯). 전국시대 위나라의 건립자로써 50년(B.C445-396)간 재위. 8) **師事之**: 스승에 대한 예절로 그를 섬김. 9) **諮**: 자문, 의논.

38-11

전손사(顓孫師), 진(陳)나라 사람. 자는 자장(子張). 공자보다 48세가 적었다. 사람이 용모가 잘생겼으며 성질이 너그럽고 교제도 넓었다. 조용히 자신의 일에 힘썼으나 평소 인의를 실행하는 일에는 힘쓰지 않았다. 공자의 문인들이 그를 친구로 사귀면서도 공경하지는 않았다.

原文

顓孫師, 陳人, 字子張, 少孔子四十八歲. 爲人有容貌資質[1], 寬沖[2]博[3]接[4], 從容[5]自務[6], 居不務立於仁義之行[7], 孔子門人友之而弗敬.

注釋

1) **資質**: 사람의 타고난 성품. 2) **沖**: 겸손, 온화하고 담백함. 사람의 마음이 온화하고 담백함을 이름. 3) **博**: 광범위함. 4) **接**: 친구와의 사귐. 5) **從容**: 조용하다, 급하지 않다. 6) **自務**: 자신의 일과 이상에 종사함. 7) **居不務立於仁義之行**: 왕숙의 주에, "자장은 홀아비와 과부를 업신여기지 않았으며, 성품이 매우 너그러웠지만 평소 인의를 실행하는 일에 힘쓰지 않았으므로 자공(子貢)이 강하게 그를 아직 인(仁)에 미치지 못한다고 여긴 것이다." ('仁': 사고본에는 '有'로 되어 있다")고 했다. '居'는 평상(平常), 평소.

38-12

증삼(曾參), 남무성(南武城) 사람. 자는 자여(子輿). 공자보다 46세가 적었다. 뜻을 효도하는 데에 두어 공자는 그를 근거로 『효경(孝經)』을 지었다.

제나라에서 일찍이 그를 불러 경(卿)을 삼고자 했으나 가지 않았다. 그는 말하기를 "나는 늙은 부모를 모시고 있다. 이제 만일 남의 녹(祿)을 먹게 되면 녹을 주는 그 사람의 일을 걱정해야 할 것이다. 그러므로 나는 차마 부모를 멀리 떠나 남을 위해 부림을 당할 수는 없다"고 했다.

증삼의 계모는 그에게 은혜를 베풀지 않지만 그는 봉양을 조금도 게을리 하지 않았다. 어느 날 아내가 부모의 밥상에 나물을 덜 익게 삶아 내놓았다 해서 내쫓고자 하였다. 사람들이 말하기를 "칠출(七出)이 아닌데 내쫓으려 하다니"라고 하자, 증자는 "나물을 삶는 것은 지극히 작은 일이다. 푹 삶도록 시켰지만 나의 명령하나 이행하지 못하는데 하물며 더 큰 일에 있어서야 더하지 않겠는가?" 하고, 그 아내를 내쫓아 버린 다음 죽을 때까지 다시 장가들지 않았다. 그 아들 원(元)이 아버지에게 장가들기를 청했으나, 그는 아들에게 이렇게 말하였다. "옛날 고종(高宗)은 후처 때문에 효기(孝己)를 죽였고 윤길보(尹吉甫)도 후처 때문에 백기(伯奇)를 내쫓은 일이 있었다. 나는 위로 고종에게 못 미치고 중간으로는 윤길보에게도 비교할 수 없으니, 그러한 잘못에서 벗어날 수 있다고 어찌 장담하겠느냐?"

原文

曾參, 南武城[1]人, 字子輿, 少孔子四十六歲. 志存[2]孝道, 故孔子因之以作『孝經』. 齊嘗聘[3], 欲與[4]爲卿而不就, 曰, "吾父母老, 食人之祿, 則憂人之事, 故吾不忍遠親[5]而爲人役."

參後母遇之無恩, 而供養不衰[6], 及其妻以藜烝[7]不熟, 因出[8]之. 人曰, "非七出[9]也." 參[10]曰, "藜烝, 小物耳, 吾欲使熟, 而不用吾命, 況大事乎." 遂出之, 終身不取[11]妻. 其子元請焉, 告其子曰, "高宗以後妻殺孝己[12], 尹吉甫以後妻放伯奇[13]. 吾上不及高宗, 中不比吉甫, 庸知其得免於非乎?"

注釋

1) **南武城**: 춘추시대 노나라 땅. 지금의 산동 가상(嘉祥). 2) **存**: 마음 속에 품고 있음을 가리킨다. 3) **聘**: 요청, 초청. 4) **與**: 사고본, 비요본(備要本), 동문본에는 '以'로 되어 있다. 5) **遠親**: 멀리 떨어져 있는 부모. 6) **衰**: 쇠락, 쇠약, 쇠퇴. 7) **藜烝**: 나물의 부드러운 잎을 삶아 먹도록 하는 것. '藜'는 식물의 이름으로 '회채(灰菜)'라고도 한다. '藿'과의 일년생 초목으로 부드러운 잎은 먹을 수 있고, 씨에서 기름을 짤 수 있으며 풀 전체를 약으로 쓴다. 烝은 蒸과 같다. 8) **出**: 쫓아내다. 9) **七出**: 고대에 처자를 쫓아낼 수 있는 일곱 가지 이유. 10) **參**: 사고본과 동문본에는 '쑝'으로 되어 있다. 11) **取**: '娶'와 같다. 사고본과 동문본에는 '娶'로 되어 있다. 12) **高宗以後妻殺孝己**: 孝己는 은(殷) 고종 무정(武丁)의 태자로 지극한 효자였다. 어머니가 일찍 죽자 고종이 후처의 말에 미혹되어 그를 쫓아내려 했고, 결국 효기는 야외에서 죽었다. 13) **尹吉甫以後妻放伯奇**: 伯奇는 서주(西周) 대신 윤길보의 아들이다. 어머니가 일찍 죽고 길보의 후처가 그를 모함해 해롭게 하였으므로 백기는 야외로 쫓겨났다. 후에 선왕(宣王)이 간여하여 구함을 얻었다. 길보가 깨닫고 그 후처를 죽였다.

38-13

담대멸명(澹臺滅明), 무성(武城) 사람. 자는 자우(子羽). 공자보다 49세가 적었다. 군자의 자질이 있어서 공자는 일찍이 그 용모만큼 그의 재능을 기대하였지만, 그의 재능은 공자의 바람을 충족시키지 못하였다. 그러나 그 사람됨은 공정하고 사욕이 없어서 취하고 주는 일, 물러나고 나아감에 모두 약속을 준수한 것으로 이름이 났다. 노나라 대부의 임무를 수행하였다.

原文

淡臺滅明, 武城¹⁾人, 字子羽, 少孔子四十九²⁾歲, 有君子之姿³⁾. 孔子嘗⁴⁾以容貌望其才. 其才不充⁵⁾孔子之望. 然其爲人公正無私, 以取與去就以諾⁶⁾爲名, 仕魯爲大夫也⁷⁾.

注釋

1) **武城**: 춘추시대 노나라 땅. 지금의 산동 평읍(平邑). 2) **四十九**: 『사기』에는 '三十

九'라 되어 있다. 3) 姿: 사고본과 동문본에는 '資'로 되어있다. 4) 嘗: 일찍이. 5) 充: 충족, 만족. 6) 諾: 대답, 승낙. 7) 也: 사고본과 동문본에는 이 글자가 없다.

38-14

고시(高柴), 제나라 사람. 고씨(高氏)의 별족(別族). 자는 자고(子羔). 공자보다 40세가 적었다. 키가 6척을 넘지 않았고 얼굴 모습은 매우 추했으나, 사람됨은 효성에 독실하고 행동에 법도가 있었다. 젊었을 때 노나라에 살았던 까닭에 공자의 문하에서 이름이 났다. 벼슬은 무성(武城)의 재(宰)를 지냈다.

原文

高柴, 齊人, 高氏之別族, 字子羔, 少孔子四十[1]歲. 長不過六尺, 狀貌甚惡[2]. 爲人篤[3]孝而有法正[4], 少居魯, 知[5]名於孔子之門, 仕爲武城宰.

注釋

1) 四十: 『사기』에는 '三十'으로 되어 있다. 2) 惡: 추하다. 3) 篤: 충후(忠厚)하다. 4) 法正: 표준, 규범. 5) 知: 사고본과 동문본에는 이 앞에 '見' 자가 있다.

38-15

복불제(宓不齊), 노나라 사람. 자는 자천(子賤). 공자보다 49세가 적었다. 벼슬은 선보(單父)의 재(宰)를 지냈으며, 재주와 지모가 있고, 백성을 사랑하고 보호하였기 때문에 차마 백성들을 속이지 못했다. 공자는 그를 중시하였다.

▮原文

宓不齊, 魯人, 字子賤, 少孔子四十九[1]歲. 仕爲單父宰, 有才智, 仁愛百姓, 不忍欺. 孔子大[2]之.

▮注釋

1) 四十九: 사고본과 동문본에는 '四十'으로 되어 있다. 『사기색은(史記索隱)』에 인용된 『가어』에도 '四十九'로 되어 있지만, 『사기』에는 '三十'으로 되어 있다. 2) 大: 존경, 중시. 사고본과 동문본에는 '美'로 되어 있다.

38-16

번수(樊須), 노나라 사람. 자는 자지(子遲). 공자보다 46세가 적었고 계씨에게 벼슬을 하였다.

▮原文

樊須, 魯人, 字子遲, 少孔子四十六[1]歲. 弱[2]仕於季氏.

▮注釋

1) 四十六: 『사기』에는 '三十六'으로 되어 있다. 2) 弱: 약관(弱冠). 『예기』 「곡례상(曲禮上)」에, "二十을 弱이라 하고, 관(冠)을 쓴다."고 했다. 弱은 나이가 어리다는 의미. 고대에는 남자 20세에 관례(冠禮)를 행하였기 때문에 남자 20세 전후의 연령을 지칭하는 것으로 사용하였다.

38-17

유약(有若), 노나라 사람. 자는 자유(子有). 공자보다 36세가 적었다. 사람됨이 기억력이 좋고 지식이 많았고, 고대의 절조와 도의를 좋아했다.

▮原文

有若, 魯人, 字子有, 少孔子三十六歲. 爲人强識[1], 好古道[2]也.

| 注釋

1) 強識: 기억력이 좋다. 지식이 많다. 기억력이 좋음을 가리킨다. 2) 古道: 고대에 숭상하던 절조와 도의(道義)를 가리킨다. 사고본과 동문본에는 이 뒤에 '也' 자가 없다.

38-18

공서적(公西赤), 노나라 사람. 자는 자화(子華). 공자보다 42세가 적었다. 관복을 입고 조정에 나서면 빈주(賓主) 간의 예의(禮儀)에 매우 익숙하였다.

| 原文

公西赤, 魯人, 字子華, 少孔子四十二歲. 束帶立朝[1], 閑[2]賓主之儀.

| 注釋

1) 立朝: 사고본과 동문본에는 '立於朝'로 되어 있다. 2) 閑: '嫺'과 뜻이 같다. 익숙하다.

38-19

원헌(原憲), 송나라 사람. 자는 자사(子思). 공자보다 36세가 적었다. 마음이 깨끗하고 절개를 지켰으며 가난하지만 도를 즐겼다. 공자가 노나라 사구(司寇)가 되었을 때 그는 공자의 가신이 되었다가, 공자가 죽은 뒤에는 사직하고 은거하였는데 위(衛)나라에 거주하였다.

| 原文

原憲, 宋人, 字子思, 少孔子三十六歲. 清淨[1]守節, 貧而樂道[2]. 孔子爲魯司寇, 原憲嘗爲孔子宰[3]. 孔子卒後, 原憲退隱, 居於衛.

| 注釋

1) 清淨: 성가시게 굴지 않음을 가리킨다. 2) 道: 일정한 인생관, 세계관, 정치적 주장,

사상체계를 가리킨다. 이는 공자의 학설을 가리킨다. 3) 宰: 가신(家臣), 집안을 다스림.

38-20

공야장(公冶長), 노나라 사람. 자는 자장. 사람됨이 치욕을 잘 참았다. 공자가 딸을 주어 아내로 삼게 하였다.

原文

公冶長, 魯人, 字子長, 爲人能忍恥, 孔子以女妻[1]之.

注釋

1) 妻: 동사. 딸을 주어 아내로 삼게 하다.

38-21

남궁도(南宮韜), 노나라 사람. 자는 자용(子容). 지혜로써 자신을 다스려 세상이 맑을 때에는 폐기되지 않도록 하고, 세상이 흐릴 때에는 자기 몸을 더럽히지 않게 하였다. 공자는 형의 딸을 주어 아내로 삼게 하였다.

原文

南宮韜[1], 魯人, 字子容, 以智自將[2], 世淸不廢, 世濁不洿[3], 孔子以兄子[4]妻之.

注釋

1) 韜: 사고본에는 '縚'로 되어 있고, 『사기』에는 '括'로 되어 있다. 2) 將: 지니다. 통제하다. 약속하다. 3) 洿: '汚'와 같다. 오염. 사고본과 동문본에는 '汚'로 되어 있다. 4) 子: 여기서는 딸을 가리킨다.

38-22

공석애(公析哀), 제나라 사람. 자는 계침(季沉). 천하 사람들이 대부에게 가서 벼슬하는 것을 그는 비루하게 여겼다. 그런 까닭에 남의 신하에게 굽히는 일이 없었다. 공자는 이를 특별히 감탄하고 그를 귀하게 여겼다.

▎原文

公析¹⁾哀, 齊人, 字季沉²⁾, 鄙³⁾天下多仕於大夫家者, 是故未嘗屈節人臣. 孔子特嘆貴之.

▎注釋

1) 公析: 『사기』에는 '公晳'으로 되어 있다. 2) 季沉: 사고본에는 '季沈'으로 되어 있고, 『사기』에는 '季次'로 되어 있다. 3) 鄙: 비루하게 여기다. 경시하다. 업신여기다.

38-23

증점(曾點), 증삼의 아버지. 자는 자석(子晳). 당시에 예의와 교화가 행하지 않는 것을 미워하여 스스로 예의를 닦고자 했다. 공자는 이를 칭찬 했다. 『논어』에 '기수에서 목욕하고 무우(舞雩) 아래에서 바람을 쏘인다.'고 한 것이 이것이다.

▎原文

曾點¹⁾, 曾參父, 字子晳²⁾, 疾³⁾時禮教不行, 欲修之, 孔子善⁴⁾焉. 『論語』所謂浴乎沂, 風乎舞雩之下⁵⁾.

▎注釋

1) 曾點: 『사기』에는 '曾蒧'이라 되어 있다. 2) 子晳: 『사기』에는 '子' 자가 없다. 3) 疾: 가슴 아파하다. 한스럽게 여기다. 4) 善: 찬양하다, 칭찬하다. 5) 浴乎沂, 風乎舞雩之下: 『논어』「선진(先進)」에 보이는 증점의 말이다. '之下'는 금본『논어』에는 없다. 沂는 沂水이며, 물 이름이다. 산동 추성(鄒城) 동북에서 발원하여 서쪽으로 곡부를

지나 수수(洙水)와 합쳐 사수(泗水)로 흘러 들어간다. 舞雩는 즉 舞雩臺로써 기우제를 지낼 때 가무와 의식을 거행하는 곳이다. 지금 곡부의 남쪽 1키로미터 지점에 옛 터가 있다.

38-24

안유(顔由), 안회의 아버지. 자는 계로. 공자가 처음 궐리(闕里)에서 학문을 가르칠 때 가르침을 받았다. 공자보다 6세가 적었다.

原文

顔由[1], 顔回父, 字季路[2], 孔子始教學於闕里[3], 而受學, 少孔子六歲.

注釋

1) 顔由: 『사기』에는 '안무요(顔無繇)'로 되어 있다. 2) 季路: 『사기』에는 '路'로 되어 있다. 3) 闕里: 지금의 곡부 궐리가(闕里街). 두 개의 돌로된 闕이 있어 그렇게 명명되었다. 사고본과 동문본에는 '여리(閭里)'로 되어 있다.

38-25

상구(商瞿), 노나라 사람. 자는 자목(子木). 공자보다 29세가 적었다. 특별히 『역(易)』을 좋아했으므로 공자는 관련 학문을 전수하고 기록하도록 하였다.

原文

商瞿, 魯人, 字子木, 少孔子二十九歲. 特好易, 孔子傳之, 志[1]焉.

注釋

1) 志: '記'와 뜻이 같다.

38-26

칠조개(漆雕開), 채나라 사람. 자는 자약(子若). 공자보다 11세가 적었다. 『상서(尙書)』를 익혔으며, 벼슬하기를 즐기지 않았다. 공자는 말하기를 "그대의 나이라면 벼슬할 만하다. 그렇지 않으면 시간이 가고 말 것이다"고 하자, 자약은 답장을 써서 "그러나 이에 대해 저는 아직 자신이 없습니다"고 대답하였다. 이 말을 듣고 공자는 기뻐했다.

原文

漆雕開, 蔡人, 字子若[1], 少孔子十一歲, 習尙書, 不樂[2]仕. 孔子曰, "子之齒[3]可以仕矣, 時將過." 子若報[4]其書曰, "吾斯之未能信[5]." 孔子悅焉.

注釋

1) 子若: 『사기』에는 '子開'로 되어 있다. 2) 樂: 원하다. 좋아하다. 3) 齒: 연령을 가리킨다. 4) 報: 회답하다. 5) 吾斯之未能信: 왕숙의 주에, "이 『서(書)』의 의미[意; 사고본에는 '義'로 되어 있다]를 분명하게 믿을 수 없다는 말이다."고 했는데, 斯는 『尙書』를 가리키고, 信은 분명하다는 의미이다. 하지만 이 말은 『논어』「공야장(公冶長)」에도 보인다. 여기에서 공안국(孔安國)이 말하기를, "벼슬에 나아가는 도리에 아직 자신이 없고 아직 잘 알 수 없다."고 했는데, 공안국의 주가 낫다.

38-27

공량유(公良孺), 진(陳)나라 사람. 자는 자정(子正). 어질고도 용맹이 있었다. 공자가 천하를 돌아다닐 때 그는 항상 수레 다섯 대를 가지고 공자를 따라다녔다.

原文

公良孺[1], 陳人, 字子正. 賢而有勇, 孔子周行[2], 常[3]以家車五乘從.

注釋

1) 儒: 사고본, 동문본, 진본(陳本), 『사기』에 모두 '孺 '로 되어 있다. 2) 周行: 여러 나라를 주유(周遊)한 것을 가리킨다. 3) 常: '嘗'과 뜻이 같다. 일찍이.

▎38-28

진상(秦商), 노나라 사람. 자는 불자(不慈). 공자보다 4세가 적었다. 그의 아버지 근보(菫父)와 공자의 아버지 숙량흘은 모두 용기와 힘으로 이름이 났다.

原文

秦商, 魯人, 字不慈[1], 少孔子四歲. 其父菫父[2], 與孔子父叔梁紇[3] 俱[4]力聞.

注釋

1) 不慈: 사고본에는 '丕玆'로, 『사기』에는 '子丕'로 되어 있다. 2) 菫父: 진근보(秦菫父)인데 춘추시대 노나라 맹헌자(孟獻子)의 가신이었다. 3) 叔梁紇: 노나라 대부. 공자의 부친. 이름은 흘, 자는 숙량, 추읍(陬邑: 지금의 산동 곡부 동남)을 다스렸기 때문에 陬大夫라고도 한다. 4) 俱: 모두. 전부. 사고본과 동문본에는 이 뒤에 '以' 자가 있다.

▎38-29

안각(顔刻), 노나라 사람. 자는 자교(子驕). 공자보다 50세가 적었다. 공자가 위(衛)나라에 갈 때 마부가 되었다. 위나라 영공(靈公)과 그 부인 남자(南子)가 같은 수레를 타고 놀이를 나가면서, 이때 환자(宦者) 옹량(雍梁)으로 하여금 참승(參乘)을 타게 하고, 공자로 하여금 수레를 뒤따르게 하여 거리를 나서자 공자는 이를 부끄러워하였다. 이에 안각(顔刻)이 "선생님께서는 무엇을 부끄러워하십니까?"하고 묻자, 공자는 탄식하기를, "『시(詩)』에 '너희

신혼을 보고 내 마음을 위로한다.'고 했다."라고 하였고, 또 탄식하며 "나는 덕을 좋아하기를 예쁜 여색보다 더 좋아하는 자를 보지 못하였다"라고 하였다.

|原文|

　　顔刻[1], 魯人, 字子驕, 少孔子五十歲. 孔子適[2]衛. 子驕爲僕[3], 衛靈公與夫人南子同車出, 而令宦者雍梁[4]參乘[5], 使孔子爲次乘[6], 遊過市, 孔子恥之. 顔刻曰, "夫子何恥之?" 孔子曰, "詩云, '覯爾新婚, 以慰我心[7].'" 乃嘆曰, "吾未見好德如好色者也."

|注釋|

1) 刻: 사고본에는 '亥', 『사기』에는 '高'라고 되어 있다. 사마정(司馬貞)의 『사기색은(史記索隱)』에, "『가어』에는 이름을 산(産)이라 했다"고 했는데, 그가 본 『가어』는 금본과 다르다. 2) 適: 이르다, 가다. 3) 僕: 수레 모는 사람. 4) 梁: 사고본과 동문본에는 '渠'라 되어 있다. 5) 參乘: '驂乘'이라고도 한다. 고대에 수레를 탈 때에 높은 사람은 좌측에, 수레 모는 사람은 가운데, 한 사람은 우측에 배승하였으므로 참승 혹은 거우(車右)라 칭했다. 6) 次乘: 수레를 뒤따르게 하다. 7) 覯爾新婚, 以慰我心: 『시(詩)』「소아(小雅)・거할(車舝)」에서 나온 말이다. '婚'을 금본 『모시(毛詩)』에서는 고자(古字)로 '昏'을 사용하였다. 覯는 만나다의 의미로, 여기서는 합혼(合婚), 합친(合親)을 가리킨다. 慰는 왕숙의 주에, "慰는 위안하다"라 했다.

▮38-30

사마려경(司馬黎耕), 송나라 사람. 자는 자우(子牛). 성품이 조급하고 말하기를 좋아했다. 자기 형 환퇴(桓魋)의 나쁜 행실을 보고 항상 걱정했다.

|原文|

　　司馬黎耕[1], 宋人, 字子牛. 牛爲人[2]性躁, 好言語. 見兄桓魋[3]行惡, 牛常憂之.

注釋

1) 黎耕: 사고본, 동문본 그리고 『사기』에는 '黎' 자가 없다. 그 이름 중의 '耕'과 '子牛'라는 글자를 보니 '黎'는 당연히 '犁'라고 써야 할 것 같다. 『사기색은』에는 공안국의 말을 인용하여 사마경(司馬耕)의 동생 안자(安子)를 사마려(司馬犁)라 했다. 누가 맞는지 알 수 없다. 2) 人: 원래는 없었는데, 진본(陳本)에 근거하여 보완했다. 3) 桓魋: 춘추시대 송(宋)나라 대부. 사마를 지냈으며 사람됨이 흉악했다. 공자가 여러 나라를 주유하면서 송나라를 지날 때 공자에게 해를 가하고자 했다. 후일 난을 일으켰다가 패하고 제나라로 달아났다.

38-31

무마기(巫馬期), 진(陳)나라 사람. 자는 자기(子期). 공자보다 30세가 적었다. 공자가 근교로 외출을 나가게 되었다. 이때 공자는 수행자에게 모두 우산을 가지고 가도록 했다. 오래지 않아 과연 비가 왔다. 이것을 보고 무마기가 "아침 하늘에 구름 한 점 없고 해가 나와 있었는데, 선생님께서는 우리들에게 우산을 가지고 가라고 하셨으니 비가 내린다는 것을 어떻게 아셨습니까?" 하고 물었다. 공자는 "어제 저녁에 달이 필성(畢星)에 걸린 것을 보았다. 『시경』에 이르기를 '달이 필성에 걸리면 큰비가 온다.'고 했기 때문에 나는 비가 올 줄을 안 것이다." 하고 대답하였다.

原文

巫馬施[1], 陳人, 字子期[2], 少孔子三十歲. 孔子將近行, 命從者皆持蓋[3]. 已而, 果雨. 巫馬施問曰, "旦[4]無雲, 旣日出, 而夫子命持雨具, 敢問何以知之?" 孔子曰, "昨暮月宿[5]畢, 詩不云乎, '月離於畢, 俾滂沱矣[6].' 以此知之."

注釋

1) 施: 원래는 '期'로 되어 있지만, 사고본과 동문본 그리고 『사기』에 근거하여 고쳤다. 2) 子期: 『사기』에는 '子旗'라고 되어 있다. 3) 蓋: 고대 햇볕을 가리고 비를 막는데

쓰던 도구. 4) 旦: 새벽, 아침. 5) 宿: 사고본과 동문본에는 이 뒤에 '於' 자가 있다.
6) **月離於畢, 俾滂沱矣**: 『詩』「小雅·漸漸之石」에 보인다. 離는 '麗'와 의미가 같다. 붙다, 가깝다의 의미. 畢은 별 이름으로 28수의 하나. 옛날 사람들은 이 별을 군대와 비를 주관한다고 여겼다. 俾는 '則'과 같다. '이에', '곧'의 의미이다. 滂沱는 큰 비가 쏟아지는 모습이다.

38-32

양전(梁鱣), 제나라 사람. 자는 숙어(叔魚). 공자보다 39세가 적었다. 나이 서른이 되어도 아들이 없자 자기 아내를 내쫓으려 했다. 그러자 상구(商瞿)가 그에게 "그러지 말라. 옛날 내가 서른 여덟이 되도록 아들이 없었으므로 우리 어머님께서 나를 위하여 다시 장가를 들도록 하셨으나 선생님(공자를 가리킴)께서 나를 제나라로 보내셨다. 어머님이 선생님께 나를 남아있도록 청하자 선생님께서 말씀하시기를 '걱정하지 말라. 마흔이 넘으면 남자 아이 다섯을 두게 될 것이다.'고 하셨다. 지금 과연 그 말씀대로 되었다. 자네도 내가 보기에는 아들을 늦게 낳을 뿐이니 반드시 아내의 잘못만은 아닐 것이다."고 하였다. 양전이 이 말을 따랐고, 과연 2년 만에 자식을 낳았다.

原文

梁鱣[1], 齊人, 字叔魚, 少孔子三十九歲[2]. 年三十未有子, 欲出[3] 其妻. 商瞿謂曰, "子未也, 昔吾年三十八無子, 吾母爲吾更取[4]室, 夫子使吾之[5]齊, 母欲請留吾, 夫子曰, '無憂也. 瞿過四十, 當有五丈夫[6].' 今果然, 吾恐子自晚生耳, 未必妻之過." 從之, 二年而有子.

注釋

1) 梁鱣: 배인(裵駰)의 『사기집해(史記集解)』에, "리(鯉)라고도 되어 있다"고 했다. 2) 三十九: 『사기』에는 '二十九'라 되어 있다. 3) 出: 내쫓다. 버리다. 4) 取: '娶'와 뜻이 같다. 5) 之: 가다. 6) 丈夫: 남자 아이를 가리킨다.

38-33

금뢰(琴牢), 위(衛)나라 사람. 자는 자개(子開) 또는 장(張)이라고도 한다. 종로(宗魯)와 친한 사이였는데 종로가 죽었다는 말을 듣고 조문을 가려하자 공자는 허락하지 않으며, "그것은 의(義)에 맞지 않는다."라고 하였다.

原文

琴牢, 衛人, 字子開, 一字張. 與宗魯友, 聞宗魯死, 欲往吊[1]焉, 孔子弗許, 曰, "非義也."

注釋

1) 吊: 죽은 사람을 애도하다.

38-34

염유(冉孺), 노나라 사람. 자는 자로(子魯). 공자보다 50세가 적었다.

原文

冉孺[1], 魯人, 字子魚[2], 少孔子五十歲.

注釋

1) 冉孺: 사고본, 동문본, 진본(陳本), 『사기』에 모두 '冉孺'라고 되어 있다. 『사기색은』에는 『가어』에 '冉儒'라 되어 있다고 했다. 2) 子魚: 사고본, 동문본, 진본(陳本), 『사기』에 모두 '子魯'로 되어 있다. 『사기색은』에는 『가어』에 "字子魯, 魯人"이라 되어 있다고 했다.

38-35

안신(顏辛), 노나라 사람. 자는 자류(子柳). 공자보다 46세가 적었다.

原文

顔辛[1], 魯人, 字子柳, 少孔子四十六[2]歳.

注釋

1) **顔辛**: 사고본과 『사기』에 '顔幸'으로 되어 있다. 『사기색은』에는 『가어』를 인용하여, "顔幸, 字는 柳"라고 했다. 2) **四十六**: 『사기』와 같다. 『사기색은』에는 『가어』를 인용, "三十六"이라 했는데 정현(鄭玄)과 같다.

38-36

백건(伯虔), 자는 해(楷). 공자보다 50세가 적었다.

原文

伯虔, 字楷[1], 少孔子五十歳.

注釋

1) **楷**: 사고본과 동문본에는 '揩'로 되어 있고, 진본(陳本)에는 '子皙', 『사기』에는 '子析'이라 되어 있다. 『사기색은』에는, "『가어』에는 '伯處, 자는 子皙'이라 하여 모두 옮겨 적는 과정에서 글자가 틀렸다. 어느 것을 따라야 맞는지 모르겠다"고 했다. 『사기정의(史記正義)』에, "『가어』에 子皙이라 한다."고 했다.

38-37

공손총(公孫寵), 위(衛)나라 사람. 자는 자석(子石). 공자보다 53세가 적었다.

原文

公孫寵[1], 衛人, 字子石, 少孔子五十三歳.

注釋

1) **寵**: 사고본, 동문본, 진본(陳本)과 『사기』에는 '龍'이라 되어 있다.

38-38

조휼(曹卹), 공자보다 50세가 적었다.

注釋

曹卹, 少孔子五十歲.

38-39

진항(陳亢), 진(陳)나라 사람, 자는 자항(子亢) 또는 자금(子禽)이라고도 한다. 공자보다 40세가 적었다.

原文

陳亢, 陳人, 字子亢[1], 一字子禽, 少孔子四十歲.

注釋

1) 亢: 사고본과 동문본에는 '元'으로 되어 있다.

38-40

숙중회(叔仲會), 노나라 사람. 자는 자기(子期). 공자보다 50세가 적었다. 그는 공선(孔璇)과 나이가 비슷했다. 어릴 때부터 붓을 잡고 공자의 일을 기록했으며 공선과 함께 교대로 공자를 좌우에서 모시고 있었다. 맹무백(孟武伯)이 공자를 뵙고 "이 두 사람은 모두 어린 나이에 공부를 하고 있는데 그들이 장성한 이후의 정황을 어떻게 알 수 있겠습니까?"하고 물었다. 공자가 말하기를, "알 수 있습니다. 어릴 적에 양성한 것은 마치 천성과 같아 더욱 익숙하게 되면 자연과 같아질 것입니다."고 하였다.

|原文

叔仲會, 魯人, 字子期, 少孔子五十¹⁾歲, 與孔璇²⁾年相比³⁾, 每孺子⁴⁾之執筆記事於夫子, 二人迭⁵⁾侍左右. 孟武伯⁶⁾見孔子而問曰, "此二孺子之幼也, 於學豈能識於壯哉?" 孔子曰, "然少成則若性也, 習慣若自然也."

|注釋

1) 五十: 사고본에는 '五十四'로 되어 있다. 『사기색은』에, "『가어』에 '노나라 사람이다. 공자보다 54세가 적었다. 공선(孔璇)과 나이가 비슷했다. 어릴 때부터 붓을 잡고 교대로 선생님을 모셨고, 맹무백이 보고 그를 본받았다'고 했는데 맞다."고 했다. 2) 孔璇: 공자의 제자. 琁은 '璇'과 같다. 사고본과 동문본에는 '璇'이라 되어 있다. 3) 比: 서로 비슷하다. 4) 孺子: 아동, 젊은이. 여기서는 서동(書童)을 가리킨다. 5) 迭: 교대로. 6) 孟武伯: 춘추시대 노나라 대부. 즉 맹유자(孟孺子).

38-41

진조(秦祖), 자는 자남(子南)
해점(奚蒧), 자는 자해(子楷)
공조자(公祖玆), 자는 자지(子之)

|原文

秦祖, 字子南.
奚蒧¹⁾, 字子偕²⁾.
公祖玆³⁾, 字子之.

|注釋

1) 奚蒧: 사고본과 동문본에는 '해잠(奚箴)'으로 되어 있다. 『사기』에는 '奚容箴'으로 되어 있다. 『사기색은』에 이르기를, "『가어』와 같다"고 했다. 2) 子偕: 사고본과 동문본에는 '子楷'라고 되어 있다. 진본(陳本)과 『사기』에는 '子皙'이라 되어 있다. 3) 公祖玆: 『사기』에는 公祖句玆로 되어 있다.

38-42

염결(廉潔), 자는 자조(子曹)
공서여(公西與), 자는 자상(子上)
재보흑(宰父黑), 자는 자소(子素)

原文

廉潔, 字子曹[1].
公西與[2], 字子上.
宰[3]父黑, 字子黑[4].

注釋

1) 子曹: 『사기』에는 '庸'이라 되어 있다. 『사기색은』에, "『가어』와 같다"고 했다. 2) 公西與: 사고본과 진본 그리고 『사기』에는 '公西輿'라 되어 있다. 3) 宰: 사고본과 『사기』에 '罕'으로 되어 있다. 4) 黑: 사고본과 동문본에는 '索'으로 되어 있다. 『사기집해(史記集解)』와 『사기색은』은 『가어』를 인용하여 "한보흑(罕父黑)은 자(字)가 색(索)이다"라고 했다.

38-43

공서감(公西減), 자는 자상(子尚)
양사적(壤駟赤), 자는 자종(子從)
염계(冉季), 자는 자산(子産)

原文

公西減[1], 字子尚[2].
穰駟赤[3], 字子從[4].
冉季, 字子産.

| 注釋

1) 公西減: 사고본에는 '점(葴)', 진본과 『사기』에는 '공서침(公西葴)', 『사기색은』에는 '잠(箴)'으로 되어 있다. 2) 子尙: 『사기』에는 '子上'으로 되어 있다. 『사기색은』에 『가어』에는 '子尙'으로 되어 있다고 했다. 3) 穰駟赤: 진본과 『사기』에 '壤駟赤'이라 되어 있다. 4) 子從: 『사기』에는 '子徒'라 되어 있다.

38-44

설방(薛邦), 자는 자종(子從)
석처(石處), 자는 이지(里之)
현단(縣亶), 자는 자상(子象)

| 原文

薛邦¹⁾, 字子從²⁾.
石處³⁾, 字裏之⁴⁾.
懸亶, 字子象.

| 注釋

1) 薛邦: 『사기』에는 '鄭國'이라 되어 있다. 『사기색은』, 『사기정의』에는 모두 '國'은 유방(劉邦)을 피휘하여 고친 것이라 여겼다. 鄭은 薛의 오자이다. 2) 子從: 진본과 『사기』에는 '子徒'라 되어 있다. 3) 石處: 진본과 『사기』에는 '後處'라 되어 있고, 만유본(萬有本)에는 '後' 자를 의심했다. 4) 里之: 사고본과 동문본 그리고 『사기』에 '子里'로 되어 있다. 『사기색은』에 이르기를, "『가어』와 같다"고 했다.

38-45

좌영(左郢), 자는 자행(子行)
적흑(狄黑), 자는 철지(晢之)
상택(商澤), 자는 자수(子秀)

原文

左郢[1], 字子行[2].
狄黑, 字晳之[3].
商澤, 字子秀[4].

注釋

1) **左郢**: 『사기』에는 '左人郢'으로 되어 있다. 『사기색은』에 이르기를 "『가어』와 같다"고 했다. 2) **子行**: 『사기』에는 '子' 자가 없다. 3) **晳之**: 진본에는 '晳之'로 되어 있고, 『사기』에는 '晳'이라 했다. 『사기색은』에 이르기를, "『가어』와 같다"고 했다. 4) **子秀**: 『사기집해』에 이르기를, "『가어』에는 '子秀'로 되어 있다"고 하였고, 『사기색은』에 "『가어』에는 字가 '秀'이다."고 하였다.

38-46

임불제(任不齊), 자는 자선(子選)
영기(榮祈), 자는 자기(子祺)
안쾌(顔噲), 자는 자성(子聲)

原文

任不齊, 字子選[1].
榮祈[2], 字子祺[3].
顔噲, 字子聲.

注釋

1) **子選**: 『사기』에는 '子' 자가 없다. 『사기색은』에 "『가어』에는 '子選'으로 되어 있다"고 했다. 2) **榮祈**: 『사기』에 '榮旗'로 되어 있다. 3) **子祺**: 『사기』에 '子祈'로 되어 있다. 『사기색은』에 "『가어』에 榮祈는 자가 子顔이다"고 했다.

38-47

원강(原忼), 자는 자적(子籍)
공견정(公肩定), 자는 자중(子仲)
진비(秦非), 자는 자지(子之)

原文

原忼[1], 字子籍.
公肩定[2], 字子仲[3].
秦非, 字子之.

注釋

1) 忼: 원래는 '桃'로 되어 있는데, 사고본과 진본에 근거하여 고쳤다. 동문본에는 '抗'으로 되어 있다. 『사기』에는 '亢籍'으로 되어 있는데, 이전 사람의 고증을 거쳐 '籍' 앞에 '字' 자가 빠졌다고 했다. 『사기색은』에는 『가어』를 인용하여, "이름은 亢, 자는 籍"이라 했다. 2) 公肩定: 원래는 '公肩'으로 되어 있다. 사고본과 동문본에는 '公賓'으로 되어 있다. 이제 진본과 『사기』에 근거하여 '定' 자를 보완한다. 3) 子仲: 『사기』에는 '了中'이라 했나. 『사기색은』에 이르기를, "『가어』와 같다"고 했다.

38-48

칠조종(漆雕從), 자는 자문(子文)
연급(燕伋), 자는 자사(子思)
공하수(公夏守), 자는 자승(子乘)

原文

漆雕從, 字子文[1].
燕級[2], 字子思[3].
公夏守[4], 字子乘[5].

注釋

1) **漆雕從, 字子文**: 從은 『사기』에는 '徒父'라 되어 있다. 字子文은 『사기색은』에, "『가어』에는 '字固'라 하였다"고 했다. 2) **伋**: 원래는 '級'으로 되어 있으나, 비요본, 사고본, 동문본, 진본과 『사기』에 근거하여 고쳤다. 3) **子思**: 『사기』에는 '子' 자가 없다. 『사기색은』에 이르기를 "『가어』와 같다"고 했다. 4) **守**: 『사기』에는 '首'라 되어 있다. 5) **子乘**: 『사기』에는 '子' 자가 없다. 『사기색은』에 이르기를 "『가어』와 같다"고 했다.

38-49

구정강(句井疆), 자는 자맹(子孟)

보숙승(步叔乘), 자는 자차(子車)

석작촉(石作蜀), 자는 자명(子明)

규선(邽選), 자는 자음(子飮)

原文

句井疆, 字子疆[1].

步叔乘, 字子車.

石子蜀[2], 字子明.

邽選[3], 字子飮[4].

注釋

1) **字子疆**: 사고본과 동문본과 『사기』에는 없다. 2) **石子蜀**: 『사기』에 '石作蜀'이라 되어있고, 『사기색은』에 이르기를 "『가어』와 같다"고 했다. 사고본과 동문본에는 '右作蜀'으로 되어 있다. 3) **邽選**: 『사기』에는 '邦巽'으로 되어 있다. 『사기색은』에 인용된 『가어』에는 '巽'이 '選'으로 되어 있다. 사고본과 동문본에는 '邦選'으로 되어 있다. 4) **子飮**: 사고본, 동문본, 진본 그리고 『사기』에는 '子斂'으로 되어 있다.

38-50

시지상(施之常), 자는 자상(子常)

신적(申績), 자는 자주(子周)

악흔(樂欣), 자는 자성(子聲)

原文

施之常, 字子常[1].
申績[2], 字子周[3].
樂欣[4], 字子聲.

注釋

1) 子常: 사고본, 동문본과 『사기』에는 '子恒'이라 되어 있다. 2) 申績: 사고본에는 '申績'라 되어 있다. 『사기』에는 '申黨', 『사기색은』에 인용된 『가어』에는 '申繚'라고 되어 있다. 3) 子周: 『사기』에는 '子' 자가 없다. 4) 樂欣: 사고본, 동문본과 『사기』에는 '樂欬'라 되어 있다. 『사기색은』에, "『가어』와 같다"고 했다.

38-51

안지복(顔之僕), 자는 자숙(子叔)

공불(孔弗), 자는 자멸(子蔑). 공자의 형의 아들.

칠조치(漆雕侈), 자는 자렴(子斂)

原文

顔之仆, 字子叔[1].
孔弗[2], 字子蔑.
漆雕侈[3], 字子斂.

注釋

1) 子叔: 『사기』에는 '子' 자가 없다. 『사기색은』에, "『가어』와 같다"고 했다. 2) 孔弗:

왕숙의 주에, "공자 형의 아들이다"고 했다. 왕숙의 주에는 원래 "공자형제"라고 잘못되어 있는 것을 사고본에 근거하여 고쳤다. 弗은 사고본, 동문본과 『사기』에 '忠'으로 되어 있다. 『사기집해』, 『사기색은』에 인용된 『가어』에, "忠의 자는 子蔑, 공자 형의 아들이다"고 했다. 3) 侈: 사고본, 동문본과 『사기』에는 '哆'라 되어 있다.

38-52

현성(懸成), 자는 자횡(子橫)

안상(顔相), 자는 자양(子襄)

| 原文

懸成[1], 字子橫[2].
顔相[3], 字子襄[4].

| 注釋

1) 懸成: 『사기』에는 '縣成'으로 되어 있다. 2) 子橫: 『사기』에는 '子祺'라 되어 있다. 『사기색은』에, "『가어』에 子謀'라 했다"고 하였다. 3) 顔相: 『사기』에는 '顔祖'라고 되어 있다. 『사기색은』에 "『가어』에는 이 사람이 없다"고 했는데, 잘못이다. 4) 子襄: 『사기』에는 '子' 자가 없다.

38-53

이 위에 기록한 사람들은 모두 공자의 제자인 72인으로 이들은 다 같이 승당입실(升堂入室)한 제자들이다.

| 原文

右夫子七十二人[1], 弟子皆升堂入室者[2].

▎注釋

1) **右夫子七十二人**: 원래는 "右件夫子七十二人弟子"로 되어 있지만 사고본과 동문본에 근거하여 고쳤다. 2) **升堂入室**: 학습이 도달한 경지에 정도의 깊고 얕은 차별이 있음을 비유한 것. 후에 사람이 학문이나 기능방면에 높은 조예가 있음을 칭찬하는 말로 사용되었다.

39 본성해 本姓解

┃序說

　이 편은 두 부분으로 나눌 수 있다. 앞 두 구절이 첫째 부분으로서 공자의 가세(家世)를 서술하였고, 마지막 한 구절이 둘째부분으로 제나라 태사(太史)의 공자에 대한 평가를 기록하고 있다. 두 부분은 모두 공자의 신세(身世)를 다루고 있기 때문에 '본성(本姓)'을 편명으로 한 것이다.

　첫째 부분에서는 공자 가세(家世)의 근본내력을 서술하고 있어서 『사기』의 기록과 서로 보충할 수 있다. 사실, 일찍이 당대(唐代)에 사마정(司馬貞)은 이미 『가어』의 기록을 가지고 『사기』기록의 부족함을 보완하였다. 그러나 그가 인용한 『가어』가 지금 전해지는 금본과는 약간 다르다. 예컨대 『사기』「공자세가」색은(索隱)에 인용된 『가어』에, "공자는 송미자(宋微子)의 후예이다. 송 양공(宋襄公)은 불보하(弗父何)를 낳았는데, 불보하는 동생 여공(厲公)에게 양위하였다. 불보하는 송보주(宋父周)를 낳고, 송보주는 세자 승(勝)을 낳았으며, 승은 정고보(正考父)를 낳고, 고보는 공보가(孔父嘉)를 낳았다. 오세(五世) 적손이 다하면[五世親盡] 따로 공족(公族)이 되었는데, 성을 공씨(孔氏)라 했다. 공보(孔父)는 아들 목금보(木金父)를 낳고, 금보는 역이(睪夷)를 낳았으며, 역이는 방숙(防叔)을 낳았다. 화씨(華氏)의 핍박을 두려워하여 노(魯)로 도망하였으므로 공씨는 노나라 사람이 된 것이다."라고 하였다.「송미자세가(宋微子世家)」색은에 인용된 『가어』에, "미자의 동생 중사(仲思)는 이름이 연(衍), 일명 설(泄)이라고도 하는데, 미자를 계승하여 송공(宋公)이 되었다. 비록 작위가 바뀌었지만, 반차(班次)는 이전을 넘어서지 못했다. 때문에 옛 관명을 썼다. 두 미자가 비록 송공이 되었지만 오히려 미자라고 칭했는데, 살펴보면 송공이다"라고 했다. 「공자세가」의 색은에 인용된 『가어』에는 또, "숙량흘(叔梁紇)이 노의 시씨(施氏)를 아내로 삼아 딸 아홉을 낳았다. 그의 첩이 맹피(孟皮)를 낳았으나 맹피는 다리가 불구였으므로 안씨(顏氏)에게 구혼하였고, 안징재(顏徵在)는 아버지의 명을 따라 혼인하였다."고 했다. 또 『가어』를 인용하여 "공자가 태어난 지 삼년 만에 숙량흘이 죽었다."고 했다.

　『사기』색은에 인용된 『가어』를 이 편과 비교하면 금본 『가어』와 당대(唐代) 사마정이 본 것과는 다르다는 것을 발견할 수 있다. 그러나 결코 이러한 이유로 금본 『가어』가 위서라는 결론을 내려서는 안 된다. 왜냐하면 대대로 베껴 전해지는 과정에서 혹은 더해지고 혹은 빠지고 혹은 주(注)가 정문(正文)에 삽입되기도 하기 때문이다. 예를 들어 이 편에는 "미(微)는 국명, 자(子)는 작위[爵]"라고 하는 주석문 형식의 구절이 달려있다. 사마정이 인용한 것과 비교해 보면 "미자계(微子啓)"에서 "고봉지현(故封之賢)"까지를 추측해 볼 수 있는데, 아마도 원본이 주석문일 가능성 있다. 그 밖에 '보(甫)'와 '보(父)', '피(避)'와 '외(畏)', '화(禍)'와 '핍(逼)' 등과 같은 글자들은 같지 않은데, 이 또한 베끼는 과정에서 그렇게 되었을 가능성이 크다. 이는 옛 전적들이 유전(流傳)하는 과정에서 흔히 보이는 현상이다. 사마정이 『가어』를 인용할 당시 취사선택 했던 것에서 전반적으로 모두 반영하지는 않았을 것이다. 예컨대, 「송미자세가(宋微子世家)」색은 중에 인용된 "미자의 동생[微子弟]"부터 "송공이라 칭했다[稱宋公]"를 가지고 『사기』의 빠진 부분을 보완하고, 「공자세가」색인 중에 인용된 "송양공[宋襄公]"부터 "공씨는 노나라 사람이 된 것이다[故孔氏爲魯他]"를 가지고 『사기』에 자세하지 않았던 공씨의 보계(譜系)를 보완하였던 것이다. 따라서 색은에 인용된 『가어』와 금본과 크게 다른 것 같지만 실제로는 반드시 그렇지는 않다.

둘째 부분은 공자와 제나라 태사가 도(道)를 논한 것인데, 태사는 끊임없이 감탄하면서 공자의 성인의 자취를 극찬하고 아울러 '소왕(素王)'이라 찬양하였다. 그 중 공자의 신세(身世)를 다룬 말이 있기 때문에 이 편에 편입하였던 것이다. 그 중 소위 공자가 '육경(六經)'을 정리했다든지, '제자가 3천'이라고 운운 한 것 등에 대해 의고(疑古)학자들이 보기에 공자의 사적(事迹)이 이처럼 정리가 잘되어 있고 분명한 것은 한(漢) 이후의 위조이고 '소왕' 설도 한나라 사람들이 즐겨 말하던 것이었던 것이다. 그에 더하여 이 장 내용이 또 다른 책에는 보이지 않으므로 그 진실성이 자못 의심되었다. 그러나 '육경'에 관한 이야기는 『장자(莊子)』에도 보이고, 또 사마천이 『사기』에서도 믿고 수록한 것이므로 쉽게 부정할 수 없다. 제자가 3천명인데다가 실력을 갖춘 자가 70여명이라는 것 역시 『사기』에 보이고 또 『가어』에도 보인다. 『가어』가 『사기』를 베낀 것은 아니다. '소왕' 설은 『장자』「천운(天運)」에 보이므로 한나라 때부터 시작된 것은 아니다. 이렇듯 『가어』에 기록된 내용이 위작이거나 후세 사람들이 보탠 것이란 주장은 연구가 더 필요하다. 그밖에, 공자가 스스로 말한, "세상이 어지러우면 다스리고, 막히면 이를 통하게 함이 내 뜻이기는 하지만, 하늘이 어찌 이에 간여해 주겠느냐?"는 『논어』 중에서 공자사상과 일치한다. 천하를 바로잡아 도우려는 뜻과 하늘의 도움에 기대려하지 않는 자신감이 말과 행동에 넘친다. 요컨대 이 편의 자료적 가치를 소홀히 보아서는 안된다.

39-1

공자의 선조는 송나라 후예다. 미자(微子) 계(啓)는 제을(帝乙)의 맏아들이며 주(紂)의 서형(庶兄)이다. 그는 기내(畿內)의 제후의 신분으로서 조정에 들어가 주(紂)의 경사(卿士)가 되었다. 미(微)는 봉국(封國)의 이름이고,

자(子)는 작위이다. 처음에 주나라 무왕(武王)이 은나라를 쳐서 이기고 주(紂)의 아들인 무경(武庚)을 조가(朝歌)에 봉하여 상탕(商湯)의 제사를 받들게 했다. 무왕이 죽자 무경과 관숙(管叔)·채숙(蔡叔)·곽숙(霍叔) 등 삼감(三監)이 난을 일으켰다. 이때 주공은 나이가 어린 성왕(成王)을 도와 섭정하여 천하를 다스리고 동쪽을 정벌하여 난을 평정했다. 정벌한 지 2년 만에 죄인들에게 모두 응분의 조처를 내렸다. 그리고 다시 미자를 은나라 후예로 명하고, 「미자지명(微子之命)」이란 글 한 편을 지었다. 이로 말미암아 송(宋)나라를 세우고 또 은나라 자손들까지 그곳으로 옮기도록 했다. 오직 미자만이 먼저 주나라에 벼슬한 까닭에 그를 제후에 봉해 주게 된 것이다. 그의 동생 중사(仲思)는 이름을 연(衍) 또는 설(泄)이라고도 하는데 미자의 뒤를 이어 송나라의 임금이 되었기 때문에 호를 미중(微仲)이라 하였고, 중사는 송공(宋公) 계(稽)를 낳았다. 그 장자는 비록 작위가 바뀌고 그 등급이 옛날 작위와 같지 않았지만, 이전 작위로 칭해졌다. 그 까닭에 미자와 미중 두 사람은 비록 송나라 국군(國君)이었지만 죽을 때까지 여전히 미(微)를 자신들의 칭호로 하였다. 계(稽)에 이르러 비로소 공(公)이라 칭했다. 송공 계는 정공(丁公) 신(申)을 낳았고, 신은 민공(緡公) 공(共)과 양공(襄公) 희(熙)를 낳았다. 희는 불보하(弗父何)와 여공(厲公) 방사(方祀)를 낳았다. 방사 이하는 대대로 송나라의 경(卿)이 되었다.

|原文

孔子之先, 宋之後也, 微子啓[1] 帝乙[2]之元子[3], 紂之庶兄, 以圻[4]內諸侯, 入爲王卿士. 微, 國名, 子, 爵. 初, 武王克殷, 封紂之子武庚[5]於朝歌[6], 使奉湯祀[7]. 武王崩, 而與管蔡霍三叔作難[8], 周公相成王, 東征之. 二年, 罪人斯得, 乃命微子於殷後, 作「微子之命」[9], 由之與[10]國於宋, 徙殷之子孫. 唯微子先往仕周, 故封之賢[11]. 其弟曰仲思, 名衍, 或名泄, 嗣微子[12]後, 故號微仲, 生宋公稽. 胄子[13]雖遷爵易位,

而班級[14]不及其故者, 得以故官爲稱, 故二微雖爲宋公, 而猶以微之
號自終, 至於稽乃稱公焉. 宋公生丁公申, 申[15]生緡公共及襄公熙,
熙生弗父何及厲公方祀, 方祀以下, 世爲宋卿.

注釋

1) **微子啓**: 은 주왕(紂王)의 동모(同母) 서형(庶兄)으로 미(微)에 봉해졌는데, 주왕이 음란하여 수차례 충간을 해도 듣지 않자 달아났고, 은이 망한 뒤 주나라에 투항하여 송에 봉해졌다. 공자는 이를 칭찬하여 기자(箕子), 비간(比幹)과 함께 은나라의 '삼인(三仁)'이라 했다. 배인(裵駰)의 『사기집해(史記集解)』에 공안국(孔安國)의 말을 인용하여, "微는 기내(畿內)의 나라이름이다. 子는 작위이다. 주(紂)의 경사(卿士)였다"고 했다. 일설에는 미가 지금 산동 양산(梁山)의 북쪽에 있다고 했다. 이 기록은 또 『사기』「송미자세가」와 「공자세가」, 『세본(世本)』(輯本)에도 보인다. 2) **帝乙**: 은대의 제왕으로 미자(微子)와 주(紂)의 부친이다. 3) **元子**: 천자와 제후의 장자(長子). 4) **기(圻)**: 畿, 京畿. 고대에 천자 직할의 땅을 칭했다. 5) **武庚**: 은나라 주(紂)의 아들, 이름은 녹보(祿父). 주 무왕이 상을 멸하고 그를 은의 옛 땅에 봉하고 은의 제사를 받들게 하였다. 무왕이 죽고난 후 무경과 관숙, 채숙 등이 반란을 일으켰다가 주공에 의해 멸망되었다. 6) **朝歌**: 은대 말기의 별도(別都)로 지금의 하남 기현(淇縣)이다. 무을(武乙)에 의해 건립되었고 주(紂)가 그대로 따랐다. 무왕이 상(商)을 멸한 후 강숙(康叔)을 이곳에 봉했는데, 위(衛)나라이다. 7) **奉湯祀**: 상탕의 제사를 받들게 하였다. 주 무왕이 은을 멸한 후 신농(神農), 황제(黃帝), 당(唐), 우(虞), 하(夏), 상(商)의 후예들을 봉국하여 고대 성왕의 제사가 단절될 수 없음을 나타내었다. 바로 이 책 「애공문정(哀公問政)」편의 "단절된 세계를 이어주고, 없어진 나라를 세워준다[繼絶世, 擧廢邦]"는 의미이다. 8) **管蔡霍三叔作難**: 관숙, 채숙, 곽숙은 모두 주 문왕(文王)의 아들이고 무왕과 주공의 동생이다. 상을 멸한 후 무왕은 이들 세 명을 은의 옛 땅에 봉하여 무경을 감시하게 하였는데 이를 '삼감(三監)'이라 칭했다. 무왕이 죽고 성왕이 즉위하였지만 나이가 어려 주공이 섭정하였다. 삼감은 유언비어를 퍼뜨려 주공이 천자의 지위를 찬탈하고자 하는 마음이 있다고 하고는 무경과 함께 반란을 일으켰다. 후일 주공이 동정(東征)하여 무경과 관숙은 피살되고 채숙은 유배를 보냈다. 9) 「**微子之命**」: 『고문상서(古文尙書)』중의 한 편(篇)인데, 이 편에는 주공이 동정하여 무경을 죽이고 난 후 미자에게 명하여 무경을 대신하여 은의 후예로 삼는다는 말이 기록되어 있다. 10) **與**: 들다, 세우다. 11) **封之賢**: 받은 상이 많다. 이는 제후로 봉해지는 것을

가리킨다. 『소이아(小爾雅)』「광고(廣詁)」에, "賢은 많음[多]이다."라 했다. 『여씨춘추(呂氏春秋)』에, "곧 천리의 땅만큼 많다[則賢於千裏之地]"의 고유(高誘)의 주에, "賢, 多와 같은 의미"라 했다. 12) **子**: 원래는 '之'로 되어 있었으나, 사고본과 동문본에 근거하여 고쳤다. 13) **冑子**: 고대 제왕이나 귀족의 장자로 모두 국학(國學)에 입학하였고 주자(冑子)라 칭했다. 14) **班級**: 관위, 작위의 등급. 15) **申**: 원래 '申公'이라 되어 있었지만 진본(陳本)에 근거하여 고쳤다.

39-2

　불보하(弗父何)는 송보주(宋父周)를 낳았고, 송보주는 세자(世子) 승(勝)을 낳았으며, 승은 정고보(正考甫)를 낳았고, 정고보는 공보가(孔父嘉)를 낳았다. 불보하로부터 공보가까지 이미 오복(五服)을 벗어나 송공과의 혈연관계가 소원해져 따로이 공족(公族)이 되었기 때문에 공(孔)을 씨(氏)로 하였다. 일설에는 공보(孔父)라는 것은 공보가 살았을 때 사여받은 호(號)였으므로 이것을 자손들이 본족(本族)의 씨(氏)로 한 것이다. 공보는 자목금보(子木金父)를 낳았고, 금보는 역이(睪夷)를 낳았으며, 역이는 방숙(防叔)을 낳았다. 방숙은 화씨(華氏)의 난을 피해서 노나라로 도망하여 살았다. 방숙은 백하(伯夏)를 낳았고 백하는 숙량흘(叔梁紇)을 낳았다. 숙량흘은 말하기를, "딸 만 아홉이 있었고 아들이 없었다"고 했다. 그의 첩이 아들 맹피(孟皮)를 낳았는데, 맹피의 자는 백니(伯尼)였는데 발병[足病]이 있었다. 이에 숙량흘은 다시 안씨(顔氏)에게 혼인을 청하였다. 안씨에게는 딸 셋이 있었는데 막내딸의 이름은 징재(徵在)였다. 안씨는 세 딸에게 물었다. "추(陬) 땅 대부(大夫) 숙량흘의 부조(父祖)가 모두 사(士)였지만 그 선대는 성왕(聖王)의 후예였다. 지금 숙량흘은 키가 열 자나 되며 그 힘은 당할 사람이 없다. 나는 이 사람을 몹시 탐내고 있다. 비록 나이는 많고 성격이 조급하지만 의심할 만한 일은 아니다. 너희 셋 중에 누가 이 사람에게 시집가겠느냐?" 위로 두 딸은 아무 대답이 없으나 막내딸 징재(徵在)는 앞으로 나서며 말했다. "아버님 명령대로 행할 뿐인데 더 물을 것이 무엇이 있겠습니까?" 그녀의 아버지는 "네가 능히 내 말대로 하겠구나"하고 드디어 징재를 숙량흘의 아내로 보내게 되었다.

징재는 숙량흘에게 시집온 다음 석 달이 지난 후 가묘의 예를 행하였고, 남편의 나이가 많으므로 때에 맞춰 아이가 없을 것을 염려하여 몰래 니구산에 가서 아이를 낳도록 기도하였다. 공자를 낳자 그 때문에 이름을 구(丘)라 하고, 자를 중니(仲尼)라 하였다. 공자가 세 살 때 숙량흘이 죽었고, 방(防) 땅에 장사를 지냈다. 열아홉 살 때에 이르러 송나라 병관씨(幷官氏)의 딸에게 장가들어 일년이 지나 아들 백어(伯魚)를 낳았다. 백어가 태어날 때 노나라 임금 소공(昭公)이 잉어[鯉] 한 마리를 공자에게 선물로 보낸 일이 있었다. 공자는 그 임금이 내려 준 것을 영광으로 여겼으므로 아들 이름을 이(鯉)라고 짓고 자를 백어라 했다. 백어는 50세에 그 아버지 공자보다 먼저 죽었다.

原文

弗父何生宋[1]父周, 周生世子勝, 勝生正考甫, 考甫生孔父嘉. 五世親盡, 別爲公族[2], 故後以孔爲氏焉. 一日孔父者, 生時所賜號也, 是以子孫遂以氏族[3]. 孔父生子木金父, 金父生睪夷, 睪夷生防叔, 避華氏之禍[4]而奔魯. 方叔生伯夏, 伯夏[5]生叔梁紇, 曰, "雖有九女, 是無子." 其妾生孟皮, 孟皮一字伯尼, 有足病, 於是乃求婚於顔氏. 顔氏有三女, 其小曰徵在, 顔父問三女曰, "陬大夫[6]雖父祖爲士, 然其先聖王之裔. 今其人身長十尺, 武力絶倫, 吾甚貪[7]之, 雖年長[8]性嚴, 不足爲疑, 三子孰能爲之妻?" 二女莫對, 徵在進曰, "從父所制[9], 將何問焉." 父曰, "卽爾能矣."遂以妻之.

徵在旣?廟見[10], 以夫之年大, 懼不時[11]有男[12], 而私禱尼丘之山[13]以祈焉, 生孔子, 故名丘, 字仲尼. 孔子三歲而叔梁紇卒, 葬於防[14].

至十九, 娶於宋之幷官氏[15], 一歲而[16]生伯魚, 魚之生也, 魯昭公以 鯉魚賜孔子, 榮君之貺[17], 故因以名曰[18]鯉, 而字伯魚, 魚年五十, 先 孔子卒.

注釋

1) 宋: 사고본과 동문본에는 '送'이라 되어 있다. 『사기』「공자세가」색인에 인용된 『가어』에는 '宋'이라 되어 있다. 2) **五世親盡, 別爲公族**: 고대에는 적장자 계승제, 오복(五服)제를 시행하였는데 오세(五世)가 지나면 혈연관계가 점차 소원해지기 때문에 분리되어 나와 따로 일족(一族)을 만들고 별도의 씨호(氏號)를 세운다. 『예기』「상복소기(喪服小記)」에, "별자(別子)를 조(祖)로 삼고, 별자를 계승하는 것을 종(宗)으로 삼으며 녜(禰)를 계승하는 자는 소종(小宗)으로 삼는다. 5대가 되어 종(宗)을 옮김이 있는 것은 고조를 계승했기 때문이다. 이 때문에 위로는 조(祖)를 옮기고 아래로는 종(宗)을 바꾸는 것이다."고 했다. 3) **氏族**: 이를 본족(本族)의 씨호(氏號)로 하였다. 4) **華氏之禍**: 공보가가 송의 대사마가 되었는데 그의 처가 모습이 아름다웠다. 태재(太宰) 화독(華督)이 그의 처를 빼앗으려 했고 후일 드디어 공보가를 살해했다. 그의 아들 자목금보는 사(士)로 강등되었고, 공씨는 배척과 억압을 받고 화씨에게 받아들여지지 않자 방숙이 노나라로 달아났다. 5) **伯夏**: 사고본과 동문본에는 '夏'라고만 되어 있다. 6) **陬大夫**: 즉 숙량흘이다. 陬는 노나라 읍으로 지금의 산동 곡부 동남 50리에 있었다. 숙량흘이 공을 세워 추읍의 대부로 봉해졌다. 7) **貪** : 하고자 하다, 희망하다. 『광아(廣雅)』「석고(釋詁)1」에, "貪은, 欲이다."라 했다. 8) **長**: 사고본과 동문본에는 '大'로 되어 있다. 9) **制**: 재단(裁斷). 10) **廟見**: 고대 혼례에서 신부가 남편 집에 가 다음날 해가 밝으면 처음으로 남편의 부모를 만났는데, 만약 남편의 부모가 이미 죽고 없으면 곧 석 달 후에 묘(廟)에 가서 참배한다. 이를 '廟見'이라 하고, 비로소 시댁의 부인(婦人)이 된다. 연후에 날짜를 택하여 제사를 지냈다. 『예기』「증자문(曾子問)」에, "석 달이 지나 묘에 참배하면 내부(來婦)라 칭하였다."고 했다. 11) **不時**: 때에 맞추지 못하다. 12) **男**: 원래는 '勇'으로 되어 있는데, 사고본과 비요본, 동문본에 근거하여 고쳤다. 13) **尼丘之山**: 즉 니구산이다. 현재는 니산(尼山)이라 칭하는데, 지금의 산동 곡부 동남 약 50리에 있다. 부자동(夫子洞)이 있어 공자의 출생지라 전한다. 사고본과 동문본에 '尼丘山'이라 되어 있다. 14) **防**: 즉 방산(防山)이다. 곡부 동쪽 30리에 있는데, 양공림(梁公林)이 있는데 공자의 부모를 장사지낸 곳이다. 15) **幷官氏**: 일설에는 '기관씨(亓官氏)'라 했는데, 명청시대 이후 베껴 전하면서 잘못된 것이다. 청나라 사람

전대흔(錢大昕)이 이같이 말했고, 청나라 사람 왕배순(王倍荀)의 『향원억구록(鄕園憶舊錄)』권5에도 이 점을 지적하였다. 16) 一歲而: 사고본과 동문본에는 없다. 17) 榮君之貺: 국군(國君)의 은사(恩賜)를 영광으로 여김. 榮은 ~을 영광으로 여긴다는 뜻이다.. 貺은 증여하다, 은사(恩賜). 18) 已 : 사고본, 동문본에는 없다.

39-3

제나라 태사 자여가 노나라에 갔다가 공자를 뵙게 되었다. 공자는 자여를 만나자 왕도(王道)에 대한 이야기를 들려주었다. 자여는 즐거워하면서 이렇게 말했다. "나는 비루한 사람입니다. 선생님의 이름은 들었지만 그 얼굴은 뵙지 못했기 때문에 지금 제가 이렇게 지식을 구한 것은 정말 귀중한 것입니다. 그런데 오늘날 비로소 듣고 보니 이제야 태산(泰山)이 얼마나 높은 줄을 알겠고, 바다가 큰 것인 줄을 알게 되었습니다. 그러나 애석한 것은 선생님께서 밝은 임금을 만나지 못한 탓으로 그 훌륭한 도덕이 백성들에게까지 미치지 못합니다. 하지만 장차 이 보배로운 도덕이 후세 사람들에게 전해질 것입니다."

자여는 자리에서 물러 나와 남궁경숙을 보고 말했다. "공자는 선성(先聖)의 후예로서 불보하 이래 대대로 덕망과 겸양하는 도량이 있었기 때문에 하늘이 그에게 복을 주신 것입니다. 성탕(成湯)은 무덕(武德)으로 천하에 임금이 되었으며 죽어서도 문덕(文德)과 함께 배향하게 되었으나 이후 은(殷) 왕조에서는 이러한 사람이 나타나지 않았습니다. 공자가 태어난 주나라 쇠퇴기에는 선왕에 대한 서적이 어지럽고 체계가 없는데, 공자는 이에 백가의 기록을 바탕으로 그 중의 의리를 자세히 살피고 바로잡아 요순을 원조로 하여 저술하고, 문왕과 무왕을 법으로 삼아 『시』를 산삭(刪削)하고 『서(書)』를 편술하였으며, 『예』를 확정하고 『악(樂)』을 정리하였으며, 『춘추』를 짓고 『역(易)』을 분명히 밝혀 후세 사람들에게 교훈을 남겨 이로써 준칙을 삼게 했으니 그의 문장과 도덕이 드러나게 된 것입니다. 그리하여 그에게 가르침을 받은 자는 약간의 사례를 하고 배운 학생이 3,000명이나 되었으니, 하늘이 장차 공자에게 소왕(素王)의 자리를 주려 한 것이겠지요? 어찌 이렇게도 흥성할 수 있습니까?" 남궁경숙이 말했다. "거의 모두가 그대의 말과 같습니다. 무릇 어떠한 사물도 모두 완전할 수는 없는 것입니다. 제가 듣기에 성인의 후예로서 그 적자와 적손으로 이어지는 계통이 아닐지라도 반드시 세상에 나타나 덕을 흥성히 베풀 자는 나타나게 마련입니다. 지금 공자의 도는 지극하여 장차 세상 사람에게 베풀어주기를 끝이 없이 할 것이니 비록 하늘의 복을 사양하고자 해도 그렇게 되지 않을 것입니다."

자공이 이 말을 듣고 두 사람의 말을 공자에게 전하자, 공자는 말했다. "어찌 그렇다고 하겠느냐? 세상이 어지러우면 다스리고, 막히면 이를 통하게 함이 내 뜻이기는 하지만, 하늘이 어찌 이에 간여해 주겠느냐?"

原文

齊太史子與適魯, 見孔子, 孔子與之言道[1]. 子與悅, 曰, "吾鄙人[2]也, 聞子之名, 不睹子之形久矣, 而求知之寶貴[3]也, 乃今而後知泰山之爲高, 淵海之[4]爲大, 惜乎, 夫子之不逢明王, 道德不加[5]於民, 而將垂寶以貽[6]後世."

遂退而謂南宮敬叔[7]曰, "今孔子先聖之嗣[8], 自弗父何以來, 世有德讓[9], 天所祚[10]也. 成湯以武德王天下, 其配在文[11], 殷宗以下[12], 未始有也, 孔子生於衰周, 先王典籍, 錯亂無紀, 而乃論百家之遺記, 考正其義, 祖述[13]堯舜, 憲章[14]文武, 刪『詩』述『書』, 定『禮』理『樂』, 製作『春秋』, 贊明[15]『易』道, 垂訓後嗣, 以爲法式, 其文德著矣. 然凡所教誨, 束修已上[16], 三千餘人. 或者天將欲與素王[17]之乎, 夫何其盛也." 敬叔曰, "殆[18]如吾子之言, 夫物莫能兩大, 吾聞聖人之後, 而非繼世之統, 其必有興者焉. 今夫子[19]之道至矣, 乃將施之[20]無窮, 雖欲辭天之祚, 故未得耳."

子貢聞之, 以二子之言告孔子. 子曰, "豈若是哉? 亂而治之, 滯而起之, 自吾志, 天何與焉."

注釋

1) 道: 왕도(王道). 공자가 일생동안 힘써 구하였던 것은 요, 순, 우, 탕(湯), 문왕, 무왕, 주공의 도 즉 인정(仁政)과 덕정(德政)을 핵심으로 하는 왕도정치 사상이었다. 그것은 공자 일생의 교육과 교화를 꿰뚫는 것이었다. 2) 鄙人: 천박하고 비루한 사람. 자신을 낮추는 겸손의 말이다. 3) 求知之寶貴: 사고본과 동문본에는 '未知寶貴'라 되어 있다. 4) 之: 사고본과 동문본에는 없다. 5) 加: 베풀다. 『여씨춘추』「효행(孝行)」, "백성들에게 광영을 베푼다[光耀加於百姓]"의 고유(高誘)의 주에, "加는 베풂[施]이다"라 했다. 6) 貽: 남기다, 전하다. 7) 南宮敬叔: 노나라 귀족 맹희자(孟喜子)의 아들로 공자의 제자였고, 일찍이 공자와 함께 주나라에 갔을 때 노자[老聃]에게 예(禮)를 물었던 적이 있다. 8) 今孔子先聖之嗣: 뜻은 공자가 상의 탕(湯) 후예 송미자(宋微子)의 후손을 가리킨다. 탕은 고대의 성왕(聖王)이고 미자는 고대의 현인(賢人)이요, 인인(仁人)이다. 今은 발어사(發語詞)이다. 오창형(吳昌瑩)의, 『경사연석(經詞衍釋)』권5에, "금(今)은 발어사(發語詞)로 일(事)을 가리키는 말이다." 참조. 9) 世有德讓: 공자의 선조 불보하는 본래 양공(襄公: 『좌전』, 『사기』에는 '양공(煬公)'이라 되어 있다)의 태자인데 왕위를 사양하고 여공(厲公)에게 양보했다. 10) 祚: 복을 내려줌, 보우(保佑). 11) 文: 문덕(文德). 즉 문명덕교(文命德教), 예악인의(禮樂仁義). 12) 殷宗以下: '殷宗'은 은상(殷商) 왕조의 각 군주를 널리 가리킨다. 宗은 종묘로서, 가차하여 왕조를 가리킨다. '以'는 사고본과 동문본에 '已'로 되어 있다. 13) 祖述: 이전 사람의 학설과 행위를 그대로 본받는다. 14) 憲章: 본받음. "祖述堯舜, 憲章文武"는 『예기』「중용」에도 보인다. 15) 贊明: 밝히다. 『역』「설괘(說卦)」, "그윽히 신명을 밝혀 시초(蓍草)를 내었다."의 한강백(韓康伯)의 주에, "贊은 밝히다[明]이다."라 했다. 16) 束脩已上: 束脩는 말린 고기 10조(條)로 고대에는 상하 친우 사이에 서로 선물을 주고받을 때 사용하였는데, 나중에는 스승에게 보내는 공부의 댓가로 정식으로 스승으로 섬김을 가리킨다. 그 예(禮)가 매우 검소한 것이다. '脩'는 말린 고기[脯]이다. 일설에는 15세에 입학할 때 속수(束脩)의 예를 행한다고 하여 15세의 연령을 가리키기도 한다. '已'가 옥해당본(玉海堂本)에는 '以'로 되어 있다. 17) 素王: 제왕의 덕을 가지고 있으면서 제왕의 지위가 없는 사람을 가리키는데, 후일 오로지 공자를 지칭한다. '素'는 '空'으로 유명무실 혹은 유실무명(有實無名)을 가리킨다. 18) 殆: 대개. 19) 夫子: 사고본과 동

문본에는 '공자'로 되어 있다. 20) 之: 사고본과 동문본에는 '乎'로 되어 있다. 21) 之言: 사고본고 동문본에는 없다.

40 종기해 終記解

| 序說

 이 편은 공자 임종 전의 사적(事迹)과 공자가 죽고난 후 제자들이 공자를 매장하는 일 및 공자를 위한 복상(服喪)과 관련한 정황을 기록하였기 때문에 '종기(終記)'를 편명으로 하였던 것이다. 공자는 왕도를 숭상하여 선왕의 다스림을 지향하고 예치(禮治)의 회복을 주장하면서 그는 이를 위해 곳곳을 분주하게 다녔지만, 여전히 불안정하고 황망하기만 하여 "70여 군주에게 요구하였지만 아무도 등용하지 않았다." 자신의 정치적 이상을 위하여 공자는 일생동안 분투하였지만 시종 자신의 주장을 추진하고 시행할 곳을 찾을 수가 없었다. 공자는 자기 학설을 굳게 믿고 또 "때가 오지 않았다"고 여겼고, 자신이 살고 있던 시대가 이같은 주장을 시행하기가 어렵다는 것을 인식하였다. 이 편에 기록된 공자의 말인, "무릇 성명한 임금이 나타나지 않았으니, 천하에 누가 능히 나의 학설을 존중하겠는가?"라고 한 것이 그것이다. 마지막으로 공자는 단지 "태산이 무너지려느냐? 대들보가 내려앉으려는가? 철인(哲人)이 병으로 세상을 떠나려 하는가?"라고 개탄할 수밖에 없었다. 공자 말년의 가장 가까운 제자였던 자공(子貢)은 공자를 충분히 이해하였다. 따라서 그는 노 애공(魯哀公)에게 "살아있을 때는 임용하지 않고 세상을 떠나신 뒤에야 뇌문(誄文)을 지어 애도하는 것은 예가 아니다."라고 비판하였다.

 공자의 제자들은 공자에 대하여 깊은 경의(敬意)를 지니고 있었다. 스승이 떠나자 그들은 은사를 잃어버렸을 뿐만 아니라 또 공자에게 예의제도와 관련한 가르침을 청할 수도 없게 되었다. 그리하여 그들은 공자가 안회와 자공을 장례 치렀던 예의(禮儀)에서 계시를 받아 부모의 예로써 공자의 장례를 치루기로 하였다. 장례를 치루는 일과 관련하여 그들은 '스승을 존경하고[尊師]', '고대의 예의에 맞추고[備古]', '선생님의 뜻을 행한다[行夫子之志]'는 원칙을 따랐다. 공자의 인격과 학설에 그 제자들은 감화되어 그들은 3년을 복상(服喪)하였고 자공은 심지어 6년을 복상하였다. 공자의 영향은 매우 커서 당시에 어떤 사람은 연(燕)나라에서 찾아와 공자의 장례를 참관하였다. 후일 "많은 제자와 노나라 사람들이 묘를 찾기를 집과 같이 하였다."고 하였고, 마침내 100여가(家)가의 촌락을 이루었다.

이 편에 기록된 관련 내용은 또 『예기』「단궁상(檀弓上)」, 『사기』「공자세가」에도 보인다. 이들 자료들을 비교하면 이 편의 기록이 더욱 상세하다는 것을 어렵지 않게 발견할 수 있다.

40-1

공자가 새벽에 일어나 뒷짐을 지고 지팡이를 끌며 문간에 서성거리면서 노래를 부르고 있었다. "태산이 무너지려느냐? 대들보가 내려앉으려는가? 철인(哲人)이 병으로 세상을 떠나려 하는가?" 공자는 노래를 마치고 들어가 문을 마주하고 앉아 있었다.

자공이 이 노랫소리를 듣고 말하였다. "태산이 무너진다면 우리들은 장차 무엇을 우러러보아야 하는가? 대들보가 내려앉는다면 우리들은 장차 어디에 기대야 하는가? 철인이 병으로 세상을 떠난다면 우리들은 장차 누구를 본받는다는 말인가? 선생님께서 병환이 무거워질 듯하다." 그리하여 서둘러 공자를 보러 들어갔다. 공자는 탄식하며 말했다. "사(賜)야, 너는 어찌 이렇게 늦게 왔느냐? 내가 어젯밤 꿈에 두 기둥 사이에 앉아 제사 음식을 받고 있었다. 옛날의 하후씨(夏后氏)는 동쪽 계단에 빈소를 마련하였으니 이는 조(阼)로서 주인의 자리이며, 은나라 사람은 두 기둥 사이에 빈소를 마련하였으니 주인과 손님 사이에 위치한 것이다. 주나라 사람은 서쪽 계단에 빈소를 마련하였으니 이는 그를 빈객으로 여긴 것이다. 그리고 나는 은나라의 후손이다. 무릇 성명(聖明)한 임금이 나타나지 않았으니, 천하에 그 누가 능히 나의 학설을 존중하겠느냐? 나는 아마도 머지않아 죽게될 것이다." 이후 결국 병져 눕게 되었으며 7일 만에 세상을 떠났다. 그때 나이 72세였다.

노 애공(魯哀公)이 뇌문(誄文)을 지어 애도 하였다. "하늘이 불쌍히 여기지 않으셔서 이 한 늙은이를 남겨두시지 않으셨구나. 그리하여 나 같은 못난 사람으로 하여금 임금의 자리에 있게 하며 외로운 걱정만을 안겨 주었으니 아, 슬프도다. 니보(尼父)시여. 내 이제 본받을 사람도 없게 되었도다." 자공이 말하였다. "애공께서는 노나라에서 세상을 마치시지 않으시겠습니까? 선생님께서 말씀하시기를 '예의를 잃어버리면 어두워지고, 명분을 잃어버리면 과실이 생긴다. 이지(理智)를 잃는 것을 어두워진다고 하고, 신분에 맞지 않게 하는 것을 과실이라 한다.'고 하셨습니다. 그런데 애공께서는 선생님이 살아 계실 때에는 그런 분을 임용하여 쓰지 않으시고 세상을 떠나신 뒤에야 이러한 뇌문(誄文)을 지어 애도하는 것은 예라고 할 수 없습니다. 또 제후의 신분으로 '一人'이라 자칭하신 것도 명분에 맞지 않습니다. 임금께서는 예의와 명분 두 가지를 잃으신 것입니다."

| 原文

孔子蚤晨作[1], 負手曳[2]杖, 逍遙[3]於門, 而歌曰, "泰山其頹乎! 梁木[4]其壞乎! 人其萎[5]乎!" 旣歌而入, 當戶[6]而坐.

子貢聞之, 曰, "泰山其頹, 則吾將安仰? 梁木其壞, 吾將安杖[7]? 哲人其萎, 吾將安放[8]? 夫子殆將病也." 遂趨而入. 夫子嘆而言曰, "賜, 汝來何遲? 予疇昔夢坐奠於兩楹之間[9]. 夏后氏殯於東階之上則猶在阼¹⁰⁾, 殷人殯於兩楹之間卽¹¹⁾與賓主夾之, 周人¹²⁾殯於西階之上則猶賓之, 而丘也卽殷人. 夫明王不興, 則天下其孰能宗余¹³⁾, 余殆¹⁴⁾將死." 遂寢病, 七日而終, 時年七十二矣.

哀公誄¹⁵⁾曰, "昊天不弔! 不憗遺一老¹⁶⁾, 俾屛¹⁷⁾餘一人以在位, 煢煢余在疚¹⁸⁾, 於乎哀哉, 尼父! 無自律¹⁹⁾." 子貢曰, "公其不沒²⁰⁾於魯乎! 夫子有言曰, '禮失則昏, 名失則愆²¹⁾, 失志爲昏, 失所爲愆.' 生不能用, 死而誄之, 非禮也. 稱一人, 非名²²⁾, 君兩失之矣.』

▌注釋

1) 蚤晨作: 蚤는 '早'와 뜻이 같다. '作'을 왕숙의 주에, "作은 起이다"고 했다. 2) 曳: 끌다. 끌어당기다. 3) 逍遙: 한가한 모양. 4) 梁木: 왕숙의 주에, "梁木은 기둥을 말한다."고 했다. 사고본에는 본래 이 주가 없다. 5) 哲人其萎: '萎'는 식물이 시들어 마르다는 뜻인데 이를 사람이 죽는다는 의미로 씀. 왕숙의 주에, "萎는 쓰러지다[頓]이다"고 했다. 6) 當戶: 문을 마주하고. 7) 吾將安杖: 杖은 '仗'과 뜻이 같다. 의지하다, 믿고 부탁하다. 사고본과 동문본에는 이 앞에 '則' 자가 있다. 8) 放: '仿'과 뜻이 같다. 모방하다, 본받다. 왕숙의 주에, "放은 교법삼다[法]이다."고 했다. 9) 予疇昔夢坐奠於兩楹之間: 疇昔은 일전, 예전. 兩楹之間은 집의 정 중앙의 위치. 楹은 대청 앞의 기둥. 왕숙의 주에, "疇昔은 어제밤에 가까운 시간을 의미한다. 兩楹之間은 은나라 사람들이 빈소를 두던 곳[處: 사고본에는 '夢'으로 되어 구두는 아래에 끊는다.]으로, 자리[坐, 사고본에는 '具' 로 되어 있다가 빈소에 위치하였기에 자신이 죽을 것임을 안다는 의미이다."라고 했다. 10) 夏后氏殯於東階之上則猶在阼: 夏后氏는, 즉 하대(夏代)인데, 고사(古史)에서는 우(禹)가 순(舜)에게서 선양을 받아 하왕조를 세우고 하후씨, 하후 혹은 하씨라고 칭하였다고 했다. 殯은 염을 하고 아직 장사를 지내지 않음. 階는 계단. 阼는 집의 동쪽 계단으로 주인의 위치. 고대에는 손님과 주인이 만날 때 손님은 서쪽 계단으로 오르고, 주인은 동쪽 계단에 서서 맞이한다. 『의례(儀禮)』「사관례(士官禮)」의 정현(鄭玄)의 주에, "조(阼)는 초(酢)와 같다. 동쪽 계단에서 손님에게 답례하는 곳이다."고 했다. 11) 卽: 사고본과 동문본에는 '則'이라 되어 있다. 12) 周人: 원래는 없었지만 사고본과 동문본에 근거하여 보완했다. 13) 明王不興, 則天下其孰能宗餘: 興은 일어나다. 宗은 존숭하다, 본받다. 왕숙의 주에, "천하에 현명한 군주(主: 사고본에는 '王'이라 했다)가 없어 자신의 도를 존숭하게 할 수 없다는 말이다. 임종

시에도 도가 행해지지 못함을 슬퍼했다."고 하였다. 14) 殆: 원래는 '체(逮)'로 되어 있으나 사고본과 동문본에 근거하여 고쳤다. '대개'의 의미이다. 15) 誄: 옛날 죽은 사람의 덕행을 표창하고 애도를 나타내는 말. 윗사람이 아래 사람에게만 사용할 수 있다. 『예기』「증자문(曾子問)」에, "천한 자는 귀한 자에게 애도하지 못하고, 어린 자는 어른에게 애도하지 못하는 것이 예이다."라고 했다. 후일 애제문체(哀祭文體)의 일종으로 변하였다. 16) 昊天不弔, 不憖遺一老: 昊天은 하늘. 弔는 '淑'과 뜻이 같다. 善은 仁의 뜻이다. 憖는 삼가다[願], 공손하다[寧] 왕숙의 주에, "弔는 善이다. 憖는 삼가다[願], 공경하다[且.] '且'(願且, 사고본에는 '且也'라 했다). 一老는 공자이다."라고 했다. 憖는 원래 '慭'으로 되어 있지만, 비요본(備要本)과 『사기』에 근거하여 고쳤다. 사고본과 동문본에는 '憖'로 되어 있다. 17) 俾屏: 俾는 하여금. 屏은 '摒'과 뜻이 같다. 제거하다, 버리다, 쫓아내다. 18) 煢煢餘在疚: 煢煢은 본래 형제가 없음을 가리키는데, 대체로 외로워 의지할 데 없음을 가리킨다. 疚는 왕숙의 주에, "疚, 병이다"라고 했다. 묵은 질병을 가리킨다. 『석명(釋名)』「석질병(釋疾病)」에, "疚, 오래다. 몸속에서 오래되다"라고 했다. 19) 於乎哀哉 尼父!無自律: 於乎는 '嗚呼'와 같다. 왕숙의 주에, "父는 장부(丈夫)의 현칭(顯稱)이다. 律은 法이고, 법 자신이 본받을 만한 자가 없음을 말한다."고 했다. 20) 沒: '歿'과 뜻이 같다. 사망. 21) 愁: 원래는 '慗'으로 되어 있는데, 사고본에 근거하여 고쳤다. 두 글자는 같다. 만유본(萬有本)에는 '僭'으로 되어 있다. 이하 같다. 22) 稱一人, 非名: 왕숙의 주에, "一人은 천자의 호칭이다."고 했다. 23) 矣: 사고본과 동문본에는 '也'라 되어 있다.

40-2

공자가 죽고난 후 문인들은 선생님을 위하여 어떤 상복을 입어야 할지 몰랐다. 자공이 말했다. "옛날에 선생님께서 안회(顔回)의 상사(喪事)를 처리하시면서 마치 아들 잃은 것처럼 슬퍼했으나 상복은 입지 않으셨다. 또 그 뒤에 자로가 죽었을 때에도 역시 그렇게 하셨다. 지금 우리도 선생님을 위한 복상(服喪)이 부모의 복상과 같지만 그에 상응하는 상복은 입지 않는다." 그리하여 제자들이 모두 조복(弔服)을 입고 마대(麻帶)를 매게 하였다. 외출할 때에는 마대만을 하게 했다. 자하는 이렇게 말했다. "집 안에 있을 때에는 마대를 매지만, 외출할 때에는 맬 필요가 없다." 자유(子游)가 말했다. "내가 선생님께 듣기로 친구의 복상에는 집 안에 있을 때에만 마대를 매고, 외출할 때는 맬 필요가 없다. 자신이 존경하는 사람의 복상이라면 마대를 묶고 외출해도 괜찮다고 하셨다."

　공자의 상례(喪禮)에서 공서적(公西赤)이 염과 매장을 맡았다. 공자 유체(遺體)의 입에는 쌀과 동전 세 개로 넣었으며, 습의(襲衣)에는 옷 열 한 가지를 입히고, 그 위에 조복(朝服) 한 벌을 더 입혀드렸으며, 머리에는 장보관(章甫冠)을 씌웠고, 허리에 상환(象環)을 달아드렸는데, 그 직경은 다섯 치이며 연둣빛 명주끈을 매었다. 오동나무 내관(內棺)은 두께가 네 치, 잣나무로 만든 외관은 두께가 다섯 치였다. 빈소는 장식을 하였으며, 영구 외부에도 부채 모양의 삽(翣)을 두고 피(披)를 설치하였으니 이는 주나라 예의(禮儀)였다. 그리고 숭아(崇牙)를 꾸민 것은 은나라 예의였으며, 흰색 비단 실로 조(旐)를 꾸몄으니 이는 하나라 예의였다. 그리고 삼왕(三王)의 예의를 겸하였으니 이는 선생님에 대한 존경에서 나온 것이며 또 옛날의 예법을 보전하기 위함이었다.

　노나라 성 북쪽 사수(泗水) 위에 안장(安葬)하였는데, 지하수에 닿지 않을 정도의 깊이에 관을 묻었고, 봉분은 도끼 형상으로 넉 자 높이로 쌓았고 주위에는 잣나무를 심어 표지로 삼았다. 제자들은 묘 곁에 집을 짓고 상복을 입지는 않았으나 모두 마음으로 매우 애통해 하였다. 장례가 끝나고 연나라로부터 이를 참관하러 온 자들이 자하(子夏)의 집에 머물게 되었다. 그러자 자공(子貢)이 그들을 보고 말했다. "우리들 보통 사람들이 성인을 장례지낸 것이지, 성인이 보통 사람을 장례지낸 것이 아닌데, 그대들은 어째서 구경하려고 왔는가? 옛날에 우리 선생님께서 말씀하시기를 '묘의 모양이 커다란 집 모양과 같은 자도 있고, 도끼 모양과 같은 자도 있었다.'고 하셨다. 그러나 나는 도끼 모양과 같은 것을 찬동한다. 민간에서 속칭하는 말갈기 같은 봉분을 말하는 것이다. 이제 우리들이 선생님을 위해 무덤을 만드는데 하루에 세 번 판을 바꾸어 하여 봉분을 만든 것은 선생님의 뜻을 따른 것뿐이니, 무슨 구경거리가 되겠는가?"

제자들은 삼년상이 끝나자 혹은 그곳에 머물러 있기도 하고 혹은 다른 곳으로 떠나기도 하였으나, 오직 자공만은 공자묘 곁에 여막(廬幕)을 짓고 6년을 시묘하였다. 이후 많은 제자들과 노나라 사람들이 그 무덤가에 살면서 마치 자기 집안의 일인양 시묘를 한 자가 백여 가(家)나 되었으며, 이 때문에 그들이 거주하는 이곳을 공리(孔里)라 불렀던 것이다.

| 原文

　　旣卒, 門人疑所以服夫子者[1]. 子貢曰, "昔夫子之喪[2]顔回也, 若喪其子而無服, 喪子路亦然. 今請喪夫子如喪父而無服." 於是弟子皆吊服而加麻[3], 出有所之[4], 則由絰[5]. 子夏曰, "入宜絰可居[6], 出則不絰." 子遊曰, "吾聞諸夫子, 喪朋友, 居則絰, 出則否, 喪所尊, 雖絰而出, 可也."

　　孔子之喪, 公西赤[7]掌殯葬焉, 唅以疏米三貝[8], 襲衣十有一稱[9], 加朝服一, 冠章甫之冠[10], 珮象環[11], 徑五寸而綦組綬[12], 桐棺四寸, 柏棺五寸, 飭廟置翣[13]. 設披, 周也, 設崇, 殷也, 綢練, 設旐, 夏也[14]. 兼用三王禮, 所以尊師, 且備古也.

　　葬於魯城北泗水上, 藏入地, 不及泉[15]. 而封爲偃斧之形, 高四尺, 樹松柏爲志[16]焉. 弟子皆家於墓, 行心喪之禮. 旣葬, 有自燕來觀者, 舍於子夏氏. 子貢[17]謂之曰, "吾亦人之葬聖人, 非聖人之葬人. 子奚觀焉? 昔夫子言曰, '見吾封若夏屋者[18], 見[19]若斧矣.' 從若斧者[20]也, 馬鬣封之謂[21]也. 今徒一日三斬板而以封[22], 尚[23]行夫子之誌而已, 何觀乎哉?"

　　二三子[24]三年喪畢, 或留或去, 惟子貢廬於墓[25]六年. 自後群弟子及魯人處[26]於墓如家者, 百有餘家, 因名其居曰孔里焉.

注釋

1) **門人疑所以服夫子者**: 원래 '疑' 자가 없어 문구가 완전하지 않아 사고본과 동문본에 근거하여 보완하였다. 2) **喪**: 복상(服喪). 사고본과 동문본에는 이 앞에 '之' 자가 없다. 3) **吊服而加麻**: 吊服은 조상(吊喪)할 때 입는 옷이다. 麻는 상복 중 사용하는 마대(麻帶)를 가리킨다. 4) **之**: 이르다. 5) **由絰**: 由는 사용하다. 絰은 고대에 상복 중의 마대로서 머리에 두르거나 허리에 두르는데, 머리의 것을 수질(首絰), 허리에 두르는 것을 요질(腰絰)이라 했다. 6) **居**: 사고본과 동문본에는 '也'라 되어 있다. 7) **公西赤**: 공자의 제자. 성은 공서, 이름이 적, 자(字)는 자화(子華)이다. 赤이 원래 빠져 있었지만 사고본과 동문본에 근거하여 보완하였다. 8) **唅以疏米三貝**: 唅은 고대에 구슬이나 옥, 조개, 쌀 등을 죽은 자의 입에 넣어 주는 것을 말한다. 사고본에는 '含'으로 되어 있다. 疏米는 왕숙의 주에, "疏는 멥쌀(粳米)이다. 『예기』에 이르기를 '도(稻)는 가소(嘉疏)이다.'라고 했다."고 했다. 貝가 사고본과 동문본에는 '其'라 되어 있다. 9) **襲衣十有一稱**: 襲衣는 한 벌의 옷. 稱은 양사(量詞)로서 잘 배합된 한 벌의 옷을 가리킨다. 『좌전』민공(閔公) 2년의 두예(杜預)의 주에, "옷 한 벌을 다시 갖추는 것을 칭(稱)이라 한다."고 했다. 10) **加朝服一, 冠章甫之冠**: 朝服은 주대(周代) 현관복(玄冠服)의 하나로서, 전문적으로 현관(玄冠), 치의(緇衣), 소상(素裳)의 복식을 가리킨다. 첫 번째 '冠'은 '쓰다(戴)'의 의미, 두 번째 '冠'은 '모자(帽子)'의 의미이다. '장보(章甫)'는 상대(商代)의 모자의 일종이다. 『예기』「유행(儒行)」에, "공자는 어릴 때 노나라에 있으면서 봉액(逢掖)의 의복을 입었고, 상성하여 송나라에 있으면서 장보(章甫)의 관을 썼다."라 했는데, 손희단(孫希旦)이 집해(集解)에, "장보(章甫)는 은나라 현관(玄冠)의 이름인데 송인(宋人)이 썼다."고 했다. 이로 인해 공자가 쓰기를 좋아했고, 후세에 '장보'를 사용하여 특별히 유자(儒者)의 관(冠)을 지칭하였다. 11) **珮象環**: 珮는 '佩'와 뜻이 같다. 장식이다. '象環'은 상아로 만든 고리이다. 12) **徑五寸而綦組綬**: 綦는 연둣빛 색깔이다. 組綬는 고대에 옥패 위에 옥을 매다는 명주 끈인데, 여기서는 상아고리용의 명주 끈을 가리킨다. 왕숙의 주에, "綦(사고본에는 '組'로 되어 있다)는 잡색이다. 組綬는 상아고리를 매다는 곳."이라 했다. 13) **飾廟置翣**: 廟는 영구(靈柩)를 두는 곳. 翣는 고대에 빈소가 나갈 때 관목(棺木)의 장식이다. 주준성(朱駿聲)의,『설문통훈정성(說文通訓定聲)』「겸부(謙部)」에, "『세본(世本)』에, '무왕(武王)이 '翣'를 만들었다'고 했다. 한의 제도에 따르면 나무로 광곽(框郭)을 만들었는데, 넓이가 3척, 높이가 2척 4촌이고, 화포(畫布)를 입히고, 손잡이[柄]는 5척이다. 널은 수레로 이동하였는데, 양쪽 곁에서 잡고 따른다. 살펴 보건대 지금의 장선(掌扇)과 같으며, 고대에는 본대깃으로 만들었다고 의심 가지만, 깃과 대체로 같으므로 후세에는 포(布)로서 만

들고 혹은 자치[席]로서 만든다."고 했다. 廟가 사고본과 동문본에는 '관색(棺薔)'으로 되어 있다. 14) 說披, 周也, 設崇, 殷也, 綢練, 設旐, 夏也: 왕숙의 주에, "披는 柩(원래 '樞'로 되어있었는데, 사고본에 근거하여 고침)를 끌어다가 관(棺)에 끼우는 것. 崇은 崇牙이다. 깃발을 수식(飾: 사고본에는 이 글자 다음에 '也'자가 있다.)하는 것. 주련(綢練)은 깃대에 두른 것으로[綢練, 以旌之杠: 이 구절은 사고본에는 '以綢練旌之杠'으로 되어있다.] 장례를 지낼 때 수레에 세우는 것이다. 소련(疏練: 사고본에는 '旌之疏練布'라 되어있다.)은 폭이 넓고 길이가 1尋(8척)이 되는 것을 '旐'라 한다.[廣充長尋曰旐也: '也'는 신고본에 없다.].".고 했다. 披는 『예기』「단궁상(檀弓上)」의 정현의 주에, "柩가 움직일 때 棺에 끼워서 끌어당기는 것이다."고 했다. 곧 포백(布帛)을 사용하여 상구(喪具)를 만들어 먼저 그것을 사용하여 관목(棺木)에 나무못[栓]을 붙이고, 다시 널을 실은 수레[柩車] 양쪽에 결합한다. 장례를 치르는 사람들에게 제공하여 더러는 끌기도 하고 더러는 당기기도 하며 기울어 지는 것을 막는다. 崇은 『예기』「단궁상(檀弓上)」의 정현의 주에, "牙이며, 깃대를 장식하는 것이다."고 하였다. 곧 숭아(崇牙)이며, 깃대의 사방 둘레에 꽂은 치아 모양의 장식물이다. 綢는 韜와 뜻이 같다. 纏裹는 덮개이다. 練은 흰 색의 포백(布帛)이다. 旐는 옛날 출상(出喪)할 때 관구(棺柩)를 인도하는 기(旗)이다. 속칭 혼번(魂幡)이라 했다. 15) 藏入地, 不及泉: 藏은 물건을 보관하는 곳으로 여기서는 영구(靈柩)를 두는 곳을 가리킨다. 泉은 지하수. 16) 封爲偃斧之形, 高四尺, 樹松柏爲志: 封과 樹는 흙을 쌓아 무덤을 만드는 것을 '封'이라 하고, 나무를 심어 표시 하는 것을 '樹'라 한 것이다. 이는 고대 사(士) 이상의 사람에 대한 장례규정이고, 일반평민은 『예기』「왕제(王制)」에, "서인(庶人)은 나무를 심지도 봉토를 하지도 않는다"고 했다. 계급이 다르면 대우 또한 달랐다. 『주례(周禮)』에, "작위 등급으로 구봉(丘封)의 척도와 심는 나무의 수를 정했다"고 했다. 偃은 仰이다. 17) 子貢: 사고본에는 '子夏'로 되어 잇다. 18) 見吾封若夏屋者: 見吾는 사고본과 동문본 그리고 문장의 의미로 보아 당연히 '吾見'이 되어야한다. 夏屋을 왕숙의 주에, "夏屋은 지금의 '殿'의 모양인데, 가운데는 높고 사방은 낮다."고 했다. 19) 見 : 사고본과 동문본에는 없다. 20) 從若斧者: 나는 도끼 모양을 찬동한다. 왕숙의 주에, "위로는 오르기 어렵고, 봉분의 협곡 부분은 또한 일을 하기에 용이하다."이라 했다. 21) 馬鬣封之謂: 馬鬣는 말갈기(馬鬃), 즉 말 목줄기의 긴 털. 왕숙의 주에, "세속에서 불리는 이름이다."고 했다. 분묘 봉토의 모양이 말갈기 같다는 것을 가리킨다. 22) 今徒一日三斬板而以封: 왕숙의 주에, "판(板) 덮개는 넓이가 2척(2는 사고본에는 3이라 되어 있다.), 길이는 6척이다. 斬板은 엮은 끈을 자르고, 자른 것 위에 끈을 엮는 것[縮斬上: 사고본에는 '三斬上'으로 되어 있다.]을 이른다. 옆을 줄이는데, 대게 높게는 4척이다."

고 했다. 이는 공자의 분묘를 축조하는데 판축법이 사용되었음을 가리킨다. 판의 길이가 6척, 넓이가 2척인데 이 크기와 요구되는 형상의 둘레를 만들기를 끈을 엮어(이것이 '축'이다.) 그 가운데를 땅에 놓아 흙으로 쌓은 후에 끈을 끊고 판목을 뽑아내어 요구하는 형상대로 고정하는 것이다. 三斬板은 위와 같은 공사를 3차례 연달아 하는 것이다. 23) 尙: 왕숙의 주에, "尙은 庶이다."라 했다. 거의[庶幾], 큰차이 없이[差不多]의 의미이다. 庶幾는 어지간하다. 괜찮다. 24) 二三子: 여러 대중, 몇 사람. 여기서는 공자의 제자들을 가리킨다. 25) **廬於墓**: 복상기간에 분묘를 지키기 위해 묘 옆에 거주할 작은 거처를 만들다. 廬는 임시로 만든 작은 거처. 26) **處**: 원래는 '處於'라고 되어 있는데 사고본과 동문본에 근거하여 고쳤다.

41 정론해 正論解

| 序說

 이 편의 이름을 '정론(正論)'이라 한 것에는 두 가지 측면의 뜻이 포함되어 있다. 첫째, 정(正)은 정(政)이라 하여 사회정치를 가리킨다. 따라서 본 편은 천하와 국가를 다스리는 커다란 도리에 관한 것이다. 둘째 정(正)이란 명분을 바르게 하는[正名] 것으로 즉 예제(禮制)에 부합되는 것이다. 여기서 '정명(正名)'은 명실(名實) 간의 논리적 관계가 아니다. 사회등급과 질서의 사회관계를 규범하는 것을 가리킨다.
 이 편은 공자의 정치사상을 연구하는 중요한 자료이다. 공자는 "예기(禮器)나 명분은 다른 사람에게 빌려줄 수 없는 것이다."이라 하였는데, 기(器)와 명(名)은 예(禮)의 가장 직접적인 표현형식이다. '禮'는 국가를 다스리는 구체적 전략이고 명분을 바르게 하는 기준이요, 구실이 된다. 사회적 안정을 지키고 보호하고 천하의 크게 다스려짐을 실현하려면 "반드시 예로서 나라를 다스려야 한다". 이렇게 해야만 비로소 '왕천하(王天下)'가 가능하게 된다. 이 역시 이 편 논술의 중심이다.
 공자의 논술은 '예'와 긴밀한 관련을 갖고 전개되는데, 위로는 국군(國君)으로부터 아래로는 평민의 언행의 기준이 된다. 예에 합당해야 곧 인(仁)이고, 인으로 나라를 다스리는 것이 바로 덕정(德政)이며, 백성을 수고롭게하고 재산을 손해보게 하면 곧 국가를 망하게 할 수 있는 것이다. '덕정' 문제를 둘러싸고 공자는 덕정을 실행할 수 있는 방법과 길 그리고 목적을 논술하였다. 여기에는 군신강상(君臣綱常), 선거현능(選擧賢能), 예악교화(禮樂敎化), 애민경로(愛民敬老), 천하통일 등이 포함된다. 정치사상가였던 공자는 삼대(三代)의 '선왕지도(先王之道)'를 지향하였는데, 공자는 왕도를 실현하려면 덕정을 실행해야 하고, 정책상 덕을 중심으로 하면서 동시에 또 '관대함과 엄함을 함께 갖추어야' 비로소 "정치가 평화로워 진다"할 수 있다고 했다. 덕정을 실행하려면 국군(國君)이 자신부터 실천해야 하며, "효제(孝悌)가 조정으로부터 시작하여 거리의 도로에까지 행해지고 시골 마을에까지 이르며 사냥터에까지 전파되고 군대에까지 성행하였으니 그렇게 되면 사람들은 그 뜻에 감화되어 죽는다하더라도 감히 범하지 못할 것이다."하고, 이와 동시에 민중에 대하여 예악을 통한 교화를 진행해야 한다.

이 편 중에 공자는 '예(禮)'와 '인(仁)'에 대하여 모두 논술하고 있다. 공자는 "克己復禮爲仁"이라고 하여 공자사상의 핵심문제를 언급하고 있다. 공자의 사상에는 하나의 변화과정이 있다. 처음에 공자는 주례(周禮)의 회복을 자신의 임무라고 여기고 주례의 회복을 왕도실현의 필연적 요구라고 했지만, 곳곳에서 벽에 부딪치며 학설이 실행을 얻지 못하게 되자 공자는 예를 실행할 수 없는 심층원인을 생각하기 시작했다. 그리하여 또 '인(仁)'의 사상을 제시하여 통치자가 자신부터 실천하여 인치(仁治)를 실행하기를 희망하였다. '인'은 내재적 자각이고 '예'는 외재적 형식으로서 이 둘은 서로 표리를 이루는 것이었다.

형식에 있어서 이 편은 『가어』의 기타 각 편과 조금 다르다. 다른 편은 보통 공자와 제후국군, 공문제자들과의 대화를 직접 묘사하거나 행위를 통해 공자의 사상을 표현하였는데, 이 편의 대부분 장절(章節)은 먼저 역사사건이나 인물의 언행을 서술하고 그 다음으로 공자의 이들 역사사건과 인물의 평가에 대하여 다시 서술함으로서 공자의 사상을 표현하였다. 이 편의 각 장절의 내용은 사회정치 문제를 중심으로 하고 있어서 이 편에서 구현하고자 하는 것은 주로 공자의 정치사상이다.

이 편의 각 장절은 거의 모두 『좌전』 등 관련이 있는 기록들과 상통한다. 어떤 단락들은 『논어』, 『예기』, 『국어』, 『한시외전』, 『사기』「공자세가」, 『공총자(孔叢子)』, 『열녀전』「모의전(母儀傳)」, 『설원(說苑)』, 『신서(新序)』「잡사(雜事)」 등과 서로 증거가 된다. 이 편은 『공자가어』 중에서 내용이 가장 긴 편 가운데 하나로서 많은 양의 공자의 정치사상을 연구할 수 있는 소재를 모았다.

41-1

공자가 제나라에 있을 때의 일이었다. 제나라 임금이 사냥을 나가려고 깃발로 우인(虞人)을 불렀지만 우인이 나타나지 않았다. 임금이 그를 잡아들이자 그 우인은 이렇게 말했다. "옛날 선군(先君)께서 사냥을 하실 때에 대부는 깃발로 불렀고, 사(士)는 활로 불렀으며, 우인은 피관(皮冠)으로 불렀습니다. 신은 우인으로서 피관을 보지 못했기 때문에 감히 나가지 못한 것입니다." 임금은 이에 우인을 놓아주었다. 공자는 이를 듣고 말하였다. "훌륭하도다! 도를 지키는 것이 직책을 준수하는 것만 못한 것이다. 군자들은 이를 옳은 일이라 여긴다."

原文

孔子在齊, 齊侯出田[1], 招虞人[2]以旌[3], 不進, 公使執之. 對曰, "昔先君之田也, 旌[4]以招大夫, 弓以招士, 皮冠以招虞人. 臣不見皮冠, 故不敢進." 乃舍之. 孔子聞之曰, "善哉守道不如守官[5]. 君子韙[6]之."

注釋

1) 田: 사냥하다. 왕숙의 주에, "田은 수렵이다."고 했다. 이 기록은 『좌전』 소공(昭公) 20년에 보인다. 2) 虞人: 왕숙의 주에, "虞人은 산택(山澤)을 관장하는 관리이다."라고

했다. 3) 旌: 소꼬리털과 채색된 새의 깃으로 깃대를 장식한 깃발. 고대의 예절에 임금의 명으로 대부를 소환할 때 사용하는 깃발이다. 4) 守道不如守官: 공경의 도를 지키는 것이 관위를 지키는 것만 못하다. 제나라 제후는 국군이고 우인은 신하이기 때문에 우인은 당연히 제나라 임금의 명령에 복종해야 하지만 임금의 소환이 군신지간의 예제(禮制)에 합당하지 않았으므로 우인은 양자를 비교한 후 그의 직위를 준수할 것임을 선택하였다. 道는 공경의 뜻. 官은 직위. 왕숙의 주에, "도는 공경의 도로써 임금이 부르면 곧 나아가는 것이요. 守官은 지킨다는 것이 아니라 불러도 나가지 않는 것이다."고 했다. 5) 韙: 맞다고 여기다. 긍정. 왕숙의 주에, "위(韙)는 바르다. 맞다."고 했다.

41-2

　제나라 국서(國書)가 노나라를 공격해 오자 계강자(季康子)는 염구(冉求)로 하여금 좌사(左師)를 거느리고 이를 막게 하고, 번지(樊遲)를 우사(右師)로 삼았다. 노나라 군대가 해자를 넘어 적과 싸우지 않았다. 번지가 말했다. "해자를 넘을 수 없는 것이 아니라 그대를 믿지 못하기 때문입니다. 그대가 세 번 명령을 내리고 나면 곧 바로 넘어서 공격하겠습니다." 그의 말대로 하였더니 군사들이 따랐다. 이에 군사들이 제나라 군중으로 진입하자 제나라 군사들이 패하여 도망갔다. 염유는 창을 잘 쓰기 때문에 능히 적진으로 진입할 수 있었다. 공자는 이 소식을 듣고 말했다. "이는 도의에 합당한 것이다."

　전투가 끝나자 계강자가 염유에게 물었다. "그대는 전법(戰法)을 배워서 알게 된 것인가? 아니면 저절로 통달한 것인가?" 염유가 말했다. "배웠습니다." 계강자가 또 물었다. "공자를 모시고 있으면서 어찌 전법을 배웠단 말인가?" 염유가 말했다. "선생님께 전쟁의 도리를 배웠습니다. 선생님께서는 큰 성인이시기 때문에 세상에 모르는 일이 없고, 문과 무를 겸하여 통달하십니다. 저는 말씀하시는 그 전법을 얼핏 들었을 뿐 상세한 것은 모릅니다."

계강자는 매우 기뻐했다. 번지가 이를 공자에게 고하자 공자가 말했다. "계손씨가 이제야 남의 유능한 것을 보고 기뻐할 줄 아는구나."

原文

齊國書[1]伐魯, 季康子使冉求率左師禦之, 樊遲爲右, 師不逾溝, 樊遲曰[2], "非不能也, 不信子[3], 請三刻而踰之[4], 如之, 衆從之, 師入齊軍, 齊軍遁[5], 冉有用戈, 故能入焉. 孔子聞之曰, "義也[6]."

旣戰, 季孫謂冉有曰, "子之於戰, 學之乎?性[7]達之乎?" 對曰, "學之." 季孫曰, "從事孔子, 惡乎學?" 冉有曰, "卽學之孔子也. 夫孔子者, 大聖, 無不該[8], 文武並用兼通, 求也適聞其戰法, 猶未之詳也." 季孫悅. 樊遲以告孔子. 孔子曰, "季孫於是乎可謂悅人之有能矣."

原文

1) **國書**: 제나라 정경(正卿). 『좌전』애공11년의 기록에, "국서(國書)와 고무비(高無丕)가 군사를 이끌고 와 우리나라를 쳤다."고 했다. 국서와 고무비가 모두 제나라의 경(卿)임은 매우 분명하다. 왕숙의 주에, "국서(國書)는 제나라 경(卿)이다."라고 했다. '書'는 원래 정문과 주에 모두 '師'로 되어 있지만, 사고본과 동문본에 근거하여 고쳤다. 2) **師不逾溝, 樊遲曰**: 이 일곱 자는 원래 빠져 있으나 진본(陳本)과 문헌집본(文獻集本), 연산본(燕山本)에 근거하여 보완했다. 3) **不信子**: 계손씨를 믿지 않다. 왕숙의 주에, "계손의 덕(德)이 평소 드러나지 않음을 백성들이 믿었다는 것을 말한다."고 했다. '子'가 사고본과 동문본에는 '乎'로 되어 있다. 4) **請三刻而踰之**: 왕숙의 주에, "무리들이 믿게 하기 위하여 삼각(三刻) 안에 해자(垓字)를 넘어 공격하겠다는 말이다."라고 했다. '刻'은 일설에 고대에는 시간을 재는 단위였는데, 동루(銅漏)로써 시간을 재 하루 밤을 일백(一百) 각으로 나누었다. 청대에 이르러 비로소 시계를 사용하여 15분을 1각으로 했다. 4각이 한 시간이 된다. 여기서 이 설은 틀렸다. 여기서는 당연히 한정의 의미로써, '명령을 내리다'의 의미로 쓰였다. 이 용법은 또 『백석신군비(白石神君碑)』에도 보인다. 즉 "날을 손꼽아 기한을 정하고 시기에 맞추어 효험이 있게 한다."라 했다. 5) **遁**: 왕숙의 주에, "둔(遁)은 도망하다."라고 했다. 6) **義也**: 왕숙의 주에, "군대에 있어서 적을 물리칠 수 있는 것은 의(義)에 합당한 것이다[合於義에서

'於'가 사고본에는 '法'으로 되어 있다."고 했다. 7) 性: 천부(天賦), 본성(本性). 8) 該: '해(賅)'와 뜻이 같다. 완비하다. 왕숙의 주에, "該는 '포괄하다(包)'이다."라고 했는데, 여기서는 공자의 재지(才智)가 다른 사람보다 뛰어나 통하지 않는 곳이 없음을 가리킨다.

41-3

　남용열(南容說)과 중손하기(仲孫何忌)는 이미 부친의 복상을 끝냈지만, 당시 노나라 소공(昭公)이 국외에 있었으므로 두 사람을 경대부로 임명하라는 명이 없었다. 정공(定公)이 즉위한 뒤에 명이 내렸다. 두 사람이 사양하며 말하기를, "선신(先臣)께서 유언으로 명하시길, '예(禮)란 곧 사람됨의 근본이니 예를 모르고는 설 수가 없는 것이다' 하시고, 가로(家老)에게 부탁하여 우리 두 사람으로 하여금 반드시 공자를 섬겨 예를 배워서 자신의 지위를 정하라고 하셨습니다." 이에 정공은 그 말을 허락하여 두 사람을 공자에게 보내 예를 배우게 했다. 공자가 말했다. "능히 자기 허물을 보충해 나갈 줄 아는 사람은 군자이다. 『시』에 말하기를 '군자란 본받아야 할 모범이다'고 하였으니 이 맹희자야말로 본받아야 할 사람이로다. 자신의 잘못을 거울로 삼아 그 아들을 훈계했으니 「대아(大雅)」에 '자손에게 좋은 법을 전하고 그들로 하여금 편안하고 다른 사람의 존경을 받도록 하라'는 것이 바로 이러한 도리를 말하는 것이로다!"

原文

　南容說, 仲孫何忌¹⁾旣除喪²⁾, 而昭公在外³⁾, 未之命也⁴⁾. 定公卽位, 乃命之. 辭曰, "先臣有遺命焉⁵⁾, 曰, '夫禮, 人之幹也, 非禮則無以立.' 囑家老⁶⁾, 使命二臣必事孔子而學禮, 以定其位." 公許之. 二子學於孔子. 孔子曰, "能補過者, 君子也. 『詩』云, '君子是則是效⁷⁾.' 孟僖子可則效矣, 懲己所病⁸⁾, 以誨其嗣⁹⁾. 「大雅」所謂詒厥孫謀, 以燕翼子10), 是類也夫."

▎注釋

1) **南容說 仲孫何忌**: 남용열은 즉 중손(仲孫)이다 또는 남궁경숙(南宮敬叔)이라 칭한다. 중손하기는 즉 맹의자(孟懿子)이다. 두 사람 모두 맹희자(孟僖子)의 아들이다. 2) **除喪**: 상례(喪禮)의 복을 벗다. 복상이 끝났다는 의미. 왕숙의 주에, "아버지 맹희자의 상을 끝냈다."라고 했다. 3) **昭公在外**: 소공이 계손씨의 핍박을 받아 국외에 도망. 왕숙의 주에, "당시 계손에게 쫓겨났다."고 했다. 4) **未之命也**: 왕숙의 주에, "두 사람이 아직 경대부로 작위를 받지 못했다."고 했다. 5) **先臣有遺命焉**: 왕숙의 주에, "맹희자가 병이 들었으나 예(禮)를 몰랐다. 임종시에 두 아들에게 공자를 섬기도록 부탁하였다."고 했다. 先臣은 맹의자를 가리킨다. 맹의자는 노나라의 대신이었다. 때문에 남궁열과 중손무기 두 사람이 노 정공(魯定公)에 대하여 자신의 아버지를 선신(先臣)이라 칭했던 것이다. 이 기록은 또『좌전』소공(昭公)24년에도 보인다. 6) **家老**: 대부가(家)의 재신(宰臣) 7) **君子是則是效**: 군자란 본받아야 할 모범이다. 시구(詩句)는 『시(詩)』「소아(小雅)·녹명(鹿鳴)」에 보인다. '是則是效'는 이를 전칙(典則)을 삼고, 이를 본받아야 할 모범으로 삼는다. '效'는 본받는다. 8) **懲己所病**: 자신이 범한 잘못을 징계(懲戒)로 삼다. 9) **嗣**: 자손 10) **詒厥孫謀, 以燕翼**: 이 말은『시(詩)』「대아(大雅)·문왕유성(文王有聲)」에 나온다. 詒는 전하다. 사고본에는 '貽'로 되어 있다. 왕숙의 주에, "詒는 남기다[遺]. 燕은 편안하다[安]. 翼은 존경하다[敬]. 자손에게 좋은 뜻을 남겨 편안하고 다른 사람의 존경을 받는 도리를 배우게 한다."고 했다. 嘉謀는 좋은 계책[良謀]이다.

▎41-4

위(衛)나라 손문자(孫文子)가 위 헌공(衛獻公)에게 죄를 짓고 척(戚)이라는 읍(邑)에 살고 있었다. 헌공이 죽고 아직 장례를 치르기 전에 손문자는 악기를 연주하고 놀았다. 이때 마침 연릉계자(延陵季子)가 진(晉)나라에 가는 길에 척 땅을 지나다가 이 일을 듣고 말했다. "정말 괴이한 일이로다! 선생께서 여기 있는 것은 마치 제비가 장막 위에 집을 짓고 사는 것과 같도다. 두렵다 해도 손쓸 틈이 없는데, 어찌 음악을 울리고 있단 말인가? 임금이 죽어 상중인데 이렇게 해도 되는 것인가?" 문자는 이를 듣고 종신토록 거문고 소리를 듣지 않았다.

공자가 이를 듣고 말했다. "계자는 능히 의로써 남을 바르게 하였고 문자는 능히 자신을 극복하고 의에 복종하였으니 허물을 잘 고쳤다고 할 만하다.

原文

衛孫文子得罪於獻公, 居戚[1], 公卒, 未葬, 文子擊鐘焉. 延陵季子[2]適晉, 過戚, 聞之, 曰, "異哉! 夫子之在此, 猶燕子巢於幕也[3], 懼猶未[4]也, 又何樂焉? 君又在殯[5], 可乎?" 文子於是終身不聽琴瑟.

孔子聞之, 曰, "季子能以義正人, 文子能克己服義, 可謂善改矣."

注釋

1) 衛孫文子得罪於獻公, 居戚: 왕숙의 주에, "문자(文子)는 위(衛)나라의 경(卿) 임보(林父)이다. 죄를 짓고 척(戚)에서 반란을 일으켰다."고 했다. 손문자는 위나라 대부이다. 헌공은 위 헌공을 가리킨다. 戚은 지명으로 손문자의 채읍이고 지금의 하남 복양(濮陽) 북쪽에 있다. 이 기록은 또 『좌전』양공(襄公) 29년에도 보인다. 2) 延陵季子: 왕숙의 주에, "오(吳)의 공자(公子) 찰(劄)이다.(사고본에는 "吳季子劄"이라 되어 있다)."라고 했는데, 즉 계찰(季劄)이다. 춘추시대 오나라 귀족이고 오왕 제번(諸樊)의 동생으로 연릉(延陵)(지금의 강소 상주(常州))에 봉했으므로 연릉계자라고 칭했다. 3) 燕子巢於幕也: 왕숙의 주에, "제비가 장막 위에 집을 짓는 것처럼 매우 위험함을 말한다."고 했다. 여기서는 손문자(孫文子)가 위 헌공의 장례가 아직 끝나지 않았을 때 악기를 두드리며 경축한 것은 매우 위험한 것임을 가리킨다. 4) 未: 부정사. 미진(未盡)하다. 손쓸 틈이 없다. 5) 殯: 영구(靈柩)를 안치하다.

41-5

공자가 어느 날 『진지(晉志)』를 읽다가 다음과 같은 기록을 보았다. 진나라 조천(趙穿)이 영공(靈公)을 죽였을 때 조돈(趙盾)은 도망해 달아나다가 이 일을 듣고 진나라의 국경 산(山)을 미처 넘지 못하고 돌아왔다. 이 사실을 사관이 "조돈이 임금을 시해(弑害)했다"고 했다. 조돈은 "그렇지 않다"고 변명했으나 사관은 말하기를, "그대가 정경(正卿)으로 있으면서 달아나다가 국경을 넘어가지 않은 채 되돌아왔으면서도 조천을 역적이라고 징벌하지 않았으니 그대가 아니라면 누가 죽였단 말인가?"라고 했다. 조돈은 탄식하기를, "아! '내 마음의 염려는 나 스스로가 불러온 것이로다'고 했는데 바로 나를 말한 것이구나!"라고 하였다. 공자는 감탄하며 말했다. "동호(董狐)는 옛날의 양사(良史)이다. 서법(書法)을 숨기지 않았다. 조선자(趙宣子)는 옛날의 어진 대부로서 법을 위해 악한 누명을 감수하였다. 애석한 일이다. 그가 만약 국경을 넘어갔더라면 이런 오명을 면할 수 있었을 것이다."

原文

孔子覽『晉志』[1]), 晉趙穿殺靈公[2]), 趙盾[3]) 亡, 未及山[4])而還. 史[5])書'趙盾弑君'. 盾曰, "不然."史曰, "子爲正卿, 亡不出境, 返不討賊, 非子而誰?" 盾曰, "嗚呼! '我之懷矣, 自詒伊戚[6])', 其我之謂乎!" 孔子嘆曰, "董狐, 古之良史也, 書法[7])不隱. 趙宣子, 古之良大夫也, 爲法受惡. 受惡, 惜也, 越境乃免."

原文

1) 『晉志』: 왕숙의 주에, "진(晉)의 사기(史記)이다."라고 했다. 즉 진나라 사서(史書)이다. 이 기록은 또 『좌전』 선공(宣公) 2년에도 보인다. 2) **晉趙穿殺靈公**: 조천은 춘추시대 진(晉)나라의 대부로 장군을 지냈다. 왕숙의 주에, "조천(趙穿)은 조돈(趙盾)의 종제(從弟)이다."라고 했다. 영공은 즉 진나라 영공이다. 진의 임금으로 이름은 이고(夷皐), 14년(B.C.620-607)간 재위했다. 3) **趙盾**: 조선자(趙宣子). 진(晉)나라 정경(正卿)으로 국정을 잡았던 적이 있다. 영공(靈公)의 살해를 피하여 도망갔다가 국경을 넘기 전에 영공이 조천에게 살해되었다는 소식을 듣고 조돈이 귀국하여 성공(成公)을 옹립하고 계속하여 국정을 맡았다. 4) **山**: 왕숙의 주에, "山은 진(晉)의 경내이다."라고 했다. 즉 온산(溫山)이다. 5) **史**: 태사(太史)이다. 춘추시대 법전과 사실기록을 맡았던 관리로써 건방(建邦)의 육전(六典)을 관장하엿다. 여기서는 아래 문장에 보이는

동호(董狐)이다. 6) **我之懷矣, 自詒伊戚**: 『시(詩)』「패국(邶國)·웅치(雄雉)」에 보인다. 내 마음의 염려는 나 스스로가 불러온 것이라는 의미이다. 伊는 '是', '遺'는 '此'와 같다. 戚은 걱정하다, 염려하다. 금본 『모시(毛詩)』에는 '阻'라 했고, 『좌전』에는 '戚'이라 했다. 7) **書法**: 고대에 사관(史官)이 역사를 편찬하면서 자료의 처리, 역사적 사실의 평론, 인물포폄 등에 각각 체례(體例)가 있는데 이를 일러 서법이라 했다. 8) **受惡惜也, 越境乃免**: 왕숙의 주에, "조돈이 국경을 넘었더라면 비난을 면하고, 시군(弑君)의 책임을 받지 않았을 것을 안타까워한 것이다."라고 했다. 조선자가 오명을 받게 된 것이 안타까운데, 그가 당시 만약 국경을 넘었더라면 오명을 면할 수 있었다는 의미이다. '受惡' 두 글자는 원래 없었는데 동문본에 근거하여 보완했다.

41-6

정나라가 진(陳)나라를 공격하여 그 나라 경내로 진입하자 자산(子産)을 파견하여 진(晉)나라에 전리품을 바치도록 하였다. 그러자 진(晉)나라 사람은 진(陳)나라의 잘못이 무엇인지를 물었다. 자산이 대답하였다. "진(陳)나라는 주(周)나라의 큰 덕을 잊어버리고 초나라 세력을 믿고 우리나라를 능멸하였습니다. 이에 지난 해에 진(陳)나라를 공격하겠다는 사실을 고하였지만 귀국에서는 이를 허락하지 않았기 때문에 진(陳)이 우리나라의 동문(東門)을 공격하는 싸움이 생기게 되었던 것입니다. 진(陳)나라의 군대가 지나가는 곳은 우물을 메우고 나무를 베어버려 우리나라 백성들이 크게 두려워하였습니다. 다행히 하늘이 그들을 착하게 이끌어 우리나라를 공격한 진나라의 마음을 열게 했습니다. 진(陳)나라는 자신의 죄를 알고 우리들의 징벌을 받아들여야 했습니다. 따라서 이에 감히 전공(戰功)을 알려 드리고, 전리품을 바치고자 합니다."

진(晉)나라에서 다시 물었다. "그렇다고 어찌 작은 나라를 침략했는가?" 자산이 대답하였다. "선왕께서 내린 명령에 그 죄가 있으면 누구나 그 죄에 따라 징벌을 할 수 있다고 했습니다. 또한 옛날 천자의 땅은 사방 천리가 되고, 제후의 땅은 사방 백리였으며 그 이하 조금씩 적게 한 것이 주나라 제도입니다. 그런데 지금은 대국의 땅이 대부분 몇 개의 기(圻)에 이르고 있으니 만약 작은 나라를 침략하지 않고서야 어찌 그러한 경우에 이를 수 있겠습니까?" 진(晉)나라에서는 이렇게 말했다. "그 말이 이치에 맞습니다."

공자가 이 이를 듣고 자공에게 말했다. "『지(志)』에 이런 말이 있다. '말로써 뜻하는 바를 나타내고, 글로써 말을 더욱 완비하게 한다.' 말을 하지 않으면 누가 그 뜻을 알겠느냐? 또 언어에 문채(文采)가 없으면 오래도록 멀리 행해질 수 없는 것이다. 진(晉)나라는 패주(霸主)이고, 정나라가 진(陳)을 공격하였으니 문사(文辭)가 뛰어나지 않았다면 성공을 거둘 수 없었을 것이다. 자공아! 신중해야만 한다."

原文

鄭伐陳, 入之, 使子産[1]獻捷[2]於晉. 晉人問陳之罪焉. 子産對曰, "陳亡周之大德[3], 介[4]恃楚衆, 馮陵弊邑[5], 是以有往年之告[6]. 未獲命[7], 則又有東門之役[8]. 當陳隧者, 井陻, 木刊[9], 弊邑大懼. 天誘其衷[10], 啓弊邑心, 知其罪, 授首[11]於我, 用敢獻功."

晉人曰, "何故侵小?" 對曰, "先王之命, 惟罪所在, 各致其辟[12]. 且昔天子一圻, 列國一同[13], 自是以衰, 周之制也[14]. 今大國多數圻矣, 若無侵小, 何以至焉." 晉人曰, "其辭順."

孔子聞之, 謂子貢曰, "『志』[15]有之, '言以足志[16], 文以足言[17].' 不言, 誰知其志, 言之無文, 行之不遠[18]. 晉爲伯, 鄭入陳[19], 非文辭不爲功, 小子愼哉[20]!"

注釋

1) **子産**: 춘추시대 정(鄭)나라 사람. 이름은 교(僑), 자는 자산으로 목공(穆公)의 손자이다. 동리(東裏)에 거주했다고 하여 동리자산(東裏子産)이라고도 칭한다. 정나라 국정을 장악하였고, 외교를 잘했다. 이 기록은 또 『좌전』양공(襄公) 15년에도 보인다.
2) **獻捷**: 전쟁에서 승리한 후 획득한 포로와 전리품. 3) **陳亡周之大德**: 진(陳)나라가 같은 주나라 번속(藩屬)의 신(臣) 정나라를 공격한 것은 주왕(周王)의 커다란 은혜를

저버린 것과 같다는 의미이다. 왕숙의 주에, "무왕(武王)이 큰 딸 대희(大姬)를 호공(胡公)에게 시집보내고 진(陳)에 봉했다."고 했다. 亡은 '忘'과 뜻이 같다. 잊다의 뜻. 4) 介: 왕숙의 주에, "介는 大(사고본에는 '豕, 犬'이라 했는데 틀린 것 같다)라 했다."고 하였다. 빙자하다, 의지하다. 유사한 용법이 또『좌전』문공(文公) 6년에도 보인다. 즉 "사람의 총애를 빙자하는 것은 용(勇)이 아니다[介人亡寵, 非勇也]." 사고본과 동문본에는 '豕'로 되어 있다. 5) 馮陵敝邑: 馮陵은 다가가다, 침범하여 능멸하다. 敝邑은 자기 나라에 대한 겸칭. 여기서 그리고 이하에 보이는 '敝'자는 총간본(叢刊本)에 모두 '弊'로 되어 있는데 사고본과 동문본에 근거하여 고쳤다. 6) 有往年之告: 왕숙의 주에, "진(陳)나라에게 침략 받은 것을 진(晉)에게 알리다."고 했다. 진(陳)나라가 정(鄭)나라를 공격한 적이 있음을 정이 진(晉)에게 알렸다는 것을 가리킨다. 告는 알리다, 보고하다. 7) 未獲命: 왕숙의 주에, "진(陳)을 평정하는 것에 대한 명을 얻지 못했다."고 했는데, 즉 정나라가 진(陳)을 공격하면서 진(晉)나라의 의견을 구했으나 동의가 없었음을 말한다. 8) 東門之役: 왕숙의 주에, "초나라와 함께 정(鄭)을 정벌하면서 그 동문에 이르렀다[陳至其東門也: 사고본에는 '陳', '也' 자가 없다.]."고 했다. 9) 當陳隧者, 井陻, 木刊: 왕숙의 주에, "勝(사고본에는 없다)은 진(陳)나라 사람들이 막고, 베어버렸다."고 했다. 隨는 도로. 陻은 막다. 刊은 베다, 없애다. 진(陳)이 정나라를 공격하고 지나가는 곳마다 우물을 막고 나무를 모두 베어버렸다는 것을 의미한다. 10) 天誘其衷: 왕숙의 주에, "'誘'는 進(사고본에는 '導'라 되어 있다)이고, '衷'은 선(善)이다. "하늘이 그 선함을 인도하여 진(陳)을 크게 이기게[大執: '執'이 사고본에는 '克'이라 되어 있다.]했다는 것이다."고 했다. 하늘이 진나라 사람을 착하게 이끌어 진나라 사람들이 자신들이 정나라를 공격한 것을 잘못이라 인식하고 스스로 정나라의 벌을 받기를 원한다는 뜻이다. 이는 자산(子産)이 정나라가 진을 공격한 것을 변명하는 외교 사령(辭令)이다. 11) 授首: 죄인이 징벌을 받아 투항하거나 피살됨을 일컫는다. 授는 원래 '校'라 되어 있는데 사고본과 동문본에 근거하여 고쳤다. 12) 辟: 法이다. 여기서는 징벌의 뜻으로 쓰였다. 왕숙의 주에, "辟은 誅이다."라고 했다. 13) 天子一圻, 列國一同: 왕숙의 주에, "사방 천리를 기(圻)라 하고, 사방 백리를 동(同)이라 한다."고 했다. 14) 自是以衰, 周之制也: 왕숙의 주에, "대국(大國)은 사방 100리, 이하 차이가 있다. 백(伯)은 사방 70리 자남(子男)은 50리로 주나라의 제도이다. 그러나 학자들은 주나라가 대국으로 사방 700리였다 하니 틀렸다[失之: 사고본에는 이 글자 뒤에 '遠' 자가 있다."고 했다. 衰 는 줄다, 줄어들다. 15)『志』: 고대의 사실을 기록한 책. 왕숙의 주에, "『지(志)』는 고대의 책이다."라고 했다. 비슷한 용법이 또『주례(周禮)』「춘관(春官)·소사(小史)」에 "방국(邦國)의 지(志)를 관장한다."고 한 구절에도 보인다. 16) 言

以足之: 왕숙의 주에, "말로 그 뜻을 충분히 이루게 한다."고 했다. 足은 成으로, 이러한 용법은 『좌전』양공(襄公) 25년에, "글로 말을 이룬다."고 한 구절에도 보인다. 두예(杜預)의 주에, "足은 成과 같다."고 했다. 志는 지향, 목표를 계획하다. 17) 文以足言: 왕숙의 주에, "문장을 더하여 그 말을 충분히 이룬다."고 했다. 18) 言之無文, 行之不遠: 왕숙의 주에, "말에 문(文)이 없으면 행함이 있다고 해도 멀리가지 않는다."고 했다. 언어에 문채(文采)가 없으면 오래도록 멀리 전파할 수 없음을 일컫는다. 19) 晉爲伯, 鄭入陳: 伯은 '霸'와 뜻이 같다. '伯', '鄭' 두 글자는 원래 순서가 거꾸로 되어 있는 것을 사고본, 동문본과 진본(陳本)에 근거하여 고쳤다. 20) 小子愼哉: 사고본과 동문본에는 '愼辭哉'라고 되어 있다.

41-7

초 영왕(楚靈王)은 지나치게 교만하고 또 사치스러웠다. 우윤(右尹) 자혁(子革)이 그를 모시고 앉아 있었는데, 좌사(左史) 의상(倚相)이 빠른 걸음으로 그 앞을 지나갔다. 영왕이 말했다. "저 사람은 훌륭한 사관(史官)이다. 그대는 잘 대하여 주어라. 저 사람은 능히 『삼분(三墳)』・『오전(五典)』・『팔색(八索)』・『구구(九丘)』를 읽을 줄 안다." 자혁이 대답하였다. "무릇 훌륭한 사관이란 임금의 허물을 기록하면서도 임금의 선행도 드러내어 밝혀야 하는 것입니다. 그런데 이 사람은 말만 번지르르하게 하는 것으로 관직을 삼고 있으니 훌륭한 사관이라고 할 수 없습니다." 그리고 또 말하였다. "신이 또 일찍이 듣자오니 옛날 주나라 목왕(穆王)은 자기 마음 내키는대로 천하 주유를 준비하면서 그가 가는 곳마다 수레바퀴와 말 발자국 흔적을 남기게 하고자 했습니다. 이때 채공(蔡公) 모보(謨父)는 「기소(祈昭)」라는 시(詩)를 지어 왕의 욕구를 중지시켰습니다. 때문에 왕은 문궁(文宮)에서 탈없이 세상을 마칠 수 있었다고 합니다. 신이 의상에게 이 시에 대하여 물었지만 그는 알지 못했습니다. 만약 그보다 더 먼 옛날 일을 묻는다면 그가 어찌 알 수 있겠습니까?" 영왕이 말했다. "그대는 알고 있는가?" 자혁이 대답하였다. "알고 있습니다. 그 시에 말하기를, '기소(祈昭)의 음악은 안락하고 편안하여 덕자(德者)의 성음(聲音)을 밝히기에 충분하구나. 우리 임금의 풍도(風度)를 생각하니 옥과 같고 금과 같도다. 그런데 지금은 오히려 무절제하게 백성들의 힘을 남용하면서도 어떤 만족도 없구나.'라고 하였습니다." 영왕은 자혁에게 읍하고 안으로 들어갔다. 이로부터 영왕은 먹을 때가 되어도 먹지 않고 누워도 잠을 잘 수가 없었다. 여러 날이 지났지만 여전히 자신을 이기지 못하고 마침내 환난을 당하고 말았다.

공자는 이 기록을 읽고 이렇게 말했다. "옛날에 이러한 기록이 있다. '극기복례(克己復禮)가 곧 인(仁)이라' 하였으니 참으로 좋은 말이다. 만약 초나라의 영왕도 이같이 하였다면 어찌 건계(乾谿)에서 욕을 당했겠느냐? 자혁은 좌사가 아니었기 때문에 단지 풍자하면서 시로써 간언한 것은 순리에 맞는 것이었도다."

▎注釋

楚靈王汰侈[1], 右尹子革[2]侍坐, 左史倚相[3]趨而過, 王曰, "是良史也, 子善視之, 是能讀三墳五典八索九丘[4]." 對曰, "夫良史者, 記君之過, 揚君之善. 而此子以潤辭爲官, 不可爲良史." 曰[5], "臣又乃嘗聞[6]焉, 昔周穆王欲肆其心[7], 將過行天下, 使皆有車轍並馬迹[8]焉, 祭公謀父作「祈昭」[9], 以止王心[10], 王是以獲殁於文宮[11]. 臣聞[12]其詩焉而弗知, 若問遠焉, 其焉能知." 王曰, "子能乎?" 對曰, "能. 其詩曰, '祈昭之愔愔乎, 式昭德音[13], 思我王度, 式如玉, 式如金[14]. 刑民之力, 而無有醉飽之心[15]'" 靈王[16]揖而入, 饋不食, 寢不寐, 數日, 則固不能勝其情, 以及於[17]難.

孔子讀其志[18], 曰, "古者有志[19], '克己復禮爲仁[20].' 信[21]善哉! 楚靈王若能如是, 豈期辱於乾谿[22], 子革之非左史, 所以風[23]也, 稱詩以諫, 順哉[24]."

注釋

1) **楚靈王汰侈**: 초 영왕은 춘추시대 초나라 국군(國君)이다. 이름은 위(圍)이고 12년간(B.C.540-529) 재위했다. 汰侈는 왕숙의 주에, "교만하고 지나치게 사치하다."라고 했다. 이 기록은 또 『좌전(左傳)』소공(昭公) 12년에도 보인다. 2) **右尹子革**: 왕숙의 주에, "右伊는 관명이다. 子革는 鄭(사고본에는 '然'이라 되어 있다)丹이다."고 했다. 3) **左史倚相**: 인명으로 초나라 사관(史官)이다. 左史는, 주나라 시대의 사관은 좌사와 우사로 나뉜다. 4) **三墳五典八索九丘**: 왕숙의 주에, "『三墳』은 삼황(三皇)의 책이고, 『五典』은 오제(五帝)의 전적(典籍), 『八索』은 (팔괘의 뜻을) 살피는 것[索法], 『九丘』는 구주(九州)의 모든 것을 모음[國聚]."이라고 했다. 전하기를 모두 아주 오랜 옛날의 전적(典籍)이라고 하는데, 지금은 모두 전하지 않는다. 5) **曰**: 사고본과 동문본에는 없다. 6) **乃嘗聞**: 사고본과 동문본에는 '嘗問'이라 되어 있다. 7) **肆其心**: 마음대로 하는 것. 肆는 방자(放恣), 제멋대로. 왕숙의 주에, "肆는 極이다."고 했다. 8) **車轍並馬跡**: 동문본에에는 '轍'을 '軏'이라 했다. 사고본과 동문본에는 모두 '並' 자가 없다. 9) **祭公謀父作「祈昭」**: 왕숙의 주에, "謀父는 주나라 경사(卿士)이다. 「祈昭」는 시명(詩名)으로서 제 경공(齊景公)이 군신간의 서로 즐거워하는 음악을 지은 것과 같은 것이니, 대개 징소(徵招)(사고본에는 이 글자 이하의 '招'를 모두 '昭'라 했다), 「각초(角招)」가 그것이다. '昭'는 '招'라고 해야 한다. 『좌전』에도 '招'로 되어 있다."고 했다. 『좌전』의 기록에 의하면, 목공(穆公)이 견융을 정벌하려 할 때 제공(祭公) 모보(謀父)가 간하여 선왕(先王)이 '덕을 밝혔지 군대를 보지 않았다.'라 하면서 「祈昭」의 시를 지었다. 10) **止王心**: 왕숙의 주에, "왕의 마음에 방자하고 나태함을 그치게 한 것이다."라고 했다. 止는 피동형으로 정지하게 하였다는 뜻이다. 11) **獲歿於文官**: 獲歿은 정침(正寢)에서 사망하고 찬시(篡弑)되지 않음을 말한다. 歿은 원래 '殆'로 되어 있지만 사고본과 동문본에 근거하여 고쳤다. 文宮은 궁(宮)의 이름으로, 주 목왕(穆王)이 거주하던 곳이다. 『좌전』에는 '祇宮'이라 되어 있다. 원래 남정(南鄭)에 있었는데 지금의 섬서 화현(華縣)의 북쪽이다. 12) **問**: 원래는 '聞'이라 되어 있는데, 사고본과 동문본에 근거하여 고쳤다. 13) **祈昭之愔愔乎, 式昭德音**: 왕숙의 주에, "祈昭(昭는 사고본에는 '爲德'으로 되어있다.)愔愔는 「祈昭」음악이 안화(安和)함을 말하는데, 그 법이 족히 덕음(德音)을 밝힌다는 것이다."라 했다. 愔은 화해(和諧), 안상(安詳). 14) **思我王度, 式如玉, 式如金**: 왕숙의 주에, "왕의 법도를 생각해니 금옥 같이 순수하고[純: 사고본에는 '然'으로 되어있다.]아름답다는 말이다. 『시』에, '잘 다듬은 그 문장, 금옥같은 그 바탕[追琢其章, 金玉其相]'이라고 했다."고 했다. 式은 어조사이다. 15) **刑民之力, 而無有醉飽之心**: 왕숙의 주에, "백성들의 힘을 상하게 하며 그것을 사용함에 절도 없게 하기를 이

루 다 할 수 없을 정도로 하면서도 취하고 배부른 것 같은 마음이 있지 않으니, 만족함이 없다는 말이다."고 했다. 16) 王: 사고본에 '三'이라 했는데 틀렸다. 17) 於: 동문본과 만유본에는 '其'로 되어 있다. 18) 志: 기재(記載). 19) 古者有志: 이 네 글자가 사고본과 동문본에는 없다. 20) 克己復禮爲仁: 왕숙의 주에, "克은 이기다. 자기의 사적인 감정을 이기고 예로 돌아가는 것은 즉 인(仁)이 된다는 말이다."고 했다. 21) 信: 진실로, 참으로. 22) 豈期辱於乾溪: 왕숙의 주에, "영왕(靈王)이 장화대(章華臺)를 건계(乾溪)에 만들자 나라 사람들이 흩어지고 배반하며 이 때문에 죽게 되었다."라 했다. 期는 조사, 의문을 나타내는데, '其'와 같다. 사고본과 옥해당본(玉海堂本), 『좌전』에는 '其'라 되어 있다. 23) 風: '諷'과 뜻이 같다. 함축된 언어로 권고하다. 24) 順哉: 順은 道, 理이다. 예컨대 『한서(漢書)』에서는 "효제(孝悌)는 천하의 대순(大順)이요, 역전(力田)은 생(生)의 근본이다."고 했는데 이 의미가 도의(道義)와 맞다.

41-8

숙손목자(叔孫穆子)가 난을 피해 제나라로 도망가다가 경종읍(庚宗邑)에 머물게 되었다. 그 읍의 과부와 사통(私通)하여 우(牛)를 낳았다. 후에 목자는 다시 노나라로 돌아와 우를 내수(內豎)로 삼아 집안일을 맡아보도록 하였다. 우는 숙손목자에게 두 아들을 모함하여 죽였다. 숙손목자가 병이 나자 우는 그에게 먹을 것을 주지 못하도록 하여 굶어 죽게 하였다. 이에 우는 숙손의 서자 소(昭)를 도와 그로 하여금 대를 계승하게 했다. 소자(昭子)가 임금의 자리에 오르자 그는 집안 사람들의 조견(朝見)을 받을 때 그들에게 말하였다. "저 내수로 있는 우가 우리 숙손씨의 집에 화란을 일으켜 맏아들을 죽이고 서자를 세웠다. 또 숙손씨의 식읍을 분할하여 자기의 죄를 용서받으려고 뇌물로 썼으니, 그 죄 이보다 더 클 수가 없다. 기필코 서둘러 그를 죽여야 한다." 그리고는 마침내 우를 죽여 버렸다.

공자는 말했다. "숙손소자(叔孫昭子)는 자신을 옹립한 것을 우의 공이라고 여기지 않았으니 이는 보통 사람이라면 할 수 없는 일이다. 주임(周任)의 말에, '정치를 하는 자는 사사로운 공로에 대해서는 상을 주지 않으며, 사사로운 원망에 대해서 벌을 주지 않는 법이다'라고 했다. 또 『시』에는 '덕행으로 한다면 천하 사방이 모두 따라오리.'라고 하였는데, 숙손소자에게 이같은 덕행이 있었도다."

▎原文

　　叔孫穆子避難奔齊[1], 宿於庚宗之邑[2]. 庚宗寡婦通焉, 而生牛[3]. 穆子返魯, 以牛爲內豎[4], 相家[5]. 牛讒叔孫二子, 殺之[6]. 叔孫有病, 牛不通其饋[7], 不食而死. 牛遂輔叔孫庶子昭[8]而立之. 昭子旣立, 朝其家衆曰, "豎牛禍叔孫氏, 使亂大從[9], 殺適[10]立庶, 又竊其邑[11], 以求舍[12]罪, 罪莫大焉, 必速殺之." 遂殺豎牛.

　　孔子曰, "叔孫昭子不勞[13], 不可能也. 周任[14]有言曰, '爲政者不賞私勞, 不罰私怨.' 詩云, '有覺德行, 四國順之.' 昭子有焉."

▎注釋

1) **叔孫穆子避難奔齊**: 왕숙의 주에, "목자(穆子)는 숙손표(叔孫豹)의 형으로 숙손교여(叔孫僑如)가 음란하였으므로 이를 피하여 제나라로 도망갔다."고 했다. 숙손목자는 춘추시대 노나라의 대부이다. 이 기록은 또 『좌전』소공(昭公)4년, 5년에도 보인다.
2) **庚宗之邑**: 즉 강종읍(庚宗邑)으로 노나라 땅. 지금 산동 사수(泗水) 동쪽에 있다.
3) **牛**: 왕숙의 주에, "이름을 우(牛)라 했다."고 하였다. 즉 소생의 아들 이름을 우라 했다. 4) **穆子返魯, 以牛爲內豎**: 返은 사고본, 동문본에는 '反'으로 되어 있다. 豎는 왕숙의 주에, "豎는 內外의 명(命)과 뜻이 같다."고 했다. 즉 궁중에서 명령을 전달하는 낮은 관리이다. 『주례(周禮)』「천관(天官)·내수(內豎)」에, "내수는 내외의 통령(通令) 관련 작은 일들을 관장한다."고 했다. 5) **相家**: 집안 일을 책임진다. 왕숙의 주에, "장(長)은 명을 받아 상가(相家)가 되었다."고 했다. 6) **牛讒叔孫二子, 殺之**: 二子가 원래는 '二人'으로 되어 있는데 사고본에 근거하여 고쳤다. 숙손목자의 적자 맹병(孟丙)과 중임(仲壬)이다. 그러나 『좌전』에서는 중임이 쫓겨 제나라로 달아났다가, 후에 목자가 노나라로 돌아와 상중에 있을 때 계씨의 가신 사공(司空)에게 사살되었다고 하여 이와 다르다. 참(讒)은 다른 사람을 나쁘게 말하는 것. 7) **饋**: 먹다. 여기서는 우(牛)가 숙손목자에게 먹을 것을 가져다 주지 않음을 가리킨다. 8) **叔孫庶子昭**: 왕숙의 주에, "子는 숙손약(叔孫婼)이다."고 했다. 아래 문장과 『좌전』에 근거하면 '昭' 자

다음에 '子' 자가 있어야 한다. 9) 從: 온순, 안정. 각기 자신의 지위를 안정시키고 직무를 잘 지키는 국면이나 질서를 가리킨다. 왕숙의 주에, "從은 順이다."라고 했다. 10) 適: 適은 '嫡'과 뜻이 같다. 정처(正妻) 소생의 자녀를 가리키는데 여기서는 맹병(孟丙)과 중임(仲壬)을 가리킨다. 11) 被其邑: 왕숙의 주에, "우(牛)가 숙손씨의 비(鄙)의 30개 읍으로 뇌물[賄: 사고본에는 '賂'로 되어 있다.]을 썼다."고 했다. '被'는 '披'와 뜻이 같다. 나누다, 쪼개다. 사고본과 동문본에는 披라 했다. 12) 舍: '赦'와 뜻이 같다. 또 예컨대 『일루서(逸周書)』 「옥패(玉佩)」에, "용서를 베푸는 것은 평심에 달려 있다[施舍在平心]."고 했고, 공조(孔晁)의 주에, "舍는 죄를 용서함[赦罪]이다."고 했다. 13) 不勞: 왕숙의 주에, "勞는 공(功)이다. 자신을 세우는 것을 공으로 여기지 않는다."고 했다. 이 앞에 원래는 '之' 자가 있었다. 지금은 사고본을 따른다. 14) 周任: 왕숙의 주에, "周任은 옛날의 현인(賢人)이다."고 했다. 15) 有覺德行, 四國順之: 이 말은 『시』「대아(大雅)·억(抑)」에 나온다. 왕숙의 주에, "覺은 直(동문본에는 '直也'로 되어 있고, 사고본에는 '直' 자가 빠져 있다)이다."고 했다. 四國은 '四方'과 같다.

41-9

진(晉)나라 형후(邢侯)와 옹자(雍子)가 토지문제로 소송을 벌었다. 옥관의 직무를 대리하고 있던 숙어(叔魚)는 안건을 심리하여 죄가 옹자에게 있다고 판결했다. 옹자가 불복하고 자기의 딸을 숙어에게 갖다 바치자 숙어는 반대로 형후에게 죄가 있다고 판결하였다. 형후는 노하여 숙어와 옹자를 조정에서 죽여 버렸다. 한선자(韓宣子)가 숙향(叔向)에게 그들의 치죄(治罪)에 대하여 묻자 숙향이 말하였다. "세 사람은 모두 똑같이 죄를 물어야 합니다. 살아 있는 자에게는 죄를 주고 죽은 자는 그 시체를 저자에 내놓는 것이 옳을 것입니다. 옹자는 자기의 죄를 알면서도 뇌물을 바쳐 판결을 뒤집었고, 숙어 역시 판결을 팔아먹은 것이며, 형후는 자기 마음대로 사람을 죽였으니 그 죄가 모두 똑같습니다. 자신이 악하면서 아름다운 것을 가로채는 것은 혼(昏)이라 하고, 탐욕에 못이겨 행정을 그르치게 하는 것은 묵(默)이라 하며, 사람 죽이기를 꺼려 하지 않는 것은 적(賊)이라 합니다. 『하서(夏

書)』에 이르기를 '혼, 묵, 적은 죽임을 당하는 것이며 이는 고요(皐陶)의 형법이다'라고 했으니 그 법에 따라 집행하시지요." 그리하여 형후를 사형에 처하고 옹자와 숙어의 시체를 저자에 내놓게 하였다.

공자가 말했다. "숙향은 고대의 정직함을 지녔도다. 나라를 다스리고 형법을 판결하는 데 있어서 친인(親人)이라 하여 숨겨 주지 않았으며, 세 차례나 숙어의 죄를 지적하면서 경감해 주지 않았으니 모두 도의에 합당한 것이며, 정직한 것이라고 할 수 있다. 평구(平丘)의 회맹 때 그가 뇌물 먹은 것을 지적했지만 이에 위(衛)나라에 관대함을 베풂으로서 진(晉)나라가 횡포[暴]하지 않다는 사실을 드러냈던 것이다. 계손씨(季孫氏)를 노나라로 돌려보내 숙어의 죄를 지적하게 하여 이로써 노나라를 후하게 대접하여 자신의 진나라가 포학한[虐] 나라가 아님을 드러냈던 것이다. 그리고 형후의 옥사에서 숙어의 탐욕을 지적하며 형법에 쓰인 조문을 바르게 적용함으로써 진나라가 편파적[頗]이 아님을 드러냈던 것이다. 이 세 차례의 말로 세 가지 악을 제거하고 세 가지 이익을 더하였으며, 친인(親人)을 사형에 처함으로써 영광을 더하게 되었으니 이는 모두 의(義)로 말미암은 것이로다!"

原文

晉邢侯與雍子[1]爭田, 叔魚攝理[2], 罪在雍子, 雍子納[3]其女於叔魚, 叔魚弊獄邢侯[4], 邢侯怒殺叔魚與雍子於朝. 韓宣子[5]問罪於叔向, 叔向曰, "三奸同坐[6], 施生戮死[7]可也. 雍子自知其罪, 而賂以置直[8]鮒也, 鬻獄[9]邢侯專殺其罪一也. 己惡而掠美爲昏[10], 貪以敗官爲黙[11], 殺人不忌[12]爲賊. 夏書曰, 『昏黙賊, 殺[13], 皐陶[14]之刑也.』請從之." 乃施邢侯, 而屍雍子叔魚於市.

孔子曰, "叔向古之遺直也. 治國制刑, 不隱於親, 三數叔魚之罪不爲末[15], 或[16]曰義, 可謂直矣. 平丘之會, 數其賄也, 以寬衛國, 晉不爲暴[17] ; 歸魯季孫, 稱其詐也, 以寬魯國, 晉不爲虐[18] ; 邢侯之獄, 言其貪也, 以正刑書, 晉不爲頗[19]. 三言而除三惡, 加三利[20], 殺親益榮, 由義也夫."

注釋

1) **邢侯與雍子**: 두 사람 모두 춘추시대 진(晉)나라의 대부이다. 형후(邢侯)의 아버지 신공무신(申公巫臣)은 본래 초(楚)나라 귀족이었는데, 후에 진(晉)으로 달아나 형(邢: 지금의 하남 온현(溫縣) 동북쪽)의 대부가 되었다. 옹자(雍子) 역시 본래 초나라 대부였지만 후에 진(晉)으로 도망갔다. 이 기록은 또 『좌전』소공(昭公) 13년에도 보인다. 2) **叔魚攝理**: 왕숙의 주에, "숙어(叔魚)는 숙향(叔向)의 아우, 이(理)는 옥관(獄官)의 명칭이다."고 했다. 숙어는 즉 양설부(羊舌鮒)이고 또 숙부(叔鮒)라고도 한다. 형 숙향 즉 양설힐(羊舌肸)과 함께 진(晉)나라 대부였다. 숙향은 일찍이 태부(太傅)로 임명되어 섭리(攝理) 즉 옥관의 직무를 대리했다. 3) **納**: 공헌, 바치다. 4) **弊獄邢侯**: 왕숙의 주에, "폐(弊)는 단(斷)이다. 죄를 형후(邢侯)에게 결단했다.[斷罪歸邢侯: 사고본, 동문본에는 이 구절 뒤에 '也'자가 있다.]"고 했다. 즉 죄를 형후에게 죄를 판결을 했다. 5) **韓宣子**: 왕숙의 주에, "선자(宣子)는 진(晉)의 정경(正卿) 한기(韓起)이다."고 했다. 6) **三奸同坐**: 세 사람 모두 같은 죄로 다스림. 奸은 犯이다. 『좌전』양공(襄公) 14년에, "신이 감히 이를 범했습니다[臣敢奸之]."의 두예(杜預)의 주에, "奸은 犯과 같다."고 했다. 여기서는 명사로 쓰였다. 坐는 죄를 얻다. 이같은 용법은 또 『사기』「상군열전(商君列傳)」에, 보이는데, "상앙[商君]의 법은 지키지 않는 자는 죄를 얻는다[商君之法無驗者坐之]."고 했다. '坐'는 사고본과 동문본에 '罪'로 되어 있다. 7) **施生戮死**: 왕숙의 주에, "施는 마땅히 與가 되어야 한다. 與는 行과 같다[사고본에는 이 글자 뒤에 '也'자가 있다]. 살아있는 자의 죄를 처벌한다."고 했다. 戮은 시체를 저자에 펼치다. 포시(暴屍)하다. 8) **置直**: 뇌물을 써서 승소를 구하다. 置는 買. 直은 正當, 有理. 또 예컨대, 『좌전』희공(僖公) 28년에, "군대는 명분이 정당하면 사기가 드높이고, 정당하지 못하면 퇴합니다."라고 했다. 9) **육옥(鬻獄)**: 뇌물을 받고 법을 어김. 사법관이 뇌물을 받고 정황과 이치를 가리고 죄의 곡직을 판단하지 않음. 鬻은 賣이다. 10) **己惡而掠美爲昏**: 昏은 횡포, 겁탈. 왕숙의 주에, "아름답고 선한 것을 빼앗았으면 [掠美善: 사고본에는 '取善'이라 되어있고, 동문본에는 '掠取善'이라 되어있다.] 포악하고 어지러움이다. 자기가 악하면서 뇌물로써 선함을 구하려는 것은 악한 짓이다."라고 했다." 11) **貪以敗官爲默**: 敗官은 나쁜 행정의 풍조. 默은 탐오(貪汙). 왕숙의 주에, "默은 冒와 같다. 탐욕스러우면서도 죄를 두려워 하지 않는다."고 했다. 12) **忌**: 왕숙의 주에, "忌는 憚이다." 고 했다. 13) **『夏書』曰, "昏默賊 殺"**: 왕숙의 주에, "『하서』는 하가(夏家)의 서(書)이다. 세 가지는 마땅히 죽여야 한다."고 했다. 혼(昏), 묵(默), 적

(賊) 세 가지 죄를 범한 자들은 주살해야 한다는 의미이다. 14) 咎陶: 즉 고요(皐陶)인데 순(舜)의 신하로서 형옥(刑獄)의 일을 맡았다고 전한다. 15) 末: 輕. 왕숙의 주에, "末은 薄이다."고 했다. 16) 或: 왕숙의 주에, "或은 『좌전』에 '鹹(사고본에는 '義'로 되어 있는데, 잘못일 것이다)이라 했다."고 하였는데, 그밖에 '或'은 '어떤(有的)'의 뜻이라고도 하는데, 문장의 의미로 보아 맞지 않는다. 왕숙의 주가 맞다. 의미는 '모두(都)'이다. 17) 平丘之會, 數其賄也, 以寬衛國, 晉不爲暴: 왕숙의 주에, "제후들이 평구에서 회맹을 할 때, 진(晉)나라 사람이 말먹이를 가져온 자를 위(衛)나라에서 괴롭히자, 위나라 사람들이 근심하며 숙향에게 뇌물을 주었는데, 숙향은 숙어(叔魚)를 보내어 객의 말석에 따라가 금지하게 했다."고 했다. 賄는 재물을 탐하는 것이다. 18) 노나라 계손이 잡히게되자 진(晉)나라에 이야기하여 진나라 사람이 그를 돌아가게 했다. 계손은 예를 귀하게 여겨 돌아가기를 달가워하지 않았는데, 숙향이 숙어에게 말하며 돌아가게 하여 숙어가 계손을 설득하니 계손이 두려워하며 마침내 돌아갔다. : 왕숙의 주에, "魯季孫見執, 諮於晉, 晉人歸之. 季孫貴禮, 不肯歸, 叔向言叔魚能歸之. 叔魚說季孫, 季孫懼, 乃歸也."라고 했다. 계손(季孫)은 계평자(季平子)를 가리킨다. 19) 頗: 왕숙의 주에, "頗는 偏이다."라고 했다. 20) 三言而除三惡, 加三利: 왕숙의 주에, "위(衛)와 노(魯)나라를 포악하게 한 세 가지 죄를 범한 자를 죽여 세 가지 악을 제거하고 세 가지 이익을 더하였다."고 했다. 세 가지 악이란 여기서 포(暴), 학(虐), 파(頗)를 가리킨다.

41-10

정나라에 향교를 세우자 향교의 사인(士人)들은 정치에 대하여 비판하면서 논의를 벌였다. 종명(鬷明)이 향교를 없애고자 하였다. 자산이 말했다. "무슨 까닭으로 이 향교를 없애고자 하는가? 여러 사람들이 아침저녁으로 여기서 교유하면서 정사의 잘잘못을 의논하고 있다. 그들이 잘한다고 하는 것은 우리가 시행하면 될 것이요, 잘못한다고 하는 것은 우리가 고쳐나가면 될 것이다. 이같이 하면 되는데 어찌하여 없애려 하는가? 충언으로 원망을 적게한다는 말은 들었지만, 권위를 세워 원망을 막는다는 말은 듣지 못했다. 원망을 막는 것은 마치 물을 막는 것과 같아서 물을 막아 놓았다가 크게 터지면 재난을 당하는 사람이 반드시 많을 것이니, 이렇게 되면 나도 구제할 방법이 없게 된다. 그러니 물길을 조금 터주어 물이 잘 흐르도록 유도하는 것만 못하고, 내가 들은 바로써 정치의 폐단을 치료하느니만 못하다."

공자가 이 말을 듣고 말했다. "내 이로써 보건대 남들이 자산(子産)을 어질지 못하다고 해도 나는 믿지 않는다."

| 注釋

鄭有鄕校¹⁾, 鄕校之士非論執政²⁾, 騑明³⁾欲毀⁴⁾鄕校. 子産曰, "何以毀爲也⁵⁾? 夫人朝夕退而遊焉, 以議執政之善否⁶⁾, 其所善者, 吾則行之, 其所否者, 吾則改之. 若之何其毀也. 我聞忠言⁷⁾以損怨, 不聞立威以防怨. 防怨猶防水也, 大決所犯, 傷人必多, 吾弗克救也, 不如小決使導之, 不如吾所聞而藥之."

孔子聞是言也, 曰: "吾以是觀之, 人謂子産不仁, 吾不信也."

| 注釋

1) 鄕校: 향학(鄕學). 왕숙의 주에, "향(鄕)의 학교이다."라 했다. 이 기록은 또 『좌전』 양공(襄公) 31년에도 보인다. 2) 非論執政: 시정(時政)을 논의하고 비판함. 3) 騑明: 정(鄭)나라 대부, 자는 연명(然明). 왕숙의 주에, "종명(騑明)은 然明이다."라고 했다. 4) 毀: 없애다. 제거하다. 5) 也: 사고본과 동문본에는 없다. 6) 否: 악(惡). 7) 言: 사고본과 동문본에는 '善'으로 되어 있다. 8) 藥: 왕숙의 주에, "藥을 치료(治療: 사고본에는 '治'가 없다.)하다."라고 했다.

41-11

진(晉)나라 평공(平公)이 제후들과 평구(平丘)에서 회맹을 할 때 제나라 임금도 참가했다. 정나라 자산이 부담해야 하는 공부(貢賦)의 경중에 대해 정나라를 위해 이익을 쟁취하고자 말했다. "옛날에 천자가 제후에게 공부를 분담할 때 그 지위에 따라 경중을 구분하고 작위가 높으면 공부를 무겁게 하였습니다. 이것이 주나라 제도였습니다. 지위가 낮으면서도 공부를 무겁게 하는 것은 천자와 가까운 지방인 전복(甸服)에만 해당합니다. 그런데 정백(鄭伯)은 남작(男爵)인데도 공후(公侯)의 공부를 부담하게 했으니, 제대로 납부할 수 없을까 두렵습니다. 감히 고려하여 감경(減輕)해 주시기를 청합니다. 정오 때에 시작하여 날이 저물 때까지 쟁론을 벌여 진(晉)나라가 자산의 요구를 허락하였다.

공자가 말했다. "자산이 이 때 이렇게 행동한 것은 바로 나라의 기틀을 다지기 위한 것이었다. 『시』에 이르기를 '군자의 즐거움은 국가를 위해 근본을 세우는데 있다."고 했다. 자산이야말로 군자의 즐거움의 모범이라 하겠다." 또 말했다. "제후들과의 회합에서 공부의 기준을 확정한 일은 예(禮)에 맞다."

原文

晉平公會諸侯於平丘[1], 齊侯及盟, 鄭子產爭貢賦之所承[2], 曰, "昔日天子班貢[3], 輕重以列, 列尊貢重[4], 周之制也. 卑而貢重者, 甸服[5]. 鄭伯, 男[6]也, 而使從公侯之貢, 懼弗給也, 敢以爲請." 自日中爭[7]之, 以至於昏, 晉人許之.

孔子曰, "子產於是行也, 是以爲國基[8]也. 『詩』云, '樂只君子, 邦家之基[9].' 子產, 君子之於樂者[10]", 且曰, "合諸侯而藝[11]貢事, 禮也."

注釋

1) 平丘: 지명. 지금의 하남 봉구(封丘)의 동쪽. 이 기록은 또 『좌전』소공(昭公) 13년에도 보인다. 2) 所承: 承은 부담하다. 왕숙의 주에 "부담하는 것의 경중(輕重)이다."라고 했다. 3) 昔日天子班貢: 옛날 천자가 제정한 공헌(貢獻)의 기준과 순서. 日은 사고본에 '者'로 되어 있다. 4) 列尊貢重: 원래는 "尊卑貢"으로 되어 있지만 진본(陳本)과 『좌전』에 근거하여 고쳤다. 동문본에는 "昔日天子班貢, 輕重以列, 列尊卑而貢, 貢周之制也"라 했는데 구절의 의미가 중첩됨으로 취하지 않았다. 5) 甸服: 甸은 고대에 도성(都城) 교외의 지방을 칭하는 것이다. 『좌전』소공(昭公) 9년에, "우리 주나라

교전(郊甸)에 들어오다."의 두예(杜預)의 주에, "郊外를 전(甸)이라 한다."고 했다. 甸服은 천자 부근의 땅을 가리킨다. 왕숙의 주에, "甸服은 왕기(王圻)의 내부로 왕기 바깥의 제후와는 다르다. 때문에 바치는 공물이 무거웠다."고 했다. 6) 南: 주나라 제도를 살펴보면 땅의 거리가 국도(國都)와 얼마나 떨어졌는가에 따라 오복(五服)으로 구분하고 그 남쪽을 남복(南服)이라 칭했다. 왕숙의 주에, "南,『좌전』(원래 '輔'라고 했지만 잘못이다)에 '男'이라 했다. 古字에는 '南'이라 했지만 마찬가지로 대부분 '南'이라 하고 연이어 공후(公侯)를 말하는 것이라고까지 말했다. 이 글자 위에 원래 '男'자가 있었지만 사고본과 동문본에 근거하여 삭제하였다.『춘추좌전이문석(春秋左傳異文釋)』권8에, "소공(昭公) 13년의 전(傳)에 정백남(鄭伯男)이라 했고,『국어』에는 '伯南'이라 하여『공자가어』「정론(正論)」과 같다."고 한 것으로 증거 삼을 수 있다. 7) 爭: 사고본과 동문본에는 '諍'으로 되어 있다. 8) 基: 사고본, 동문본에는 없다. 9) 樂只君子, 邦家之基:『시』「소아(小雅)・남산유대(南山有台)」에 보인다. 樂只君子는 즉 '君子樂只'이다. 只는 어조사이다. 군자는 국가에 공헌할 수 있음을 즐거움으로 여긴다는 의미이다. 基는 왕숙의 주에, "本이다."고 했다. 10) 君子之於樂者: 자산이 정나라를 위해 공부(貢賦)에 있어서의 이익을 쟁취하여 정나라가 그 근본을 안정시켰으므로 군자의 즐거움에 있어서 본받아야 할 모범이 된다는 의미이다. 왕숙의 주에, "나라의 근본을 위한다는 것은 공헌을 분별하는 사람의 즐거움이다."라 했다. 11) 藝: 왕숙의 주에, "藝는 공헌(貢獻)의 일을 분별하는 것이다."라고 했다.

41-12

정나라 자산(子産)이 병이 들자 자태숙(子太叔)에게 말했다. "내가 죽으면 그대가 틀림없이 국정을 맡게 될 것이다. 오직 덕이 있는 자라야만 능히 너그러운 정책으로 백성들을 복종시키게 되는 것이며, 그 다음으로는 엄한 정책을 실행하는 것만 못하다. 무릇 불이란 뜨겁기 때문에 백성들은 쳐다만 보고도 두렵게 생각한다. 그 때문에 불에 타 죽는 사람은 드물다. 그러나 물은 유약(柔弱)하기 때문에 백성들이 가볍게 여기고 노닐다가 빠져 죽는 자가 많은 법이다. 그 때문에 너그러운 정책으로 백성을 다스리는 것이 어려운 일이다." 자산이 죽자 자태숙이 국정을 맡았다. 그러나 그는 차마 백성들에게 엄한 정책을 실행할 수 없어서 너그럽게 대하였다. 이로 인해서 정나라에 약탈하고 도둑질하는 자가 많이 생기자 자태숙은 후회하며 말하였다. "내가 일찍부터 자산의 말을 따랐더라면 틀림없이 이 지경에는 이르지 않았을 것이다."

공자가 이를 듣고 말했다. "훌륭하도다! 대체로 정책이 너그럽기만 하면 백성들은 게을러지게 마련이고, 백성이 게을러지면 엄한 정책으로 바로 잡아야 한다. 정책이 엄하기만 하면 백성들은 상해(傷害)를 입게 마련이고, 백성들이 상해를 입게 되면 너그러운 정책을 실행해야 한다. 정책의 실행이란 너그러운 것으로 모진 것을 조정하고, 모진 것으로 너그러운 것을 조정하는 것이다. 모진 것과 너그러운 것이 서로 알맞게 된다면 정치가 평화로워 지는 것이다. 『시』에 이르기를 '백성들이 너무 수고로우니 조금 편케 해주어야 할 것이로다. 중원의 여러 나라가 은혜를 받게 하고 천하 사방에도 위로를 베풀어야지'라고 한 것은 너그러운 정책을 실행하는 것이다. '방종하고 속이는 소인을 없도록 하여 선량하지 못한 행위가 발생하는 것을 방지하다. 도둑질하고 포학한 자를 막아 버려라. 천리(天理)의 위엄을 두려워하지 않는 자들이로다'고 하였으니 이는 엄하게 하여 바로잡는 것을 말한다. '먼 사람도 편안케 하여 가까이 오도록 하여, 우리 임금이 안정을 누리게 하라' 하였으니 이는 조화로써 평안을 누릴 수 있도록 함을 말한 것이다. 또 말하기를 '다투지도 않고 급히 몰아세우지도 않으며, 강하지도 않고 부드럽지도 않게 하라. 정치를 화평하게 하면 백 가지 복록(福祿)이 모여들리라'고 하였으니 이는 조화의 지극함을 말한 것이다."

자산이 죽자 공자가 이를 듣고 눈물을 흘리면서 말했다. "그는 고대 인애(仁愛)의 유풍을 갖춘 사람이로다."

| 原文

鄭子産有疾, 謂子太叔[1]曰, "我死, 子必爲政. 唯有德者能以寬

服民, 其次莫如猛. 夫火烈, 民望而畏之, 故鮮死焉. 水濡弱[2], 民狎而翫之[3], 則多死焉, 故寬難." 子産卒, 子太叔爲政, 不忍猛, 而寬, 鄭國多掠[4]盜. 太叔悔之曰, "吾早從夫子, 必不及此."

孔子聞之, 曰, "善哉! 政寬則民慢[5], 慢則糾[6]於猛, 猛則民殘[7], 民殘則施之以寬, 寬以濟猛, 猛以濟寬, 寬猛相濟, 政是以和. 詩曰[8] '民亦勞止, 汔可小康, 惠此中國, 以綏四方.'[9] 施之以寬. '毋縱詭隨, 以謹無良, 式遏寇虐, 憯不畏明[10]. 糾之以猛也. '柔遠能邇, 以定我王[11]', 平之以和也. 又曰, '不競不絿, 不剛不柔. 布政優優, 百祿是遒.'[12]' 和之至也."

子産之卒也, 孔子聞之, 出涕, 曰, "古之遺愛."

注釋

1) **子太叔**: 춘추시대 정(鄭)나라의 경(卿). 유씨(遊氏)이고 이름은 길(吉)이다. 이 기록은 또『좌전』소공(昭公) 20년에도 보인다. 2) **濡弱**: 유약(柔弱), 나약(懦弱). 3) **狎而翫之**: 왕숙의 주에, "狎은 易이고, 玩은 習이다."라고 했다. 또『예기』「곡례(曲禮) 상」에, "현자는 익숙한 자라 하더라도 공경으로 대한다."고 했는데, 정현(鄭玄)의 주에, "狎은 익숙함(習), 가까움(近)이다."고 했다. 狎은 親近이다. 4) **掠**: 왕숙의 주에, "약탈하다[抄掠]."라 했다. 5) **慢**: 게으르다[惰].『설문(說文)』에, "慢은, 惰이다."고 했다. 6) **糾**: 왕숙의 주에, "糾는 攝과 같다."고 했다. 7) **猛則民殘**: 왕숙의 주에, "정치가 사나우면 백성을 해한다. [民殘이 사고본에는 '殘民'으로 되어 있다.]"고 했다. 의미는 정책이 지나치게 엄하고 매서우면 백성들이 상해를 입을 수 있음을 말한다. 8) **曰**: 사고본과 동문본에는 '雲'으로 되어 있다. 9) **民亦勞止, 汔可小康, 惠此中國, 以綏四方**: 이 말은『시』「대아(大雅)·민로(民勞)」에 나온다. 止는 어조사이다. 왕숙의 주에, "汔은 위험[危]이다. 백성을 수고롭게 하여 사람이 병들면 작은 변고에도 위태롭기 때문에 편안하게 해야 하는 것이다."고 했는데, 잘못이다. 汔의 뜻은 '가까이 가다', '거의'이다. 可는 近이다. 10) **毋縱詭隨, 以謹無良. 式遏寇虐, 憯不畏明**: 마찬가지로『시』「대아(大雅)·민로(民勞)」에 보인다. '毋縱詭隨'에 대한 왕숙의 주에는, "詭人, 隨人, 遺人 등 작은 악당들이다."라고 했다. '以謹無良'에 대한 왕숙의 주에, "소인들을 징계하여 멈추는 것이다. [謹以小懲之也: 小以는 사고본에 '小以'로 되어 있다.]懲之也."고 했다. '式遏寇虐, 憯不畏明'에 대하여 왕숙의 주에는 "憯은 일찍이[曾]이다. 마

땅히 포악한 사람을 막아야하니 일찍이 하늘의 위엄을 두려워하지 않는 자이다. 이는 위엄[威]을 말한다."고 했다. 明은 權威, 威嚴이다. 11) 柔遠能邇, 以定我王: 역시 『시』 「대아(大雅)・민로(民勞)」에 나온다. '柔遠能邇'에 대한 왕숙의 주에, "能(이 글자 뒤에 사고본에는 '安遠' 두 글자가 있다.) 능한자를 능히 편하게 하고 가까이 오게 한다. [言能者能安近: '言能'뒤에 '安近' 두 글자가 있다]."고 했다. 邇는 가깝다. '以定我王'에 대한 왕숙의 주에, "왕위를 안정하게 하는 것이다."고 했다. 12) 不競不絿, 不剛不柔, 布政優優, 百祿是遒: 『시』「상송(商頌)・장발(長發)」에 나온다. '不競不絿'에 대하여 왕숙의 주에는, "不競不絿는 中和이다."고 했다. 絿는 급하다. '布政優優, 百祿是遒'에 대한 왕숙의 주에, "優優는 和이고 遒는 聚이다."라고 했다. '布'는 今本『모시(毛詩)』에 '敷'라 되어 있다. 발포(發布)의 의미이다.

41-13

공자가 제나라로 가면서 태산 옆을 지나게 되었을 때, 어떤 여인이 들에서 울고 있었는데 그 소리가 매우 애처로웠다. 공자는 수레 앞 횡목을 잡고 울음소리를 들으며 말하기를, "이렇게 애통해 하는 것은 여러 차례 슬픔이 있었던 듯 하구나."하고는 자공(子貢)을 시켜 가서 물어보도록 하였다. 그러자 여인이 대답하였다. "옛날 우리 시아버지는 범에게 물려서 죽었고, 내 남편 또한 범에게 물려 죽었습니다. 지금 내 아들이 또 그렇게 죽었다오." 자공이 물었다. "그렇다면 어찌 이곳을 떠나지 않는 것이요?" 그 여인이 말했다. "여기에는 지나치게 무거운 세금이나 가혹한 법령이 없습니다." 자공은 들은대로 공자에게 고하였다. 공자가 말하였다. "너는 분명히 기억하거라. 가혹한 정사[苛政]는 포악한 범보다도 더 무서운 것이다."

原文

孔子適齊, 過泰山之側, 有婦人哭於野者而哀, 夫子式[1]而聽之, 曰, "此哀一似重有憂者[2]." 使子貢往問之. 而曰, "昔舅[3]死於虎, 吾夫又死焉, 今吾子又死焉." 子貢曰, "何不去乎?" 婦人曰, "無苛政[4]."

子貢以告孔子. 子曰, "小子識之, 苛政猛於暴虎."

注釋

1) 式: 式은 '軾'과 뜻이 같다. 수레 앞에 손으로 잡는 횡목(橫木)이다. 손으로 수레의 횡목을 잡는 것은 경의를 나타내는 일종의 예절이다. 이 기록은 또 『예기』「단궁(檀公) 하」에도 보인다. 2) 一似重有憂者: '一'은 '긍정'의 뜻이라 하지만 잘못이다. 조사(助詞)로서 정도의 심함을 나타내는 것이다. 두보(杜甫)의 「석호리」에, "관리의 호통소리 이 얼마나 사납고, 할미의 울음소리 이 어찌나 슬픈고!" 라 했다. 重은 여러 차례. 3) 舅: 시아버지. 주준성(朱駿聲)의 『설문통훈정성(說文通訓定聲)』에, "아내는 남편의 아버지를 구(舅)라 칭했다."고 했다. 사고본과 동문본에는 이 앞에 '昔' 자가 없다. 4) 苛政: 부세(賦稅)가 지나치게 무겁고 법령이 가혹함을 가리킨다.

41-14

　진(晉)나라 위헌자(魏獻子)가 국정을 맡으면서 기씨(祁氏)와 양설씨(羊舌氏)의 토지를 분할하여 대부들과 자신의 아들 위성(魏成)에게 상으로 주었다. 이들은 모두 현명한 인재로 임용되었기 때문이다. 위헌자는 또 가신(賈辛)에게 말했다. "지금 너는 주나라 왕실에 공이 있기 때문에 내가 너를 발탁하여 쓰는 것이니, 잘하여 직분에 충실하고, 일을 행함에 공경을 다하여 너의 공을 추락시키지 않도록 하라."

　공자가 이를 듣고 말하였다. "위헌자가 인재를 발탁하며 쓰는 데 있어 가까이는 친척을 잊지않고, 관계가 멀다고 해도 발탁해 쓰는 기회를 잃게 하지 않았으니 참으로 도의에 맞다고 하겠다." 또 위헌자가 가신을 임명한 일을 듣고는 이는 군왕에 대한 충성이라 여기며, "『시』에 이르기를, '영원히 천명과 서로 화합하면 저절로 많은 복을 구하게 되리'라 하였으니 이것이 바로 충성인 것이다. 위헌자의 사람 쓰는 법은 도의에 맞으며 그가 가신을 임명한 것은 충성을 체현한 것이다. 그의 후손들이 진나라에서 오래도록 녹위(祿位)를 누리고 살았으리라."고 했다.

▎原文

晉魏獻子[1]爲政, 分祁氏及羊舌氏之田[2], 以賞諸大夫及其子成[3], 皆以賢擧[4]也. 又謂[5]賈辛曰, "今汝有力於王室[6], 吾是以擧汝. 行乎, 敬[7]之哉, 毋墮乃力[8]."

孔子聞之, 曰, "魏子之擧也, 近不失親[9], 遠不失擧[10], 可謂義[11]矣." 又聞其命賈辛, 以爲忠, "『詩』云, '永言配命, 自求多福[12]', 忠也. 魏子之擧也義, 其命也忠, 其長有後於晉國乎."

▎原文

1) **魏獻子**: 왕숙의 주에, "獻子는 魏舒이다."고 했다. 위헌자는 춘추시대 진(晉)나라의 경(卿)으로써 한선자(韓宣子)를 이어 후에 국정을 맡았다. 이 기록은 또『좌전』소공(昭公) 28년에도 보인다. 2) **分祁氏及羊舌氏之田**: 祁氏와 羊舌氏는 난을 일으켰다가 멸족이 되었고, 그들의 봉지는 10개의 현으로 나뉘었다. 왕숙의 주에, "순력(荀櫟)이 진나라 대부 기씨와 양설씨를 멸하였기 때문에 헌자(獻子)가 그 땅을 나누어주었다고 한 것이다."라고 했다. 순력은『좌전』에 '荀躒'이라 했는데, 진(晉)나라 6경(卿) 중의 한 명으로 지문자(智文子)이다. 왕숙의 주에 보이는 '荀櫟滅' 세 글자는 원래 정문(正文)에 첨가되어 있었지만 사고본, 비요본, 동문본에 근거하여 고쳤다. 3) **成**: 사람 이름으로 즉 위헌자(魏獻子)의 아들이다.『좌전』에는 '戊'라 했다. 4) **擧**: 추천하다, 선발하여 쓰다. 5) **謂**: 원래는 '將'으로 되어 있지만 사고본과 비요본, 동문본에 근거하여 고쳤다. 6) **有力於王室**: 왕숙의 주에, "주(周)나라에 자조(子朝)의 난이 일어나자 가신(賈辛)이 군대를 거느리고 주나라를 구하였다."고 했다. 자세한 내용은『좌전』소공(昭公) 22년 참조. 7) **敬**: 근신(謹慎), 태만하지 않음. 유사한 용법이 또『순자』「강국(彊國)」에 "그러므로 왕 노릇 하는 자는 나날이 신중한다."고 했고, 양경(楊倞)의 주에, "敬은 감히 게으르지 못함을 말한다."고 했다. 8) **毋墮乃力**: 墮는 덜다, 훼손하다. 力은 功, 功勞. 9) **近不失親**: 왕숙의 주에, "자식도 발탁할만하면 발탁한다."라 했다. 親은 관계가 친밀한 사람을 의미한다. 10) **遠不失擧**: 왕숙의 주에, "멀다고 하며 발탁하지 않을 리 없다."라 했다. 遠은 관계가 소원(疏遠)한 사람을 의미한다. 11) **義**: 원래는 '美'로 되어 있다. 진본(陳本)과『좌전』및 다음 문장에 근거하여 고쳤다. 12) **永言配命, 自求多福**: 이 말은『시』「대아(大雅)·문왕(文王)」에 보인다. 왕숙의 주에, "言은 '我'이다.『문왕』의 시는, 내 길이 천명에 배합하여 여러 국가에 시행하면 또한 마땅히 다복

을 구할 수 있다는 것이다. 사람이 복이 많음은 忠을 의미한다. [『文王』之詩, 我長配天命而行庶國, 亦當求多福. 人多福, 忠也: 이 구절이 사고본에는 "『大雅‧文王』之詩, 言能長配天命, 而魏獻亦能永天命以求多福, 忠也."로 되어있다."고 했다.

41-15

조간자(趙簡子)가 진(晉)나라에서 부세(賦稅)로 받은 480근의 쇠에 형정(刑鼎)을 주조하고 거기에 범선자(范宣子)가 지은 형서(刑書)를 새겼다. 공자가 말했다. "진(晉)나라가 곧 망하겠구나! 이미 자신의 법도를 잃었구나. 무릇 진나라는 당숙(唐叔)에 의해 전수된 법도를 준수하여 진나라 백성들을 다스려야 한다. 경대부는 당연히 순서와 작위에 따라 준수해야만 한다. 그렇게 해야만 백성들이 비로소 그 도의를 따르고 그들의 가업을 지킬 수 있는 것이다. 귀천의 등급에 혼란이 없는 것이 소위 법도인 것이다. 진 문공(晉文公)이 이 때문에 관리의 직위와 품급을 관장하는 관리를 두고 피노(被廬)라는 법을 만들어 맹주가 되었던 것이다. 지금 진나라가 선왕의 법도를 버리고 형정을 주조하고 명문을 정(鼎)에 새겼으니 그렇다면 무엇으로써 지위가 높은 사람이 존경을 받을 수 있으며, 사람에게는 무슨 지켜야 할 가업이 있다는 말인가? 귀천에 등급의 순서가 없다면 무엇으로써 나라를 다스리겠는가? 또 무릇 범선자의 형서(刑書)는 열병(閱兵)하면서 만든 것이다. 진나라의 이 혼란한 제도가 어찌 법이 될 수 있겠는가?"

原文

趙簡子¹⁾賦晉國一鼓鐘²⁾, 以鑄刑鼎, 著范宣子所爲刑書³⁾. 孔子曰, "晉其亡乎, 失其度矣. 夫晉國將守唐叔⁴⁾之所受法度, 以經緯⁵⁾其民者也. 卿大夫以序⁶⁾守之, 民是以能遵其道而守其業, 貴賤不[愆]⁷⁾, 所謂度⁸⁾也. 文公是以作執秩之官, 爲被廬之法⁹⁾, 以爲盟主. 今棄此度也, 而爲刑鼎, 銘在鼎矣, 何以尊貴¹⁰⁾? 何業之守也?¹¹⁾ 貴賤無序,何以爲國? 且夫宣子之刑, 夷之蒐也¹²⁾, 晉國亂制¹³⁾, 若之何其爲法乎."

注釋

1) **趙簡子**: 진(晉)나라 정경(正卿)으로, 이름은 앙(鞅)이다. 이 기록은 또 『좌전』소공(昭公) 29년에도 보인다. 2) **鼓鍾**: 왕숙의 주에, "30근(斤)을 균(鈞)이라 하고 4균을 석(石), 4석을 고(鼓)라 한다."고 했다. 鍾이란 악기 혹은 주기(酒器)이다. 또한 양기(量器)의 일종인데 1고(觚) 4두(鬥)가 1종(鐘)이다. 『좌전』에는 '鐵'로 되어 있다. 3) **著範宣子所爲刑書**: 著는 새기다, 기록하다. 範宣子는 진(晉)나라 대부로써 사씨(士氏)인데, 오랫동안 국정을 장악하였다. 왕숙의 주에, "範宣子는 진나라 경(卿)으로 범개(範匃)이다. 스스로 형서(刑書)를 정(鼎)에 새겼다."고 했다. 4) **唐叔**: 왕숙의 주에, "唐叔은 성왕(成王)의 모(母)의 아우이며, 처음 진(晉)나라에 봉해졌다."고 했는데, 틀렸다. 당숙은 주 무왕의 아들이고 성왕의 동복 아우이다. '母' 자 앞에 '同' 자가 누락된 것 같다. 5) **經緯**: 직물의 종선과 횡선으로써 파생되어 치리(治理)의 의미로 쓰인다. 왕숙의 주에, "經은 직물에 문양을 이루는 것과 같다."고 했다. 『한서(漢書)』「예악지(禮樂志)」에, "아득한 하늘의 경위"라 했는데, 이에 대한 안사고(顏師古)의 주에, "經緯는 천지의 경위를 이른다[謂經緯天地]."고 했다. 또 『문선(文選)』반고(班固)「전인(典引)」에, "건곤을 경위함에 이른다."라 했고, 여향(呂向)의 주에, "經緯는 정치와 같다."고 했다. 6) **序**: 왕숙의 주에, "序는 次序이다."라고 했다. 7) **愆**: 愆과 같다. 착란(錯亂). 8) **度**: 법제(法制), 법도(法度). 『좌전』소공(昭公) 4년에, "도(度)는 고칠 수 없다."고 했는데, 두예("杜預)의 주에, "度는 法이다."라고 했다. 사고본과 동문본에는 '度' 앞에 '謂'가 있다. 9) **文公是以作執秩之官, 爲被廬之法**: 왕숙의 주에, "진 문공(晉文公)이 패자가 되어 당시 강성했기 때문에 대개 [强於時, 蓋: '强於時蓋'가 사고본에는 '蒐於被廬'로 되어 있다] 執秩의 관(官)을 두어 진나라의 법으로 하였다."고 했다. 秩은 관리의 직위나 품급을 말한다. 또 『서』「고요모(皐陶謨)」에, "하늘이 차례를 정하여 예를 두니."라고 하였는데 공영달(孔穎達)의 주에, "秩는 그 등차를 제도로 한 것이다."고 했다. '被廬'는 지명이다. 10) **銘在鼎矣, 何以尊貴**: 왕숙의 주에, "백성이 장차 신념을 버리고(棄神을 사고본에는 '禮棄라고 했다) 글을 취하니 다시 윗사람을 받들지 않는 것이다."라 했는데, 명문(銘文)을 정(鼎)에 새겨 군왕와 귀족의 권위를 훼손시킬 수 있다는 의미이다. 11) **何業之守也**: 왕숙의 주에, "백성이 임금을 받들지 않으면 임금은 지킬 것이 없다."고 했다. 業은 기업(基業)사직(社稷)이다. 12) **夷之蒐也**: 왕숙의 주에, "夷에서 열병식을 할 때 장수를 바꾸어 양당보(陽唐父)가 가계(賈季)

를 죽이도록 했기 때문에 난제(亂制)라고 한 것이다."고 했다. 夷는 지명인데 지금의 어느 곳인지 자세히 알 수 없다. 蒐는 검열(檢閱), 열병(閱兵). 자세한 것은 『좌전』문 공(文公) 6년 참조. 13) 亂制: 範宣子의 법이 이지(夷地)에서 열병할 때 제정된 것으로, 당시에는 한 차례 열병에 오히려 세 차례 중군(中軍)의 주수(主帥)를 바꾸었기 때문에 결과적으로 가계(賈季) 등의 반란을 불러일으켰다. 때문에 '亂制'라 한 것이다.

41-16

초나라 소왕이 병이 나자 점치는 사람이 말하였다. "이 병은 황하의 신이 해를 끼치는 것입니다." 그럼에도 소왕은 제사를 올리지 않았다. 대부들이 교제(郊祭)라도 지낼 것을 청하자 소왕이 말했다. "하, 상, 주 삼대에 제정한 제사에 제후들의 제사는 자기 국경을 넘어가지 못하게 했었다. 장강(長江), 한수(漢水), 저수(沮水), 장수(漳水)는 모두 초나라의 경내에 있다. 화복(禍福)의 도래는 국경을 넘지는 못한다. 내가 비록 덕이 없다해도 경외의 황하 신에게 죄를 얻은 것은 아닐 것이다." 끝내 제사를 지내지 않았다.

공자가 말했다. "초나라 소왕은 대도(大道)를 알았으니 자기 나라를 잃지 않은 것은 마땅한 일이다. 「하서(夏書)」에 이르기를, '오직 저 도당씨(陶唐氏)는 하늘의 상도(常道)를 따라 행하였기 때문에 중국의 이 지방에 자리를 잡게 된 것이다. 지금은 그 도를 잃고 그 기강을 어지럽혔기 때문에 멸망하였던 것이다'라 하였다. 또 말하기를, '진실로 어떤 것을 내어야 어떤 것을 얻는다.' 하였으니 자기 스스로 하늘의 상도를 따르는 것이 옳다."

原文

楚昭王有疾, 卜¹⁾曰, "河神爲崇²⁾." 王弗祭, 大夫請祭諸郊. 王曰, "三代命祀, 祭不越望³⁾. 江, 漢, 沮, 漳⁴⁾, 楚之望也. 禍福之至, 不是過乎? 不穀⁵⁾雖不德, 河非所獲罪也." 遂不祭.

孔子曰, "楚昭王知大道矣⁶⁾, 其不失國也, 宜哉⁷⁾. 「夏書」曰, '維彼陶唐, 率彼天常, 在此冀方, 今失厥道, 亂其紀綱, 乃滅而亡⁸⁾.' 又曰, '允出玆在玆[9], 由己率常[10]可矣."

注釋

1) 卜: 옛날 사람들은 불을 사용하여 거북이 복갑을 지져 점괘를 살펴 길흉을 예측하였는데, 이를 복(卜)이라 하였다. 이 기록은 또 『좌전』애공(哀公) 6년, 『설원(說苑)』 「군도(君道)」, 『한시외전(韓詩外傳)』권3에도 보인다. 그 중 『한시외전』에는 초 장왕(楚莊王)이라 기재되어 있다. 2) 河神爲祟: 河는 황하. 爲祟는 재앙이 되다(作祟). 원래는 귀신이 사람에게 해를 끼친다는 의미인데 나쁜 사람이나 나쁜 생각으로부터 해가 된다는 것을 비유하기도 한다. 여기서는 원래의 뜻으로 사용되었다. 神은 사고본과 동문본에는 없다. 3) 祭不越望: 왕숙의 주에, "천자는 천지에 망사(望祀)를 지내고, 제후는 경내(境內)에서 제사한다. [諸侯祀境內: 사고본에는 '祀' 앞에 '望'자가 있다] 때문에 제사는 망(望)을 넘어서는 안 된다고 한 것이다."라고 했다. 망(望)은 고대 산천에 제사하는 것을 이르는 고유 명칭으로 멀리 바라보며 제사를 지내기 때문에 '망'이라 일컫는 것이다. 4) 江漢沮漳: 왕숙의 주에, "넷 모두 물이름이다."고 하였다. 沮는 沮水. 漳은 漳水인데 두 강은 모두 지금의 호북성 중부에서 서쪽으로 흐르다가 당양(當陽) 경내에서 모인다. 지금은 저장하(沮漳河)라 칭하는데 남쪽으로 흘러 장강으로 유입된다. 5) 不穀: 고대 체후들의 겸칭(謙稱). 6) 知大道矣: 초 소왕이 한 일이 예제에 합당하였기 때문에 나라를 부흥할 수 있었다고 칭찬한 것을 의미한다. 왕숙의 주에, "자신에게서 구하여 제사를 넘지 않는 것이다. [求는 사고본에 '取'라 되어 있다]."라 했다. 7) 不失國也, 宜哉: 宜은 응당. 왕숙의 주에, "초(楚)가 오(吳)에게 멸망하자 소왕(昭王)이 달아나 나라를 다시 세웠다."고 하였다. 소왕(昭王)의 도망과 나라를 다시 세운 사실에 대하여는 『좌전』정공(定公) 4년, 5년에 자세히 보인다. 8) 維彼陶唐, ……乃滅而亡: 이 말은 『고문상서』「오자지가(五子之歌)」에 보이는데 문장이 조금 다르다. '維彼陶唐, 率彼天常'은 왕숙의 주에, "陶唐은 堯이다. 率은 따르다(循)와 같다[猶: 사고본에는 없다]. 天常(사고본에는 이 두 글자가 없다)은 천(天)의 상도(常道)이다."라고 했다. 在此冀方을 왕숙의 주에, "中國을 기(冀)라 한다."고 했다. 고대의 호칭으로 지금은 중원 일대 지방을 가리킨다. '今失厥道, 亂其紀綱, 乃滅而亡'에 대한 왕숙의 주에, "하나라 걸(桀)을 일컫는다."고 했다. 9) 允出玆在玆: 『서』「대우모(大禹謨)」에 나온다. 왕숙의 주에, "선악은 각기 종류가 있으니 진실로 이곳에서 나오면 이곳에 있게 되기에 상도(常道)를 따르는 것이 옳다는 말이다."고 했다. 어떤 댓가를 치루어야 어떠한 결과를 얻을 수 있다는 것을 의미한다. 允은 믿다, 확실하다, 정말이다. 10) 率常: 率은 따르다. 常은 法典, 倫常. 『서』「군진(君陳)」에, "법전을 무너

뜨리고 풍속을 어지럽히다."고 한 것에 대한 채침(蔡沈)의 집전(集傳)에, "常은 典常이다."라고 했다.

41-17

위(衛)나라 공문자(孔文子)는 태숙질(太叔疾)로 하여금 그의 아내를 내쫓도록 하고 대신 자신의 딸을 태숙질의 아내로 삼게 했다. 태숙질은 다시 원래 자기 본처의 여동생을 꾀어내어 집을 짓고 공문자의 딸과 함께 거주하며 두 사람 모두에게 아내의 예로 대하였다. 공문자가 노하여 태숙질을 공격하려 하였다. 이 무렵 공자는 거백옥(蘧伯玉)의 집에 숙소를 정하고 있었는데, 공문자는 의견을 구하기 위해 공자를 찾아왔다. 공자가 말하였다. "나는 제사에 관한 일이라면 일찍이 듣고 배웠으나 전투의 일이라면 들어본 적이 없습니다." 그리고는 물러나 수레를 준비토록 명하여 떠나면서 말했다. "새는 나무를 가려서 앉을 수 있으나 나무야 어떻게 새를 가려서 앉게 한단 말이냐?" 공문자가 급히 나서서 말리며 말하였다. "제가 어찌 감히 사사로운 일을 꾀하겠습니까? 위나라에서 발생할 화란(禍亂)을 방지하기 위한 것입니다."

공자는 장차 다시 머물고자 하였는데 마침 계강자(季康子)가 염구(冉求)에게 전법(戰法)에 관한 질문을 하였다. 염구가 이에 대해 대답을 하고 나서 다시 말했다. "선생님의 가르침이 백성들에게 전파되었을 뿐 아니라, 비록 귀신에게 물어본다 해도 아무런 유감이 없을 것입니다. 만일 선생님을 등용해 쓰신다면 노나라의 명성이 크게 떨칠 것입니다." 계강자는 이 말을 노애공에게 말하고 사람을 보내 재물과 예물로써 공자를 맞이하도록 하면서 말하였다. "사람들이 염구에 대해서 믿을 만하다 하니 장차 공자를 크게 등용하십시오."

▎原文

　　衛孔文子使太叔疾出其妻, 而以其女妻之[1], 疾誘其初妻之娣[2], 爲之立宮, 與文子女, 如[3]二妻之禮. 文子怒, 將攻之. 孔子舍蘧伯[4]玉之家, 文子就而訪焉. 孔子曰, "簠簋之事[5], 則嘗聞學之矣, 兵甲之事, 未之聞也." 退而命駕而行, 曰, "鳥則擇木, 木豈能擇鳥乎?" 文子遽自止之曰, "圉[6]也豈敢度[7]其私哉? 亦訪[8]衛國之難也."

　　將止, 會季康子問冉求之戰. 冉求旣對之, 又曰, "夫子播之百姓, 質[9]諸鬼神, 而無憾[10], 用之則有名." 康子言於哀公, 以幣[11]迎孔子, 曰, "人之於冉求, 信之矣, 將大用之."

▎注釋

1) 衛孔文子使太叔疾出其妻, 而以其女妻之: 孔文子는 춘추시대 위(衛)나라의 경(卿)으로 이름은 어(圉)이다. 太叔疾은 즉 世叔齊로써 위나라의 대부이다. 出은 休이다. 왕숙의 주에, "처음 태숙질은 송자조의 딸에게 장가들었는데, 그 처 송자조의 사랑을 받는 터라[其婦嬖於朝: 於가 원래는 '子'로 되어 있는데 사고본에 근거하여 고쳤고, '朝' 뒤에 원래 '出' 자가 있었는데 사고본에 근거하여 삭제했다], 문자가 태숙질로 하여금 그의 처를 쫓아내게 하고 자신의 딸을 아내 삼게 했다."고 했다. 이 기록은 또 『좌전』애공(哀公) 11년과 『사기』「공자세가」에도 보인다. 2) 娣: 여동생. 옛날에는 여자가 출가하면 보통 여동생이 따라 출가한다. 3) 如: ~에 비추어. 동문본에는 '加'로 되어 있다. 4) 蘧伯玉: 즉 蘧伯玉이다. 蘧는 '蘧'와 같다. 5) 簠簋之事: 제사지내는 일을 가리킨다. 簠簋은 고대에 제사지낼 때 사용하는 식기이다. 『예기』「악기(樂記)」에, "보궤조두(簠簋俎豆)와 제도문장(制度文章)은 예의 기구이다."라고 했다. 6) 圉: 이는 사람 이름이다. 공문자(孔文子)를 가리킨다. 7) 度: 왕숙의 주에, "度는 꾀하다(謀)."라고 했다. 8) 訪: '防'이라고 해야 할 것이다. 『좌전』애공 11년에, "위국의 재난을 막는다."에 대한 홍량길(洪亮吉)의 고(詁)에, "『가어(家語)』에는 訪을 防이라 했다."고 한 것이 증거가 될 것이다. 9) 質: 질문. 10) 憾: 왕숙의 주에, "한(恨)이다."라고 했다. 11) 幣: 재물, 예물.

41-18

제나라 진항(陳恒)이 그 임금 간공(簡公)을 죽였다. 공자는 이를 듣고 사흘 동안 목욕재계 한 뒤 조정에 나가 애공에게 고하였다. "진항이 그 임금을 죽였으니 토벌할 것을 청합니다." 애공이 허락하지 않자 공자는 세 번이나 청하였다. 애공이 말하였다. "우리 노나라가 제나라보다 약해진 지가 이미 오래 되었소. 그대가 토벌한다면 어떤 방법으로 하겠다는 것이요?" 공자가 대답하였다. "진항이 그 임금을 죽인 것에 대하여 제나라 백성들의 반은 이에 찬동하지 않고 있습니다. 우리 노나라 백성의 많은 수에 제나라 백성의 그 반을 합친다면 그들을 이길 수 있을 것입니다." 애공이 말하였다. "그대는 계씨에게 이 사실을 말해 보시오." 공자는 거절하고는 물러나와 사람들에게 말하였다. "내가 대부들의 반열에 있었기 때문에 이 말을 하지 않을 수가 없었던 것이다."

原文

齊陳恒弑其君簡公[1], 孔子聞之, 三日沐浴[2]而適朝, 告於哀公曰, "陳恒弑其君, 請伐之." 公弗許, 三請, 公曰, "魯爲齊弱[3]久矣, 子之伐也, 將若之何?" 對曰, "陳恒弑其君, 民之不與[4]者半, 以魯之衆, 加齊之半, 可克也." 公曰, "子告季氏." 孔子辭[5], 退而告人曰, "以吾從大夫之後, 吾[6]不敢不告也."

注釋

1) 齊陳恒弑其君簡公: 陳恒은 즉 田常이다. 簡公은 즉 齊簡公이다. 춘추시대 제나라의 임금으로 4년 간(B.C.484—481) 재위하였다. 君은 원래 없었는데, 사고본과 동문본에 근거하여 보완하였다. 이 기록은 또 『좌전』애공 14년에도 보인다. 2) 沐浴: 재계(齋戒)의 형식으로 머리와 몸을 닦는 것을 가리키는데, 머리 감는 것을 목(沐), 몸을 닦는 것을 욕(浴)이라 한다. 여기서는 공자가 조정에 나아가기 전에 목욕함으로써 엄숙하고 신중함을 보인 것이다. 3) 弱: 약하다. 4) 與: 의지하다, 지지하다. 5) 辭: 거절하다. 왕숙의 주에, "계씨(季氏)에게 말하지 않다."고 했다. 6) 吾: 사고본과 동문본에

는 없다.

41-19

자장이 공자에게 물었다. "『서』에 이르기를, '고종(高宗)이 3년 동안 정사를 의논하지 않았다. 그가 의논함에 이르자 정사는 곧 화락하였다.'고 했으니 그런 일이 있었습니까?" 공자가 말했다. "어찌 그렇지 않다고 할 수 있겠느냐? 옛날에 천자가 죽으면 세자는 모든 정치를 3년 동안 총재에게 맡겼다. 은나라 성탕이 죽자 태갑(太甲)은 이윤(伊尹)에게 듣고 행하였으며, 주나라의 무왕(武王)이 죽자 성왕(成王)은 주공(周公)에게 듣고 행하였으니 그 도리는 모두 하나였던 것이다."

▎原文

　　子張問曰, "『書』云, '高宗三年不言, 言乃雍.' 有諸?[1]" 孔子曰, "胡爲其不然也? 古者天子崩, 則世子委政於冢宰[2]三年. 成湯旣沒[3], 太甲聽於伊尹[4], 武王旣喪, 成王聽於周公, 其義一也."

▎注釋

1) 『書』云, '高宗三年不言, 言乃雍.' 有諸?: 高宗은 은(殷)나라 고종 무정(武丁)을 가리킨다. (三年不言, 言乃雍)의 원문이 『서』「무일(無逸)」에 보인다. 왕숙의 주에, "雍은 기쁜 소리를 내는 모습이다. 『서』에서 '言乃雍'이라 한 것은 화목의 의미이다. '有諸'는 묻는 것이다."고 했다. 이 기록은 또 『예기』「단궁(檀弓)하」에도 보인다. 2) **冢宰**: 주나라의 관명으로 6경 중의 으뜸이다. 대재(大宰), 태재(太宰)라고도 한다.『서』「주관(周官)」에, "총재(冢宰)는 나라를 다스리는 것을 관장하며, 백관을 거느리고 사해(四海)를 고르게 한다."고 했다. 3) **沒**: 사고본과 동문본에는 '歿'로 되어 있다. 4) **太甲聽於伊尹**: 太甲는 왕숙의 주에, "太甲은 湯의 손자이다."고 했다. 伊尹은 商初의 대신으로 이름은 이(伊), 일명 지(摯)라고도 한다. 윤(尹)은 관명이다. 탕을 도와 하나라를 멸망하였고, 후일 탕의 아들 복병(蔔丙)과 중임(仲壬), 그리고 탕의 손자(太丁의 아들) 태갑(太甲)까지 모두 3왕을 보좌하였다.

41-20

위(衛)나라 손환자(孫桓子)는 제나라를 침략하였는데, 제나라 군대와 교전하다가 패배를 당하였다. 제나라 군대는 승세를 타고 추격하여 많은 포로를 잡았다. 신축대부(新築大夫) 중숙우해(仲叔于奚)가 그곳 무리들을 이끌고 손환자를 구원해 주어 손환자는 이에 죽음을 면하게 되었다. 위나라 사람들은 중숙우해를 고맙게 여겨 성읍 하나를 그에게 상으로 주기로 했지만 중숙우해는 이를 사양하였다. 위나라 사람들이 그가 곡현(曲懸)이란 음악을 연주하고 말을 화려하게 장식하게 하며 임금을 조견(朝見)하기를 청하니, 위나라 임금이 허락하고 이를 세 관부에 기록하였다. 자로(子路)가 마침 위나라에서 벼슬을 하고 있었는데, 이러한 전고(典故)를 보고 공자에게 자문을 구하러 갔다.

공자가 말했다. "안타깝도다! 성읍을 많이 주느니만 못하다. 예기(禮器)나 명분은 다른 사람에게 빌려줄 수 없는 것이다. 이 두 가지는 임금이 장악해야만 한다. 명분으로 위신을 나타내고, 위신으로 예기를 지켜내는 것이며, 예기를 사용하여 예제(禮制)를 구현하고, 예제로써 도의를 행하고, 도의로써 이익을 낳게 하고 이익으로 백성을 안정시키는 것이 정치의 커다란 준칙인 것이다. 만약 이를 남에게 빌려 준다면 정치를 남에게 주는 것과 같다. 정권이 없으면 국가 또한 멸망하게 되는 것이니 이는 막을 수가 없다."

▎原文

衛孫桓子侵齊, 遇, 敗焉[1]. 齊人乘[2]之, 執[3]. 新築大夫仲叔于奚[4] 以其衆救桓子, 桓子乃免. 衛人以邑賞仲叔于奚, 于奚辭, 請曲懸之樂[5], 繁纓以朝[6], 許之, 書在三官[7]. 子路仕衛, 見其故[8], 以訪孔子.

孔子曰, "惜也! 不如多與之邑, 惟器與名[9], 不可以假人, 君之所司[10], 名以出信, 信以守器, 器以藏禮[11], 禮以行義, 義以生利, 利以平民, 政之大節也. 若以假人, 與人政也. 政亡, 則國家從之[12], 不可止也¹³⁾."

┃注釋

1) **衛孫桓子侵齊, 遇, 敗焉**: 왕숙의 주에, "桓子는 孫良夫이다. 제나라를 침략하였다가 제나라 군사를 만나 패하였다."고 했다. 손환자(孫桓子)는 춘추시대 위(衛)나라의 대부이다. 이 기록은 또 『좌전』성공(成公) 2년과 『신서(新書)』「심미(審微)」에도 보인다. 2) **乘**: 추격하다. 3) **執**: 붙잡다. 여기서는 포로의 의미이다. 또 예컨대 『좌전』양공(襄公) 19년에, "주도공(邾悼公)을 포로로 잡은 것은 그가 우리나라를 쳤기 때문이다."라고 했다. 사고본과 동문본에는 원래 이 글자가 없다. 4) **新築大夫仲叔於奚**: 新築은 춘추시대 위(衛)나라 땅이다. 지금 하북 위현(魏縣)의 남쪽에 있다. '仲叔於奚'는 혹 '叔叔於奚'로도 되어 있다. 5) **曲懸之樂**: 왕숙의 주에, "제후의 경우 헌현(軒懸)이라 했는데, 헌현은 한 방향(向: '向'이 사고본에는 '面'으로 되어 있다)을 비워두었기 때문에 곡현(曲懸)의 악(樂)이라 했다."고 했다. 懸은 종(鍾), 경(磬) 등 악기가 시렁에 걸려 있는 것을 가리킨다. 옛날 천자는 악기를 사면에 걸어두었는데, 궁실 사면에 담이 있는 모습과 같다고 하여 이를 궁현(宮懸)이라 일컬었다. 제후는 남면(南面)에 악기를 걸어두지 않고 3면에 걸었기 때문에 헌현(軒懸)이라 칭하고 곡현(曲懸)이라고도 했다. 이하 경대부(卿大夫)와 사(士) 역시 순서에 따라 조금씩 감하였다. 여기에 보이는 "仲叔於奚請曲懸之樂"이란 말은 대부가 제후의 예를 참람되게 쓰고 있음을 말한 것이다. 6) **繁纓以朝**: 왕숙의 주에, "말안장 끈은 말의 가슴에서 여러 실을 고아 만든 노끈을 사용하고, 재갈은 황금으로 장식하는 것이다."라고 했다. 繁纓은 천자나 제후들이 사용한 수레의 끌채에 가로로 댄 나무에 장식을 한 것인데, 종숙우해(仲叔於奚)가 황제의 수레를 장식하는 마필을 조정에 요구하여 예제를 참람되게 넘어서는 행위를 한 것을 말한다. 7) **書在三官**: 三官은 고대에 세 종류의 관을 합하여 칭한 것인데 모두 세 가지가 있다. 하나는 군주를 보좌하는 세 관리인 대악정(大樂正), 대사구(大司寇), 사시(司市) 혹은 대사도(大司徒), 대사마(大司馬), 대사공(大司空)을 말하는데 『예기』「왕제(王制)」에 보인다. 하나는 군중(軍中)에서 북이나 쇠, 깃발로써 군령(軍令)을 발포하는 세 관원을 말하는데 『관자(管子)』「병법(兵法)」에 보인다. 하나는 농업과 상업, 공업을 관리는 전사(田師), 시사(市師), 기사(器師)를 말하는데 『관자』「해폐(解蔽)」에 보인다. 여기서는 첫 번째 용법을 가리킨다. 왕숙의 주에, "사도(司徒)는 명칭을, 사마(司馬)는 복장을, 사공(司空)을 공훈을 각각 기록한다."고 했다. 대사도, 대사마, 대사공에 의해 이 일이 기록되었다는 것을 의미한다. 8) **故**: 오래된 전적으로 이왕의 문서 기록이다. 사고본에는 '政'으로 되어 있다. 9) **惟器與名**: 왕숙의 주에, "器는 예악의

기(器)이고, 明은 존비의 명(名)이다.[器, 禮樂以器, 名, 尊卑以名: 사고본에는 두 '以'자가 모두 '之'로 되어 있다."고 했다. 器는 예악의 기(器)이다. 名은 명호(名號).), 작호(爵號惟는 사고본과 동문본에 '唯'로 되어 있다. 10) 司: 관장하다. 왕숙의 주에, "司는 주(主)이다."라고 했다. 사고본과 동문본에는 이 글자 뒤에 '也' 자가 있으며, 왕숙의 주가 없다. 주(注)를 잘못 정문(正文)으로 끼워 넣은 것 같다. 11) 器以藏禮: 왕숙의 주에, "기(器)가 있고 난 후에 그 예를 행할 수 있다. 때문에 기(器)로써 예를 간직한다고 한 것이다."고 했다. 12) 之: 사고본과 동문본에는 없다. 13) 也: 사고본과 동문본에는 '已'로 되어 있다.

41-21

공보문백(公父文伯)의 어머니는 길쌈하기를 게을리 하지 않았다. 아들 문백(文伯)이 그만두도록 간(諫)하였다. 그러자 어머니가 말했다. "옛날 왕후(王后)들은 친히 옷감을 짜서 현담(玄紞)을 만들었고, 공후(公侯)의 부인들은 현담을 만들고 그 위에 굉연(紘綖)을 더하였다. 경(卿)의 부인은 대대(大帶)를 만들었으며, 대부(大夫)의 부인은 제복(祭服)을 만들었고, 상사(上士)의 아내는 그 위에 조복(朝服)을 더하였다. 서사(庶士) 이하의 아내는 모두 자신들 남편이 입을 옷을 만들었다. 춘분에는 토지신에게 제사를 드리고 농사와 누에치는 일에 종사하고, 겨울제사에는 오곡과 포백(布帛)을 헌상한다. 남녀가 모두 서로 다투어 공업(功業)을 세우다가 잘못을 범하면 형벌을 받게 되는 것이 성왕(聖王)의 제도인 것이다. 이제 나는 홀어미가 되었고, 너는 또한 낮은 관위에 있으니 아침저녁으로 공경스럽게 부지런히 힘쓰면서 선조들이 하던 업적을 잊을까 염려스러운데 하물며 놀기만 하고 게을리 한다면 어찌 형벌을 피할 수 있겠느냐?"

공자가 이를 듣고 말하였다. "제자들아, 이를 기록하거라! 공보문백의 어머니는 허물된 일을 하지 않았다고 할 수 있다."

▍原文

　　公父文伯之母紡績不解[1]. 文伯諫焉. 其母曰, "古者王后親織玄紞[2], 公侯之夫人加之紘綖[3], 卿之內子爲大帶[4], 命婦[5]成祭服, 列士[6]之妻加之以朝服. 自庶士已下, 各衣其夫. 社而賦事, 烝而獻功[7], 男女紡績, 愆則有辟[8], 聖王之制也. 今我寡也, 爾又在下[9]位, 朝夕恪勤, 猶恐忘[10]先人之業, 況有怠墮[11], 其何以避辟?"

　　孔子聞之, 曰, "弟子志之, 季氏之婦, 可謂不過矣."

▍注釋

1) 公父文伯之母紡績不解: 공보문백은 노나라의 대부이고, 이름은 공보헐(公父歜)이다. 왕숙의 주에, "문백(文伯)의 모(母)는 경강(敬姜)이다."라고 했다. 경강은 춘추시대 노나라 대부 공보목백(公父穆伯)의 처로써 문백의 어머니이며 계강자(季康子)의 종숙조모(從叔祖母)이다. 목백이 일찍 죽자 경강은 과부를 수절하고 고아가 된 아들을 양육했다. 방직(紡績)을 하여 사마(絲麻) 등 섬유를 비단이나 실로 만드는 것인데, 방(紡)은 실을 뽑는 것을 가리키고, 적(績)은 마(麻)를 길쌈하는 것을 가리킨다. 解는 '懈'와 뜻이 같다. 게으르다. 이 기록은 또 『국어(國語)』「노어(魯語)하」, 『열녀전(列女傳)』「모의전(母儀傳)」에도 보인다. 2) 玄紞: 관면(冠冕) 위의 앞뒤에 다는 흑색 명주실 직물. 왕숙의 주에, "담(紞)은 관에 드리우는 것이다."라고 했다. 3) 紘綖: 왕숙의 주에, "갓끈에 경쇠를 다는 윗부분을 굉(紘)이라 한다. 연(綖)은 관(冠)을 덮는 것이다."라고 했다. 4) 內子爲大帶: 왕숙의 주에, "경(卿)의 처를 내자(內子)라 한다."고 했다. 대대(大帶)는 제사지낼 때 사용하는 허리 띠로서 혁대(革帶)와 대대가 있다. 혁대는 인끈을 매달 때 사용하는 것이고, 대대는 혁대의 위에 두는 것으로 명주실로 짜 만든 것이다. 5) 命婦: 봉호(封號)를 받은 부녀. 왕숙의 주에, "대부의 처를 명부(命婦)라 한다."고 했다. 또 『국어』「노어(魯語)하」"명부(命婦)는 제복(祭服)을 만든다."라고 했고, 위소(韋昭)의 주에, "명부(命婦)는 대부의 처이다."라고 했다 6) 列士: 상사(上士)이다. 옛날에는 천자의 상사(上士)를 원사(元士)라 하여 제후의 상사와 구별하였다. 여기서는 원사를 가리킨다. 7) 社而賦事, 烝而獻功: 왕숙의 주에, "남녀는 봄가을에 계절에 따른 일을 부지런히 하고 겨울[各이라 되어 있지만 사고본에는 冬이라 되어있으니 이것이 맞대]에 지내는 제사에 그 수확물(오곡, 포백)을 바친다."고 했다. 社는 춘분에 토지신에게 지내는 제사이다. 賦事는 농사와 누에치기에 종사하는 것을 말한다. 烝은 겨울제사이다. 『예기』「제통(祭統)」에, "사시에 제사를 지냈는데,

봄에 지내는 제사를 약(礿), 여름제사를 체(禘), 가을제사를 상(嘗), 겨울제사를 증(烝)이라 했다."고 했다. 獻功이란 오곡과 포백(布帛) 등을 바치는 것이다. 8) **男女紡績 㦗則有辟**: 방적(紡績)은 고대의 방(紡)은 대부분 실을 짜는 것을 가리키고, 적(績)은 '집(緝)'이라고 하는데, 대부분 마(麻)를 짜는 것을 가리킨다. 여기서는 확대하여 공업(功業)을 세우는 것을 의미한다. 㦗은 愆과 같다. 과오. 왕숙의 주에, "적(績)은 공(功)이고, 벽(辟)은 법(法)이다."라고 했다. 사람들이 서로 공을 처음 세우려 다투다가 잘못을 범하여 법률의 처벌을 받을 수 있음을 의미한다. 9) 下: 원래는 이 글자가 없었지만 연산본(燕山本)에 근거하여 보완하였다. 10) 忘: 사고본과 동문본에는 '亡'으로 되어 있다. 11) 隳: '惰'와 뜻이 같다. 게으르다. 사고본에는 '惰'로 되어 있다.

41-22

번지(樊遲)가 공자에게 물었다. "포견(鮑牽)이 제나라 임금을 섬길 때 그 정치가 정직하였고 사사롭지 않았으니 충성되다고 할 수 있습니다. 그런데도 임금이 그의 발꿈치를 베는 형벌을 내렸으니 제나라 임금이 너무 어두운 자입니까?" 공자가 말했다. "옛날 사인(士人)은 나라에 도가 있으면 충성을 다하여 그 임금을 보필하고, 나라에 도가 없으면 몸을 물러나게 해 화를 피하였다. 그런데 지금 포장자(鮑莊子)는 음란한 조정에 벼슬하면서 그 임금의 명암(明暗)에 대해서는 헤아리지 못하다가 큰 형벌을 받고 만 것이다. 이는 그 지혜가 해바라기만도 못한 것이다. 해바라기는 해를 좇으면서도 자신의 발을 지킬 수 있는데 말이다."

原文

樊遲問於孔子曰, "鮑牽事齊君, 執政不撓, 可謂忠矣[1], 而君刖[2]之, 其爲至暗[3]乎?" 孔子曰, "古之士者, 國有道則盡忠以輔之, 國[4]無道則退身以避之. 今鮑莊[5]子食[6]於淫亂之朝, 不量主之明暗, 以受大刖[7], 是智之不如葵, 葵猶能衛其足[8]."

| 注釋

1) **鮑牽事齊君, 執政不撓 可謂忠矣**: 왕숙의 주에, "제나라 경극(慶克)이 부인과 통정(通情)하였는데, 포견(鮑牽)이 이 사실을 알고 국무자(國武子)에게 알렸다[以告國武子: 以는 사고본에 없다. 國은 원래 匡으로 되어있으나 사고본, 비요본에 근거하여 고쳤다]. 무자가 경극을 불러 못하게 하자 경극이 부인에게 알렸고[告: 사고본에는 김로 되어있지만 잘못된 것이다], 부인이 노하였다. 국무자는 영공(靈公)을 도와[國子相靈公: 원래 '閔子子因需公'으로 되어 있었는데 사고본, 비요본에 근거하여 고쳤다] 제후와 회맹하였다. 高無咎와 포견은 남아서 자리를 지켰다[高鮑虎中: 虎는 원래 去로 되어있었으나 사고문 비요본에 근거하여 고쳤다]. 영공과 무자가 도성으로 돌아와 도착할 무렵 포견은 성문을 닫고 객(客)을 색출[索客: 索은 원래 牽으로 되어있으나 사고본, 비요본에 근거하여 고쳤다]하였다. 이것을 부인이 참소하여 말하기를, '고무자와 포견이 임금을 받아들이려 하지 않는다'고 하였다. 마침내 포견은 발꿈치를 베는 형벌을 받았다."고 했다. 포견은 즉 포장자(鮑莊子)이고, 춘추시대 제나라 대부로써 포숙아(鮑叔牙)의 증손이다. 撓는 굽다. 바르지 않다. 이 기록은 또 『좌전』성공(成公) 17년에도 보인다. 2) **刖**: 고대에 발꿈치를 베는 참혹한 형벌을 '월(跀)'이라고 하는데 또한 '刖'이라고도 한다. 3) **暗**: 어리석고 불분명함. 4) **國**: 사고본과 동문본에는 없다. 5) **莊**: 원래는 '疾'로 되어 있지만 동문본과 『좌전』에 근거하여 고쳤다. 6) **食**: 포장자가 당시 조정에 관직을 지내고 있음을 가리킨다. 7) **刖**: 사고본과 동문본에는 '刑'으로 되어 있다. 8) **葵猶能衛其足**: 왕숙의 주에, "해바라기는 잎을 기울여 해를 따라 움직인다. 때문에 그 다리를 지킨다고 한 것이다"고 했다.

41-23

계강자가 정(井)을 단위로 부세를 징수하려고 사람을 시켜 공자에게 자문을 구하도록 하였다. 공자가 말하였다. "나는 잘 알지 못한다." 염구(冉求)는 여러 차례 가서 묻다가 마지막으로 말하였다. "선생님께서는 국로(國老)이므로 모두 선생님의 의견을 기다려 일을 행하고자 하는데 어찌 말씀을 하지 않으십니까?" 공자는 대답을 하지 않고 사적으로 염구를 따로 불러 말했다. "구(求)야! 이리로 오너라. 너는 모르느냐? 옛날 선왕이 토지제도를 제정할 때 백성들의 힘에 따라 공전(公田)을 분배하여 징세하였고, 토지의 원근(遠

近)에 근거하여 고르게 조절하였다. 시전(市廛)에 징세할 때는 상고(商賈)의 재력을 헤아렸고, 요역(徭役)을 징발할 때는 연령의 많고 적음을 고려하였다. 이에 홀아비, 과부, 고아, 병든 자, 노인에게는 군사행동이 있을 때만 징수하고 그렇지 않을 때는 징수하지 않았다. 군사행동이 있는 해에도 1정(井)의 토지에서 벼 1종(稷), 가축사료 한 묶음, 쌀 1부(缶)를 징수하되 이를 초과하지 못하게 하였고, 선왕은 이만하면 족하다고 여겼다. 군자의 행실이란 반드시 예(禮)의 요구에 맞아야 하고, 후함으로 널리 베풀어야 하며, 일을 함에 있어서 그 구분을 제대로 하여야 하고, 부세의 징수는 되도록 가볍게 하여야 한다. 이와 같이 한다면 구(丘)를 단위로 부세를 징수하여도 충분하다. 그러나 예의 원칙에 따르지도 않고 탐욕을 부림에 싫증을 낼 줄도 모르니 토지를 단위로 부세를 징수한다고 하더라도 만족하지 못할 것이다. 또한 선왕의 자손들이 만약 법도에 따라 일을 행하고자 한다면 주공(周公)이 제정한 전장(典章)에 있고, 만약 법도를 위배하고 일을 행하고자 하면 마음대로 행하면 될 것인데, 무엇 때문에 나를 찾아와 묻는다는 것이냐?"

原文

季康子欲以一井田出法賦焉[1], 使訪孔子. 子曰, "丘弗識也." 冉有三發, 卒曰, "子爲國老[2], 待子而行, 若之何子之不言?" 孔子不[3], 而底其遠近[4]; 賦裏以入, 而量其有無[5]; 任力以夫, 而議其老幼[6]. 於是鰥, 寡, 孤, 疾, 老者, 軍旅之出, 則徵之, 無則已[7]. 其歲[8]收, 田一井出稷禾, 秉芻, 缶米[9], 不是過, 先王以爲之[10]足, 君子之行, 必度於禮, 施取其厚[11], 事擧其中[12], 斂[13]從其薄. 若是其已[14], 丘[15]亦足矣. 不度於禮, 而貪冒[16]無厭, 則雖賦田, 將有不足. 且子孫[17]若以行之而取法, 則有周公之典在. 若欲犯法, 則苟行之, 又何訪焉?"

注釋

1) 一井田出法賦焉: 『좌전』의 가규(賈逵)의 주에 근거하면, 1정(井)의 토지에서 1구

(丘) 토지의 상부(常賦)를 내는 것의 비하는 것으로 곧 전무세(田畝稅)이다, 즉 전무세(田畝稅)가 나오는 것을 의미한다고 했다. 정(井)은 정전(井田)으로 주나라의 토지제도의 일종이다. 방(方) 900무(畝)의 지방을 1리(裏)로 삼고, 지방 1리를 정(井), 4정을 읍(邑), 4읍을 구(丘)로 삼았다. 法賦는 법으로 정한 전부(田賦), 상부(常賦)로써 전무세(田畝稅)이다. 이 기록은 또 『좌전』애공(哀公) 11년과 『국어』「노어(魯語)하」에도 보인다. 2) 國老: 고대에 늙어서 퇴휴(退休)하는 경대부. 3) 藉田以力: 藉는 籍과 뜻이 같다. 세(稅)이다. 주나라에서는 정전제를 실행하여 노동력을 감안하여 분배하고, 공전(公田)을 농호(農戶)에게 무상으로 경작하게 하고 세를 거두었다. 왕숙의 주에, "토지가 있으면 세수(稅收)가 있고 노동력을 빌려 공전을 경작했다."고 했다. 이러한 용법은 또 『시』「대아(大雅)·한혁(韓奕)」에, "실로 성을 쌓고 못을 하며, 실로 이장을 다스리고 부세를 받으며."라고 했고, 그 전(箋)에, "籍은 稅이다."라고 했다. 4) 底其遠近: 왕숙의 주에, "底는 幹(사고본과 비요본에는 '平'으로 되어 있다)이다. '그 원근을 고르게 하여 10(十, 사고본에는 '什'으로 되어 있다)분의 1을 내게 하는 것이 적당하다.' 一而中."고 했다. 5) 賦裏以入, 而量其無有: 왕숙의 주에, "리(裏)는 전(廛)이다. 리에는 세금이 있는데, 그 유무에 따라 세액이 거두어진다[爲多少之入也: 사고본에는 爲자 앞에 以가 있다]."고 했다. 리(裏)는 성읍의 시전(市廛)으로 상고(商賈)가 거주하는 구역이다. '有無'는 원래 '無有'로 되어 있었는데 사고본과 동문본에 근거하여 고쳤다. 6) 任力以夫, 而議其老幼: 부(夫)는 고대의 정전에 1부(夫)가 토지 100무(畝)를 받았는데, 이 때문에 '토지 100무를 받는 부(夫)[百星爲夫]'라 하였다. 왕숙의 주에, "힘에 따라 농사일을 하는데, 정부(丁夫)는 그 장유(長幼)에 따라[丁夫任其長幼: 任은 사고본에는 召로 되어있다] 많이 혹은 적게 하였다."고 했다. 7) 鰥, 寡, 孤, 疾, 老者, 軍旅之出, 則徵之, 無則已: 왕숙의 주에, "군여(軍旅)의 역(役)에 鰥, 寡, 孤, 疾 등에 더러 군역을 제공하고[或所共: 共은 사고본에는 供으로 되어있다], 군사(軍事)가 없으면 그만둔다."고 했다[사고본, 동문본에는 '軍旅' 앞에 '有'자가 있다]. 8) 其歲: 왕숙의 주에, "軍旅之歲를 말한다."고 했다. 9) 稷禾, 秉芻, 缶米: 원래는 '獲禾, 秉, 缶米, 芻藁'로 되어 있다. 사고본에는 '獲'을 '稷'이라 했고, '禾' 자가 없다. 이제 『국어』에 근거하여 고쳤다. 종(稷)은 곡식 묶음을 계산하는 단위로 40묶음을 1종이라 한다. 병(秉)은 양사(量詞)로 16곡(斛)이다. 부(缶)는 양기(量器)의 이름으로 1부는 16두(鬥)이다. 추(芻)는 사료 건초이다. 왕숙의 주에, "한 묶음을 병(秉)이라 하고, 4병(秉)을 종(稷)[曰種: '曰'은 원래는 '固'로 되어 있는데 사고본에 근거하여 고쳤고, '稷'은 사고본에는 '거(筥)'로 되어 있다], 말린 건초는 나눌 수 없으므로['芻'가 사고본에는 '筥'로 되어 있다]보부(步缶: 사고본에는 步가 '芻'로 되어있다)라 하였다. 16말을 병(秉: 사

고본과 비요본에는 '庚'로 되어 있다)이라 한다."고 했다. 10) 之: 사고본에는 없다.
11) **施取其厚**: 즉 사람에게 널리 베풀고자 하는 것이다. 왕숙의 주에, "베풂은 후함으로 덕을 삼는다."고 했다. 12) **事舉其中**: 일을 함에 구분을 제대로 함. 왕숙의 주에, "일은 적중함을 관건으로 삼는다."고 했다. 13) **斂**: 부세를 징수함. 14) **已**: 사고본에는 '以'라 했다. 15) **丘**: 왕숙의 주에, "丘는 十六井이다."고 했다. 16) **貪冒**: 탐내다, 재력을 탐하다. 17) **子孫**: 사고본에는 '계손(季孫)'으로 되어 있다.

41-24

자유(子游)가 공자에게 물었다. "선생님께서는 자산(子産)의 어진 은혜를 극찬하시니 이에 대해 들려주실 수 있습니까?" 공자가 말했다. "자산의 어진 은혜란 백성을 사랑하는데 그쳤을 뿐이다." 자유가 또 물었다. "백성을 사랑하는 것은 덕치교화라고 할 수 있을 것인데, 어찌 어진 은혜에 그쳤다고 하겠습니까?" 공자가 말했다. "무릇 자산은 마치 여러 사람들의 어머니와 같아 이들을 먹여 살리기는 했지만 그들을 교화하지는 못하였다." 자유가 말하였다. "그 일에 대하여 말씀해 주실 수 있습니까?" 공자가 말하였다. "자산은 겨울철이 되면 자기가 타고 다니는 수레로 물을 건너는 자들을 태워 건네주었다. 이것이 어진 은혜만 있고 교화가 없었다는 것이다."

原文

子遊問於孔子曰, "夫子之極言子産之惠¹⁾也, 可得聞乎?" 孔子曰, "惠²⁾在愛民而已矣." 子遊曰, "愛民謂之德敎, 何翅³⁾施惠哉?" 孔子曰, "夫子産者, 猶衆人之母也, 能食之, 弗⁴⁾能敎也." 子遊曰, "其事可言乎?" 孔子曰, "子産以所乘之輿⁵⁾濟冬涉者⁶⁾, 是愛⁷⁾無敎也."

注釋

1) **惠**: 어진 은혜. 이 기록은 또 『예기』「중니연거(仲尼燕居)」와 『설원(說苑)』「정리(政理)」에도 보인다. 2) **惠**: 사고본에는 '謂'로 되어 있다. 3) **翅**: 시(啻)와 뜻이 같다. 다만, 겨우, 뿐. 4) **弗**: 사고본과 동문본에는 '而不'라고 되어 있다. 5) **輿**: 수렛칸(車廂)이

며, 범칭으로 수레[車]를 가리킨다. 사고본, 동문본에는 '軍'로 되어 있다. 6) **者**: 사고본과 동문본에는 없다. 7) **愛**: 사고본과 동문본에는 이 뒤에 '而' 자가 있다.

41-25

애공이 공자에게 물었다. "몇몇 대부들이 과인에게 연세 높은 분을 공경하라고 권하고 있으니 이것은 무엇 때문입니까?"

공자가 대답하였다. "임금께서 그들이 말한대로 하실 수만 있다면 장차 온 천하가 그 은혜를 입게 될 것입니다. 어찌 노나라에만 그치겠습니까?"

애공이 또 물었다. "무엇 때문입니까? 그 뜻을 들려주실 수 있습니까?"

공자가 말했다. "옛날에 유우씨(有虞氏)는 덕을 귀하게 여기면서도 나이든 분을 숭상했으며, 하후씨(夏后氏)는 작위를 귀하게 여기면서도 나이든 분을 숭상하였고, 은나라 사람은 부귀를 귀하게 여기면서도 나이든 분을 숭상했으며, 주나라 사람은 혈연관계를 귀하게 여기면서도 나이든 분을 숭상했습니다. 우·하·은·주는 천하의 융성한 왕조로서 나이든 사람을 잊지 않았습니다. 나이든 사람들이 천하의 사람들에게 귀하게 여김을 받은 지 오래되었으며 그 중요성은 부모를 섬기는 다음이었던 것입니다. 때문에 조정에서는 작위가 같으면 나이든 사람이 존중되었던 것입니다. 70세가 되면 조정에서 지팡이를 짚어도 되었으며, 임금이 물어볼 일이 있으면 자리를 마련하였습니다. 80세가 되면 조정에 나가지 않아도 되며 임금이 물어볼 일이 있으면 직접 집으로 찾아가 뵈었습니다. 이같이 나이 많은 이를 존경하는 뜻이 조정에 통달하게 되었던 것입니다. 나이든 사람과 함께 길을 갈 때에는 어깨를 나란히 하여 걷지 않고, 비스듬이 뒤에 따라 가거나 바로 뒤에 따라 갔으며, 머리털이 반백(斑白)이 되면 짐을 지고 다니지 않게 했습니다. 이같이 나이 많은 이를 존경하는 뜻이 도로에까지 통달하게 되었던 것입니다. 시골에 살아도 연령을 따져 나이 많은 사람이 빈궁하더라도 먹을 것이 떨어지지 않았으며, 아무리 힘이 세더라도 약한 어른을 범하지 않았으며, 아무리 수가 많더라도 수가 적은 노인들에게 횡포를 부리지 않았습니다. 이같이 나이 많은 이를 존경하는 뜻이 시골 마을에까지 통달하게 되었던 것입니다. 고대의 준칙에 의하면 50세가 되면 사냥의 노역에 동원되지 않았고, 사냥에서 잡은 것을 나누어 줄 때도 나이 든 사람을 후대하였습니다. 이같이 나이 많은 사람을 존경하는 뜻이 사냥터에까지 통달하게 되었던 것입니다. 군대에서도 작위가 같은 사람이라도 나이든 사람이 더 존중되었습니다. 이같이 나이든 사람을 존경하는 뜻이 군대에까지 통달하게 되었던 것입니다. 성왕(聖王)의 교화로서의 효제가 조정으로부터 시작하여 거리의 도로에까지 행해지고 시골 마을에까지 이르며 사냥터에까지 전파되고 군대에까지 성행하였으니 그렇게 되면 사람들은 그 뜻에 감화되어 죽는다 하더라도 감히 범하지 못할 것입니다."

애공이 말하였다. "훌륭하오! 과인이 비록 알아들었지만 그렇게 하지는 못할 것 같습니다."

原文

哀公[1]問於孔子曰, "二三大夫皆勸寡人, 使隆[2]敬於高年, 何也?"
孔子對曰, "君之及此言[3], 將天下實賴之, 豈唯魯哉."
公曰, "何也? 其義可得聞乎?"
孔子曰, "昔者有虞氏貴德而尚齒[4], 夏后氏貴爵而尚齒, 殷人貴富[5]而尚齒, 周人貴親而尚齒. 虞, 夏, 殷, 周, 天下之盛[6]王也, 未有遺年者焉. 年者, 貴於天下久矣, 次於事親. 是故朝廷同爵而尚齒, 七十杖於朝, 君問則席[7]. 八十則不仕朝, 君問則就之, 而悌[8]達乎朝廷矣. 其行也, 肩而不並[9], 不錯則隨[10], 斑白者不以其任於道路[11], 而悌達乎道路矣; 居鄉以齒, 而老窮不匱, 强不犯弱, 衆不暴寡, 而悌達乎州巷[12]矣; 古之道, 五十不爲甸役[13], 頒禽隆之長者, 而悌達乎蒐狩[14]矣;

軍旅什伍[15], 同爵[16]則尙齒, 而悌達乎軍旅矣. 夫聖王[17]之敎, 孝悌發諸朝廷, 行於道路, 至於州巷, 放[18]於蒐狩, 循於軍旅, 則衆感以義, 死之而弗敢犯."

公曰, "善哉, 寡人雖聞之, 弗能成."

注釋

1) 哀公: 사고본과 동문본에는 '定公'으로 되어 있는데, 어느 것이 옳은지는 모른다. 2) 隆: 성하다, 많다, 크다, 더하다. 『설문(說文)』「생부(生部)」에 "융(隆)은 크게 흥하다."라고 했고, 또 『자치통감』「주기(周紀)2」에, "설(薛)이 성을 융성하게 하는데 닿는다 하더라도."의 호삼성(胡三省) 주에, "隆은 높다, 존숭하다."라고 했다. 3) 言: 사고본과 동문본에는 이 뒤에 '也' 자가 있다. 4) 尙齒: 나이 많은 이를 공경한다는 의미이다. 齒는 연령이다. 5) 富: 왕숙의 주에, "부귀하고 대대로 녹을 받는 가문이다."고 했다. 6) 盛: 사고본과 동문본에는 '上'으로 되어 있다. 7) 君問則席: 왕숙의 주에, "임금이 이를 묻고자 자리를 마련하여 물었다."고 했다. 8) 悌: 나이많은 이를 경애함. 9) 肩而不並: 왕숙의 주에, "감히 나이 많은 사람과 어깨를 나란히 하지 못한다."고 했다. 10) 不錯則隨: 왕숙의 주에, "錯은 안행(雁行)이다. 아버지 항렬의 사람들을 수항(隨行)이라 하고 형의 항렬의 사람들을 안항(雁行)이라 한다."고 했다. 11) 斑白者不以其任於道路: 왕숙의 주에, "任은 짊어지다(負: 사고본에는 '擔'이라 했다는 것으로 나이 적은 사람이 대신하는 것이다."고 했다. 斑白者는 노인을 가리킨다. 사고본과 동문본에는 '斑白之老'라고 했다. 나이 많은 사람으로 하여금 무거운 짐을 지고 길을 가지 않도록 했다는 의미이다. 12) 州巷: 州閭. 주(州)와 여(閭)는 모두 옛날 지방 하부 행정단위인데 넓게는 향리(鄕裏)를 가리킨다. 13) 五十不爲甸役: 왕숙의 주에, "50세가 되면 노(老)라 하여 역역(力役)의 일을 하지 않으며, 사냥에도 참가하지 않는다."고 했다. 전역(甸役)이란 전렵(田獵)을 가리킨다. 천자의 사냥에 노역하기 위해 징발되었기 때문에 그렇게 부르는 것이다. 때문에 전(甸)이라 한 것이다. 甸은 '田', '畋'과 뜻이 같다. 14) 蒐狩: 봄 사냥을 蒐라 하고, 겨울 사냥을 獵이라 한다. 15) 什伍: 사고본에는 '伍什'이라 했고, 동문본과 만유본(萬有本)에는 '五什'이라 했다. 16) 同爵: 사고본에는 '同列'이라 되어 있다. 동문본과 만유본에는 '同齒'라고 되어 있는데 잘못이다. 17) 聖王: 사고본과 동문본에는 '聖人'으로 되어 있다. 18) 放: 이르다, 미치다.

41-26

　애공이 공자에게 물었다. "과인이 듣기에 동쪽으로 집을 늘려 짓는 것은 상서롭지 못하다고 하는데 진실로 그렇습니까?" 공자가 말했다. "상서롭지 못한 것이 다섯 가지 있으나 동쪽으로 집을 늘려 짓는 것은 거기에 포함되지 않습니다. 남에게 손해를 입히고 자신이 이익을 보는 것은 자기 몸에 상서롭지 못한 것이며, 늙은이를 버리고 어린이만 거두어 기르는 것은 집안에 상서롭지 못한 것이며, 어진 사람을 방치하고 불초한 자에게 일을 맡기는 것은 나라에 상서롭지 못한 것이며, 늙은이는 가르치지 않고 어린 자는 배우지 않는 것은 세속에 상서롭지 못한 것이며, 성인이 숨어버리고 어리석은 자가 권세를 마음대로 하는 것은 천하에 상서롭지 못한 것입니다. 이렇게 상서롭지 못한 것이 다섯 가지가 있지만, 동쪽으로 집을 늘려 짓는 것은 거기에 포함되지 않습니다."

原文

　哀公問[1]於孔子曰, "寡人聞東益[2]不祥, 信有之乎?" 孔子曰, "不祥有五, 而東益不與焉. 夫損人自益, 身之不祥; 棄老而取幼[3], 家之不祥; 釋[4]賢而任不肖[5], 國之不祥; 老者不教, 幼者不學, 俗之不祥; 聖人伏匿, 愚者擅權, 天下不祥. 不祥有五, 東益不與焉."

注釋

1) 問: 원래는 '問之'로 되어 있으나 사고본과 동문본에 근거하여 삭제했다. 이 기록은 또 『신서(新序)』「잡사(雜事)5」, 『회남자(淮南子)』「인간훈(人間訓)」에도 보인다. 2) 東益: 동쪽으로 방을 넓힘. 益은 더하다. 왕숙의 주에, "동쪽으로 집을 늘려 짓다."라 했다. 3) 棄老而取幼: 한 집에 나이든 사람과 어린 사람이 함께 거주하면서 노인을 버리고 자식으로서의 책임을 다하지 않으면서 반대로 자녀들에 대해 과분한 사랑에 빠지면 반드시 가정의 분쟁이 생기며 파탄에 이르게 된다. 일설에는 노인의 의견을 버리고 어린 사람의 의견을 따른다고 말하지만 이 문단의 어감과 공자의 임금에 충성하고 어버이를 존중한다는 정치윤리사상에 근거하면 분명 아니기때문에 취하지 않는

다. 4) 釋: 방치하다. 원래는 '擇'으로 되어 있으나 동문본에 근거하여 고쳤다. 5) 不肖: 肖는 『설문(說文)』 「육부(肉部)」에, "초(肖)는 골육 간에 서로 같다는 것이다. 肉부이고, 소성(小聲)이다. 그 선조와 같지 않은 것을 불초라 한다."고 했다. 여기서는 뜻이 어질지 않은 것을 말한다.

41-27

공자가 계손씨(季孫氏)에게 갔을 때였다. 계손씨의 가신이 계손에게 아뢰었다. "노나라 임금께서 사람을 보내어 말을 빌려달라[假]고 요청하는데 빌려주시겠습니까?" 계손씨가 아무 말도 하지 않자 공자가 말했다. "제가 듣기로 임금이 신하로부터 물건을 가져가는 것을 '취(取)'한다고 하고, 신하에게 주는 것을 '사(賜)'한다고 합니다. 신하가 임금에게서 물건을 가져가는 것을 '가(假)'한다고 하고, 임금에게 드리는 것을 '헌(獻)'한다고 합니다." 계손씨는 얼굴빛이 크게 변하면서 깨달으며 말했다. "나는 이러한 뜻을 분명하게 잘 몰랐습니다." 그리하여 가신에게 명하였다. "지금부터 임금께서 취해 가는 물건이 있다 하더라도 일체 다시 '빌린다[假]'라는 말을 하지 말라."

原文

孔子適季孫, 季孫之宰¹⁾謁²⁾曰, "君使求假³⁾於馬⁴⁾, 特與之乎?" 季孫未言. 孔子曰, "吾聞之, 君取於臣, 謂之取; 與於臣, 謂之賜. 臣取於君, 謂之假; 與於君, 謂之獻." 季孫色然⁵⁾悟曰, "吾誠未達此義." 遂命其宰曰, "自今已往, 君有取之⁶⁾, 一切不得復言'假'也."

注釋

1) 宰: 고대 관리의 통칭. 『주례(周禮)』에 총재(塚宰), 대재(大宰), 소재(小宰), 재부(宰夫), 내재(內宰), 이재(裏宰) 등이 있다. 춘추시대에는 경대부(卿大夫)의 가신(家臣)과 채읍(采邑)의 장관을 재(宰)라 칭하였다. 또 『한시외전(韓詩外傳)』권5, 『신서(新序)』「잡사(雜事)5」등에도 보인다. 2) 謁: 아뢰다, 이야기하다. 3) 假: 빌리다. 4)

馬: 원래는 '田'으로 되어 있으나 『한시외전』과 『신서』에 근거하여 고쳤다. 5) **色然**: 얼굴색이 크게 변하다. 6) **之**: 사고본과 동문본에는 없다.

공자가어통해
권 10

42 곡례자공문 曲禮子貢問

| 序說 |

 이 편에는 공자의 일상생활 가운데 예의(禮儀)와 관련하여 보고, 듣고, 설명하고, 탄식한 바들을 기록하고 있다. 고대의 전례(典禮) 가운데 동작의 규범과 사람을 대하거나 사물을 접할 때의 예절을 곡례(曲禮) 즉 예의 세부적인 부분이라 칭하였고 이 편의 첫 장(章)에 또 자공(子貢)이 질문한 바를 싣고 있기 때문에 편명을 '곡례자공문(曲禮子貢問)'이라 한 것이다.
 이 편은 공자가 보통 때 예(禮)에 맞추어 행동한 모습의 기술을 통하여 공자의 "예가 아니면 보지 말며, 예가 아니면 듣지 말며, 예가 아니면 말하지 말며, 예가 아니면 움직이지 말라[非禮勿視, 非禮勿聽, 非禮勿言, 非禮勿動.]"고 한 "예로써 행동한다"는 인생의 신조를 나타내고 있다. 기록한 내용들이 비록 단편적인 것이지만 오히려 낮게 평가할 수 없는 가치를 지니고 있다. 예를 들면 첫 장에 기재된 "자공(子貢)이 진 문공(晉文公)이 천자를 부른 것을 질문함"과 관련한 사실은 『좌전』희공(僖公) 28년의 기록과 같을 뿐만 아니라 "공자께서 『춘추』를 지으셨다"는 것 또한 유력한 증거이다. 또 예컨대 『사기』「공자세가」에 기록된 "여러 차례 ..... 때문에 장문중(臧文仲)을 칭찬하였다."에서 '칭(稱)'은 칭송하다, 칭찬하다의 의미이고, 『논어』와 『좌전』 등 자료의 기록에 모두 공자의 장문중에 대한 비평이 실려 있다. 『가어』이 편에 있는 "염구가 장문중이 노나라의 정치를 안다고 말하였다."

고 한 장(章)으로부터 우리들은 공자의 장문중에 대한 종합적인 평가가 여전히 매우 높았다는 것을 볼 수 있다. 이 사실은 『예기』「예기(禮器)」중에 "장문중이 어찌 예를 알겠는가"라고 기록되어 있는데, 이는 공자가 마음 속에 '군자(君子)'에 대한 요구가 엄격함으로 말미암아 공자의 장문중의 "어찌 예를 알겠는가"라는 비평 또한 구체적인 배경이 있었던 것이다. 『예기』, 『가어』에 기록된 공자의 언론 배경과 비교하여 더욱 완정(完整)하다. 다시 예컨대 이 장에 기록된 "무릇 부엌에서 지내는 제사는 늙은 부인이 지내는 것이다[夫竈者, 老婦之所祭]"는 『예기』중의 "夫奧者, 老婦之祭也"인데, 우리는 '오(奧)'는 '조(竈)'의 잘못이라 생각한다. 원래의 의미에 의거하면 제사의 대상은 당연히 조신(竈神)이고 노부(老婦)는 제사를 주재하는 사람이지 제사를 받는 사람이 아니었다. 당시 사람들의 마음 속에 부엌신(竈神)은 당연히 붉은 옷을 입고 있어 모습이 미녀와 같았지 결코 노부와 같은 신이 아니었다. 『예기』의 기록은 사람들이 오해하기 쉬워서 어떤 학자는 제사를 받는 사람을 원래 취사(炊事)에 공이 있는 노부가 제사를 받는 것으로 해석하기까지 했다. 서로 비교하여 볼 때 『가어』의 기록이 더욱 명확하여 다른 뜻이 발생하기가 쉽지 않다.

이 편의 많은 기록은 또 『예기』에 보이는데, 『예기』가 한유(漢儒)들이 여러 자료를 모아 편집하여 완성한 것으로 말미암아 그 중점이 공자의 언론을 옮겨 적는데 있었기 때문에 언어 배경이 왕왕 지엽적인 것으로 여겨져 마음대로 삭제되었던 것이다. 모습으로 본다면 『가어』에 기록된 것은 처음과 끝이 완비되어 있어 분명하고 뚜렷하게 그 본래의 모습을 천착하고 있는데 이는 역시 『가어』의 어록체 특색과도 맞는다. 이 점에 관하여 예컨대 이 편의 "공자가 송(宋)나라에 있을 때 환퇴(桓魋)가 자기 석곽(石槨)을 만드는 것을 봄", "공자가 위(衛)나라에 있을 때", "자유(子游)가 상례(喪禮)에 쓰이는 기구에 대하여 물음", "위공(衛公)이 그 대부를 시켜 계씨(季氏)에게 혼인을 청함" 등의 장(章)과 『예기』의 해당 부분을 비교하면 분명하게 볼 수 있다.

■ 42-1

자공이 공자에게 물었다. "진(晉)나라 문공(文公)이 실제로 주나라 천자를 불러 오게 하고 제후들에게 조견(朝見)하도록 하였습니다. 그런데도 선생님께서는 『춘추』에 기록하시기를, '천왕(天王)이 하양(河陽)에서 사냥하였다'고 하셨으니 어찌된 것입니까?" 공자가 말하였다. "신하로서 임금을 부른다는 것은 후세 사람에게 전할 교훈이 될 수 없으므로 이 사실을 진 문공이 제후들을 거느리고 천자를 섬겼다고만 썼던 것이다."

▌原文

子貢問於孔子曰: "晉文公實召天子, 而使諸侯朝焉¹⁾. 夫子作『春秋』²⁾, 云; '天王狩於河陽³⁾.' 何也?" 孔子曰: "以臣召君, 不可以訓⁴⁾, 亦書⁵⁾其率諸侯事天子而已."

▌注釋

1) 晉文公實召天子, 而使諸侯朝焉: 왕숙의 주에, "진 문공(晉文公)이 온(溫)에서 회맹할 때 주나라 양왕(襄王)을 불러 하양(河陽)에서 사냥하게 하고 제후들로 하여금 천자를 조견하도록 하였다."고 했다. 이 기록은 또 『좌전』희공(僖公) 28년의 "이 회맹은 진(晉)의 제후가 왕을 부르고 제후들에게 조견하게 하고 왕으로 하여금 사냥하게 하였다. 중니(仲尼)가 말하기를, '신하가 임금을 부른 것은 표준이 될 수가 없다. 일이 아니다.'라고 했다. 때문에 기록하기를, '천왕(天王)이 하양에서 수렵하였다'라고만 했을 뿐 천자가 사냥할 땅이 아니라고 말한 것은 그가 천자를 정성껏 모신 덕을 밝히기 위한 것이다."라고 했다. 천자는 주 양왕을 가리키는데, 왕자 대(帶)의 난으로 외국으로 달아났다가 진 문공의 힘을 빌려 노 희공(僖公) 25년 반란을 평정하였다. 2) 『春秋』: 중국의 첫 번째 편년체 사서로 공자가 노나라 국사 『춘추』에 근거하여 산정(刪訂) 등 정리를 거쳐 완성한 것이다. 노 은공 원년(B.C.722)부터 노 애공 14년(B.C.481)까지 242년간의 역사를 기록하였다. 3) 天王狩於河陽: 『춘추』희공 28년을 보라. 천왕은 천자. 여기서는 주 양왕을 가리킨다. '狩'는 사냥하다. 『이아(爾雅)』「석천(釋天)」에, "겨울에 하는 사냥을 '수(狩)'라 한다."고 했다. 하양(河陽)은 진(晉)의 읍(邑)으로 지금의 하남 맹현(孟縣) 서쪽이다. 4) 訓: 표준, 법칙. 『시』「대아(大雅)·증

민(烝民)」에, "옛 법칙[訓]을 본받으며[式]"이라 했다. 5) 書: 쓰다. 기록하다.

42-2

공자가 송나라에 있을 때, 환퇴(桓魋)가 자기가 설계한 석곽(石槨)을 만드는데 3년이 지나도록 완성하지 못하고 공장(工匠)들은 모두 피로가 극에 달한 것을 보았다. 공자가 얼굴색이 변하며 말하였다. "이같이 사치스럽게 하는 것은 죽고 난 후 빨리 썩느니만 못하다."

염유(冉有)가 수레를 몰면서 물었다. "예제(禮制)에 상사(喪事)는 미리 준비하지 않는다고 했는데, 이는 무엇을 말하는 것입니까?" 공자가 말하였다. "죽은 다음에야 시호(諡號)를 의논하고, 시호가 정해지고 난 후 장례를 치루는 날을 점치며, 장례를 치루고 난 후 묘(廟)를 세우는 것으로 이는 모두 신하가 해야 하는 일이기 때문에 미리 준비하지 않는 것이다. 그런데 하물며 자기 스스로 한단 말인가?"

原文

孔子在宋, 見桓魋[1]自爲石槨[2], 三年而不成, 工匠皆病[3]. 夫子愀然[4]曰: "若是其靡[5]也. 死不如朽之速愈[6]."

冉子僕[7], 曰: "禮, 兇事[8]不豫[9], 此何謂也[10]?" 夫子曰: "旣死而議諡[11], 諡定而卜葬[12], 旣葬而立廟, 皆臣子之事, 非所豫屬也, 況自爲之哉."

注釋

1) 桓魋: 즉 향퇴(向魋), 송(宋)나라의 사마(司馬). 송나라 환공(桓公)의 후대(後代)임으로 환퇴(桓魋)라고도 불렸던 것이다. 이 기록은 또 『예기』「단궁(檀弓)상」에도 보인다. 2) 槨: 관의 겉널(外棺) 3) 病: 피로가 극에 달하다. 지치게 하다. 『논어』「위영공(衛靈公)」에, "따르던 자들이 지쳐서 아무도 일어나지 못했다[從者病莫能興]."고 했다. 4) 愀然: 근심걱정으로 얼굴색이 변함. 『사기』「사마상여열전(司馬相如列傳)」에, "그

리하여 두 사람이 근심걱정으로[愀然] 얼굴이 바뀌어, 멍하게 자신을 잃고 있었다."라 했고 사마정(司馬貞)의 색은(索隱)에서는 곽복(郭璞)을 인용하여 이르기를, "얼굴색이 변함"이라 했다. 5) 靡: 왕숙의 주에, "미(靡)는 사치(侈)"라고 했다. 6) **速朽之愈**: 원래는 '朽之愈速'으로 되어 있었으나 진본(陳本)과 『예기』「단궁(檀弓)상」 및 아래의 문장 '速貧之愈'에 근거하여 고쳤다. 7) 僕: 수레를 몰다. 『논어』「자로(子路)」에, "공자께서 위(衛)나라에 가실 적에 염유(冉有)가 수레를 몰았다."고 했고, 하안(何晏)의 『집해(集解)』에 공안국(孔安國)을 인용하여, "염유가 수레를 몰았다"고 하였다. 8) 凶事: 상사(喪事). 『주례(周禮)』「춘관(春官)·사복(司服)」에, "무릇 흉사(凶事)에는 변복(弁服)을 입는다."고 했다. 정현(鄭玄)의 주에, "변복은 상관(喪冠)이다."고 했다. 9) 豫: '預'와 같다. 일에 앞서 준비한다. 10) 也: 사고본과 동문본에는 이 뒤에 '乎' 자가 있다. 11) 諡: 고대에는 사람이 죽은 후 그의 생전의 사적에 근거하여 포폄을 평가하여 칭호를 준다. 『주례』「춘관(春官)·대사(大史)」에, "소상(小喪)에 시(諡)를 사여한다."고 했고, 『일주서(逸周書)』「시법해(諡法解)」에, "시(諡)는 행한 자취이다."고 했다. 12) 卜葬: 복장일(卜葬日)을 가리킨다. 왜냐하면 장례의 일을 중시했으므로 복장(卜葬)에는 구복(龜卜)만을 사용하였고, 먼저 앞날을 점을 치는데 곧 이달 하순(下旬)으로 먼저 다음달 하순을 점친다. 불길(不吉)로 나오면 중순(中旬)으로 점을 치고 또 불길이 나오면 상순(上旬)으로 점을 친다.

42-3

남궁경숙은 부(富)를 축적하다가 노나라 정공(定公)에게 죄를 짓고 위(衛)나라로 도망하였다. 위나라 임금은 경숙의 귀국을 허락하기를 청했다. 경숙은 보물을 가득 싣고 정공을 조견(朝見)하였다. 공자가 이를 듣고 말하였다. "이같이 뇌물을 사용하다니. 지위를 잃는 것은 빨리 가난해지는 것만 못하다."

자유(子游)가 곁에 모시고 있다가 물었다. "감히 여쭙건대 어찌하여 그렇습니까?" 공자가 말하였다. "부유하면서 예를 좋아하지 않으면 재앙이 있게 마련이다. 경숙은 부유함 때문에 지위를 잃어버렸는데도 자기의 허물을 고치지 않으니 나는 장차 후환이 있을까 걱정이다." 경숙이 이를 듣고 급히 공자에게 가서 가르침을 받았다. 그 후 예를 준수하고, 재물을 백성들에게 널리 베풀었다.

原文

南宮敬叔以富得罪於定公, 奔衛. 衛侯請復之, 載其寶以朝. 夫子聞之, 曰: "若是其貨¹⁾也, 喪不若速貧之愈."

子遊侍, 曰: "敢問何謂如此?" 孔子曰: "富而不好禮, 殃也. 敬叔以富喪²⁾矣, 而又弗改, 吾懼其將有後患也." 敬叔聞之, 驟如孔氏, 而後循禮施散³⁾焉.

注釋

1) 貨: 뇌물주다. 예컨대 『좌전』희공(僖公) 28년에, "조(曹)나라 백(伯)의 낮은 신하 후누(侯獳)가 진(晉)나라의 점치는 일을 맡은 관리[筮史]에게 뇌물을 주었다."고 했다.
2) 喪: 왕숙의 주에, "상(喪)은 지위를 잃다."고 했다. 3) 施散: 널리 베푸다. 여기서는 재물을 널리 베푸는 것을 가리킨다.

42-4

공자가 제(齊)나라에 있을 때, 제나라에 큰 가뭄이 들어 봄에 기근이 닥쳤다. 경공(景公)이 공자에게 물었다. "어떻게 하면 되겠습니까?"

공자가 말하였다. "흉년에는 늙고 힘없는 말을 타야 하고, 노역을 일으키지 말아야 하며, 치도(馳道)를 건설하여서는 안 되고, 기도할 일이 있어도 폐백이나 옥으로 하며, 제사를 지낼 때에도 연주를 하지 말아야 하고, 희생을 쓸 때도 규모를 작게 해야 한다. 이는 어진 임금이 자신을 낮추어 백성을 구휼(救恤)하는 예(禮)인 것입니다."

原文

孔子在齊, 齊大旱, 春饑. 景公問於孔子曰: "如之何?"

孔子曰: "凶年¹⁾則乘駑馬²⁾, 力役不興, 馳道³⁾不修, 祈以幣玉⁴⁾,

祭祀不懸[5], 祀以下牲[6], 此[7]賢君自貶以救民之禮也."

注釋

1) 凶年: 흉년(荒年). 『맹자』「양혜왕(梁惠王)상」에, "흉년(凶年)과 기세(饑歲)에"라고 했다. 2) 駑馬: 늙고 힘없는 말. 3) 馳道: 왕숙의 주에, "치도(馳道)는 임금이 다니는 길이다."라고 했다." 4) 祈以幣玉: 왕숙의 주에, "임금이 기도로 청할 때는 폐(幣)와 옥(玉)을 사용하지 희생을 쓰지 않았다."고 했다. 5) 祭祀不懸: 왕숙의 주에, "음악을 연주하지 않는다."고 했다. 懸은 종(鍾), 경(磬) 등 악기를 걸다. 즉 음악을 연주하다. 6) 祀以下牲: 왕숙의 주에, "큰 제사에 놓는 희생을 써야하지만 작은 제사의 희생을 쓴다."고 했다. 7) 此: 사고본과 동문본에는 이 뒤에 '則' 자가 있다.

42-5

공자가 계씨(季氏)에게 갔을 때, 계강자(季康子)는 대낮인데 안방에 누워 있었다. 공자가 무슨 병이 있느냐고 묻자 계강자가 나와 공자와 만났다. 이야기를 마친 후 공자가 물러 나왔다.

자공(子貢)이 물었다. "계손씨가 병도 없는데 무슨 병이냐고 물으셨으니 예(禮)에 맞는 것입니까?"

공자가 말하였다. "무릇 예에 군자(君子)로서 큰 변고가 아니면 안방 바깥에서 자지 않으며, 제사를 지내기 전 정성을 다하여 재계(齋戒)할 일이나 병이 나지 않고서는 낮에 안방에 들어가 자지 않는다. 때문에 밤에 안방 바깥에서 자면 다른 사람이 가령 조상(弔喪)을 해도 괜찮고, 낮에 안방에 들어가 있으면 병이 있느냐고 물어도 된다."

原文

孔子適[1]季氏, 康子晝居內寢[2]. 孔子問其所疾. 康子出見之. 言終, 孔子退.

子貢問曰: "季孫不疾, 而問諸疾, 禮與?"

孔子曰: "夫禮, 君子不有大故3), 則不宿於外. 非致齊4)也, 非疾也, 則不晝處於內, 是故夜居外, 雖吊之, 可也. 晝居於內, 雖問其疾, 可也."

| 注釋

1) 適: 가다. 이르다. 2) 內寢: 안방. 침실. 『일주서(逸周書)』「황문해(皇門解)」에, "나홀로 복(服)을 입고 안방에 있다[予獨服在寢]." 간칭(簡稱)하여 '內'라 하는데, 정현(鄭玄)의 주에, "내(內)는 정침(正寢)의 가운데이다."고 했다. 3) 大故: 큰 변고(變故)를 가리킨다. 예컨대 부모의 상(喪), 재화(災禍) 등. 4) 致齊: 조상을 제사지내기 전의 일종의 의식으로 힘을 집중하여 조상의 소리, 웃는 모습과 행위, 의지 등을 생각하며 경건함과 정성을 보이는 것이다. 齊는 '齋'와 같다. 『예기』「제의(祭義)」에, "집안에서 치제(致齊)하고, 집밖에서 산제(散齊)한다. 재계의 날에 (부모가) 거처하던 것을 생각하고, 웃고 말씀하시던 것을 생각하며 뜻을 생각하고 즐겁게 여기던 것을 생각하며 즐겨드시던 것을 생각하여 재계한 지 3일이 되면 비로소 해계하던 분을 보게 될 것이다."라 했고, 정현(鄭玄)의 주에, "치제(致齊)란 이 다섯 가지를 생각하는 것이다."라고 했다.

42-6

공자가 노나라에서 대사구(大司寇)가 되었을 때 나라의 마구간에 불이 났다. 공자는 조정에서 나온 후 불이 난 현장에 가 보았다. 향인(鄕人)들이 스스로 불을 끄고자 달려 온 것을 보고 절을 하되, 사(士)에게는 한 번씩 하고 대부에게는 두 번씩 했다.

자공이 말하였다. "감히 여쭙건대 무엇 때문에 그렇게 하셨습니까?"

공자가 말하였다. "여기 온 사람들은 마찬가지로 일이 있을 때 서로 위문을 하는 도의를 행하려 온 사람들이다. 나는 유사(有司)의 신분이기 때문에 그들에게 절을 한 것이다."

■原文

　　孔子爲大司寇, 國廐¹⁾焚. 子退朝而之火所, 鄕人有自爲火來者, 則拜之, 士一, 大夫再.
　　子貢曰: "敢問何也?"
　　孔子曰: "其來者亦相吊²⁾之道也. 吾爲有司³⁾, 故拜之."

■注釋

1) 廐: 마방(馬房). 이 기록은 또 『예기』「잡기(雜記)하」에 보인다. 2) 吊: 죽은 사람을 애도하고 상가(喪家)나 불행을 당한 사람을 위문함. 3) 有司: 司는 옛날 관서(官署)의 명칭이다. 有司는 여기서 주관하는 관원을 가리킨다.

42-7

　　자공(子貢)이 물었다. "관중(管仲)의 잘못은 과도한 사치에 있었고, 안자(晏子)의 잘못은 지나친 절검(節儉)에 있었지만 두 사람이 모두 잘못했다고 하기보다는 구분하는 것이 나은데, 두 사람 중 누가 어질다고 하겠습니까?"

　　공자가 말하였다. "관중은 양식을 담는 그릇에 꽃 문양을 새기고 갓끈에 천자가 사용하는 붉은 색을 썼으며, 대문 앞에는 영벽(影壁)을 세우고, 당상(堂上) 두 기둥 사이에는 빈잔을 놓는 토대(土臺)를 설치하였으며, 지붕을 받치는 두공(枓栱)에는 산과 구름을 새기고, 들보 위에 세워 상량을 받치는 기둥에는 조문(藻文)을 그렸다. 어진 대부로서 이보다 더 높이 하기는 어려울 것이다. 안평중(晏平仲)은 자신의 조상에게 제사를 지낼 때 올리는 돼지 다리가 그릇을 덮지 못하게 했으며 여우 갓옷(狐裘) 한 벌로 30년을 입었으니 어진 대부로서 이보다 더 내려가기는 어려울 것이다. 군자는 윗사람에 대하여는 본본을 넘어서지 말아야 하고, 아랫사람에 대하여는 핍박하지 않아야 한다."

原文

子貢問曰: "管仲失於奢, 晏子失於儉. 與其俱失矣¹⁾, 二者孰賢?"

孔子曰: "管仲鏤簋而朱紘²⁾, 旅樹而反坫³⁾, 山節藻梲⁴⁾. 賢大夫也, 而難爲上⁵⁾. 晏平仲祀其先祖, 而豚肩不揜豆⁶⁾, 一狐裘三十年, 賢大夫也, 而難爲下⁷⁾. 君子上不僭下, 下不偪上⁸⁾."

注釋

1) **與其俱失矣**: '與其'는 '如其'와 같다. 연사(連詞)로써 보통 '孰若', '寧', '不若' 등과 연용(連用)된다. 비교하거나 취사(取舍)할 경우 버리는 때에 사용된다. 예컨대, 『논어』「팔일(八佾)」에, "예는 그 사치함보다는 차라리 검소할 것이다. 상례는 그 치상의 예법보다는 차라리 슬퍼하는 것이니라(禮, 與其奢也, 寧儉; 喪, 與其易也, 寧戚])."고 했고, 『예기』「단궁(檀弓)상」에, "상례(喪禮)는 슬픔이 부족하고 예법이 남음이 있게 하기 보다는 예법은 부족하더라도 슬픔에 남음이 있게 하는 것만 못하다."라고 했다. '矣'가 사고본과 동문본에는 '也'로 되어 있다. 이 기록은 또 『예기』「예기(禮器)」와 『예기』「잡기(雜記)」에도 보인다. 2) **鏤簋而朱紘**: 왕숙의 주에, "루(鏤)는 새겨 치장하는 것이고, '주굉(朱紘)'은 천자의 면류관 끈이다."고 했다. '鏤'는 조각(雕刻)이고, '궤(簋)'는 고대의 식기(食器)로써 청동 혹은 도(陶)제품으로 서주시대에 성행하였는데 곡식을 담는데 썼다. '굉(紘)'은 고대 관면(冠冕) 상의 갓끈으로 턱 아래에서부터 위로 끌어 올려 비녀에 매어 두 갈래로 매는 것이다. 3) **旅樹而反坫**: 왕숙의 주에, "旅는 설치하다, 树는 병풍이다. 천자는 외병(外屛)을 꾸미고, 제후는 내병(內屛)을 꾸민다. 반점(反坫)은 두 기둥 사이에 있는 것으로 임금이 마련한 연회에는 술자리에서 예를 다하고 나서 그 위에 술잔을 놓는다. 점(坫)이란 두 기둥사이에 토대로써 제후들이 술을 마실 때 빈 잔을 놓아두는 대인데, 높은 것에는 제후들이 참석하며 가져온 옥규(玉圭) 등의 물건을 놓아둔다. 사고본과 동문본에는 '坫'으로 되어 있다. 4) **山節藻梲**: 왕숙의 주에, "節은 지붕을 받치는 두공(枓栱)으로 산과 구름을 새긴다. 탈(梲)은 들보 위에 세워 상량을 받치는 기둥으로 조문(藻文)을 그렸다."고 했다. 山節이란 산의 모습이나 구름을 새긴 두공을 말한다. 즉 기둥 꼭대기 위에 상량을 받치는 나무이다. '藻梲'은 수초(水草)나 꽃문양을 그린 상량 위의 짧은 기둥이다. 5) **上**: 높은 지위에 있는 사람. 여기서는 국군(國君)을 가리킨다. 6) **豚肩不揜豆**: 왕숙의 주에, "보잘 것 없이 작음을 말한다."고 했다. 豚肩은 돼지의 다리이다. '揜'는 '掩'과 같다. 사고본에는 '掩'으로 되어 있다. 가리다, 보이지 않게 감싸다. '豆'는 고대의 식기. 모양은 굽이 높은

반(盤)과 비슷하다. 때로는 덮개가 있다. 7) 下: 지위가 낮은 사람으로 여기서는 하속(下属)을 가리킨다. 8) 上不僭下, 下不逼上: 『예기』「잡기(雜記)하」에, "위로 윗사람의 본분을 넘지 않고 아래로는 아랫사람이 본분에 핍박하지 않는다."라 했다. 참(僭)은 본분을 넘어서다. 과거에는 아랫사람이 윗사람의 명의(名義)나 예의(禮儀), 기물(器物) 등을 무례하게 사용하는 것을 가리킨다. 문장의 뜻을 보면 『예기』의 문장이 맞는 것 같다.

42-8

염구가 말하였다. "옛날 장문중(臧文仲)이 노나라 정치를 주지할 때 예법 제도를 제정하고 법을 마련한 것이 지금까지 사라지지 않고 있으니 예를 안다고 말할 수 있을 것입니다." 공자가 말하였다. "옛날의 장문중이 어찌 예를 안다고 하겠느냐? 하보불기(夏父弗忌)가 잘못된 제사를 지내고 있음에도 이를 중지시키지 못하여 부엌에서 장작불을 켜 놓고 제사를 지냈다. 무릇 부엌에서 지내는 제사는 늙은 부인들이 지내는 것인데 제물은 독 속에 담고 술은 병 채로 그대로 써야 하는 것이지 장작을 켜 놓고 지낼 제사가 아닌 것이다. 때문에 예라는 것은 마치 사람의 몸과 같다고 말하는 것이다. 신체가 모두 갖추어져 있지 않으면 사람이 될 수 없다고 한다. 부당한 제사를 차리는 것은 신체가 완비되지 못한 것과 같다."

原文

冉求曰: "昔[1]文仲知[2]魯國之政, 立言垂法[3], 於今不[4]亡, 可謂知禮[5]矣." 孔子曰: "昔臧文仲安知禮? 夏父弗綦逆祀[6]而不止, 燔柴於竈以祀焉. 夫竈者, 老婦之所祭[7], 盛於甕[8], 尊於瓶[9], 非所柴[10]也. 故曰禮也者, 由[11]體也, 體不備, 謂之不成人. 設之不當, 猶不備也."

注釋

1) 昔: 사고본과 동문본에는 '臧'으로 되어 있다. 이 기록은 또 『예기』「예기(禮器)」에

도 보인다. 2) 知: 주지(主持)하다. 『좌전』양공(襄公) 26년에, "자산(子産)은 장차 집정[知政]하게 될 것이다."고 했다. 3) 立言垂法: 여기서는 예법제도(禮法制度)를 제정하는 것을 가리킨다. 立言은 글을 써서 학설을 세우는 것. 垂는 전하다, 남겨두다. 法은 법칙(法則). 『좌전』양공 24년에, "노(魯)나라에 선대의 한 대부가 있어 장문중(臧文仲)이라 했습니다. 그는 이미 세상을 떠났지만, 그가 남긴 말은 지금 세상에서도 유익하게 작용하고 있습니다."라고 했다. 4) 不: 사고본과 동문본에는 이 뒤에 '可' 자가 있다. 5) 禮: 사고본과 동문본에는 이 뒤에 '者' 자가 있다. 6) 夏父弗綦逆祀: 하보불기(夏父弗綦)는 '夏父弗忌' 또는 '夏父不忌'라고도 하며 춘추시대 노나라의 대부이다. 노 문공(魯文公) 때 종백(宗伯)을 지내면서 선공(先公) 묘제(廟祭)의 제사를 주지할 때 희공(僖公)을 존숭하여 그 향사의 위(位)를 민공(閔公)의 위에 두었다. 희공은 민공을 계승하였으므로 전통 예제에 의거하면 민공이 위에 있어야 한다. 이같은 실례(失禮) 행위를 당시 사람들은 역사(逆祀)라 칭하였다. 『좌전』문공(文公) 2년에, "가을인 8월 정묘(丁卯)일에 태묘에서 큰 제사를 지내고 희공(僖公)을 먼저의 군주보다 높여서 제사를 지냈으니 그것은 순서를 거슬린 제사 즉 역사(逆祀)였다. 이 때 하보불기가 종백(宗伯)이었다."고 했다. 『국어』「노어(魯語)상」에, "하보불기가 종백이 되어 제사를 지내면서 희공을 높여 제사를 지냈다."고 했다." 기(綦)는 사고본과 동문본에는 '忌'로 되어 있다. 7) 夫竈者, 老婦之所祭: 왕숙의 주에, "부엌신에게 제사하여 그 공에 보답하는 것은 노부(老婦)가 제사를 주관함을 이른다."고 했다. 『예기(禮記)』「예기(禮器)」에, "무릇 오(奧) 제사는 노부(老婦)가 지낸다. 동이에 밥을 담고, 병에 술을 담는다."고 했는데 정현(鄭玄)의 주에, "오(奧)는 당연히 '爨' 자의 오류이다. 더러는 '竈' 자로 되어 있다."고 했다. 8) 盛於甕: 항아리에 담다. 성(盛)은 그릇에 물건을 받다. 옹(甕)은 도제(陶制) 그릇의 일종이다. 9) 尊於瓶: 尊이 여기서는 동사이다. 술을 넣어두다. 병(瓶)은 일반적으로 가운데가 불룩하고 목이 긴 용기(容器)를 가리킨다. 10) 柴: 사고본과 동문본에는 '祭'로 되어 있다. 11) 由: '猶'와 같다. 비슷하다. 『묵자』「겸애(兼愛)하」에, "남을 위하는 것은 자신을 위하는 것과 같다[爲彼者, 由爲己也]."라 했고, 『맹자』「이루(離婁)하」에, "우 임금은 생각하기를 천하에 물에 빠진 자가 있으면 자기가 그를 빠뜨린 것 같이 여겼다[禹思天下有溺者, 由己溺之也]."라 했다. 사고본과 동문본에는 '猶'로 되어 있다.

42-9

자로가 공자에게 물었다. "장무중(臧武仲)이 군사를 거느리고 주(邾)나라 사람들과 호태(狐鮐)에서 싸우다가 패하였습니다. 그런데 그는 이 싸움에 군사를 많이 잃고서도 처벌을 받지 않았사오니 옛날의 도는 그러했습니까?" 공자가 말하였다. "무릇 남의 군사를 치려다가 패하게 되면 자살로 사죄하고, 다른 사람이 관장하는 나라와 도읍에 있다가 위험해지면 국외로 도망한다. 이것이 고대의 정령(政令)제도이다. 만약 그들의 군주가 아직 살아 있고 조서가 있다면 신하는 징벌을 면할 수 있다."

原文

子路問於孔子曰: "臧武仲¹⁾率師與邾人戰於狐鮐²⁾, 遇, 敗焉. 師人多喪而無罰³⁾, 古之道然與?" 孔子曰: "凡謀⁴⁾人之軍, 師敗則死之; 謀人之國邑, 危則亡之, 古之正⁵⁾也. 其君在焉者, 有詔則無討⁶⁾."

注釋

1) **臧武仲**: 즉 장손흘(臧孫紇)이다. 장손허(臧孫許) 즉 장선숙(臧宣叔)의 아들이고, 장문중의 손자이다. 노나라 양공(襄公) 4년, 호태(狐鮐)의 전투에서 패하였지만 처벌 받지 않았다. 후에 모략으로 계무자(季武子)를 위해 장자를 폐하고 어린 아들을 세웠다가 양공 23년 제나라로 달아났다. 2) **狐鮐**: 혹은 호태(狐駘)라고도 한다. 3) **師人多喪而無罰**: 『좌전』양공(襄公) 4년에, "겨울, 10월에 주(邾)나라 사람과 거(莒)나라 사람이 증(鄫)을 정벌했다. 노나라 장흘(臧紇)이 증나라를 구원하기 위해 주나나를 침범하였다가 호태(狐駘)에서 패했다. 국인(國人)들이 시체를 맞이하러 나갔는데, 모두 머리를 삼끈으로 묶었다. 이때부터 상을 당하면 머리를 삼끈으로 묶기 시작했다. 그때 국인들이 노래를 지어 불렀는데, '장(臧)이라는 여우 갖옷을 입은 사나이 우리 군사를 이끌고 나가 호태에서 패했네. 우리 군주 어리신 분, 난쟁이를 부리셨네. 난쟁이여! 난쟁이여! 우리 군사를 주나라에게 패하게 했네.'라 했다."고 했다. 4) **謀**: 모략, 지휘. 5) **正**: '政'과 같다. 정령제도(政令制度). 『순자』「비상(非相)」에, "위에서 일으켜 아래에서 이끄는 방법은 정령(正令)이 이것이다."고 했다. 사고본과 동문본에는 '道'라고 되어 있다. 6) **有詔則無討**: 왕숙의 주에, "조(詔)는 군(君)의 교(教)이다. 군의 교가

있으면 신(臣)을 토죄(討罪)하지 못한다."고 했다. 토(討)는 죄가 있는 자를 징벌하는 것이다. 『서』「고요모(皋陶謨)」에, "하늘은 죄 있는 자를 토벌한다."고 했다.

42-10

진(晉)나라가 장차 송나라를 치고자 사람을 시켜 정탐하였다. 이때 송나라 도성 양문(陽門)을 지키던 무장한 군사가 죽어서 사성(司城) 자한(子罕)이 슬피 울고 있었다. 정탐을 갔던 자가 돌아와 진(晉)나라 임금에 보고했다. "양문을 지키던 무장한 군사가 죽었는데 자한이 이를 몹시 슬퍼하고 있으며, 백성들은 이러한 행동을 보고 모두 기뻐하고 있습니다. 송나라를 지금 공격할 수는 없을 것 같습니다."

공자가 이 말을 듣고 이렇게 말하였다. "훌륭하구나. 제대로 정탐을 하였도다. 『시경』에 말하기를 '백성에게 재난이 있으면 급히 가서 구원해야지'라고 했는데, 자한이 바로 그렇게 한 자로다. 진(晉)나라가 아니더라도 천하에 어느 나라가 이 송나라를 당하겠느냐? 그러므로 주임(周任)의 말에, '백성들이 자기들을 사랑하는 임금을 기쁘게 여기는 나라는 누구도 대적할 수 없다.'고 하였다."

原文

晉將伐宋, 使人覘¹⁾之, 宋陽門之介夫死²⁾, 司城子罕³⁾哭之哀. 覘者⁴⁾反, 言於晉侯曰: "陽門之介夫死, 而子罕哭之哀, 民咸⁵⁾悅. 宋殆⁶⁾未可伐也."

孔子聞之曰: "善哉, 覘國乎! 『詩』云: '凡民有喪, 匍匐救之⁷⁾.' 子罕有焉. 雖非晉國, 其天下孰能當之⁸⁾. 是以周任有言曰: '民悅其愛者, 弗可敵也.'"

| 注釋

1) 覘: 왕숙의 주에, "보는 것이다."고 했다. 엿보다. 살피다. 『좌전』성공(成公) 10년에, "공이 사람을 시켜 살펴보게 한 후 믿었다."고 했다. 『회남자(淮南子)』「숙진훈(俶眞訓)」에, "형이 창을 닫고 들어와 살펴보았다[其兄掩戶而入覘之]."고 했다. 이 기록은 또『예기』「단궁(檀弓)하」에도 보인다. 2) **宋陽門之介夫死**: 왕숙의 주에, "양문(陽門)은 송나라의 성문이다. 개부(介夫)는 성문을 지키는 사람(사고본에는 이 뒤에 '也' 자가 있다)."고 했다. 3) **司城子罕**: 司城은 즉 사공(司空)이다. 송나라에서는 송 무공(武公)을 피휘하여 사성(司城)이라 고쳐 불렀다. 자한(子罕)은 송나라 대공(戴公)의 후손으로 송 6경(卿) 중의 한 사람이었던 낙여(樂呂)의 손자이고 이름은 낙희(樂喜), 자(字)가 자한(子罕)이었다. 사성(司城)에 임명된 기간 동안 어질게 국정을 주지하였다. 4) **者**: 원래는 '之'로 되어 있으나 틀렸다. 사고본과 동문본에 근거하여 고쳤다. 5) **鹹**: 모두. 6) **殆**: 대개, 아마. 7) **凡民有喪, 匍匐救之**: 이 말은 『시경』「패풍(邶風)·곡풍(穀風)」에 나온다. 의미는 무릇 백성들에게 재난이 있으면 급히 가서 구조한다는 뜻이다. 8) **雖非晉國, 其天下孰能當之**: 왕숙의 주에, "비록 진(晉)나라가 아니더라도 천하에 강한 나라가 있더라도 당해낼 수 없다는 것을 말한다."고 했다. '天下其'가 원래는 '其天下'로 되어 있었으나 사고본과 동문본에 근거하여 고쳤다.

42-11

초나라가 오(吳)를 공격하면서 공윤(工尹) 상양(商陽)과 공자(公子) 진기질(陳棄疾)이 함께 오나라 군사를 추격하여 거의 맞닥뜨리게 되었다. 이에 기질이 말하였다. "이는 임금이 우리에게 맡긴 임무이니 그대는 활을 잡아야 할 것이다." 상양이 활을 잡자 기질이 말하였다. "그대는 쏘아라." 그가 활을 쏘아 한 사람을 죽였다. 그리고는 활을 거두어 활집에 집어 넣었다. 또다시 적을 추격하게 되자 이번에도 기질이 그에게 같은 말을 하였다. 또 추격하여 따라잡게 되자 기질이 다시 또 명령하여 결국 두 사람을 더 쏘아 죽였다. 상양은 한 사람을 쏘아 죽일 때마다 눈을 감고 차마 보지 못하였다. 마지막에는 수레를 멈추게 하고 말하였다. "나는 조견(朝見)할 때에도 자리가 없고, 연회(宴會) 때에도 마련된 자리가 없는 사(士)이지만, 사람을 셋이

나 죽였으니 이것만으로도 돌아가 임금에게 복명(復命)하기에 넉넉하다."

공자는 이를 듣고 이렇게 말하였다. "사람을 죽이는 데에도 역시 예(禮)가 있는 것이로다."

자로(子路)가 분노하여 얼굴색이 변하면서 나아가 말하였다. "신하로서의 절조(節操)가 만약 임금이 큰 일에 처하게 되면 오직 힘닿는 데까지 행하다가 죽은 뒤에라야 그칠 수 있는 것입니다. 선생님께서는 어찌 이를 잘한 일이라 여기십니까?"

공자가 말하였다. "그렇다. 네 말과 같다. 나는 차마 사람을 죽이지 못하는 그 마음씨만을 취한 것뿐이다."

原文

楚伐吳, 工尹[1]商陽與陳棄疾[2]追吳師. 及[3]之, 棄疾曰: "王事也, 子手弓[4]而可." 商陽手弓. 棄疾曰: "子射諸[5]!" 射之, 斃一人, 韔[6]其弓. 又及, 棄疾謂之. 又及, 棄疾復謂之[7], 斃[8]二人. 每斃一人, 輒掩其目, 止其禦, 曰: "吾朝不坐, 燕不與[9], 殺三人亦足以反命[10]矣."

孔子聞之, 曰: "殺人之中, 又有禮焉."

子路怫然[11]進曰: "人臣之節, 當君大事, 唯力所及, 死而後已, 夫子何善此?"

子曰: "然, 如汝言也. 吾取其有不忍殺人之心而已."

注釋

1) 工尹: 춘추시대 초(楚)의 관명. 『좌전』문공(文公) 10년, "왕이 공윤(工尹)을 삼았다."의 두예(杜預) 주에, "백공(百工)을 관장하는 관이다."고 했다. 이 기록은 또 『예기』「단궁(檀弓)하」에도 보인다. 2) **陳棄疾**: 『예기』「단궁(檀弓)하」의 정현(鄭玄)의 주에, "초(楚)의 공자(公子) 기질(棄疾)이다."고 했다. 초나라 공왕(共王)의 어린 아들로 초 영왕(靈王) 7년(B.C.534) 명에 따라 군대를 거느리고 진(陳)나라를 멸하였으므로 초나라 사람들이 칭찬을 하여 진기질(陳棄疾)이라 부른 것이다. 후에 진(陳)과 채(蔡)를 영지로 삼은 가장 실력있는 초나라 공자가 되었다. 후에 왕위를 이어받아 초나라

왕이 되었는데 즉 초 평왕(平王)이다. 3) 及: 이르다, 도착하다. 『의례(儀禮)』「연례(燕禮)」에, "빈(賓)이 정원에 이르렀다[賓入及庭]."고 했다. 4) 手弓: 손으로 활을 잡다. 5) 諸: 조사로 쓰였다. 『시경』「패풍(邶風)·일월(日月)」에, "해와 달이 하토를 굽어 살피시니[日居月諸, 照臨下土]."라 했고, 『논어』「학이(學而)」에, "선생님께서 구하신 것은 세상 사람들이 구하는 것과 다른 것인저[夫子之求之也, 其諸異乎人之求之與?]"라고 했다. 6) 韔: 왕숙의 주에, "장(韔)은 도(韜)이다."고 했다. 즉 활 주머니. 여기서는 동사로 쓰였다. 활을 활 주머니에 담은 것을 이른다. 『시경』「진풍(秦風)·소융(小戎)」에, "호피 활집과 강철 가늠걸이, 두 활을 활집에 마주 넣네[虎韔鏤膺, 交韔二弓]."라 했고, 『시경』「소아(小雅)·채록(采綠)」에, "지자(之子)가 사냥을 하면 그 활을 활집에 넣어드리고[之子於狩, 言韔其弓]."라 했다. 7) 又及. 棄疾復謂之: 이 구절은 사고본과 동문본에는 없다. 8) 斃: 사고본과 동문본에는 이 앞에 '又' 자가 있다. 9) 朝不坐, 燕不與: 왕숙의 주에, "사(士)의 지위가 낮은 때문이다."고 했다. 조견(朝見)할 때에도 자리가 없고, 연회(宴會) 때에도 마련된 자리가 없다. 지위가 낮다는 뜻이다. 연(燕)은 '宴'과 같다. 10) 反命: 복명(復命). 『사기』「중니제자열전(仲尼弟子列傳)」에, "자천(子賤)이 선보(單父)의 재(宰)가 되어 공자에게 복명했다."고 했다. 11) 怫然: 분노하여 얼굴색이 변하다.

42-12

공자가 위(衛)나라에 있을 때 사도(司徒) 경지(敬之)가 죽자 공자가 조문했다. 그러나 그 집주인이 슬피 울지 않자 공자는 자기의 울음을 다 마치기도 전에 물러갔다. 거백옥(璩伯玉)이 공자에게 청하며 말하였다. "위(衛)나라는 풍속이 비루하여 상례(喪禮)에 익숙하지 못하니 번거롭지만 선생께서 욕되더라도 상례(相禮)를 맡아 주십시오." 공자는 허락하고, 방 한 가운데 구덩이를 파고 침상을 구덩이 위에 놓아 목욕을 시키고 물이 구덩이로 흐르도록 하였다. 부엌을 뜯고 그 벽돌에 죽은 이의 발을 동여매고, 침상에 올려 놓고 염습(殮襲)을 하도록 하였다. 장례 날이 되자 종묘 서쪽 담장을 헐고 묘문(廟門) 서쪽의 행신(行神)의 위(位)를 넘어 직접 영구를 대문으로 나가게 하였다. 묘지에 이르면 남자는 동쪽에 서서 서쪽으로 향하게 하고, 여자는 동쪽으로 향하게 하며, 봉분을 만들고 난 후 돌아가도록 하였는데, 이는 은(殷)나라에서 행한 상례의 규정이다. 공자는 그에 근거하여 행하였던 것이다.

자유(子游)가 물었다. "군자가 예(禮)를 행함에 있어서 풍속의 변화를 요구하지 않는 법인데 선생님께서는 이를 변화시키셨습니다." 공자가 말하였다. "그렇게 말할 것이 아니다. 상사(喪事)를 처리할 때는 단지 그 본질에 합당하면 되는 것이니라."

原文

孔子在衛, 司徒敬之[1]卒, 夫子吊焉. 主人不哀, 夫子哭不盡聲而退. 蘧[2]伯玉請曰: "衛鄙俗, 不習喪禮, 煩吾子辱相[3]焉." 孔子許之. 掘中溜[4]而浴, 毀竈而綴足[5], 襲於牀[6], 及葬, 毀宗而躐行[7]也, 出於大門. 及墓, 男子西面[8], 婦人東面, 旣封而歸, 殷道也. 孔子行之.

子遊問曰: "君子行禮, 不求變俗, 夫子變之矣." 孔子曰: "非此之謂也, 喪事則從其質而已矣."

原文

1) 司徒敬之: 춘추시대 위(衛)나라의 귀족. 사도(司徒)라는 관직으로 씨(氏)를 삼음. '之'는 사고본과 진본(陳本)에 '子'로 되어 있고, 『예기』 「단궁(檀弓)하」에도 '子'로 되어 있다. 이 기록은 또 『예기』 「단궁(檀弓)하」에 보인다. 2) 蘧伯玉: 사고본과 동문본에는 '蓮'로 되어 있다. 3) 相: 예(禮)를 찬(贊)하는 사람. 『주례(周禮)』 「추관(秋官)・사의(司儀)」에, "구의(九儀)의 빈객(賓客)의 빈상(擯相)의 예를 관장하였다."고 했고, 정현(鄭玄)의 주에, "나아가 접빈(接賓)하는 것을 빈(擯)이라 하고, 들어가 예를 찬(贊)하는 것을 상(相)이라 한다."고 했다. 4) 中霤: 왕숙의 주에, "방 한가운데이다"고 했다. 방의 정 중앙이다. 원고(遠古)시대 동굴에 거주하면서 동굴 꼭대기를 뚫어 빛이 들어오게 하였는데 빗물 또한 그 구멍을 타고 떨어졌다. 때문에 이를 '중류(中霤)'라 한 것이다. 『석명(釋名)』 「석궁실(釋宮室)」에, "중앙을 중류(中霤)라 한다."고 했다. 5) 毀竈而綴足: 왕숙의 주에, "다시는 여기서 일을 하지 않음을 분명히 한 것이다. 철족(綴足)은 시신이 치우치거나 형태가 변하게 하지 않게 하고자 하는 것이다."라고 했다.

철족(綴足)은 상례(喪禮)로써 사람이 죽으면 처음 연궤(燕几)를 사용하여 시체의 발을 싸매 형체가 변하지 않도록 하기 위해 시신의 발에 씌우던 것을 말한다. 혹 아궁이의 벽돌로 철족(綴足)하는 것을 말한다. 6) 襲於床: 침상에서 옷으로 시신을 염(斂)함. 습(襲)은 『의례(儀禮)』「사상례(士喪禮)」에, "방 가운데에 습의를 진열하는데 옷깃을 서쪽으로 하고 남쪽을 위로 한다[陳襲事於房中, 西領, 南上]."고 했고, 정현(鄭玄)의 주에, "습사(襲事)는 의복을 이른다."고 했다. 襲은 명사(名詞)로 쓸 경우 의복 전체를 가리키며, 동사로 쓸 경우 옷으로 시신을 염하는 것을 이른다. 7) 毀宗而躐行: 왕숙의 주에, "종묘를 헐고 나아가, 묘문(廟門)의 바깥에서 신위(神位)를 지난다."고 했다. 훼종(毀宗)이란 종묘 문의 서쪽 담장을 허는 것을 가리킨다. 종(宗)은 종묘(宗廟). 엽행(躐行)은 영구가 신위(神位)를 지나가는 것을 이른다, 엽(躐)은 초월하다, 넘다. '躐'은 원래 '躐'이었으나 이제 사고본에 근거하여 고쳤다. 사고본에는 이 뒤에 '也' 자가 없다. 8) 面: 향(向)이다. 『주례(周禮)』「하관(夏官)·사사(司士)」에, "왕은 남쪽으로 향해 서고, 삼공(三公)은 북면(北面)하여 동쪽을 위로 한다."고 했다. 9) 已矣: 사고본에는 '矣' 자가 없고, 동문본에는 '已' 자가 없다.

42-13

노 선공(魯宣公) 8년 6월 신사일(辛巳日)에 노나라는 태묘에서 체제(禘祭)를 지냈는데, 이 때 동문양중(東門襄仲)이 죽어 그 다음날인 임오일(壬午日)에 역제(繹祭)를 지냈다. 자유(子游)가 이러한 사실의 기록을 보고 공자에게 물었다. "이렇게 하는 것이 예(禮)에 맞는 것입니까?" 공자가 말하였다. "그것은 예에 맞지 않는다. 경(卿)이 죽으면 역제(繹祭)를 지내지 않는다."

原文

宣公八年六月辛巳, 有事[1]於太廟[2], 而東門襄仲[3]卒, 壬午猶繹[4], 子遊[5]見其故, 以問孔子曰: "禮與?" 孔子曰: "非禮也, 卿卒不繹."

注釋

1) 有事: 체제(禘祭)를 거행하다. 『춘추』소공(昭公) 15년, "무궁(武宮)에 일이 있었다[有事]"고 했다. 『좌전』에, "무공(武公)이 체제를 지냈다."고 했다. 이를 통해 유사(有

事)가 체제(禘祭)임을 알 수 있다. 양백준(楊伯峻)의 주에, "유사(有事)는 체제(禘祭)이다."라고 했다. 이 기록은 또 『좌전』선공(宣公) 8년, 『예기』「단궁(檀弓)하」에도 보인다. 2) 太廟: 시조(始祖)의 묘(廟). 노나라는 주공(周公)이 시조임으로 주공의 묘를 태묘라고 했다. 『춘추』희공(僖公) 8년, "가을 7월에 태묘에서 체제(禘祭)를 지냈다."고 했고, 두예(杜預)의 주에, "태묘는 주공묘이다."고 했다. 3) 東門襄仲: 즉 공자(公子) 수(遂)이다. 중수(仲遂)라고도 칭한다. 춘추시대 노나라 경(卿)으로서 국정을 주지한 적이 있었는데 문공(文公) 18년 적자를 죽이고 서자인 선공(宣公)을 세웠다. 4) 繹: 왕숙의 주에, "역(繹)은 제사를 지낸 다음날 다시 제사를 지내는 것이다."고 했다. 천자와 제후가 제사를 지낸 다음 날 다시 제사를 지내면서 빈시(儐屍)의 예를 행하는 것을 역(繹)이라 한다. 『시경』「주송(周頌)·사의(絲衣)」서(序)에, "「사의(絲衣)」는 빈시(儐屍)의 예를 행하는 것이다."고 했고, 정현(鄭玄)의 전(箋)에, "역(繹)은 다시 제사를 지내는 것이다. 천자와 제후가 죽으면 역(繹)이라 하여 다음 날 제사를 지내고, 경대부의 경우 빈시(儐屍)라고 하는데 같은 날 제사를 지낸다. 주(周)나라에서는 역(繹)이라 하고, 상(商)나라에서는 융(肜)이라고 했다"고 했다. 5) 子遊: 사고본과 동문본에는 '子由'로 되어 있다.

42-14

계환자(季桓子)의 복상(服喪)기간에 계강자(季康子)가 연제(練祭)를 지낸 이후 최복(衰服)을 벗었다. 이에 자유(子游)가 공자에게 물었다. "이미 연복(練服)을 입었으니 최복(衰服)을 벗을 수 있는 것입니까?" 공자가 말하였다. "연복(練服)은 정복이 아니기에 최복(衰服)을 입지 않고서는 손님을 접견할 수 없다. 어찌 벗을 수 있겠느냐?"

原文

季桓子[1]喪, 康子練[2]而無衰[3]. 子遊問於孔子曰: "旣服練服, 可以除衰乎?" 孔子曰: "無衰衣者, 不以見賓, 何以除焉?"

注釋

1) 季桓子: 계손사(季孫斯)이며 계평자(季平子)의 아들이다. 노나라 정공(定公)부터

애공(哀公) 초년까지 국정을 주지하던 상경(上卿)이었다. '桓'은 시호(諡號)이다. 2) 練: 연제(練祭)는 상례 때 지내는 제사의 이름이다. 1주년에 지내는 제사를 연제라고 하고 소상(小祥)이라고도 칭한다.『예기』「단궁(檀弓)상」에, "연제[練]에 연의(練衣)는 황색을 안에 대고 분홍 빛으로 가선을 두른다."고 했고, 정현(鄭玄)의 주에, "소상(小祥)에 연관(練冠)을 스고 연중의(練中衣)를 입는데, 황색으로 안감을 삼고, 분홍색으로 꾸민다."고 했으며, 공영달(孔穎達)의 소(疏)에, "연의(練衣)는 연포(練布)로 중의(中衣)를 만드는 것이다. 황리(黃裏)는 중의의 안감을 황색으로 한 것이다. 정복(正服)은 바꿀 수가 없는데, 중의는 정복이 아니라 다만 최복(衰服) 안에 입는 것일 뿐이다."고 했다. 때문에 공자가 "연제를 지내고 최복(衰服)을 벗은 것"은 예(禮)가 아니라고 한 것이다. 3) 衰: 상복(喪服)이다. 네모의 베를 상의 중앙에 꿰매놓은 것을 최(衰)라 한다.『의례(儀禮)』「상복(喪服)·기(記)」에, "최(衰), 길이 6촌, 넓이 4촌"이다. "고 했다. 상복의 상의를 최(衰)라고도 한다.『의례(儀禮)』「상복(喪服)」에, "참쇠상(斬衰裳)"이라는 말에 대한 정현(鄭玄)의 주에, "무릇 상복(喪服)에 있어서 상의를 최(衰), 하의를 상(裳)이라 한다."고 했다. 최(衰)는 등급에 따라 구분되는데 여기서는 참최(斬衰)를 가리킨다.

42-15

주(邾)나라 사람으로 어미는 같고 아비가 다른 형제가 죽었다. 장차 그를 위해 상복을 입게 되자, 안극(顔克)을 통하여 공자에게 예(禮)를 물었다. 공자가 말하였다. "계부(繼父)와 함께 살고 있다면 아비가 다른 형제일지라도 상복을 입고, 만약 계부와 함께 살고 있지 않는다면 비록 계부가 죽었다 할지라도 상복을 입지 않는 것이니, 하물며 그의 아들의 경우 상복을 입을 수 있겠느냐?"

原文

邾人以同母異父之昆弟死, 將爲之服[1], 因顔克[2]而問禮於孔子. 子曰:"繼父同居者, 則異父昆弟, 從爲之服; 不同居, 繼父且猶不服, 況其子乎."

注釋

1) 服: 동사로 쓰였다. 상복을 입다. 2) 顔克: 공자의 제자 안각(顔刻)이다. 혹 안고(顔高)라고도 한다. 자는 자교(子驕). 노나라 사람으로 공자보다 50세 적다.「칠십이제자해(七十二弟子解)」제38에 보인다.

42-16

제(齊)나라 군대가 노나라를 침략하여 왔다. 이때 공숙무인(公叔務人)은 노나라 사람 하나가 적을 피해 성 안의 보루에 들어가 지팡이를 짚어지고 쉬는 것을 보고 눈물을 흘리면서 말하였다. "요역에 징발하여 백성을 힘들게 하고 부세의 징수가 비록 무겁더라도 경대부들이 일을 도모하지 않고, 사인(士人)들이 죽기를 무릅쓰고 싸우지 않으면 안 된다. 내가 이미 이 말을 하였으니 어찌 감히 힘쓰지 않을 수 있겠느냐?" 이리하여 이웃의 사랑을 받는 어린 아이 왕기(汪錡)와 함께 수레를 타고 전장터로 달려가 적과 싸우다 죽었다. 두 사람 모두 염(殮)을 하였는데, 노나라 사람들은 어린 왕기를 미성년자의 예로 장례를 치르지 말기를 바라면서 공자에게 물었다. 공자가 말하였다. "비록 어린아이였지만 방패와 창을 잡고 사직(社稷)을 보위하였으니 미성년자의 장례로 하지 않은들 어떻겠느냐?"

原文

齊師侵魯[1], 公叔務人[2]遇人入保, 負杖而息[3]. 務人泣曰: "使之雖病[4], 任之雖重[5], 君子[6]弗能謀, 士弗能死, 不可也. 我則旣言之矣, 敢不勉乎." 與其鄰嬖[7]童汪錡[8]乘[9]往, 奔敵死焉. 皆殯[10], 魯人慾勿殤[11]童汪錡, 問於孔子. 曰[12]: "能執干戈 以衛社稷, 可無殤乎[13]?"

注釋

1) 齊師侵魯: 이 기록은 또『좌전』애공(哀公) 11년,『예기』「단궁(檀弓)하」에도 보인다. 2) 公叔務人: 왕숙의 주에, "소공(昭公)의 아들로 공위(公爲)이다'公爲': 사고본에

는 이 두 글자가 없다."고 했다. 소공(昭公)이 계씨(季氏)를 제거하려다 실패하고 외국으로 도망갔다. 소공이 죽고 계씨는 소공의 아우를 즉위시켰는데 정공(定公)이다. 공위와 그 형 공연(公衍)은 모두 임금의 지위를 얻지 못했다.『예기』「단궁하」에는 '공숙우인(公叔禺人)'으로 되어 있다. 3) **遇人入保, 負杖而息**: 왕숙의 주에, "遇는 見이다['遇見也'는 원래 없었는데 사고본에 근거하여 보완했다]. 제나라 군대를 피해['走'는 원래 '先'으로 되어 있는데 사고본에 근거하여 고쳤다. '避'는 덧붙여진 글자일 것이다.] 보(保)에 들어가 피곤하여 지팡이를 어깨에 메고加杖: 사고본에는 이 뒤에 於자가 잇다 양손을 끼고 휴식하는 것이다. 保는 현읍(縣邑)의 작은 성(城)이다."고 했다. 保는 '堡'의 고자(古字)로서 성보(城堡)이다. 4) **使之雖病**: 왕숙의 주에, "당시의 요역(徭役)을 이른다."고 했다. 5) **任之雖重**: 왕숙의 주에, "당시의 부세(賦稅)를 이른다."고 했다. 6) **君子**: 여기서는 경대부(卿大夫)를 가리킨다. 7) **嬖**: 총애(寵愛), 총행(寵幸). 8) **汪錡**: 인명.『예기』「단궁(檀弓)하」에, '汪踦'로 되어 있다. 9) **乘**: 수레를 타다. 10) **殯**: 염(殮)을 하였지만 아직 장례를 치루지는 않음.『회남자(淮南子)』「요략(要略)」에, "때문에 3년의 상(喪)을 치루고 문왕(文王)을 두 기둥 사이에 염(殮)하였다."고 했다. 후에는 출장(出葬)을 가리킨다. 11) **勿殤**: 미성년자의 예에 맞추지 않고 성인의 예에 맞추어 장례를 치룸. '상(殤)'은 미성년자의 죽음. 미성년자의 상례(喪禮)를 거행하는 것을 역시 상(殤)이라고도 함. 성인보다 원래 정해진 복제(服制)가 낮고 비교적 간략하다. 12) **曰**: 사고본에는 이 앞에 '子' 자가 있다. 13) **乎**: 여기서는 어기(語氣)를 나타낸다. 말로는 '罷'이다. 추측 혹은 의논의 뜻이다.

42-17

노나라 소공(昭公)의 부인 오맹자(吳孟子)가 죽었는데 제후들에게 부고(訃告)를 하지 않았다. 공자는 이미 관직을 물러났지만 조문을 갔다. 계씨 집에 도착하여 계강자(季康子)를 보니 상복에 마대(麻帶)를 두르지 않고 있으므로 공자는 마대를 벗어버리고 그에게 절을 하지 않았다. 자유(子游)가 물었다. "이렇게 하는 것이 예(禮)에 맞는 것입니까?" 공자가 말하였다. "주인이 성복(成服)을 하지 않으면 조문하는 사람도 질(絰)을 두르지 않는 것이 예에 맞다."

原文

魯昭公[1]夫人吳孟子[2]卒, 不赴[3]於諸侯. 孔子旣致仕[4], 而往吊焉. 適於季氏[5], 季氏不絰[6], 孔子投絰而不拜[7]. 子游問曰: "禮與?" 孔子曰: "主人未成服, 則吊者不絰焉, 禮也."

註釋

1) 魯昭公: 이름은 주(裯), 양공(襄公)의 서자(庶子)로써 기원전 542년에 양공을 계승하여 군주가 되었다. 517년에 계씨를 제거하려는 계획이 실패하여 외국으로 도망가 제(齊)나라와 진(晉)나라에 8년간 머물다가 건후(乾侯)에서 죽었다. 이 기록은 또 『좌전』애공(哀公) 12년에도 보인다. 2) 吳孟子: 노 소공(魯昭公)의 부인. 소공이 오(吳)나라에 장가들었다. 이 부인은 당시 국군(國君) 부인의 칭호 관례에 따르면 오희(吳姬)라고 불러야 하지만 동성불혼의 피휘(避諱) 예법에 따라 '吳孟子'라 고쳐 불렀다. 3) 赴: '訃'와 같다. 상(喪)을 알림. 『예기』「잡기(雜記)상」에, "무릇 그 임금에게 부고할 때는 '임금의 신하 모(某)가 사망했습니다.'고 한다."고 했다. 4) 致仕: 퇴직, 관직을 물러남. 5) 季氏: 계강자(季康子)를 가리킴. 6) 絰: 상복에 매는 띠. 머리에 매는 것을 수질(首絰), 허리에 매는 것을 요질(腰絰)이라 함. 『의례(儀禮)』「상복(喪服)」에, "참최상(斬衰裳), 저질(苴絰), 장(杖), 교대(絞帶)"에 대한 정현(鄭玄)의 주에, "마(麻)를 머리에 두르거나 허리에 두르는 것을 모두 질(絰)이라 한다."고 했다. 7) 投絰而不拜: 왕숙의 주에, "계씨가 성복을 하지 않았으므로 나 역시 예를 차리지 않았다."고 했다.

42-18

공보목백(公父穆伯)이 죽었을 때 그의 아내 경강(敬姜)은 낮에만 곡(哭)을 하였으나, 아들 문백(文伯)이 죽었을 때는 밤낮으로 곡을 하였다. 공자가 말하였다. "계씨(季氏)의 아내는 예를 아는구나. 남편과 아들을 사랑하는 마음은 같았으나 그들을 애도함에는 위아래의 분별함이 있었도다."

原文

公父穆伯[1]之喪, 敬姜[2]晝哭, 文伯[3]之喪, 晝夜哭. 孔子曰: "季氏之婦, 可謂知禮矣. 愛而無私[4], 上下有章[5]."

注釋

1) **公父穆伯**: 노나라 귀족. 계도자(季悼子)의 아들. 계강자(季康子)의 조부 계평자(季平子)의 동생. 이 기록은 『국어(國語)』「노어(魯語)하」, 『예기』「단궁(檀弓)하」, 『열녀전(列女傳)』「인지(仁智)」에도 보인다. 2) **敬姜**: 공보목백의 처이자 공보문백(公父文伯)의 모(母)이고, 계강자(季康子)의 종조숙모(從祖叔母)로써 예(禮)에 밝고 예를 잘 지킴으로 유명하다. 3) **文伯**: 공보가(公父歌). 즉 공보문백으로 공보목백의 아들이다. 4) **私**: 원래는 없었지만 사고본과 동문본, 비요본(備要本)에 근거하여 보완하였다. 5) **上下有章**: 왕숙의 주에, "上은 남편이고, 下는 아들이다. 장(章)은 분별이다. 남편이 죽고 곡을 할 때는 낮에만 하고, 아들이 죽었을 때는 주야(晝夜)로 곡한다. 남편과 아들을 위해 곡을 할 때 각기 분별함이 있다."고 했다.

42-19

남궁도(南宮縚)의 아내는 공자의 형의 딸이다. 그가 시어머니 초상을 당하자 공자가 그 머리 모습에 대하여 이렇게 가르쳐 주었다. "너는 머리를 너무 높게도 묶지 말고, 너무 크게도 하지 마라. 개암나무 가지로 비녀를 삼되 그 길이는 한 자 정도로 하되 묶는 끈은 여덟 치쯤 되게 하라."

原文

南宮縚之妻, 孔子兄之女[1]. 喪其姑[2], 而[3]誨之髽[4], 曰: "爾母從從爾, 母扈扈爾[5]. 蓋榛[6]以爲笄[7], 長尺, 而總八寸[8]."

注釋

1) **兄之女**: 사고본과 동문본에는 '之兄女'라고 되어 있다. 이 기록은 또 『예기』「단궁(檀弓)상」에도 보인다. 2) **姑**: 남편의 어머니. 시어머니. 3) **而**: 사고본과 동문본에는 '夫子'로 되어 있다. 4) **髽(좌)**: 고대 부인의 상례 때 둥그렇게 틀어올린 머리. 즉 마(麻)와 두발을 함께 둥그렇게 틀어 올림. 『의례(儀禮)』「상복(喪服)」에, "좌최(髽衰) 3년"이라 했고, 『좌전』양공(襄公) 4년에, "(노나라가) 주(邾)나라를 침략하였다가 호태(狐駘)에서 패하였다. 국인(國人)들이 시체를 맞이하러 갈 때 모두 머리를 삼끈으로 묶었다."고 했다. 5) **爾母從從爾, 母扈扈爾**: 왕숙의 주에, "從從은 높다. 扈扈는 크다."

라고 했다. [屆: 사고본에는 모두 '皆'라 했는데 이것이 맞다. 상례를 치르는 자가 절도[節: 사고본에는 飾으로 되어 있다]에 용납될 수 없는 것이다."고 했다. 6) 진(榛): 개암나무. 7) 계(笄): 비녀. 고대에 머리를 쪽질 때 사용하거나 혹은 남자의 관을 고정시킬 때 사용하는 비녀를 말함. 『의례(儀禮)』「사혼례(士昏禮)」에, "여자가 시집을 가면 '계례[笄]'를 하는데 단술[醴]을 주고 칭회[字]를 주었다."고 했다."고 했다. 8) 總八寸: 왕숙의 주에, "총(總)은 머리를 땋다. 머리를 땋아내려 장식을 하는데 자최(齊衰)에는 여덟 치로 한다."고 했다.

42-20

자장(子張)의 아버지가 죽었다. 공명의(公明儀)가 상례(喪禮)를 맡아보았다. 공명의가 공자에게 이마를 땅에 대는 법을 물으니 공자가 말하였다. "먼저 무릎을 꿇고 빈객의 조문에 감사하기 위해 절을 하고 나서 이마를 땅에 대고 자기의 비통함을 표현하는 것은 공손한 방식으로 예를 행하는 순서에 맞는 것이다. 먼저 이마를 땅에 대고 자신의 비통함으로 표현하고나서 다시 빈객의 조문에 감사하며 절을 하는 것은 일종의 지극히 간절한 방식으로 자연스럽게 감정을 드러내는 것이다. 부모의 삼년상이라면 나는 이같은 지극히 간절한 방식을 따르겠다."

原文

子張有父之喪, 公明儀¹⁾相焉, 問啓顙²⁾於孔子. 孔子曰: "拜而後啓顙, 頹³⁾乎其順⁴⁾, 啓顙而後拜, 頎⁵⁾乎其至也. 三年之喪, 吾從其至也⁶⁾."

注釋

1) 公明儀: 증자(曾子)의 제자. 또 자장(子張)의 제자가 되었다. 노나라 사람. 이 기록은 또 『예기』「단궁(檀弓)상」에도 보인다. 2) 계상(啟顙): 머리를 땅에 대는 것[稽顙]. 사고본에는 '계상(稽顙)'이라 되어 있다. 옛날의 일종의 꿇어 엎드려 절하는 예이다. 무릎을 꿇고 절을 하면서 이마를 땅에 대어 상을 당한 사람이 빈객에게 답으로 절을

행하는 극도의 비통함과 감사함을 표시하는 것이다. 『의례』「사상례(士喪禮)」에, "조문하는 자가 명을 다하면 상주는 곡배를 하고, 이마를 땅에 닿으며 발을 구른다[吊者致命, 主人哭拜, 稽顙成踊]."라고 하였다. '稽顙'을 어떨 때는 '상(顙)'이라 간칭하였다. 『공양전(公羊傳)』소공(昭公) 25년에, "두 번 땅에 이마를 대고[顙] 절했다."고 했다. 3) 퇴(頹): 공손한 모습. 『예기』「단궁(檀弓)상」에, " 절을 하고 나서 이마를 땅에 대는 것은 그 순서에 공손을 나타내는 것이다."고 했고, 정현(鄭玄)의 주에, "먼저 빈(賓)에게 절을 하는 것은 일에 공순하는 것이다."고 했다. 4) 順: 사고본과 동문본에는 이 뒤에 '也' 자가 있다. 5) 기(頎): '간(懇)'과 같다. 『예기』「단궁(檀弓)상」에, "이마를 땅에 대고 나서 절을 하는 것은 간절함이 지극한 것이다."고 했다. 정현(鄭玄)의 주에, "기(頎)는 지극함이다. 먼저 머리를 땅에 대고 용모를 꾸미지 않은 것은 슬픔이 지극함이다."라고 했다. 6) 也: 사고본과 동문본에는 '者'로 되어 있다.

42-21

공자가 위(衛)나라에 있을 때, 위나라 사람 가운데 장사지내는 자가 있어 공자는 이를 참관하고 말하였다. "훌륭하도다. 장례를 치루는 사람이여. 족히 모범으로 삼을 만하구나. 제자들아, 잘 기억해 두거라."

자공(子貢)이 물었다. "선생님께서는 무엇을 훌륭하다고 하신 것입니까?"

공자가 말하였다. "묘지에서 장례를 치룰 때에는 어린아이가 부모를 그리워하듯 울고, 매장 후 집에 돌아올 때는 부모의 영혼이 따라오지 못할까 주저하는 모습을 두고 한 말이다."

자공이 물었다. "어찌 빨리 돌아가 우제(虞祭)를 지내느니만 하겠습니까?"

공자가 말하였다. "이는 정의 지극함이다. 너희들은 잘 기억해 두거라. 나도 능히 그렇게 하지는 못할 것이다."

原文

孔子在衛, 衛之人有送葬者, 而夫子觀之, 曰: "善哉, 爲葬¹⁾乎, 足以爲法²⁾也. 小子識之!"

子貢問曰: "夫子何善爾³⁾!

曰4): "其往也如慕5), 其返也如疑."
子貢曰: "豈若速返而虞6)哉."
子曰: "此情之至者也. 小子識之! 我未之能也."

注釋

1) 葬: 사고본에는 '喪'으로 되어 있다. 이 기록은 또 『예기』「단궁(檀弓)상」에 보인다.
2) 法: 표준, 모식(模式). 3) 爾: 사고본과 동문본에는 이 뒤에 '也' 자가 있다. 4) 曰: 원래는 없었지만, 사고본과 동문본에 근거하여 보완하였다. 5) 慕: 사모하다, 그리워하다. 『맹자』「만장(萬章)상」에, "사람이 어릴 때는 부모를 그리워한다."고 했다. 6) 우(虞): 상제(喪祭)의 명칭. 왕숙의 주에, "장례를 마치고 돌아와 지내는 제사를 우(虞)라 한다."고 했다. 『의례(儀禮)』「기석례(旣夕禮)」에, "삼우(三虞)"에 대한 정현(鄭玄)의 주에, "우(虞)는 상제(喪祭)의 명칭으로 안(安)의 의미이다. 골육은 땅으로 돌아가나 정기(精氣)는 가지 못하는 곳이 없어서 효자는 그 정기가 방황할까봐 세 번 제사하여 안정시키는 것이다. 아침에 장사지내면 한 낮[日中]에 우제를 지내는 것은 차마 하루라도 떠나 있게 할 수 없기 때문이다."라고 하였다.

42-22

변(卞)나라 사람으로 자기 어머니가 죽자 그는 어린아이처럼 아무런 절제 없이 방성통곡하였다. 공자가 말하였다. "슬프기야 정말 슬프겠지만 다른 사람이 따라 하기는 어렵다. 무릇 예(禮)라는 것은 전수할만한 것이어야 하고 사람들이 모두 따라서 할 수 있는 것이어야 한다. 때문에 곡을 하면서 펄쩍펄쩍 뛰는 것에도 절도(節度)가 있고, 상복을 벗는 것에도 기한이 있는 것이다."

原文

卞1)人有母死而孺子2)之泣者, 孔子曰: "哀則哀矣, 而難繼3)也. 夫禮, 爲可傳4)也, 爲可繼也. 故哭踊5)有節6), 而變除7)有期."

注釋

1) 卞: 노나라의 읍(邑), 지금의 산동 사수(泗水)의 동쪽에 있었다. 『예기』「단궁(檀弓) 상」에는 '변(弁)'이라 되어있다. 이 기록은 또 『예기』「단궁(檀弓)상」에도 보인다. 2) 孺子: 아동, 젊은이. 여기서는 어린아이와 같다는 의미이다. 3) 繼: 연속하다. 본받다는 의미가 있다. 4) 傳: 전파하다, 전하다. 『예기』「제통(祭統)」에, "좋은 것이 있어도 알지 못한 것은 불명(不明)이고, 알아도 전하지 않는 것은 불인(不仁)이다."라고 했다. 5) 용(踊): 상례(喪禮) 중에 가장 애통함을 나타냄. 발을 구르다. 펄쩍펄쩍 뛰다. 『예기』「단궁(檀弓)상」에, "벽용(辟踊)은 슬픔의 지극함이다."라고 했고, 공영달(孔穎達)의 소(疏)에, "가슴을 쓸어내리는 것을 벽(辟)이라 하고 펄쩍펄쩍 뛰는 것을 용(踊)이라 한다. 효자가 부모상을 당하면 애모(哀慕)함이 지극하여 남자는 펄쩍펄쩍 뛰고, 여자는 가슴을 쓸어내리는데 이것이 애통함의 지극함이다."고 했다. 6) 節: 절도, 법도. 『순자(荀子)』「악론(樂論)」에, "음주의 절도는 아침에는 아침의 일을 폐하지 않고, 저녁에는 저녁의 일을 폐하지 않는다."고 했다. 7) 除: 상복을 벗다.

42-23

맹헌자(孟獻子)가 담제(禫祭)를 지내고서도 악기는 매달아 놓기만 하고 연주하지 않았으며, 내외가 함께 할 수 있음에도 내실에 거처하지 않았다.

자유(子游)가 공자에게 물었다. "이같이 한다면 예에 지나친 것입니까?" 공자가 말하였다. "맹헌자는 보통 사람보다 한 등급 넘어선다고 말할 수 있다."

原文

孟獻子[1]禫[2]懸而不樂[3], 可禦而處內[4].

子遊問於孔子曰: "若是則過禮也?" 孔子曰: "獻子可謂加[5]於人一等矣."

注釋

1) 孟獻子: 즉 중손멸(仲孫蔑)이다. 공손오(公孫敖)의 손자이고, 문백곡(文伯穀)의 아들이다. 춘추시대 노나라의 대부로서 선공(宣公), 성공(成公), 양공(襄公) 하에 벼슬했다. 이 기록은 또 『예기』「단궁(檀弓)상」에도 보인다. 2) 담(禫): 상복을 벗는 제사.

정현(鄭玄)은 3년상을 마치는 27개월째를 담(禫)이라 하고, 담제와 대상(大祥)의 제사 사이에는 1개월의 차이가 있다고 했다. 왕숙은 25개월째를 담(禫)이라 하고 담제와 대상의 제사는 같은 달이라 했다. 3) **懸而不樂**: 악기(樂器)를 걸지만 연주하지 않다. 현(懸)은 걸다. 여기서는 종(鐘)과 경(磬) 등 악기를 가리킨다. 4) **可禦而不處內**: 처첩(妻妾)과 같은 방에 잘 수 있는데도 내실에 거처할 마음이 없음. '不' 자는 원래 없었는데, 동문본, 사고본과 비요본에 근거하여 보완하였다. 예제(禮制)에 의하면 군자(君子)는 부모상을 당하면 내실 바깥에 자고, 담제(禫祭)를 지낸 후에야 내실에서 잘 수 있다. 때문에 말하기를 맹헌자가 "처첩과 함께 내실에 잘 수 있는데도 내실에 거처할 마음이 없었다"고 한 것이다. 5) **加**: 넘다, 초과하다. 『사기』「이사열전(李斯列傳)」에, "비록 신불해(申不解)와 한비자(韓非子)가 다시 살아난다 해도 넘을 수 없다[不能加也]."고 하였다.

42-24

노나라 사람으로 아침에 대상(大祥)을 지내고 저녁에 노래하는 자가 있었다. 자로가 이를 비웃었다. 공자가 말하였다. "유(由)야! 너는 남을 책망하기를 아직도 그칠 줄 모르는구나. 3년상이란 그래도 긴 기간이다." 자로가 나가자 공자는 말하였다. "다시 오래 기다릴 필요없이 이 달만 지나고 다시 노래해도 좋았을 텐데."

原文

魯人有朝祥[1]而暮歌者, 子路笑之. 孔子曰: "由, 爾責於人終無已. 夫三年之喪, 亦以[2]久矣." 子路出, 孔子曰: "又多乎哉[3], 逾[4]月則其善也."

注釋

1) **祥**: 상제(祥祭). 만약 3년상이라면 부모가 죽고 13개월째 지내는 제사를 소상(小祥)이라 하고, 25개월째 지내는 제사를 대상(大祥)이라 한다. 만약 1년상인 경우 즉 11개월째에 소상, 13개월째에 대상을 지낸다. 여기서는 3년상의 대상을 가리킨다. 이 기록은 또 『예기』「단궁(檀弓)상」에도 보인다. 2) **以**: '已'와 같다. 지나치게. 몹시. 『공

양전(公羊傳)』장공(莊公) 원년에, "여러 공자(公子: 제후의 딸)가 머무는 곳은 매우 낮은 곳에 있다."라 했다. 3) **又多乎哉**: 왕숙의 주에, "'又'는 다시[復]이다. 얼마 지나지 않으면 다시 노래할 수 있다는 것을 말한 것이다."고 했다. 4) **逾**: 넘다. 『시』「정풍(鄭風)·장중자(將仲子)」에, "청컨대 중자(仲子)는 내 담장을 넘지 말라."고 했다.

42-25

자로가 공자에게 말하였다. "슬픕니다! 가난하다는 것이. 부모가 살아계실 때에는 제대로 봉양을 하지 못했고, 돌아가셨을 때도 예를 갖추지 못합니다." 공자가 말했다. "콩을 삶아 먹고 물을 마시는 청빈한 생활에서도 부모가 즐거움을 다하도록 하는 것을 일러 효(孝)라고 한다. 사후(死後)에는 옷과 관으로 시신을 거두어 안장(安葬)을 함에 곽(槨)을 사용하지 않더라도 자신의 재력에 맞게 하는 것이 예(禮)라고 할 수 있다. 가난한 것을 어찌 슬퍼한단 말이냐?"

原文

子路問於孔子曰: "傷哉貧也! 生而無以供養, 死則無以爲禮也." 孔子曰: "啜菽飮水[1], 盡其歡心, 斯爲之孝[2]. 斂手足形[3], 旋葬而無槨[4], 稱[5]其財, 斯爲之禮[6], 貧何傷乎."

注釋

1) **啜菽飮水**: 콩을 먹고 물 마시는 것으로 생활이 청빈함을 이른다. 『순자(荀子)』「천론(天論)」에, "군자가 콩을 먹고 물을 마시는 것은 어리석어서가 아니라 절검(節儉)하기 때문이다."라고 했고, 『예기』「단궁(檀弓)하」에, "공자가 이르기를, '콩을 먹고 물을 마셔도 부모님께 기쁨을 다하는 것은 이것을 일러 효(孝)라 한다'고 했다."라 하였다. 육덕명(陸德明)의 석문(釋文)에 왕숙을 인용하여 말하기를, "콩을 볶아 먹는 것을 철숙(啜菽)이라 한다."고 했다. 이 기록은 또 『예기』「단궁(檀弓)하」에도 보인다. 2) **斯謂之孝**: 원래는 '斯謂之孝乎'였지만 사고본과 동문본에 근거하여 고쳤다. 3) **斂手足形**: 사후에 옷이나 관(棺)으로 시체를 염하는 것. 사용한 옷으로 시신을 덮어 밖으로 드러

내놓지 않는다. '斂'은 '殮'과 같다. 죽은 이에게 옷을 더하여 입관(入棺)하는 것을 염(殮)이라 한다. 4) 旋葬而無槨: 안장하면서도 곽(槨)을 쓰지 않음. 왕숙의 주에, "旋는 便이다."고 했다. 곽(槨)은 외관(外棺)이다. 5) 稱: 적합하다, 맞다. 6) 斯謂之禮: 원래는 '爲之禮'로 되어 있는데, 사고본과 동문본에 근거하여 고쳤다.

42-26

오나라 연릉계자(延陵季子)는 상국(上國)의 초빙을 받고 제나라에 갔다가 돌아오는 길에 그의 큰아들이 영(嬴)·박(博) 두 땅 사이에서 죽었다. 공자가 이 사실을 듣고 말하였다. "연릉계자는 오나라에서 예의(禮儀)에 정통한 사람이다." 그리고는 가서 그 장례지내는 법을 구경했다. 연릉계자는 자기의 아들을 염습(殮襲)하는 데 평소 입던 옷을 입힐 뿐이었고, 묘혈(墓穴)을 파면서 관(棺)을 놓는 묘갱과 크기를 같이 하고, 깊이도 지하수에 닿지 않도록 하였다. 매장할 때도 명기(明器)를 넣지 않았으며, 매장 이후 봉분을 만드는 데에도 그 넓이와 길이가 묘갱을 덮을 만하게 할 뿐이며, 그 높이도 사람이 일어서서 팔로 만질 수 있을 정도로 하였다. 봉분을 다 마치자 계자는 왼쪽 어깨를 드러내고 오른쪽으로 그 무덤 봉분을 한 바퀴 돌면서 세 번 이렇게 호곡(號哭)하였다. "뼈와 살이 흙으로 돌아가는 것은 명(命)이로다! 하지만 너의 영혼은 가지 못할 곳이 없으리라. 가지 못할 곳이 없으리라!" 그리고는 그곳을 떠났다. 공자가 말하였다. "연릉계자가 실행한 장례(葬禮)는 예의 본질에 부합(符合)하였다."

原文

吳延陵季子[1]聘[2]於上國[3], 適齊. 於其返也, 其長子死於嬴博[4]之間. 孔子聞之, 曰: "延陵季子, 吳之習於禮者也." 往而觀其葬焉. 其斂以時服[5]而已. 其壙[6]揜坎[7], 深不至於泉. 其葬無盟器[8]之贈. 旣葬, 其封[9]廣輪[10]揜坎, 其高可肘[11]隱[12]也. 旣封, 則季子乃[13]左袒, 右還[14]其封, 且號者三, 曰, 骨肉歸於土, 命也! 若魂氣則無所不之, 則[15]無所不之!" 而遂行. 孔子曰: "延陵季子之禮, 其合矣."

注釋

1) 延陵季子: 즉 오공자계찰(吳公子季劄)이다. 오왕(吳王) 수몽(壽夢)의 넷째 아들로써 나라를 양보한 미덕이 있다. 처음 연릉(延陵)에 봉해졌기 때문에 『예기』, 『사기』등에는 연릉계자(延陵季子)라고 부른다. 후에 주래(州來)를 더하여 봉하였기 때문에 『좌전』양공(襄公) 31년에 연주래계자(延州來季子)라 칭하였다. 이 기록은 또 『예기』「단궁(檀弓)상」, 『설원(說苑)』「수문(修文)」에도 보인다. 2) 聘: 고대에 나라와 나라 사이에 사신을 파견하여 방문하는 것. 3) 上國: 춘추시대 오(吳), 초(楚) 여러 나라가 제(齊), 진(晉) 등 중원 제후국을 '상국(上國)'이라 칭했다. 『좌전』성공(成公) 7년에, "만이(蠻夷)로서 초나라에 복속했던 나라들을 오나라 모두 차지하게 되었다. 이로써 오나라는 비로소 큰 나라가 되어 상국(上國)과 통하게 되었다."라고 했다. 4) 嬴博: 왕숙의 주에, "영(嬴), 박(博)은 지명이다."고 했다. 영(嬴), 박(博)은 모두 춘추시대 제나라 읍으로서 영(嬴)의 고성(故城)은 지금의 산동 내무(萊蕪) 서북(西北)쪽에 있었고, 연릉계자의 장자 무덤이 있다. 박(博)의 고성은 지금의 산동 태안(泰安)의 동남(東南)쪽에 있었다. 후세에는 '嬴博'이라는 말이 타향에 장례를 치르는 대칭(代稱)이 되었다. 5) 時服: 왕숙의 주에, "겨울, 여름에 따라 옷을 입힐 뿐 다른 것을 더 입히지 않았다."고 했다. 6) 壙: 묘혈(墓穴). 분묘(墳墓)를 가리키기도 한다. 7) 揜坎(엄감): '엄(揜)'이 원래는 '掩'으로 되어 있다. 두 글자는 같다. 사고본과 동문본과 본문 아래 문장에 근거하여 고쳤다. 여기서는 묘갱(墓坑)을 가리킨다. 8) 盟器: 즉 명기(明器), 명기(冥器)이다. 고대에 부장하던 기물(器物)인데 일반적으로 질그릇, 나무, 돌로 만든다. 9) 封: 고대에 사(士) 이상의 장례에는 흙을 쌓아 올린 분(墳)을 봉(封)이라 한다. 서인(庶人)들은 낮고 천하므로 흙을 쌓아 분(墳)을 만들지 않는다. 10) 廣輪: 넓이와 폭. 『주례(周禮)』「지관(地官)·대사도(大司徒)」에, "천하 토지의 도서(圖書)를 가지고 구주(九州)지역의 넓이와 폭의 수를 두루 안다."라 했고, 가공언(賈公彦)의 소(疏)에 마융(馬融)을 인용하여 말하기를, "동서를 광(廣), 남북을 륜(輪)이라 한다."고 했다. 여기서는 분(墳)의 넓이와 길이를 가리킨다. 11) 肘(주): 원래는 '時'로 되어 있는데, 사고본과 동문본, 진본(陳本)에 근거하여 고쳤다. 12) 隱: 의거하다. 13) 乃: 사고본과 동문본에는 없다. 14) 還: '環'과 같다. 돌다. 『한서(漢書)』「식화지(食貨志)상」에, "움막 둘레에 뽕나무를 심다[還廬樹桑]."라고 했다. 15) 則: 사고본과 동문본에는 없다.

42-27

자유(子游)가 상례(喪禮)에 쓰이는 기구에 대해서 공자에게 물었다.

공자가 말하였다. "그 집안의 있고 없는 정도에 맞추면 된다."

자유가 말하였다. "있고 없는 정도에 맞추려면 그 한도를 어찌해야 합니까?"

공자가 말하였다. "있는 집이라면 예에 지나침이 없도록 하면 되고, 진실로 아무것도 없다면 염습을 하면서 수족이 드러나지 않도록 덮고 즉시 안장하면서 밧줄에 관을 매어 묘갱에 하장(下葬)한다. 마음을 다하는데 남들이 어찌 이것을 그르다고 하겠느냐? 그러므로 상례에서는 애통한 마음이 부족하면서 예의형식을 지나치게 사용하는 것보다는 예의형식이 부족하더라도 애통함이 충만한 것이 낫다. 제사에 있어서도 공경함이 부족하면서 예의형식을 지나치게 사용하는 것보다는 예의형식이 부족하더라도 공경함이 충만한 것이 낫다."

原文

子遊問喪之具[1].

孔子曰: "稱家之有亡[2]焉."

子遊曰: "有亡惡於齊[3]?"

孔子曰: "有也, 則無過禮. 苟亡矣, 則歛手足形, 還葬[4], 懸棺而封[5]. 人豈有非之者哉? 故夫喪亡[6], 與其哀不足而禮有餘, 不若禮不足而哀有餘也; 祭祀[7], 與其敬不足而禮有餘, 不若禮不足而敬有餘也."

注釋

1) 具: 기구(器具), 용구(用具). 이 기록은 또 『예기』「단궁(檀弓)하」에도 보인다. 2) 稱家之有亡: 집안 재산의 많고 적음을 이름. 3) 惡於齊: 왕숙의 주에, "오(惡)는 어찌(何)의 의미이고, 제(齊)는 한(限)이다."고 했다. 오(惡)는 의문대명사로써 어찌 어떻

게. 『맹자』「진심(盡心)상」에, "거(居)할 곳은 어디에 있는가? 인(仁)이 이것이다[居惡在? 仁是也]."라고 했고, 『사기』「이사열전(李斯列傳)」에, "지금 몸이 이롭지 못한데, 장차 어찌 천하를 다스릴 수 있겠는가[今身且不能利, 將惡能治天下哉]!"라고 했다. 제(齊)는 일정한 한도. 『열자(列子)』「양주(楊朱)」에, "백년은 수명의 큰 한도[齊]이다."라 했다. '於'는 사고본과 동문본에는 '乎'로 되어 있다. 4) 還葬: 즉시 안장(安葬)하다. 還은 '旋'과 같다. 빨리, 즉시의 의미. 5) 懸棺而封: 밧줄을 사용하여 관(棺)을 매어 묘갱에 하장(下葬)함. 『예기』「단궁(檀弓)상」의 정현(鄭玄)의 주에, "봉(封)은 폄(窆)이라고 해야 한다."고 했다. 관(棺)을 묘혈에 안치하는 것을 폄(窆)이라 한다. 『주례(周禮)』「지관(地官)·향사(鄕師)」에, "하관(窆)함에 이르러서는 도끼를 잡고 장사(匠師)에게 임한다."라 했고, 정현(鄭玄)은, "폄(窆)은 안장하기 위해 하관(下棺)하는 것을 이른다."고 했다. 6) 亡: 사고본에는 '禮'로 되어 있다. 7) 祀: 사고본과 동문본에는 '禮'로 되어 있다.

42-28

백고(伯高)가 위(衛)나라에서 죽어 공자에게 부고를 했다. 공자가 말하였다. "나는 어디서 곡을 해야 할까? 형제가 죽었을 때는 나는 사당에 가서 곡을 하였고, 아버지의 친구가 죽었을 때는 사당 문 밖에서 곡을 하였으며, 스승이 죽었을 때는 침실에서 곡을 하였고, 친구가 죽었을 때는 침실 문 밖에서 곡을 하였으며, 그저 알고 지내는 사람이 죽었을 때는 들에 나가 곡을 하였다. 이제 이 백고에 대해서 들에서 곡을 하자니 너무 소홀한 듯하고 침실에서 울자니 너무 지나친 듯하구나. 무릇 저 백고는 단목사(端木賜)를 통하여 알게 된 것이니 나는 사(賜)의 집으로 가서 곡을 해야겠다." 그리고는 자공(子貢)에게 명하여 주관하게 하고 말하였다. "너와의 관계 때문에 와서 애도하는 사람에게는 네가 절을 하고, 백고를 알기 때문에 와서 애도하는 사람에게는 네가 절을 하지 않아도 된다." 공자는 곡을 마치고 자장(子張)에게 조문을 가라고 하였는데 자장이 아직 초상집에 도착하지 않았을 때 염구가 마침 위(衛)나라에 있다가 공자를 대신하여 비단 한 속(束)과 네 필의 말을 가지고 공자의 명을 받드는 것으로 가장하고 문상을 갔다. 공자가 이를 듣고 말하였다. "일 처리가 이상하구나! 공연히 나로 하여금 백고에게 예를 갖추지 못하게 한 사람이 바로 염구(冉求)였구나."

| 原文

　　伯高死於衛, 赴於孔子. 子曰: "吾惡乎哭諸? 兄弟, 吾哭諸[1] 廟; 父之友, 吾哭諸廟門之外; 師, 吾哭之寢; 朋友, 吾哭之寢門之外; 所知, 吾哭之諸野. 今於野則已疏, 於寢則已重. 夫由賜也而見我[2], 吾哭於賜氏." 遂命子貢爲之主. 曰: "爲爾哭也來者, 汝拜之; 知伯高而來者, 汝勿拜." 旣哭, 使子張往弔焉. 未至, 冉求在衛, 攝束帛, 乘馬而以將之[3]. 孔子聞之, 曰: "異哉! 徒[4]使我不成禮於伯高者, 是冉求也."

| 注釋

1) 諸: "之於"의 합음(合音). 이 기록은 또 『예기』「단궁(檀弓)상」에도 보인다. 2) 夫由賜也而見我: 백고(伯高)는 자공(子貢)을 통하여 나를 알게 되었다. '由'는 통하여. '賜'는 단목사(端木賜) 즉 자공을 가리킨다. '見'은 만나다, 알다. 3) 攝束帛, 乘馬而以將之: 염구(冉求)가 공자를 대신하여 비단 한 묶음과 네 필의 말을 가지고 공자의 명을 받드는 것으로 가장하고 문상을 갔다. '攝'은 대리하다. '束帛'은 비단 다섯 필이 1속(束)이고 필마다 양쪽 끝을 말아 올리니 10단(端)이다. '乘'은 옛날 네 마리 말이 끄는 수레를 1승(乘)이라 했다. '將'은 명을 받들다. 4) 徒: 공연히, 쓸데없이.

42-29

자로가 누이의 복상(服喪)을 하며 상복을 벗어도 될 때가 되었는데도 벗지 않았다. 공자가 물었다. "어찌 상복을 벗지 않느냐?"

자로가 말하였다. "저는 형제가 적어 차마 벗지 못하는 것입니다."

공자가 다시 말하였다. "인의(仁義)의 도를 행하는 사람들은 모두 차마 못하는 마음이 있다. 선왕(先王)이 예의(禮儀)를 제정할 때 더욱 잘하고자 하는 경우 격을 낮추어 예에 따르게 하고, 제대로 하지 않는 경우 힘을 다하여 예에 미치도록 만든 것이다."

자로가 이를 듣고 곧 상복을 벗었다.

| 原文

子路有姊之喪[1], 可以除之矣, 而弗除.

孔子曰: "何不除也?"

子路曰: "吾寡兄弟, 而弗忍也."

孔子曰: "行道[2]之人皆弗忍. 先王制禮, 過之者俯而就[3]之, 不至者企而及[4]之."

子路聞之, 遂除之.

| 注釋

1) 有姊之喪: 누이의 복상(服喪)을 가리킨다. 예제(禮制)의 규정에 누이가 시집을 가 죽으면 형제들은 대공(大功) 9개월의 복상을 해야 한다. 이 기록은 또 『예기』「단궁(檀弓)상」에도 보인다. 2) 道: 인의지도(仁義之道)를 가리킨다. 3) 俯而就: 곧 부취(俯就)인데, 격을 낮추어 나아가는 것이다. 4) 企而及: 곧 기급(企及)인데, 힘을 다하여 가다, 따라가길 바라보다는 것이다. '及'이 사고본과 동문본에는 '望'으로 되어 있다.

42-30

백어가 어머니 복상(服喪)을 하며 1주년이 되었는데도 여전히 곡을 하였다. 공자가 이를 듣고 물었다. "울고 있는 자가 누구냐?" 문인들이 대답하였다. "공리(孔鯉)입니다." 공자가 말하였다. "아! 너무 심하구나. 예에 맞지 않는다." 백어(伯魚)가 이를 듣고 곧 상복을 벗고 곡을 하지 않았다.

| 原文

伯魚之喪母[1]也, 期[2]而猶哭. 夫子聞之曰: "誰也?" 門人曰: "鯉

也." 孔子曰: "嘻! 其甚也, 非禮也." 伯魚聞之, 遂除之.

注釋

1) **伯魚之喪母**: 백어(伯魚)가 모친의 복상(服喪)을 하다. 백어는 즉 공리(孔鯉)로 공자의 독자(獨子)이다. 백어의 어머니는 병관씨(幷官氏)이다. 예제에 의하면 아버지가 살아 있으면 어머니를 위한 복상(齊衰)으로 1년의 상복을 입는다. 이 기록은 또 『예기』「단궁(檀弓)상」에도 보인다. 2) **期**: 1주년(周年). 『서(書)』「요전(堯典)」에, "'기(期)'는 366일이다."고 했다.

42-31

위(衛)나라 공(公)이 그의 대부를 시켜서 노나라 계씨(季氏)에게 혼인을 청하자 계환자(季桓子)가 이에 대한 예를 공자에게 물어 왔다.

공자가 말하였다. "같은 성(姓)의 사람은 동일한 종족(宗族)으로서 족인(族人)들이 회합(會合)한다는 뜻이 있으므로, 같은 성으로 맺어진 이들은 서로 구별하지 않고, 모여 음식을 나눌 때에도 어떤 차별도 하지 않는 것입니다. 이들은 아무리 백 세대가 지났다 하더라도 통혼할 수 없게 되어 있으니 주나라의 제도가 이같이 규정되었기 때문입니다."

계환자가 말하였다. "노나라와 위(衛)나라의 선조는 비록 같은 형제이기는 하였지만 현재의 혈연관계는 이미 매우 소원(疏遠)하여 졌으니 통혼할 수 있지 않을까요?"

공자가 말하였다. "이는 절대로 예제(禮制)에 맞지 않습니다. 무릇 위로 선조(先祖)와 선공(先公)의 명분과 위차(位次)를 다스린 것은 이를 통해 존친(尊親)을 높이 받들기 위함입니다. 아래로 자손의 친소원근과 계승관계를 다스린 것은 이를 통해 가족을 친애하기 위함입니다. 곁으로 같은 종족의 형제를 다스린 것은 이를 통해 화목함을 가르치려는 것입니다. 이는 선왕(先王)이 바꿀 수 없도록 한 교훈입니다."

▎原文

衛公使其大夫求婚於季氏, 桓子問禮於孔子.

子曰: "同姓爲宗, 有合族之義, 故系¹⁾之以姓而弗別, 綴之以食而弗殊²⁾, 雖百世, 婚姻不得通, 周道然³⁾也."

桓子曰: "魯衛之先, 雖寡兄弟⁴⁾, 今已絶遠矣, 可乎?"

孔子曰: "固非禮也. 夫上治祖禰⁵⁾, 以尊尊⁶⁾之; 下治子孫, 以親親⁷⁾之; 旁治昆弟, 所以敎⁸⁾睦也. 此先王不易⁹⁾之敎也."

▎注釋

1) 系: 잇다, 연결하다. 『한서(漢書)』 「서전(敍傳)상」에, "고욱(高頊)을 잇는 후손이다."라 했고, 안사고(顔師古)의 주에 응소(應劭)를 인용하여 말하기를, "系는 잇다는 뜻이다."고 했다. 2) 綴之以食而弗殊: 왕숙의 주에, "임금은 족인에게 음식을 먹이는 예(禮)가 있는데, 비록 친함이 다하더라도 친족에게 먹이는 많고 적음을 다르게 하지 않는다"고 했다. 철(綴)은 연결하다, 합치다. 食은 동사로 ~에게 먹게 하다. 수(殊)는 같지 않다. 3) 然: 이와 같다, 이같이. 『논어』 「헌문(憲問)」에, "그러한가 어찌 그러하리오[其然, 豈其然乎?]"라 했다. 4) 寡兄弟: 적출(嫡出) 형제를 가리킨다. 노나라 시조 주공(周公)과 위(衛)나라 시조 강숙(康叔)은 모두 주 문왕(文王)과 태사(太姒) 사이에 태어난 아들이다. 유사한 용법으로 '과처(寡妻)'가 있다. 『시(詩)』 「대아(大雅)·사제(思齊)」에, "과처(寡妻)에게 법이 되다."라 했고, 정대중(程大中)의 『사서일전(四書逸箋)』권4에, "적처(嫡妻)는 오직 한 명이므로 과(寡)라 일렀다."고 했다. 5) 上治祖禰: 禰는 아버지가 죽은 뒤 종묘에 신주를 모실 때의 칭호이다. 『공양전(公羊傳)』 은공(隱公) 원년에, "혜공(惠公)이 누구냐 하면 은공(隱公)의 아버지이다."고 했고, 하휴(何休)의 주에, "살아있는 경우 부(父), 죽고 나면 고(考)라 부르고, 사당에 모시면 녜(禰)라 칭했다."고 했다. 6) 尊尊: 앞의 '尊'은 동사로서 존경한다는 의미이고, 뒤의 '尊'은 명사로써 존장(尊長), 존친(尊親)의 뜻이다. 7) 親親: 앞의 '親'은 동사로써 친애(親愛)의 의미이고, 뒤의 '親'은 명사로써 친인(親人)의 뜻이다. 8) 敎: 사고본과 동문본에는 '敦'으로 되어 있다. 9) 易: 변경하다, 바꾸다.

42-32

유약(有若)이 공자에게 물었다. "임금으로써 소원(疏遠)한 종친을 어떻게 대해야 합니까?"

공자가 말하였다. "모두 종족의 법칙규정이 있다. 때문에 가령 임금의 존귀한 신분이 백대(百代)가 지난다 해도 이같은 친속관계를 없앨 수 없는 것이다. 이는 친애의 정을 숭상하기 때문이다. 비록 동족으로서 친애의 정이 있다고 하더라도 감히 임금을 친척으로 대할 수는 없다. 이는 겸손함을 표시하기 위함이다."

原文

有若問於孔子曰: "國君之於百姓[1], 如之何?"

孔子曰: "皆有宗道[2]焉, 故雖國君之尊, 猶百世[3]不廢[4]其親, 所以崇愛也. 雖以[5]族人之親, 而不敢戚君[6], 所以謙也."

注釋

1) 百姓: 평민과 민중을 백성이라 함. 『논어』 「안연(顔淵)」에, "백성이 족하면 임금이 누구와 더불어 족하지 아니하며, 백성이 족하지 아니하면 임금이 누구와 더불어 족하시겠습니까(百姓足, 君孰與不足? 百姓不足, 君孰與足?)"고 하였다. 백성은 또 귀족에 대해 사용하는 총칭으로 백관을 가리키기도 한다. 예컨대 『시』 「소아(小雅)·천보(天保)」에, "여러 백성들[群黎百姓]."이라 했고, 『모전(毛傳)』에, "백성은 백관의 족성(族姓)이다."고 했다. 『국어』 「초어(楚語)하」에, "민(民)은 백관에 통철했다. 왕·공의 자제들의 자질(資質)이 말을 잘하고 듣기를 잘하여 관사(官司)의 일에 통철하면 성(姓)을 골라내려 그 관사의 일을 주관하게 하였으니 이것이 백성이다."라 했다. 왕공(王公)의 자제(子弟)를 백성으로 칭한 것이 백성의 본래의 뜻이다. 여기서는 임금과 소원(疏遠)한 종친[族衆]을 의미하며 일반 민중은 아니다. 사고본과 동문본에는 '同姓'으로 되어 있다. 2) 宗道: 종족 법칙. 道는 법칙, 준칙. 3) 世: 원래는 '姓'으로 되어 있는데 사고본과 비요본, 동문본에 근거하여 고쳤다. 4) 廢: 폐기하다. 단절하다. 5) 以: 사고본과 동문본에는 '於'로 되어 있다. 6) 不敢戚君: 왕숙의 주에, "戚은 親이다. 임금을 존경하기를 감히 친척처럼 할 수는 없다는 의미이다."고 했다.

43 곡례자하문 曲禮子夏問

┃序說

　이 편은 27절로 되어 있는데, 기록된 내용 대부분이 공자가 제자가 다른 사람의 예(禮)에 대한 질문에 답을 한 것으로 매우 사소하고 잡다하여, 많은 부분이 곡례(曲禮)의 범주에 속한다. 또 자하(子夏)의 묻는 것이 첫 장(章)에 나오기 때문에 편명을 '곡례자하문(曲禮子夏問)'이라 한 것이다.

　이 편의 거의 대부분은 상례(喪禮)와 관련된 이야기이다. 상례 중에 직면한 매우 많은 정황들에 대하여 공문(孔門)의 제자들이 그 의문을 묻고 공자가 대답하면서 완곡하게 혹은 직접적으로 자신의 견해를 말한 것이다. 매우 사소하고 잡다한 의례의 절차에 담긴 심층적인 예의(禮義)의 발굴은 고금의 예의(禮儀)와 예제(禮制)의 차이가 반영하는 서로 다른 정신에 대한 설명으로서 번거롭고 잡다한 것처럼 보인다. 하지만 실제로는 예에 깊이 통달한 문화대사(文化大師)로서의 공자의 참 정신을 꼭 맞게 반영하고 있다. 그 가운데 곳곳에 공자의 지혜가 번득이는데, 인자애인(仁者愛人), 중용중도(中庸中道), 착한 것을 택하여 따른다[擇善而從], 이로움을 추구하면서도 해로움을 피한다[明哲保身], 의(義)를 중시하고 이(利)를 가볍게 여긴다[重義輕利] 등이 그것이다. 예를 들면, 계씨가(季氏家)에서 여번(璵璠)을 사용하지 않고 빈렴(殯殮)하는 것을 막은 것에 대하여 공자는 참월할 수 없는 원인이 단지 존비등급에만 있는 것이 아니라 더욱 중요한 것은 참월은 화를 쉽게 부르기 때문이라 여겼기 때문이다. 이는 『역전(易傳)』중의 공자의 "보관을 허술하게 하는 것은 도적을 일깨우는 것이고, 용모를 치장하는 것은 간음을 일깨우는 것이다[慢藏誨盜, 冶容誨淫]"라는 사상과 일치한다. 공자의 경강(敬姜)에 대한 높은 평가, 안영(晏嬰)에 대한 칭찬, 양호(陽虎)에 대한 용인, 계씨에 대한 야유(揶揄) 등 곳곳에서 공자의 예(禮)에 대한 깊은 이해와 실천을 구체적으로 나타냈다. 그밖에 옛 관사(館舍) 주인에 대한 깊은 정, 집이 없는 손님에 대한 후의(厚意)는 공자가 지닌 인자(仁者)의 풍모를 반영하는 것이다. 상사(喪事) 중의 "슬퍼하되 몸을 상하게 하지 마라[哀而不傷]"는 주장은 공자의 지자(智者)로서의 기상을 설명하는 것이며 공자와 『효경(孝經)』사상의 모종 관련을 드러내는 것이다. 은주(殷周) 두 시대의 예제가 지닌 장, 단점에 대하여 좋은 것을 택하여 따른 것은 공자의 중용(中庸) 사상을 구체적으로 드러내는 것뿐만이 아니라 전통에 대한 총괄, 예제(禮制)에 대한 손익이라는 공자의 역사문화관을 반영하는 것이기도 하다.

   이 편의 내용은 『좌전』,『국어』,『예기』등에 산견(散見)되지만, 일부 내용은 다른 서적에 보이지 않는다. 이 편과 다른 문헌의 참조에 근거하여 공자와 그의 제자들의 사상 특히 예(禮)에 관한 사상을 살펴볼 수 있을 뿐만 아니라 그 중 일부 자료들과 기타 문헌의 기록이 일치하지 않는 것은 우리들로 하여금 현안이면서 해결되지 않는 공안(公案)을 다시 새롭게 살필 수 있게 한다. 예컨대, 공자가 중도재(中都宰)에 임명된 시간, 금장(琴張)과 금뢰(琴牢)의 동일인 인지의 여부, 공자가 모친상을 당했을 때의 연령 등이다. 그밖에 공자가 여러 차례 칭한 "노담(老聃)에게 물었다."고 한 언급은 이 책의 기타 편장(篇章)에 기록된 내용을 참조하여 공자와 노자의 관계에 대한 연구에 새로운 사고의 기초를 제공하기도 한다. 당연히 어떤 자료의 신뢰성은 여전히 진지한 판별이 필요하다. 예컨대 노 정공(魯定公)이 안회(顏回)를 문상했다는 사실은 아마도 옮겨 적는 과정에서 잘못되었을 것이다.

43-1

자하(子夏)가 공자에게 물었다. "부모를 죽인 원수에 대하여 어떻게 해야 합니까?"

공자가 말하였다. "풀로 만든 자리에서 방패를 베개로 삼고 벼슬을 하지 않으며 그와는 하늘을 함께 할 수 없다고 여겨야 한다. 조정이나 거리에서 그를 만나게 되면 즉각 몸에 지닌 병기를 가지고 싸워야 할 것이다."

자하가 말하였다. "형제를 죽인 원수에 대하여 어떻게 해야 합니까?"

공자가 말하였다. "벼슬은 하되 같은 나라에서 하지 말고, 임금의 명령을 받들어 다른 나라에 사신으로 갔다가 그 원수를 만났더라도 싸워서는 안된다."

자하가 말하였다. "청하여 여쭙건대, 사촌 형제를 죽인 원수에 대하여는 어떻게 해야 합니까?"

공자가 말하였다. "자기가 가장 먼저 나서지 말고, 죽은 사람의 가족이 원수를 갚을 수 있다면 무기를 잡고 그 뒤를 따르면 된다."

原文

子夏問於孔子曰: "居[1]父母之仇, 如之何?"

孔子曰: "寢苫枕干[2], 不仕, 弗與共天下也. 遇於朝市, 不返兵而鬪[3]."

曰: "請問居昆弟之仇, 如之何?"

孔子曰: "仕, 弗與同國, 銜君命而使[4], 雖遇之不鬪."

曰: "請問從[5]昆弟之仇, 如之何?"

曰: "不爲魁[6], 主人[7]能報之, 則執兵[8]而陪其後."

注釋

1) 居: 처하다. 여기에서는 '대하다'는 의미이다. 이 기록은 또 『예기』「단궁(檀弓)상」에도 보인다. 2) 寢苫枕干: 점(苫)은 이엉을 이어 만든 자리이다. 상을 당했을 때 효자

는 그 위에서 잔다. '干'은 방패. 왕숙의 주에, "干은 방패(楯: 사고본에는 '盾'이라 되어 있다)이다."고 했다. 3) 不返兵而鬪: 왕숙의 주에, "병기(兵器)를 항상 몸에서 놓지 않는다."고 했다. 兵은 병기이다. 4) 銜君命而使: 임금의 명령을 받아 다른 나라에 사신으로 가다. 함(銜)은 받다, 받들다. '銜君'이 사고본과 동문본에는 '禦國'으로 되어 있다. 5) 從: 사고본과 동문본에는 '從父'로 되어 있다. 6) 魁: 우두머리, 수령. 7) 主人: 여기서는 죽은 사람의 가족을 가리킨다. 8) 執兵: 동문본에는 '執'으로만 되어 있다.

43-2

자하가 물었다. "삼년상을 치르면서 졸곡(卒哭)의 시기가 되었는데 전쟁의 일을 피하지 않는 것이 예(禮)에 맞는 것입니까? 처음에 유사(有司)가 규정한 것입니까?"

공자가 말하였다. "하후씨(夏后氏) 때에는 삼년상을 당하면 빈례(殯禮)를 치른 후 관직에서 물러나고, 은나라 때에는 장례를 치른 다음에 관직에서 물러났으며, 주나라 때에 와서는 졸곡을 하고 나서 관직에서 물러났다. 옛『기(記)』에 말하기를, '군자는 다른 사람의 친정(親情)을 박탈할 수 없고, 또 다른 사람의 부모의 상을 치를 권리를 박탈할 수 없다.'고 한 것이다."

자하가 말하였다. "전쟁을 피하지 않은 것이 예에 맞지 않는 것입니까?"

공자가 말하였다. "내가 노담(老聃)에게 들으니 '노공(魯公) 백금(伯禽)이 졸곡의 시기에 출정하여 정벌한 것은 부득이한 일이었기 때문이다'고 했다. 오늘날에는 삼년상을 마치기도 전에 사적인 이익을 위해 전쟁에 나선다고 하는데 나는 알지 못한다."

原文

子夏問: "三年之喪旣卒哭¹⁾, 金革²⁾之事無避, 禮與? 初有司³⁾爲之乎?"

孔子曰: "夏后氏之喪三年, 旣殯而致事⁴⁾, 殷人旣葬而致事, 周人旣卒哭而致事⁵⁾. 『記』⁶⁾曰: '君子不奪人之親, 亦不奪故⁷⁾也.'"

子夏曰: "金革之事無避[8], 非與?"

孔子曰: "吾聞諸[9]老聃曰: '魯公伯禽有爲爲之也[10].' 今以三年之喪從利者[11], 吾弗知也."

注釋

1) **三年之喪既卒哭**: 3년상은 부모의 상이다. '卒哭'은 옛날 상례(喪禮)에 100일 동안 제(祭)를 지낸 이후에, 수시로 하던 곡을 그치고 아침 저녁으로 한 번씩만 곡을 한다고 하여 '卒哭'이라 한 것이다.『의례(儀禮)』「기석례(旣夕禮)」에, "삼우(三虞)에 졸곡(卒哭)한다."고 했고, 주에, "졸곡은 삼우 후의 제명(祭名)이다."고 했다. 이 기록은 또『예기』「증자문(曾子問)」에도 보인다. 2) **金革**: 무기를 말한다. 金은 병과(兵戈)류이고, 革은 갑주(甲冑)류이다. 3) **有司**: 관리. 고대에는 관리를 두고 직(職)을 나누었으므로 이같이 칭한다. 왕숙의 주에, "有司는 해당 직무를 맡은 관리이다."고 했다. 4) **致事**: 원래는 '致仕'로 되어 있는데 사고본과 동문본에 근거하여 고쳤다. 둘 다 같은 뜻이다. 5) **周人旣卒哭而致事**: 왕숙의 주에, "치사(致事)는 임금에게서 물러남이다. 졸곡(卒哭)은 수시로 하던 곡을 그친다는 뜻이다. 대부는 석 달만에 장례를 치루고, 석 달[三: 사고본에는 '正'으로 잘못되어 있다]만에 졸곡한다. 사(士)는 장례를 마치면 졸곡한다."고 했다. 치사(致事)는 '致仕'와 같다. 나이가 들어 관직에서 물러나는 것을 말한다. 6) 『記』: 선진(先秦)시대의『예(禮)』에 관한 전기(傳記). 7) **亦不奪故**:『예기』「증자문(曾子問)」에, "亦不可奪親"이라 되어 있다. '故'는 병고(病故). 여기서는 부모의 상을 가리킨다. 8) **無避**: 사고본과 동문본에는 이 뒤에 '者' 자가 있다. 9) **諸**: 사고본과 동문본에는 없다. 10) **魯公伯禽有爲爲之也**: 왕숙의 주에, "백금(伯禽)이 모친상을 당했을 때[伯禽有母之喪: 之 자가 사고본에는 없다] 동방에 융(戎)이 있어 불의한 짓을 저질렀는데, 백금은 방백(方伯)으로서 주벌(誅伐)하지 않을 수 없었다."고 했다. 11) **今以三年之喪從利者**: '今'이 원래는 '公'으로 되어 있었는데 사고본, 비요본, 동문본에 근거하여 고쳤다. '從利者'는 전쟁을 통하여 사리(私利)를 취할 계략을 기도하는 것을 가리킨다.

43-3

자하(子夏)가 공자에게 물었다. "옛『기(記)』에 말하기를 '주공(周公)이 성왕(成王)을 도울 때에 세자(世子)의 예로 가르쳤다'고 하였는데, 그런 일이 있습니까?"

공자가 말하였다. "옛날 성왕이 자리를 이어 받았지만 나이가 어려 직접 조정에 나아가 천자의 직책을 이행할 수 없었다. 주공이 대신 정치를 맡아 천하를 다스리고 세자의 법을 들어 백금(伯禽)에게 행하였는데, 이는 성왕으로 하여금 부자와 군신의 도리를 알도록 하여 성왕을 더욱 착하게 만들기 위함이었다. 무릇 어떻게 하는 것이 자식의 도리인가를 알고 난 연후에야 아비 노릇을 할 줄 알게 되는 것이며, 어떻게 하는 것이 신하의 도리인가를 알고 난 연후에야 임금 노릇을 할 줄도 알게 되는 것이며, 어떻게 하는 것이 남을 섬기는 것인가를 알고 난 연후에야 남을 부릴 줄도 알게 되는 것이다. 그런 까닭에 세자의 법을 들어 백금에게 시행하여 성왕으로 하여금 부자와 군신과 장유(長幼)의 도리를 알도록 한 것이다. 무릇 임금은 세자에 대하여 혈연으로는 아비가 되고, 존엄한 지위로는 임금이 된다. 아비로서의 친정(親情)이 있고 임금으로서의 존엄함이 있은 후에라야 천하를 겸하여 가질 수 있는 것이니 진실로 신중히 하지 않을 수 없는 것이다. 한 가지 일을 잘하여 세 가지 좋은 것을 얻는다고 했는데 말하면, 세자가 학교에서는 연령에 따르지 존비(尊卑)에 따라 순서를 매기지 않는다. 세자가 학교에서 연령에 따르는 것을 국인(國人)들이 보고 말하기를, '이 분이 장차 우리 임금이 되어서는 우리들에게 연령에 따라 겸양을 보일 터인데 이는 무엇 때문인가'라고 하니 어떤 사람이 말하기를 '왜냐하면 그의 아버지가 계시니 예를 그같이 하는 것이다.'고 하였다. 이처럼 모두가 부자의 도리를 알게 된다. 국인들이 또 말하기를 '이 분이 장차 우리 임금이 되어서는 우리들에게 연령에 따라 겸양을 보일 터인데 이는 무엇 때문인가?'라고 하니 또 어떤 사람이 대답하기를, '그의 임금이 계시니 예를 그같이 하는 것이다.'고 하였다. 이처럼 모두가 군신의 도리를 알게 된다. 국인이 다시 말하기를, '이 분이 장차 우리 임금이 되어서는 우리들에게 연령에 따라 겸양을 보일 터인데 이는 무엇 때문인가?'라고 하니, 어떤 사람이 대답하기를, '나이가 많은 사람을 존경하기 위하여 예를 그같이 하는 것이다.'고 하였다. 이처럼 모두가 장유의 도리를 알게 된다. 때문에 아버지가 살아 있을 때에는 그는 아들이고, 임금이 살아 있을 때에는 그는 신하이다. 그가 자식과 신하의 위치에 있기에 임금을 존중하고 부모를 친애하는 것이다. 학교에서는 부자(父子)로서의 도리, 군신으로서의 도리, 장유로서의 도리를 배운다. 부자, 군신, 장유의 도리를 얻고 난 연후에야 나라가 다스려지는 것이다. 옛 말에 이르기를, '악정(樂正)은 학업을 맡고, 부사(父師)는 덕행을 책임진다. 세자 한 사람이 착하면 온 천하가 태평하게 된다.'고 하는 것은 세자를 두고 한 말이다. 내가 듣기에 '남의 신하가 되어서는 자신의 목숨을 바쳐서라도 임금에게 유익한 일을 해야 한다.'고 했으니 하물며 죽지 않고서도 임금에게 유익하게 한다면 어떠하겠는가? 이러한 점에서 주공(周公)이 한 일이 가장 훌륭하다."

▮原文

　　子夏問於孔子曰: "『記』云, 周公相成王, 敎之以世子之禮, 有諸?"

　　孔子曰: "昔者成王嗣立, 幼, 未能涖阼[1], 周公攝政而治, 抗[2]世子之法於伯禽, 欲王之知父子, 君臣之道, 所以善[3]成王也. 夫知爲人子者, 然後可以爲人父[4]; 知爲人臣者, 然後可以爲人君; 知事人者, 然後可以使人. 是故抗世子法於[5]伯禽, 使成王知父子, 君臣, 長幼之義焉. 凡君之於世子, 親則父也, 尊則君也, 有父之親, 有君之尊, 然後兼天下而有之, 不可不愼也. 行一物而三善皆得[6], 唯世子齒於學[7]之謂也, 世子齒於學, 則國人觀之. 曰: '此將君我, 而與我齒讓, 何也?' 曰: '有父在, 則禮然.' 然而衆知父子之道矣. 其二[8]曰: '此將君我, 而與我齒讓, 何也?' 曰: '有君[9]在, 則禮然.' 然[10]而衆知君臣之義矣. 其三曰: '此將君我, 而與我齒讓, 何也?' 曰: '長長[11]也, 則禮然.' 然而衆知長幼之節矣. 故父在斯爲子, 君在斯爲臣, 居子與臣之位, 所以尊君而親親也. 在學, 學之爲父子焉, 學之爲君臣焉, 學之爲長幼焉. 父子, 君臣, 長幼之道得, 而後國治. 語¹²⁾曰: '樂正司業¹³⁾, 父師司成¹⁴⁾, 一有元良, 萬國以貞¹⁵⁾, 世子之謂. 聞之曰: '爲人臣者, 殺其身而¹⁶⁾有益於君則爲之.' 況於¹⁷⁾其身以善其君乎, 周公優爲¹⁸⁾也."

▎注釋

1) 蒞阼: 조정에 임하여 정사를 다스림. 리(蒞)는 '涖'와 같다. 다스리다. 통치하다, 관리하다. 조(阼)는 동쪽 계단. 고대에는 천자, 제후, 대부, 사(士)들은 모두 섬돌[계단]을 주인의 자리로 삼았다. 조근(朝覲)이나 빈객(賓客)을 맞을 때, 제사를 지낼 때 모두 이곳을 이용하였다. 천자가 임금의 지위에 오르는 것을 천조(踐祚)라고 한다. 이 기록은 또 『예기』「문왕세자(文王世子)」에도 보인다. 2) 抗: (사례를)들다. 『예기』「문왕세자」의 육덕명(陸德明)의 석문(釋文)과 정현(鄭玄)의 주 참조. 3) 善: 아름답다, 좋다. 여기서는 피동형으로 사용되었다. ~로 하여금 좋게 하다의 의미. 『서경』「함유일덕(咸有一德)」의, "주된 것은 선(善)을 모범으로 삼아야 한다[主爲善師]"에 대하여 채침(蔡沈)『집전(集傳)』에 이르기를, "선(善)은 덕을 세움이다."라고 했다. 4) 夫知爲人子者, 然後可以爲人父: 사고본과 동문본에는 양쪽의 '人' 자가 모두 없다. 5) 於: 사고본과 동문본에는 없다. 6) 行一物而三善皆得: 한 가지 일을 잘 함으로써 세 가지 좋은 결과를 얻음. 삼선(三善)은 윗 문장의 부자(父子), 군신(君臣), 장유(長幼)의 의(義)를 가리킨다. '三善皆得'이 사고본과 동문본에는 없다. 7) 齒於學: 학교에서는 연령의 많고 적음에 따르지 존비(尊卑)나 등급에 따라 순서를 매기지 않는다. "齒는 연령으로 장유(長幼)의 순서이다."고 했다. 『제자평의(諸子平議)』「관자(管子)5」에 "나이의 순서대로 음식물을 채워주대[同嗛以齒]"고 한 부분의 유월(兪樾)의 안(按)에 보인다. 8) 二: 원래는 '一'로 되어 있지만 사고본과 동문본에 근거하여 고쳤다. 9) 君: 총간본(叢刊本) 등에 모두 '臣'으로 되어 있지만 『예기』에 근거하여 고쳤다. 10) 然: 원래는 없었지만 사고본과 동문본에 근거하여 보완했다. 11) 長長: 자기보다 연장자를 존경함. 앞의 '長' 자는 존숭(尊崇), 존경(尊敬)의 뜻이고, 뒤의 '長' 자는 연장자의 뜻이다. 12) 語: 고어(古語). 13) 樂正司業: 악정(樂正)은 학업을 책임진다. 『주례(周禮)』에 보면, 대악정(大樂正)은 대학(大學)을 맡고, 소악정은 소학(小學)을 맡았다. 『예기』「왕제(王制)」에, "악정(樂正)은 네 가지 술(術)을 존숭하고 네 가지 가르침을 세운다. 선왕이 남긴 『시(詩)』, 『서(書)』, 『예(禮)』, 『악(樂)』의 가르침에 따라 사(士)를 양성하는데, 봄과 가을이면 『예』, 『악』을 가르치고, 겨울과 여름에는 『시』, 『서』를 가르친다. ……장차

학업을 마치고 나가려 할 때는 소서(小胥), 대서(大胥), 소악정(小樂正)이 그 가르침을 따르지 않은 자를 가려서 대악정(大樂正)에게 보고한다."고 했고, 『예기』「문왕세자(文王世子)」공안국의 소(疏)에, "악정(樂正)은 태자의 『시』, 『서』의 학업을 주관한다."고 했다. 14) 父師司成: 왕숙의 주에, "사(師)에게는 부도(父道)가 있어 사람으로서의 도리를 이루게 한다."고 했다. 부사(父師)는 태자의 사부(師傅)이다. 『예기』「문왕세자」공안국의 소(疏)에 "부사(父師)는 태자가 그의 덕행을 성취하는 것을 주관한다."고 했다. 15) 一有元良, 萬國以貞: 元良은 大善이다. 『서』「태갑하(太甲下)」에, "일인(一人)이 크게 선하면 만방이 바르게 된다[一人元良, 萬邦以貞]."고 했는데, 천자를 가리킨다. 본 구절 아래에 있는 "世子之謂"는 곧 태자, 세자를 가리킨다. 후에 원량(元良)은 태자의 대칭(代稱)이 되었다. 왕숙의 주에, "일(一)은 천자를 이르고, 원선(元善)은 태자이다."고 했다. 정(貞)은 正이다. 16) 殺其身而: 사고본과 동문본에는 '曰殺其身'으로 되어 있다. 17) 扵: 왕숙의 주에, "於[사고본에는 이 글자 뒤에 '鄭氏讀爲迂' 다섯 자가 있다]는 넓다, 크다의 뜻이다."고 했다. 18) 優爲: 매우 잘함. 『예기』「문왕세자」의 이 구절에 대한 주빈(朱彬)의 『훈찬(訓纂)』에, "우(優)는 우수하다는 뜻이다."고 했다. 이 뒤에 있는 '也' 자가 사고본과 동문본에는 '之'로 되어 있다.

43-4

자하(子夏)가 공자에게 물었다. "임금의 어머니나 그 아내의 초상이 있는 경우 어떻게 해야 합니까?"

공자가 말하였다. "일상생활과 언어, 음식은 원래대로 평화롭고 안정되게 유지하고, 초상집에 있을 때에만 예에 맞는 상복을 입으면 된다."

자하가 또 물었다. "감히 여쭙건대 백모의 초상에는 어떻게 해야 합니까?"

공자가 말하였다. "백모나 숙모의 초상에는 자최(齊衰) 상복을 1년 입어야 하고, 곡을 할 때는 발이 땅에 떨어져서는 안 된다. 고모나 누나, 여동생의 초상에 있어서는 대공(大功) 상복을 9개월 입어야 하고, 곡을 할 때는 발이 땅에서 떨어져야 한다. 만일 이러한 것들을 안다면 예의를 따르는 것이라 할 수 있다."

原文

子夏問於孔子曰: "居君之母與妻之喪, 如之何?"

孔子曰: "居處, 言語, 飮食衎爾[1]. 於喪所, 則稱其服[2]而已."

"敢問伯母之喪, 如之何?"

孔子曰: "伯母, 叔母, 疏衰期[3], 而踊不絶地. 姑, 姉, 妹之大功[4], 踊絶於地. 若知此者, 由文[5]矣哉."

注釋

1) **衎爾**: 화락(和樂)하고 편안한 모양. 이 기록은 『예기(禮記)』「단궁(檀弓)상」, 「잡기(雜記)하」등에 각기 보인다. 2) **稱其服**: 예에 맞는 의복을 입음. '稱'은 알맞은, 꼭 맞는, 적합한. 3) **疏衰期**: 자최(齊衰) 상복(喪服)을 1년 입음. 소최(疏衰)는 즉 자최(齊衰)이고, '期'는 1주년. 4) **姑, 姉, 妹之大功**: 왕숙의 주에, "예(禮)에 근거하여 말하자면 문장의 의미는 당연히 고모의 자매를 말하는 것일 뿐이다. 매(妹) 위에 장고(長姑) 자가 있다."고 했다. '大功'은 상복으로 입는 오복(五服)의 하나인데, 9개월 상복을 입는다. 익힌 삼베로 만들어 입고 자최보다는 가늘고, 소공(小功)과 비교하면 거칠기 때문에 대공(大功)이라 칭한다. 옛 적에는 당형제(堂兄弟)와 미혼의 당제매(堂姉妹), 이미 결혼한 고모, 자매, 질녀, 중손(衆孫), 중자부(衆子婦), 질부(姪婦) 등의 초상에도 모두 대공을 입었다. 결혼한 여식의 경우에도 백부, 숙부, 형제, 조카, 미혼 고모, 누이동생, 질녀 등의 초상에 대공을 입었다. 5) **由文**: 예문(禮文)을 따름. '由'는 따름. '文'은 예문(禮文), 예법(禮法).

43-5

자하가 공자에게 말하였다. "무릇 초상을 치루면서 소공(小功) 이상의 상복을 입을 경우 우제(虞祭), 부제(祔祭), 연사(練祀), 소상(小祥), 대상(大祥)을 지낼 때에는 모두 목욕을 해야 하며, 삼년상에 있어서 아들 된 자는 비통한 마음을 다해야 합니까?"

공자가 말하였다. "어찌 제사 때만 그러하겠느냐? 삼년상에 있어서는 몸에 종기만 있어도 목욕을 해야 하고 머리에 부스럼만 있어도 머리를 감아야 하며, 병이 있어 약해지면 술도 마시고 고기도 먹어야 한다. 만약 너무 슬퍼하기만 하다가 병이 생기게 되는 일은 군자가 하지 않는 것이다. 너무 슬퍼하다가 몸을 망쳐 죽게 되면 후사가 끊긴다고 여기기 때문이다. 따라서 제사를 지낼 때에 목욕을 하는 것은 재계(齋戒)하기 위함이지 몸을 치장하기 위함이 아니다."

原文

子夏問於夫子曰: "凡喪小功¹⁾已上, 虞, 祔, 练, 祥之祭²⁾沐浴? 於三年之喪, 子則盡其情矣?"

孔子曰: "豈徒祭而已哉? 三年之喪, 身有瘍³⁾則浴, 首有瘡則沐, 病則飮酒食肉. 毀瘠而病⁴⁾, 君子不爲也, 毀則死者, 君子爲之無子⁵⁾, 則⁶⁾祭之沐浴, 爲齊潔⁷⁾也, 非爲飾也."

註釋

1) 小功: 고대의 상복(喪服) 오복(五服)의 하나로써 비교적 거친 숙포(熟布)로 만들었다. 상복을 입는 기간은 5개월이다.『의례(儀禮)』「상복(喪服)」에, "小功은 형제의 상복이다."고 했다. 이 기록은 또『예기』「잡기(雜記)하」에도 보인다. 2) 虞, 祔, 練, 祥之祭: 우제(虞祭)는 부모의 장례 후 혼을 맞이하여 빈궁에 모시는 제례이다.『의례』「기석례(旣夕禮)」의 '三虞'에 대한 정현(鄭玄)의 주에, "우(虞)는 상제(喪祭)의 이름이다. 虞는 안치한다."고 했는데 가공언("賈公彦)의 소(疏)에, "상주인 효자가 장사를 치룰 때 영구를 모시고 갔다가 혼을 맞이하여 돌아오는데 혼이 불안해하기 때문에 삼우(三虞)를 두어 편안하게 하였다."고 했다. 부제(祔祭)는 새로 죽은 자를 조상과 합향(合享)하는 제사. 곡을 그친 다음 날 죽은 사람의 신주를 조상 사당에 봉안하는데 이를 부제라 이른다. 제사가 끝나면 신주를 모시고 집으로 돌아와 대상(大祥)을 기다렸다가 그 후에 비로소 사당에 들인다. 연제(練祭)는 즉 소상(小祥)으로써 부모 사후 13개월이 지나 지내는 제사인데 이 날은 연포(練布)로 관복(冠服)을 만들었다고 하여 이를 제사 이름으로 하였다. 상제(祥祭)는 '大祥'과 '小祥'으로 나눈다.『예기』「간전(間傳)」에, "부모의 상에 ....1년 만에 소상의 상복을 입고...... 또 1년 만에 대상의 상복을 입는다."고 했다. 또『예기』「잡기(雜記)하」에, "상복을 입는 기간이 11개월은 연(練), 13개월은 상(祥), 15개월은 담(禫)이라 한다."고 했다. 3) 瘍: 부스럼, 등창, 종기

등의 통칭. 상처. 4) **毁瘠而病**: 지나치게 슬퍼하다가 초췌해져 병이 남. 훼(毁)는 옛날 초상을 치루는 기간에 슬픔이 지나쳐 건강을 해치는 것을 가리킴. 척(瘠)은 질병때문에 초췌하여 야윔. 사고본과 동문본에는 '而' 자 뒤에 '爲' 자가 있다. 5) **君子爲之無子**: 군자가 후사가 끊긴다고 여김. '爲'는 '謂'와 같은 뜻으로, 여기다, 생각하다. 『讀書雜志·餘編上·呂氏春秋』의 "선을 행하는 바이나 사벽함을 따른다[所爲善, 而從邪辟]"에 대한 왕염손(王念孫) 안문(按文) 참조. '無子'는 사고본에 없다. 6) **則**: 사고본과 동문본에는 '且'로 되어 있다. 7) **齊潔**: 즉 재계(齋戒). 『주례(周禮)』「추관(秋官)·사씨(蠟氏)」에, "무릇 국인의 큰 제사[凡國人之大祭祀]"에 대한 가공언(賈公彥)의 소(疏)에, "제사를 지내는 사람은 모두 재계하는데, 제(齊)는 깨끗이하여 더러운 것이 보이지 않게 하고자 함이다."고 했다.

43-6

자하가 공자에게 물었다. "빈객(賓客)이 왔을 때 머물 곳이 없는데도 선생님께서는 '내 집에 살도록 하라'고 하셨고, 빈객이 죽어 그의 빈소를 차릴 곳이 없자 선생님께서는 '내 집에 빈소를 정하라' 하셨습니다. 감히 여쭙건대 이렇게 하는 것이 예제(禮制)의 규정입니까? 아니면 선생님의 인애(仁愛)의 마음이 그렇게 하도록 한 것입니까?"

공자가 말하였다. "내가 노담(老聃)에게 듣기로 '빈객을 초대하였거든 그로 하여금 마치 자기 집에 사는 것처럼 느끼도록 하라. 어찌 자기 집에 살고 있으면서 빈소가 없을 수 있겠느냐?'고 했다. 무릇 어진 자는 예제를 제정하는 사람이다. 그러므로 어진 사람은 예제를 잘 살피지 않으면 안 된다. 예제는 마음대로 혼동해서 안 되고, 마음대로 다르게 해서도 안 되며, 멋대로 더하거나 줄여서도 안되며, 그 주지(主旨)에 적합하도록 해야 맞다. 때문에 이르기를, '내가 전쟁을 하면 승리할 것이고, 제사를 지내면 복을 받는다.'고 한 것은 대체로 그안에 도리를 제대로 알고 있는 것에서 말미암은 것이다."

■原文

　子夏問於孔子曰: "客至無所舍, 而夫子曰: '生於我乎館, 客死無所殯矣.' 夫子曰: '於我乎殯'.[1] 敢問禮與? 仁者之心與?"

　孔子曰: "吾聞諸老聃曰: '館人, 使若有之, 惡有有之[2]而不得殯乎.' 夫仁者, 制禮者也. 故禮者不可不省[3]也. 禮不同不異, 不豊不殺[4], 稱其義以爲之宜. 故曰: '我戰則克, 祭則受福', 蓋得其道矣."

■注釋

1) **客至無所舍, ...於我乎殯**: 이 구절이 『예기』「단궁(檀弓)상」에는 "賓客至, 無所館. 夫子曰: '生於我乎館, 死於我乎殯.'"으로 되어 있다. 사고본과 동문본에는 "客死無所殯" 뒤에 '矣' 자가 없다. 이 기록은 또 『예기』「단궁상」, 「예기(禮器)」에도 보인다. 2) **惡有有之**: 원래는 "惡有之, 惡有之"로 되어 있지만, 사고본에 근거하여 삭제하고 고쳤다. 3) **省**: 성찰하다. 4) **不豊不殺**: 더하지도 않고 줄이지도 않다. '豊'은 증가. '殺'은 감소.

▌43-7

　공자는 계씨(季氏)의 집에서 식사를 하게 되자 먼저 식제(食祭)를 올렸는데 계씨는 예를 잊고 축사를 하지 않았다. 공자는 먹지도 않고 마시지도 않고 주인의 음식을 찬미하기만 하였다. 자하(子夏)가 물었다. "이렇게 하는 것이 예제에 맞습니까?"

　공자가 말하였다. "예에 맞지 않지만, 주인을 따라서 했을 뿐이다. 내가 소시씨(少施氏)의 집에서 식사를 한 적이 있는데 배가 부르도록 먹은 것은 소시씨가 나를 초대하여 식사를 할 때에 매우 예(禮)를 차렸기 때문이었다. 내가 식제(食祭)를 지내려 하자 그는 일어나 사양하며 말하기를, '변변치 않은 음식이니 제사를 올리기에 부족합니다.'고 하였고, 내가 음식을 찬미하자 일어서서 사양하며 말하기를, '변변찮은 음식인지라 감히 그대의 몸을 상하게 하지 않았으면 합니다.'고 하였다. 주인이 예로써 접대하지 않으면 빈객 또한 감히 예를 다하여 대할 수 없는 것이고, 주인이 예를 다하여 빈객을 접대하면 빈객 또한 감히 예를 다하여 대하지 않을 수 없는 것이다."

原文

孔子食於季氏, 食祭¹⁾, 主人不辭. 不食亦²⁾不飮而飧³⁾, 子夏問曰: "禮也⁴⁾?"

孔子曰: "非禮也, 從主人也. 吾食於少施氏⁵⁾而飽, 少施氏食我以禮, 吾食祭, 作⁶⁾而辭曰: '疏食, 不足祭也.' 吾餐, 而作辭曰: '疏食, 不敢以傷吾子之性.' 主人不以禮, 客不敢盡禮; 主人盡禮, 則客不敢不盡禮也."

注釋

1) 食祭: 옛날에는 예(禮)에 의거하여 마시고 먹을 때에는 반드시 제사를 올렸다. 먹기 전에 먹을 음식으로 조상에게 제사를 올리는 것은 근본을 잊지 않는다는 것을 보이는 것이다. 이 기록은 『예기』「옥조(玉藻)」, 「잡기(雜記)하」에 보인다. 2) 亦: 사고본과 동문본에는 '客'으로 되어 있다. 3) 飧: '餐'과 같다. 여기서는 주인의 음식을 찬미하는 것을 가리킨다. 『문선(文選)』 왕검(王儉) 「제연비문(褚淵碑文)」에, "동야(東野)의 비보(秘寶)를 찬미했다[餐東野之秘寶]."의 이선(李善)의 주에, "餐은 美이다."라고 했다. 4) 也: 사고본과 동문본에는 '與'로 되어 있다. 5) 少施氏: 춘추시대 노나라의 귀족. 노 혜공(魯惠公)의 아들 시보(施父)의 후(後)가 되었다. 6) 作: 일어서다. 『예기』의 이 구절의 공소(孔疏)에, "作은 起이다."라고 했다.

43-8

자하(子夏)가 물었다. "대부의 가신을 지냈다가 후에 공(公)의 신하가 되었는데, 이전의 주인을 위해 상복을 입는 것이 예제(禮制)에 맞습니까?"

공자가 말하였다. "옛날에 관중은 도둑을 만났었는데 그들 중 두 사람을 뽑아 자신의 가신으로 삼았다가 후일 다시 제 환공(齊桓公)의 신하로 추천하며 말하기를, '이 두 사람은 사벽(邪辟)한 사람들과 교유하여 강도가 되었던 것이지 그들은 능력 있는 사람들입니다.'라고 하였고 환공이 승낙하였다. 관중이 죽었을 때 환공은 그들에게 관중을 위해 상복을 입도록 하였다. 대부의 가신이었던 사람이 대부를 위해 상복을 입는 것은 관중으로부터 시작된 일이며, 이는 임금의 명령이었기 때문이다."

▌原文

子夏問曰: "官於大夫¹⁾, 旣升²⁾於公, 而反爲之服³⁾, 禮與?"

孔子曰: "管仲遇盜, 取二人焉, 上之爲公臣⁴⁾, 曰: '所以遊, 辟者⁵⁾, 可人⁶⁾也.' 公許. 管仲卒, 桓公使爲之服⁷⁾. 官於大夫者爲之服, 自管仲始也, 有君命焉."

▌原文

1) **官於大夫**: 대부의 부하로 관직을 하다. 즉 대부의 가신(家臣)이 되다. 이 기록은 『예기』「잡기(雜記)하」에도 보인다. 2) **升**: 바치다. 뜻이 확대되어 '추천'의 의미로도 쓰인다. 『여씨춘추(呂氏春秋)』「맹하(孟夏)」에, "농부가 맥(麥)을 바쳤다[農乃升麥]."의 고유(高誘)의 주에, "升은 獻이다."라고 했고, 「맹추(孟秋)」에, "농부가 곡식을 올렸다[農乃升穀]"의 고유의 주에, "升은 進이다."라고 했다. 3) **服**: 복상(服喪). 4) **上之爲公臣**: 上은 바치다, 올리다. 公은 사고본과 동문본에는 없다. 5) **所以遊, 辟者**: 그와 교유하는 사람들은 사벽(邪辟)한 사람들이다. '以'는 '與'와 같다. 손성연(孫星衍)의 "태보(太保)가 서방(庶邦)의 군들과 나가서 폐백을 취하다[保乃以庶邦君出取幣]"에 보인다. 『예기』「잡기(雜記)하」에는 이 구절이 "其所與遊, 辟也"라고 되어 있어서 그 뜻이 비교적 길다. 辟은 원래 '僻'으로 되어 있었는데, 사고본과 동문본에 근거하여 고쳤다. 6) **可人**: 사람들을 만족시키는 사람, 능력있는 사람. 일설에는 사람들을 가련하게 하는 사람이라고 했다. 유월(俞樾)『제자평의(諸子平議)』「예기(禮記)3」의 이 구절에 대한 안문(按文)인, "가인(可人)은 가련하게 한다는 것이다[可人者, 可哀憐也]."에 보인다.
7) **服**: 원래는 없었지만, 사고본과 동문본에 근거하여 보완했다.

43-9

자공(子貢)이 부모의 상사(喪事)를 어떻게 해야 하는가를 물었다.

공자가 말하였다. "공경(恭敬)으로 하는 것이 가장 중요하고, 슬픔으로 하는 것이 그 다음이요, 겉보기에만 수척한 것이 가장 낮은 것이다. 얼굴빛은 진실한 정감에 맞아야 하고, 슬퍼하는 모습도 상복의 등차에 부합해야 한다."

자공이 또 물었다. "형제의 초상에는 어떻게 해야 합니까?"

공자가 말하였다. "이들 예의(禮儀)는 이미 서적에 쓰여 있다."

注釋

子貢問居父母喪.

孔子曰: "敬爲上, 哀次之, 瘠爲下, 顔色稱情, 戚容[1]稱服."

曰: "請問居兄弟之喪."

孔子曰: "則存乎書笧[2]已[3]."

注釋

1) 戚容: 슬퍼하는 표정. 이 기록은 또 『예기』「잡기(雜記)하」에도 보인다. 2) 書笧: 서책(書冊). 笧(책)은 '책(策)'과 같다. 3) 已: 어사(語辭)이다. 『예기』「제통(祭統)」의, "그럴 수 없을 따름이다[弗可得已]"의 공소(孔疏)에 보인다. 사고본과 동문본에는 '矣'로 되어 있다.

43-10

자공(子貢)이 공자에게 물었다. "은나라 사람은 하장(下葬) 후 묘지에서 조문을 하고, 주나라 사람은 장례 후 집으로 돌아와 사당에서 곡을 할 때 조문을 하는데 어찌하여 그렇습니까?"

공자가 말하였다. "하장 후 집으로 돌아와 사당에서 곡을 할 때 조문을 하는 것은 실제 상중에서 가장 비통한 때이다. 집으로 돌아온 후 선인(先人)이 보이지 않고 일체 모두가 소실되어 애통이 극에 달하므로 이 때 가서 조문을 하는 것이다. 죽음이란 사람의 마지막 일이다. 은나라 사람들의 방법은 지나치게 소박하여 나는 주나라 사람들의 예속(禮俗)에 찬동한다. 은

나라 사람은 연제(練祭)를 지낸 다음 날 사당에서 부제(祔祭)를 지냈으나, 주나라 사람들은 졸곡(卒哭)한 다음 날 사당에서 부제를 지낸다. 부제란 신명(神明)에 제사지내는 가장 중요한 큰일인데 주나라 사람들의 방법은 너무 급하게 서둘러 하는 것이므로 나는 은나라 사람들의 방법에 찬동한다."

┃原文

子貢問於孔子曰: "殷人旣窆¹⁾而吊於壙²⁾, 周人反³⁾哭而吊於家, 如之何?"

孔子曰: "反哭之吊也, 喪之至也. 反而亡矣, 失之矣. 於斯爲甚, 故吊之. 死, 人卒事也. 殷以愨⁴⁾, 吾從周. 殷人旣練之明日而祔於祖, 周人旣卒哭之明日祔於祖. 祔, 祭神之始事⁵⁾也, 周以戚⁶⁾, 吾從殷."

┃注釋

1) 窆: 하장(下葬). 관을 묘혈에 안장하는 것. 원래는 '定'으로 되어 있는데 진본(陳本)과 문헌집본(文獻集本)에 근거하여 고쳤다. 이 기록은 또『예기』「단궁(檀弓)하」에도 보인다. 2) 吊於壙: 묘혈의 옆에서 죽은 사람을 애도하고 살아 있는 사람을 위문한다. 조(吊)는 죽은 사람을 애도한다는 의미에서 파생되어 위문한다는 뜻으로 쓰임. 광(壙)은 묘혈. 분묘(墳墓)를 가리키기도 한다. 3) 反: '返'과 같다. 묘지에서 집으로 돌아오다. 4) 愨: 소박하다, 근신하다. 5) 始事: 근본, 가장 필요한 큰 일. 『국어(國語)』「진어(晉語)2」에, "무릇 굳건히 나무가 잘 자라게 하려면 근본부터 잘하는 데에 있다[夫堅樹在始]"의 위소(韋昭)의 주에, "始는 근본이다."고 했다. 대개 '始'는 수목(樹木)의 뿌리라는 의미가 있다. 본 구절은 확대한 의미를 사용하였다. 『여씨춘추(呂氏春秋)』「무의(無義)」에, "때문에 의(義)는 백 가지 일의 으뜸[始]이다."의 고유(高誘)의 주에, "始는 으뜸[首]이다."고 하였다. 6) 戚: 촉박, 황급. 왕숙의 주에, "척(戚)은 촉(促)과 같다."고 했고, 주준성(朱駿聲)『설문통훈정성(說文通訓定聲)』월부(戉部)」에, "戚은 가차하여 촉(促)이 된다."라고 했다.

43-11

자공이 공자에게 물었다. "안자(晏子)에게 들으니 소연(小連)과 대연(大連) 두 사람이 상사(喪事)를 잘 처리했다고 하는데, 그들에게 어떤 특별한 명성이 있는 것입니까?"

공자가 말하였다. "부모 초상에 처음 사흘 동안을 태만하지 않았고 석 달 동안을 게으르지 않았으며 1주년이 되었을 때도 여전히 애통해 하였고, 3년이 지나도 근심하는 마음을 가졌다. 그들은 동이인(東夷人)의 아들이었지만 예를 잘 아는 사람이었다."

原文

子貢問曰: "聞諸晏子, 少連, 大連[1]善居喪, 其有異稱[2]乎?"

孔子曰: "父母之喪, 三日不怠, 三月不解[3], 期[4]悲哀, 三年憂. 東夷[5]之子, 達於禮者也."

注釋

1) 少連, 大連: 모두 사람의 이름이다. 아래 문장을 살피건대 동이인(東夷人)이다. 이 기록은 또 『예기』「잡기(雜記)하」에도 보이는데 약간 내용이 다르다. 2) 異稱: 특별한 명성. 3) 解: '懈'와 같다. 게으르다. 4) 期: 1주년. 5) 東夷: 고대에 화하족(華夏族)이 동방의 여러 민족에 대한 칭호.

43-12

자유(子游)가 공자에게 물었다. "제후의 세자(世子)로서 자모(慈母)의 초상을 당해 친어머니와 같은 상복을 입는 것이 예(禮)에 맞습니까?"

공자가 말하였다. "예에 맞지 않는다. 옛날 국군(國君)의 아들은 궁외에 부부(傅父)가 있고, 궁안에는 자모가 있었다. 그들은 임금의 명을 받아 아이들을 교육한 것인데 어찌 상복을 입어야 하겠느냐? 옛날 노 효공(魯孝公)이 어려서 어머니를 잃었는데 자모가 그에게 매우 잘하였다. 후일 그 자모가 죽자 효공은 차마 참지 못하고 상복을 입으려 하였다. 유사(有司)가 말하기를 '예제(禮制)에 따르면 국군(國君)은 자모를 위해 상복을 입을 수 없습니다. 지금 임금께서 자모를 위해 상복을 입는다는 것은 옛날의 예법을 어기어 국법을 어지럽히는 것이 됩니다. 만일 정말 그렇게 한다면 유사가 그 내용을 기록하여 후세에 전할 것인데 어찌 그렇게 하지 않겠습니까?'라고 하였다. 효공이 말하기를, '옛날 천자가 자모의 상사(喪事)를 처리할 때는 연관(練冠)만 쓰고 일상생활을 그대로 하였다.'라고 하고는 연관을 쓰고 자모의 복상을 치뤘다. 친어머니에게 하는 것처럼 자모를 위해 상복을 입은 것은 노 효공에게서 시작된 것이다."

原文

子遊問曰: "諸侯之世子, 喪慈母¹⁾如母, 禮與?"

孔子曰: "非禮也. 古者男子²⁾外有傅父³⁾, 內有慈母, 君命所使敎子者也. 何服之有? 昔魯孝公⁴⁾少喪其母, 其慈母良. 及其死也, 公弗忍, 欲喪之. 有司曰: '禮, 國君慈母無服, 今也君爲之服, 是逆古之禮, 而亂國法也. 若終行之, 則有司將書之, 以示後世, 無乃不可乎⁵⁾?' 公曰: '古者, 天子喪慈母, 練冠以燕居⁶⁾.' 遂練⁷⁾以喪慈母. 喪慈母如母, 始則魯孝公之爲也."

注釋

1) 慈母: 옛날 자기를 양육하여 성장시킨 서모(庶母) 혹은 보모(保母)를 자모(慈母)라고 했다. 이 기록은 또 『예기』「증자문(曾子問)」에도 보인다. 2) 男子: 여기서는 국군(國君)의 아들을 가리킨다. 3) 부부(傅父): 옛날에 귀족의 자녀를 보육(保育)하고 지도하는 나이든 남자를 부부(傅父)라고 불렀다. 4) 魯孝公: 서주 시기의 노나라 열 두 번째 국군. 28년간(B.C.796—769) 재위하였다. 『예기』에는 노 소공(魯昭公)으로 기록되어 있다. 5) 無乃不可乎: 불가한 일이 아니겠는가? '無乃'는 완곡하게 반문(反問)을 나타내는 것으로 '어찌 그렇지 않겠는가'와 같다. 6) 練冠以燕居: 일상생활에서는 연

관(練冠)을 쓰고 가족을 위해 복상을 함. 왕숙의 주에, "서자인 왕이 그 모친을 위한 복상이다."라고 했다. '練冠'은 1주년 소상(小祥)의 제사 때 쓰던 관. 누인 베로 만들어 사용하였으므로 그렇게 칭하였다. '燕居'는 즉 한거(閑居)이다. 사람을 피해 혼자 있거나 또는 조정을 물러나와 있는 것을 가리킨다. 7) 練: 사고본과 동문본에는 이 뒤에 '冠' 자가 있다.

43-13

공자가 위(衛)나라에 갔다가 옛날 머물던 집 주인의 초상을 만났다. 공자는 들어가 곡을 슬피 하였다. 밖으로 나와 자공(子貢)으로 하여금 양쪽 끝에서 수레를 몰던 말 한 필을 풀어 상주에게 주도록 하였다.

자공이 말하였다. "그저 알고 지내는 사람의 초상에는 아무 것도 보낼 필요가 없습니다. 전에 머물던 집의 주인에게 말을 주도록 하시는 것은 그 예(禮)가 너무 무거운 것이 아닙니까?"

공자가 말하였다. "내가 방금 들어가 곡할 때 마침 슬픈 마음이 일어나 눈물을 흘렸다. 내가 싫어하는 것은 단지 눈물만 흘릴 뿐 아무것도 보내지 않는 것이니, 너는 내 말대로 행하도록 하라."

原文

孔子適[1]衛, 遇舊館人[2]之喪, 入而哭之哀. 出, 使子貢脫驂[3]以贈之. 子貢曰: "於所識[4]之喪, 不能有所贈. 贈於舊館, 不已多[5]乎?"

孔子曰: "吾向[6]入哭之, 遇一哀而出涕[7]. 吾惡夫涕而無以將[8]之. 小子行焉."

注釋

1) 適: 가다, 이르다. 이 기록은 또 『예기』「단궁(檀弓)상」에도 보인다. 2) 舊館人: 이전 공자가 위(衛)나라에 있을 때의 관사(館舍)의 주인. 3) 참(驂): 수레를 모는 말 중 양쪽 끝의 말. 4) 所於識: 원래는 '所於識'으로 되어 있는데, 사고본과 비요본, 동문본

에 근거하여 고쳤다. 5) 多: 무겁다. 『예기』에는 '重'으로 되어 있다. 6) 向: 방금. 7) 遇一哀而出涕: 슬픈 마음이 일어나 눈물을 흘리다. 8) 將: 올리다. 『주례(周禮)』「춘관(春官)·소종백(小宗伯)」에, "때에 맞춰 찬과를 올리다[以時將瓚果]"의 정현(鄭玄)의 주에, "將은 물건을 보내다[送]이니, 바치다[奉]와 같다."고 했다.

43-14

자로(子路)가 공자에게 물었다. "노나라 대부가 연제(練祭)를 지내면서 여전히 지팡이를 짚고 있으니 이것이 예에 맞는 것입니까?"

공자가 말하였다. "나는 알지 못한다."

자로가 밖으로 나와 자공(子貢)에게 말하였다. "나는 선생님께서 모르는 일이 없는 줄 알았더니 선생님께서도 오히려 모르는 일이 있더라."

자공이 말하였다. "그대는 무엇을 여쭈어 보았는가?"

자로가 말하였다. "내가 묻기를, '노나라 대부가 연제(練祭)를 지내면서 여전히 지팡이를 짚고 있으니 이것이 예에 맞는 것입니까?' 하니 선생님께서 '나는 알지 못한다.'고 하셨다."

자공이 말하였다. "그대는 기다려라. 내가 들어가 그대를 위해 여쭈어보리라." 그리고는 종종 걸음으로 들어가 말하였다. "연제를 지내면서 지팡이를 짚는 것은 예에 맞는 것입니까?"

공자가 말하였다. "예에 맞지 않는다."

자공이 나와서 자로에게 말하였다. "그대는 선생님께서도 모르시는 것이 있다고 하지 않았느냐? 선생님께서는 오히려 모르는 것이 없도다. 그대의 질문이 잘못된 것이다. 예(禮)에 의하면 그 나라에 거주하면서 그 나라의 대부를 비난할 수는 없는 것이다."

| 原文

子路問於孔子曰: "魯大夫練而杖[1], 禮也[2]?"

孔子曰: "吾不知也."

子路出, 謂子貢曰: "吾以爲夫子無所不知, 夫子亦徒³⁾有所不知也."

子貢曰: "子所問何哉?"

子路曰: "由問: '魯大夫練而杖, 禮與?' 夫子曰: '吾不知也.'"

子貢曰⁴⁾: "止⁵⁾, 吾將爲子問之." 遂趨⁶⁾而進, 曰: "練而杖, 禮與?"

孔子曰: "非禮也."

子貢出, 謂子路曰: "子謂夫子而弗知之乎? 夫子徒無所不知也, 子問非也. 禮, 居是邦, 則不非⁷⁾其大夫."

注釋

1) 杖: 복상 기간에 사용하는 지팡이. 저장(苴杖)과 삭장(削杖)의 구분이 있다. 효자가 상중에 지팡이를 사용하는 것은 슬픔이 지나칠 때 아픈 몸을 지탱한다는 의미이다. 여기서는 동사로 쓰였는데 손으로 상중의 지팡이를 짚는다는 것을 가리킨다. 이 기록은 또 『순자(荀子)』「자도(子道)」에도 보인다. 2) 也: 사고본과 동문본에는 '與'로 되어 있다. 3) 徒: '乃'와 같다. 오히려, 그러나. 왕인지(王引之), 『경전석사(經傳釋詞)』권6에, "徒는 乃와 같다."고 한 부분을 참고. 4) 由問: ……子貢曰: 이 20자는 원래 없었는데, 진본(陳本), 문헌집본(文獻集本), 연산본(燕山本) 및 『순자』에 근거하여 보완하였다. 5) 止: 기다리다. 『이아(爾雅)』「석고(釋詁)하」에, "止는 기다리다[待]."라고 했다.
4) 趨: 고대의 일종의 예절로써 종종 걸음으로 빨리 지나감으로써 공경을 나타냈다.
5) 非: 비방, 비난, 풍자, 헐뜯음.

43-15

숙손무숙(叔孫武叔)의 어머니가 죽어 소렴을 한 후 시신을 든 자가 침문(寢門) 밖으로 나가자 숙손이 따라 나왔다. 그리고 왼쪽 어깨를 드러내고 소관(素冠)을 던져 버리고 삼노끈으로 머리를 묶었다. 자로(子路)가 이를 보고 탄식하였다.

공자는 말하였다. "이것이 예제에 맞는다."

자로가 물었다. "소렴을 준비할 때 곧 상복을 갈아입어야 하는데 이제 그는 침문을 나서서야 갈아입었는데도 선생님께서는 이것이 예제에 맞는다고 하시니 어찌된 일입니까?"

공자가 말하였다. "유(由)야! 네가 묻는 것이 잘못되었다. 군자는 남의 일을 들어 사인(士人)을 바로잡으려 하지 않는다."

原文

叔孫母叔[1]之母死, 旣小斂[2], 擧尸者出戶, 武叔[3]從之, 出戶, 乃袒[4], 投其冠[5]而括發[6]. 子路[7]嘆之.

孔子曰: "是禮也."

子路問曰: "將小斂則變服, 今乃出戶, 而夫子以爲知禮. 何也?"

孔子曰: "由[8], 汝問非也. 君子不擧人以質[9]士[10]."

注釋

1) 叔孫武叔: 이름은 주구(州仇). 춘추시대 노나라 대부. '武'가 원래는 '母'로 되어 있었지만 동문본과 진본(陳本), 비요본(備要本)에 근거하여 고쳤다. 이 기록은 또 『예기』「단궁(檀弓)상」에도 보인다. 2) 小斂: 상례(喪禮)로서 죽은 다음 날 방에서 죽은 사람에게 옷을 입히는 것을 소렴이라 한다. 소렴에서는 옷 열아홉 겹을 입히고 겉을 동여매 꼭 묶는다. 3) 武叔: 원래는 '武孫'으로 되어 있었으나 사고본과 진본(陳本)에 근거하여 고쳤다. 4) 袒: 왼쪽 어깨를 드러내다. 이는 고대에 죽은 사람을 애도하는 표시이다. 5) 投其冠: 상례에 쓰던 관을 내버리다. '投'는 내버리다. '冠'은 상관(喪冠). 6) 括發: 소렴 후에 삼노끈으로 머리를 묶어 복상(服喪)을 나타냄. 7) 子路: 『예기』에는 자유(子遊)의 일로 적혀 있다. 8) 由: 사고본과 동문본에는 없다. 9) 質: 물어 바로잡다, 다른 사람에게 가르침을 청하다. 왕숙의 주에, "質은 '正'과 같다."고 했다. 10) 士: 사고본과 동문본에는 '事'로 되어 있다.

43-16

제나라 안환자(晏桓子)가 죽자 그 아들 평중(平仲; 安嬰)이 거친 삼베로 만든 참최(斬衰)를 입고, 삼으로 머리를 동여매고, 삼노끈으로 요대를 하고, 대나무 지팡이를 짚고, 짚신을 신고, 죽을 먹으면서 초막에 거처하였다. 그는 풀로 짠 거적자리에서 잠을 자며 풀로 베개를 삼았다. 그의 가신(家臣)이 말하였다. "이렇게 하는 것은 대부로서 아버지의 상을 치르는 예의(禮儀)가 아닙니다." 안자(晏子)가 말하였다. "오직 경(卿)이 되어야만 대부에 상당한데 나는 대부라고 할 수 없다."

증자(曾子)가 이 일을 가지고 공자에게 물었다. 공자가 말하였다. "안평중이야말로 가히 해로움을 멀리하는 자라고 하겠다. 자기의 옳은 것을 가지고 남의 잘못을 논박하지 않고, 겸손한 말로 다른 사람의 나무람을 피하기만 하였으니 이는 매우 적절한 것이다."

原文

齊晏桓子[1]卒, 平仲粗衰斬[2], 苴経, 帶, 杖[3], 以菅屨[4], 食粥[5], 居傍廬[6], 寢苫枕草. 其老[7]曰: "非大夫喪父之禮也." 晏子曰: "唯卿大夫[8]."
曾子以問孔子. 孔子曰: "晏平仲可謂能遠害矣. 不以己之[9]是駁人之非, 慇辭[10]以避咎, 義也夫[11]."

注釋

1) 晏桓子: 안약(晏弱). 춘추시대 제(齊)나라의 경(卿)으로 안영(晏嬰)의 아버지이다. 이 기록은 또 『좌전』양공(襄公) 17년, 『안자춘추(晏子春秋)』「잡편(雜篇)상」에도 보인다. 2) 粗衰斬: 거친 베로 만든 참최(斬衰). 최참(衰斬)은 곧 참최이다. 옛날에 아들은 아버지 상에 참최를 3년을 입었다. 3) 苴経, 帶, 杖: 저질(苴経), 저대(苴帶), 저장(苴杖)은 모두 복상(服喪)에 사용하는 것이다. 저질(苴経)은 수질(首経) 즉 고대에 상복을 입을 때 마대로 머리를 묶는 것. 저대(苴帶)는 마대로 허리를 묶는 것. 저장(苴杖)은 상중에 쓰는 지팡이로 대나무로 만듦. 4) 菅屨: 복상 때 신는 풀로 만든 신발. '관(菅)'이 동문본과 만유본(萬有本)에는 '管'으로 되어 있지만 틀렸다. 5) 食粥: 상례(喪

禮)에 따라 장례를 치르기 전에 효자는 죽을 먹는다. 6) 傍廬: 상중에 임시로 세운 초막. 나무를 기대어 오두막집을 짓고, 중문(中門) 밖 동쪽 담 아래에 풀로 가리개를 세우고 진흙을 바르지 않으며 북쪽으로 문을 냈다. 안장 한 후에 다시 높여 그 안을 진흙으로 바르고 서쪽을 향해 문을 냈다. 7) 其老: 안영(晏嬰)의 가무(家務)를 총괄하는 가신(家臣). 8) 唯卿大夫: 제후의 경(卿)이 되어야 비로소 천자의 대부에 상당하는데 안영은 이때 경이 아니었다. 정현(鄭玄)은 이를 안씨가 스스로 겸손해 하는 말이라고 여겼다. 9) 之: 원래는 '知'로 되어 있었으나 사고본과 동문본에 근거하여 고쳤다. 10) 愻辭: 겸손한 말. '손(愻)'은 '遜'과 같다. 11) 義也夫: 왕숙의 주에, "기록하는 자들은 이에 남을 들어 해(害)를 피하기 위해 겸손하여 사양했다고 하고, 대부와 사(士)는 부모의 상을 치를 때 다름이 있다고 말했다고 하니 또한 미심쩍다."고 했다.

43-17

계평자(季平子)가 죽었을 때 국군(國君)이 차던 여번(璵璠)으로 염(殮)을 하고 그와 함께 많은 주옥(珠玉)으로 장례를 치르고자 하였다. 당시 공자는 막 중도재(中都宰)를 맡았을 때인데 이 소문을 듣고 계씨의 집으로 달려가 황급히 계단을 올라 저지하며 말하였다. "보옥(寶玉)으로 장례를 치르는 것은 마치 시체를 들판에 내버리는 것과 같습니다. 그것은 백성들에게 간사하고 나쁜 마음만 들게 만들고 죽은 사람에게는 해(害)가 되는 일인데 어찌 그렇게 하려 합니까? 게다가 효자는 자신의 성정(性情)을 마음대로 하여 부모를 위태롭게 하지 않으며, 충신은 간사한 음모를 꾀어 임금을 모함하지 않습니다." 그리하여 계씨의 집에서는 그렇게 하지 않았다.

| 原文 |

　季平子¹⁾卒, 將以君之璵璠²⁾歛, 贈以珠玉. 孔子初爲中都宰³⁾, 聞之, 歷級⁴⁾而救⁵⁾焉, 曰: "送而以寶玉, 是猶曝屍於中原⁶⁾也, 其示民以奸利之端, 而有害於死者, 安用之? 且孝子不順情以危親, 忠臣不兆奸⁷⁾以陷君." 乃止.

| 注釋

1) **季平子**: 계손의여(季孫意如). 춘추시대 노나라 대부로써 노환자(季桓子)의 아버지이다. 노 소공(魯昭)을 쫓아낸 적이 있는데, 그가 죽었을 때는 노 정공(魯定公) 5년이다. 이 기록은 그 대략이 『좌전』정공(定公) 5년, 『여씨춘추(呂氏春秋)』「안사(安死)」에 보인다. 2) **여번(璵璠)**: 아름다운 옥. 『여씨춘추』의 고유(高誘)의 주에, "璵璠은 임금의 패옥(佩玉)이다. 소공(昭公)이 외국에 있을 때 평자(平子)가 국군(國君)의 일을 행하면서 종묘에 들어갈 때 여번을 허리에 찼기 때문에 사용하게 되었다."고 했다. 3) **中都宰**: 『사기(史記)』「공자세가(孔子世家)」에 공자가 중도재가 된 것은 정공(定公) 9년이라 했는데 이 기록과 어긋난다. 4) **曆級**: 왕숙의 주에, "역급(曆級)은 황급히 계단을 올라가는 것으로 발을 모을 사이도 없는 것이다."고 했다. 5) **救**: 저지하다, 바로잡다. 『설문(說文)』에, "救는 막다[止]."라고 했다. 6) **曝屍中原**: 시체를 들판에 내놓다. 중원(中原)은 들판, 평원. 7) **兆奸**: 왕숙의 주에, "조간(兆奸)은 간악한 징조를 만들다[成: 사고본에는 '臣'으로 되어 있다]."라고 했다.

43-18

공자의 제자 금장(琴張)은 종로(宗魯)와 친구였다. 위(衛)나라의 제표(齊豹)는 종로를 공자(公子) 맹집(孟縶)에게 추천하였고, 맹집은 종로를 참승(參乘)으로 삼았다. 제표가 맹집을 살해하려 할 때 종로에게 고하여 그를 떠나 화를 피하도록 하였다. 종로가 말하였다. "내가 자네의 추천으로 인해 맹집을 섬기게 되었는데 이제 어려움이 있게 되어 혼자 도망가라고 하니 이는 그대를 불신하게 하는 말이다. 그대는 그를 죽일 것이 아니냐? 나는 장차 죽음으로써 맹집을 섬겨 그대가 추천한 것의 의무를 다할 것이니. 공맹(公孟)의 집으로 돌아가 그와 함께 죽는 것이 옳은 일이겠지."

제표가 창을 가지고 맹집을 공격하자 종로는 자신의 등으로 이를 막았고, 팔이 잘리고 말았으며 공맹과 종로가 모두 창에 찔려 죽었다.

금장이 종로가 죽었다는 말을 듣고 조문(弔問)하려 하였다.

공자가 말하였다. "제표가 난을 일으킨 것이나 맹집이 피해를 입은 것은 모두 너 때문인데 너는 어찌 조문을 하려 하느냐? 군자는 간사한 사람의 봉록을 먹지 않아야 하고, 반란에 응해서도 안 되며, 사리(私利)를 위하여 사악함에 빠져서 안 되고, 사악한 생각으로 다른 사람을 대하여도 안 된다. 불의한 일을 가려 주지도 못하였고, 예가 아닌 것을 방치하여 잘못을 범하지 못하게 하지도 못하였으면서, 너는 어찌 조문을 가려 하느냐?" 금장은 이에 그만두었다.

| 原文

孔子之弟子琴張[1], 與宗魯[2]友. 衛齊豹見宗魯於公子孟縶[3], 孟縶以爲參乘[4]焉, 及齊豹將殺[5]孟縶, 告宗魯, 使行. 宗魯曰: "吾由子而事之, 今聞難而逃, 是僭[6]子也. 子行事乎, 吾將死以事周事[7], 而歸死於公孟, 可也."

齊氏用戈擊公孟, 宗魯[8]以背蔽之, 斷肱[9], 中公孟, 宗魯皆死.

琴張聞宗魯死, 將往吊之.

孔子曰: "齊豹之盜, 孟縶之賊也, 汝何吊焉? 君子不食奸[10], 不受亂[11], 不爲利病於回[12], 不以回事人, 不蓋[13]非義, 不犯非禮, 汝何吊焉?" 琴張乃止.

| 注釋

1) **琴張**: 즉 금뢰(琴牢)로써 공자의 제자이다. 이 책 「七十二弟子解第三十八」을 보라. 이 기록은 또 『좌전』소공(昭公) 20년에도 보인다. 2) **宗魯**: 인명. 용맹한 힘을 지녔다. 그 사적은 상세하지가 않다. 魯는 원래 빠져있었지만 사고본에 근거하여 보완했다. 3) **齊豹見宗魯於公子孟縶**: 제표(齊豹)가 종로(宗魯)를 공자(公子) 맹집(孟縶)에게 추천함. 제표는 춘추시대 위(衛)나라의 대부로 위나라 사구(司寇)가 되었다. 제오(齊惡)의 아들이다. '見'은 '現'과 같다. 소개하다, 추천하다. 맹집은 또 공맹집(公孟縶) 또는 공맹(公孟)이라 칭하기도 한다. 위 영공(衛靈公)의 형이다. 4) **參乘**: '참승(驂乘)'이라고도 한다. 함께 타는 것 혹은 함께 타는 사람이다. 옛날 수레를 탈 때 지위가 높은 사람은 왼쪽에, 수레를 모는 사람은 중간에 그리고 한 사람이 오른쪽에 위치하였다. 거우(車右) 혹 참승(驂乘)이라 칭하며 무사(武士)로써 충임(充任)하였는데 경위(警衛)

를 책임졌다. 5) 殺: 사고본과 동문본에는 '살(煞)'로 되어 있다. 煞은 殺의 속자(俗字)이다. 6) 僭: 왕숙의 주에, "참(僭)은 불신(不信)이다. 그대의 말을 불신하게 한다는 것이다."고 했다. 7) 周事: 원래는 '事周'로 되어 있는데 진본(陳本)과 『좌전』에 근거하여 고쳤다. '周'는 『좌전』의 두예(杜預)의 주에 이르기를, "周는 '결국'이라는 말과 같다."고 했다. 제표(齊豹)로 하여금 공맹(公孟)을 죽이는 일을 성공하게 했다는 의미이다. 유월(俞樾)의 『제자평의(諸子平議)』에서는 '周'를 밀(密)이라 하였는데, 이 일을 밖으로 새어 나가지 않게 하였다는 의미이며 역시 뜻이 통한다. 8) 魯: 원래는 없었는데 사고본과 동문본에 근거하여 보완하였다. 9) 肱(肱): 팔꿈치에서 어깨까지의 부분. 10) 君子不食奸: 간사한 사람의 봉록을 받지 않음. '子'는 원래 없었지만 『좌전』에 근거하여 보완하였다. 11) 受亂: 폭란(暴亂)을 윤허하다, 응하다. 두예(杜預)의 주에, "제표의 일을 허락했기 때문에 '受亂'이라 하였다."고 했다. '受'는 응하다, 승락하다. 『여씨춘추(呂氏春秋)』「본생(本生)」에, "끝내 물건을 승낙하지 않음이 없다[其於物無不受之也]"의 고유(高誘)의 주에, "受는 '承'과 같다."고 했다. 『여씨춘추』「환도(圜道)」에, "이는 응하지 않음이 없는 것이다[此所以無不受也]"의 고유의 주에, "受는 '應'의 뜻이기도 하다."고 했다. 12) 不爲利病於回: 왕숙의 주에, "回는 '邪'이다. 이익 때문에 사악한 것에 병들어서는 안 된다는 것이다."고 했다. 13) 蓋: 덮다, 감추다. 왕숙의 주에, "蓋는 가리다[揜]."라고 했다.

▎43-19

성(郕) 땅 사람 자포(子蒲)가 죽었을 때 가인(家人)이 곡상(哭喪)을 하면서 울부짖으며 자기도 죽을 것이라 하였다. 자유(子游)가 말하였다. "이처럼 울부짖으며 곡을 하는 것은 예의에 어긋난다. 공자께서도 예의에 어긋나게 곡을 하는 것을 미워하였다." 곡하던 사람이 이를 듣고 즉시 고쳤다.

▎原文

郕人子蒲[1]卒, 哭之, 呼滅[2]. 子遊曰: "若是哭也, 其野哉[3]! 孔子惡野哭者." 哭者聞之, 遂改之.

注釋

1) **郕人子蒲**: 郕은 노나라 맹씨(孟氏)의 읍(邑). 본래 옛 나라로써 지금의 산동성 동평(東平)이다. '蒲'가 원래는 '革'으로 되어 있었으나 사고본과 동문본 그리고 왕숙의 주와 『예기』에 근거하여 고쳤다. 이 기록은 일부가 『예기』「단궁(檀弓)상」에도 보인다. 2) **呼滅**: 왕숙의 주에, "구설(舊說)에는 '滅'로써 자포(子蒲)의 이름으로 하였다고 한다. 그러나 사람들은 이름에 '멸' 자를 쓰는 경우가 적다. 또 이름을 부르며 곡을 하였던 것은 그 아비가 인정에 가깝지 않았기 때문에 아마도 고궁(孤窮)함으로 스스로 망멸(亡滅)할 것이라 일렀던 것이다."고 했다. 3) **若是哭也, 其野哉**: '野'는 예제에 맞지 않는 것. 사고본과 동문본에는 '若哭其野'라고 되어 있다.

43-20

공보문백(公父文伯)이 죽자 그의 처첩이 모두 실성(失聲)하도록 통곡하였다. 그의 어머니 경강(敬姜)이 처첩들에게 훈계하며 말하였다. "내 듣건대 밖에서 친구들과 사귀기를 좋아하는 사람은 선비들이 그를 위해 죽기를 원하고, 여색(女色)을 좋아하는 사람은 여인들이 그를 위해 죽기를 원한다고 했다. 이제 내 자식이 일찍 죽었으나 나는 그가 여색을 좋아했다는 소문이 날까 싫다. 너희들이 개가하지 않고 남아서 조상의 제사를 받들고자 하거든 얼굴이 수척하도록 하지 말고, 통곡하며 눈물을 뿌리지도 말며, 가슴을 치며 곡하지도 말고, 얼굴 가득 슬픈 표정을 짓지 말라. 상복(喪服)을 가중(加重)하지 말고 한 단계 낮추어 입도록 하라. 예의에 따라 조용히 치르도록 하라. 이렇게 하는 것이 내 아들의 훌륭한 명성을 밝혀 주는 것이다."

공자가 이를 듣고 말하였다. "젊은 여자는 나이 많은 부녀(婦女)의 총명함만 못하고, 젊은 사내는 나이 많은 남자의 총명함만 못하다. 공보씨(公父氏)의 부인은 총명하도다. 세상물정을 분석하고 예의(禮儀)를 낮추었던 것은 자기 아들의 훌륭한 덕행을 밝히고자 한 것이었다."

原文

公父文伯卒, 其妻妾皆行哭失聲, 敬姜戒之曰: "吾聞好外[1]者, 士死之; 好內[2]者, 女死之. 今吾子早殀[3], 吾惡其以好內聞也, 二三婦人之欲供先祀者[4], 請無瘠色, 無揮涕, 無拊膺[5], 無哀容, 無加服, 有降服, 從禮而靜[6], 是昭[7]吾子也."

孔子聞之曰: "女智無若婦, 男智莫若夫. 公父氏[8]之婦, 智矣. 剖情[9]損禮, 欲以明[10]其子爲令德[11]也."

注釋

1) 好外: 친구 사귀기를 좋아함. 이 기록은 또『국어(國語)』「노어(魯語)하」,『열녀전(列女傳)』에도 보인다. 2) 好內: 여색(女色)을 좋아함. 3) 요(殀): 사고본과 동문본에는 '夭'로 되어 있다. 두 글자는 서로 통용되거나 가차할 수 있다. 4) 欲供先祀者: 왕숙의 주에, "개가(改嫁)하지 않고 남아서 선인(先人)의 제사를 받들고자 하는 것을 말한다."고 했다." 5) 無揮涕, 無拊膺: 왕숙의 주에, "'揮涕'는 곡하지 않고 흐르는 눈물을 손으로 훔치는 것. '부(拊)'는 '무(撫)'와 같다. '응(膺)'은 가슴을 이른다."고 했다. '부응(拊膺)'은 가슴을 치며 애통함을 나타내는 것. 6) 從禮而靜: 예의(禮儀)에 따라 조용히 함. 7) 昭: 밝히다, 세상에 드러내다. 7) 剖情: 인정을 분석하다. '부(剖)'는 분석하다, 구분하다. '情'은 세상물정[人情世故]. 8) 明: 밝히다, 드러내다. 9) 令德: 훌륭한 덕행. '令'은 좋다, 훌륭하다.

43-21

자로(子路)가 자고(子羔)와 함께 위(衛)나라에서 벼슬할 때 위나라에 괴외(蒯聵)의 난이 일어났다. 공자는 노나라에서 이를 듣고 말하였다. "고시(高柴)는 돌아오겠지만 중유(仲由)는 그곳에서 죽을 것이다." 얼마 뒤 위나라 사자(使者)가 와서 말하였다. "자로가 죽었습니다." 공자는 중정(中庭)에서 자로를 위해 곡을 하였다. 조문을 오는 사람이 있으면 공자는 그들에게 절을 하였다. 곡을 그치자 공자는 위나라에서 온 사자를 들어오게 하여 당시의 자세한 정황을 물었다. 사신이 말하였다. "자로를 죽여 젓갈을 담갔습니다." 공자는 주변에 있던 사람들에게 명하여 집안에 있는 젓갈을 모두 엎어 버리도록 하며 말하였다. "내 차마 어찌 이런 것을 먹을 수 있겠느냐?"

原文

子路與子羔仕於衛, 衛有蒯聵[1]之難. 孔子在魯, 聞之, 曰: "柴也其來, 由也死矣." 旣而衛使[2]至, 曰: "子路死焉[3]." 夫子哭之於中庭[4]. 有人吊者, 而夫子拜之. 已哭, 進[5]使者而問故[6], 使者曰: "醢[7]之矣." 遂令左右皆覆醢, 曰: "吾何忍食此."

注釋

1) 蒯聵(괴외): 위 영공(衛靈公)의 태자인데, 영공의 부인과 사이가 나빠 도망하였다가 영공이 죽고 난 후 괴외의 아들이 즉위하여 출공(出公)이 되었다. 후일 괴외가 귀국하여 정변을 일으키자 출공은 노나라로 도망가고 괴외는 장공(莊公)으로 즉위하였다. 이 기록은 또 『좌전』애공(哀公) 15년, 『사기』「위강숙세가(衛康叔世家)」, 『예기』「단궁(檀弓)상」에 보인다. 2) 衛使: 위나라에서 상(喪)을 알리기 위해 파견한 사자. 3) 子路死焉: 자로는 당시 위나라 대부 공리(孔悝)의 읍재(邑宰)였다. 괴외의 난이 발생했을 때 자로는 공리를 구하기 위하여 성으로 들어갔으나 그 때 공리는 이미 괴외의 협박을 받고 맹약을 하였다. 자로는 괴외와 공리를 죽이고자 하였지만 피살되었다. 후에 공리는 괴외를 국군(國君)으로 세웠는데 이가 곧 위 장공(衛莊公)이다. 4) 中庭: 본채의 대청. 5) 進: 불러들이다. 6) 故: 사고(事故), 변고(變故). 여기서는 당시의 상세한 정황을 가리킨다. 7) 해(醢): 육장(肉醬)이다 여기에서는 동사로 쓰여 사람을 죽여 젓갈을 담그는 것이다.

43-22

계환자(季桓子)가 죽자 노나라 대부들이 조복(朝服)을 입고 조문을 하였다. 자유(子游)가 공자에게 여쭈었다. "이것이 예에 맞습니까?" 공자는 대답하지 않았다. 다음 날 다시 물었다. 부자(夫子)께서 대답하였다. 사람이 막 죽었을 때 고구(羔裘)나 현관(玄冠) 등 길복(吉服)을 갖춰 입은 사람은 평소에 입는 소관(素冠)이나 심의(深衣)로 바꿔 입으면 된다. 네가 어찌 의문을 가질 일이냐?"

原文

　　季桓子死, 魯大夫朝服而吊. 子遊問於孔子曰, "禮乎?" 夫子不答. 他日, 又問[1]. 夫子曰, 始死則矣[2], 羔裘, 玄冠[3]者, 易之[4]而已, 汝何疑焉?"[5]

注釋

1) 又問: 이 뒤에 원래는 "墓而不墳……十日過禫而成笙歌"라는 문장이 있었는데, 사고본과 동문본에 근거하여 그 문장을 보완하여 「곡례공서적문(曲禮公西赤問)」제44의 "孔子之母既喪, ……遂合葬於防. 曰 '吾聞之'"의 뒤로 옮겼다. 이 기록의 대략이 『예기』「단궁(檀弓)상」에 보인다. 2) 始死則矣: 『예기』에는 '則矣' 두 글자가 없다. '矣'가 사고본에는 '已'로 되어 있다. 3) 羔裘, 玄冠: 옛날 제후, 경(卿), 대부(大夫)들이 입던 조복(朝服). 고구(羔裘)는 붉은 색 양가죽으로 만든 가죽옷. 현관(玄冠)은 흑색의 관(冠). 『논어』「향당(鄕黨)」에 기록되길, 공자는 "고구(羔裘), 현관(玄冠)으로 조문하지 않았다."고 했는데, 고구(羔裘)와 현관(玄冠)은 모두 흑색으로 고대에는 길복(吉服)으로 사용하였다. 상사(喪事)는 흉사이기 때문에 이를 갖춰 입고 문상을 할 수 없다. 4) 易之: 평소 한가할 때 입었던 소관(素冠), 심의(深衣)로 바꿔 입음. 5) 子曰, "始死則矣,……汝何疑焉": 이 열아홉 글자는 원래 이 편 "原思言於曾子"장(章)의 '知喪道也' 뒤에 있었다. '曰'은 원래 빠져 있었는데, 사고본과 동문본에 근거하여 옮겨 고쳤다.

43-23

공자가 어머니의 상을 당했을 때 연제(練祭)를 지낸 뒤에야 양호(陽虎)가 조문을 와서 사사로이 공자에게 말하였다. "지금 계씨(季氏)가 집에서 노나라 경내(境內)의 사인(士人)들을 불러 크게 잔치를 벌인다고 하던데 그대는 들으셨습니까?"

공자가 말하였다. "나는 듣지 못했소. 만일 들었다면 비록 복상(服喪)[衰

絰] 기간일지라도 가보고자 하였을 것이오."

양호가 말하였다. "그대는 그럴 리 없다고 여기십니까? 계씨가 연회에 초청한 사람 중에 그대가 포함되지 않은 것입니다."

양호가 나가자 증점(曾點)이 물었다. "선생님께서 그렇게 말씀하신 것은 어떤 뜻입니까?"

공자가 말하였다. "내가 상복을 입은 몸으로 그가 묻는 말에 따라 대답한 것은 내가 그의 예의 없는 언행을 비난하지 않는다는 것을 보여준 것이다."

原文

孔子有母之喪, 旣練, 陽虎吊焉, 私於孔子曰: "今季氏將大饗[1] 境內之士, 子聞諸?"

孔子答[2]曰: "丘弗聞也. 若聞之, 雖在衰絰, 亦欲與往."

陽虎曰: "子謂不然乎? 季氏饗士, 不及子也."

陽虎出, 曾點[3]問曰: "語[4]之何謂也?"

孔子曰: "己則衰[5]服, 猶應其言, 示所以不非也[6]."

注釋

1) 饗: 성대한 연회를 열어 빈객을 접대함. 이 문장이 사고본과 동문본에는 「곡례공서적문(曲禮公西赤問)」제44에 있다. 2) 答: 사고본과 동문본에는 없다. 3) 曾點: 사고본과 동문본에는 '曾參'으로 되어 있으나, 잘못이다. 4) 語: 원래는 '吾'로 되어 있었으나 사고본과 동문본에 근거하여 고쳤다. 5) 衰: 사고본과 동문본에는 '喪'으로 되어 있다. 6) 示所以不非也: 왕숙의 주에, "공자의 복상기간에 양호(陽虎)가 예를 범하는 말을 하였기 때문에 공자가 대답을 하여 그 말이 잘못되었음을 보여준 것이다."고 하였다.

43-24

안회(顔回)가 죽자 노나라 정공(定公)[애공(哀公)]이 와서 문상을 한 다음 사람을 보내 관련 예의를 공자에게 물었다. 공자가 말하였다. "무릇 군주의 봉토 내에 있는 자는 모두 임금의 신하입니다. 예에 의하면 임금이 신하를 조문할 경우 동쪽 계단으로 올라와 안으로 들어가 시신을 향하여 곡을 하는데 이 같은 임금의 은사(恩賜)는 계산할 방법이 없는 것입니다."

原文

顔回死, 魯定公[1]弔焉, 使人訪於孔子. 孔子對曰: "凡在封內[2], 皆臣子也, 禮, 君弔其臣, 升自東階[3], 向[4]屍而哭, 其恩賜之施, 不有筭也."

注釋

1) 魯定公: 춘추시대 노나라의 국군(國君)(B.C.509─495재위). 『사기』「중니제자열전(仲尼弟子列傳)」, 『공자가어』「칠십이제자해(七十二弟子解)」에 의하면, 안회(顔回)는 공자보다 30세가 적었고 사망할 때의 나이가 41세였으니 노 애공(魯哀公) 15년에 해당한다. 여기서 정공(定公)이라 한 것은 잘못일 수도 있다. 이 장(章)은 사고본과 동문본에는 「곡례공서적문(曲禮公西赤問)」제44」에 있다. 2) 封內: 천자 혹은 제후의 영지(領地)의 내(內). 3) 升自東階: 동계(東階)는 조계(阼階)로 주인이 오르는 계단이다. '升'은 동문본과 만유본(萬有本)에 '外'로 되어 있지만, 잘못이다. 4) 向: ~을 향하여. 5) 不有筭也: 계산할 방법이 없다. '산(筭)'은 '算'과 같다. 왕숙의 주에, "산(筭)은 계산하다. 또 죽기(竹器)이다."라고 했다. 사고본에는 이 왕숙의 주가 없다.

43-25

원사(原思)가 증자(曾子)에게 말하였다. "하후씨(夏后氏)가 장례를 치를 때에 죽은 사람이 쓸 수 없는 명기(明器)를 사용한 것은 사람들에게 죽은 자는 지각이 없다는 것을 알게 하기 위한 것이었으며, 은(殷)나라 사람이 장례를 치를 때에 죽은 사람이 쓸 수 있는 제기(祭器)를 사용한 것은 사람들에게 죽은 자는 지각이 있다는 것을 알게 하기 위한 것이었으며, 주(周)나라 사람이 이 둘을 함께 쓴 것은 사람들에게 죽은 사람이 지각이 있는지 없는지 의심스럽다는 것을 보여주기 위한 것입니다."

증자가 말하였다. "그렇지 않을 것입니다. 무릇 명기란 귀신이 사용하는 그릇이며, 제기란 살아 있는 사람이 쓰는 그릇입니다. 옛사람들이 어떻게 돌아가신 부모가 아무 지각이 없다고 여겼겠습니까?"

자유(子游)가 이를 공자에게 묻자 말씀하였다. "죽은 사람을 장례 치르면서 죽은 이가 지각이 없다고 여기는 것은 불인(不仁)한 것이니 그렇게 할 수 없다. 죽은 사람을 장례 치를 때 죽은 이가 살아 있을 때와 같이 지각이 있다고 여기는 것은 지혜롭지 못한 것이니 그렇게 할 수 없다. 무릇 명기를 사용하는 사람은 장례의 도를 아는 것이다. 많은 기물을 갖추어 놓았지만 오히려 실재로 쓸 수 없다. 때문에 대나무로 만든 제기에는 테두리가 없고, 와기(瓦器)에는 광택이 없으며, 금슬(琴瑟)도 시위를 조율하지 않아 연주할 수 없고, 생황(笙簧)과 우쟁(竽箏)도 갖추어만 놓았을 뿐 음율을 맞추지 않아 불 수가 없으며, 종경(鐘磬)은 있어도 이들을 매달아 쓸 틀이 없다. 그러한 기물들을 '명기'라 부르니 곧 죽은 자를 신명처럼 받들려는 뜻이다. 안타깝도다! 죽은 자를 매장하면서 산 사람의 그릇을 부장품으로 사용하는 것은 산 사람을 순장(殉葬)하는 것에 가까운 것이 아니겠느냐?"

| 原文

原思[1]言於曾子曰: "夏后氏之送葬也, 用盟器[2], 示[3]民無知也; 殷人用祭器, 示民有知也; 周人兼而用之, 示民疑也[4]."

曾子曰: "其不然矣, 夫以盟器, 鬼器也, 祭器, 人器也, 古之人胡爲而死其親也?"

子遊問於孔子, 曰: "之死而致死乎[5], 不仁, 不可爲也; 之死而致生乎[6], 不智, 不可爲也. 凡爲盟器者, 知喪道也[7]. 有備物而不可用也[8]. 是故竹不成用[9], 而瓦不成膝[10], 琴瑟張而不平[11], 笙竽備而不和[12], 有鐘磬而無簨簴[13]. 其曰盟器, 神明[14]之也. 哀哉! 死者而用生者之器, 不殆而[15]用殉[16]也."

| 注釋

1) 原思: 원헌(原憲)이다. 자(字)는 자사(子思)이고 또 중헌(仲憲)이라고도 칭한다. 『칠십이제자해(七十二弟子解)』를 보라. 이 기록은 또 『예기』「단궁(檀弓)상」, 「단궁(檀弓)하」등에도 보인다. 2) 盟器: '明器', '冥器'라고도 하는데, 고대에 배장(陪葬)하는 기물(器物)이다. 사고본과 동문본에는 '明器'라고 되어 있다. 이하 같다. 3) 示: 가리키다. 다른 사람으로 하여금 보게하다. 사물을 꺼내놓거나 혹은 가리켜 사람들로 하여금 알도록 한다. 4) 示民疑也: 백성들에게 그들이 죽은 사람들에게 대하여 지각이 있는지 없는지 의심스러운 점을 알게 한다. 5) 之死而致死: 죽은 부모를 떠나보내고 그들이 조금도 지각이 없다는 것을 확인함. '之死'는 죽은 이를 떠나보냄. '致死'는 죽은 자의 예로써 죽은 사람을 대함. 즉 그들이 지각이 없다는 것을 확인함. 6) 之死而致生乎: 죽은 이를 떠나보내면서 그들이 살아 있는 사람들과 같이 지각이 있다고 여김. '致生'은 살아 있는 사람의 예로 죽은 이를 대함. 즉 죽은 사람이 살아 있을 때와 같이 여전히 지각이 있다고 여김. 7) 也: 사고본과 동문본에는 '矣'로 되어 있다. 8) 有備物而不可用也: 이 구절은 본 장(章)끝까지 원래 「곡례공서적문(曲禮公西赤問)」제44에 끼어 있었는데, 이제 진본(陳本)과 『예기』에 의거하여 이곳으로 옮겼다. 상하 문장이 이렇게 해야 비로소 의미가 통한다. '有'는 사고본과 동문본에는 없다. 9) 竹不成用: 왕숙의 주에, "대나무로 만든 제기[籩]에는 테두리가 없다[사고본에는 이 뒤에 '也' 자가 있다]."고 했다. 10) 膝: 『예기』에는 '昧'로 되어 있다. 정현(鄭玄)의 주를 살펴보면 당연히 '沫'이라 해야 한다. '沫'은 '昧'와 같은데, 뜻은 광택이 없음을 가리킨다. 이 '슬(膝)'은 응당 '칠(漆)'이라 해야 한다. 아직 칠을 하지 않아 광택이 없음을 의미한다. 왕숙의 주에, "膝은 갈아 빛내다[鐊]."고 했는데, 이해가 되지 않는다. 11) 琴瑟張而不平: 거문고와 비파의 시위[弦]를 조율하지 않으면 연주할 수가 없다. 12) 笙竽備而不和: 생황(笙簧)과 우쟁(竽筝)도 외형만 갖추고 음율을 맞추지 않으면 불 수가 없다. 13) 有鍾磬而無簨簴: 종(鍾)과 경(磬)은 있어도 이들을 매달아 쓸 나무 틀이 없다. 순거(簨簴)는 왕숙의 주에, "순거(簨簴)에 종과 경을 매달 수 있다."고 했다. 14) 神明: 여기서는 동사로 사용하였는데, 신명을 받드는 것처럼 하다는 뜻이다. 15) 而: 사고본과 동문본에는 '於'라 되어 있다. 그것이 맞다. 16) 殉: 사람을 순장하다. 왕숙의 주에, "사람을 죽여 죽은 자를 따르도록 한 것을 순(殉)이라 한다."고 했다.

43-26

자한(子罕)이 공자에게 물었다. "사람이 막 죽었을 때 중(重)을 설치하는 것은 무엇 때문입니까?"

공자가 말하였다. "중(重)은 신주(神主)의 도리와 같다. 은나라 사람은 신주의 위패를 만들고 나면 위패를 중(重)과 함께 이어 놓았다. 주나라 사람은 신주를 만들고 나면 중(重)을 철거하였다."

자한이 또 물었다. "장사지내러 갈 때 종묘에 참배하고 나서 가는 것은 무엇 때문입니까?"

공자가 말하였다. "장사 지내기 전에 종묘에 참배하는 것은 죽은 이에게 순종한다는 효심이다. 때문에 할아버지와 아버지를 모신 사당에 참배하고 난 후 길을 나서는 것이다. 은나라에서는 종묘에 참배한 후 영구를 사당에 일정한 시간동안 안치하였고, 주나라에서는 종묘를 참배한 후 장례를 치뤘다."

原文

子罕[1]問於孔子曰: "始死之設重[2]也, 何爲?"

孔子曰: "重, 主道[3]也, 殷主綴重焉[4], 周人徹重焉[5]."

"請問喪朝[6]."

子曰: "喪之朝也, 順死者之孝心, 故至於祖考[7]廟而後行. 殷朝而後殯於祖[8], 周朝而後遂葬."

注釋

1) 子罕: 춘추 말기에 송(宋)나라에서 집정(執政)하였다. '罕'은 사고본과 동문본에는 '䍑'으로 되어 있다. 자세한 것은 이 책「곡례자공문(曲禮子貢問)」제42의 주(注)를 보라. 이 기록은 또 『예기』「단궁(檀弓)하」에도 보인다. 2) 重: 옛날 상례(喪禮) 때 잠시 나무로 만든 신주로 대신하는 것. 『예기』정현(鄭玄)의 주에, "사람이 막 죽었을 때는 신주가 없으므로 중(重)으로 신주를 삼았다."고 했다. 3) 主道: 신주(神主)의 도리와 같다. 주(主)는 신주(神主), 목주(木主)로써 죽은 사람을 위해 세우는 위패(位牌)이다. 道는 도리(道理)이다. 4) 殷主綴重焉: 왕숙의 주에, "철(綴)은 연잇다(連)이다. 은나라

사람들은 신주를 만들면서 중(重)을 이어 사당에 걸었다."고 했다. 5) 周人徹重焉: 왕숙의 주에, "주나라 사람들은 신주를 만들면 중(重)을 철거하고 기대어 놓을 수 잇는 것에 설치했다."고 했다. 6) 喪朝: 왕숙의 주에, "상(喪)은 장례를 치르는 것이니, 사당에 참배하고 나서 행한다."고 했다. 7) 考: 원래는 잘못되어 '者'로 되어 있었으나 사고본과 동문본에 근거하여 고쳤다. 8) 殯於祖: 영구(靈柩)를 조상의 사당에 안치함. '빈(殯)'은 영구를 안치하거나 영구를 묘지로 보내는 것. 조(祖)가 여기서는 조상의 사당[祖廟]을 가리킨다.

43-27

공자의 집을 지키던 개가 죽자 공자는 자공(子貢)에게 말했다. "국군(國君)의 수레를 끌던 말이 죽으면 장막으로 싸서 다시 묻어 주고, 개가 죽으면 수레의 덮개로 싸서 다시 묻어 준다. 네가 가서 묻어 주어라. 내 들기로 떨어진 장막을 버리지 않는 것은 말을 묻어 주기 위함이고, 떨어진 수레의 덮개를 버리지 않는 것은 개를 묻어 주기 위함이라 하더라. 이제 내가 가난하여 수레 덮개도 없으니 네가 개를 묻는데 내 깔고 있던 이 자리를 줄테니 이것으로 싸서 개의 머리가 직접 흙 속에 파묻히지 않도록 해주어라."

原文

孔子之守狗[1]死, 謂子貢曰: "路馬[2]死, 則藏之以帷, 狗則藏之以蓋[3]. 汝往埋之. 吾聞弊幃[4]不棄, 爲埋馬也; 弊蓋不棄, 爲埋狗也. 今吾貧, 無蓋. 於其封[5]也, 與之席, 無使其首陷於土[6]焉."

注釋

1) 守狗: 집을 지키던 개. 이 기록은 또 『예기』「단궁(檀弓)하」에도 보인다. 2) 路馬: 임금의 수레를 모는 말. 『예기』「곡례(曲禮)상」에, "대부와 사(士)는 공문(公門)에서 내려 로마(路馬)에게 절한다."고 했다. 왕숙의 주에, "로마(路馬)는 늘[常] 타고 다니는 말이다."고 하였는데, 무엇에 근거한 것인지 모르겠다. '常'은 '君'을 잘못 쓴 경우일 수도 있다. 3) 蓋: 수레의 차양. 4) 弊幃: 헤지고 오래된 장막. 위(幃)는 '帷'와 같다.

장막, 휘장. 5) 封: 매장 후에 봉토하여 분(墳)을 쌓음. 매장의 뜻으로 쓰임. 6) **陷於土**: 직접 땅 속에 묻는 것을 가리킴.

44 곡례공서적문 曲禮公西赤問

| 序說

  이 편은 공자의 상장(喪葬), 제사(祭祀) 예의(禮儀)에 대한 견해와 구체적인 처리방식에 대해 기록하고 있다. 이러한 사실과 정황들은 모두 곡례(曲禮)의 범위에 속해있고, 또 첫 번째 기사 내용이 공서적(公西赤)이 묻는 내용이기 때문에 '곡례공서적문(曲禮公西赤問)'을 편명으로 하였다.

  이 편은 총 7가지 사실과 정황들을 서술하고 있다. 첫째는 관직에서 물러난 대부(大夫)가 죽은 뒤 어떠한 등급의 예의로 장례와 제사를 치러야 할지에 관한 문제이다. 둘째는 적자(嫡子)가 죽었을 때 누구를 후계로 세워야 할지에 관한 문제이다. 셋째는 공자가 모친을 어떻게 장례 지냈는지에 관한 문제이다. 넷째는 장례 때 배장품으로 목우(木偶)를 사용하는 것이 옳은지의 여부에 관한 것이다. 다섯째는 공자가 안연(顔淵)의 상제(祥祭)를 지내고 제사고기[祭肉]를 어떻게 대했는지에 관한 문제이다. 여섯째는 공자가 제사를 지낼 적에 왜 "장중하고 엄숙한 모습[濟濟漆漆]"이 없었는지에 관한 문제이다. 일곱째는 제사를 지내면서 시간을 어떻게 안배하는지에 관한 문제이다.

  상례와 제례는 주나라 예의제도의 핵심인데, 예학의 종사(宗師)로서 공자의 일평생은 모두 고례(古禮)를 연마하는 데에 있었다. 이 편을 따라 읽어 내려가다 보면 공자가 주나라 제도를 옹호하는 부분이 비교적 많은데, 상장례와 제사는 사람의 신분과 지위에 걸맞게 해야 함을 주장하면서 현재의 신분과 지위를 기준으로 삼았다. 이 편에서 공자는 "대부(大夫)로서 죄를 짓고 면직된 이후 종신토록 다시 임용되지 않았다면 죽은 후에 사(士)의 예로 장례를 지내고, 늙어서 벼슬에 물러난 경우는 죽은 후에 원래의 등급에 따라 장례를 지낸다.[大夫廢其事, 終身不仕, 死則葬之以士禮. 老而致仕者, 死則從其列]"라고 하였고, 『예기(禮記)』「중용(中庸)」에서는, "부(父)는 '대부(大夫)'이고 자(子)는 '사(士)'인 경우는 대부의 예로 장례를 치르고 사의 예로 제사를 지낸다. 부가 '사'이고 자가 '대부'인 경우는 사의 예로 장례를 지내고 대부의 예로 제사를 지낸다.[父爲大夫, 子爲士, 葬以大夫, 祭以士. 父爲士, 子爲大夫, 葬以士, 祭以大夫]"라고 했다. 이와 같은 예제(禮制)의 영향은 매우 심원하다고 할 만하다. 공자는 비록 천자나 제후의 제례가 평민이나 백성의 제례와 예의제도상 더하거나 덜어야 할 구분이 있다고 여겼지만, 이면에 함축되어 있는 예의(禮義)는 오히려 상통하는 부분이 있고, 더욱이 상례와 제례는 마음으로 애통해 하고 공경하는 것에서 나와야 함을 가장 중요하게 여겼다.

구체적인 예제에 관해서는 사람들마다 이해하는 부분이 다르기 때문에 다른 견해가 존재한다. 『가어』에 기재된 내용들은 이러한 제도들에 관해 정확히 이해하는데 매우 유익한 자료들이라 할 수 있다. 예를 들어 "공자가 어머니 상을 당한[孔子之母旣喪]" 부분의 절(節)에, "장사 지낸 지 25개월 만에 대상(大祥)을 지내고, 그 후 닷새가 지나 거문고를 탈 수 있었으나 성조(聲調)를 이루지 않았다. 그리고 담제(禫祭)를 지낸 후 열흘 만에 생황(笙簧)을 불기 시작하였는데, 이때 비로소 노래를 이루었다.[及二十五月而大祥, 五日而彈琴不成聲, 十日過禫而成笙歌]"라고 한 부분이 있다. 이 부분에 대한 학자들의 해석에는 이따금 오류가 있다. 「곡례자공문(曲禮子貢問)」제42에서 "노나라 사람 가운데 아침에 상제를 지내고 저녁에 노래를 하는 자를 보고 자로(子路)가 비웃었다. …… 공자는, '다시 오래 기다릴 필요 없이 이달만 지나면 다시 노래를 해도 좋았을 것이다.'고 하였다.[魯人朝祥而暮歌者, 子路

笑之 …… 孔子曰, 又多乎哉, 逾月則其善也"라고 한 구절이 있는데, 이에 대해 사람들은 대부분 "가령 1개월이 지나 다시 노래를 부르면 좋을 것이다."라는 말로 이해했다. 하지만 사실상 이 구절 안에는 왕숙(王肅)과 정현(鄭玄)의 학문상 논쟁점과 밀접한 관련이 있다. 정현은 대상(大祥)과 담제(禫祭)는 달이 다르고, 삼년상(三年喪)은 27개월이라고 여겼던 반면에 왕숙은 대상과 담제는 달이 같고, 삼년상은 25개월이라고 여겼다. 공자가 인식한 대상(大祥) 이후 "달을 넘기는 것이 좋다[逾月則其善也]"고 한 것을 만일 전통적인 관점에 비추어 보면 대상 이후 다시 1개월이 지나서 노래를 부를 수 있다는 말인데, 공자는 대상 이후 5일이 지나 거문고를 탔다고 하니 예의에 위배되는 것이다. 만일 대상 이후 5일 만에 담제를 지내고, 10일 이후 본 달을 지났다고 한다면 공자가 생황을 연주했던 것 또한 예의에 위배되지는 않는다. 그러므로 대상과 담제는 응당 달이 같고, 대상 이후 노래를 부르는 것은 다만 이 1개월이 지나야 할 수 있는 것이지 결코 1개월이 더 지나야 된다는 것은 아니다. 결론적으로 결코 10일 이후 담제를 지낸다는 것이 아니라 담제 이후 10일 뒤에 이 달이 지나야 생황을 불고 노래를 부를 수 있다는 것이다.

또 다른 예를 들면, "공자가 가을제사를 지냈다[孔子嘗]"고 한 부분의 절(節)에, "묘실(廟室)로 돌아와 제사 때 익힌 음식을 바치고 음악을 춤에 맞추어 연주한다. 이어서 제사에 쓰였던 고기를 담아 바친다.[反饋樂成, 進則燕俎]"라고 하는 부분이 있다. 이에 대한 해석 가운데 '연조(燕俎)'를 '연음(宴飮)' 또는 '연석(宴席)'으로 해석 한 것이 있다. 그래서 '進則燕俎'를 '연음을 바쳤다'고 해석하는데, 이는 아마도 오류인 것 같다.『예기』「제의(祭義)」에는, "중니(仲尼)가 상제(嘗祭)를 지내면서 …… 돌아와 제사음식을 바치고 음악을 이루었으며, 천조(薦俎)를 올리고, 예악을 차서 짓고, 백관을 갖추었으니, 군자가 제제칠칠(濟濟漆漆)함을 이룬 것이다.[仲尼嘗 …… 反饋樂成, 薦其薦俎, 序其禮樂, 備其百官, 君子致其濟濟漆漆]"라고 하였고, 또 "효자가 제사를 주관하면서 …… 천조를 올리고, 예악을 차서 짓고, 백관을 갖추어, 받들어 음식을 올린다[孝子將祭 …… 薦其薦俎, 序其禮樂, 備其百官, 奉承而進之]"라고 하였다. 여기에서 '薦其薦俎'라는 것은 아마도 변두(籩豆)와 육조(肉俎)를 올리는 것으로 보인다. 그리고 '反饋樂成'은 천자와 제후의 종묘대제 때 우선 묘당(廟堂) 위에서 혈성(血腥)을 바치고 시주(尸主)에게 헌주(獻酒)하며, 다시 묘실(廟室) 안으로 돌아와 궤식례(饋食禮)를 거행하는 것이다. 묘당에서의 제사가 이미 끝나면, 이때 사용했던 혈성 제물의 고기는 "(제사에서) 물러나와 썼던 고기와 쓰지 않았던 고기를 합쳐 삶고 개, 돼지, 소, 양의 고기를 잘라서 보궤(簠簋), 변두(籩豆), 국그릇[鉶羹]에 가득 담는다.[退而合烹, 體其犬豕牛羊, 實其簠簋籩豆鉶羹]「문례(問禮)」제6"고 했다. 그렇기 때문에 '進則燕俎'는 응당 묘당 제사 때 쓴 혈성의 제물을 물려 합하여 삶아 보궤, 변두, 형갱에 담고, 빈객들에게 궤식례를 하기 위해 연향을 준비하는 것이 된다. 『국어(國語)』「주어(周語)중」에는 주 정왕(周定王)이 진(晉)나라 사신 수회(隨會)를 효증(肴烝)의 예(禮)로 대접하면서 "오직 선왕(先王)의 연례(宴禮)에 따라 그대에게 해 주고자 하는 것이다.[唯是先王之宴禮, 欲以貽女]"라고 한 기록이 있다. 이를 통해 한 층 더 나아가 "이윽고 자른 고기를 조두(俎豆)에 더 올려 주었다.[於是乎有折俎加豆]"라는 구절을 아울러서 해석을 해 볼 수 있다. 여기에서 '절조(折俎)'와 '효증(肴烝)'은 제물의 몸체에서 뼈를 자르고 고기를 발라 조두를 올린 상 위에 두는 것이다. 그래서 연조(燕俎)는 혹 절조(折俎)이며 모두 연례 때 사용하는 것으로 볼 수 있다. 때문에 우리들은 '進則燕俎'를 연향 때 사용하는 육조(肉俎)를 올리는 것으로 생각 할 수 있다.

 이 편의 개별적 기록들에 대한 신빙성 여부 또한 논쟁거리이다. '공자가 모친상을 당한[孔子喪母]' 것을 예로 들면, 『사기』에는 공자의 나이 17세 이전의 일로 되어있지만, 『가어』와 『예기』에는 도리어 공자가 문인들로 하여금 어떻게 모친의 묘를 보수하고 봉분을 쌓게 했는지에 대해서만 이야기하고 있다. 이 편의 내용은 모두 『예기』에 보인다. 총간본을 저본으로 하자니 약간의 내용과 앞부분의 몇몇 장들이 혼잡해지고, 의의들에 연관성이 없어졌다. 그래서 사고본, 동문본, 진본, 『예기』에 근거하여 개별적인 부분들을 조정하였다. 사고본, 동문본 등은 편말에 있어서 총간본에 비해 많게는 세 개의 장이 나오기 때문에, 이제부터는 총간본에 의한 설명은 기록하지 않는다.

44-1

공서적(公西赤)이 공자에게 물었다. "대부가 죄를 짓고 면직되었다가 죽었다면 그 장례를 어떻게 지내야 합니까?" 공자가 말하였다. "대부로서 죄를 짓고 면직된 이후 종신토록 다시 임용되지 않았다면 죽은 후에 사(士)의 예로 장례를 지내고, 늙어서 벼슬을 물러난 경우에는 죽은 후에 그 원래의 등급에 따라 장례를 지낸다."

原文

公西赤問於孔子曰: "大夫以罪免[1], 卒, 其葬也, 如之何?" 孔子曰: "大夫廢其事, 終身不仕, 死則葬之以士禮. 老而致仕[2]者, 死則從其列[3]."

注釋

1) 以罪免: 죄를 얻었기 때문에 면직됨. '免'은 파면, 면직. 2) 致仕: '致'가 원래 '政'으로 잘못되어 있으나 사고본에 근거하여 고쳤다. 사고본과 동문본에는 '致事'로 되어있다. 3) 列: 위차(位次), 행렬(行列). 등급의 의미로 쓰임.

44-2

공의중자(公儀仲子)는 적자(嫡子)가 죽자 그의 아우를 자신의 계승자로 세웠다. 단궁(檀弓)이 자복백자(子服伯子)에게 물었다. "이는 무엇 때문입니까? 나는 이같은 사정을 종래에 들은 적이 없습니다." 자복백자가 말하였다. "중자(仲子)도 역시 옛 사람의 도에 따라 행한 것입니다. 옛날 문왕은 그의 장자 백읍고(伯邑考)를 버리고 무왕(武王)을 세웠으며, 미자계(微子啓)는 그의 적장손 돌(腯)을 세우지 않고 그의 아우 연(衍)을 세운 일이 있습니다."

자유(子游)가 이를 공자에게 묻자 공자가 말하였다. "그렇지 않다! 주나라의 제도에는 적손(嫡孫)을 세워야한다."

原文

公儀仲子[1]嫡子[2]死, 而立其弟[3]. 檀弓[4]問子服伯子[5]曰: "何居[6]? 我未之前聞也." 子服伯子曰: "仲子亦猶行古人之道. 昔者文王捨伯邑考而立武王[7], 微子舍其孫腯, 立其弟衍."

子遊以問[8]諸孔子, 子曰: "否! 周制立孫."

注釋

1) **公儀仲子**: 춘추시대 노나라 종실, 공의(公儀)는 씨(氏)이고, 자(字)는 중자(仲子)이다. 이 기록은 또『예기』「단궁(檀弓)상」에도 보인다. 2) **嫡子**: 정처(正妻) 소생의 아들. 때로는 정처 소생의 장남을 가리키기도 한다. 3) **立其弟**: 적자(嫡子)의 동생을 세움. 여기서는 공의중자의 서자를 가리킴. 4) **檀弓**: 노나라 사인(士人)으로 예의(禮儀)에 정통한 것으로 유명함. 5) **子服伯子**: 즉 자복경백(子服景伯). 자복(子服)은 씨(氏)이고 이름은 하(何). 노나라 종실로써 맹손씨(孟孫氏)의 지계(支系)이다. 당시 노나라 대부였다. 6) **居**: 어기(語氣)를 나타낸다. '乎'와 같다.『시』「패풍(邶風)·일월(日月)」에, "히와 달이 하토를 비추네[日居月諸, 照臨下土]."라 했고,『좌전』양공(襄公) 23년에, "그가 누구인가? 아마도 맹초(孟椒)일 것이다![誰居? 其孟椒乎!]"라고 했다. 7) **文王舍伯邑考而立武王**: 왕숙의 주에, "백읍고(伯邑考)는 문왕(文王)의 장자(長子)이다. 문왕은 아들을 세우고 손자를 세우지 않았다."고 했다. 8) **問**: 원래는 '聞'으로 되어 있었으나 사고본과 동문본에 근거하여 고쳤다.

44-3

공자의 어머니가 죽자 장차 그 아버지와 합장을 하려 하면서 말하였다. "옛날에 합장(祔葬)하는 습속이 없었던 것은 먼저 죽은 이를 차마 다시 볼 수 없었기 때문이다. 『시경』에 이르기를, '사람이 죽으면 같은 묘혈에 묻히나니'라 하였다. 주공(周公)으로부터 합장을 실행하였다. 위(衛)나라 사람의 합장은 두 개의 묘혈로 나누어 죽은 사람 간에 간격이 있었고, 노(魯)나라 사람은 합장하면서 한 개의 묘혈에 묻었다. 이같은 방식은 정말 좋은 것이로다! 나는 노나라 사람들의 방식을 따르리라." 그리고 드디어 방산(防山)에 합장하였다. 안장한 이후 공자가 말하였다. "내가 듣기에 옛날에는 묘를 쓰되 봉분(封墳)은 하지 않았다. 지금 나 공구(孔丘)는 일정한 거처가 없는 사람이다. 그러므로 묘지에 표식(表識)을 하지 않을 수 없다. 내가 봉분을 보니, 사방을 높이 쌓아 올려 집 모양으로 한 것, 경사면을 평평하게 올려 제방처럼 한 것, 대전(大殿)의 지붕을 덮은 것처럼 한 것, 도끼 모양을 한 것 등이 있는데, 나는 그 중 도끼 모양처럼 한 것을 따르련다." 그리하여 봉분을 넉 자 높이로 하였다.

공자가 장사를 지내고 먼저 돌아와 우제(虞祭)를 지내고 문인(門人)들은 묘지에 남아 있었다. 이 때 큰 비가 내려 분묘가 무너져 수리를 한 후 돌아왔다. 공자가 물었다. "너희들은 왜 이렇게 늦었느냐?" 문인들이 대답하였다. "방산의 묘가 무너져 늦었습니다." 공자는 아무 응답이 없었다. 세 번을 말하자 공자가 눈물을 줄줄 흘리면서 말하였다. "내가 듣기로 옛날에는 묘지 위에 봉분을 쌓은 일이 없었다." 장사 지낸 지 25개월 후 대상(大祥)을 지내고, 그 후 닷새가 지나 거문고를 탈 수 있었으나 성조(聲調)를 이루지 않았다. 그리고 이어 담제(禫祭)를 지내고 열흘 후 생황(笙簧)을 불기 시작하였는데 이때 비로소 노래를 이루었다.

原文

　　孔子之母旣喪¹⁾, 將合²⁾葬焉, 曰: "古者不祔³⁾葬, 爲不忍先死者之復見也. 『詩』云: '死則同穴⁴⁾.' 自周公已來, 祔葬矣. 故衛人之祔也, 離之⁵⁾, 有以間⁶⁾焉. 魯人之祔也, 合之⁷⁾, 美夫! 吾從魯." 遂合葬於防⁸⁾. 曰: "吾聞之, 古者墓而不墳⁹⁾. 今丘也¹⁰⁾, 東西南北之人¹¹⁾, 不可以弗識也. 吾見封之若堂¹²⁾者矣, 又見若坊¹³⁾者矣, 又見覆夏屋¹⁴⁾者矣, 又見若斧形者矣. 吾從斧者焉." 於是封之, 崇¹⁵⁾四尺.

　　孔子先反虞¹⁶⁾, 門人後. 雨甚至, 墓崩, 修之而歸¹⁷⁾. 孔子問焉, 曰: "爾來何遲?" 對曰: "防墓崩." 孔子不應, 三云, 孔子泫然¹⁸⁾而流涕, 曰: "吾聞之, 古不修墓." 及二十五月而大祥, 五日而彈琴不成聲, 十日過禫而成笙歌."

注釋

1) 喪: 원래 '葬'으로 되어 있으나 사고본과 동문본, 진본(陳本)에 근거하여 고쳤다. 이 기록은 또 『예기』「단궁(檀弓)상」에도 보인다. 2) 合: 원래 '立'으로 되어 있으나 동문본과 진본에 근거하여 고쳤다. 3) 부(祔): 합장(合葬). 『예기』「단궁(檀弓)상」에, "주공(周公)이 합장하였다."의 공영달(孔穎達)의 소(疏)에, "주공(周公)이래 대체로 합장[祔葬]이 시작되었다. 부(祔)는 합(合)이다. 후상(後喪)을 전상(前喪)과 합하는 것을 말한다."고 했다. 4) 死則同穴: 『시』「왕풍(王風)·대거(大車)」에 나오는 말로써, "살아서는 집을 다르게 하나 죽어서는 묘혈을 함께 한다[穀則異室, 死則同穴]."라 했다. 혈(穴)은 묘혈(墓穴)이다. 5) 離之: 부부합장 시 관곽(棺槨)을 나누어 두 개 묘혈에 하장(下葬)하지만 두 묘혈은 나란히 배열함을 가리킨다. 6) 間: 원래는 '聞'으로 되어 있으나 사고본과 동문본에 근거하여 고쳤다. 7) 合之: 부부합장 시 관곽을 같은 묘혈에 하장하는 것을 가리킨다. 8) 防: 즉 방산(防山)으로 산동 곡부시(曲阜市) 동쪽 20리에 위치한다. 9) 古者墓而不墳: 원래는 '墓而不墳'으로 되어 있으나 여기서부터 장(章)끝까지가 총간본(叢刊本)에는 「곡례자하문(曲禮子夏問)」제43의 "季桓子死"장(章)의 '又問' 이후에 나오지만, 이제 사고본과 동문본, 진본(陳本)에 근거하여 옮겨 보완했다. 여기에는 원래 "有備物而不可用也, 是故……不殆而用殉也"가 있었지만, 사고본과 동문본에 근거하여 「곡례자하문(曲禮子夏問)」제43의 "原思言於曾子"장(章)의 "知喪道也"의 뒤로 옮겼다. 10) 今丘也: 이 앞에 원래는 '孔子曰' 세 글자가 있었지만

사고본과 동문본에 근거하여 삭제하였다. 11) 東西南北之人: 일정한 거주지가 없는 사람을 의미한다. 12) 若堂: 왕숙의 주에, "당(堂)의 형태로 사방이 높은 것이다"고 했다. 13) 若坊: 왕숙의 주에, "방(坊)의 형태로, 곁[旁]을 죽이고, 위를 평평하게 하여 길게 하는 것이다."고 했다. 방(坊)은 방(防)과 같다. 제방(堤防). 14) 夏屋: 대옥(大屋). 『시』「진풍(秦風)·권여(權輿)」에, "큰 집이 깊고 넓대[夏屋渠渠]."라 했고, 『초사(楚辭)』「초혼(招魂)」에, "큰 집은 서늘하고[夏室寒些]."라 했으며, 또 「구장(九章)·애영(哀郢)」에, "일찍이 궁전이 구릉이 될지 몰랐다[曾不知夏之爲丘兮]."의 왕일(王逸)의 주에, "夏는 대전(大殿)이다."고 했다. 15) 崇: 높이. 『고공기(考工記)』「장인(匠人)」에 "당(堂)의 높이는 3척(尺)[堂崇三尺]."이라 했다. 16) 虞: 옛날에 장사를 치르고 나서 지내는 제사를 우(虞)라 했다. 『석명(釋名)』「석상제(釋喪制)」에, "장사를 지내고 돌아와 빈궁(殯宮)에서 지내는 제사를 우(虞)라 한다."고 했다. 17) 歸: 사고본과 동문본에는 빠져있다. 18) 현연(泫然): 상심하여 눈물을 흘리는 모습. 『한비자(韓非子)』「외저설(外儲說) 우상(右上)」에, "공(公)이 상심하여 눈물을 흘리며[泣然] 말하기를, '슬프지 아니한가' 하였다."고 했다 19) 及二十五月而大祥, 五日而彈琴不成聲, 十日過禪而成笙歌: 왕숙의 주에, "공자는 대상(大祥)을 25개월째 지냈고, 담(禪)을 지내고 10일, 달을 넘겨 노래하였다."고 했다. 대상(大祥)은 부모 사후 25개월에 지내는 제사이고 상복기간이 끝났음을 나타낸다. 담(禪)은 상복을 벗는 제사로써 여기서는 담제(禪祭)를 대상과 같은 달에 지내는 것으로 되어 있다. 그러나 『의례(儀禮)』「사우례(士虞禮)·기(記)」에, "한 달을 사이에 두고 담제를 지낸다[中月而禪]"이란 구절이 있는데, 정현(鄭玄)의 주에, "中은 '間'과 같다. 담(禪)은 제명(祭名)이다. 대상(大祥)과의 간격이 한 달[一月]이다. 초상으로부터 담제까지 27개월이다. 담(禪)이란 담담(淡淡)하고 평안하다는 뜻이다."고 했다.

44-4

자유(子游)가 공자에게 물었다. "장사를 지내는 데 진흙으로 수레를 만들고, 짚으로 사람이나 말을 만드는 것은 예로부터 있었습니다. 그러나 지금 사람들은 혹 흙이나 나무로 만든 인형을 배장(陪葬)하는데 이렇게 하는 것은 초상을 치르는 데 아무런 유익함도 없습니다." 공자가 말하였다. "짚으로 사람이나 말을 엮어 만든 사람은 마음이 착하지만 흙이나 나무로 인형을 만든 사람은 어질지 못한 것이다. (인형을 배장하는 것은) 산 사람으로 순장하는 것과 거의 가깝지 않겠느냐?"

原文

子遊問於孔子曰: "葬者塗車芻靈[1], 自古有之. 然今人或有偶[2], 是無益於喪." 孔子曰: "爲芻靈者善矣, 爲偶者不仁, 不殆於用人乎."

注釋

1) **塗車芻靈**: 『예기』「단궁(檀弓)하」에, "도거(塗車), 추령(芻靈)은 예부터 있던 것이다. 명기(明器)의 도(道)이다."고 했고, 손희단(孫希旦)의 집해(集解)에, "도거(塗車), 추령(芻靈)은 모두 장례를 치를 때의 기물이다. 도거는 즉 견거(遣車)로써 채색으로 칠해 장식하는데 금옥(金玉)처럼 하였다."고 했다. 추령(芻靈)은 정현(鄭玄)의 주에, "추령은 짚으로 엮어 만든 사람이나 말인데, 영(靈)이라 한 것은 신(神)의 유(類)이기 때문이다."고 했다. 이 기록은 또『예기』「단궁(檀弓)하」에도 보인다. 2) **偶**: 왕숙의 주에, "우(偶)는 역시 사람이다."고 했다. 즉 흙이나 나무로 만든 인형이다.『전국책(戰國策)』「제책(齊策)3」에, "이제 신이 치수(淄水)가를 지나는데, 흙으로 빚는 우인(偶人)이 복숭아나무로 만든 장승[桃梗]과 서로 말을 하고 있었습니다."고 했다.

44-5

안연의 상사(喪事)에 대상(大祥)의 제사를 지내고 안로(顔路)가 제물로 썼던 고기를 공자에게 드렸다. 공자가 친히 문 앞까지 나아가 이것을 받아들여와 먼저 거문고를 타서 애통한 심정을 흩어 버린 다음에 그 고기를 먹었다.

原文

顔淵之喪, 旣祥[1], 顔路饋[2]祥肉[3]於孔子. 孔子自出而受之, 入, 彈琴以散情, 而後乃食之.

注釋

1) 祥: 여기서는 대상(大祥)의 제(祭)를 가리킨다. 대체로 예(禮)에서 소상(小祥)에는 상(祥)이란 한 단어로 말하지 않는다. 이 기록은 또 『예기』「단궁(檀弓)상」에도 보인다. 2) 궤(饋): 음식이나 물건을 보내는 것을 가리킨다. 『논어』「향당(鄕黨)」에, "벗이 보낸 선물은[饋] 비록 수레와 말이라도 제사지낸 고기가 아닌 것은 절하지 아니하셨다[朋友之饋, 雖車馬, 非祭肉, 不拜]."라고 했고, 『맹자』「공손추(公孫醜)하」에, "전일(前日)에 제(齊)나라에서 왕이 겸금(兼金) 일백일(一百鎰)을 보내 주었지만[饋] 받지 않으셨다."고 했다. 3) 祥肉: 상제(祥祭) 때 제공되는 고기.

44-6

공자가 망친(亡親)을 위하여 추제(秋祭; 嘗)를 거행하면서 제수를 올릴 때 직접 나서서 정성을 다하였으며, 걸음걸이 또한 급한 듯 촘촘히 서둘렀다. 제사를 마친 후 자공(子貢)이 물었다. "선생님께서 이전에 제사를 말씀하실 때에는 그 의(儀)를 갖춘 모습이 엄숙하고, 용모가 단정하고 공경스러워야 한다고 말씀하시더니, 이제 선생님께서 제사를 지내시면서 의(儀)가 엄숙하거나 용모가 단정하고 공경스러워 보이지 않으니 어찌된 것입니까?"라고 하였다.

공자가 말하였다. "의(儀)가 엄숙하다는 것은 표정이 소원(疏遠)한 것이고, 용모가 단정하고 공경스럽다는 것은 스스로를 고쳐 의용(儀容)과 긍지를 갖추는 것이다. 소원한 표정과 의용과 긍지를 갖추고서 어떻게 신명(神明)과 교감할 수 있겠느냐? 만약 정말 그렇다면 어찌 의(儀)를 엄숙히 하고 용모를 단정하고 공경스럽게 할 수 있겠느냐? 이는 완전히 원래의 뜻을 잃은 것이다. 천자와 제후의 종묘대제에는 먼저 묘당(廟堂)에서 혈성(血腥)을 바치고 시주(尸主)에게 헌주(獻酒)하며, 다시 묘실(廟室)로 돌아와 제사 때 익힌 음식을 바치는 예를 거행한다. 이 때 음악을 춤에 맞추어 연주하고 이어서 제사에 쓰였던 고기를 담아 바치는데 질서있게 예악을 진행하고, 백관이 모두 참석하니 이들 제사에 참여하는 군자들은 그 의(儀)를 갖춘 모습이 엄숙하고, 용모를 단정하고 공손하게 해야 할 것이다. 따라서 내가 한 말이 어찌 한 가지 방면만의 이해일 수 있겠느냐? 각기 적당한 경우가 있는 것이다."

▎原文

孔子嘗¹⁾, 奉薦²⁾而進, 其親也慤³⁾, 其行也趨趨以數⁴⁾. 已祭, 子貢問曰: "夫子之言祭也, 濟濟漆漆⁵⁾焉. 今夫子之祭⁶⁾, 無濟濟漆漆, 何也?"

孔子曰: "濟濟⁷⁾者, 容也遠也; 漆漆者, 自反⁸⁾. 容以遠, 若⁹⁾容以自反, 夫何神明之及交? 必如此, 則何濟濟漆漆之有? 反饋¹⁰⁾樂成¹¹⁾, 進則燕俎¹²⁾, 序其禮樂, 備其百官, 於是君子致其濟濟漆漆焉. 夫言豈一端而已哉? 亦各有所當也¹³⁾."

▎注釋

1) 嘗: 왕숙의 주에, "상(嘗)은 추제(秋祭)이다."고 했다. 이 기록은 또 『예기』「제의(祭義)」에도 보인다. 2) 천(薦): 제품(祭品). 『주례(周禮)』「천관(天官)·포인(庖人)」에, "왕에게 제공하는 선수(膳羞)로써 천수(薦羞)한 물품을 준다[以共王之膳, 與其薦羞之物]."라 했고, 정현(鄭玄)의 주에, "薦은 올리다. 품물(品物)을 갖추는 것을 천(薦)이라 하고, 맛을 보는 것을 수(羞)라 한다."고 했다. 또 「천관(天官)·변인(籩人)」에, "무릇 제사에 변인은 천수(薦羞)의 물품을 제공한다[凡祭祀, 共其籩薦羞之實]."라 했고, 정현의 주에, "薦, 羞 모두 바친다는 의미인데, 아직 먹고 마시지 않은 것을 薦, 이미 먹고 마신 것을 羞라 한다."고 했다. 3) 其親也慤: 왕숙의 주에, "각(慤)이란 직접 받들어 올리는 것이다. 慤은 바탕[質]이다."고 했다. 慤은 성실하고 진지하다, 충후(忠厚)하다. 『사기』「효문본기(孝文本紀)」에 "법이 바르면 백성이 성실하고 진지해진다."고 했다. 4) 趨趨以數: 왕숙의 주에, "위의(威儀)가 적음을 말한다."고 했다. 즉 바쁜 모습. 촉(數)은 촘촘히[密]이다. 걸음걸이가 빈번하고 발걸음이 빠른 것을 가리킨다. 5) 濟濟漆漆: 왕숙의 주에, "위의(威儀)가 있고 용모가 단정함."이라 했다. 제제(濟濟)는 엄숙하고 공경한 모습. 『예기』「옥조(玉藻)」에, "조정(朝廷)에서는 엄숙하고 정중해야 한다[濟濟翔翔]."고 했다. 칠칠(漆漆)은 공경의 모습. 『예기』「제의(祭義)」에, "漆漆이란 얼굴모습이다. 스스로를 돌아봄이다."고 했고, 공영달(孔穎達)의 소(疏)에, "용모를

반복하여 돌아보며 고치는 것을 말한다."고 했다. 살펴보자면 반복하여 용모를 단정하게 하는 것은 제사에 정성을 보여야 하기 때문이다. 6) 子之祭: 원래는 "子之祭……亦各有所當也"라고 한 문단이 없었는데 이제 동문본과 진본(陳本) 그리고 『예기』「제의(祭義)」에 근거하여 보완하였다. 7) 濟濟: 사고본과 동문본에는 이 뒤에 '漆漆' 두 글자가 있다. 8) 自反: 돌아보며 스스로에게 요구함. 스스로에게 자문함. 『예기』「학기(學記)」에, "부족함을 알고 난 후에 스스로를 돌아볼 수 있다[知不足然後能自反]."고 했다. 이는 스스로를 고침으로 의용(儀容)과 긍지(矜持)를 갖추는 것이다. 사고본과 동문본에는 이 앞에 '以' 자가 있다. 9) 若: 그리고, 또. 10) 反饋: 천자와 제후의 종묘대제(大祭)에 먼저 묘당(廟堂)에 혈성(血腥)을 바치고 시주(尸主)에게 헌주(獻酒)한 다음, 다시 묘실로 돌아와 제사 때 익힌 음식을 바치는 예(禮)를 거행한다. 11) 樂成: 음악과 춤이 함께 이루어 짐을 가리킨다. 음악을 춤에 맞추어 연주함. 12) 進則燕俎: 연향(宴饗)에 사용할 제사에 쓰였던 고기를 담는 도구. 연(燕)은 '연(宴)'과 같다. 조(俎)는 고대의 제사나 연회에 사용하는 희생(犧牲)을 얹는 예기(禮器). 13) 也: 사고본과 동문본에는 없다.

▌44-7

자로(子路)가 계씨(季氏)의 재(宰)가 되었다. 계씨가 종묘제사를 지내면서 동이 트지도 않았는데 제수를 진열하기 시작했는데 하루 종일해도 부족하여 저녁에 촛불을 밝히면서까지 계속되었다. 비록 강한 체력을 지니고 엄숙하고 공경스러운 마음을 가졌다 해도 모두가 지치고 태만한 상태가 되었다. 유사(有司)들이 모두 비스듬히 다른 물건에 기대서서 제사의 각종 의식에 임하고 있어 그 불경스러움이 너무 컸다. 다른 날 묘제를 거행할 때 자로가 참여하게 되었다. 실내에서 정제(正祭)를 거행하면서 조상의 신주를 모시고 필요한 각종 제수는 내실의 문 입구에서 주고받도록 하였으며, 정제가 끝나고 당상(堂上)에서 신주를 모시고 필요한 음식물은 서쪽 계단에서 주고받도록 하였다. 해뜰 무렵 시작하여 해가 질 때쯤 마쳤다.

공자가 이를 듣고 말하였다. "이 일을 가지고 볼 때 누가 자로가 예를 모른다고 하겠느냐?"

原文

子路爲季氏宰. 季氏祭, 逮[1]昏而奠[2], 終日不足, 繼以燭. 雖有强力之容, 肅敬之心, 皆倦怠矣. 有司跛倚[3]以臨事[4], 其爲不敬也大矣. 他日[5], 子路與焉. 室事交於戶[6], 堂事[7]當於階, 質明[8]而始行事, 晏朝[9]而徹[10].

孔子聞之曰: "以此觀之[11], 孰爲由也而不知禮[12]?"

注釋

1) 逮: 미치다. 이르다. 『좌전』애공(哀公) 6년에, "밤에 이르러서 제(齊)나라에 도착했다[逮夜至於齊]."라고 했다. 2) 奠: 제사 때 귀신에게 제수를 바치는 것. 『시』「소남(召南)·채평(采蘋)」에, "이에 제수를 올리기를 종실의 창문아래에서 했다[於以奠之, 宗室牖下]."고 했다. 3) 跛倚: 다른 물건에 기대 비스듬히 서있는 것으로 장중(莊重)하지 못한 태도의 일종. 『예기』「예기(禮器)」에, "유사들이 기대에 서서 제사에 임하는 것은 그 불경함이 큰 것이다[有司跛倚以臨祭, 其爲不敬也大矣]."라 했고, 정현(鄭玄)의 주에, "기우뚱하게 서는 것을 파(跛)라 하고, 물건에 기대는 것을 의(倚)라 한다."고 했다. 4) 事: 원래는 없었는데, 사고본과 동문본 그리고 진본(陳本)에 근거하여 보완했다. 5) 他日: 사고본과 동문본에는 이 뒤에 '祭' 자가 있다. 6) 室事交於戶: 『예기』「예기(禮器)」에: "실사(室事)를 지내면서 제수를 창문으로 주고받는다."라 했고, 공영달(孔穎達)의 소(疏)에, "정제(正祭)를 지낼 때에는 신주를 실내(室內)에 모신다."고 했다. '室事'란 실내에서 거행하는 정제(正祭)로써 조상의 신상(神像)을 충당하는 신주가 있다. '戶'란 본래 홑문을 가리키는 것이지만 확대하여 출입구를 통칭한다. '交'란 주고 받는 것을 말한다. 7) 堂事: 『예기』「예기(禮器)」에, "당사(堂事)를 지내면서 제수는 계단에서 충당한다[堂事當於階]."라 했고, 공영달의 소(疏)에, "정제(正祭)후에 신주를 인도하는데 그 일은 당(堂)에서 한다."고 했다. 이는 정제를 지낸 후 묘당에서 신주를 모시는 제사를 거행함을 가리킨다. 8) 質明: 여명(黎明)과 같다. 동틀 무렵. 『의례(儀禮)』「사관례(士冠禮)」에, "태재(太宰)가 고하며 말하기를, '동틀 무렵에 행한다.'"고 했다. 정현의 주에, '質'은 정(正)이다. 태재가 고하며 말하기를, '아침 동틀 무렵 관사(冠事)를 거행한다.'"고 했다. 정대창(程大昌)의 『연번로(演繁露)』권10에, "質明이란 새벽이다."고 했다. 9) 晏朝: 황혼(黃昏), 해질 무렵. 안(晏)은 저녁. 10) 徹: 마치다. 끝내다. 11) 以此觀之: 원래는 없었지만 사고본과 동문본, 진본(陳本)에 근거하여 보완했다. 12) 孰謂由也而不知禮: 원래는 '孰爲士也而不知禮'라고 되어 있었으

나 이제 진본(陳本)과 『예기』「예기(禮器)」에 근거하여 고쳤다. '謂'는 사고본과 동문본에는 '爲'로 되어 있다.

부록 附錄

공안국(孔安國) 『공자가어후서(孔子家語後序)』

『공자가어(孔子家語)』는 모두 당시의 공(公)·경(卿)·사(士)·대부(大夫) 및 72제자들이 자문을 구하기 위해 서로 대답하고 질문한 말이다. 이미 여러 제자들이 각자 물어본 것을 기록해 놓은 것이며, 『논어(論語)』, 『효경(孝經)』과 같은 시기의 것이다. 제자들은 그 가운데 진실한 것과 사실에 부합하는 것을 뽑아 따로 『논어』로 편찬했고, 나머지는 함께 집록(集錄)하여 『공자가어』라고 하였다. 무릇 의논해서 바로잡고 해석해서 판단하고 비교해서 하나로 모은 것은 사실 공자의 원래 취지를 따른 것이었다. 그러나 글을 짓고 문장을 만들면 언제나 근거 없는 말과 번거롭고 필요 없는 말이 많아진다. 또한 72명의 제자가 각각 처음과 끝부분에 설명을 덧붙이고 문장을 다듬었기 때문에 그 자료는 좋은 부분과 그렇지 못한 부분이 있었다. 그러므로 『공자가어』가 그렇게 되었다.

공자가 죽은 뒤 미언(微言)이 끊어졌고, 72제자들이 죽은 뒤 대의(大義)가 변질되었다. 6국의 시절 유도(儒道)는 나누어 흩어져버렸고, 유세객들은 각기 교묘한 뜻을 가지고 지엽적인 것만 행하고 있었다. 오직 맹자(孟軻)와 순자(孫卿)만이 그들이 익힌 유자(儒者)의 학문을 고수하고 있었다. 진 소왕(秦昭王) 시절이 되자 순자는 진(秦)으로 들어갔고 소왕도 그를 따라 유술(儒術)을 자문 받았다. 순자는 공자의 말, 제국(諸國)의 사적, 72제자의 말 등을 기록한 책 약 100여 편을 가지고 소왕에게 주었기에 이로 말미암아 진이 이 책을 모두 소유하게 되었다. 진 시황(秦始皇)의 시대가 되자 이사(李斯)는 분서(焚書)를 자행했지만 『공자가어』는 제자서(諸子書)와 같은 항렬로 취급되었기에 파기되지는 않았다. 한 고조(漢高祖)가 진을 이기고 이 책을 모두 수습하여 가지게 되었는데, 모두 2척(尺)짜리 죽간에 실린 것이었으며 대부분 고문자(古文字)로 기록되어 있었다. 여태후(呂太后)가 한(漢)의 전권을 휘두르던 시대에 이르자 이를 취하여 도리어 감추어버렸고, 이후 여씨일족이 화를 당하자 『공자가어』는 결국 민간에 흩어져 존재하게 되었다. 말 만들기 좋아하는 자들이 더러는 각자의 의사를 가지고 그 말을 보태거나 빼버렸기에 똑같은 한 가지 사실에 번번이 언사가 달라졌다. 효경제(孝景帝) 말년, 천하에 산재한 예서(禮書)들을 모으자 이윽고 사대부들은 모두 관(官)에 서적을 보냈고, 여씨(呂氏)가 전한 『공자가어』를 얻을 수 있었다. 그러나 제국사(諸國事)와 더불어 72제자들의 말이 함부로 뒤섞여 이해하지 못할 지경이 되었기에 장서(掌書)가 담당하여 「곡례(曲禮)」등 여러 편의 어지러운 죽간들을 합하여 비부(秘府)에 소장하게 되었다.

　원봉(元封)시기 나는 경사(京師)에서 벼슬을 하고 있었는데, 가만히 생각해보면 선인(先人)들의 전사(典辭)가 장차 사라지게 될 것이 두려웠다. 결국 여러 공·경·사대부들에게 개인적으로 선물을 보내 이 책의 부본(副本)을 모아 모두 가지게 되었다. 이에 사류(事類)별로 서로 차서를 매기고 찬집(撰集)하여 44편을 만들었다. 또 「증자문례(曾子問禮)」1편이 있는데, 따로 「증자문(曾子問)」에 넣었기에 기록하지 않았다. 제자들의 글에 공자를 호칭한 말은 본래 『가어』에는 존재하지 않고 또한 이미 전한 것이 있기 때문에 모두 취하지 않았으니 장래의 『공자가어』를 읽는 사람들이 거울삼지 않으면 안 될 것이다.

原文

孔安國 『孔子家語後序』[1)]

　『孔子家語』者, 皆當時公卿士大夫及七十二弟子之所諮訪交相對問言語也[2)]. 旣而諸弟子各自記其所問焉, 與論語, 孝經並時. 弟子取其正實而切事者, 別出爲論語, 其餘則都集錄之[3)], 名之曰『孔子家語』. 凡所論辨[4)], 流[5)]判較歸, 實自夫子本旨也. 屬文下辭, 往往頗有浮說, 煩而不要者, 亦猶七十二子各共敍述首尾, 加之潤色, 其材或有優劣, 故使之然也.

　孔子旣沒而微言絶, 七十二弟子終而大義乖, 六國之世, 儒道分散, 遊說之士各以巧意而爲枝葉, 唯孟軻, 孫[6)]卿守其所習. 當秦昭王時, 孫卿入秦, 昭王從之問儒術. 孫卿以孔子之語及諸國事, 七十二弟子之言凡百餘篇與之, 由次秦悉有焉. 始皇之世, 李斯焚書, 而『孔子家語』與諸子同列, 故不見滅. 高祖克秦, 悉斂得之, 皆載於二尺竹簡, 多有古文字. 及呂氏專漢, 取歸藏之, 其後被誅亡, 而『孔子家語』乃散在人間. 好事者或[7)]各以意增損其言, 故使同是一事而輒異辭. 孝景帝末年, 募求天下禮書, 於時士大夫[8)]皆送官, 得呂氏之所傳『孔子家語』, 而與諸國事及七十二子[9)]辭妄相錯雜, 不可得知, 以付掌書, 與『曲禮』衆篇亂簡合而藏之秘府.

　元封之時, 吾仕京師, 竊懼先人之典辭將遂泯滅[10)], 於是因諸公卿士[11)]大夫, 私以人事, 募求其副, 悉得之, 乃以事類相次, 撰集爲四十四篇. 又有「曾子問禮」一篇, 自別屬「曾子問」, 故不復錄. 其諸弟子書所稱孔子之言者, 本不存乎『家語』, 亦以其已自有所傳也, 是以皆不取也, 將來君子不可不鑑.

注釋

1) 이 서(序)는 사고본(四庫本)을 저본(底本)으로 하였다. 마단림(馬端臨)의 『문헌통고(文獻通考)』「경적고(經籍考)·경부(經部)」에 실린 이 서(序)로 교정하였다. 2) 也:

원래는 '者'로 되어 있는데『문헌통고』에 근거하여 고쳤다. 3) 之: 원래는 없었는데 『문헌통고』에 근거하여 보완하였다. 4) 辨:『문헌통고』에는 '辯'으로 되어 있다. 5) 流: 『문헌통고』에는 '疏'로 되어 있다. 6) 孫:『문헌통고』에는 '荀'으로 되어 있다. 7) 者或: 원래는 '亦'으로 되어 있었는데『문헌통고』에 근거하여 고쳤다. 8) 士大夫:『문헌통고』 에는 '京師士大夫'로 되어 있다. 9) 七十二子:『문헌통고』에는 '七十子'로 되어 있다. 10) 滅:『문헌통고』에는 '沒'로 되어 있다. 11) 士:『문헌통고』에는 없다.

『공자가어』 후공안국서(後孔安國序)

공안국(孔安國)은 자(字)는 자국(子國)으로 공자(孔子)의 12세손이다. 공자는 백어(伯魚)를 낳고, 백어는 자사(子思)를 낳았는데, 이름이 급(伋)이다. 급은 일찍이 송(宋)에서 곤란을 당하자『중용(中庸)』47편을 지어 성조(聖祖, 孔子)의 업적을 기술(記述)하였고, 제자인 맹가(孟軻) 등 수백 인에게 전수하였다. 62세에 졸(卒)하였다. 자사는 자상(子上)을 낳았는데 이름이 백(白)이며 47세에 졸하였다. 숙량흘(叔梁紇)부터 처음 출처(出妻)를 하였는데, 백어에 이르러 또 출처하였고, 자사도 또 출처하였기 때문에 '공씨(孔氏)의 3대가 출처하였다'고 일컬어졌다.

자상은 자가(子家)를 낳았는데, 이름이 오(傲)이며 뒤에 영(永)으로 불렸다. 45세에 졸했다. 자가는 자직(子直)을 낳았는데, 이름은 개(梅)이며 46세에 졸했다. 자직은 자고(子高)를 낳았는데, 이름은 천(穿)이며 또한 유가(儒家)의 말로 이루어진 12편의 책을 저술하고 이름을『간언(讕言)』이라고 지었다. 57세에 졸하였다. 자고는 자무(子武)를 낳았는데, 자는 자순(子順)이고 이름은 미(微)이며 뒤에 빈(斌)으로 바꿨다. 위 문왕(魏文王)의 재상이 되었으며, 57세에 졸했다. 자무는 이름이 부(鮒)인 자어(子魚), 이름이 등(騰)인 자양(子襄), 이름이 부(祔)인 자문(子文)을 낳았다. 자어는 뒤에 갑(甲)으로 이름을 바꾸었다. 자양은 경서(經書)를 좋아하여 박학했는데, 진(秦)의 법이 각박하고 모진 것을 두려워하여 결국『가어(家語)』,『효경(孝

經)』, 『상서(尚書)』 및 『논어(論語)』를 부자(夫子)[孔子] 구당(舊堂)의 벽중(壁中)에 숨겼다. 자어는 진왕 섭(陳王涉)의 박사(博士), 태사(太師)를 지냈고, 진(陳)에서 졸했다. 그는 원로(元路)를 낳았는데, 다른 자(字)로 원생(元生)이라고 하며, 이름은 육(育)이고 뒤에 수(隨)로 바꿨다.

자문은 취(取)를 낳았는데, 자는 자산(子産)이다. 자산은 뒤에 한 고조(漢高祖)를 따랐고, 좌사마 장군(左司馬將軍)의 직책으로 한신(韓信)을 따라 초군(楚軍)을 해하(垓下)에서 격파하여 그 공으로 요후(蓼侯)에 봉해졌다. 53세에 졸했고, 시호는 이후(夷侯)이다. 그의 장자(長子)는 환관이 되어 관직이 태상(太常)에 이르렀다. 차자(次子) 자양(子襄)은 자는 자사(子士)이고 뒤에 이름을 양(讓)으로 바꾸었다. 그는 효혜황제(孝惠皇帝)의 박사(博士)가 되었다가 장사왕(長沙王)의 태부(太傅) 직으로 옮겼다. 57세에 졸했다. 그는 계중(季中)을 낳았는데, 이름은 원(員)이고, 57세에 졸했다. 그는 무(武)와 자국(子國)을 낳았다.

자국은 어린 시절 신공(申公)에게 『시(詩)』를 배웠고, 복생(伏生)에게 『상서(尚書)』를 수업 받았다. 장성해서는 경전(經傳)을 두루 열람하여 물어볼 일정한 스승이 없을 정도가 되었다. 40세에 간의대부(諫議大夫)가 되었고, 시중박사(侍中博士)로 천직(遷職)하였다. 한 무제(漢武帝) 천한(天漢) 이후 노 공왕(魯恭王)이 부자(夫子)의 고택을 허물다가 벽중(壁中)에서 『시(詩)』, 『서(書)』를 얻게 되어 모두 자국에게 돌아왔다. 자국은 이에 고문(古文)과 금문(今文) 문자를 상고, 논의하고, 여러 경사(經師)들의 뜻을 가려 『고문논어훈(古文論語訓)』 11편, 『효경전(孝經傳)』 2편, 『상서전(尚書傳)』 58편을 만들었으니 모두 벽 속에서 나온 과두본(蝌蚪本)이었다. 또 『공씨가어(孔氏家語)』를 집록(集錄)하여 44편을 만들었는데, 이미 완성하고는 마침 무고(巫蠱)의 일을 당해 그만두고 시행하지 못하였다.

자국은 박사를 경유하여 임회태수(臨淮太守)가 되었고, 관직생활 6년 만에 병으로 면직되었다가 60세에 집에서 졸하였다. 이후 효성황제(孝成皇帝)

는 광록대부(光祿大夫) 유향(劉向)에게 조칙을 내려 여러 책들을 교정하게 하였는데, 모두 기록하여 『고금문서논어별록(古今文書論語別錄)』이라고 이름을 지었다. 자국의 손자 연(衍)이 박사가 되자 상서(上書)하여 변론하며, "신(臣)은 듣기에 '명왕(明王)은 사람들의 공(功)을 엄폐하지 않고, 대성(大聖)은 사람들의 작은 선(善)도 버리지 않는다'고 하였으니, 이는 명(明)과 성(聖)에 능한 까닭입니다. 폐하께서는 밝은 조칙을 내어 여러 유자(儒者)들에게 자문을 받고 천하의 서적들을 모아 두루 갖추지 않았다 말할 수 없으며, 두루 통달한 재능 있는 대부(大夫)들에게 명하여 그 뜻을 교정하여 널리 그것을 싣게 하셨으니 문(文)이 오늘날 크게 드러났습니다. 말을 세우는[立言] 선비들이 길이 남을[不朽] 일을 하였으니 이는 명왕의 규범을 따르고 대성의 풍모를 준행한 것입니다. 비록 당요(唐堯)의 찬란함과 주 문왕(周文王)의 문채로움이라도 이보다 지극하지 않습니다. 그러므로 술작(述作)하는 선비들이 이러한 대륜(大倫)을 즐기고 헤아리지 않을 수 없을 것입니다.

신의 조상 공안국(孔安國)은 임회태수(臨淮太守)를 지낸 적이 있고, 효무황제(孝武皇帝) 시절 벼슬을 하였습니다. 그는 경학으로 이름이 났고 유아(儒雅)함으로 관직생활을 하였으며 도의(道義)를 밝혀 전조(前朝)의 칭송을 받았습니다. 당시 노 공왕이 공자의 고택을 허물다가 고문(古文) 과두본(蝌蚪本) 『상서』・『효경』・『논어』를 얻었지만 당시 사람들은 그것을 능히 읽을 수 있는 자가 없었습니다. 안국은 그것을 금문(今文)으로 읽고 그 의미를 훈전(訓傳)으로 달았습니다. 또 『공자가어』를 가려 차서를 매겼는데, 이미 그것이 마쳤을 때 마침 무고의 일을 당해 결국 각기 폐하여 제때 시행하지 못했습니다. 그러나 전아(典雅)하고 정실(正實)한 내용은 지금 세상에 전해지는 것들과는 한 날로 논할 수 없는 것입니다. 광록대부 유향은 그때 그것이 시행되지 못한 것으로 여겼기에 (공안국의) 『상서』는 『별록(別錄)』에 기록하지 않았고, 『논어』는 한 가(家)로 명칭하게 하지 않았습니다. 신은 가만히 그러한 점이 애석하였고, 또 백가(百家)의 장구(章句)들은 모두 기록하지 않은 것이 없는데 더구나 공자가(孔子家) 고문의 정실한 책을 의심해서야 되겠습니까? 대성(戴星)은 지금의 자질 없는 유학자에 가깝습니다. 『곡예』 부분을 충분히 넣지 않은 채 『공자가어』의 내용을 잡다하게 취하고, 자사(子思), 맹가(孟軻), 순경(荀卿)의 책에 내용을 보태 통틀어 『예기』라고 이름 지었습니다. 지금 이미 존재하는 『예기』를 보면 함부로 『가어』의 이 편을 제외했으며, 근본적인 부분은 없어지고 중요하지 않은 부분만 남아있습니다. 어찌 근심이 아니겠습니까? 신의 어리석음으로 말씀드리자면 마땅히 이와 같은 점을 모범 삼아 모두 기록하여 별도로 보아야 한다고 여기기에 감히 어리석음을 무릅쓰고 아룁니다."

상서로 아뢰자 천자는 윤허하였다. 그러나 채 논정되기도 전에 효성제가 붕어(崩御)하고 유향도 병으로 사망하여 결국 이루지 못했다.

| 原文

『孔子家語』後孔安國序[1)]

孔安國, 字子國, 孔子十二世孫也. 孔子生伯魚. 魚生子思, 名伋. 伋常遭困於宋, 作『中庸』之書四十七篇, 以述聖祖之業, 授弟子孟軻之徒數百人, 年六十二而卒. 子思生子上, 名白, 年四十七而卒. 自叔梁紇始出妻, 及伯魚亦出妻, 至子思又出妻, 故稱孔氏三世出妻.

自上生子子家, 名傲, 後名永, 年四十五而卒. 子家生子直, 名欆, 年四十六而卒. 子直生子高, 名穿, 亦著儒家語十二篇, 名曰『諜言』, 年五十七而卒. 子高生武, 字子順, 名微, 後名斌, 爲魏文王相, 年五十七而卒. 子武生子魚, 名鮒; 及子襄, 名騰; 子文, 名부祔. 子魚後名甲. 子襄以好經書博學, 畏秦法峻急, 乃壁藏其家語『孝經』、『尚書』及『論語』於夫子之舊堂壁中. 子魚爲陳王涉博士、太師, 卒陳下, 生元路, 一字元生, 名育, 後名隨.

子文生最, 字子産. 子産後從高祖, 以左司馬將軍從韓信破楚於垓下, 以功封蓼侯, 年五十三而卒, 諡曰夷侯. 長子滅嗣, 官至太常. 次子襄, 字子士, 後名讓, 爲孝惠皇帝博士, 遷長沙王太傅, 年五十七而卒. 生季中, 名員, 年五十七而卒. 生武及子國.

　子國少學『詩』於申公, 受『尚書』於伏生, 長則博覽經傳, 問無常師, 年四十爲諫議大夫, 遷侍中博士. 天漢後, 魯恭王壞夫子古宅, 得壁中『詩』『書』, 悉以歸子國. 子國乃考論古今文字, 撰衆師之義, 爲『古文論語訓』十一篇, 『孝經傳』二篇、『尚書傳』五十八篇, 皆所得壁中科斗本也. 又集錄『孔氏家語』爲四十四篇, 旣成, 會値巫蠱事, 寢不施行.

　子國由博士爲臨淮太守, 在官六年, 以病免, 年六十卒於家. 其後, 孝成皇帝詔光祿大夫劉向校定衆書, 都記錄名古今文書論語別錄. 子國孫衍爲博士, 上書辨之曰:

　臣聞明王不掩人之功, 大聖不遺人小善, 所以能其明聖也. 陛下發明詔, 諮群儒, 集天下書籍, 無言不悉, 命通才大夫校定其義, 使遐載之, 文以大著於今日. 立言之士垂於不朽, 此則蹈明王之軌, 遵大聖之風者也. 雖唐帝之煥然、周王之彧彧, 未若斯之極也. 故述作之士莫不樂測大倫焉.

　臣祖故臨淮太守安國, 逮[2]仕於孝武皇帝之世, 以經學爲名, 以儒雅爲官, 贊明道義, 見稱前朝. 時魯恭王[3]壞孔子故宅, 得古文蝌蚪『尚書』、『孝經』、『論語』, 世人莫有能言者, 安國爲之今文, 讀而訓傳其義. 又撰次[4]『孔子家語』. 旣畢訖[5], 會値巫蠱事起, 遂各廢不行於時. 然其典雅正實, 與世所[6]傳者不可[7]同日而論也. 光祿大夫向以爲其時所未施之, 故『尚書』則不記於『別錄』, 『論語』則不使名家也. 臣竊惜之. 且百家章句, 無不畢記, 况孔子家[8]古文正實而疑之哉! 又戴聖[9]近世小儒, 以『曲禮』不足, 而乃取『孔子家語』雜亂者, 及子思、孟軻、荀卿之書以禆益之, 總名曰『禮記』. 今尚見其已在『禮記』者, 則便除『家語』之本篇, 是爲[10]滅其原而存其末也[11], 不亦難乎?

臣之愚, 以爲宜如此爲例, 皆記錄別見, 故敢冒昧以聞.

奏上, 天子許之. 未卽論定而遇帝崩, 向又病亡, 遂不果立.

注釋

1) 이 서(序)는 사부총간본(四部叢刊本)을 저본으로 하였다. 『가어』후에 부록된 「후서(後序)」를 잠시 "후공안국서(後孔安國序)"라고 하고 『문헌통고』로써 교정하였다. 『문헌통고』에는 단지 공연(孔衍)의 주언(奏言)만 실려 있다. 2) 逮: 원래는 '建'으로 되어 있었는데 『문헌통고』에 근거하여 고쳤다. 3) 魯恭王: 『문헌통고』에는 '魯共王'으로 되어 있다. 4) 次: 원래 없었는데 『문헌통고』에 근거하여 보완하였다. 5) 迄: 원래 없었는데 『문헌통고』에 근거하여 보완하였다. 6) 所: 『문헌통고』에는 '相'으로 되어 있다. 7) 可: 원래 없었는데 『문헌통고』에 근거하여 보완하였다. 8) 家: 원래 '家語'로 되어 있었는데 『문헌통고』에 근거하여 고쳤다. 9) 戴聖: 『문헌통고』에는 이 뒤에 '皆' 자가 있다. 10) 爲: 원래 없었는데 『문헌통고』에 근거하여 보완하였다. 11) 也: 원래 없었는데 『문헌통고』에 근거하여 보완하였다.

왕숙(王肅)『공자가어서(孔子家語序)』

정씨[鄭玄]의 학술이 천하에 유행한 지가 이미 50년이 되었다. 나는 어릴 적부터 학문에 뜻을 두고 정씨의 학문을 배워왔다. 그러나 문리(文理)를 찾고 사실을 구해서 그 위와 아래를 상고해 본 결과 의리(義理)가 타당하지 않고 이리저리 뒤섞인 곳이 많아 순서를 찾아 바꿔놓게 되었다. 하지만 세상에서는 나의 이 정성껏 하는 뜻을 모르고 도리어 전의 스승을 반박한다 하여 괴이한 사람으로 지목하니, 이것은 너무나 억울한 일이다. 이에 나는 개연히 탄식한다. 내 어찌 논란하기를 좋아하랴마는 부득이해서 하는 일이다. 성인(聖人)의 문화가 바야흐로 막히고 통할 수 없게 되자 공씨(孔氏)의 길에 가시나무가 차게 되었으니, 이 가시나무를 쳐 버리지 않을 수 있겠는가? 만약 이 길로 가는 자가 없게 된다면 이것 또한 나의 죄가 되지 않겠는가. 그런 까닭에 나는 경례(敬禮)를 지어 그 뜻을 거듭 밝히고 조정 의논과

나라의 제도까지도 모두 본 바에 의거해서 말한 것이다.

　공자의 22대손 공맹(孔猛)의 집에 선인(先人)의 서적이 있으므로 그 옛날 서로 좇아서 배웠고, 그 뒤 얼마 안 되어 내가 집에 돌아와서도 그 유래를 찾아봤더니 나의 하는 바와는 규구(規矩)가 중복된 듯싶다. 옛날 중니(仲尼)가 말하기를, "문왕(文王)은 이미 죽었으나 그 문장은 여기 있지 않은가? 하늘이 장차 이 문장을 없애 버린다면 뒤에 죽는 자로서는 이 문장에 간여할 수 없겠거니와 하늘이 이 문장을 없애 버리지 않는다면 아무리 광(匡) 지방 사람이기로 나에게 어찌할 수 있겠는가?"하였다. 이 말은 하늘이 이 문장이 없어질까 염려하여 짐짓 자기로 하여금 이 문장을 천하에 전하도록 한다고 중니가 자부해서 한 말이다. 오늘날에도 혹 하늘이 이 문장을 어지럽게 하지 않고자 하기 때문에 나로 하여금 이 문장을 따라 배우게 하고 또 공맹을 좇아 이러한 의논을 얻게 하여 서로 공씨를 배우는데 어김없음을 밝히게 하는 것이나 아닐까? 이런 까닭에 나는 성인의 실사(實事)가 장차 끊어져 버릴까 두려워하여 특별히 여기에 해설을 써서 일을 좋아하는 사람들에게 물려주려는 것이다.

　『논어』에 "자장(子張)이 말하기를 '공자는 자기가 국군(國君)에게 임용되지 않았기 때문에 기예를 배웠다.'고 하였다. 이 구절을 가지고 그 뇌(牢)라는 자가 누구인 줄도 모르고 망령되이 말하는 이가 많았다. 이『공자가어』를 보면 공자의 제자에 금장(琴張)이란 사람이 나오는데, 이름은 '뇌'이고 자는 '자개(子開)' 혹은 '장(張)'으로 위(衛)나라 사람이었다. 그는 종로(宗魯)가 죽었을 때 조상(弔喪)을 가려고 하였으나 공자가 이를 말렸다고 한다. 『춘추외전(春秋外傳)』에 보면 '옛날 요(堯)가 백성에 임하기를 다섯으로 했다[臨民以五]'라는 말이 있다. 이 말에 대해서 해설하는 이들이, '요는 5년 동안에 천하를 한 차례밖에 순회하지 않았다. 5년 동안에 천하를 한 차례밖에 순회하지 않았다면 백성에 임하기를 다섯으로 했다는 고는 말하지 못할 것이다'라고 한다. 또 시경에 이르기를, '5년 동안에 한 차례씩 순회하였다고 한 이 말은 순(舜)을 말한 것이고, 요를 말한 것이 아니다'라고 했다. 그런데 공자는 오제(五帝)를 말할 적에 각각 그 이상한 점을 들어서 이야기했다. 여기에 보면 순에 대해서 말하기를, '순은 천하를 순회하기를 5년 동안에 비로소 한 차례씩 했다'고 하였고, 또 요에 대해서는 더구나 순회한 연수조차도 명확하게 말하지 않았다. 가령 이것을 비교해서 말하기를, 주나라에서는 열두 해 동안에 한 차례씩 천하를 순시했다고 해서, 주나라는 백성에 임하기를 열두 번씩 했다는 뜻으로 '臨民十二'라고 쓸 수가 있겠는가? 공자는 '요는 토덕(土德)으로 임금 노릇을 하므로 황색을 숭상했다. 이것은 무슨 까닭이냐 하면 황색은 곧 흙의 색이요, 다섯이란 토덕이 오행(五行) 가운데 다섯 번째에 해당하는 숫자이기 때문이다'라고 말하였다. 그런 까닭에 요가 백성에 임하기를 다섯으로 하였다는 것은 바로 토덕으로 백성을 다스렸다는 뜻이다.

| 原文

王肅「孔子家語序」[1]

鄭氏學行五十載矣, 自肅成童, 始志於學, 而學鄭氏學矣. 然尋文責實, 考其上下, 義理不安, 違錯者多, 是以奪而易之. 然世未明其款情, 而[2]謂其苟駁前師, 以見異於前人[3], 乃慨然而歎曰, 予[4]豈好難哉? 予不得已也. 聖人之門, 方壅不通; 孔氏之路, 枳棘充焉. 豈得不開而辟之哉? 若無由之者, 亦非予之罪也. 是以撰經禮, 申明其義, 及朝論制度, 皆據所見而言.

孔子二十二世孫有孔猛者, 家有其先人之書. 昔相從學, 頃還家, 方取已來. 與予所論, 有若重規疊矩. 昔仲尼[5]曰: "文王旣歿[6], 文不在茲乎? 天之將喪斯文也! 後死者不得與於斯文也! 天之未喪斯文也[7], 匡人其如予何." 言天喪斯文, 故令已傳斯文於天下[8]. 今或者天未欲亂斯文, 故令從予學, 而予從猛得斯論, 以明相與孔氏之無違也. 斯皆聖人實事之論, 而恐其將絶, 故特爲解, 以貽好事之君子.

『語』云: "牢曰: 子云: 吾不試, 故藝." 談者不知爲誰, 多妄爲之說. 『孔子家語』弟子有琴張, 一名牢, 字子開, 亦字張[9], 衛人也. 宗魯死, 將往弔, 孔子止焉." 『春秋外傳』曰: "昔堯臨民以五." 說者曰: "堯五載一巡狩." 五載一巡狩, 不得稱臨民以五[10]. 經曰 "五載一巡狩", 此乃說舜之文, 非說堯. 孔子說論五帝, 各道其異事, 於舜云: "巡狩天下, 五載一始". 則堯之巡狩, 年數未明. 周十二歲一巡, 寧可言周臨民[11]以十二乎? 孔子曰: "堯以火[12]德王天下, 而色[13]尚黃." 黃, 土德; 五, 土之數. 故曰臨民以五, 此其義也.

注釋

1) 이 서(序)는 총간본(叢刊本)을 저본으로 하고 사고본(四庫本)에 근거하여 교정하였다. 2) 而: 원래는 '不'로 되어 있었는데 사고본에 근거하여 고쳤다. 3) 前人: 사고본에는 '人'으로 되어 있다. 4) 予: 사고본에는 없다. 5) 仲尼: 원래는 '仲由'로 되어 있는데 사고본에 근거하여 고쳤다. 6) 沒: 사고본에는 '歿'로 되어 있다. 7) 也: 사고본에는 없다. 8) 天下: 원래는 '天也'로 되어 있었는데 사고본에 근거하여 고쳤다. 9) 亦字張: 원래는 '子張'으로 되어 있었는데 사고본에 근거하여 고쳤다. 10) 也: 사고본에는 없다. 11) 臨民: 사고본에는 이 뒤에 '以' 자가 있다. 12) 火: 사고본에는 '土'로 되어 있다. 이제 「오제(五帝)」을 살펴보니 공자가 이르기를, "요(堯)임금은 화덕(火德)으로 왕이 되었다."고 했다. 때문에 아래 문장 두 곳에 '土' 자가 혹 '火' 자가 되어야 하지만 잠시 의문으로 남겨둔다. 13) 色: 원래는 없었는데 사고본에 근거하여 보완하였다.

후기 後記

『공자가어』의 가치는 결코 『논어』에 못지않다. 그러나 삼국시기 왕숙에 의해 위조된 것이라 잘못 인식됨으로 말미암아 내용 중 수많은 진귀한 자료들이 장기간 방치되고 이용되지 못하였으니 정말 안타까운 일이다! 학술이 발전함에 따라 사람들은 점차 공자가어의 중요한 가치를 인식하였다. 그러나 사람들이 『공자가어』를 이용하여 관련있는 역사문제를 연구하고자 할 때 오히려 이용할만한 적합한 판본이 없다는 것을 발견하게 된다. 따라서 학술계는 학술발전의 새로운 형세에 적응하기 위하여 시급히 정교하고 우수한 공자가어 판본을 필요로 하게 되었다. 『공자가어통해(孔子家語通解)』는 학술성을 가장 우선으로 하는 원칙을 견지하고 충분히 현상을 고려하고 서설(序說)·분단(分段)·주석(注釋)·번역 등을 통하여 더욱 많은 독자들에게 적응하고 나아가 공자와 초기 유학 그리고 중국의 '원전(元典)' 문화의 연구를 추진하는데 유리하게 하고자 한다.

이 책은 '통해(通解)'라는 이름으로 가장 먼저 책 전체의 뜻을 전반적으로 설명하였다. 다음으로 우리들은 『공자가어』중의 적지 않은 편(篇)의 '해설[解]'이 후세 사람에 의해 나온 것이지만 『공자가어』를 '해설[解]'한 것은 고의로 위조한 것이 아니므로 당연히 사람들이 이 책을 더욱 쉽게 이해하게 할 것이라 생각한다. 우리들의 작업 역시 이와같다.

이 책의 대전언(代前言)은 『공자가어』의 성서(成書), 유전(流傳 및 진위 등에 문제에 대한 분류와 정리를 하여 우리들의 『공자가어』와 관련 있는 문제들에 대한 기본적인 관점을 구체적으로 드러나게 하였다. 그 문장을 책 앞에 배열한 것은 사람들이『공자가어』를 인식하는 과정을 간단명료하게 설명하기 위해서다. 각 편(篇)의 본문 앞에 '서설(序說)'을 두어 그 편을 전체적으로 설명하여 독자들이 전체 문장을 이해하는 것을 돕게 하였다. 그리고 다음으로 단락을 '원문(原文)', '주석(注釋)', '통해(通解)' 세 부분으로 구분하였다.[1]

『공자가어통해』는 학술성과 보급성의 결합에 주의하였다. 오늘날『공자가어』의 많은 학술적 문제가 여전히 통일적 인식을 얻지 못하고 있다. 이러한 점에 기초하여 이 책은 학술적인 최전방에 서서 연구성과를 분명하게 나타내고, 서설(序說)과 주(注), 해(解)의 과학적 엄격함에 주의함과 동시에 관점이 공평하도록 힘쓰면서 독자들의 적용 범위에 주의하였다.『공자가어』 전체와 각 편에 대한 깊이 있는 연구의 기초 위에 이 책의 설명은 진지하고 세밀하고 정확하고 조리있게 하였고, 주석(注釋)과 통해(通解)는 여러 사람들의 견해를 망라하고 종합하여 충분히 현재의 주해(注解)의 성과들을 받아들여 그 중 좋은 점을 따르도록 하였으며 새롭게 특이한 것을 세우거나 모든 사안을 정리하여 척결하고 새롭게 완성함을 표방하지 않았다.

각 편의 '서설(序說)'은 당연히 학술계 첫 번째의『공자가어』에 대한 진지한 정리로서, 서로 관련 있는 자료들의 이동(異同)을 분석하고 각 편장(篇章)의 구조를 설명하고 나아가 그 가치를 지적하여 우리들이『공자가어』라는 책을 이해하는데 충분히 도움이 되도록 하였고, 우리들이 이 책을 이용하여 계속하여『공자가어』와 관련 학술적인 문제를 연구하는데 도움이 되도록 하였다.

특별히 설명할 필요가 있는 것은 이 책은 여러 사람이 함께 편찬한 산물로서 많은 사람들의 기밀한 협조로 만들어진 것이고 우의의 결정(結晶)이라

---

[1] 역자주: 이 번역본에서는 '통해(通解)'-'원문(原文)'-'주석(注釋)'의 순서로 배열하였다.

는 것이다. 함께 학습 중에 여러 사람들은 학계의『공자가어』에 대한 연구 현상에 깊은 느낌을 받아 모두 당연히 더욱 훌륭한『공자가어』의 독본으로 학계에 공헌해야겠다고 생각하고 여러 사람들이 작업을 나누어 일년의 노력을 기울려 마침내 이 책의 초고를 완성하였던 것이다.

작업에 사용한 시간이 서로 달라 연구의 심도가 모두 같지는 않고 참가한 사람들이 기울인 역량 또한 차이가 있었다. 여름휴가 기간 적지 않은 사람들이 무더위 속에서 계속하여 많은 날을 작업을 진행하였다. 특히 여러 차례 원고를 통합하는 중에 어떤 참가자는 곡부에 없었으므로 다른 많은 사람들이 득실을 따지지 않고 진지하게 조사하고 문제가 있으면 세밀하게 연구하여 원만한 해결을 보았다. 이 책을 위하여 그들은 많은 정력과 시간을 썼다. 이같은 진지함과 엄격한 태도 그리고 이같은 단결과 협조의 정신은 이 책의 질과 양의 중요한 보장이다.

이 책이 비록 본인이 그 편찬의 방향을 제시하였지만 여러 사람들이 모두 적지 않은 좋은 의견과 건의를 해주었다. 이 책의 1차 작업의 구체적 분담은 다음과 같다.(역자: 편명만 표기함)

손해휘(孫海輝):「상노(相魯)」제1,「시주(始誅)」제2,「왕언해(王言解)」제3,「대혼해(大婚解)」제4,「관주(觀周)」제11

화도(化濤):「유행해(儒行解)」제5

왕청(王靑):「문례(問禮)」제6,「애공문정(哀公問政)」제17,「교문(郊問)」제29,「묘제(廟制)」제34,「곡례자공문(曲禮子貢問)」제42,「곡례공서적문(曲禮公西赤問)」제44

이연(李燕):「오의해(五儀解)」제7,「변물(辯物)」제16

장뢰(張磊):「치사(致思)」제8,「본명해(本命解)」제26

공덕립(孔德立):「삼서(三恕)」제9,「호생(好生)」제10,「변정(辯政)」제14

유평(劉萍):「제자행(弟子行)」제12,「칠십이제자해(七十二弟子解)」제38

진하(陳霞):「현군(賢君)」제13,「자로초견(子路初見)」제19,「재액(在厄)」제20,「변락해(辯樂解)」제35

왕홍하(王紅霞):「육본(六本)」제15,「논례(論禮)」제27

유숙강(劉淑强):「안회(顔回)」제18,「오형해(五刑解)」제30,「형정(刑政)」제31,「예운

(禮運)」제32,「굴절해(屈節解)」제37,「종기해(終記解)」제40
최관화(崔冠華):「입관(入官)」제21,「곤서(困誓)」제22
유의봉(劉義峰):「오제덕(五帝德)」제23,「오제(五帝)」제24,「문옥(問玉)」제36
양조명(楊朝明):「집비(執轡)」제25,「대전언(代前言:『孔子家語』的成書與可靠性研究」
송입림(宋立林):「관향사(觀鄕射)」제28,「관송(冠頌)」제33,「본성해(本姓解)」제39,「곡례자하문(曲禮子夏問)」제43
왕정지(王政之):「정론해(正論解)」제41

이 책은 대만 만권루(萬卷樓)출판사에서 출판한 적이 있다. 따라서 대륙에서는 이 책을 보기가 어려웠으므로 여러 사람들의 동의를 받아 우리들은 많은 부분을 수정하였다. 이번 수정에 있어서 유숙강(劉淑强)이 그 중의 적지 않은 편장을 새롭게 수정하였는데 그 중 여러 편은 거의 새로 쓰다시피 했다. 송입림(宋立林)은 책 전체를 다시 정리하는 많은 작업을 맡아하였으며, 위연화(魏衍華), 위위(魏瑋), 왕염염(王冉冉), 노매(盧梅) 등이 중요한 도움을 제공하였다. 특별히 언급할 만한 것은 제로서사(齊魯書社)의 몇몇 편집을 맡은 분들 중 특히 맹효빈(孟曉彬) 여사는 성실한 책임으로 세심한 교정을 통해 원고 중의 많은 부족한 점과 틀린 점을 지적하였다. 그들의 고생스런 노력이 없었다면 이 책은 더욱 많은 문제가 있었을 것이다. 나는 그들에게 매우 감사를 드린다.

2008년 9월 28일
곡부사범대학 공자문화학원(孔子文化學院)에서

양조명楊朝明

역자후기 後記

『공자가어통해』는 『논어전해(論語詮解)』와 함께 2013년 11월 중국의 시진핑(習近平) 주석이 곡부(曲阜)에 있는 공부(孔府)와 공자연구원(孔子研究院)을 방문할 때 공자연구원의 연구 성과를 확인하던 중 특별히 집어 들고 자세히 읽어보아야겠다고 언급했던 책이다. 따라서 이 책은 현 중국의 지도부가 사회의 도덕적 지향점으로 공자사상을 중심으로 한 유학적 가치관을 전면에 내세우려는 현실을 상징적으로 잘 나타내는 책이라 할 수 있다.

주지하는 바와 같이 『공자가어』는 『한서』「예문지」의 '경부(經部) 논어(論語)류'에 27권본(本)으로 수록되어 있지만, 이후 여러 우여곡절을 겪으며 현재 전해지는[今本] 『공자가어』(위(魏) 왕숙(王肅)이 주(注)를 단 10권 44편)는 전형적인 위서(僞書)라고 알려져 있다. 따라서 『공자가어』는 학술사적으로 특별한 영향력을 지니지 못한 채 시대마다 새로운 각도에서 거듭 비판을 받아왔다. 이 책의 권수와 편목(篇目) 등에 대해 역대 전적들의 기재 내용이 조금씩 다른 것도 그러한 배경과 관련이 있다. 그러던 중 1973년 하북정현팔각랑한묘(河北定縣八角廊漢墓), 1977년 안휘부양쌍고퇴한묘(安徽阜陽雙古堆漢墓), 1990년대 이후 발견되어 정리되고 있는 상해박물관장초죽서(上海博物館藏楚竹書) 등의 「유가자언(儒家子言)」과 「민지부모(民之父母)」등의 자료들로 인해 위서로만 여겨지던 『공자가어』가 새롭게 조명되기 시작하였다. 그 내용은 이미 편자[楊朝明]가 장문의 서문[代前言]을 통해 자세히 분석하고 있고, 아울러 張巖, 「『孔子家語』硏究綜述」, 『孔子硏究』2004年第4期, 2004. 李

小娟,「『孔子家語』硏究的學術史的考察」『西南農業大學學報(社會科學報)』第10卷第6期, 2012. 鄔可晶,『『孔子家語』成書考』「緒論」, 中書書局, 2015, pp.1-30. 등에서도 상세하게 다룬 바 있기 때문에 다시 언급할 필요를 느끼지 않는다.

『공자가어통해』의 주편자인 양조명(楊朝明)은 기본적으로 『공자가어』를 위서로 보는 관점에 찬동하지 않고 있다. 따라서 『논어』가 공자어록(孔子語錄)이라면 『공자가어』는 '공자선집(孔子選集)'에 해당한다고 평가하고, 새로이 출토된 자료들의 연구 성과를 분석하여 『공자가어』는 당연히 『논어』와 매우 밀접한 관계가 있는 유가저작(儒家著作)이라 주장하였다. 아울러 내용의 규모에 있어서 "사서(四書)의 내용을 초과하므로 공자를 연구하는데 있어서 가장 중요한 자료라고 해도 될 정도"라고 단언하였다. 물론 여전히 이러한 관점에 의문을 제기하는 견해가 뒤따르고 있지만 최소한 『공자가어』가 명백한 위서라는 주장에 신중을 기할 수밖에 없는 상황임은 틀림없다. 그에 따라 『공자가어』의 사료적 가치가 제고되었음도 물론이다.

『공자가어통해』는 '서설(序說)', '원문(原文)', '주석(注釋)', "통해(通解)' 네 부분으로 구성되어 있다. '서설'에서는 각 편(篇)의 명명(命名)과 내용 그리고 사상적 특징을 개설하고 아울러 쟁론이 되는 문제점을 분석하여 독자들의 이해를 높이려 하였다. '원문'의 경우 고대 문헌자료의 전수과정에 보이는 자주 보이는 글자의 탈(脫), 연(衍), 도(倒), 오(誤) 등 문제와 관련하여 사부총간본(四部叢刊本)을 저본(底本)으로 하고 여러 판본들을 참교(參校)하면서 상세한 교감(校勘)을 통해 자료적 신빙성을 높였다. '주석'에서는 원문의 이해와 관련하여 문제가 되는 글자나 구절에 대하여 상세한 주석을 달았다. 아울러 왕숙의 주(注)를 달아 원문의 이해도를 높이고 명확하지 못한 부분에 대하여는 교정을 시도하였다. '통역'에서는 이상의 작업을 통해 분석된 바를 종합하여 원문의 정확한 의미를 전달하고자 하였다. 이상의 순서를 이 번역서에서는 독자의 편의를 위해 '서설'-'원문'-'통해'-'주석'으로 조정하였음을 미리 밝힌다.

『공자가어통해』를 한글로 번역함에 있어서 기왕에 우리 학계에 번역되어 보급된 이민수 역,『공자가어』, 을유문화사(2003)와 임동석 역주,『공자가어』1-3, 동서문화사(2009) 등 책을 참고하였지만, 가능하면 '통해' 부분의 경우 편자들의 의도가 정확하게 전달되도록 노력하였다. 그러나 역자의 전공지식에 대한 일천함으로 인해 소기의 성과를 이루어냈다고 보기 어렵다. 다만 최근의 출토자료를 소개하고 분석한 성과물이라 할 수 있는 이 책의 번역을 통해『공자가어』의 이해에 조금이라도 도움이 되기를 바랄 뿐이다.

 이 책을 번역하는데 있어서 대학원 박사과정의 김동현 군의 도움이 적지 않았다. 고전번역 작업을 수행하는 바쁜 가운데에도 번역이 까다로운 일부 구절과 문장의 번역에 대하여 수고를 아끼지 않았다. 그리고 안동대공자학원은 이 책이 출판될 수 있도록 번역비 일부와 책 구입비를 보조해주었다. 아울러 이 책의 번역을 허락해준 중국공자연구원(中國孔子硏究院)의 양조명(楊朝明) 원장과 출판을 흔쾌히 허락해 준 학고방출판사의 하운근 사장 그리고 꼼꼼한 편집의 수고를 아끼지 않은 모든 분들에게 깊은 감사의 말씀을 드린다. 마지막으로 최근 몇 년간 학교일로 바빠 새벽마다 어두운 2층 계단을 오르내리며 작업하는 역자를 안쓰러운 마음으로 지켜보며 걱정해준 아내 유명숙에게도 고마운 마음을 전한다. 세월 따라 익어가는 즐거움을 앞으로도 더욱 오래도록 함께 나누기를 기원한다.

2016년 9월 안동 노암마을에서

이윤화 李潤和

찾아보기

가어소증(家語疏證) • 570
감로(甘露) • 522
거백옥(璩伯玉) • 712
거백옥(蘧伯玉) • 675
계강자(季康子) • 386, 387, 645, 675, 684, 702, 715, 718
계손씨(季孫氏) • 580
계평자(季平子) • 760
계환자(季桓子) • 715, 733, 766
고금문서논어별록(古今文書論語別錄) • 795
고시(高柴) • 597, 765
곡례공서적문(曲禮公西赤問) • 775
곡례자공문(曲禮子貢問) • 696
곡례자하문(曲禮子夏問) • 736
공견정(公肩定) • 615
공구(孔丘) • 781
공량유(公良孺) • 603

공리(孔里) • 638
공맹(孔猛) • 799
공명의(公明儀) • 721
공보가(孔父嘉) • 625
공보목백(公父穆伯) • 719
공보문백(公父文伯) • 681, 764
공불(孔弗) • 617
공서감(公西減) • 612
공서여(公西與) • 612
공서적(公西赤) • 599, 637, 775, 779
공석애(公析哀) • 601
공손총(公孫寵) • 609
공숙무인(公叔務人) • 717
공안국(孔安國) • 790, 793, 795
공야장(公冶長) • 600
공영달(孔穎達) • 444
공의중자(公儀仲子) • 779
공자가(孔子家) • 796

공자가어서(孔子家語序) • 798
공자가어통해(孔子家語通解) • 802
공자가어후서(孔子家語後序) • 790
공자한거(孔子閒居) • 431
공조자(公祖玆) • 611
공하수(公夏守) • 615
곽점초간(郭店楚簡) • 494
관례 • 531, 533
관례(冠禮) • 526, 527
관중 • 749
관중(管仲) • 704
괴외(蒯聵) • 765
교문(郊問) • 457
교제(郊祭) • 432, 457, 461, 464, 500, 537, 673
교천(郊天) • 457, 458, 464
교천지례(郊天之禮) • 457
교특생(郊特牲) • 458
구구(九丘) • 654
구망(句芒) • 389
구정강(句井疆) • 616
국전(國典) • 536
군왕(君王) • 506
군자(君子) • 465, 477, 485, 548, 559, 570, 579
군자유(君子儒) • 569
굴절 • 571
굴절(屈節) • 567, 569, 570
궤례(饋禮) • 432
귀신 • 512
규선(邦選) • 616

극기복례(克己復禮) • 655
금덕(金德) • 392
금뢰(琴牢) • 608
금장(琴張) • 761
기(夔) • 434
기린(麒麟) • 412

남궁경숙 • 628, 700
남궁도(南宮韜) • 600, 720
남용열(南容說) • 647
납제(臘祭) • 493
납제(蠟祭) • 446
노 애공(魯哀公) • 632, 634
노담(老聃) • 386, 387, 408, 739, 747
논례(論禮) • 430

단궁(檀弓) • 780
단목사(端木賜) • 590, 730
담대멸명(澹臺滅明) • 596
담제(禫祭) • 724, 781
당요(唐堯) • 392
대가(大嘉) • 500
대공(大功) • 744
대동(大同) • 493, 496
대사구(大司寇) • 486, 488, 493, 703
대상(大祥) • 745, 781, 784
대성(戴星) • 796
대순(大順) • 520
대연(大連) • 753
대의(大義) • 790
대향(大饗) • 434

덕정(德政) • 481
덕치(德治) • 470
덕치론(德治論) • 395
덕행(德行) • 586
도당(陶唐) • 394
동문양중(東門襄仲) • 714
동이인(東夷人) • 753
동호(董狐) • 650

만이(蠻夷) • 573
맹의자(孟懿子) • 526, 527, 529
맹자(孟子) • 483
맹집(孟縶) • 761
맹헌자(孟獻子) • 724
명(命) • 417
목덕(木德) • 389, 392
목야(牧野) • 551
묘제(廟制) • 535
무(巫) • 516
무마기(巫馬期) • 580, 606
무사(巫史) • 501
무악(武樂) • 544
문옥(問玉) • 558
문왕(文王) • 799
문왕조(文王操) • 546
문학(文學) • 586
미언(微言) • 790
미자계(微子啓) • 780
민(珉) • 559
민손(閔損) • 588
민자건(閔子騫) • 395, 398

민지부모(民之父母) • 431

방박(龐樸) • 431
방산(防山) • 781
방숙(防叔) • 625
백건(伯虔) • 609
백고(伯高) • 730
백금(伯禽) • 739, 741
백비(伯嚭) • 574
백어(伯魚) • 626, 732
백읍고(伯邑考) • 780
백하(伯夏) • 625
번수(樊須) • 598
번시(燔柴) • 465
번지(樊遲) • 645, 683
범선자(范宣子) • 671
변락(辯樂) • 544
별록(別錄) • 795
보숙승(步叔乘) • 616
복부제(宓不齊) • 579
복불제(宓不齊) • 597
복상(卜商) • 412, 593
복자천(宓子賤) • 578, 579
본명(本命) • 415
본성(本姓) • 620
부제(祔祭) • 745, 752
불보하(弗父何) • 625
비부(秘府) • 791
빈모가(賓牟賈) • 544, 550

사(史) • 516

사공(司空) · 402, 403
사구(司寇) · 402, 403
사기(史記) · 621
사도(司徒) · 402, 403
사령(四靈) · 513, 514
사례(射禮) · 445
사마(司馬) · 402, 403, 447
사마려경(司馬黎耕) · 605
사마정(司馬貞) · 620
사맹학파(思孟學派) · 483
사수(泗水) · 637
사양자(師襄子) · 544, 546
사의(射義) · 444, 446
사정(司正) · 447
사제(社祭) · 432
사제(蠟祭) · 455
사회(司會) · 402
산서(山書) · 411
삼공(三公) · 516
삼로(三老) · 516
삼무(三無) · 439
삼무사(三無私) · 440
삼분(三墳) · 654
삼신(三訊) · 486
삼왕(三王) · 399
삼헌(三獻) · 531
삼황오제(三皇五帝) · 472
상구(商瞿) · 602
상례(喪禮) · 736
상례(嘗禮) · 432
상양(商陽) · 710

상장(喪葬) · 775
상택(商澤) · 613
색은 · 621
서(書) · 561
석작촉(石作蜀) · 616
석처(石處) · 613
설방(薛邦) · 613
성(性) · 417
성명(性命) · 417
성자명출(性自命出) · 494
성증론(聖證論) · 536
소강(小康) · 494
소공(小功) · 745
소상(小祥) · 745
소연(小連) · 753
소왕(素王) · 629
소인(小人) · 548
소인유(小人儒) · 569
소호(少皡) · 386, 387
손지조(孫志祖) · 570
손환자(孫桓子) · 679
송보주(宋父周) · 625
수덕(水德) · 392
숙량흘(叔梁紇) · 625
숙손목자(叔孫穆子) · 657
숙손무숙(叔孫武叔) · 757
숙중회(叔仲會) · 610
숙향(叔向) · 659
순자(荀子) · 483, 790
시(詩) · 561
시지상(施之常) · 617

식례(食禮) • 432
신적(申績) • 617
십의(十義) • 508
12관(管) • 510
12식(食) • 510
12의(衣) • 510

악(樂) • 561
악기(樂記) • 544
악무(樂舞) • 550
악정(樂正) • 451
악흔(樂欣) • 617
안각(顔刻) • 604
안로(顔路) • 784
안상(顔相) • 618
안신(顔辛) • 608
안유(顔由) • 602
안자(晏子) • 704
안지복(顔之僕) • 617
안쾌(顔噲) • 614
안평중(晏平仲) • 704, 759
안환자(晏桓子) • 759
안회(顔回) • 587, 636, 768
양사적(壤駟赤) • 612
양전(梁鱣) • 607
양호(陽虎) • 767
언어(言語) • 586
언언(言偃) • 493, 496, 592
언유(言游) • 431
여태후(呂太后) • 791
역(易) • 561

역이(睪夷) • 625
역제(繹祭) • 714
연급(燕伋) • 615
연릉계자(延陵季子) • 727
연복(練服) • 715
연사(練祀) • 745
연제(練祭) • 425, 752, 756, 767
염결(廉潔) • 612
염경(冉耕) • 589
염계(冉季) • 612
염구(冉求) • 591, 645, 675, 684
염옹(冉雍) • 483, 589
염유(冉孺) • 548, 608
염유(冉有) • 469, 472, 477, 547, 699
염제(炎帝) • 386, 387
영기(榮祈) • 614
예(禮) • 433, 434, 561
예기(禮記) • 445, 446, 458, 544
예운(禮運) • 493, 495
예의(禮義) • 512
예천(醴泉) • 522
오교(五敎) • 402
오기(五起) • 440
오례(五禮) • 444
오맹자(吳孟子) • 718
오미(五味) • 510
오법(五法) • 402
오사(五祀) • 390
오색(五色) • 510
오성(五聲) • 510
오자서(伍子胥) • 574

오전(五典)・654
오정(五正)・386, 389
오제(五帝)・387, 389, 399, 465, 800
오제덕(五帝德)・386
오지(五至)・439
오지삼무(五至三無)・431
오행(五行)・387, 389, 512, 516, 800
오형(五刑)・469, 472, 474, 484
옥(玉)・559
옥정(獄正)・488
왕도(王道)・450, 572
왕도탕탕(王道蕩蕩)・444
왕숙(王肅)・431, 536, 777, 798
왕제(王制)・484
욕수(蓐收)・389
우순(虞舜)・392
우인(虞人)・644
우제(虞祭)・745, 781
원강(原忼)・615
원사(原思)・769
원양(原壤)・583
원헌(原憲)・599
위헌자(魏獻子)・669
유(儒)・483
유약(有若)・598, 735
유우(有虞)・394
유향(劉向)・795
육경(六經)・622
육관(六官)・402
육덕(六德)・444
육예(六藝)・444

육율(六律)・510
육장(六章)・510
육화(六和)・510
의고사조(疑古思潮)・494
의상(倚相)・654
이사(李斯)・791
이수(理首)・552
인리(人利)・508
인의(人義)・508
인정(人情)・508, 512, 514, 518
인환(人患)・508
임불제(任不齊)・614
6경・558

자고(子羔)・535, 537, 541, 765
자공(子貢)・412, 431, 455, 558, 559, 573, 574, 633, 637, 638, 668, 702, 704, 722, 730, 750, 755, 756, 785
자궁(子弓)・483
자로(子路)・447, 544, 547, 548, 570, 571, 583, 711, 725, 732, 756, 757, 765, 787
자목금보(子木金父)・625
자복백자(子服伯子)・780
자사(子思)・483
자사자(子思子)・494
자산(子産)・651, 663, 664, 665, 687
자석(子石)・571
자여・628
자유(子游)・637, 687, 700, 718, 724, 729, 753, 763, 766, 770, 780, 783

자장(子張) · 431, 433, 559, 564, 571, 678, 721, 799
자최(齊衰) · 426, 744
자포(子蒲) · 763
자하(子夏) · 407, 411, 439, 569, 637, 738, 739, 740, 747
자한(子罕) · 709, 772
자혁(子革) · 654
장무중(臧武仲) · 708
장문중(臧文仲) · 696, 706
장홍(萇弘) · 550
재보흑(宰父黑) · 612
재여(宰予) · 589
적자(嫡子) · 779
적흑(狄黑) · 613
전례(奠禮) · 432
전손사(顓孫師) · 564, 594
전욱(顓頊) · 386, 387, 394
정고보(正考甫) · 625
정론(正論) · 642
정사(政事) · 586
정현(鄭玄) · 536, 777
제 환공(齊桓公) · 749
제사(祭祀) · 775
제표(齊豹) · 761
조(祖) · 541
조간자(趙簡子) · 671
조돈(趙盾) · 649
조선자(趙宣子) · 650
조종(祖宗) · 537
조천(趙穿) · 649

조훌(曹卹) · 610
종(宗) · 541
종기(終記) · 632
종로(宗魯) · 761, 799
종백(宗伯) · 402, 403
종축(宗祝) · 501, 516
좌영(左郢) · 613
주 은공(邾隱公) · 529
주례(周禮) · 396
주임(周任) · 709
중(重) · 772
중궁(仲弓) · 484
중니(仲尼) · 483, 626, 799
중도재(中都宰) · 760
중손하기(仲孫何忌) · 647
중숙우해(仲叔于奚) · 679
중유(仲由) · 591, 765
증삼(曾參) · 594
증자(曾子) · 483, 759, 769
증자문(曾子問) · 791
증자문례(曾子問禮) · 791
증점(曾點) · 601, 768
진 문공(晉文公) · 696
진 소왕(秦昭王) · 790
진 시황(秦始皇) · 791
진기질(陳棄疾) · 710
진비(秦非) · 615
진상(秦商) · 604
진조(秦祖) · 611
진지(晉志) · 649
진항(陳亢) · 610

찾아보기 815

진항(陳恒)・677
집비(執轡)・395, 396

참최(斬衰)・425, 759
채제(采薺)・434
천도(天道)・417, 459
체(禘)・537
체례(禘禮)・432
체제(禘祭)・500, 537
초 영왕(楚靈王)・654
총재(冢宰)・402, 403
최복(衰服)・715
추우(騶虞)・552
축융(祝融)・389
춘추・561
치도(馳道)・701
칠정(七情)・508
칠조개(漆雕開)・603
칠조종(漆雕從)・615
칠조치(漆雕侈)・617
7묘(廟)・536

태산(泰山)・628
태학(太學)・553
태호(太皥)・386, 387, 394
태호씨(太昊氏)・388
토덕(土德)・392, 800

팔색(八索)・654

패도(覇道)・572
포장자(鮑莊子)・683
피변복(皮弁服)・464
피휘(避諱)・477

하후(夏后)・394
한 고조(漢高祖)・791
해점(奚葴)・611
향교・662
향례(飨禮)・432
향사례(鄕射禮)・432, 444, 446, 447
향음주례(鄕飮酒禮)・432, 445, 450
향음주의(鄕飮酒義)・445
현단(縣亶)・613
현명(玄冥)・389
현성(懸成)・618
협제(祫祭)・465
형벌・470
형정(刑政)・481
호평생(胡平生)・76
혹경(惑經)・55
화덕(火德)・392
환퇴(桓魋)・699
황제(黃帝)・386, 387
효(孝)・472, 726
후공안국서(後孔安國序)・793
후직(后稷)・461
후토(后土)・389

● 편자소개

양조명(杨朝明, Yang Chao Ming, 1962-)

　역사학박사. 현재 中國 孔子硏究院 원장으로 재직 중이고, 曲阜師範大學 교수, 박사생 지도교수를 겸하고 있다. 中國先秦史學會 이사, 中國詩經學會 常務이사, 山東省 孔子學會 부회장 겸 비서장, 山東周易學會 부회장, 山東歷史學會 부회장으로 활약하고 있고, 中國孔子基金會 학술위원, 『孔子硏究』편찬위원을 겸하고 있다.

　곡부사범대학, 華中師範大學, 中國社會科學院硏究生院에서 각기 학사, 석사, 박사 學位를 취득하였고, 150여편의 논문을 발표하였으며, 주요저작으로는 『九家舊晉書輯本』(校補), 『三敎慧海・儒敎名流』, 『魯文化史』, 『周公事跡硏究』, 『儒家文獻與早期儒學硏究』, 『出土文獻與儒家學術硏究』, 『周公』등이 있고, 『儒家文化面面觀』, 『新出簡帛文獻注釋論說』, 『孔子家語通解』, 『孔子的智慧』, 『孔子文化15講』, 『孔子弟子評傳』등을 주편하였다. 그 외에도 『魯國史』, 『孔子思想與當代社會』, 『中國傳統文化要論』, 『山東通史・先秦卷』, 『齊魯文化通史・春秋戰國卷』, 『魯國歷史與魯文化探秘』, 『中華地域文化集成・齊魯文化』, 『中國地域文化通覽・山東卷』등의 편찬에 참여하였다.

송입림(宋立林, Song Li Lin, 1978-)

　山東 夏津人으로 曲阜師範大學에서 학사와 석사 그리고 양조명(楊朝明) 교수를 지도교수로 하여 博士學位를 취득하였다. 이후 곡부사범대학 孔子文化硏究院 副敎授, 碩士生導師. 孔子與中國文化硏究室 主任, 曲阜師範大學國學院學術部 副主任, 濟寧周易學會 副會長, 『孔子文化硏究』編輯, 洙泗講堂 召集人 등을 맡고 있다. 『孔子文化』 創辦人, 主編을 역임하였으며, 주로 孔子와 早期儒學, 儒家學術史, 儒家哲學, 帛書易傳 등을 연구하면서 『孔子硏究』, 『周易硏究』, 『文獻』등에 30여편의 논문을 발표하였고, 合著 및 共編으로 『孔子的智慧』(人民日報出版社, 2004), 『孔子文化15講』(山東人民出版社, 2010), 『孔子家語通解』(齊魯書社, 2013) 등이 있다.

• 역자소개

이윤화(李潤和, Lee Yun Hwa, 1952-)

韓國 慶北 軍威에서 출생하여 慶北大學 歷史敎育科와 大學院에서 학사, 석사를 수료하고 臺灣 中國文化大學에서 博士學位를 취득하였다. 박사재학 중에 錢穆교수의 강좌를 수강하였다. 1980년 이후 安東大學 史學科에 재직하고 있으며, 저서로는 『中韓近代史學比較硏究』(社會科學文獻出版社, 1994)가 있다. 譯書로는 『宋季元明理學通錄』(共譯, 1994), 『錢穆선생의 史學名著講義』(2006), 『中國과 日本의 歷史家들』(共譯, 2007), 『史通通釋』(全4卷, 소명출판사, 2012)이 있으며, 논문으로는 「從『宋書』史論看沈約的天命觀與處世觀」, 「王夫之(1619-1692)의 晉·宋 交替期 理解」, 「『讀通鑑論』〈三國〉條 史論에 대하여」등이 있다. 安東大學校 退溪學硏究所 所長, 孔子學院 院長(2012-), 大學院長(2015-)을 역임하였고, 韓國의 魏晉隋唐史學會, 中國史學會 會長을 지낸 바 있으며, 中國孔子硏究院 尼山學者(2016-), 韓國精神文化財團 韓中人文協力委員會 委員長(2015-)을 겸하고 있다. 中國社會科學院 歷史硏究所에서 1년간(1993-1994) 연구한 적이 있다.

안동대학교공자학원 학술총서

공자가어통해 孔子家語通解 하

초판 인쇄　2016년　10월　20일
초판 발행　2016년　10월　31일

주　　편 | 양조명楊朝明, 송입림宋立林
번　　역 | 이윤화李潤和
펴 낸 이 | 하운근
펴 낸 곳 | 學古房

주　　소 | 경기도 고양시 덕양구 통일로 140 삼송테크노밸리 A동 B224
전　　화 | (02)353-9908　편집부(02)356-9903
팩　　스 | (02)6959-8234
홈페이지 | http://hakgobang.co.kr/
전자우편 | hakgobang@naver.com, hakgobang@chol.com
등록번호 | 제311-1994-000001호

ISBN　　978-89-6071-619-3　94150
　　　　978-89-6071-591-2　(세트)

값 : 26,000원

이 도서의 국립중앙도서관 출판예정도서목록(CIP)은 서지정보유통지원시스템 홈페이지 (http://seoji.nl.go.kr)와 국가자료공동목록시스템(http://www.nl.go.kr/kolisnet)에서 이용하실 수 있습니다.(CIP제어번호: CIP2016024415)

■ 파본은 교환해 드립니다.